肥爪周二 著

日本語音節構造史の研究

汲古書院

目 次

凡　例

一　時代呼称は概ね次の年代を指すものとする。ただし、先行研究における呼称をそのまま踏襲している場合もある。鎌倉時代の始まりを一一九二年とするのは、現在では一般的ではなくなっているが、先行研究との整合性を優先した。

上代・奈良時代　　～　七九三年
平安初期　七九四～　九〇〇年
平安中期　九〇一～一〇〇〇年
平安後期　一〇〇一～一一〇〇年
院政期　一〇八七～一一九一年
（院政期後半を特に平安末期ということがある）
鎌倉初期　一一九二～一二四〇年
鎌倉中期　一二四一～一二九〇年
鎌倉後期　一二九一～一三三五年
南北朝時代　一三三六～一三九一年
室町時代　一三九二～一六〇二年

一　本文中に引用する古典籍の書名については、『　』に入れたものと入れなかったものが混在するが、あえて統一はしなかった。また、誤解の恐れがない範囲で、略称を用いることがある（万葉集→万など）。

一　本文および用例の漢字の字体は、原則として現行の常用漢字に統一したが、必要と判断した場合には原本等に従った。固有名詞については慣用に従ったものもある。

一　用例の平仮名・片仮名の字体は、現行のものに改めた。ア行のエとヤ行のエの区別が必要な場合は、それぞれを「衣」「江」で示した。

一　用例の仮名遣い・送り仮名等は原本通りとするのを原則とした。ただし、論旨に影響しない範囲で、濁点・句読点等を追加している場合がある。平仮名の「ん」は、平安時代にはム（またはモ）に相当する仮名であることがあるが、念のために、「む」に換えずに「ん」のままで翻字した箇所がある。

一　漢字音の表記で、「㋐ウ」「㋑ク」のように、ア段音・イ段音を㋐・㋑等の形で簡略化して標示することがある。

一　訓点資料の用例は、傍訓は片仮名、ヲコト点は平仮名、補読は（　）内に平仮名で示した。ヲコト点の名称は、築島裕『平安時代訓点本論考』に従う。

一　原本にある傍訓等は、振り仮名の形で示したものと、〈　〉に入れて示したものがある。私に漢字に付した読み仮名は（　）に入れて示した。

一　中国中古音については、推定音価・音韻論的解釈ともに平山久雄「中古漢語の音韻」（『中国文化叢書　1　言語』大修館書店）に依った。

一　本文中の敬称はすべて省略した。

一　先行研究は初出年で示したが、のちに単著に収録されたもので参照している場合がある。

一　参考文献・引用文献資料は、巻末に一括して掲載した。用例については、先学の調査成果に負うところが多いが、本文中では一々言及していないものもあるので、巻末の引用文献資料の一覧を参照していただきたい。

一　本文に対する注は、各章の末尾に挙げた。ただし、本論第四部「清濁論」第三章「連濁の起源」については、章全体の分量が多いため、各節・各項の末尾に挙げている。

序論

第一章　本書の構成

本書は、日本語の音節構造の歴史をめぐって、いくつかの問題を取り上げ、考察するものである。この場合の「日本語」とは、中央語（主に上代の大和方言、平安時代以降の京都方言）を意味する。議論の前提として先上代語、諸方言の比較によって再構される日琉祖語について言及することもあり、また、一部の章においては江戸語・東京語について分析することもあるが、基本的には、文献資料を用いて中央語の音節構造の歴史を考察することが、本書の主たる目的である。なお、「音節」の定義については、序論第二章第三節において述べるが、当面は、常識的な意味でのシラブル syllable をイメージしておけば十分である。

全体構想の概略を以下に示す。

序論

本論

第一部　拗音論

第二部　二重母音・長母音論

第三部　撥音・促音論

第四部　清濁論

序論においては、本書全体の議論の前提となる事柄を整理する。

本論の第一部「拗音論」、第二部「二重母音・長母音論」、第三部「撥音・促音論」は、音節を構成する要素を、音節の前から後ろへと配列して構成したものである。本書において取り扱う範囲（時代・地域）に二重子音は存在しないので、結果的に拗音論を冒頭に置くことになった。第一部で扱う拗音の問題と、第二部で扱う二重母音・長母音の問題とは、歴史的に密接に関わってくるものである。例えば、漢字音「ケウ（教）」は、二重母音「ケウ」から拗長音「キョー」へと歴史的に変化した、等の問題がある。第二部ではイ音便・ウ音便の問題を、第三部では撥音便・促音便の問題を扱うことになるので、第二部と第三部とは、二音節が融合して一音節化する現象である「音便」をめぐって考察を進めるという点で関連を持っている。

本論の第四部「清濁論」では「清濁の対立」の問題を扱う。清濁の対立は、常識的には音節構造の問題ではなく、なおかつ、音節の始まりの部分に関わる要素であるが、あえて第四部に配列した。

古代日本語の濁子音は、前鼻音化していた（[ᵑg-][ⁿʤ-][ⁿd-][ᵐb-]等）と考えられているが、この鼻音要素は、音韻論的には前の音節に所属するものではなく、あくまで濁子音の一部である（音節頭の要素である）。その意味で、濁音の問題は音節構造の問題とも無縁ではいられない。さらには、本書における見通しとして、第三部で扱う「促音」「撥音」の問題と、第四部で扱う「清音」「濁音」の問題は、その起源において密接に関わるものであったと考えることになる（現代語においても「促音」「撥音」と「清音」「濁音」とは一定の相関関係を持っているが、歴史的にはもっと直接的に絡み合う要素であったと推定する）。また、古代日本語においては語頭に濁音が立たなかったため、清濁の対立は、本質的に二音節目以降の頭子音の問題なのであった。そのため、第三部「撥音・促音論」の次に、第四部「清濁論」を配することとした。

第一部から第四部まで、以上のようなつながりを念頭に配列したものである。しかし本書では結果的に、第一部と第二部、第三部と第四部とが、より強く結びついた内容を持つことになった。つまり、イ音便・ウ音便の問題と、撥音便・促音便の問題は、それほど強く連動しないということである。

以下、それぞれの内部での各章の構成を、簡単に説明しておく。

「序論」においては、本書における議論の前提となる、いくつかの事柄を整理する。

第一章　本書の構成

第二章　本書の理論的立場

第三章　上代語・先上代語・日琉祖語の音節構造

第一章「本書の構成」（本章）において、本書の全体の構成を解説する。本書において、「音節構造」の問題として取り上げる範囲、そのような範囲設定・配列の意図も、明らかにされることになる。

第二章「本書の理論的立場」において、本書の前提となる理論的立場を、必要な範囲であらかじめ明らかにしておく。日本語音韻史は、研究の歴史も長く、また、成果の蓄積も多い分野である。理論的な面についても、研究自体の時代性の差や、流儀の差（伝統的な国語学・構造主義音素論・生成音韻論、等々）により、さまざまに前提が異なってくる。同じ用語であっても、指し示す範囲にずれがあったり、あるいは、まったく異なる意味で用いることも、決して稀ではない。本書の意図するところが、十分に伝わるように、最初に理論的前提を明らかにしておく必要がある。第二章では、以下の四つの点にしぼって問題を整理した。

①通時的研究であること

②依拠する音韻理論
③「音節」について
④機能論的音韻史について

第三章「上代語・先上代語・日琉祖語の音節構造」において、まず、本書における「音節構造の歴史」の出発点となる上代語の音節構造についての、筆者の立場を明らかにした。本論の第一部「拗音論」・第二部「二重母音・長母音論」・第三部「撥音・促音論」において取り上げるのは、主に平安時代以降に起こった変化についてであるので、その前段階の状態を確定しておく必要があるからである。また、第四部「清濁論」において、清濁の対立の発生の問題を、上代語よりも前の段階の日本語に遡って考察することになる。そのため、先上代語（上代中央語などから内的に再構成される言語）・日琉祖語（先上代語を含め、琉球諸方言などをも参照し、比較方法により再構成される言語）の音節構造、特に二重母音・長母音の問題、閉音節の問題について、言及することになる。

以下「**本論**」である。

第一部「拗音論」においては、日本語における「拗音（開拗音・合拗音）」の分布の偏りを手がかりに、いくつかの問題について考察を行う。

序章　拗音―その概念と分布の偏り―
第一章　ア段拗音―拗音仮名「茶（荼）」をめぐって―
第二章　ウ段開拗音の沿革
第三章　唇音と拗音

第四章　拗音・韻尾の共起制限
第五章　合拗音の受容
付章　サ行子音の音価とサ行開拗音

序章「拗音―その概念と分布の偏り―」において、「拗音（開拗音・合拗音）」の概念規定をした上で、日本漢字音（呉音・漢音）における拗音の分布にどのような偏りがあるのかを整理する。その上で、拗音の分布制限が梵語音・中世唐音・近世唐音においてどのように緩和されているか、また、本来は外来語音であった拗音が、オノマトペ・一般和語に侵食してゆくさまについても言及する。

第一章「ア段拗音―拗音仮名「茶（茶）」をめぐって―」においては、日本漢字音（呉音・漢音）に、シャ・ジャ以外の単独ア段拗音が原則として存在しないことを指摘、中国原音に遡って問題を整理した上で、観智院本『類聚名義抄』の拗音仮名「茶（茶）」の扱いについて、さまざまな角度から検討してゆく。

第二章「ウ段開拗音の沿革」においては、ウ段拗音が原則としてシュ・ジュしか存在しなかった（キュー・チューなどは、古くはキウ・チウ・キフ・チフ等であった）ことを明らかにした上で、そのような分布の偏りが生じた理由を、拗音の表記の歴史を手がかりに考察してゆく。ア段拗音の場合とは異なり、これが日本語側における外来語音の受け入れ方の問題であったことを指摘する。

第三章「唇音と拗音」においては、唇音のウ段拗音ヒュ・ビュ・ミュが、長く伸ばす形でも稀であること、同時に、唇音のオ段拗音がヒョー・ビョー・ミョーのように長く伸ばす形でしか存在しないことを指摘、そのような偏りが生じる理由について、呉音と漢音のそれぞれの場合について考察する。漢音に見られる「謬ビュー」など、ごく少数存在する例外についても検討してゆく。

第四章「拗音・韻尾の共起制限」においては、キャン・キャイ・キャツなど、拗音と前寄韻尾（-m, -p, -n, -t, -i）の組み合わせが、呉音・漢音の範囲では、シュン・ジュン・シュツ・ジュツしか実質的に存在しないことについて、第二章での議論を踏まえつつ、それが、中国語側の問題であるのか、日本語への受け入れ方の問題であるのかを、朝鮮漢字音と比較しながら検討する。

第五章「合拗音の受容」においては、日本漢字音において、開拗音と合拗音の受け入れ方（分布・表記・歴史）が根本的に異なることを指摘し、その差異を統合的に説明するために、開拗音は「分解圧縮法」、合拗音は音素結合の《あきま》に嵌め込む形で受け入れたとする解釈を提案する。

付章「サ行子音の音価とサ行開拗音」においては、日本語史上、サ行（ザ行）開拗音が特殊な振る舞いをしてきたことを、サ行子音の音価の問題と絡めて考察してゆく。第二章・第五章における議論を踏まえた上で、サ行（ザ行）開拗音が、他の行の開拗音と、カ行（ガ行）合拗音との双方に通じる性質を持っていたことを主張する。

第二部「二重母音・長母音論」においては、平安時代以降の日本語における/CVV/音節の歴史を考察する。二重母音「㋑ウ」「㋓ウ」は、歴史的に拗長音「㋑ユー」「㋑ヨー」に変化するので、第二部における議論は、第一部「拗音論」とも密接に関わるものである。

第一章　/CVV/音節（二重母音）の歴史
第二章　長母音成立の音韻論的解釈
第三章　江戸語の連母音音訛

第一章「/CVV/音節（二重母音）の歴史」においては、特に二重母音/CVu/が長母音化してゆく経過について整理する。この大きな流れに連動して、アヤワ三行の統合、開拗音の日本語音韻体系への定着、合拗音の整理が起こり、日本語の自立モーラ組織は、五十音図的体系から拡大五十音図的体系へと組み替えられたことを論じる。この自立モーラ組織の組み替えは、拗音の和語への侵食をも意味するものであった。

第二章「**長母音成立の音韻論的解釈**」においては、現代語に存在する引き音素/ʀ/の成立について考察する。第一章で扱った二重母音/CVu/の長母音化の問題を、体系的見地から音韻論的に解釈し直し、引き音素/ʀ/の成立の時期を絞り込んでいく。議論が分かれているオ段長音開合の音韻論的解釈についても、本書の立場を明らかにすることになる。

第三章「**江戸語の連母音音訛**」においては、江戸語における二重母音/CVJ/（および母音連接/CVʼi/等、これに準じるもの）の長母音化の問題を考察する。この現象は、江戸語のある位相においては、平安時代に登場した二重母音音節のすべてが長母音化することを意味している。本章の考察を通して、/CVu/音節の長母音化との差異についても、検討することになる。

第三部「**撥音・促音論**」においては、日本語における/CVC/音節の歴史を考察する。上代語の段階で閉音節を持っていなかった日本語は、平安時代に撥音便・促音便が発達したことにより、閉音節を持つようになったと、一般に考えられている。第一章・第二章・第三章では、国語音の撥音の問題、第四章において国語音の撥音と漢字音の鼻音韻尾との関わり、第五章・第六章においては、特に漢字音のng韻尾の問題を取り上げる。第七章においては促音便に関連する問題を取り上げる。

第一章　二種の撥音便

第一章「二種の撥音便」においては、平安時代の撥音便に、m音便とn音便の二種があったとする中田祝夫説を継承しつつも、その問題点を指摘し、修正案（n音便→音価無指定の量的撥音便）を提出する。その修正案により、現代語の撥音と促音との非対称性についても、合理的に説明が可能になることを主張する。

第二章「m音便とウ音便」においては、複数の撥音音素の統合の歴史に関わる先行研究を検討し、「ウ」で表記される第三の撥音の位置づけについて、本書の立場からの解釈を提示する。第一章で扱ったm音便と量的撥音便（中田のn音便）に、鼻音性を帯びたウ音便の問題を加えた、総合的な撥音史を描く。

第三章「リ延長強勢オノマトペ―「ひいやり」「ふうわり」から「ひんやり」「ふんわり」へ―」においては、現代語オノマトペに見られる「ひんやり」「ぼんやり」「ふんわり」「やんわり」のような、接近音の前の撥音挿入が、江戸時代以降に現れる新しい形であり、古くは「ひいやり」「ふうわり」等であったことを指摘し、そのような変化が生じた理由を考察する。加えて、「×ゆんらり」「×ふんらり」のようなラ行音の前の撥音挿入が発達しなかった理由も検討する。

第四章「撥音と鼻音韻尾」においては、借用語音韻論の立場から、第一章・第二章で提示した本書の撥音史の枠組みを前提に、漢字音の三種の鼻音韻尾（m韻尾・n韻尾・ng韻尾）が、どのように日本語に定着していったかを検討する。

第五章「ng韻尾・清濁の表記の相関」においては、漢字音のng韻尾の鼻音性標示と、国語音・漢字音の清濁表記とが類縁性を持っていることをめぐって、いくつかの文献上の事実を取り上げ、日本語の清濁の対立の特性についても考察してゆく。

第六章「ng韻尾の鼻音性―㋓イの形を取る場合―」においては、漢字音のng韻尾の鼻音性標示が「〜ウ」に対応する場合に偏り、「㋓イ」に対応するものについては稀であることをめぐり、中国原音の性質、連声濁現象などを検討し、その原因を多角的に考察する。その上で、古代音韻学の重要な柱である悉曇学の理論において、漢字音の鼻音韻尾と対応させられる空点が、もっぱら「ム・ン・ウ」とのみ結びつきやすかったことが原因であったとする解釈を提案する。

第七章「Φ音便について」においては、撥音便において、音価の固定したm音便と、後続音に依存する量的撥音便が存在したとする第一章での主張を押し広め、促音にも音価が固定したものがあったのではないかと予想を立てた。そして、その候補として、一部の文献資料においてハ行四段動詞の音便形が「ム」で表記される事例を取り上げ、それが築島裕の主張したΦ音便の表記だったとする解釈を提唱する。同章注（3）において、漢字音の入声韻尾の問題にも言及した。

第四部「清濁論」においては、日本語の清濁の対立に関わる問題について、いくつかの観点から考察する。一般的には、清濁の対立自体は「音節構造」の問題ではない。しかし、古代日本語の濁子音は、前鼻音化していた（［^{n}g-］［^{n}ʣ-］［^{n}d-］［^{m}b-］等）と考えられており、文献および言語地理学的な証拠から、この状態は日琉祖語まで遡ると推定するのが主流である。そして、この前鼻音要素は、前の音節ではなく、あくまで濁子音に属する要素であった。必然的に、第三部で扱った促音・撥音と清濁とは、密接な関係を持ってくるのであり、歴史的にも、撥音・促音の発達と連動しているというのが、本書の主張の一つである。分量的には、第三章における連濁現象の起源についての考察が、大きなウエイトを占めることになった。

第一章　清濁についての研究史―共通理解とすべき事柄―
第二章　ガ行鼻濁音の歴史
第三章　連濁の起源
　第一節　連濁の起源についての諸説
　第二節　内部境界強調説（再分割説）
　第三節　連濁をめぐる補説
第四章　上代語における文節境界の濁音化
第五章　龍麿の仮説
第六章　m音便の後の清濁

第一章「**清濁についての研究史―共通理解とすべき事柄―**」においては、先行研究において論じられてきた日本語の清濁に関わる諸問題（音配列制限・表記・前鼻音・連濁・連声濁・アクセントに似た性質・用語）を整理する。これらの問題を統一的に説明できるような清濁論が、本書の目指すところである。

第二章「ガ行鼻濁音の歴史」においては、伝統的な東京方言において鼻音性を維持しているガ行鼻濁音［-ŋ-］の歴史を取り上げる。従来知られていなかった資料（山県大弐および行智の悉曇学資料）を紹介する。

第三章「連濁の起源」は、論じるべき事柄が多岐にわたるため、以下の三節それぞれについて内容を概説する。

第一節「連濁の起源についての諸説」においては、従来の学説を大きく「同化説」「古音残存説」「連声濁説」に分類し、それぞれの長所と問題点を指摘する。

第二節「内部境界強調説（再分割説）」においては、第一章で取り上げた日本語の清濁の対立が持つ諸特質、および、第三章第一節で指摘した三系統の先行学説の問題点を、統一的に説明・解決できるような、第四番目の連濁の起源説（清濁の対立の起源説）を提案する。連濁現象は、その発生段階においては、弱化現象（同化説・連声濁説はこれに相当する）ではなく、語構成を明示するための強化現象であったとする仮説である。

第三節「連濁をめぐる補説」においては、第二節において、論旨の見通しが悪くなるのを避けるために省略した数々の問題を、第一項から第十七項として、本章の立場から解説した。

第一項　「圧ぬき」について
第二項　結合標示と境界標示の両立について
第三項　清濁の対立のない方言について
第四項　日琉祖語における子音体系について
第五項　語頭濁音について
第六項　ライマンの法則について
第七項　単純語内部の濁音化について

第八項　非連濁形について
第九項　サ行の連濁について
第一〇項　ローゼンの法則について
第一一項　前鼻音の起源について
第一二項　撥音挿入形について
第一三項　東北方言における母音の無声化について
第一四項　アクセントに似た性質について
第一五項　濁音形のオノマトペについて
第一六項　促音・撥音との関係について
第一七項　生成音韻論における清濁の扱いについて

第四章「上代語における文節境界の濁音化」においては、通常は「一語化」の指標と理解されることの多い連濁現象が、清濁の対立が音韻化 phonologization する以前には、文節境界、つまり一語化していない場合にも起こっていた可能性を考え、上代文献に、その痕跡を探った。そのような予測を立てて探すと、意外に多様な候補を指摘することができる。

第五章「龍麿の仮説」においては、石塚龍麿『古言清濁考』あたりから始まる仮説、上代語においては、後項にあらかじめ濁音が含まれているとき（ライマンの法則）だけではなく、前項の末尾が濁音であるときにも連濁が阻止されたとする仮説を検証する。そもそも「遊べども〈安蘇倍杼母〉〔万一五・三六一八〕」「散り過ぎず〈知利須義受〉〔万五・八一六〕」「漕ぎ出め〈許藝泥米〉〔万一七・三九五六〕」「おのがじし〈各寺師〉〔万一二・二九二八〕」等からも明らかであるように、上代語においても濁音の連続自体を禁止する音配列則は存在しないのであった。

第六章「m音便の後の清濁」においては、連声濁に関わる未解決の問題の一つを取り上げる。日本語音韻論において、語種別の音配列則を立てる場合に、和語では撥音の後の清音は禁止され、漢語・外来語では禁止されないと整理されることが多い。音便現象（原則として和語のみ）に限定して読み換えると、「撥音便の後の清音は濁音化する」ということになる。しかし、「あんた」「しらんかお」等、若干の例外が存在するのも事実であり、特にm音便の後では、清音が清音のまま維持され得た可能性がある。この章では、平安時代におけるm音便の後の清濁の問題について検証する。

第二章　本書の理論的立場

日本語音韻史は、西欧の言語学の影響を受けた近代以降の研究に限っても、百年以上にわたる多彩な研究成果の蓄積がある分野である。理論的な面についても、研究自体の時代性の差や、流儀の差（伝統的な国語学・構造主義音素論・生成音韻論、等々）により、さまざまに前提が異なった研究が存在する。同じ用語であっても、指し示す範囲にずれがあったり、あるいは、まったく異なる意味で使われていることも、決して稀ではない。本書の意図するところが、不明瞭になることなく、十分に読み手に伝わるようにするためにも、まず最初に、本書の理論的立場を明らかにしておく必要がある。本章では、以下の四つの問題にしぼって、本書の立場を明らかにする。

①通時的研究であること
②依拠する音韻理論
③「音節」について
④機能論的音韻史について

第一節　通時的研究であること

タイトル『日本語音節構造史の研究』から明らかなように、本書は日本語の音節構造を、通時的に分析・考察したものである。

言語の研究に、通時的研究と共時的研究があることは、ごく基本的な共通理解であると言って良いであろう（これとは別に「汎時的研究」を立てることもあるが、ここでは問題にしない）。通時的研究と共時的研究とは、そもそも目指すものが異なるので、同じ分析対象、たとえば現代日本語を分析する場合であっても、かなり異なる分析、それどころか、まったく相容れない分析になることがある。

たとえば、現代語の動詞「飛ぶ」に助詞「て」が接続した時に、「飛んで」という、いわゆる撥音便形を取ることについて、二つの立場がどのように説明するのかを比較してみよう。

通時的研究では、どのような歴史的経緯で、この現代語の状態が形成されたかを明らかにすることが目標となる。つまり、過去の状態を出発点とし、どのような条件において、どのような変化を経て、現代語の状態に至ったのかを説明しようとする。通時的研究においては、現代語の「飛んで」という形は、「飛びて」という非音便形から、平安時代に変化して生じた形に由来すると考えるのであるが、その時点の日本語のバ行子音は［^{m}b-］のように前鼻音化prenasalized していたのであった（第四部第一章第三節参照）。すると、いわゆる連用形［to^{m}bi］から母音［-i］が脱落（≠母音への開放が実現しないこと）した場合、前鼻音化閉鎖音は無開放（この場合は、唇を閉じた状態で発音を終え、再開放せずに次音節に移行すること）で発音することは実質的に不可能であるので、ただちに［tom］のような音に変化すると説明される（このことは実際に発音してみれば分かるであろう）。平安時代には、この唇音［-m］が維持されていた（m音便）が、鎌倉時代（もう少し早く見る立場もある）に入ると、後続音に同化して［-n］に変化する。一方、アクセントに関しても、古くは「飛ん」と「て」のアクセントが独立しており二単位であったが、おおよそ鎌倉時代以降にアクセントが一単位化したと推定されている。後続の助詞「て」が濁音化して「で」になった時期については未詳である（古代語においても、撥音便（m音便）のあとの清音は、常に濁音化するわけではなかった。撥音便の後の「て」「たり」が濁音化した時期については、意外なほど手掛かりが乏しく、最初（撥音便化した時点）からだったかも知れないし、後世と条件が一致するようになった鎌倉時代以降だったかも知れない。↓本論第四部第六章）。そして、現代語の話者は、結果的に形成された、「-ɒ 語幹＋て↕～んで」という「変換規則」を学習するのであると考えることになる。

共時的研究では、現代日本語の話者の頭の中にある、生産性を持った規則を記述することに主要な関心がある。もっとも、ひとくちに共時的研究と言っても、実際には様々な理論的な立場があり、その分析も、歴史的経緯も考慮して、右記の通時的立場と同様に、「-ɒ 語幹＋て↕～んで」という「変換規則」として記述する立場もあれば、「既存の形式の暗記的習得」という言語の持つ一側面を、できるだけ小さく見積もるのを良しとする立場もある。たしかに、話者の頭の中にある規則は、歴史的経緯とは無関係に、時の流れとともに更新され続けるものであるが、そのように再解釈によって形成された新しい規則には、通言語的な普遍性は保証されないであろう（普遍性を持つ場合もあれば、持たない場合もある）。

共時分析においては、現代日本語の話者が知り得ないような過去の状態を、記述の材料から排除するのが原則であるので、バ行子音がかつて前鼻音化していたことや、「飛びて」という、現代語に存在しない語形（実際には、短歌・俳句などには用いられるが、言語形成期の子どもがこれに接する機会はないものとしておく）は棚上げして、現代語に実在する（あるいは現代語から導き出すことができる）パーツの操作という形で、話者の頭の中の規則を記述しようとする。理論的に純度の高い研究ほど、「既存の形式・規則の暗記的習得」という説明を排除して、言語規則の普遍性・生産性を追求する傾向が強くなるようである。そこでは、たとえば以下のような「説明」がされることになる（あくまで一例であり、これ以外にも多くの説明がありうる)。

語幹tobに接辞teが付いた時、有声音bの影響で接辞がdeに変化する。日本語（現代共通語）の音配列則上、dに前接することができる子音はn（撥音）のみであるので、bがnに変化し、tondeとなる（アクセントの付与規則については省略する）。

実際の歴史的経緯を基準にすると、話者の頭の中で、実際にそのような操作が行われているのかどうかを超越して、もはや知的パズルの領域に踏み込んでしまっているように見えてしまうであろう。もちろん、そうした理論的立場を確信犯的に採用し、右のような分析を行っている研究者もいるのではあろうが。

以上は、やや極端な例であるが、通時的研究と共時的研究とで、目指すものが大きく異なることは理解されよう。一般に、通時的研究の場合、唯一の歴史的真実が存在することを想定して研究を進めることが多い。議論に決着が付かないとしたら、それはデータが不足しているからであると考える（実際、過去の言語データは有限であり、そもそも文献時代より前には遡れないことが多い）。これに対し、共時的研究は、その時代の話者の頭の中に形成された規則を明らかにしようとするものである。極論すれば、その規則とは、その時代その時代の話者による「解釈」ということになる。つまり、共時的研究は、設定された条件下で整合性を持った解釈を提出すれば良いのであり、その条件の設定も、ある程度まで分析者の裁量に任されるのであるから、複数の整合的な解釈が併存することも珍しいことではない。そのため、導き出された「解釈」が、隣接する条件下では成り立たない（場合によってはパラドクスが生じる）ということも起こることになる。話者の頭の中には矛盾するルールが共存し得るので、共時分析の場合は、それでも良いのであろうが、通時的研究の場合、規則が分裂した歴史的経緯まで明らかにすることが求められるし、パラドクスが解消できない場合には、何かが根本的に間違っていると考えることになる。

構造主義言語学の全盛期には、それまでの主流であった歴史言語学からの独立性を喧伝する必要があったためか、共時的研究に歴史的観点を持ち込むことが、強く戒められた。しかし、共時分析は、右に述べたように、設定された条件下で辻褄が合っていれば良いので、一つの現象に対して、複数の整合性を持った解釈が併存するということが起こりうる。そのような状況で、言語の持っている歴史性の排除が行き過ぎて、複数の解釈の中から、あえて歴史的経緯に合わない方を、共時分析における解釈として採用するということさえあったように思われる。この時期の言語学者は、言語史に関しても高度な知識をもっていたのであり（同様のことは初期の生成音韻論の研究者についても言える）、採用された共時的解釈が、実際の歴史的経緯とは別次元のものであるということを理解している分には、特に問題はなかった。しかし、研究者の世代交代、そして歴史的研究の退潮により、広く通行している現代日本語の共時分析が、日本語の実際の歴史的経緯とはしばしば相容れないものであるということ自体が忘れられつつあるとしたら、きわめて残念なことである。

本書の主目的は、通時的研究であるが、議論の展開上、共時的な音素分析を行った部分がある。そして、その際には、一般的な共時的研究における音素分析とは、やや異なる基準を採用することがある（次節参照）。なお、本書においては、形態音韻論から上のレベルの事象（第四部で扱う連濁現象を含む）を共時的に分析することは、関心の対象外である。

第二節　依拠する音韻理論

本書が依拠する音韻理論は、比較的オーソドックスな音素論であり、服部四郎の音素論の影響を強く受けている。しかし、服部音素論が、基本的には共時分析の理論であるのに対し、本書の目的は、あくまで通時的な研究であるので、その適用のためには、若干の調整が必要になってくることがある。

そもそも音韻論的解釈には、唯一絶対の真理というものはない。むしろ、同じ一つの言語の分析において、複数の解釈が提出されているのが一般的なぐらいであり、その中での相対的な優劣があるのみである（もちろん、辻褄が合っていないものは論外である）。そのように複数の解釈が並立するのは、理論的立場に大差がない場合であっても、たとえば「分布の原則（体系的均斉的分布の作業原則）」と「構造の原則（単純且つ均斉的構造の作業原則）」のどちらを優先するかによって、結果ががらりと変わってしまうこともあるからである。そもそも、「分布の原則」にしても「構造の原則」にしても、「均斉」や「単純」が相対的にしか評価できない性質のものであるためもあって、時に運用が恣意的になる。

また、実際の音声と音韻論的解釈の「ずれ」をどの程度まで許容するかというのも、ある種のさじ加減という面がある。やや極端な例を挙げよう。国語学会編『国語学大辞典』（東京堂出版、一九八〇）の「母音」の項（柴田武執筆）によると、名古屋市（東南部）方言の母音体系は、以下のような八母音体系であるとされる。

i	ü	u
e	ö	o
	æ	a

これは、［samy:］《寒い》、［omø:］《重い》、［amæa̯］《甘い》の母音［y］、［ø］、［æ］を、それぞれ異なる母音音素と解釈した結果であるが、柴田は解説の中で、これらの母音を/ui/、/oi/、/ai/の二重母音と解釈すれば、京都と同じ五

母音体系になるとも述べている（これは服部四郎の解釈であろう。同辞典の「モーラ」の項参照）。この名古屋市方言のように、実際に音声を観察することも、話者の内省を参照することもできる言語の場合であっても、母音の数という、かなり根本的な部分で、大きな解釈の差が生じることがあるのである。

このように、理論的な立場によって、あるいは、理論的立場の差がごく小さい場合であっても、音素分析の結果は大きく異なってくることがある。現代共通日本語のように、ほぼ自明であると思われるような言語であっても、これまでに様々な解釈が提出されてきたし、現時点においても、長母音・ガ行鼻濁音の解釈や、外来語音のような周辺的要素の処理等々の細部については、複数の解釈が併存したままなのである。

以上のように複数の辻褄の合った解釈が併存することがあるのは、当然、現代語に限ったことではない。本書では、ある時代の音韻体系を共時的に解釈する際であっても、歴史的な観点を持ち込むことがあるのだが、それは共時分析に唯一絶対の解がないことが前提となっている。もちろん、共時分析として十分に成り立っていることが必要となるが、複数の解釈があり得る場合に、よりスマートに歴史を記述できる解釈の方を採用することがあるということである。もちろん、各時代の音韻体系は独立したものであって、それを歴史順に並べて繋げることに意味はないという立場もあるが、本書の主目的はあくまで通時的研究であり、むしろ、その通時的研究に、音素論的な手法を取り込むことを意図しているのである。先に、本書が依拠する音韻理論は、服部四郎の音素論の影響を強く受けていると述べたが、もう少し実状に即して言うと、十分に理論的に成熟していない音韻史研究に、服部音素論をルールとして援用し、その制約の範囲内で、日本語音節構造史の諸問題についての分析を試みようとしているのである。

音素分析から「主観」を排除するために、「最小対」「相補分布」等々の、さまざまな基準が設定され、成果を上げてきたものの、現実の自然談話を分析する際には、「話し手の意図」「聞き手の理解」を完全に排除して分析を行うことは難しい。音声の客観的な観察のみでは、それがどのような音素連続に対応するのか、確定できないこともあるからである（このことは服部も認めている）。たとえば、「さとおや（里親）」と「さとうや（砂糖屋）」は、ぞんざいな発音においては、ともに［sato:ja］のごとくなり、これだけを取り出せば聞き分けられないということが出てくる。しかしながら、話し手の意図としては、まったく異なる音声連続を発音しているのだし、聞き手も、文脈の助けを借りて、無意識にどちらかに聞き取ってしまうであろう。また、静岡県のご当地では、その地名を「しぞーか」と仮名で表記することがあり、来訪者に新鮮な印象を与えるが、共通語においても、実際には［ɕizo:ka］という音声で実現していることは、珍しくないであろう。しかしながら、/sizu'oka/を意図した結果［ɕizo:ka］となったのか、/sizoRka/を意図した結果［ɕizo:ka］となったのかは、音声を客観的に観察しただけでは分からないのである。

過去の言語を分析の対象とする場合、「話し手の意図」「聞き手の理解」を参照することは、通常はできない。そこで「表記」のあり方を援用して、その背後にある「意図」を推測することになる（そもそも考察の材料は「表記」されたものしかないのだが）。たとえば、先の名古屋市方言の母音の音韻論的解釈の例で言えば、話者がその音声をどう文字化する傾向にあるかを参考にするということである。

しかしながら、現代表記、より詳しくは、内閣告示（一九八六年七月一日）により明確な基準が示され、かつ、学校教育により均質的な普及が達成されている「現代仮名遣い」（それ以前は一九四六年「現代かなづかい」）においてさえ、表記と音韻とは一対一に対応しているわけではないし、個人レベルでの表記のブレも存在する。まして、過去の文献資料の場合、表記と音韻の対応関係は、単一の文献内部においてさえ、しばしば不規則な部分が含まれ、表記の「異例」が一定割合で生じてしまうのを常とする。理想的には、一例でも表記の「混乱」があれば、書き分けていない、あるいは、音韻として対立していないと判定したいところであるが、例外が皆無であることにこだわりすぎるのは、歴史的研究の場合には現実的でない。もし例外の皆無性に執着すれば、かの上代特殊仮名遣もなかったことになってしまうし、上代語には清濁の音韻的対立さえなかったということになりかねない。上代文献の万葉仮名には、思いのほか異例が多いのである。

結局は、同時代の多様な資料、さまざまな関連する現象を勘案して、総合的に判断するしかないのであり、最終的には、研究者のさじ加減になってくることは認めなければなるまい。

本書の第一部「拗音論」・第二部「二重母音・長母音論」においては、「拗音」が日本語に定着するまでの過程についてを主に検討し、定着した後（和語にまで侵食した後）のことについては、ほぼ言及するところがない。外来語にしか見られない音に関しては、音素分析からは除外する、あるいは後回しにするのが一般的であることもあり、本書においては、「（開）拗音の音韻論的解釈」について述べる機会がなかった。そこで、本書における音素分析の発想の一つの典型として、拗音の音韻論的解釈について簡単に解説しておくことにする。

現代共通語において、直音と拗音との対立、たとえば「か」と「きゃ」との対立を、音韻論的にどう解釈するかについて、大きく三つの立場に分けることができる。子音の違いとする解釈、母音の違いとする解釈、そして、半母音音素の有無の違いとする解釈である。直音「か」については、/ka/と解釈する以外の選択肢が実質的に存在しない。しかし拗音を含めて、日本語の自立拍を、すべて/CV/で統一的に解釈しようとする場合、拗音「きゃ」は/k'a/のように、口蓋化した子音音素と（直音と同じ）母音音素の結合と解釈し、「か」と「きゃ」とは子音の違いであるとする解釈が出てくる（服部一九五一）。同様に、「きゃ」を/kä/のように、（直音と同じ）子音音素と複合母音音素の結合と解釈し、「か」と「きゃ」とは母音の違いであるとする解釈も出てくる（服部一九五一）。後者の場合「きゃ」「きゅ」「きょ」は/kä/・/kü/・/kö/、「や」「ゆ」「よ」「わ」は/ʼä/・/ʼü/・/ʼö/・/ʼå/と解釈され、現代共通語は九母音体系ということになる。これらに対して、「きゃ」を/kja/のように、三つの音素の結合と解釈し、「か」と「きゃ」とは半母音音素の有無の違いであるとする解釈もあり（服部一九五五、柴田一九六二など）、この第三の解釈が、現在では最も広く普及しているようである。音韻論的解釈の結果として、三者はかなり異なるものになっているけれども、実際に観察している「音声」は、当然のことながら同じものである。「か」と「きゃ」の音声は、違いを誇張して音声表記するならば、か［kɑ］、きゃ［kʲi̯æ］のように、子音も母音も、半母音的要素の有無も異なるのであり、こうした具体的な音声のどの部分がより本質的な差であると、体系的な見地から「解釈」するかによって、右のように音韻論的解釈に大きな差が出てくるのである。本書においては第三の解釈、つまり、現代共通語における直拗の対立は、半母音音素の有無の対立とする解釈を採用する。

以上のように、本書は、服部音素論の影響を強く受けているとは言っても、歴史を参照したり、表記の例外に寛容であったりと、理論的に潔癖な立場からすると、無頓着ともいえる手法を採ることがある。それは、本書が最終的に目指すのが、共時的研究ではなく、通時的研究であるからであり、むしろ、十分に理論的な議論・洗練が進んでいない通時的音韻研究に、共時分析の理論を借用した結果、不可避的に起こることであるとも言えるのである。

第三節　「音節」について

本書の主たる研究対象である「音節」という単位については、さまざまな立場・説明の仕方がある。最も研究の進んでいる英語のような言語であっても、二重母音の範囲設定（英語には何種類の二重母音が有るのか）や、子音連続における音節境界の認定（extra［ɛkstɹə］の音節境界はどこか）など、細かな部分に関しては見解が分かれ、完全な共通理解というようなものは存在しないようである。日本語の場合、「音節」構造が単純であるため、英語などに較べれば、見解の分かれる部分は少ないはずなのであるが、研究史的な事情もあって、「音節」という概念はかなり混乱している。

現在の日本語研究において、もっとも一般的なのは、音節とモーラの二種類の単位を採用する立場であろう。ここではあえて仮名で表記したレベルで説明すると、「パンダ」は音節としては「パン」と「ダ」で二音節、モーラとしては「パ」「ン」「ダ」で三モーラ、「バッタ」は音節としては「バッ」と「タ」で二音節、モーラとしては「バ」「ッ」「タ」で三モーラと数える等々である。[1]

かつては、撥音「ン」や促音「ッ」を独立した音節と捉え、上述のモーラに相当する単位を音節と呼ぶ立場が主流であった（金田一京助一九三五、有坂一九四〇ほか）。また、そのままでは、他の言語との対比の上で紛らわしいので、モーラに相当するものは「音韻論的音節」と呼び、一般的な意味での音節 syllable は「音声学的音節」と呼び分けることもあった。いわゆる言語学系の研究においては、かなり早い段階で、音節とモーラの二種類の単位を使う方式に移行したのに対し、国語学系の研究においては、この切り替えが遅れていたが、さすがに、現在の研究において、モーラのことを「（音韻論的）音節」と呼ぶケースは、まず目にしなくなった。しかしながら、この「音韻論的音節」「音声学的音節」という用語は、現在の研究にも負の遺産を残すことになってしまった。「音韻論的音節」「音声学的音節」という単位は、通常の意味での phonemics と phonetics の区別とは別次元のものであるにもかかわらず、この二種類の単位（の後継である「音節」と「モーラ」）を区別するだけで、音声と音韻の区別が済んだという錯覚を、どうしても招いてしまうのである。具体的には、音節 syllable にも、音声レベルの把握と音韻レベルの把握があるという、ごく基本的な事柄が、なかなか普及しないという形で弊害が出ているのである。たとえば、現代共通語の文末の「です」「ます」は、音声としては［des］、［mas］のように一音節にも発音されうるが、音韻としては/desu/、/masu/で二音節である、等々のことに言及する必要が生じることは、音韻研究において、決して稀なことではない。服部（一九六〇・一九八〇）は、前述の「音声学的音節」「音韻論的音節」と別の概念として、「音声的音節」「音韻的音節」という用語を用いているが、これで十分に伝わるのか心許ない。かえって誤解が生じることもあるだろう（筆者も過去にこの用語を使って誤解されたことがある）。

柴田（一九六二）は、服部の言う「音韻的音節」を「シラビーム」と呼び、「モーラは音韻論的な単位なので、シラブルの方もシラビーム（syllabeme）という音韻論の名称へ移して、そろえて扱うことにする。（略）なお「音節」という術語を避けたのは、これがシラブル（またはシラビーム）のことにもモーラのことにも使われていて、この場合まぎらわしいと考えたからである」とはっきりと説明し、「東京方言のシラビーム構造」という言い方まで用いているにもかかわらず、このシラビームという用語は、柴田の意図とは、かなり異なる形で普及してしまった。具体的に言うと、東北方言などの、シラビームが音を把握する単位になる方言を「シラビーム方言」と柴田が呼び、かつ、古くは中央語においても、撥音や促音はシラビーム方言的なあり方をしていたのではないかと推定したことが注目を集めた

〈表1〉

音声レベル	音韻レベル
音声的音節（服部）	音韻的音節（服部）
	シラビーム（柴田）
	モーラ

のであるが、従来の「音韻論的音節」「音声学的音節」という捉え方に干渉されて、「シラビーム」という概念が十分に理解されないことがあったようである。つまり、音節が音を把握する単位となる方言（言語）における音節のことのみを「シラビーム」と呼び、東京方言などには「シラビーム」はないという理解が行われることが少なからずあったのである。こうした経緯もあって、「音韻的音節」のつもりでシラビームという用語を使うと、また別の意味で誤解が生じやすくなってしまっている。

前出の「里親」と「砂糖屋」は、ぞんざいな発音において、音声的には［satoːja］のごとく、聞き分け困難（不可能）になってしまうことがあるが、音韻としては（あるいは、話し手の意図・聞き手の理解においては）、前者は/satoˀoˀja/で四音節、後者は/satoRˀja/で三音節ということになる。この場合も、音声レベルの音節と、音韻レベルの音節とが食い違ってくることになる。「かけあし（駆け足）」の場合も、音声的には［kakʲaːɕi］のごとく三音節で実現しうるが、音韻としては/kakeˀasi/で四音節である。「くし（櫛）」「とら（虎）」も、音声的には［kɕi］、［tra］のごとく二重子音で始まる一音節と観察できることもあるが、音韻としては/kusi/、/tora/で二音節である。

この音節に関わる二つのレベルの区別は、様々な現象の分析に必要になってくる。たとえば、現代語（方言を含む）のアクセント核の移動についての議論において、どのレベル（音声レベル or 音韻レベル）で移動が起こっているかという問題にも直結してくるはずである。また、古代和歌における「字余り」についての議論にも、この問題は関わってくる。万葉集の字余り句「ゆきのいろを」は、韻律上は五単位、「のい」の部分が一単位扱いされているのであるが、音声的に切れ目がないということと、音韻レベルで音節の境界がないということは、別の問題であることに、もう少し自覚的である必要があろう（一般的には、話し手が意味の切れ目を意識できるならば、そこに音節境界を認定することになるはずである）。

言うまでもなく、ある言語の「音節構造」と言った場合、音韻レベルの音節のことであるのが普通である。さもなければ、現代日本語には、[des]、[mas] のような閉音節や、[kɛi]、[tra] のような二重子音が存在するということになってしまう。そのような表層レベルでの音声的実現のバリエーションは、「音節構造」とは別の問題として扱うべきものである。

そして、「音節構造」が音韻レベルのものである以上、そこには体系的な見地からの「解釈」という面が、自ずと生じてくることになる。特に二重母音（一音節内の母音の連続）と母音連接（音節の境界をまたぐ母音の連続）の認定は、現代共通語の研究においてさえ、見解が分かれてしまう問題である（窪薗・本間二〇〇二など）。「かんがえる（考）」の「がえ」が一音節（二重母音）か二音節（母音連接）かは、二重母音の体系性を重く見るか、アクセント核の移動という個別現象を重く見るかによって、解釈が異なってくる。更には、「あかい（赤）」の「かい」が一音節であるか二音節であるかは、「音便」現象全般を二音節が融合して一音節化する現象と統一的に捉えようとするか、それとも「あか」という語幹の自立性の高さを重視するかによって、解釈が異なってこよう。前者は、「かきて∨かいて（書）」の「かい」と「あかき∨あかい（赤）」を、同じイ音便として平行的に捉える、通時的観点を加味した解釈である。

本論第二部・第三部においては、音便現象を「二音節が融合して一音節化する現象」と統一的に捉えている（「音便」については、本節末尾の付記も参照）。その方が、日本語の音節構造の歴史をスマートに整理できるからである。ごく概略的に述べるならば、平安時代になって音便現象（イ音便・ウ音便・撥音便・促音便）が発達したことにより、二重母音音節（/CVV/音節）・閉音節（/CVC/音節）が登場したと捉え、これを日本語の音節構造の歴史の、最も重要な転換点と理解することになる。二重母音に関しては、イ音便・ウ音便の結果として、/CVi/・/CVu/（または/CVɪ/・/CVʊ/）という型の二重母音音節が日本語に登場したと解釈する。これに平行させて、漢字音に就いても、/CVi/・/CVu/というタイプの二重母音を認めることにする。同時に、これらのタイプ以外の二重母音は認めないこととする。したがって、「まえ（前）」「あお（青）」等は、たとえ音声的に切れ目なく発音されうるとしても、二重母音ではなく、母音連接と解釈することとする。そうすると、過去のある時期まで/maʼe/［maje］、/ʼaʼo/［awo］等のように二音節であったものが、どの段階で（音韻レベルで）一音節化したかを確定させる必要がなくなるというメリットも生じることになる。音声レベルの変化が起こった時期は、無理に絞り込む必要がないのに対し、音韻レベルの変化が起こった時期は、できるかぎり特定されるべきというのが、本書の基本的な立場である。

以上のように、二重母音か母音連接かという問題は、そのまま音節認定の問題であり、日本語の音韻分析においては、とりわけ見解の相違が生じやすい部分の一つである。極論すれば、判定の基準にどのように優先順位を付けるかという、研究者の手癖・好みが出る問題であると言っても良い。本書の目的は、あくまで通時的研究であるので、純粋な共時分析による場合には、自ずと異なる見解も出てくるであろう。

以上のような「音節」の認定基準の問題は、音声学・言語学の概説書においても、ほとんど言及されることはない。かなり良心的な概説書であっても、音節の定義においては、「生理的基準」「聴覚的基準」の二つを挙げるのみであり、これらはいずれも、音声レベルの判定基準に過ぎない。実際に各言語の音節構造を論じる際には、音韻レベルの音節が問題になるにもかかわらずである。「話し手の意図」「聞き手の理解」のような客観的な観察が困難な基準や、体系的な見地からの解釈というような、時に恣意的になりかねない基準は、概説書の序盤の、音声・音韻の解説の段階には、馴染みにくいという事情もあるのであろう。

【付記】「音便」という伝統的な用語の曖昧さは、繰り返し指摘されてきたところである（濱田一九五四a・小松英雄一九七五・亀井一九八〇・岸田一九八〇など）。単なる「発音の便宜」ということではなく、イ音便・ウ音便・撥音便・促音便の四類に限定されるようになった現代においてさえ、個々の例を検討してゆけば、その音形を成立させた経緯には雑多なものが混在しているし、どこからどこまでを音便に含めるかについても、完全な共通理解はできていない。たとえば、「なほし＞なうし（直衣）」「たぶ＞たうぶ（賜）」等をウ音便に含めるか否か、「いかにか＞いかが」を撥音便の無表記例に含めるか否か（訓点資料には「イカンカ」の例もあり）などである。また、音便の「形」ではなく「機能」に注目しようとしても、「あそみ＞あそむ（朝臣）」「かみかき＞かうがい（笄）」のような、名詞の語末位置の例までを含めて、すべてに共通する機能を括り出そうとすると、あまりに茫洋としてしまい、「音便」以外の音韻現象（特に母音融合・母音脱落・連濁・連声など）との差違は何であるのか、かえって分からなくなってしまうであろう。右に挙げた諸研究が、結局は問題提起だけで終わってしまう、あるいは「音便」という用語の放棄を提案することになるのもやむを得ないのである。本書においても、「音便」の定義や範囲の問題は棚上げせざるを得ないが、あくまで本書の主題は音節構造史であるので、四類の「音便」が、いずれも二音節が融合して一音節化する現象（CVCV の音節連続が、CVV 音節あるいは CVC 音節へと転じる現象）であるという面に着目し、これが平安時代に普及し、日本語の音節構造に大転換をもたらしたという歴史的経緯に、「音便」という伝統的な用語を使用する意義を見出すことになる。

第四節　機能論的音韻史について

音韻史研究は、近代的な日本語研究の中でも、とりわけ早い段階に着手され、多くの優秀な人材が集結したこともあって、目を見張るべき成果を上げてきた。しかし、音韻史研究という分野は、音韻がごく少数のパーツから成り立っている簡素なシステムであるという点、現代語研究（方言研究を含む）のように必要なデータを自由に採集することができるわけではないという点で、最初から深化の可能性が制限されている分野なのであった。現代語研究において新しいトピックスが開拓されても、それを過去に遡って展開するのは、多くの場合に困難である。研究が一定の臨界点を超えると、そこから先に進むのが、とたんに難しくなるというのが宿命であり、ある段階以降の研究が落ち穂拾いの様相を呈してしまうというのは、日本語の音韻史研究に限った問題ではないであろう。

そうした困難を打開するための一つの方策として、単に歴史的事実を羅列するのではなく、「機能」に着目して、その音声・音韻の変化が生じた理由や効果を説明するというスタイルの研究に力が注がれることになった。たとえば、「ハ行転呼現象は、語中のハ行音とワ行音の対立の機能負担量が小さかったため、それを受け入れることができた（もともと語中にはワ行音が立つことが少なく、語中のハ行音とワ行音とで対立するミニマルペアもほとんどなかった）」、「ハ行転呼現象が起こった結果、ハ行音（ハ行子音）は境界標示機能を獲得した（和語・漢語において、ハ行子音は原則として意味の切れ目にのみ現れるようになった）」、「「舌っ足らず」「猫っかぶり」のような促音挿入形は、語構成を明示するための内部境界の強調（延長）を音声的起源として発達した」というような説明が、多くの研究者によって提出されるようになったのである。そこには、無味乾燥になりがちな音韻史に、物語性を持たせるという効果もあった。本書においても、随所で機能論的な説明が採用されている。

しかしながら、このような機能論的な説明は、同時に「危うさ」をもはらんでいる。

「機能負担量」という概念を導入した音韻変化の説明は、多くの場合に説得力を持ちやすい。その変化が起こったことによって、私たち現代人は特に困っていないという事実が厳然としてあるからである。しかし、実際には、ある音韻の対立が、実際の会話において、語の弁別にどの程度関与しているかは、その音を含む語の使用頻度や文脈にも大きく左右されるので、「機能負担量」を客観的に数値化するのは不可能である（服部一九五五）。音韻の対立が解消されるタイプの変化を、すべて「機能負担量が小さかったため」と説明して済ませてしまうと、単なる結果論と変わらなくなってしまうであろう。オ段長音開合の対立（「㋐ウ」と「㋔ウ」の対立）は、機能負担量が小さかったとは、とても言えないはずであるし、多くの同音の漢語（「発想／発送」「校舎／後者」など）を生じさせることになったが、結局のところ、現代日本語において、それほど困った事態が生じているわけではない。漢字表記が付随していない音声言語であっても、ほとんどの場合、文脈から語の同定が可能であるし、紛らわしいものがあったとしても、言い換えなどにより、現代に至るまでに淘汰されてしまったと思われる。変化を受け入れた言語の側に、それだけの柔軟性があったということであろう。

また、意味のまとまりや切れ目を標示する「機能」は、音声レベルにおいても、何かしらの差異により発揮されているものであろう。比較的分かりやすい例としては、現代語のザ行子音が語頭で破擦音［ʣ-］等、語中（母音間）では摩擦音［-z-］等で現れやすいことが挙げられる。ネイティブスピーカーは、意識に上らないような音声差、時に音声記号で書き分けるのが難しいような微妙な音声差を、会話の音声の聞き取りに援用しているものである。そのような音声差が、一線を越えて音韻レベルの現象へと至った、その理由が何であるのかが問題であるはずだが、この理由を特定するのはきわめて難しい。

さらに言えば、音韻のようなシンプルな分野においてさえ、形式と機能とは、一対一に対応しているわけではないということがある。一つの形式が、条件次第でさまざまな機能を発揮することがあってもおかしくないのである。極端に言えば、きわめて特殊な条件下でのみ発揮される機能、実例が一つしか存在しないような機能も、立派な「機能」

であると考える。表記の例ではあるが、アルファベットにおける符号ハイフンhyphenの最も代表的な機能は、「緩い結合」を標示することかも知れない。たしかに、good-bye、post-war、near-byなどはハイフンの使用が任意であり、ハイフンの前後は付かず離れずの関係にあると言えるであろう。一方、単語の途中で改行する必要が生じたときにハイフンを使用することも、常套的な用法であるので、行末位置におけるハイフンは、語中標示機能（単語が終わっていないことを標示する機能）を持っていることになろう。また、CD-ROMなどのハイフンは、その前後で読み方が変化することを標示する機能を持っているとも見なせるし、rent-a-car、up-to-dateなどのハイフンは、一語化していることを標示すると同時に、内部の意味の切れ目を明示して、読み取りやすくする機能を持っている。日本語のローマ字表記において、katatatakiよりもkata-tatakiの方が格段に読み取りやすいのも、このハイフンが、積極的に意味の切れ目を標示する機能を発揮しているからであろう。「汚職事件」と「お食事券」が同音異義であることを話題にしている文脈であれば、osyoku-zikenとo-syokuzi-kenのハイフンは、意味の切れ目を標示すると同時に、この二語を互いに区別する機能を発揮していることになろう。これらとは逆に、自明と思われるほど有力な機能であっても、ある条件下では無効化されてしまうというケースもあるだろう。

結局、ここで明言しておきたいのは、本書において、何らかの形式に対応する「機能」に言及することがあっても、それが常に成り立つということまで主張しているわけではないし、反例が存在しないということも言ってはいないということである。同時に、論述の都合により、ある特定の機能についてしか言及していないとしても、それが唯一の機能であるということを主張しているとは限らないということでもある。

たとえば、「和語・漢語において、ハ行子音は意味の切れ目を標示する機能がある」と説明したとして、「はは（母）」「あふれる」「やはり」のような反例があることも十分に承知しているし、その反例があってもなお、ハ行子音の意味の切れ目を標示する機能は有効であると考えるのである。同時に、それがハ行子音の持つ唯一の機能ではないのも当然のことである。

以上のように、本書において言及する「機能」は、かなり緩やかなものであり、「反例」が存在することも、最初から容認しているのである。また、ある文脈において、特定の機能にしか言及していなくても、それが唯一の機能であるということまで主張しているわけではない。「機能」の問題は、音韻史を叙述する上で重要な要素ではあるけれども、十分に論理的な要素でもないというのが、本書の立場である。

なお、機能論的な音韻史が陥りがちな問題として、ある機能が変化の原因であるのか、変化の結果であるのかが、レトリックの上で曖昧になりやすいということがある。この問題については、本論第四部第三章第三節第一項【補説】も参照のこと。

【注】

（1）現代共通日本語のモーラについては、その認定に大きな問題はない（ウィ・ウェ等の外来語音や、文節末長音などについては、例外的に認定に問題が生じる）。方言や他言語のモーラについては、上野（二〇〇一）、窪薗・本間（二〇〇二）など参照。

第三章　上代語・先上代語・日琉祖語の音節構造

第一節　はじめに

本書は、基本的には文献資料を利用して、日本語（中央語）の音節構造の歴史を明らかにすることを目指すものである。もっぱらの関心の対象は、平安時代以降の変化であって、上代語の音節構造に関しては、取り立てて新見と呼ぶべきものを提示することはない。また、上代語の内的証拠から再構される、先上代語（上代語より前の段階の当該方言）の音節構造や、本土諸方言（先上代語をも含む）・琉球諸方言の比較研究により再構される日琉祖語の音節構造についても、その日琉祖語から、更に語源推定などを積み重ねて再構された先日琉祖語の音節構造についても、直接には考察することはない。しかしながら、本書における議論の出発点となる上代語の音節構造については、立場を明らかにしておく必要があるし、本論第四部「清濁論」においては、日琉祖語よりも前の段階の日本語に遡って、清濁の対立の発生の問題に言及することになるので、清濁の対立の発生段階に、どのような音節構造のバリエーションを想定しているかは、かなり重要な問題になってくる。なお、上代語にしても、先上代語にしても、日琉祖語にしても、ここで問題となる「音節構造」とは、当然のことながら、音韻レベルで捉えた音節（音韻的音節・シラビーム）の構造のことである。

本書では、便宜的に上代語は/CV/、先上代語は/*CV/、日琉祖語は*CV、先日琉祖語は**CVのような形で音韻表記するものとする。ただし、先上代語・日琉祖語・先日琉祖語は、いずれも仮構の存在であり、実際には、明瞭に区別ができないことが多い。

本書の議論の出発点（音節構造に変化が生じる前の状態）として想定する、上代語の音節構造は、次節で述べるように、比較的シンプルなものである。また、清濁の対立の発生段階の日本語（日琉祖語からそれほど遠くない過去の日本語）にも、二重母音や長母音は持っているが、閉音節を原則として持たない、やはりシンプルな状態を想定することになる。もっと複雑な音節構造を持っている時代が、日本語にも存在したこと自体を否定するものではないが、そのような時代があったとしても、それは、清濁の対立が発生するよりも、さらに前の段階であったと考えるのである。このような想定と、日琉祖語との関係については、第三節で述べることとする。

第二節　上代語の音節構造

上代語の推定音価については、以下の有坂（一九五五）のものがよく知られている（音声記号であることを表す［ ］は私に加えたものである）。

ア段［-a］

イ段甲類［-i］、イ段乙類［-ïi］

ウ段［-u］

エ段甲類［-e］、エ段乙類［-ə̣e］or［-əi̯］
オ段甲類［-o］、オ段乙類［-ö］

しかし、これはあくまで推定音価、つまり音声レベルの推定であって、体系的見地からの音韻論的解釈を加えたものでないことは明らかであろう。前章で述べたように、その言語の音節構造についての議論は、音韻レベルで行う必要があるのである。音韻レベルにおいては、右のような母音体系の解釈はありえないと言って良い。上代語について、自覚的な音韻論的分析がなされる以前にも、イ段乙類・エ段乙類の母音部分を、二重母音ではなく単母音であると解釈し、ア段 -a、イ段甲類 -i、イ段乙類 -ï、ウ段 -u、エ段甲類 -e、エ段乙類 -ë（-ɜ）、オ段甲類 -o、オ段乙類 -ö、とするような八母音説が行われていなかったわけではない（金田一京助一九三五、大野一九五三など）が、その後の研究においては、上代語の音節を、音韻論的には/CV/であると解釈するのが主流となった（ア行音に関しては、子音を伴わない/V/とする解釈と、/ʼV/のように有声喉音音素を設定する解釈がありうるが、本書においては後者、つまりア行音も/CV/とする解釈による）。

一方、上代特殊仮名遣の差異を母音部分の違いとする八母音説は、母音体系の観点からも、子音との結合制限の観点からも、不自然であるという批判が出てきた。イ段・エ段に二種の音が区別されるのが、カ・ガ・ハ・バ・マ行、則ち非歯茎音の行に限定されることから、共時論的には、イ段・エ段に関しては、子音の違い（口蓋性の有無）と解釈するのが、音声的にも体系的な見地からも合理的であるとする考え方が出てきたのである（服部一九五九b、松本克己一九七五）。ただし、音声としては有坂の推定が全否定されているわけではなく、あくまで、それを音韻論的にどう解釈するのかという議論であることには注意が必要である。また、この解釈はあくまで上代語の「共時分析」であって、上代語よりも前の段階に遡れば、これらの音（イ段・エ段の甲類・乙類）の区別が、母音部分の差（二重母音など）

に由来するであろうことは、服部・松本を含めて、多くの研究者の共通理解になっていると言ってよい。

なお、エ段乙類に関しては、二重母音（オ段乙類/ə/＋/i/に相当する）を推定する考え方もある（森一九九一）。たしかに、音声的には、そのように複母音的な実現をしていた可能性は否定できないものの、イ段甲類乙類の対立との平行性の問題、オ段乙類自体は子音との結合にほぼ制限がないこととの齟齬を勘案すると、体系的な見地からの音韻論的解釈としては、エ段乙類二重母音説は採用しにくいであろう。

結局のところ、上代語の音節構造（音韻論的解釈を経たもの）は、/CV/というシンプルなものであったと考えるのが、現在では主流になっている（母音の長短の対立の問題については次節第二項で言及する）。本書においては、上代語の段階ではイ段・エ段甲乙の対立は、子音の差であったとする解釈、つまり六母音音素説を踏襲するが、もし仮に八母音音素説によったとしても、本書の主旨に影響することはない。

第三節　先上代語・日琉祖語の音節構造

第一項　先上代語・日琉祖語について

現在、DNAの分析や考古学的遺物の発掘により、日本列島を含む周辺地域での人・文化の流れが、驚くほど詳細に明らかにされつつある。しかしながら言語の場合、それが発せられた瞬間に、その音声は消滅してしまうので、文献に記録された形以外では、過去の状態がそのまま痕跡を残すことはない。

文献資料によって遡ることのできる最も古い日本語の音韻体系は、八世紀の大和地方のものである。三世紀の『魏志倭人伝』に出てくる若干の固有名詞、飛鳥地方から出土した木簡、あるいは『万葉集』の東歌・防人歌から知られる八世紀の非中央地域の方言など、それ以外の資料が皆無というわけではないが、体系的に知ることのできるものとなると、やはり『古事記』『日本書紀』『万葉集』に見られる、八世紀頃の大和地方の言語の音韻体系ということになろう。このような状況は、世界の言語の中では、かなり恵まれている方であるとも言えるし、長い「日本語」の歴史を思えば、ごく最近のことしか分からないとも言える。

現在の日本列島では、固有の言語としては日本語系の言語とアイヌ語系の言語のみが話されているが、縄文時代以前には、これら以外の系統の言語も話されていたのではないかと想像する。今は滅びてしまった、もっと日本列島周辺の言語と関係の深い言語（系統関係が容易に立証できるような言語）も話されていたと考えたいところである。逆に、朝鮮半島などにおいても、現在では滅びてしまった、もう少し日本語に近い言語が存在したとしても不思議ではない。稲作の普及に伴う人口爆発により、現在の日本語系の言語が、琉球列島を含む日本列島の大部分を覆うことになった（アイヌ民族は大陸型稲作を受容しなかった民族である）と考えるが、この日本語系の言語は、当然、稲作の普及以前から何らかの形で存在していたはずである。それが日本列島内であったか、日本列島外であったかは、ここでは問題にしない(1)。

人間は、単体で生きられるようになるまで、かなりの時間を要する動物である。自分の身を守りながら、食料を調達し、一人でも生活できるようになるのは、いわゆる言語形成期よりも後のことであろう。つまり、よほど特殊な状況でもない限りは、共同体の内部において、親（または養育者）から子へと、言語は脈々と継承されてゆくのであって、無の状態から新しい言語が発達するというケースは、きわめて異例であると考える。エスペラント語のような人造言語であっても、完全に無の状態から創作されたわけではない。まったく言葉の通じない二人が出会い、意思疎通のために何らかの言語を発達させる場合であっても、すでに習得している言語を多かれ少なかれ流用するであろうから、やはり完全な無からの出発ということにはならないはずである。世界の言語を見渡しても、音韻体系・文法構造の観点から見て、「原始的」な言語は容易に発見されないという事実からも、ほとんどすべての言語は、長久の歴史の産物であるという見通しは首肯されよう。

つまり、日本語も、相当に長い歴史的経過を経て、上代語の状態に至っているということである。日琉祖語として再構される「日本語」も、決して日本語の起点というわけではなく、推定されている音韻体系・音節構造は、むしろ上代語・平安時代語よりも複雑なくらいである。「原始日本語」について時に想像されることがあるような、「/CV/というシンプルな構造の音節のみがあり、かつ、ほとんどの単語（形態素）が単音節であった」という状態は非現実的であり、本書においても、そのような状態を想定することはない。たとえば、中国の少数民族の言語であるロロ語（彝語）喜徳方言は、単音節言語であるにもかかわらず、きわめて単純な/CV#/という構造の音節しか持たない一方で、四四種の子音、一〇種の母音、四種の声調を持つという（三省堂『言語学大辞典　第4巻　世界言語編下2』一九九二）。先上代語の音節も、日琉祖語の音節も、何らかの形での多様さを備えていることを想定すべきであろう。なお、後世の日本語に比べて、上代語には単音節語（および単音節形態素）が豊富に存在したのは事実であるが、二音節以上の単語も相当数存在したことを無視すべきではないであろう。「もともとの日本語には、原則として単音節語しかなかった」とするのは行き過ぎた推定である。

しかしながら、先上代語の音節構造についても、日琉祖語の音節構造についても、通説と言えるようなものが存在するわけではない。日琉祖語、特に分節音に関しては、服部（一九七八～七九）「日本祖語について1～22」（以下「服部NSNT20」のように、必要に応じて連載次数を示す）が大きな到達点であるが、服部の日琉祖語（服部は「日本祖語」と呼ぶ）の再構も、蓋然性の高い推定を積み上げていったものではあっても、唯一絶対の解釈というわけではない。他の研究者の共感を得やすい穏当な推定から、かなり大胆な推定までが混在しており、そこに再構されている祖語の音節構造（次項参照）は、確かさという点で、決して均質なものではない。

そもそも、先上代語にしても、日琉祖語にしても、あくまで仮構の存在に過ぎないのであり、再構のための手法自体を考えても、特定の時代に実在した共時態を再構することを意図しているものでないことは明白である。服部（一九六二）でも、「実際には、「日本祖語」として言語学的に再建され得るような言語は、いつの時代にも、どこにも、かつて話されたことはない、というようなことでもあり得る。日本語のような場合には、「日本祖語」は、このように、事実とは合致しないところの言語学的作業上の一つの仮説的概念に過ぎないことがあり得る」と述べられている。たとえば、比較方法により再構された日琉祖語の母音体系と、将来再構されるであろう日琉祖語のアクセント体系が、一つの時代に共存したものである保証はどこにもない。祖語の再構のために多くの材料（方言）を駆使すればするほど、その時代性は混質的・不透明なものとなる宿命を持っているのである。場合によっては、祖語の子音体系・母音体系・音節構造は、さまざまな歴史的・地理的段階の最小公倍数的な、過剰に複雑なものが再構されることになろう。たとえば、A地方・B地方において、共通祖語の *ki、*ke が以下のような歴史的変化を辿ったと想定してみよう。

	甲時代		乙時代		丙時代（現代）
A地方	*ki	→	*ki	→	tʃi
	*ke	→	*ke	→	ki
B地方	*ki	→	*tʃi	→	ʃi
	*ke	→	*ki	→	tʃi

他に十分な手掛かりがないとすると、A地方・B地方の共通祖形として *tʃi、*ki が再構されるかもしれない。し

かし両地方がともにʧi、kiであった時代は、右のモデルでは存在しないのであり、共通祖語としての*ʧi、*ki は時空を超えた存在ということになる。

また、十分な痕跡を残さずに音韻が統合してしまった場合、統合する前の状態を再構することは不可能である。日琉祖語の場合も、もし上代語資料が存在しなかったら、再構することが困難であった（場合によっては不可能であった）事象がかなりあるはずである。たとえば、以下のようなケースでは、乙時代以前の状態には遡れないかも知れない（祖語は丙時代の状態を反映したものにしかならないかも知れない）。

	甲時代	乙時代	丙時代（現代）
C地方	*ki ──→	*ki ──→	ʧi
	*ke ↘（*ki へ）		
D地方	*ki ──→	*ʧi ──→	ʧi
	*ke ──→	*ki ↗（ʧi へ）	

以上のような手順を積み重ねて再構された、さまざまな具体的単語の祖語形は、仮に実在したとしても、ある特定の時代に共存したものではないと考えるのが妥当であろう。現代の研究者に、必要な手がかりのすべてが与えられている訳ではないのであるから、やむを得ないことである。

なお、日琉祖語の「故地」が、日本列島内であったかどうか問題でないのと同様に、琉球祖語の「故地」もまた、琉球列島内であった必要はない。ペラール（二〇一六）も示唆するように、琉球祖語の話し手は、日琉祖語から分岐した後も九州に留まり、本土系日本語の強い影響を受け続け、その後、琉球列島に移民し、グスク文化の担い手となった、という筋書きが、様々な事象を矛盾なく説明できるものとして有力である。文献日本語史の立場からは、その移民は、ある程度の期間にわたって漸次行われたと考えたいところである。琉球語の基礎語の中には、中央方言の中世の語形に対応すると考えたくなるものが混ざっているからである。

　このような事情を十分に踏まえた上で、先上代語・日琉祖語がどのような音節構造を持っていた可能性があるのかを考え、本書の立場との関係を明らかにしたい。

第二項　二重母音・長母音について

　前節で若干触れたように、上代特殊仮名遣の一部、具体的にはイ段乙類・エ段甲類・エ段乙類（の少なくとも一部）については、二重母音に由来するとする考え方がある。いわゆる被覆形・露出形の交替（有坂一九三一・一九三四）には、「さか～さけ乙（酒）」「うは～うへ乙（上）」「あま～あめ乙（雨）」「かな～かね（金）」のような、ア段とエ段（乙類）が交替するもの、「つく～つき乙（月）」「かむ～かみ乙（神）」「くる～くり（栗）」のような、ウ段とイ段（乙類）が交替するもの、「こ乙～き乙（木）」「ほ～ひ乙（火）」「の乙～に（荷）」のような、オ段（乙類）とイ段（乙類）が交替するものがあることが知られている（この他にも提案されている組み合わせはあるが、確実さという点で大きく劣る）。「なが＋いき甲→なげ乙き甲（奈宜吉（万一八・四一三五））」「さき甲＋あり→さけ甲り（佐家流（万五・八五〇））」のような母音融合の事例をも勘案した結果、/*ia/→エ段甲類、/*ai/→エ段乙類、/*ui/→イ段乙類、/*əi/→イ段乙類という、先上代語の二重母音からの変化が推定されることになった。二重母音ではなく二音節（母音連接/*CVʼi/、あるいは日琉祖語の*CVjeなど）に遡るとする解釈、何らかの子音の弱化・脱落に由来するとする解釈(2)もありうるが、その場合は、この件に関して、先上代語と上代語との間に音節構造の変化を想定する必要がないことになる。また、何らかの閉音節から転じたものとする解釈(3)もあるが、それについては次項で言及することにする。ここでは先上代語に二重母音が存在した蓋然性があるということのみを指摘しておきたい。日琉祖語に関しても、同様にいくつかの二重母音が再構されているが、やはり、それが二重母音ではなく二音節であった可能性は残されることになろう。

一方、日琉祖語には母音の長短の対立があったとする推定も、服部四郎の一連の研究などにおいて提出されている。服部（一九三二）の段階では、琉球列島に見られる二音節名詞の語頭の長母音が、それを持たない別の琉球方言でアクセントの型に反映していることがある事実を指摘した上で、アクセントが原因となって母音が長音化したのか、長母音が短くなったことにより、そこにアクセント核が生じたのか、検討する必要があるとのみしていた。服部（一九五九b）では、明らかに後者の見通し（長母音を持つのを古い形とする）に傾いているが、そこで言及されているのは琉球方言についてのみであり、日琉祖語に関しては、明示的な形では述べられていない。

服部（一九七六）では、現代八丈方言や上代東国方言などを勘案した上で、日本祖語（本書の日琉祖語）における *e・*o は、上代中央方言において/i/（甲類）・/u/に変化したと推定した。同時に「何らかの条件によって一部分の *e・*o が元のまま残ったかどうかは、さらに研究する必要がある」と述べているのであるが、同論文の中で、琉球諸方言の長母音がアクセントを条件として変化したものとする金田一春彦の見解を批判し、また、*pitətu〈一つ〉のような祖形からは、琉球方言や八丈島方言の語形が説明できないことから、*pitəətu〈一つ〉のような長母音形を再構した箇所があることなどを考えると、日琉祖語には母音の長短の対立が存在したと、既に考えていたかのごとくである。

明快な形で、エ段甲類の一部は *ee、オ段甲類の一部は *oo に由来するという仮説を提出したのは服部 NSNT 21 においてである。二重母音も併せて一覧にしたものを以下に示す。

日本祖語以後の母音推移表

奈良時代中央方言		日本祖語		A時代首里方言
/i/（甲類）	←	*i	→	*i
/i/（甲類）	←	*e	→	*e
/a/	←	*a	→	*a
/u/	←	*o	→	*o
/u/	←	*u	→	*u
/o/	←	*ə	→	*o
/o/, /u/	←	*ü	→	*o, *u
/e/, /ee/（ともに乙類）	←	*ai	→	*e, *ee
/i/, /ii/（ともに乙類）	←	*ui	→	*i, *ii
/i/, /ii/（ともに乙類）	←	*əi	→	*e, *ee
/i/, /ii/（ともに乙類）	←	*üi	→	*i, *ii
/e/, /ee/（ともに甲類）	←	*ia	→	*e, *ee
/o/, /oo/	←	*au	→	*o, *oo
/e/, /ee/（ともに甲類）	←	*ee	→	*e, *ee
/o/, /oo/	←	*oo	→	*o, *oo

さらに、琉球方言においては、内地方言よりも長母音が非常に多いことに言及し、それらの長母音がアクセント等

を条件に短母音が延長されたものとは（既知のデータからは）解せないことから、古い長母音が保存されたものと解釈した。そして、右の母音推移表以外にも、以下のような長母音を再構した（服部 NSNT22）。

*ii　*aa　*əə　*uu

その後、早田（一九九六）も、服部の見解を継承し、閉音節を持たない言語において、母音の長短の対立が存在しないとする想定は「現実的ではな」く、上代語の場合も「共時的に本来的な長母音と短母音の対立が有ってしかるべきだ」という見解を提出している。右の母音推移表によれば、服部もまた、上代語の段階に母音の長短の対立が存在したと推定していたことが分かるが、その母音の長短の音韻論的対立は、表記に反映していないと説明することになる。ラテン語の場合がそうであるように、母音の長短の対立が表記に反映しないことは、決して珍しいことではない。そもそも、中国語は母音の長短の対立がないため、漢字音を転用した音仮名（万葉仮名・平仮名・片仮名）では、母音の長短の別を書き分けること自体が困難であった（声調の別を利用する、閉音節を短母音に宛てる等の可能性はあったが、結果的には採用されなかった）。

なお、服部 NSNT22は、「玉」「車」の「マ」は *-maai に、「毛（ケ・カ）」の「カ」は *kaai に遡る可能性も示唆しており、その場合、日本祖語には三重母音（二重長母音）も存在したと推定していることになる。

近年、松森（二〇一七）により、琉球方言の長母音は、北琉球祖語にまでしか遡らない、つまり日琉祖語にまでは遡らないとする仮説が提唱された。琉球諸方言アクセントの研究の進展、特に南琉球方言における三型アクセント体系の発見により、服部の時代には知られていなかった事実を勘案する必要が生じており、松森の仮説は、その研究の進展を反映した有力な別解ということになる。

ただし、服部が日琉祖語に長母音を再構したのは、琉球方言のみが根拠ではない。本書の立場としては、日琉祖語から比較的近い過去（連濁現象の発達期）の子音体系として、清濁の対立を持たない、かなりシンプルな体系を想定しており、かつ、次項で言及するように、閉音節（子音終わりの音節）も存在しないか、きわめて限定された分布をなしている状態を想定している。つまり、音節構造の閉音節以外の部分には、ある程度の複雑な状態を期待するのであり、その一つが、母音の長短の対立の存在なのである。

第三項　閉音節について

ここまでの紹介においては、日琉祖語における閉音節の問題は棚上げしてきた。上代語には閉音節は存在しなかったことになっているが、先上代語・日琉祖語、あるいは更に過去に遡れば、日本語にも閉音節が存在したとする推測もしばしば行われるところである。

たとえば、子音語幹動詞（古典文法の四段活用動詞など）の存在が、かつての日本語に閉音節が存在した証拠とされることがある。しかしながら、現代共通語において、動詞「書く」「噛む」の終止連体形が、それぞれ kak-u、kam-u のように形態素境界が認定されるにしても、それ自体は、現代共通語に kak、kam のような閉音節の存在することを意味するわけではない。それでは、子音語幹動詞の活用を過去に遡っていけば、そこに閉音節が再構されるのであろうか?

動詞活用の古形についての研究のうち、子音語幹動詞と母音語幹動詞の活用を統一的に説明しようとする立場の研究には、Unger（一九七五）、Hayata（二〇〇〇）、ホイットマン（二〇一六）などがあるが、それらの研究は、上代語の活用体系を起点とし、内的再構により先上代語の活用体系を推定するという方向に展開している。加味されるのは、上代東国方言や現代八丈島方言ぐらいであるので、比較研究による日琉祖語の再構というよりも、上代語的な活用体系の形成を解明することを目指しているようである。そこには、様々な「閉音節」が設定されているが、そのような音節が表層レベルで実在したことまでを主張するものではないであろう。

おそらく比較方法による限りは、日琉祖語に遡っても、表層レベルでの閉音節が再構される積極的根拠はないと思われる。右の研究が推定する動詞の古活用は、子音語幹動詞と母音語幹動詞を統一的に説明しようとする、かなり観念的なものであり、まだ現時点では、さまざまな可能性が提唱されているという段階である。本書の立場としては、上代語の動詞活用システムそのものから、動詞活用の始原に辿り着こうとすることには悲観的にならざるをえない。動詞の活用は、文献時代に限っても、形式・機能の両面において変転が甚だしく、類推によってイレギュラーな変化・単純化が起こりやすい。方言（特に琉球諸方言）における実現のあり方も相当に多様である。子音語幹動詞と母音語幹動詞が、過去に遡っていけば、「語幹＋共通の接辞群」という足し算システムで統一的に説明できるという作業仮説自体も、研究者の立場によっては自明な前提とはならないものである。日本国内においては、動詞活用の起源を研究対象とすること自体がタブー視されてきたと思われるが、それは、研究のかなり早い段階で、学術研究として許容される一線を越えてしまい、その先に進むことに、皆が慎重になってしまったということであろう。

動詞活用を遡ってゆくと、閉音節が存在した時代に行き当たるという可能性自体を否定するものではないが、そのような段階は、本書の射程範囲外である。

さて、服部 NSNT が再構する日琉祖語には、いくつか閉音節が存在したことが示唆されている。NSNT 22注（11）においては、語末鼻音が存在した可能性が言及されている（以下引用）。

平山輝男『琉球先島方言の総合的研究』によると、八重山群島の波照間方言には、

miŋ《穴、目》、naŋ《名》、fu̥m̥oŋ《雲》、……（肥爪による省略）
のような形がある。これらは、日本祖語の語末鼻音を保持するものか、何らかの接尾辞がついたものか、さらに広く研究を行った上でないと、判定できない。

ここで注意が必要なのは、示唆されているのは、あくまで語末の鼻音であって、語中閉音節としての鼻音ではないと言うことである。NSNT6で「首里方言を中心とする方言には、過去において*b　*d　*g　*zの入りわたりに――およびおそらくはその持続部の前半部にも――鼻音化があった時代があるが」、NSNT22で「日本祖語の*bには入りわたりに鼻音化があったため」と述べられており、日本祖語（本書における日琉祖語）の（語中）濁音には「入りわたりの鼻音」（本書では「前鼻音」）があったと推定されていることになる。この前鼻音と語中の音節末鼻音とは、東北方言のように、区別を保ちつつ共存していることもあるが、多くの方言においては、前鼻音を脱落（[-^{n}d-]＞[-d-]）させたり、純粋な鼻音に変化（[-^{n}g-]＞[-ŋ-]）したりして、前鼻音と語中の音節末鼻音の共存を回避する方向に変化した。服部NSNTには、語末以外の位置での音節末鼻音についての言及はない。

さて、語末鼻音の問題に戻ると、Pellard（二〇一六）は、波照間方言以外にも、白帆・与那国方言などに語末鼻音が存在することを指摘した上で、その鼻音が現れる語が一致していないことなどから、「南琉球の語末鼻音は祖語に遡らないが現段階ではその発生を説明できない」とまとめている。

琉球諸方言に限らず、本土方言においても、予測困難な語末鼻音が発達することは珍しいことではない。一例として、漢語「菓子（クワシ）」に語末鼻音が発達した例を、小学館『日本国語大辞典』（第二版）の「発音〈なまり〉」欄から抜粋する。

カーシン〔志摩・淡路・大和〕カシン〔南知多・志摩・南伊勢・京言葉・大和・和歌山・和歌山県・広島県・伊予〕カセン

〔志摩〕クヮーシン〔淡路・大和・伊予〕クヮシン〔神戸・鳥取・瀬戸内〕「おかし」オカシン〔神戸・播磨〕

語末位置での口蓋帆の緩みにより鼻音が発達し、それが名詞の一部として固定したものと推測されるが、どのような時に単語の一部として固定するのかは、もちろん予測不可能である。

この他、服部 NSNT20では、先日琉祖語（一部は日琉祖語にも）の音節末子音として **-r が再構されている。また、「名詞化」的意義を持った日琉祖語の接尾辞 *-i の一部が、この **-r に遡ると推定する。

**kurmu → *kumu（あるいは *kurmu）〈雲〉

**pïrnə → *pïnə〈火の〉

**tarma → *tama〈輝く丸いもの、珠〉

しかしながら、該当するらしい語例が僅少である上、「雲」の ku と「暗、黒」の kur、「霧」の kui（→ki乙）が同源、「珠」の ta と「蛍」の tar、「照、輝」の tai（→te）が同源とするなど、確実とは言いがたい語源説に依拠しており、説得力が不足している。音節構造という基本的な問題に関わる推定であるだけに、もう少しまとまった数の確かな例が欲しいところである。ホイットマン（二〇一六）も、この服部の推定を継承し、右の他に *kamur〈神〉を再構しているが、同様に、確実とは言いがたい語源説によっている。

閉音節に関しては、以上のような議論が行われてきた。本書において閉音節の問題と関わりがあるのは、第三部「撥音・促音論」よりも、むしろ第四部「清濁論」である。本書では、「濁音」は、日琉祖語から遡ること比較的近い過去に、副次的に発達した音類であると考えている（日琉祖語の段階で、清濁の音韻的対立は成立している）が、その段階から、濁子音は前鼻音を伴っていたと推定している。つまり、濁音が発達するタイミングにおいては、前鼻音発達を抑制する可能性のある、語中音節末鼻音は存在しなかったと考えたいのである。すると、少なくとも鼻音の子音語幹動詞（後のマ行四段活用・ナ行変格活用に相当）に絡んだ閉音節は存在しなかったと考えることになる。

つまり、子音語幹動詞の成立が、仮に日本語に閉音節が存在した段階であったとすると、

子音語幹動詞の成立
↓閉音節の衰退（開音節化）
↓濁音の発達
↓子音語幹動詞 -g・-b の発達
↓［日琉祖語の状態］
↓撥音・促音の発達

という歴史的順序を考えることになる。濁音の子音語幹動詞 -g・-b は、当然、濁音の発達よりも後に登場したことになるのであるが、濁音行の四段活用（に相当するもの）は、少なくとも中央語においては、古代から現代に至るまで、ガ行四段活用・バ行四段活用のみであり、ザ行・ダ行の四段活用動詞は存在しない（ナ行四段活用も存在しないが、それはナ行変格活用との関係で考えるべき問題であろう）。ガ行四段動詞・バ行四段動詞も、歴史的に他の活用形式から変化したものが多いので、さらに遡ればまったく存在しなかったとしても、それほど無理な想定ではないであろう。

［ガ行四段動詞に転じた例］

すすく?＞すすぐ、そそく＞そそぐ、さわく＞さわぐ、あへく＞あへぐ、そく＞そぐ、ぬく＞ぬぐ、ひさく＞ひさぐ、ふせく＞ふせぐ、ゆらく＞ゆらぐ、

たぢろく＞たぢろぐ、まじろく＞まじろぐ、みじろく＞みじろぐ、

かづく∨かつぐ（以上濁音化）(4)
かむ∨かぐ（嗅）（子音交替？）
［バ行四段動詞に転じた例］
むせふ∨むせぶ、しのふ∨しのぶ（偲）、えらふ？∨えらぶ（選）（濁音化）
たまふ∨たぶ・たうぶ（連声濁）
たむ（あまだむ）∨とぶ（飛）（子音交替？）
＊「あはれぶ」「うかぶ」「そねぶ」などマ行四段動詞と両形を持つ動詞は多い。
かなしぶ、たのしぶ、すさぶ、しのぶ（忍）、たふとぶ（上二段→四段）、
まなぶ・まねぶ（上二段→四段？）

【注】

（1）一般には、文化的に格差のある言語同士が接触した場合、高度な文化を担っている言語が他方に強い影響を与え、時に言語自体を置き換えさせることになると考えられる。しかしながら、言語習得の入り口となる音韻的要素、つまり母音・子音のバリエーションや音節構造は、習得のしやすさの言語差が大きいので、文化的に上位の小集団の側が、下位の大集団に歩み寄るということも起こりえよう。したがって、必ずしも日本語系の言語が、稲作とともに列島外から渡来したとは限らないであろう。ピジン／クレオールを想定するとしても、音韻要素については、単純な側に歩み寄るものである。

（2）ア行音にも子音（有声喉音音素/ʼ/）を認める場合も、本書においては、便宜的に母音連接として扱う。したがって、ここでいう「何らかの子音」とは、たとえば、被覆形に付加される接辞/*i/と、上代語や平安初期の漢文訓読に用いられる助詞「い」を関連づけ、さらにこれを副助詞「し」と同源とする推測などを念頭に置いている。この場合、弱化・脱落する子音は、

「はるさめ（春雨）」「みしね（御稲）」などに挟み込まれているのと同じ子音（狭義のサ行子音とは限らない）が想定されている。そして、その子音が弱化・脱落した結果として、そこに当時の日本語に許容されにくかった母音連接（あるいは二重母音）が変則的に生じたため、母音融合が起こったのであるという考え方がありうる。ところで、ホイットマン（二〇一六）では、助詞「い」を、韓国語の主格助詞iが、漢文訓読に借用されたものと説明するが、にわかには受け入れにくい。たしかに漢文訓読では、専ら主格の位置にのみ「イ」が用いられるので、もし、この助詞が漢文訓読にしか用いられないなら、朝鮮半島からの借用という可能性もあるかも知れないが、日本語の助詞「い」は、「頭椎（くぶつつ）い〈伊〉石椎い〈伊〉撃ちてし止まむ〔古事記歌謡一〇〕」のような目的格の位置や、「花待つい〈伊〉間に嘆きつるかも〔万一〇・一八五一〕」のような連体修飾の位置にも用いられたのであり、だからこそ、格関係には関わらない副助詞「し」と関連づける説が出てくるのである。なお、副助詞「し」が名詞の一部に取り込まれた例としては「えにし（「縁」の字音「エニ」＋し）」がある。

（3）　服部NSNT21には、露出形を構成する接尾辞*-iの一部に、先日琉祖語の**-rに由来するものがあるという説が提出されている（本章第三節第三項参照）。

（4）　蜂矢（二〇一〇）も参照。

本論

第一部　拗音論

序章　拗音―その概念と分布の偏り―

第一節　拗音の概念規定

現代日本語において、「キャ」「キュ」「キョ」のように、イ段の仮名と小さい「ャ・ュ・ョ」を組み合わせて表記される音を「拗音（開拗音）」と呼ぶ。音としては一モーラであるのに、文字としては二文字で書かれるので、日本語表記の原則は、ここにおいて乱されていることになる。また、現代共通語では失われてしまっているが、「クワ」「クヰ」「クヱ」などの「合拗音」も、かつての日本漢字音には存在した。

現代語における開拗音は、和語・漢語・外来語・オノマトペのすべての語種に現れるが、拗音は、もともとは漢字音にしか現れない要素であった。というよりも、実際には話が逆であり、固有の日本語には存在せず、漢字音・梵語音にのみ現れる、ある種の音を「拗音」と呼んできたのである。安然『悉曇蔵』（元慶四年〈八八〇〉成）において、梵語の摩多のうち、「a・ā・i・ī・u・ū」を直韻、「e・ai・o・au・aṃ・aḥ・ṛ・ṝ・ḷ・ḹ」を拗韻としたのも、その一つの現れであり、現在ならば「拗音」に含まれない二重母音などが、「拗韻」と呼ばれている。

その一方で、古代日本語の「せ」「ぜ」の発音は［ʃe］、［ⁿdʒe］のようなものであったと推定されており、現代式に表記すれば「シェ」「ンジェ」と書かれるような音であるが、この音は固有の日本語に存在したものであるので、「拗音」と呼ばれることはあり得なかった。つまり、拗音を音声の面から定義するのは難しいということである（後述するように、表記の面から定義するのも難しい）。なお、現代の外来語「シェパード」「ジェントルマン」等の「シェ」「ジェ」を拗音に含めるかどうかは、見解の分かれるところであり、同様に、「ファ」「フィ」「ティ」「トゥ」（これらに相当する音も、過去の固有日本語に存在した）などを拗音に含めるかどうかも問題になってくるが、本書の本論第二部「拗音論」においては、主に和語・漢字音の拗音のみを扱うので、この種の近年の外来語の音は、考察からは除外しておくこととする。

「拗音（開拗音・合拗音）」は、日本韻学独自の用語であり、「拗＝ねじける・すねる」という主観的価値観を含んだものである。現在「拗音」と呼ばれているものは、おおむね中国語の介音［-i-］［-u-］などに対応して出現する外来語音であったが、中国語では介音［-i-］を含む音節を「拗音」と呼ぶことはなく、（「洪音」に対して）「細音」と呼ぶ。しかも、現代の中国語音韻論においては、この介音［-i-］などを含む音節は、二重母音（または三重母音）の一種と解釈するので、日本語音韻論において拗音が二重母音扱いされないのとは大きく異なる。朝鮮語音韻論においても、介音［-i-］に対応する母音を含む漢字音は、二重母音（または三重母音）扱いされている。

現代日本語においては、拗音は一モーラ、二重母音は二モーラというように、画然と区別されるが、右に挙げた『悉曇蔵』の記述からも想像されるように、日本においても拗音と二重母音・母音連接の区別は、それほど明瞭なものではなかったようである。区別が明瞭でないのは、用語の問題に留まらず、実際の音声・音韻の面でも、拗音と二重母音・母音連接は連続的な関係にあったと推定される。たとえば、「久 キウ」「中 チウ」などは、歴史を通じて表記が安定しており、江戸時代の資料においても「キユウ」「チユウ」のように表記された実例を指摘することは相当に難しい。この「キウ」「チウ」等が二重母音であるのか、拗長音であるのか、厳密には、実際の音声がどうであったかということと、それを音韻論的にどう解釈するのかということを分けて考える必要があるのだが、ともに文献資料から確定するには、さまざまに困難がある。

また、第二章でも言及するが、平安初期（九世紀）の訓点資料に見られる「遮シア」「歴リアク」などの、「ア行表記の拗音」と呼ばれてきたものも、これが「拗音」と呼べるものなのか、「二重母音」なのか、二音節に分解される「母音連接」であるのか、表記に現れたもののみから判断するのは難しい。これに対する、「シヤ」「リヤク」のような「ヤ行表記の拗音」も、本当に一音節であったのか、「シ・ヤ」「リ・ヤ」という表記通りの二音節であった可能性はないのか等々、疑い出すと切りがない。現代の外来語に見られる「ウィンター」「ウェルカム」「ウォーター」の「ウィ」「ウェ」「ウォ」が、小字の「ィ・ェ・ォ」を使用することがありつつも、短歌や俳句に詠み込む時には、二単位扱いされざるを得ないような現象を思い合わせると、「シヤ」「リヤ」などの「ヤ行表記の拗音」であっても、現代語とは異なり、音韻論的には二音節である段階があった可能性も考慮しなければならないであろう。

以上のように、日本語音韻史における「拗音」の範囲をどのように設定するのか、厳密に考えようとすると、驚くほど曖昧な部分が多いことに気づかされる。実際に過去の音声を聞くことができない以上、やむを得ないことではある。本書においては、以上のような状況を十分に踏まえた上で、やはり、伝統的に「拗音」と呼ばれてきたものを、「拗音」と呼ぶという素朴な方法を採用することにしたい。その上で、古代の「拗音」の性質が、現代語の「拗音」と必ずしも等質なものではなく、「拗音」の性質自体は歴史的に変化しうるものであるということを念頭に置いて、考察を進めることにしたい。

合拗音に分布の偏りがある（原則としてカ行・ガ行に限定される）ことは周知のことであるが、開拗音の分布にもいくつかの偏りがある。拗音の分布の偏りについては、鎌倉時代にはすでに、ある程度の指摘があった（第二章参照）のであるが、現代の日本語の入門書においても、しばしば言及されるところである。外来語・オノマトペに関しては、開拗音の分布に偏りはほぼ存在しないので、それを除いた和語・漢語（漢字音）について考察することになるが、和語と漢字音とでは、分布の様相が異なる部分も多い。そこで、まずは漢字音の開拗音の分布について検討することにしたい。

第二節　開拗音の分布（呉音・漢音）

漢字音（呉音・漢音）における拗音の分布の偏りは、林史典（一九八三）・奥村（一九八八）を参考にまとめると、①～⑨のように整理できる。

①シャ・ジャ以外の単独ア段拗音は原則としてない。
②ア段拗音は長音を伴う例がまれ。
③シュ・ジュ以外のウ段拗音は、長く伸ばすのが原則。
④ヒュ・ビュ・ミュは長く伸ばすものもまれ。
⑤ヒョ・ビョ・ミョは、長く伸ばすのが原則。
⑥パ行拗音は語頭の例がまれ。
⑦「拗音＋撥音」の形はシュン・ジュンのみ。
⑧「拗音＋ツ」の形はシュツ・ジュツのみ。

⑨「拗音＋イ」の形はない。

①でいう「単独ア段拗音」とは、ア段拗音一モーラの漢字音のことで、「キャウ」「キャク」など、ア段拗音の後に何らかの音が続く二モーラの漢字音は含まない。「シャ（写・社・者…）」「ジャ（邪・蛇…）」以外の「単独ア段拗音」は、

（ア）唐音　「行脚《ギャ》」「脚《キャ》立」「楪《チャ》子」など

（イ）梵語音訳「般若《ニャ》」「伽《キャ》羅」「僧伽《ギャ》」など

（ウ）慣用音　「茶《チャ》」

のように、明らかに例外の側に属するものである。ア段拗音の問題については、第一章で考察する。

以下、漢字音とは呉音・漢音のことであり、特に断っていなくても、唐音を除外している場合がある。

②については、ア段拗音に限ったことではなく、ア段の長音自体が漢字音には存在しない。これは和語の場合も同様であり、感動詞・オノマトペ・文節末尾の助詞融合を除くと、ア段の長音は意外に少なく、「おかあさん」「おばあさん」程度しかない。ア段長音の問題については、第二部第三章においても言及する。

③の「シュ・ジュ以外のウ段拗音は、長く伸ばすのが原則」、つまり「シュ」「シュン」「シュッ」「シュク」などはあるのに、「キュ」「キュン」「キュッ」「キュク」など、サ行・ザ行以外の短いウ段拗音が原則として存在しないことについては、第二章において考察する。

④「ヒュ・ビュ・ミュは長く伸ばすものもまれ」と、⑤「ヒョ・ビョ・ミョは、長く伸ばすのが原則」とは、正反対の方向を向いた現象のようにも見えるが、実は、同じ理由によって生じたものである。このことは第三章において考察する。

⑥「パ行拗音は語頭の例がまれ」は、拗音に限らず、和語・漢語ではパ行で始まる語が原則としてないことによるものである（例外は、「ぱしり（使いっ走り）」「ポンシュ（日本酒）」のような隠語的性格の強い略語に限定される）。ただし、この原則が適用されるのは中世唐音（臨済宗・曹洞宗の唐音）までであり、江戸時代以降に日本に入ってきた近世唐音には、パ行音（パ行拗音も含む）で始まる漢字音が存在する。

⑦〜⑨は、「拗音と前寄り韻尾は共起しにくい」とまとめることができるもので、林史典（一九八三）により指摘された。この問題については、第四章で考察する。

第三節　開拗音の分布（唐音・オノマトペ他）

以上のような日本漢字音における拗音の分布の偏りは、呉音・漢音に限定して整理したものであった。すでに指摘したように、「キャ」「チャ」のような単独ア段拗音は、唐音にならば存在していたのであるが、②以降の類型についても、唐音（中世唐音・近世唐音）に見いだされるものがある。

「おきゃん（＝お転婆な若い娘。古くは男性にも用いた）」の「きゃん」は、国語辞典類ではしばしば「侠」字の唐音と説明されている（『和訓栞』以来の語源説）。しかし、岡島（一九九〇）が指摘するように、「侠」は入声帖韻字であり、唐音系字音として「キャン」は考えにくい。「きゃん」を字音ではなく訓とする解釈、類推により人工的に創られた唐音とする解釈、別源の唐音語に対する当て字とする解釈などが考えられるが、現在のところ、いずれとも決しがたい。ここでは、むしろ「きゃん」が「唐音」と判定したくなる音感を持っていることを重視したい。つまり、「きゃん」は呉音・漢音には存在しない音形であると同時に、和語らしさも著しく欠いた音形であり、また外来語・オノマトぺとも考えにくいため、消去法的に「唐音」という認識が導き出された可能性があるのである。

前節①～⑨の音形上の特徴を、中世唐音・近世唐音が、どのように逸脱しているかを、関連するものを含めて〈表1〉にまとめる。参考のために、平安時代の梵語音の例も併せて挙げる。清濁の別は、すべて省略した。

〈表1〉

	呉音・漢音	梵語音	中世唐音 聚分韻略	近世唐音 禅林課誦	唐話纂要	磨光韻鏡
キヤ#	×	kya	脚・虐	加・家	却・家	脚・却
シヤ#	○	cya	杓・弱		耍・若	杓・弱
チヤ#	△	tya			着・茶	灼・著
ニヤ#	×	nya			捏	逽
ヒヤ#	×	pya		下・遐	下・蝦	謔
ミヤ#	×	mya				
リヤ#	×	rya			略	略
キユ	×	hyu	旭・宮《キユン》	具・玉	決	橘・屈
シユ	○	cyu	足・俗	輸・肉		率・絀
チユ	△	tyu		取・柱	出・拙	術・出
ニユ	×	○	玉・獄			貀
ヒユ	×	pyu		畜	（休 ヒウ）	狘
ミユ	×	myu				
リユ	×	ryu	録・縷			律
ヒヨ	△	pyo	凶《ヒヨン》・匈《ヒヨン》	学	学・畜	畜・旭
ミヨ	×	○				

ヤン	×	○		揚・羊	央・様	陽・養
ユン	×	○	融・用	勇・永	(雲 イユン)	(尹 イユン)
ヨン	×	○			用・容	融・擁
キヤン	×	kyaṃ		仰・強	講・強	江・強
シヤン	×	cyaṃ		想・上	山・上	商・賞
チヤン	×	○		将・場	昌・長	張・章
ニヤン	×	○			娘・仰	嬢・醸
ヒヤン	×	○		香・向	郷・向	舡・香
ミヤン	×	○				
リヤン	×	lyaṃ		量・梁	良・量	良・両
キユン	×	○	共・恐	恐・君	均・軍	君・巻
シユン	○	○	仲・種	純・楯	楯・順	舜・純
チユン	△	○		中・終	春・准	椿・春
ニユン	×	○	喁			
ヒユン	×	○			訓	訓・薫
ミユン	×	○				
リユン	×	○	隆・窿			倫・淪
キヨン	×	○			窮	弓・恐
シヨン	×	○			冗・匆	舂・戎
チヨン	×	○		衆・従	中・衆	中・終
ニヨン	×	○			膿	醲
ヒヨン	×	○	凶・匈	雄	兄・凶	匈・洶
ミヨン	×	○				
リヨン	×	○				
ヤイ	×	○		埃	矮・捱	崖・諧
ユイ	○	×			(語 イユイ)	(余 イユイ)

ヨイ	×	×			
キヤイ	×	hyai		界・皆	皆・街	佳・皆
シヤイ	×	syai			灑・晒	
チヤイ	×	tyai			柴	
ニヤイ	×	nyai				
ヒヤイ	×	vyai		解	鞋・駭	
ミヤイ	×	○				
リヤイ	×	○				
キユイ	×	×			去・拘	居・挙
シユイ	×	×			水・書	書・垂
チユイ	×	×			吹・主	貯・衰
ニユイ	×	×			女	女・諉
ヒユイ	×	×			嘘・許	許・虚
ミユイ	×	×				
リユイ	×	×			旅・縷	呂・慮
キヨイ〜リヨイ	×	×				

○使用した資料は以下のものである。梵語音の例・中世唐音の例・近世唐音のうち『磨光韻鏡』の例は、文献の性質上、人工的に整えられた音が混在している可能性を否定できないが、体系網羅的であることを優先させた。

呉音・漢音：平安・鎌倉時代の諸資料を参照した。音訳語にのみ見られる音は除外する。×は例が見いだせないもの。△は例がまれであるもの。

梵語音：六地蔵寺本『梵字形音義』（院政期写）の悉曇章による。仮名音注があるものについては例を一つ挙げ、仮名音注はないが理論的に存在し得るものは○で示す。理論的にも存在し得ないものには×をつけた。なお、kyam 等の実際の音注は「キヤム」であるが、これは三内空点「キヤム・キヤン・キヤウ」の代表形と解して「キヤン」の例として扱った。

中世唐音：慶長版『聚分韻略』の唐音による。例が見いだせないものは空欄のままとする。

近世唐音：『禅林課誦』（寛文二年〈一六六二〉刊）の黄檗系唐音。東京大学文学部国語研究室蔵本による。岡島冠山『唐話纂要』（享保三年〈一七一八〉刊）の訳官系唐音。『唐話辞書類集』第六巻（汲古書院）による。文雄『磨光韻鏡』（延享元年〈一七四四〉刊）の唐音。人工的に整理されたものであるが、体系網羅的である。勉誠社文庫による。

呉音・漢音には存在しなかったさまざまな音形が、中世唐音・近世唐音にはごく普通に見られることが知られる。また、中世唐音よりも近世唐音の方が概して多様であり、〈表1〉には掲載しなかったが、「ピエン」「キユエン」「ツヤウ」「ツヲイ」「スヲン」など多彩な音形が、近世唐音には見られる。さらに、仮名表記しがたい音を表現するために、「pa＝パ・ü＝ヴ・kü＝ギ・tsa＝ザ・tso＝ゾ・ti＝デ・tu＝ド・ər＝ル」のような符号が工夫され、これが日本語の半濁音表記の成立に深く関与したことが、沼本（一九九七）によって詳細に検討されている。

いずれにしても、中世唐音・近世唐音ともに、このような日本語離れした響きが、禅宗における諷経に神秘性を付与し、その異国情緒やハイカラな雰囲気が、江戸期の唐音学習の流行を支える重要な要素であったのであろう。

ここで、日本語語彙史の立場から「漢字音の枠」の問題を考察しておく。ここでいう「漢字音」とは、呉音・漢音に限定される。

いわゆる中古文学作品においても、非和語的な音形を持つオノマトペの例がないわけではないが、院政・鎌倉時代に下ると、説話・軍記を中心に、きわめて多彩なオノマトペが見られるようになり、生き生きとした情景描写が行われている。しかし、それらのオノマトペの音形は、漢字音にも存在する音形の範囲に留まり、漢字音の枠を越えることはないようである。

（猫ガ）きて、「ねう〳〵」といとらうたげになけば、かきなでゝ、うたてもすゝむかな、とほゝゑまる　〔源氏物語・若菜下一一二八11〕

大キナル骨、浄覚ガ喉ニ立テ、エフ〳〵ト吐迷《はきまどひ》ケル程ニ、骨不出《いで》ザリケレバ　（宇治拾遺物語一六八は諸本「ゑう〳〵と」）〔今昔物語集二〇・三四・一九九4〕

やまぶしのこしにつけたるほらがひの丁《ちゃう》どおちていとわれくだけてものをおもふころかな　〔梁塵秘抄四六八〕

此ノ六相ヲ以テ、チヤウド（上上上平濁）、マロカシツレバ、唯心廻転善成門ト云ニ　〔解脱門義聴集記四・一八オ〕

乍去《さりながら》矢取テツガヒ、「南無八幡大菩薩」ト心中ニ祈念シテ、能引《よっぴい》テヒヤウド放ツ　〔延慶本平家物語二中・八八ウ〕

ところが室町時代に下ると、抄物・狂言・キリシタン文献などに、漢字音の枠を越えて、さらに自由な音形を持ったオノマトペが現れる。

マイノ毛ノ中ニ、ヨツト出タ毛ゾ　〔蒙求抄四・八〇オ〕

鼻縄モナキウシツコガチヨントハネタマデゾ　〔西福寺本碧巌録抄七・二七オ上欄〕

よきひかりぞとかげたのむ（略）ほとけのみてら、たづふね、きよひよん　〔虎明本狂言・はちたたき下一九五3〕

ひんだ（飛騨）のよこたの若なへを、しよんぼりしよんぼりとうへたもの　〔虎明本狂言・うつぼざる上二六〇13〕

シャンシャント（Xanxanto）　〔日葡辞書〕

オノマトペにどの程度までの写音性を許容するかは、その文章の文体レベルの問題でもあるので、上述の院政・鎌倉時代と室町時代とのオノマトペの差違を、直ちに時代差と捉えるわけにはいかないであろうが、日本語語彙史を考える上で、この「漢字音の枠」の存在を想定することは、是非とも必要なことであると考える。オノマトペに限らず、一般語彙における「ひょっとしたら」「ひょんなことから」「ちゃんとする」など、漢字音の枠を越えた音節を含む語彙の登場は、日本語史におけるトピックとして、もう少し注意されるべきであろう。

唐音系字音は「漢字音の枠」を逸脱する音形が多く存在するものの、結果的には日本語にほとんど定着しなかった。とはいえ、日本語語彙史を立体的に捉えるためには、語彙群としての「唐音語」に、漢語とは別の独立した位置を与えることが必要であることが判明しよう。

第一章　ア段拗音──拗音仮名「茶（茶）」をめぐって──

第一節　はじめに

観智院本『類聚名義抄』の「和音」の仮名表記には、「拗音仮名」と呼ばれる文字が用いられることがある。「火ン」によって「クワン」、「者ウ」によって「シヤウ」を表すなど、一般的には仮名二字で表記される拗音（開拗音・合拗音）を、漢字一字によって表記しているものである。これらは、ほとんどの場合に片仮名と組み合わせて用いられ、「火」「者」等が単独で「クワ」「シヤ」などの「和音」を表すことは避ける傾向があるようである。後者のように、漢字一字の音を別の漢字一字で表す方式は「類音注」（「同音字注」「直音注」とも）と呼ばれ、日本漢字音の資料において、しばしば見られるものである。実際、『類聚名義抄』において、同じ呉音系字音であっても、「和音」とは別に「呉音」として掲載されているものは、おおむね類音注によって字音が標示されている（藤原公任『大般若経字抄』からの引用と推定される〈渡辺修一九五三〉）。つまり、若干の例外もあるものの、『類聚名義抄』の「和音」の表記においては、「拗音仮名」は、外見的に類音注と区別できないような形式を避け、仮名の体系を補助するための文字として、使用されるのを原則としているようである。

この『類聚名義抄』の事例を含め、一般的に拗音仮名は、第三節で述べるように、カ行・ガ行合拗音、サ行・ザ行開拗音にほぼ限定されている。そうした中で、次の『類聚名義抄』の二例は、拗音仮名「チャ」に相当するものとして、例外的な存在である。

①擲　鄭亦反……和　茶ク〔仏下本三〇ウ〕

②鐸　音澤……和　茶ク〔僧上七〇オ〕

しかし、これらの和音が「チャク」であると、ただちに結論づけることはできない。なぜなら、しばしば言及されるように、「茶」の字音としての「チャ」はいわゆる慣用音であって、正統の中国漢字音には、その根拠を求めがたい字音であるからである。実際、『類聚名義抄』の「茶」の項目そのものには、「チャ」に相当する字音は掲載されていない。

茶　音途……又音虵　又音余・又宅加反〔僧上五ウ〕

右の音注から期待される正音（漢音系字音）は「ト・シャ・ヨ・タ」である。呉音系字音についての情報はないが、右の音注の中には、呉音系字音で「チャ」に相当するものは存在しない。

さらには、『広韻』によって、『類聚名義抄』の見出し二字の音類を検すると、

①擲……梗摂昔韻開口三等澄母（入声）

②鐸……宕摂鐸韻開口一等定母（入声）

である。つまり、演繹的に導き出される呉音系字音は、①擲「ヂャク」、②鐸「ダク」であって、「チャク」ではないのである（演繹的に漢字音を認定するタイプの漢和辞典には、擲「ヂャク」、鐸「ダク」が呉音として掲載されている）。この点からも、拗音仮名としての「茶」の妥当性の検討が必要であることが知られよう。

本章では、例外的な「拗音仮名」である「茶（荼）」字を、従来通り拗音仮名として扱うのが相応しいのか否かを、さまざまな角度から検討してゆく。なお、「茶（荼）」字の字音・字体・字義の問題については、すでに高松（一九七八）・林恵一（一九八一）に詳細な検討があるので、本書では多くを省略する。「茶」と「荼」は規範的には別字とされているが、本来はいずれも「荼」（または「𣘻」）であり、「にがな」と区別するために一画減らしたのが「茶」であった。つまりまったくの同音字である。この二字は中国においても通用されることがあり（通仮字）、日本においても、実際の古写本では区別が判然としないことがある（どちらでもない字体も用いられる）。本書では、梵語音訳漢字は「荼」、それ以外（「拗音仮名」を含む）は「茶」という字体に統一して翻字するが、それは依拠文献の字体とは必ずしも一致していない。

第二節　ア段拗音の分布の偏り

序章で整理したように、日本漢字音の拗音の分布には、いくつかの偏りがある。ここで問題となるのは、呉音系字音・漢音系字音の範囲内には、サ行・ザ行以外のア段拗音（シャ・ジャ以外のア段拗音）は、原則として単独では存在しない、という特徴である。例外は、以下のような類型に収まる。

（ア）唐音　「行脚ギャ」「脚キャ立」「楪チャ子」……

（イ）梵語音訳「般若ニャ」「伽キャ羅」「僧伽ギャ」……

（ウ）慣用音　「茶チャ」

つまり、「キャク（客）」「キャウ（強）」など、漢字音の一部にア段拗音を含む形はあっても、「キャ」等の単独の形では現れないのが原則なのである。この分布の偏りは、純粋に中国側の事情によるものである。『広韻』を検索してみても、サ行・ザ行以外に「㋑ヤ形」で現れることが期待される漢字、つまり果摂戈韻開口三四等・仮摂麻韻開口三四等字で、歯音・喉音羊母以外のものは、きわめて少ない（『広韻』に掲載される漢字と、『韻鏡』第二十八・二十九転に掲載される漢字とには若干の出入りがあるが、僅少であるのは同じことである）。以下に挙げる漢字ですべてである。なお、漢和辞典によっては、麻韻二等（直音韻）の舌上音字の呉音を「チャ」「ヂャ」として掲載するものがあるが、そのような字音は文献資料には認められない[1]。

〈平声戈韻開口三等〉/-iɑ/［-ɪɑ］

［見母］迦（音訳字）

［渓母］佉（音訳字）

呿《口を開けたままの様子》オノマトペ？

欫《あくび》オノマトペ？

怯《愚かな様子》オノマトペ？

［群母］伽（音訳字）

茄《ナス》（印度原産）

枷《刑具》（又音加）オノマトペ？

〈平声麻韻開口三等〉/-ia/［-ɪa］

［端母］爹（羌人の言葉で父親のこと）

［日母］若（蜀の地名）

婼（西域の国名）

〈上声馬韻開口三等〉[-ɪa]

[明母] 乜（蕃族の姓）

[日母] 若《乾し草》 又（音訳字） 又（虜の複姓）

惹《心が乱れる》オノマトペ？

弸（応声・感動詞）

これらも、外来音・固有名詞・オノマトペ・感動詞など、中国語音韻体系にとっては周辺的と見なされるものが多い。調査範囲を『集韻』等に拡大すると、該当例を補充することが可能ではあるが、当然の事ながら、僻字・僻音ばかりである。

なぜ、戈韻・麻韻において、このような声母の分布の偏りが存在するかは措いておくとして、この特徴は、そのまま日本漢字音にも引き継がれ、日本漢字音で「㋑ヤ形」となるのは、「般若（ハンニャ）」「伽羅（キャラ）」「掲帝（ギャテイ）」などの梵語の音訳漢字音や、「行脚（アンギャ）」「楪子（チャス・チャツ）」などの唐音系字音、そして、本章で問題にするところの「茶（チャ）」ぐらいである。この「茶」の字音としての「チャ」は、中国中古音の体系からは説明できない音であるため、通常は「慣用音」として処理されているが、実は、「チャ」という音形そのものが、日本漢字音（呉音系字音・漢音系字音）の体系の中では、異例の存在なのである。

第三節　拗音仮名

本書で「拗音仮名」と呼ぶのは、「血〈決〉」「傷〈生〉」などのいわゆる類音注とは異なり、一般の片仮名と組み合わせて用いられる、仮名の体系に組み込まれた漢字のことである。諸種の資料に散見するが、特に、観智院本『類聚名義抄』にまとまった形で現れることが知られている。以下、同資料より主な例を挙げる。

①カ行合拗音

〈クワ〉

〈火〉浣 火ン、潰 火イ、獲 火ク

〈クヱ〉

〈化〉喧 化ン、穴 化チ

〈クヰ〉なし。

②ガ行合拗音

〈グヱ〉

〈訛〉願 訛ム

〈外〉源 外ン、患 外ン

〈グワ〉〈グヰ〉なし。

③サ行開拗音
〈シヤ〉
〈者〉正 者ウ、青 者ウ、積 者ク
〈シユ〉
〈主〉従 主ウ、旬 主ン、出 主ツ、粛 主ク
〈シヨ〉
〈所〉昇 所ウ、證 所ウ
④ザ行開拗音
〈ジヤ〉
〈謝〉状 謝ウ、常 謝ウ
〈ジユ〉
〈受〉誦 受ウ、訟 受ウ、順 受ン
〈寿〉充 寿ウ
〈ジヨ〉
〈序〉承 序ウ
⑤タ行開拗音
〈チヤ?〉
〈茶〉擲 茶ク、鐸 茶ク

〈チュ〉〈チョ〉なし。

『類聚名義抄』などにおいて、開拗音の拗音仮名が、事実上サ行・ザ行に限定されることは、すでに述べたが、「シャ・ジャ以外の単独ア段拗音は原則としてない」「シュ・ジュ以外のウ段拗音は、長く伸ばすのが原則」である以上、ア段・ウ段に関しては、サ行・ザ行以外の場合に、それに相当する拗音仮名は用意しがたいのであって、開拗音の拗音仮名が見出せないのは、当然のことであった。しかし、オ段に関しては、そのような制約が存在しない以上、「女（ニヨ）」「旅（リヨ）」あたりが拗音仮名として用いられても良さそうである（漢音でも良いならば、「去（キヨ）」「魚（ギヨ）」「女（ヂヨ）」なども使える）。それにもかかわらず、「シヨ」「ジヨ」に相当する拗音仮名のみが存在するのは、サ行・ザ行拗音の特殊性、大元をたどればサ行・ザ行子音の特殊性によるものであろう（第一部付章参照）。しばしば指摘されるように、拗音を仮名で表記する際には、古くは「直音表記」と呼ばれるものが行われることがあった。「釈　シヤク→サク」「定　ヂヤウ→ダウ」のように拗音を対応する直音で表記する類である。この直音表記が、特にサ行・ザ行の場合に顕著に表れることは、古い文献を読む機会の多い人は経験的に知っているし、また、具体的な文献データによって実証されることもあった（春日和男一九六〇など）。付章で述べるように、古代のサ行・ザ行子音は、調音の位置に幅があったと推定され（[ts～tʃ] また [s～ʃ]）、それが拗音の直音表記がサ行・ザ行に集中的に現れる理由であろう。それと同時に、このサ行・ザ行子音の音価の特性ゆえに、外来語音としての拗音の受け入れ方が、他の行とは異質であり、その一つの現れが拗音仮名の使用であったと考えられる。

第五章において、開拗音と合拗音の日本語への受け入れ方が異なったことを指摘するが、サ行・ザ行開拗音の受け入れ方は、合拗音の受け入れ方にも通じる一面を持っているように思われる。「キヤ」「キヨ」など、ヤ行表記される他の行の拗音が、分解圧縮法（第五章第四節参照）により二音節を融合させるという方向から日本語に定着したのに対し、サ行・ザ行拗音は、他の行と同様の受け入れ方もされた一方で、最初から一音節的に受け入れることもあったため、「者」「主」「所」などの拗音仮名一字で表記する方法が工夫されたとも考えられよう。合拗音の場合も、種々の状況証拠から、最初から一音節的な受け入れ方をされたと推定され、「クワ」「クヰ」のような仮名二字による表記の発達はかなり遅れ、類音表記・拗音仮名表記が相当遅くまで継続したのであった。

　ところで、「チユ」に相当する拗音仮名とおぼしき例が、わずかではあるが存在する。

沈　中ム　（西大寺本金光明最勝王経平安初期点一三〇8）

仲　中于　（楊守敬本将門記平安後期点三一8）

「中」が片仮名の「チ」であるとすれば、それぞれ「ヂム」「チウ」であるので何も問題はないが、「中」字を片仮名「チ」として用いた例は、諸資料に見出しがたい。「沈」は深摂侵韻字であって、歯音字も「シユム・ジユム」のような拗音では現れない韻であるし、「仲」は通常は「チウ」と表記される（発音される？）字であって、古くは「チユウ」の例はない。仮に「チユウ」に相当する音を表そうとしているのだとしても、ng韻尾を持つ「仲」を「中于」と表記すると、「チウ」のごとく受け取られかねないから、何かちぐはぐな印象を受ける。いずれにしても、きわめて稀な例であることは確かであるので、拗音仮名の体系を考察する上では、特に重視する必要はないであろう。

第四節　「茶」の字音

諸資料における拗音仮名の用法を見渡してみても、観智院本『類聚名義抄』の拗音仮名「茶（チヤ）」が、体系からはみ出した存在であることが明らかである。だからこそ、「茶」が本当に「チヤ」に相当する拗音仮名であるのかどうかを、確認しなければならないであろう。

「茶」の字音「チヤ」は、現行漢和辞典類において、「慣用音」として処理されることが多いことからも分かるように、中国側に正当な根拠を見出しがたい字音である。前述したように、漢和辞典によっては、麻韻二等の舌音字（舌上音）の呉音に、拗音を認定するものもあるが、そのような音は、文献資料による裏付けを持たないものであった。『広韻』に掲載されている音は、以下の（延べ）五音である。これらのうちに日本漢字音で「チヤ」に相当するものはない。『集韻』などの他資料には、これ以外の音も掲載されているが、それらのうちにも「チャ」に該当するものはない。

茶《（瑹）美玉名》遇摂魚韻書母（平声）
茶《苦菜》遇摂模韻定母（平声）
茶《苦菜》仮摂麻韻開口二等澄母（平声）
𣘻《春蔵（草）葉可以為飲》仮摂麻韻開口二等澄母（平声）
茶《芀》仮摂麻韻開口三等船母（平声）

日本漢字音の資料における「茶・荼」字の付音例の大半は、「荼毘（ダビ）」に代表されるような梵語の音訳漢字としての用法（後述）であって、その音は「ダ」で安定している。飲み物（または薬）としての「茶」は、仏典にも漢籍にもなかなか例が見いだせないため、平安・鎌倉時代の付音例は多くないのであるが、前田本『色葉字類抄』において、すでに「チヤ」の例が見られるので、かなり古くからある読み方であったことが知られる（学習院大学蔵『伊呂波字類抄』にも、同様の例が見える）。

茶〈チヤ…薬名〉〔上六五ウ7　植物〕
茶〈チヤ―茗〉〔上六七ウ1　飲食〕
茶垸〈チヤワン〉〔上六七ウ5　雑物〕

また、訓点資料では、高山寺本『恵果和尚之碑文』（延久承暦頃写）に「茶蓼　チヤレウ〔五オ〕」の例がある。ただし、山口佳紀（一九六七）の指摘するように、この資料にはいわゆる百姓読みの字音が多く、この「茶　チヤ」も正統な伝承によるものではなく、加点者の日常漢字音が混入したものと考えられる。実際、東京大学文学部国語研究室本（長暦天喜頃加点か）では、同じ箇所が「茶蓼　トレフ〔六五〕」となっている。つまり「茶《苦菜》遇摂模韻定母」に相当する音が、この箇所の正統な字音であると考えられるのである。同じ熟語の例として、「茶(平)〈ト〉蓼(上)〈レウ〉〔天理図書館本三教指帰久寿二年（一一五五）点四九ウ〕」、「茶(平)〈(右)ト・(左)チヤ〉蓼(上)〈レウ〉〔東寺観智院本三教指帰建久八年（一一九七）写〕」が管見に入った。観智院本は、左右に異なる付音があり、興味深い。別の熟語の例として、根津美術館蔵大般若経鎌倉中期点（祖点は院政末期）巻第四五八に、「煩寃茶〈(右)ト(平濁)・(左)タ(上濁)〉毒」の例があることを、佐々木勇氏にご教示いただいた。

いずれにしても、「茶」の字音としての「チヤ」は、呉音系字音・漢音形字音ともに、正統の根拠を求め得ないにもかかわらず、世間には広く通行していたようなのである。

ちなみに、現代北京官話では、「茶」はcha（第2声）であって、日本語の「チャ」に近い発音となっているが、中国語音韻史における舌上音の破擦音化（正歯音化）、日本語音韻史における「チ」「ツ」の子音の破擦音化を経た結果であるので、今考察している慣用音の「チャ」と、ただちには結びつけられない（中世唐音で「茶」が「サ」となるのは、舌上音が破擦音化している一方で、日本語の「チ」「ツ」が破擦音化していないためである）。高松（一九七八）は、中国語音韻史上における、舌上音の音価の問題や、その破擦音化の問題と結びつけて、この慣用音「チャ」を説明した。正統な漢字音史の中にこの音を位置づけようとすれば、それが唯一の方法であるが、やはり異例であること自体は覆らない。高松も述べるように、「茶（チヤ）」は、喫茶の習慣とともに、「物」に直接付随する形で、日本にもたらされた「語」であって、一般の漢字音の体系からは、最初からはずれたものであったと考えざるを得ないであろう。中国側・日本側双方において方言音の問題が絡んでくる可能性があるし、そもそも非漢語系の言語から借用された語であった可能性もある。現実問題として、解決は困難であるので、本書では、これ以上この問題には立ち入らないことにする。

第五節　音訳漢字としての「荼」

梵語の音訳漢字として、「荼」はかなり使用頻度が高く、常用字であると言って良いであろう。日本悉曇学における、最も重要なテキストである、唐・智広『悉曇字記』においても、ḍa 字・ḍha 字の音訳漢字として「荼」字が掲載されている。また、梵語の音訳語で、ある程度常用されるものの中にも、「荼毘（パーリ語 jhāpeta に相当）」「曼荼羅（梵語 maṇḍala に相当）」など、「荼」が含まれるものがかなりある。その結果として、平安・鎌倉時代の日本漢字音の資料に現れる「荼（茶）」字の付音は、大半が梵語の音訳漢字の例であるというのが現状である。

この音訳漢字としての「荼」の読みは、おおむね「ダ」で安定している。たとえば『妙法蓮華経』では、「荼」字は梵語の音訳漢字としてのみ用いられているが、『法華経』の点本・音義の類では、ごくわずかな例を除いて、圧倒的多数が「ダ」と読まれている（小倉肇一九九五）。他の仏典においても同様である。

しかし一方で、日本悉曇学においては、一部の梵字の読み方に、南天音「直音」、中天音「拗音」という独特な伝承があり、たとえば、梵字の ka 字は、南天音「カ」、中天音「キャ」のように読まれることがある。「僧伽（ソウギャ）」「掲帝（ギャテイ）」は、それぞれ梵語の saṃgha、gate に対応し、典型的な中天音式の読み方である。この伝承があらゆる音へと機械的に拡張されていったとき、音訳漢字としての「荼」も、「ヂャ（チャ）」と読まれうることになり、実際、その例は存在する。

〈訓点資料〉

荼〈雉也反〉〈チヤ〉、荼（去）〈太（朱）〉　〔観智院本金剛頂蓮華部心念誦儀軌天喜二年（一〇五四）写〕

蹇荼〈ケンチヤ〉　〔高山寺本大日経疏永保二年（一〇八二）点〕

阿（去）里（上）荼〈チヤ〉（上濁）　〔観智院本金剛童子菩薩成就儀軌建仁二年（一二〇二）写〕

〈悉曇学書〉

ḍa 字、荼〈他仮字〉音上声、或拏〈陀和音〉音、或知也〈二合〉音（或地也〈二合和音〉音）。ḍha 字、荼〈他仮字〉音、初平後上呼之。是為重音。或云去声。或知也〈二合〉音。（ ）内は諸本により補った。

〔明覚『梵字形音義』三・二二六〕

促而読之……荼《タ》〈宅下反〉・荼《タ》〈幢我反〉……也。為母第二、延而読之……荼治也・荼治也……也

〔信範『悉曇字記聞書』六・三八九〕

観智院本『金剛頂蓮華部心念誦儀軌』の例は、反切のない箇所は「ダ」、反切（雉也反）のある箇所は「ヂヤ」と読まれており興味深い。一般に、音訳漢字「荼」の読みは「ダ」で安定しているため、仏書訓点資料において「ヂヤ（チヤ）」の例はそれほど多く指摘できないが、演繹的に作り出された発音が大量に掲載される傾向がある悉曇学書においては、「ヂヤ（チヤ）」の例は比較的容易に見出すことができる。しかし、その扱いは、あくまで「ダ（タ）」に対

して二次的なものに過ぎない。

　結局、この梵語音訳漢字としての特殊な読み方が、飲み物（または薬）としての「茶」の読みに影響を与えたとは考えにくい。「茶」の字音としての「チャ」は、やはり、具体的な「物」としての「茶」と密接に結びついて普及したものと考えるべきであろう。

第六節　仮名としての「茶」

　仮名としての「茶」字の読みの可能性としては、「擲」「鐸」を「茶ク」と表記していることを勘案すると、当面は「ダ」「タ」「ヂャ」「チャ」が候補として考えられよう。『類聚名義抄』において真仮名として用いられている以上、このうちの「タ」の可能性はおのずと排除される。つまり、「ダ」「チャ」「ヂャ」の三者のいずれかということになる。

　ここで、「擲」「鐸」の名義抄での音注を再掲しておく。

①擲　鄭亦反……和　茶ク〔仏下本三〇ウ〕
②鐸　音澤………和　茶ク〔僧上七〇オ〕

この二字は『広韻』において各一音ずつが掲載されており、その音類を示すと以下のようなものである。

①擲……梗摂昔韻開口三等澄母（入声）
③鐸……宕摂鐸韻開口一等定母（入声）

つまり、演繹的には、①擲は「ヂャク」、②鐸は「ダク」が、和音として期待されるのである。観智院本『類聚名義抄』の和音は、風間書房索引などでも、ともに「チャク」と読まれてきたが、果たしてそれで本当に正しいのであろうか。そこで、他の呉音系字音資料において、①擲、②鐸がそれぞれどのように読まれているのかを確認する必要が出てくる。

①擲

擲　丁〔聖語蔵本央掘魔羅経平安初期点〕

擲(入丅)　チヤク[2]〔慈光寺本大般若経平安後期点〕

界(平)擲(入)〈カイチヤク〉〈下音直〉〔高山寺本新訳華厳経音義鎌倉初期点〕

打擲〈ちやうちやく〉〔妙一記念館本仮名書き法華経鎌倉中期写〕

擲　チヤク〔明覚三蔵流法華経音義室町期写〕

②鐸

鈴鐸　チヤク〔高山寺本大日経疏長治元年〈一一〇四〉点〕

鐸　チヤク〔承暦三年本金光明最勝王経音義院政期後筆〕

鈴(上)鐸(入)〈レイチヤク〉〈上音霊　徒各反〉〔高山寺本新訳華厳経音義鎌倉初期点〕

鐸　智夜久〔薬師寺本大般若経音義〈乙〉鎌倉後期写本〕

以上のように、他の呉音系字音資料においては、諸種の文献にわたって、清音の「チヤク」が用いられていると判断できる（『新訳華厳経音義』『仮名書き法華経』は濁声点を含む資料であるが、当該箇所には濁声点が付されていない）。つまり、『類聚名義抄』「和音」に用いられる仮名「茶」は、やはり「チャ」と読むのが相応しいことになる。『新訳華厳経音義』の場合、類音注・反切注と仮名音注が、①・②ともに一致していないが、正規の注を無視しなければならないほど、「チャク」がこれら二字の字音として通用・定着していたということであろう。なお、『央掘魔羅経』平安初期点の「擲　丁」は、本文「振手遠擲」の箇所の音注ではあるが、「打擲（チヤウチヤク）」の読みが混入したものであるかもしれない。

ただし、梵語の音訳漢字の例の中にならば、「ḍhaḥ 鐸〈タク（上濁平）〉〔東寺観智院本大毘盧遮那広大成就儀軌康平二年（一〇五九）点〕」があったことは指摘しておきたい。演繹的に導き出されるこの漢字の呉音は「ダク」であったからである。

第七節　「ダ」に相当する濁音仮名

最後に、観智院本『類聚名義抄』における、字音表記の真仮名のバリエーションの観点から、「茶」の読みについて確認する。なお、梵語の音訳漢字と万葉仮名には、共通する字母が多いことが知られているが、「茶（茶）」が万葉仮名として用いられた例は、管見には入らなかった。

「ダ」に相当する濁音仮名としては、以下のものが指摘できる。

①〈太〉

提　太イ〔仏下本四〇ウ〕

②〈堕〉

台　堕イ〔僧下三六ウ〕

堂　堕ウ〔法中三一オ〕

段　堕ン〔僧中三四ウ〕

以上の四例が、（「茶」は含めないものとして）観智院本『類聚名義抄』における「ダ」に相当する濁音仮名のすべての用例である。つまり「ダ」に相当する濁音仮名としては、「太」「堕」の二種類の文字が使われているのである。一方、『類聚名義抄』の濁音仮名・拗音仮名は、以下のように、一つの音に対しては、一種類の文字を用いるのが最も一般的である（「ダ」「チャ」を除いて示す）。

一種類

我（ガ）、義（ギ）、具（グ）、下（ゲ）、坐（ザ）、自（ジ）、是（ゼ）、地（ヂ）、土（ド）、鼻（ビ）、慕（ボ）、者（シャ）、主（シユ）、所（シヨ）、謝（ジヤ）、序（ジヨ）、火（クワ）、化（クヱ）

二種類

部・復（ブ）、受・寿（ジユ）、外・訛（グヱ）

三種類

五・吾・後（ゴ）

「ダ」は、「太」「堕」の二種類の文字が用いられている時点で、すでに少数派である。しかし、「ゴ」が三種類の濁音仮名を有している以上、「ダ」の第三の濁音仮名として「茶」が存在しても、完全な異例というわけではない。結局、字母の種類数という観点からは、「茶」は「ダ」と読む可能性を完全に排除することもできないが、「チャ」であると考えるのがより自然であろう。

第八節　むすび

以上、さまざまな角度から、名義抄の拗音仮名「茶」について検討してきた。結論としては、これを従来通り「チャ」と読むのが妥当であるというところに決着することになったが、検討の過程でさまざまな問題点が浮かび上がった。また、『類聚名義抄』「和音」の濁音仮名・拗音仮名に、正規の呉音系字音・漢音系字音、あるいは梵語音訳漢字音や万葉仮名とも異なる、日常言語生活の場から、字母が供給されているという事実は、『類聚名義抄』における「和音」の性質（何らかの仏典からの引用であるのか否か等）を考える上でも、重要なことであると考える。

【注】

（1）「白（ビャク／ハク）」「客（キャク／カク）」「行（ギャウ／カウ）」のように、梗摂字の場合には、『韻鏡』の二等韻（直音韻）であっても、呉音に拗音、漢音に直音で現れることがあるが、仮摂麻韻二等の舌上音については、「茶」を除けば証拠が乏しく、その「茶（茶）」も呉音資料では「ダ」となるのが原則である（林史典一九八三、小倉肇一九九五など）。

（2）佐々木（二〇一七）によると、慈光寺本大般若経には「丅・丄」「〇」の二種類の声点があり、後者（〇）は、有声音（濁音・鼻音等）を標示する機能を有したらしい。

第二章　ウ段開拗音の沿革

第一節　ウ段拗音の分布の偏り

承澄『反音抄』（一二三二成）に掲載される音図には、ヤ行・ワ行の下に以下のような注記がある（馬渕和夫編『影印注解　悉曇学書選集』第二巻、馬渕〈一九九三〉に東寺観智院金剛蔵本徳治二年写本の影印がある。また、馬渕〈一九六三〉に大東急記念文庫蔵正安元年写本の影印がある。以下は観智院本の原本調査による）。

〔ヤ行の下〕

為レ母二第二一之時為二中字一。故ヤ通二音韻一也。

但ユ字ハ非二シ下一無レ成レ音。

〔ワ行の下〕

為レ母二第三一之時為二中字一。故ワ通二音韻一也。

但ワヰエ字、非二ク下一無レ成レ音。

ヤ行の下に注記されているのは、イ段（音図の第二）の仮名にヤ行の仮名を付すと、いわゆる開拗音の表記になるので、ヤ行が音図の経緯に通じる行であることを述べたものである。同時に「ユ」は「シ」以外の仮名には付かないことも指摘している。つまり、ウ段開拗音は「シユ」（および「ジユ」）のみであって、それ以外の「キユ」「チユ」などの「㋑ユ形」は、存在しないと述べているのである。この『反音抄』の記述に関しては、すでに馬渕（一九九三）に、以下のような説明がある。

> たとえば、「キュウ」「チュウ」などの音は、現代では立派に拗音として成立しているが、承澄には音として存在しなかったのであろう。それではどうなるのかというに、おそらく、
>
> キ＋ユ　は　キウ
>
> チ＋ユ　は　チウ
>
> となって、いまだ「キュウ」「チュウ」という拗音とはならなかった、ということを言っているのであろう。江戸時代の謡曲のうたい方を指南した『音曲玉淵集』などでも「割《ワル》」といって「久《キウ》」「中《チウ》」と発音する様にいっている。謡曲だから古い発音をとどめているのであろうか。「反音抄」で「シュ」だけを認めているのはもともと[ʃ]の音であったため、「シ・ウ」が「シュ」となったのではないかと思う。（一二四頁）

馬渕の説明は、文献上の日本漢字音に関わる事実の整理がやや不十分であるため、意図するところが理解しにくい面がある。そこで、本書の立場から整理をし直すことにする。『反音抄』の記述は、第一部序章において、「③シュ・ジュ以外のウ段拗音は、長く伸ばすのが原則」と整理したのに対応する指摘であるが、現代の漢字音で「キュー」「チュー」等のウ段拗長音になっているものも、諸先学の字音資料（唐音資料は除外する）の調査によれば、古く「久　キウ」「中　チウ」「入　ニフ」「粒　リフ」等に表記され、狭義のウ段拗音を含まないものであった。[1] したがって、右の承澄の指摘は、歴史的事実に基本的には合致するものである。

なお、ワ行の下に注記されているのは、ウ段（音図の第三）の仮名にワ行の仮名を付すと合拗音になるので、ヤ行と同様に、ワ行も音図の経緯に通じる行であることを述べたもので、「ワ」「ヰ」「エ（ヱ）」は「ク」以外の仮名には付かないことも指摘している。オ段合拗音「×クヲ」が（呉音・漢音の範囲内には）存在しないことも的確に指摘しており、こちらの方は、ごく常識的な見解であろう。ただし、漢音資料に出現するサ行・タ行の合拗音（後述）については考慮していないことになろう。

「シユ」「ジユ」が主に現れるのは、通摂東韻三等・屋韻三等・鍾韻、遇摂虞韻、流摂尤韻、臻摂諄韻・術韻である（平声で相配する上・去声を兼ねる）。これらの韻に属する諸字の日本漢字音における現れ方は多様であり、簡明に示すのは困難であるので、一つの例として、漢音系字音資料である、東京国立博物館本『蒙求』長承三年（一一三四）墨点より、流摂尤韻（有韻・宥韻）、遇摂虞韻（麌韻・遇韻）の諸字の音を示す（声点は省略。「仇 クワン」など、明らかな異例は除外した）。

〔流摂尤韻〕/-iʌu/［-ɪə̆u］

休 キウ、牛 キウ

鄒 シウ、秋 シウ、舟 シウ、守 シウ、修 シウ、羞 シウ、秀 シウ、袖 シウ、臭 シウ、獣 シウ、寿 シウ、授 シウ、綬 シウ、周 シウ・シユ、酒 シユ・ス、首 シユ・ス、収 ス

紂 チウ

不 フ、富 フ、負 フ

憂 イウ、優 イウ、逌 イウ、友 イウ、鄭 イウ、猶 イウ、由 イウ

籀 リウ（ママ）、劉 リウ、留 リウ、瘤 リウ、柳 リウ

〔遇摂虞韻〕/-iuʌ/［-yu］

于 ウ、禹 ウ

具 ク、遇 ク、虞 ク、鴝 ク、翑 ク

殊 シウ、樹 シウ、主 シウ・シユ、娶 シウ・スウ、儒 シウ・スウ、取 □ユ、芻 シユ・ス、朱 シユ・ス、

珠 ス、数 ス、輸 ス、郰 スウ、趍 スウ、枢 スウ、須 スウ、繻 スウ、乳 スウ、聚 □ウ

柱 チウ

斧 フ、傅 フ、敷 フ、孚 フ、符 フ、扶 フ、父 フ、輔 フ、無 フ、撫 フ、儛 フ、武 フ、霧 フ、巫 フ、

誣 フ、甫 ホ

愈 イウ、瑜 ユ、愉 ユ、庾 ユウ、

一般に漢音の音形は、中国原音との対応が規則的で、ゆれや例外的な形は少ないとされている。流摂尤韻において、唇音（ハ行・バ行・マ行）に「㋑ウ形」が原則として現れないのも規則通りである（第三章参照）。しかしながら、右に整理した尤韻・虞韻などの場合、日本漢字音でサ行で対応する場合には、きわめて不規則な現れ方をすると同時に、現在使われている漢字音と、必ずしも一致する音形をとっていないことも見て取れよう。

サ行で現れるものについて、声母の系列の別（精組 ts・荘組 tʂ・章組 tɕ）により、もう少し詳しく整理してみよう（日母は章組に含める）。

〔尤韻〕

〔精組〕秋 シウ、修 シウ、羞 シウ、秀 シウ、袖 シウ、酒 シユ・ス

〔荘組〕鄒 シウ

〔章組〕舟 シウ、臭 シウ、授 シウ、守 シウ、寿 シウ、綬 シウ、獣 シウ、周 シウ・シユ、首 シユ・ス、
　収 ス

〔虞韻〕

〔精組〕娶 シウ・スウ、取 □ユ、須 スウ、聚 □ウ
〔荘組〕芻 シユ・ス、数 ス、輸 ス
〔章組〕殊 シウ、樹 シウ、主 シウ・シユ、儒 シウ・スウ、朱 シユ・ス、珠 ス、郰 スウ、趨 スウ、枢 スウ、
　繻 スウ、乳 スウ

荘組については、尤韻・虞韻ともに例が少ないため断定はしにくいが、精組・荘組・章組を分けることによっても、漢音の音形の予測は困難であることが見て取れよう（「シユウ」は現れなかったという程度のことしか言えない）。長承三年墨点という単一の加点であっても、右のようなゆれが出るのであり、他の『蒙求』の加点本や、『蒙求』以外の漢音資料、あるいは呉音資料まで視野に入れると、日本漢字音におけるサ行・ザ行ウ段拗音の現れ方は、きわめて多様であり、予測も困難である。現代語において定着している音形と異なるものが、文献資料にはいくらでも出てくるのである。

日本漢字音一般において、通摂東韻三等・鍾韻、遇摂虞韻、流摂尤韻の字音は、ウ段拗音（およびそれに準じるもの）として現れる場合、サ行・ザ行の場合は「シウ」「シユ」「シユウ」の三様に現れるのに対し、他の行の場合は「キウ」「チウ」などの「㋑ウ形」のみで現れ、「キユ」「チユ」などの「㋑ユ形」、「キユウ」「チユウ」などの「㋑ユウ形」で現れることは原則としてない。

歯音字が「シウ」「シユ」「シユウ」のいずれで現れるかは予測困難であるが、部分的には傾向らしきものもないわ

けではない。高松（一九七〇・一九七一）・江口（一九八六）などの先行研究を参考にしつつ、以下、私見を加えて整理する。

漢音系字音には「シユウ」は原則として見えない。呉音系字音では、遇摂はおおむね「シユ」となるが例外もある。ただし、『法華経音義』の中には、通摂「シユウ」、遇摂・流摂「シユ」というように、明らかに人為的に形を整えてあるものもある。また、観智院本『類聚名義抄』などのようにng韻尾を鼻音として標示する資料では、通摂は「シウ」「シユウ」「主ウ」などの「ウ」が析出された形をとることになる（ちなみに通摂が「㋑ウ形」をとる場合、その「ウ」はIMVEのVEに相当するのであり、鼻音韻尾のみに対応するのではない）。以上のように、ある程度の傾向は認められるものの、いずれも字音資料全般から見れば絶対的なものではなく、特に「シウ」「シユ」の現れ方は、呉音・漢音の別、声調、熟語内での位置にも無関係で、同じ漢字が同一資料内において二様に現れることも珍しくなく、現代の漢字音での現れ方とも必ずしも対応しない。かつて、「シウ」と「シユ」とは、音形のゆれであると同時に、表記のゆれという側面も持っていたものと考えられる。さらには、「シウ」「シユ」「シユウ」以外に直音（表記）の「ス」「スウ」も用いられるのである。なお、通摂屋韻三等の「シユク」、臻摂諄韻・術韻「シユン」「シユツ」については後述する。

以上のように、サ行・ザ行のウ段拗音において、音形のゆれが大きいのは、古代日本語におけるサ行・ザ行子音の特異性によるものであることは、疑いないであろう（付章参照）。

以上を踏まえて、日本漢字音における開拗音の分布を「㋑ウ形」を含めて整理すると次のようになる(2)（以下、本章では清濁の別をすべて省略する）。

キヤ	○	キウ	キヨ
シヤ	シユ	シウ	シヨ
チヤ	（チユ）	チウ	チヨ
ニヤ	○	ニウ	ニヨ
ヒヤ	○	（ヒウ）	（ヒヨ）
ミヤ	○	○	○
リヤ	○	リウ	リヨ
ヰヤ	○	○	ヰヨ

（　）に入れたものは稀であるもの。「チユ」は後述するように、若干の実例が指摘できる。ただし、承澄が『反音抄』の音図を記述した際に、思い浮かばない程度には珍しい例であったということになろう。[ ]で囲んだ部分については、第三章で詳しく述べるが、ある事情により、「ヒウ」も稀であり、「ミウ」は例がない。一部の漢和辞典には、呉音として「謬 ミウ」等を載せるものがあるが、実際の呉音系資料では「メウ」となっており、その実在は裏付けられない。「ミョー」に相当する音は、すべて「ミヤウ」「メウ」に由来するものであって、「ミヨウ」に由来するものはなく、「ヒョー（ビョー）」も、その大半は「ヒヤウ（ビヤウ）」「ヘウ（ベウ）」に由来するものであって、「ヒヨウ（ビヨウ）」に由来するものは少ない。右の図には、このような唇音における拗音の分布の偏りも加味してある。

以上のように、ウ段開拗音よりも、むしろ「㋑ウ形」の分布が、オ段開拗音の分布と平行関係があることが見て取れる。

サ行以外でウ段開拗音が期待できる漢字の字音が、「㋑ユ形」ではなく「㋑ウ形」で現れることについては、「シュ」

以外のウ段開拗音が古代の日本人にとって発音しがたい音であったためと説明されることがある（馬渕一九九三：一二四頁、高松一九九七：六二頁）。確かに、当時のサ行子音の音価の問題（たとえば馬渕は［ʃa］［ʃi］［ʃu］［ʃe］［ʃo］であったと推定する）と結びつけて、ウ段開拗音の中では「シュ」が最も発音しやすかったとする解釈は説得力があるし、ア段・オ段開拗音に比べて、ウ段開拗音が発音しにくい（あるいは聞き取りにくい）という説明にも無理はない。しかし、亀井（一九七二）の「（合拗音は結局は体系から弾き出されてしまったが、開拗音は）これが取り入れられるにも、これまたそこにその下地が有って、即ち日本側がこれを選択して受け入れたと解釈できる」という、日本語における開拗音の親和性の高さについての見解を念頭に置くとき、カ行合拗音、ときにサ行・タ行の合拗音さえも取り入れる努力をした先人たちが、サ行以外のウ段開拗音に関しては、そのような努力を最初から放棄してしまったとする説明には、釈然としないものを感じる。はたして「クワ」「クヰ」等よりも「キユ」の方が発音しにくかったのであろうか。「キウ」「チウ」などは二重母音形を維持できず、結局はウ段拗長音に変化してしまった。また、後世の唐音においては、「窮　キユン」「喁　ニユン」「隆　リユン」（国立国会図書館本略韻）、「旭　キユ」「玉　ニユ」「縷　リユ」（慶長版聚分韻略）などの形があり、比較的すんなりとサ行以外の「㋑ユ形」を取り入れているように見える（ただし資料により分布に差がある）。梵語音の場合には、九〇〇年頃より「キユ」「ビユ」などの形がすでに存在するという事実が一方にはあるのである（第九節参照）。

ウ段開拗音の分布の偏りに関しては、単なる発音の難易の問題として説明するのではなく、「㋑ウ形」をも含めた拗音表記の歴史を視野に入れつつ検討しなおさなければならないと考える。

第二節　拗音表記の歴史からの解釈

拗音表記の歴史に関しては、すでに多くの先学による研究の蓄積がある（小林一九六三など）。以下、類音表記・拗音仮名表記・直音表記の問題は省略し、当面問題になるア行表記・ヤ行表記にしぼって、平安初期の訓点資料における拗音表記の例を挙げる。なお、本書では、ア行表記を二モーラ、ヤ行表記を一モーラとするような、表記と発音を一対一に即応させる素朴な解釈は採用しない（序章参照）。

溺《三悪》　嬰《伊阿宇》　歴《リ阿口》　壌《尓阿宇》　桀《千悪》

聾《リ宇》　取《シユ》（ユ存疑）〔聖語蔵本央掘魔羅経〕

釈《志阿久》　弱《美悪》　択（チ）阿九　耎《ぬ阿爾》〔聖語蔵本阿毘達磨雑集論〕

若《ニヤ》　渚《シヨ》〔聖語蔵本願経四分律〕

褚《チヨ》〔小川本願経四分律〕

敵《チアク》　逆《キアク》　捨《シア》　遮《シア》　壌《ニアウ》

律《リウト》　疇《チウ》　重《チウ》〔西大寺本金光明最勝王経〕

馮《ヒオ》〔聖語蔵本菩薩善戒経〕

褚《チオ》〔天理図書館蔵金剛波若経集験記〕

岫《シウ》〔大唐三蔵玄奘法師表啓〕

重《チウ》　住《チウ》〔東大寺図書館蔵地蔵十輪経元慶七年（八八三）点〕

拗音の仮名二字による表記は、「ニア」「リア」などのア行表記によるのが古く、ヤ行表記に定着するのは平安後期に至ってからであるとされる（平安初期にも「ニヤ」「シヨ」などのヤ行表記の例は皆無ではない）。聖語蔵本『央掘魔羅経』の「取 シユ」の例は、春日政治（一九三八）は、ユの仮名を存疑とし、同資料を追調査した築島（一九八五）も判読できずとする（宮内庁正倉院事務局編『聖語蔵経巻 カラーデジタル版（神護景雲二年御願経2）』によっても判読はできなかった）。拗音が基本的にア行表記をとるこの文献において「シユ」が本当に存在するならば、すべての開拗音の中で、サ行ウ段に最も早くヤ行表記が採用されたという可能性が出てくるが、確実な材料が発見されるまでは、「シユ」も他のヤ行表記（特に「シヤ」「シヨ」）と連動して登場するものと考えておきたい。

以上のような拗音の表記の歴史をふまえて、ウ段開拗音の表記の問題を見直してみると、「律 リウト反（西大寺本金光明最勝王経）」の例から考えても、ア行表記に相当するウ段開拗音が「㋑ウ形」でしかあり得ない（右の挙例にはあらかじめ「㋑ウ形」を含めておいた）以上、拗音の仮名表記が普及してゆく過程で、ア段・オ段開拗音はヤ行表記が、ウ段開拗音はア行表記が拗音の表記として定着し、サ行のウ段開拗音「シユ」が特例であった（ア行表記の「シウ」も併存する）とも解釈できることになろう。

旧表記	チア	[チウ]	チオ
	↓	↓	↓
新表記	[チヤ]	×	[チヨ]

春日政治（一九四二）は、「律 リウト」を後世の「リユツ」（実際には後世にこのような形はない）に相当するものと解し、巻末索引においても「出」を「シウチ」から引くように配列するなど、「㋑ウ形」をウ段開拗音に相当するもの

と考えていたようである。この見解を積極的に継承して、その後の拗音表記の歴史が記述されることがなかったのには、それなりの理由があるのであろうが、「㋑ウ形」がヤ行表記の拗音とは異なり、一モーラではなく二モーラで発音されるから拗音と認めないのだとすると、それは拗音が完全に日本語の音韻体系に同化した後世の状態を基準とした判断ということになる。そうした先入観から離れ、もう一歩前に戻って、この「㋑ウ形」の問題を考え直すべきであろう。

第三節　等時性からの考察

「シウ」と「シユ」とが、音形のゆれであると同時に、表記のゆれという面もあった可能性はすでに指摘したが、ここでは、日本語の等時性（リズム）の観点から、この問題を検討してみよう。

世界の言語には、音節を等時性の単位とする言語と、音節より小さい単位（モーラ）を等時性の単位とする言語と、音節より大きい単位を等時性の単位とする言語が存在するとされる。音節を等時性の単位とする言語としては、中国語が代表的なものであろう。「你好（ニーハオ）」の「你（ニー）」のような音節は、日本人の耳には長母音に聞こえるが、そもそも中国語には母音の長短の対立はなく、各音節（文字）を等時的に発音する結果として、ある種の音節が長く実現するのである。音節より小さい単位（モーラ）を等時性の単位とする言語としては、現代日本語（共通語）が挙げられる。「パンダ」は「パン」と「ダ」の二音節からなるが、等時性を持つのは「パ」「ン」「ダ」の三つのモーラである（ただし、注意が必要なのが、音を数える単位としてモーラを持つ言語のすべてが、そのモーラを等時性の単位とするわけではないということである）。音節より大きい単位を等時性の単位とする言語としては、英語が代表的なものである。

英語の場合、音を数える単位は（一般的には）音節であるが、等時性を担うのは、強勢（アクセント）であるとされる。強勢の置かれた音節が、ほぼ等間隔に並ぶように文全体が発音されるのである（ただし、この等時性は、音節やモーラの等時性の場合に比べると、かなり柔軟なものである）。強勢間に含まれる音節の数は一定ではないので、それぞれ音節の長さも、一文の中で一定ではないことになる。この他、可能性としては、等時性を一切持たない言語というのも、あり得るであろう。

古代日本語（ここでは音便現象の結果としてCVV音節・CVC音節が発達した平安時代の日本語を念頭に置く）が、どのような等時性を持っていたか、あるいは、何が音を数える単位であったか、という問題については、さまざまな議論が重ねられてきた。しかし、残念ながら、納得の行く結論を導き出せるような決定的な証拠は、今のところ存在しない。古代日本語が、現代の主要方言（モーラ言語）とは異なり音節言語であったのではないかという有力な推測がある（柴田一九六二など）が、その根拠として挙げられる現象は、古代日本語がモーラ言語だったとしても十分に説明が可能であるものばかりであった。また、文献資料から得られる手掛かり自体、間接的なものに傾くので、等時性の問題と、音を数える単位の問題とが混乱することがあったのも、やむを得ない面があった。言語史研究の原則からすると、変化したという直接・間接の証拠がない場合には、変化していないと見なすことになるのであり、日本語（中央語）は、平安時代以来一貫してモーラ言語であったという解釈も妥当性を持ってくる（木田一九八八、奥村一九八八など）。

本節では、この問題に結論を出すこと自体は避けて、①音節が等時性の単位である、②音節より小さな単位（モーラ）が等時性の単位である、③音節より大きな単位（未詳）が等時性の単位である、④一切の等時性を持たない、の四つの場合に分けて、特に「シウ」と「シユ」の関係を考察したい。

①「音節が等時性の単位である」場合、「シウ」「シユ」がともに一音節であったとすると、同じ長さで発音されう

ることになる。「シウ」「シユ」は、音形のゆれであると同時に、表記のゆれという面もあったとする、先の推定とも調和しやすいであろう。ただし、石山寺本『法華義疏』長保四年（一〇〇二）点の「羌 キイヤ」「矜 キイヨム」「跡シイヤク」のような表記を勘案すると、ヤ行表記の拗音であっても、二音節として扱われていた段階があった可能性を排除しにくい。

②「音節より小さな単位（モーラ）が等時性の単位である」場合、つまり現代共通語などと同様の状態であった場合、和語のウ音便形と形が対応する「シウ」は二モーラ、「シユ」は一モーラということになろうか。しかし、現代共通語においても、モーラを単位とする等時性からはみ出す部分がないわけでない。たとえば、「ウェディング」「ウィンター」などの「ウェ」「ウィ」は［we］［wi］に相当する外来語音として現代日本語に定着しており、リズムの上でも一モーラにまとまろうとする傾向があるものの、長音が後続するなどの条件でもない限り、一モーラには収まりきらず、かといって通常の二モーラとも異なる中途半端な状態にとどまっている音である。短歌や俳句に詠み込むときには、二単位扱いせざるを得ないであろう。「ウォ」「イェ」についても同様のことが言える。かつて日本語に存在したはずのこれらの音が、なぜ日本語音として正式に復活できないのかということも興味深い問題であるが、とりあえず、外来語音の中には日本語のリズムに融和しきれないものがあるという事実のみに注意しておきたい。拗音は、まさに外来語音であったのだから、古代日本語がモーラリズム言語であったとしても、そこに嵌まりきらない段階があったとしても不思議ではない。つまり、「シウ」と「シユ」とは、現代の「ウエディング〜ウェディング」「ウインター〜ウィンター」のような表記のゆれ（発音に差はないであろう）に相似のものであったかもしれないのである。

③「音節より大きな単位（未詳）が等時性の単位である」場合、一つ一つの音節の長さは一定ではないのであるから、「シウ」と「シユ」との長さの相対的関係も、流動的であるということになろう。

④「一切の等時性を持たない」場合、そもそも「シウ」と「シユ」の長さを議論すること自体が無意味になる。

いずれのケースによっても結局は同じことであって、漢字音が日本語に「一モーラあるいは二モーラ」の形で定着する以前、拗音と「㋑ウ形」とが、長さの面で重なり合う部分があったと考えるならば、「シユ」と「シウ」とのゆれの問題も、その重なり合いの一環として説明することができる。そして、漢字音が「一モーラあるいは二モーラ」の形で日本語のリズムに同化したことによって、「シユ」は一モーラ、「シウ」は二モーラへと、表記と発音が一対一に対応する形に整えられてゆくことになるが、各漢字の音が「シユ」と「シウ」のどちらに落ち着くかは、中国原音側に絶対的な基準があるわけではなく、日本語の側においても同音衝突をできるだけ回避するなどの単語レベルでの調整がなされたと考えられる。また、表記の習慣はきわめて保守的であるので、近世に至っても、一種の仮名遣いとして、表記上の「シユ」と「シウ」との重なり合いが継続することになったようであり、文献資料に現れる「音形」は依然としてゆれている（字音の固定化が進行しつつあったが、表記は流動的であり、「シウ」と書いて一モーラ、「シユ」と書いて二モーラに発音することもあったと推測する）。

以上のような見通しをもって、本書では、「㋑ウ形」が本来はア行表記の拗音に相当するものであったと仮定する。したがって、問題は以下のように設定されることになる。

①なぜウ段開拗音のみア行表記で定着したのか。

②なぜ「シユ」（および「チユ」）だけ存在できたのか。

あるいは、「シウ」に加えて更に必要であったのはなぜか。

③なぜ「㋑ウ形」は一モーラ化しなかったのか。

あるいは、ヤ行表記の開拗音はなぜ一モーラ化したのか。

第四節　なぜウ段開拗音のみア行表記で定着したか

ウ段開拗音のみがア行表記をとる理由は、この「㋑ウ形」が漢字音としても国語音としても安定度の高い形であったため、早い段階で字音表記として定着してしまい、ア段・オ段開拗音のようには、日本語への定着に至るまでの、音形・表記の試行錯誤が継続されなかったからであると考える。

たとえば、聖語蔵本『央掘魔羅経』平安初期点（八一〇年頃）には、以下のように、現在と同じ「～ウ」の音形がごく普通に見られる。

㋐ウ形　遭〈左宇〉・象〈佐宇〉・雹〈八宇〉（嬰〈伊阿宇〉・壌〈爾阿宇〉）
㋑ウ形　聾〈リ宇〉
㋒ウ形　融〈由宇〉
㋓ウ形　遶〈根宇〉
㋔ウ形　暴〈母宇〉

特に、ng韻尾の鼻音性を標示する文献資料の場合には、「ウ」が析出された形であることが望ましかったはずである。たとえば、観智院本『類聚名義抄』では、和音のng韻尾を標示するために「ウ」の仮名の右に記号「レ」を付するが、「夢　ムウレ〔僧上二六オ〕」「紅　具ウ〔法中五九オ〕」のように、「～ウ形」が稀であるものも含めて、ng韻尾を持つ漢字の和音は「～ウ形」に統一して掲載するのが原則である（ただし、一般的には、ng韻尾を有する漢字の字音が「ウ」

を析出しない音形を採ることは珍しくなく、現代の漢字音でも「孔ク」「宮ク」「種シュ」「奉ブ」などは、原音でng韻尾を有したものであるが、「㋒ウ形」を取らない）。

一方、和語においてもウ音便の一般化によって、「～ウ形」の二重母音音節が存在するようになった（「㋑ウ形」の例のみを挙げる）。

微　久波之宇須〔宇多天皇宸翰周易抄〕

舅　之宇止　姑　之宇止女〔元和版和名類聚抄〕

東　ヒウカシ〔吉水蔵灌頂私要抄寛徳二年（一〇四五）点〕

姑　シウトメ〔冥報記長治二年（一一〇五）点〕

舅　シウト〔金剛般若経集験記天永四年（一一一三）点〕

儒侏　ヒキウト〔医心方天養二年（一一四五）点〕

ながれ〈流〉のきう〈ミ〉〈君なるべし〉だち〈達〉〔梁塵秘抄三三四〕

きうだちの御すへのこと〔元暦二年（一一八五）六月七日・久我家文書〕

商　アキウト〔法華経音訓至徳三年（一三八六）刊〕

つまり、ア段・オ段における「㋑ア形」「㋑オ形」が、不安定な母音連接形を嫌って、新たな音形・表記の模索を経てヤ行表記に転換したのに対し、ウ段の「㋑ウ形」は、国語音として許容度の高い形であると同時に、十分に漢字音らしさも備えた形であったため、早い段階で字音表記として安定したと考えられる。

第五節　なぜ「シユ」だけ存在できたのか

サ行にのみウ段開拗音「シユ」が存在する理由は、サ行子音の音価の問題として説明されることになろう。しかし、仮にサ行子音全般の音価が［tʃ］または［ʃ］のように口蓋性を持ったものであったとしても、［tʃɯ］［ʃɯ］のような音を容易に発音できた説明にはなっても、その音を「シユ」と表記することになった説明には全くならない。［tʃɯ］［ʃɯ］のような音は「ス」、［tʃiɯ］［ʃiɯ］のような音でも「シウ」と書けば済むからである。また、通摂東韻三等・鍾韻、遇摂虞韻、流摂尤韻の歯音字においては、「シウ」ですべてを済ますことも可能である以上、「シウ」とは別に「シユ」がことさら必要であったとは考えにくい。どちらか一方があれば十分だからである。通摂屋韻三等の「シユク」、臻摂諄韻・術韻「シユン」「シユツ」の「シユ」は、「シウ」に置き換えることはできないが、後述するように、これらの音形はかなり時代が下ってから出現したものであって、単独の「シユ」に大きく遅れるものである。つまり、漢字音の側からの要請によって、「シウ」とは区別されるものとしての「シユ」が生じたとは説明しがたいのである。そこで、この問題を解決する手掛かりとして、日本漢字音におけるサ行拗音特有の振る舞いについて検討することにする。

ウ段の「シユ」に限らず、サ行開拗音は、拗音一般の中でも、以下のような特殊な振る舞いをする。

①いわゆる直音表記は、サ行に集中して現れる（特に平仮名文献の場合に顕著である）。

②拗音仮名は、カ行合拗音とサ行開拗音にほぼ限定される（第一章参照）。

獲〈火ク〉　　穴〈化チ〉

源〈外ン〉
正〈者ウ〉　粛〈主ク〉　昇〈所ウ〉
譲〈謝ウ〉　順〈受ン〉　承〈序ウ〉
（観智院本『類聚名義抄』より）

この二つの現象と、古代日本語のサ行音のうち、サ・ス・ソの子音は口蓋性を持っていなかった（[ʦa][ʦu][ʦo]または[sa][su][so]であった）という方向に傾きつつある音韻史研究の現状を同時に満たすには、[ʦ～ʧ]（[s～ʃ]）のように、日本語のサ行子音の調音位置に幅があったためと解釈するしかないと考える（付章「サ行子音の音価とサ行開拗音」参照）。ただし、「サ」「ス」「ソ」の重心は口蓋性を持たない側、「シ」「セ」の重心は口蓋性を持った側にあったとすることになる。口蓋性を持った音がサ行子音の範疇内であったからこそ、「直音表記」を採ることが許容されたのであり、その一方で、口蓋性を持つものと持たないものとを明確に区別しようとする、漢字音の側からの要請によって、「サ」「ス」「ソ」に対する「シヤ」「シユ」「シヨ」のヤ行表記や、「者」「主」「所」の拗音仮名表記が必要とされたと考えられるのである。つまり「シユ」は、「シウ」と対立するものとして存在するのではなく、仮名書きされた「ス」[ʦu～ʧu]（[su～ʃu]）から[ʧu]（[ʃu]）を分出する必要によって生まれたものということになる。

結局、「シユ」が存在する理由をサ行子音の音価に求めるという点は従来の考え方と同じであるが、「キユ」「ニユ」等、サ行以外の「㋑ユ形」が存在しない理由を、発音の難易の問題としては説明しない点が、従来の考え方とは根本的に異なっている。

以上を整理して図示すると、次のようになる（注（1）も参照のこと）。

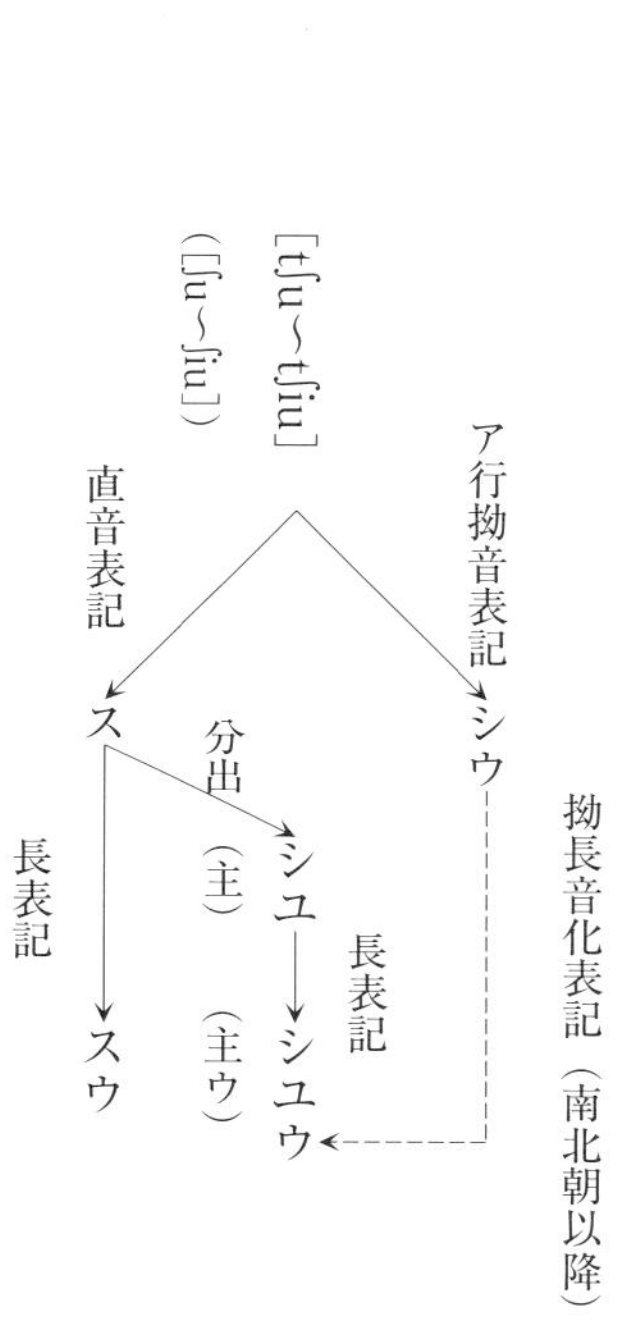

「シユウ」「主ウ」は「シウ」が拗長音化して生じたものではなく、「シユ」「主」に対応する長表記形であったと解釈する。ただし、南北朝時代以降は、「シウ」が拗長音化して「シユウ」になったものも混じてくることになる。

第六節　「シユ」の波及

このような経緯で「シユ」が生み出され普及した結果、通摂屋韻三等、臻摂諄韻・術韻の歯音字にもウ段開拗音「シユ」が波及することになった。

通摂屋韻三等の歯音字は、現代の漢字音では、呉音系字音・漢音系字音とも「シュク」で定着しているが、古形は「スク」または「シク」であった。[3]

〔呉音系字音〕

宿　スク　〔西大寺本金光明最勝王経平安初期点〕

粛 スク〔東大寺図書館本地蔵十輪経元慶七年（八八三）点〕
縮（入丅） スク、熟（入○） スク、粛（入丅） シク、蹙（入丅） シク、蹙（入丅） シヤク[4]（ママ）〔慈光寺本大般若経平安後期点〕
熟 スク〔高山寺本大毘盧遮那成仏経疏永保二年（一〇八二）点〕
縮 シユク、粥 シユク〔同長治元年（一一〇四）点〕
蹙 シク、夙 シク、宿 スク、縮 スク、閦 シヨク・スク、熟 シユク〔保延本法華経単字後筆〕
蹙 シク、叔 シク、宿 シク、粛 シク・主ク・ソク、閦 シユク〔観智院本類聚名義抄〕
〔漢音系字音〕
菽 シク、祝 シク〔醍醐寺本法華経釈文平安中期写〕
夙 シク、叔 シク、宿 シク、粛 シク〔興福寺本大慈恩寺三蔵法師伝承徳三年（一〇九九）墨点〕
縮 シク、叔 シク、宿 シク〔東京国立博物館本蒙求長承三年（一一三四）墨点〕
粛 シク、倏 シク、蓿 シク〔図書寮本文鏡秘府論保延四年（一一三八）点〕

趨勢から見て、呉音系字音・漢音系字音とも「シク」（または「スク」）で定着する可能性が大いにあったにもかかわらず、「シユク」が生み出されたのは、「スク」の拗音化形とも、「シク」の逆行同化形とも、「スク」「シク」の混淆形とも解釈できるが、前提として、日本漢字音に「シユ」が定着している必要はあったはずである。ちなみに、歯音以外の同韻字としては、「育」「菊」「畜」「肉」「陸」などがあるが、多くは「㋑ク形」のままで定着している（「六」の呉音ロク・漢音リクあたりが目立った例外である）。

臻摂合口諄韻・術韻の歯音字は、現代の漢字音では「シュン」「シュツ」で定着しているが、この音形に落ち着く

までには、紆余曲折があったことが知られている。(5)

[呉音系字音]

術 頁矢（スチ）〔聖語蔵本央掘魔羅経平安初期点〕

術 スチ （律 リウト）〔西大寺本金光明最勝王経平安初期点〕

淳(去○)スン、巡(平○)スン、殉(去○)スン、侚(上○)スン、准 スン 〔慈光寺本大般若経平安後期点〕

楯 シユン、舜 シユン、恤 シユン(ママ) 〔真福寺本将門記承徳三年（一〇九九）点〕

准 シユン・スン、純 シユン、循 シユン、醇 シユン・スユン・シン、術 シユツ

〔高山寺本大日経疏長治元年（一一〇四）点〕

峻 スン・シユン、巡 シユン・寿ン、循 スン・シユン、瞬 主ン・寿ン、純 シユン

〔安田八幡宮本大般若経鎌倉初期点〕

遵 シユン・ソン、術 シユツ

村 シユン、忖 シユン、純 シユン、旬 シユン、淳 シユン

出 スツ 〔保延本法華経単字後筆〕

[漢音系字音]

唇 スヰニ 〔南海寄帰内法伝平安後期点〕

俊 主ン、峻 主ン、凌 主ン、恂 主ン、遵 主ン、巡 主ン・寸、楯 寸

率 主ヰチ・シヰチ・ソチ・シチ、出 主ツ 〔興福寺本大慈恩寺三蔵法師伝承徳三年（一〇九九）墨点〕

遵 スヰン、濬 スヰン、詢 スヰン、潤 シヰン・スン、閏 シヰン・スン、忳 シユン

珣 スン、荀 スン、淳 スン、儁 スン、恂 スン、順 スン、淳 スン

率 スヰツ、出 シユツ、述 スツ　〈東京国立博物館本蒙求長承三年墨点〉

俊 シヰン、駿 シヰン、荀 シヰン、瞬 シヰン、舜 シヰン、旬 シヰン、循 シヰン

潤 シヰン、准 シヰン・スヰン、脣 シヰン・スヰン、徇 シヰン・スヰン、閏 スヰン

出 スヰチ、述 シヰツ、（蟀シユツ 質韻）　〈図書寮本文鏡秘府論保延四年点〉

潤 スヰン　〈石山寺本大唐西域記長寛元年（一一六三）点〉

沼本（一九九五）の概括によると、「平安初期〜中期では「スン」「ズン」、平安後期〜鎌倉時代では、呉音は「シユン」「ジユン」、漢音は「シヰン・スヰン」「ジヰン・ズヰン」であり、大旨南北朝時代になって、呉音・漢音共に「シユン」「ジユン」に定着する」ということである（真福寺本将門記あたりが「シユン」のまとまって現れる早い例とされている）。ただし、佐々木（二〇〇九）によれば、鎌倉時代の漢音資料でも、「シユン」「シユツ」の形がかなり優勢になっているものがあるということである。

ちなみに、歯音（および次節で扱う舌音）以外の同韻字としては、「均」「倫」「輪」「律」などがあるが、呉音・漢音とも「キユン」「リユン」「リユツ」等にはならない。

結果的に定着した「シユン」「シユツ」の形は、現代の漢字音にも継承されているためあまり特別視されないのであるが、実は、この音形は、日本漢字音の体系の中では異例なものである。林史典（一九八三）が指摘するように、呉音系字音・漢音系字音ともに、-i、-m〜-p、-n〜-t のような前寄りの韻尾の前には開拗音を存在させにくい（たとえば「キャイ」「キャン」「キャツ」などの字音はない）のであって、その例外となるのが臻摂合口舌歯音字の「シュン」「シュツ」（および次節で言及する「チユン」「チユツ」）なのである。「シユン」「シユツ」という例外的な音形が生み出される前提には、やはり「シユ」の定着が必要であった。

第七節　「チユ」の考察

現代日本語で使われる漢字音に短音「チュ」を含むものは事実上存在しないが、漢和辞典には、若干の例が掲載されている。文献資料の「チユ」の例として管見に入ったものには、以下のようなものがある（いずれも鎌倉時代の例）。

〔呉音系字音〕

注　シユ・チユ、註　チユ、住　地音（音はユの誤写）〔観智院本類聚名義抄〕

住　チユ〔専修寺本三帖和讃〕

註　チユ（ス）〔善信聖人親鸞伝絵永仁三年（一二九五）写〕

〔漢音系字音〕

郰　チユ〔書陵部本群書治要鎌倉中期点〕

株（右）チユ・（左）チウ〔久遠寺本本朝文粋鎌倉中期点〕

ただし、名義抄の「注」の音は、次項目「灌―」では「チウ呉音趣」とするし、久遠寺本本朝文粋の例は、「株」字の左右に「チウ」「チユ」が加点されている。他の字音資料では、これらの音は「チウ」で現れるので、右の「チユ」は「チウ」の表記上のゆれである可能性が高い。以上の例に関しては、諧声符「主」「朱」の表記のゆれ「シウ～シユ」が干渉したという説明も考えられよう。いずれにしても、「チユ」の例は、文献調査に際して報告する習慣がないだけで、実際にはもう少し例があるのではないかと思われる（親鸞関係のものには他にも類例があるようである）。ただし、「チユ」は、承澄が『反音抄』の音図を記述する際に、思い浮かばなかった程度には珍しい形であるのは確かである。

　また、「チユ」に相当する拗音仮名と思しき例も存在する。

　沈　中ム　〔西大寺本金光明最勝王経平安初期点〕

　仲　中于　〔楊守敬旧蔵本将門記平安後期点〕

「沈」は深摂侵韻字で、歯音字も「シユム」の形では現れない韻であるので、やや不審であり、「仲」を「中于」と注するのも余剰な印象を受ける。「中」が片仮名の「チ」に相当するならば何も問題はないが、そのような仮名の類例は管見に入らない。

　また、かなり特殊な例であるが、明覚『悉曇要訣』（康和三年（一一〇一）以後成立）巻二に、「日本ニモ下人語ハサシスセソヲタチツテト（ト）イフ。サシテヲタチテテトイフ。サリテヲタリテトイフ」と述べた有名な箇所があり、ついで「愚童云」として挙げられた例の中に、「衆　チユㄴ」「出　チユツ」が見える。これは言うまでもなく、それぞれ「シユㄴ」「シユツ」に対応するタ行音形である（「ㄴ」はng韻尾の符号）。

　現行漢和辞典に掲載されている「屯　チュン」「黜　チュツ」などは、臻摂合口諄韻・術韻の舌音字に相当し、前出の歯音字と平行して、漢音資料において音形・表記の試行錯誤が行われたものである。

　屯　ツキン　〔史記孝文本紀延久五年（一〇七三）点〕

　屯　チキン　〔書陵部本群書治要鎌倉中期点〕

　迍　チン　〔久遠寺本本朝文粋鎌倉中期点〕

　屯　チユン（ス）　〔文明本節用集〕

　黜　チツ　〔東京国立博物館本蒙求長承三年墨点〕

黜　チヰツ〔石山寺本大唐西域記長寛元年（一一六三）点〕
怵　チツ・ツヰチ、黜　チツ〔書陵部本群書治要鎌倉中期点〕
怵　チツ・チユツ・チヰツ〔久遠寺本本朝文粋鎌倉中期点〕
怵　チユヰツ〔猿投神社本文選正安五年（一三〇二）点〕
黜　チユツ〔天理図書館本蒙求康永四年（一三四五）点〕
黜陟　チユツチヨク〔文明本節用集〕

「チユン」「チユツ」が現れるのは、やや時代が下ってからである。これらの音形は、同摂同韻の歯音字が同様の試行錯誤を経て「シユン」「シユツ」に定着したのに合わせる形で創出されたものであろう。

ちなみに、前出「律　リウト〔西大寺本金光明最勝王経平安初期点〕」も臻摂合口舌音字に相当し、「律　リヰチ〔東京大学国語研究室本明覚三蔵流法華経音義〕」のような例もあるので、ラ行にもウ段開拗音「リユ」が生じる可能性があったことになろう。

以上、文献資料に見られる「チユ」の例を概観してきた。用例の収集が不十分であり、にわかには結論付けられないが、大元をたどれば、サ行拗短音「シユ」を起点として派生していったものと説明できそうである。

第八節　なぜ「㋑ウ形」は一モーラ化しなかったのか

漢字音が「一モーラあるいは二モーラ」の形で日本語に同化した際、ヤ行表記の拗音一般は一モーラに、「㋑ウ形」

は二モーラに整理された。なぜ「㋑ウ形」とヤ行表記の拗音は異なる道を歩むことになったのであろうか。第四節で指摘した「㋑ウ形」の安定性を考えれば、これを二モーラで定着させたのは自然なことではあろうが、逆にヤ行表記の「拗音」も二モーラで定着させるという選択もあり得たはずである（film に対する「フイルム」、queen に対する「クイーン」のように）。むしろ全部二モーラで揃えた方が、中国原音には忠実であったはずである。

そもそも、なぜ漢字音が「一モーラあるいは二モーラ」という形に整えられることになったのか、なぜ三モーラ形は排除されたのか、という根本の問題に、明快な解答を用意するのは困難であるが、漢字音をこの形に整えようとする場合、ヤ行表記の拗音は「キヤウ」「チヨク」「シユン」のように、拗音部分を一モーラに圧縮する必要があるものが多くあるのに対し、「㋑ウ形」にはその必要のあるものが皆無であるという事実のみを指摘しておきたい。

第九節　悉曇学との関わり

沼本（一九九七）により、梵語音と漢字音の仮名表記が密接に関連して発達してきたものであることが、豊富な事例とともに指摘されている。拗音については、開拗音の仮名表記は、漢字音は「㋑ア」のごときア行表記で、梵語音は「㋑ヤ」のごときヤ行表記で出発したものが、やがて梵語音の表記であるヤ行表記に定着し、合拗音の仮名表記は、梵語音にこれが出現しないため、悉曇学において表記を工夫する試行錯誤が必要とされず、その結果、合拗音の仮名表記は開拗音に比してかなり遅れて現れたのであると説明された。

まず開拗音について検討する。ア段・オ段はヤ行表記、ウ段はア行表記を採用したとする本書の立場は、どのように悉曇学と関わることになるのであろうか。

まず、ウ段開拗音の読み方が期待される梵語の結合文字（kyu・cyu・tyuなど）の読み方の実例を挙げる。

東寺観智院本悉曇章霊巌寺和尚本歟（九〇〇頃点）

㋑ユ形　khyu キユ二合　pyu 美ユ二合

㋒ユ形　chyu スユ二合　ṭhyu ツユ二合　nyu ヌユ二合　nyo ヌユ二合

　myu ムユ二合　lyu ルユ二合　hyu クユ二合

その他　ŝyu 取ユ二合　cf. chyo 諸于

東寺観智院本悉曇章慈覚大師請来全雅伝與本（平安中期の原本を南北朝期に転写）

㋒ユ形　kyu クユ　gyu クユ　ṅyu クユ　cyu スユ　jyu スユ

　ñyu ヌユ　ḍyu ツユ　ṇyu ヌユ　ṭyu ツユ　dyu ツユ

　nyu ヌユ　pyu フユ　byu フユ　myu ムユ　lyu ルユ

　vyu フユ　syu スユ　ŝyu スユ　ṣyu スユ　hyu クユ

その他　tyu チウユ（柱庾）

東寺観智院本悉曇章智証大師請来（天元五年（九八二）の原本を南北朝期に転写）

㋒ユ形　kyu クユ　ṇyu ヌユ

六地蔵寺本梵字形音義（院政期写）

㋑ユ形　cyu シユ　jyu シユ　ṭyu チユ　pyu ヒユ　myu ミユ

　ryu リユ　vyu ヒユ　ŝyu シユ　ṣyu シユ　syu シユ

　hyu キユ

㋒ユ形　kyu クユ　gyu クユ　ṅyu クユ　ḍyu ツユ　ṇyu ヌユ

tyu ツユ　dyu ツユ　nyu ヌユ　phyu フユ

byu フユ　lyu ルユ

東寺観智院本梵字形音義（建長二年〈一二五〇〉写）

㋑ユ形　cyu シユ　nyu チユ　ñyu ニユ　ṇyu ニユ　pyu ヒユ

myu ミユ　ryu リユ　vyu ヒユ　ŝyu シユ　hyu キユ

ksyu シユ

㋒ユ形　kyu クユ

日本悉曇学において最も重視された、唐・智広『悉曇字記』に、「kya 己也二合　kyā 紀耶二合　kyi 紀以二合　kyī 紀夷二合　kyu 矩庾二合　kyū 矩兪二合（以下略）」という音訳漢字が挙げられているためもあって、伝統的にウ段相当の梵字は「㋒ユ形」で現れることが多い。しかし、平安初期に「㋑ユ形」がすでに混在しており、時代とともに割合が高くなってゆくところを見ると、これらの梵字を「㋑ユ形」に読もうとする潜在的な志向はあったかと思われる。しかし、これは見方によっては、右のような梵字の結合文字は、当初は二音節的に読まれていたものが、一音節に圧縮されていく過程で、漢字音のヤ行表記拗音の形態を取り入れていったとも解釈できるであろう。つまり、沼本の示唆とは逆に、梵字の読み方の方が、漢字音の拗音の影響を受けたという説明もまた可能であると思われる。

一方、梵語には「i-u」の二重母音が存在せず、母音連接としても原則として出現しないためもあって、「㋑ウ形」は梵語音の仮名表記には基本的に必要がない(6)。したがって、「㋑ウ形」の定着には、悉曇学の関与はなかったと考えられ、漢字音の開拗音表記に悉曇学の影響があったとしても、それはア段・オ段、およびサ行ウ段の「シユ」に限定されることになろう。

沼本は、仮名による合拗音の表記の発達が遅れた理由を、悉曇学の非関与に求めたが、本書の立場としては、開拗音と合拗音の表記に差が生じた理由を、まったく別のところに求めることになる（第五章参照）。

第一〇節　概念としての「拗音」

拗音の定着に悉曇学がどの程度関与したかは、なお検討する必要があるが、「開拗音」「合拗音」を体系的に整理し、「㋑ユ形」をウ段開拗音として位置づけたのは悉曇学の理論であり、これが後世の漢字音韻学に大きな影響を与え、現在の「拗音」という概念の源流となっているのは動かせない事実である。そもそも「直音」「拗音」という対立概念は日本悉曇学において生み出されたものであった。

術語としての「直音」「拗音」の歴史については、馬渕（一九六二・一九六三・一九九三）に詳しい。以下、「㋑ウ形」「㋑ユ形」の問題に目を配りつつ、私見を加えて概説する。

「直」「拗」の早い例は、安然『悉曇蔵』（元慶四年〈八八〇〉成）において「a・ā・i・ī・u・ū」を直韻、「e・ai・o・au・aṃ・aḥ・r・ṛ・l・ḷ」を拗韻とするもので、この説明は日本悉曇学で脈々と受け継がれることになる。この場合、拗韻に二重母音が含まれている点に注意したい。

一方、明覚『反音作法』（寛治七年〈一〇九三〉成）以来、音図に細字の音注（反切の操作に用いる委音）を加えたものが散見するようになる。明覚の音図においてはウ段に「㋒ウ形」が掲載されていたが、明覚に対立する理論を展開した兼朝『悉曇反音略釈』（永万二年〈一一六六〉成）ではウ段に「㋑ウ形」が採用された。この両者を統合する東禅院流の『悉曇相伝』あたりから、細字の音注は、漢字音の反切から離れ、理論的に増殖し始める。さらに承澄『反音抄』（一二三二成）にいたって細字部分にヤ行仮名・ワ行仮名が添え書きされる。こうした経緯で、音図にヤ行表記の開拗音・ワ行表記の合拗音が書き加えられるようになった。

音図に書き込まれた細字（それぞれの音図のカ行の部分を挙げる）

明覚『反音作法』

カ〈クア〉キ〈クイ〉ク〈クウ〉ケ〈クエ・キエ〉コ〈クオ〉

兼朝『悉曇反音略釈』

カ〈久阿・幾阿〉キ〈久伊〉ク〈幾于〉ケ〈幾衣・久衣〉コ〈久汙・幾於〉

東禅院流『悉曇相伝』

カ〈キカ・キア／クカ・クア〉キ〈キイ／クキ・クイ〉ク〈キク・キウ／クウ〉ケ〈キケ・キエ／クケ・クエ〉コ〈キコ・キヲ／クコ・クヲ〉

承澄『反音抄』

カ〈キカ・キアヤ／クカ・クアワ〉キ〈キイ／クキ・クイヰ〉ク〈キク・キウユ／クウ〉ケ〈キケ・キエェ／クケ・クエヱ〉コ〈キコ・キヲヨ／クコ・クヲ〉

さて、了尊『悉曇輪略図抄』（弘安一〇年〈一二八七〉成）巻三「直拗事」では、たとえば梵字 ka の読み方として「カ」を直音、「キャ」を拗音と呼んでおり、これが現在に近い意味で「直音」「拗音」という語を使った最も早い例であるらしい。ただし「直拗事」は同時に『悉曇蔵』の記述も引用しており、全体的に不可解な説明が多い。このような曖昧さゆえに、日本韻学において「拗音」という術語の用法が二つに分裂することになったのであろう。

一つの流れは、『悉曇初心抄』（一三二〇年以前成）の系統の考え方である。ヤ行表記の開拗音・ワ行表記の合拗音のみを拗音と呼び、五十音図の各字に開拗音・合拗音を付記した「直音拗音図」と後世に呼ばれる音図に整理する（後掲〈図A〉）。この「直音拗音図」は、江戸期以降の漢字音研究でも重用されることになった。

もう一つの流れは、音図に書き込まれる細字すべてを拗音と呼ぶ立場である。『悉曇蔵』の「拗韻」の説明との連続性はむしろこちらの方がある。この考え方は東寺の頼宝（一二七九～一三三〇年？）あたりから始まるようで、本格的な悉曇学ではこちらの立場を取るものが多い。江戸期においても、浄厳『悉曇三密鈔』（天和二年〈一六八二〉刊）は細字をすべて拗音と呼んでいる（後掲〈図B〉）。つまり、正統派悉曇学においては「㋑ウ形」も拗音と呼ばれるのであり、歴史的経緯を見れば、悉曇学においては、むしろヤ行表記の開拗音・ワ行表記の合拗音の方が、後から拗音に追加されたものということになる。

現在の「拗音」という術語の用法に大きな影響を与えたものの一つに、本居宣長『字音仮字用格』（安永五年〈一七七六〉刊）があろうが、宣長は正統派悉曇学の用語法ではなく、直音拗音図の系統の用語法によったため、「㋑ウ形」は「直音」のグループに分類されることになったのである。

第一一節　むすび

本章の主旨をまとめると以下のようになる。

①開拗音の表記は、ウ段はア行で定着し、ア段・オ段は試行錯誤を経てヤ行で定着した。

②ウ段のみア行表記（㋑ウ形）で定着したのは、それが漢字音としても国語音としても安定度の高い形であったた

めである。

③「シユ」が生じたのは、音価に幅のあった「ス」から、口蓋性を有した［tʃɯ］（［ʃɯ］）を分出するためであった。「シユ」の定着の結果、通摂屋韻三等「シユク」、臻摂諄韻・術韻「シユン」「シユツ」が創出されることになった。

④「㋑ウ形」が一モーラ化しなかった理由の一つに、漢字音を「一モーラあるいは二モーラ」の形で日本語のリズムに同化させるという条件では、その必要が生じなかった、ということがある。

⑤「㋑ウ形」の定着に悉曇学は関与しなかったが、「㋑ユ形」をウ段開拗音として体系的に位置づけたのは悉曇学の理論であった。ただし、正統派悉曇学では「㋑ウ形」も拗音と呼ぶ。

【注】

（1）一般に、「キウ」「チウ」などの「㋑ウ形」が、「キユウ」「チユウ」のような拗長音表記されうるようになるのは、南北朝以降のことと推定されるが、「シウ」に対する「シユウ・主ウ」は、興福寺本『大慈恩寺三蔵法師伝』承徳三年朱点、観智院本『類聚名義抄』など、他の行に比べてかなり早くから現れる。これらの例は、直ちに「㋑ウ形」の拗長音化に結び付けられるべきものではなく、「ス」に対する「スウ」と同様の、「シユ・主」に対する長表記として処理すべきものと考える。

（2）観智院本『類聚名義抄』和音・東京国立博物館本『蒙求』長承三年点のみでも掲出した音は「ヒウ」を除いて網羅される。諸種の資料より「ヒウ」を補い、他の空欄が埋まらないことも確認した。ただし時代が下った資料に見える音では採用しなかったものがある。また、興福寺本『大慈恩寺三蔵法師伝』承徳三年朱点に「獣　ニユ」とあるが、獣は審母字であって不審。同一箇所を承徳三年墨点では「シウ」とする。類例も見当たらないので採用しなかった。世尊寺本『字鏡』に見える「襄　ヰウ」も不審な例であり、採用しなかった。

（3）沼本（一九八二）第二部第二章第三節に豊富に実例が挙げられている。

（4）佐々木（二〇一七）によると、慈光寺蔵大般若経には「⊤・⊥」「○」の二種類の声点があり、後者（○）は、有声音（濁音・鼻音等）を標示する機能を有したらしい。

（5）沼本（一九八二）付論第四章第三節に豊富に実例が挙げられている。原論文は沼本（一九八〇）。

（6）理論上は「-iŋ(k-)」等の音訳漢字の読みとして「㋑ウ形」が期待できるが、実例は容易には見いだせない。

【付記】

本章の元となった肥爪（二〇〇一）の後、Lawrence（二〇〇四）High Vowels, Glides, and Japanese Phonology（日本語音韻論における高母音と半母音）が出た。本章の内容に関わる問題について、全く異なるアプローチにより分析したものである。肥爪（二〇〇一）だけではなく、諸先学による日本漢字音史研究の蓄積は、ほとんど参照していないようである。本章と着想が重なる部分もあるが、日本語音韻史の立場からは、受け入れがたい説明の多い論考であった。日本漢字音の問題は、中国語音韻史・日本語音韻史の双方に目配りをする必要があり、現代の日本漢字音の分析のみにより結論を出すのは、やはり無理があろう。

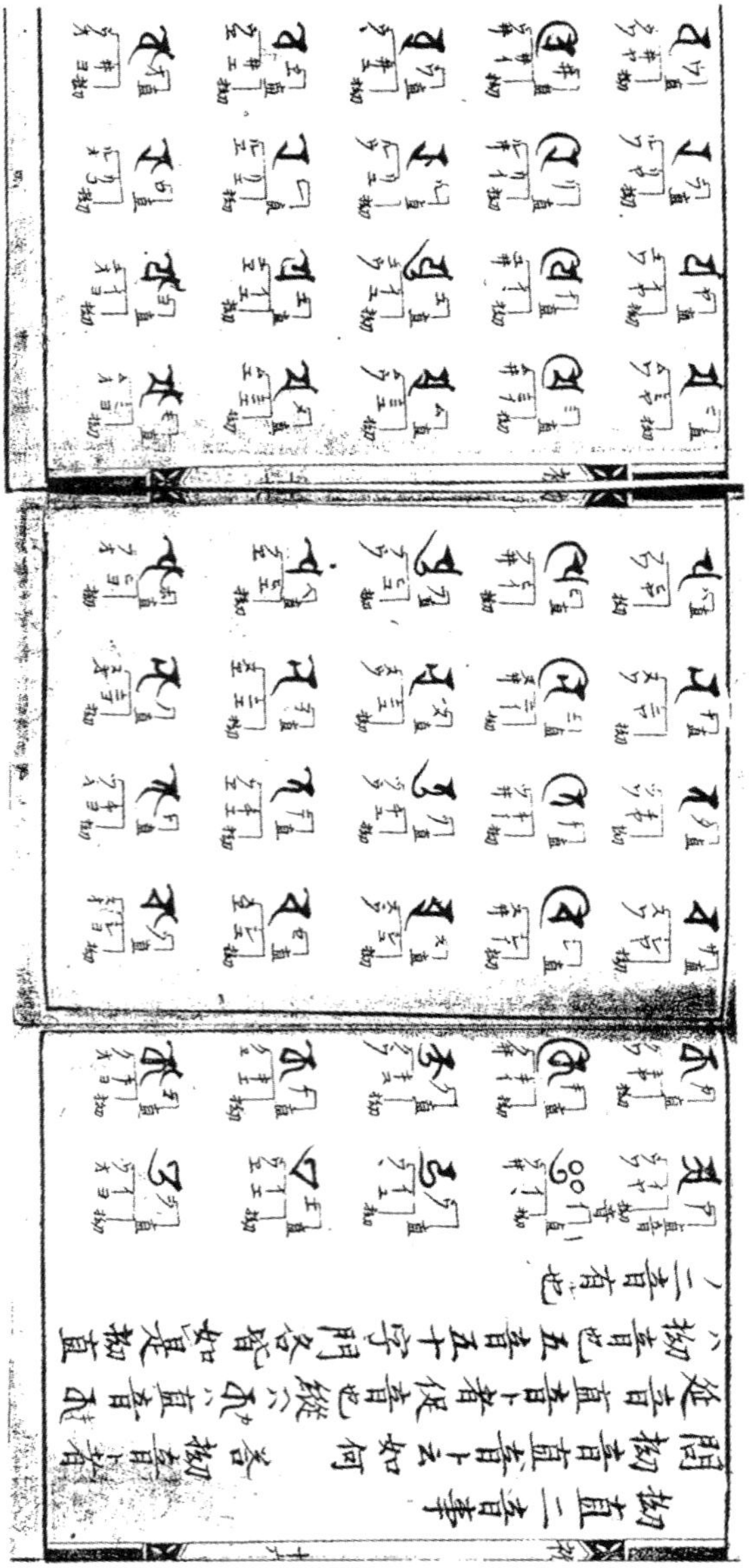

〈図A〉『増補悉曇初心抄』（寛文十二年刊・架蔵本）の音図。古写本では、イ段開拗音・ウ段合拗音を載せない。

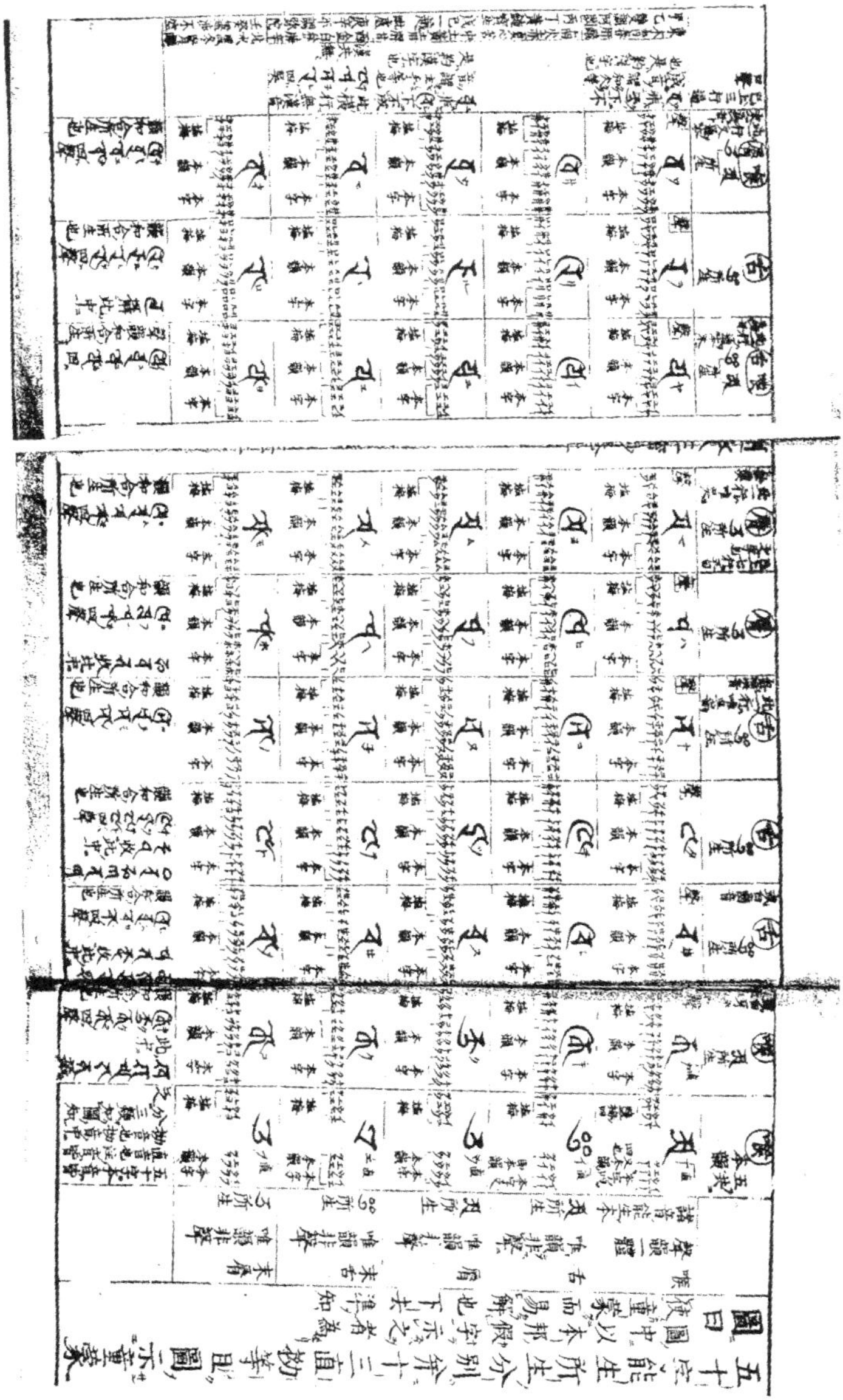

〈図B〉『悉曇三密鈔』（天和二年刊・架蔵本）の音図。ア行の下に「注ノ音ハ皆拗音也」と注記がある。

第三章　唇音と拗音

第一節　唇音・拗音の結合の偏り

序章で述べたように、拗音の分布の偏りの中には、唇音（ハ行・バ行・マ行）に特徴的に現れる分布の偏りがある（唐音・外来語・オノマトペは除外する）。

④ヒュ・ビュ・ミュは、長く伸ばすものもまれ。

⑤ヒョ・ビョ・ミョは、長く伸ばすのが原則。

現代日本語において使用される漢字音で、右の偏りの例外となるものとしては、④に関する「謬　ビュウ」（「誤謬」「謬見」など）ぐらいしかないであろう。現代語では使われないが、文献資料に例があるものまで視野を広げても、「彪　ヒウ」などが若干加わる程度で、「ミウ」は見つからない。むしろ和語（主に固有名詞）の方に例を見出しやすいかも知れない。「日向（ひゅうが）」「大豆生田（おおまみゅうだ・まみゅうだ等）」などが該当する。[1]文献資料には、以下のような和語の例が指摘できる。ただし、『灌頂私要抄』の例は、ウ段拗音「ヒュ」の長音ではなく二重母音であったろう。『漢書列伝竺桃抄』、ロドリゲス『日本語小文典』の例は、バ行・マ行上一段活用・上二段活用の未然形に、助動詞「う」が付いた形である。

東　ヒウカシ　〔吉水蔵灌頂私要抄寛徳二年（一〇四五）点〕

陳渉カ王ニナツタト云ハ、実ト云テミウトテキタソ　〔漢書列伝竺桃抄二12〕

abiŭ（浴びう）、sabiŭ（錆びう）、nobiŭ（伸びう）、focorobiŭ（綻びう）〔日本語小文典〕

⑤に関しては、右のようなまとめ方をすると、④と異なる方向を向いた事象のように見えてしまうが、④と⑤とは、本質的には同じ現象を反映したものである。現代の漢字音で、ヒョー・ビョー・ミョーという形を取るものは多いものの、これは歴史を遡ると、「ヒヤウ」「ヘウ」のような音形であったものが大半を占めており、「ヒヨウ」はごく稀で、「ビヨウ」「ミヨウ」は例がない。

つまり④・⑤を整理すると、以下のようになる。△は稀であるもの、×は例がないものである。

ヒュー	←	ヒウ　△	ヒョー	←	ヒヤウ　○ / ヒヨウ　△ / ヘウ　○
ビュー	←	ビウ　△	ビョー	←	ビヤウ　○ / ビヨウ　× / ベウ　○
ミュー	←	ミウ　×	ミョー	←	ミヤウ　○ / ミヨウ　× / メウ　○

以上を踏まえて、日本漢字音における開拗音の分布を「㋑ウ形」を含めて整理すると次のようになるのであった（再掲）。（　）内は稀であるもの、×は例がないものである（清濁の別は省略する）。

キヤ	×	キウ	キヨ
シヤ	シユ	シウ	シヨ
チヤ	（チユ）	チウ	チヨ
ニヤ	×	ニウ	ニヨ
ヒヤ	×	（ヒウ）	（ヒヨ）
ミヤ	×	×	×
リヤ	×	リウ	リヨ
ヰヤ	×	×	ヰヨ

⬚で囲んだ部分を、清濁の区別をして示すと次のようになる。

ヒウ	△	ヒヨ	△
ビウ	△	ビヨ	×
ミウ	×	ミヨ	×

以上のように、「㋑ユ形」のウ段開拗音よりも、むしろ「㋑ウ形」の分布が、オ段開拗音の分布と平行関係があることが見て取れる。本章においても、前章（第一部第二章）で提案したように、「㋑ウ形」をア行表記の拗音として扱うことにする。つまり、唇音（p・b・m）と奥舌母音（u・o）の組み合わせにおいて、拗音が出現しにくいということである。

第二節　漢音についての説明

日本漢字音でウ段やオ段の拗音が期待されるのは、まずは、①主母音が奥舌母音（あるいは条件を緩めれば非前舌母音）であり、かつ②拗音韻であるものということになろう。この条件下で、声母が唇音である場合に、日本漢字音において拗音が現れにくいということである。なぜであろうか？

この現象については、かなりの部分まで合理的な説明が可能である。ただし、呉音の場合と漢音の場合とで、やや事情が異なる。

漢音系字音の場合、その母胎となった唐代長安方言において、非前舌主母音を持つ拗音韻は、唇音声母が軽唇音化（/p/＞/f/等）を起こしている。その軽唇音化の過程において、拗介音は脱落する（あるいは声母に吸収される）[2]ため、中国中古音を基準にしてウ段・オ段の拗音が期待される漢字音は、日本漢音において、直音で現れることになるのである。

以下に、非前舌主母音を持つ拗音韻が、漢音においてどのように現れるか、いくつかの韻を例として挙げる。

東韻三等字　/-iʌuŋ/［-iə̆uŋ］

唇音字　風（フウ）・諷（フウ）・豊（ホウ）

非唇音字　中（チウ）・虫（チウ）・弓（キウ）・窮（キウ）・終（シウ）・雄（イウ）・隆（リウ）

鍾韻字　/-iɑuŋ/［-ɪoŋ］

唇音字　封（ホウ）・峰（ホウ）・逢（ホウ）・奉（ホウ）

非唇音字　重（チヨウ）・恭（クヰヨウ）・恐（クヰヨウ）・供（クヰヨウ）・鍾（シヨウ）・龍（リヨウ）

尤韻字　/-iʌu/［-ɪə̆u］

唇音字　不（フ）・浮（フ）・婦（フ）

非唇音字　久（キウ）・求（キウ）・休（キウ）・牛（ギウ）・周（シウ）・首（シウ）・柔（ジウ）・抽（チウ）・尤（イウ）・柳（リウ）

なお、右の挙例からは除いたが、東屋韻三等・尤韻における明母のみは、軽唇音化（/m/＞/ɱ/＞/ʼu/）を起こさなかったため、現代の北京官話においてもmが維持されている（河野一九五四、平山一九六七a）。平山（一九六七a）は、これを音節全体の強い円唇性と、鼻音声母下での口腔内圧の低さ（開放の緩やかさ）が原因となって、拗介音が弱化し、軽唇音化の条件から外れたと解釈した。音声的経緯に関しては別解の余地はあるものの、尤韻明母は、『切韻』の段階で、上声・去声においては直音化して侯韻に統合されていたし、残った平声も、東屋韻三等明母とともに、慧琳音義の段階では直音化している。つまり、日本漢音で直音として現れるのが妥当なものとなっていた。

東屋韻三等明母

夢（ボウ）・目（ボク）・牧（ボク）・睦（ボク）

尤韻明母（平声）

謀（ボウ）・矛（ボウ）・牟（ボウ）

以上、中国原音を基準にして、ハ行・バ行・マ行で「㋑ウ形」「㋑ヨ形」が現れそうなものを検討してきたのであるが、該当するものは、中国語側の事情により、漢音ではいずれも直音で現れることになるのであった。これが、漢音において、ハ行・バ行・マ行のウ段拗音・オ段拗音がほとんど存在しない理由である。

ごく少数の実例が見られる、「ヒウ」「ビウ」「ヒヨ」は、いずれも中古音における主母音が前舌母音であるものであって、中国語側からは、ウ段拗音・オ段拗音になることが、やや予測しにくいものであった。具体的には、「謬 ビウ」「彪 ヒウ」などの幽韻字、「氷 ヒヨウ」「憑 ヒヨウ」などの蒸韻字、「逼 ヒヨク」などの職韻字である。

幽韻（/-ieu/［-i̯eu］）唇音字は、『韻鏡』では四等に配当されるが、実際には重紐B類に相当するとされる。これは第三十七転の三等欄が尤韻に占められているための処置であるという（平山一九六七b）。呉音「㋓ウ」・漢音「㋑ウ」を原則とするものの、該当する漢字は僅少であり、現代日本語で用いられるのは「謬（ビウ）」ぐらいである。

蒸職韻はやや問題があり、一般的には非前舌主母音が推定され、日本漢字音の音形も「㋑ヨウ」「㋑ヨク」であるとされている。しかし、平山（一九六六）は、蒸職韻唇音の場合は、反切の分析からも、軽唇音化を起こさないことからも、また、上古音との対応からも、前舌主母音を推定するのが相応しいとした。つまり、蒸韻唇音字「氷」「憑」等の仮名遣いは、通常は「ヒヨウ」であるとされているものの、原音を耳で聞いた場合には「ヘウ」に近く聞き取られた可能性を否定できないのである。実例としては以下のようなものがあり、かなりゆれがあることが知られる（参考のために呉音の例も挙げる）。これらの例を、「㋑ヨウ」と「㋓ウ」の混乱例として扱うのには、慎重であった方が良いであろう（第二部第一章参照）。

［呉音系字音］

氷〈比与レ反〉〔金光明最勝王経音義承暦三年（一〇七九）抄〕

憑〈ヘウ〉〔高山寺本大日経疏永保二年（一〇八二）点〕

冫〈ヒヨウ〉〔図書寮本類聚名義抄・後筆カ〕

憑〈ヘウ〉〔貞元華厳経音義安貞二年（一二二八）点〕

［漢音系字音］

憑〈ヒヨウ〉〔天理図書館本南海寄帰内法伝平安後期墨点〕
憑〈フウ〉〔興福寺本大慈恩寺三蔵法師伝承徳三年（一〇九九）点〕
氷〈ヒヨウ〉（2例）・氷〈ヘウ〉〔東京国立博物館本蒙求長承三年（一一三四）点〕
氷〈ヘウ〉〔半井本医心方天養二年（一一四五）点〕
氷〈ヒヨウ〉・氷魚〈ヘウキヨ〉・憑〈ヒヨウ〉・馮虚〈ヘウキヨ〉〔前田本色葉字類抄〕
氷〈ヘウ〉（3例）〔大慈恩寺三蔵法師伝貞応二年（一二二三）点〕
冰〈ヒヨウ〉・馮〈フウ・ヒヨウ・ヘヨウ〉〔世尊寺本字鏡鎌倉時代初中期写〕
憑〈ヒヨウ〉〔書陵部本群書治要鎌倉中期点〕
氷〈ヘウ〉（4例）〔久遠寺本朝文粋鎌倉中期点〕
氷〈ヘウ〉（3例）〔天理本蒙求鎌倉末期点〕
憑〈ヘウ〉〔高山寺本論語嘉元元年（一三〇三）点〕
氷〈ヒヨウ〉（2例）・〈ヘウ〉（2例）〔天理図書館本蒙求康永四年（一三四五）点〕

「ヒヨウ」となっているものの一部は、反切から人為的に作られた音形（表記形）である可能性もあろう。職韻の「逼　ヒヨク」等の問題については次節で述べる。

第三節　漢音における例外

漢音の母胎音における軽唇音化の結果として、唇音のウ段拗音・オ段拗音が少なかったのであるが、切韻の体系においては、この軽唇音化がまだ起こっていない。つまり、伝統的な反切には、この軽唇音化が反映していない、つまり反切から人為的に漢音を創出すると、唇音のウ段拗音・オ段拗音が生じる可能性があるのである。

反切は、日本においても未知の字音を知るための手段として重視されたが、流通漢音と反切による漢音とが食い違う場合には、流通漢音の方を優先することが多いことも指摘されている。沼本（一九八六）によれば、以下のような例は、流通漢音に合わせるために、あえて反切の一部を呉音読みした例であるという（人為的漢音では、反切下字の漢音「キウ」によって「ヒウ」が生じることになる）。

不《フ》　方久《ク》反　〔醍醐寺本法華経釈文・上八オ〕

しかしながら、人為的漢音により、「ヒウ」を生じさせたと判断される例もあることが指摘されている（佐々木二〇〇九）。

鄷〈ヒウ〉〈芳忠反〉（上欄　宋韻敷空反）〔書陵部本春秋経伝集解文永六年（一二六八）点八478〕

滮〈ヒウ〉〔蓬左文庫本毛詩室町期点二二193〕（幽韻字なので、演繹的にもヒウ）

また、職韻の「逼」の音形は「ヒヨク」であるとされるが、実際の流通漢字音は、呉音・漢音ともに「ヒツ（ヒチ）」であったようである。その他の職韻唇音字も合わせて挙げる。漢音については、多くを佐々木（二〇〇九）によった。

〔呉音系字音〕

逼〈ヒツ〉〔不空羂索神呪心経寛徳二年（一〇四五）点〕

逼〈畢也〉〔金光明最勝王経音義承暦三年（一〇七九）抄〕

逼〈ヒキ〉〔明覚三蔵流法華経音義・室町時代写〕

逼〈ヒチ〉〔観智院本類聚名義抄〕

［漢音系字音］
腷〈フク〉〔大慈恩寺三蔵法師伝延久三年（一〇七一）頃朱点〕
逼〈ヒツ〉〔文鏡秘府論保延四年（一一三八）点〕
逼〈ヒヨク反〉〔石山寺本大唐西域記長寛元年（一一六三）点〕
腷〈ヒチ・フツ〉〔大慈恩寺三蔵法師伝貞応二年（一二二三）点〕
偪〈ヒヨク〉（上欄　彼力反）
愊〈ヒヨク〉（上欄　玉篇云補逼切）〔書陵部本群書治要鎌倉中期点〕
偪〈ホク・ヒヨク〉（上欄　徐甫木反又彼力反）〔書陵部本春秋経伝集解文永六年（一二六八）点〕
副〈ヒヨク〉〔蓬左文庫本毛詩室町期点〕

第四節　呉音についての説明

呉音系字音の場合、「㋑ウ形」「㋑ヨ形」ともに唇音（ハ行・バ行・マ行）で稀であるのは、大まかに言えば、重紐B類（およびB類相当）の拗介音が日本呉音には反映しにくいという一般的傾向がある（有坂一九三七〜三九・河野一九三九・林史典一九八三）ためである。漢音においては、重紐B類の拗介音も拗音として反映するのが原則であった。この傾向は、特に牙喉音において顕著であるとされる。ただし、中古音の拗介音の呉音への反映の仕方はかなり不規則であり、これはあくまで「顕著な傾向」に留まるものである。

以下に、重紐B類に相当する漢字で、呉音が直音、漢音が拗音またはイ段音で出てくる例を挙げる（括弧内の上が呉音、下が漢音）。

強（ガウ・キヤウ）、興（コウ・キヨウ）、極（ゴク・キヨク）、

牛（ゴ・ギウ）、久（ク・キウ）、求（グ・キウ）、右（ウ・イウ）、

金（コム・キム）、品（ホム・ヒム）、近（コン・キン）

重紐は、前舌主母音を持つ拗音韻、声母が唇牙喉音である場合に対立があり、『韻鏡』においては、三等にB類、四等にA類が配置される。ウ段拗音・オ段拗音が期待されるのは、ほとんどが非前舌主母音を持つ韻であるので、本章で問題となるのは、重紐の対立のない韻ということになる。同時に、後に軽唇音化を起こす韻とほぼ重なっていることにもなる。

軽唇音化を起こす韻が、唇音声母において重紐A類とB類のどちらに近い性質を持っているかというと、それが『韻鏡』の三等に配当される点、介音が日本呉音に反映しにくい点などから、B類に近い性質を持っていたと推定するのが一般的である。ただし、平山（一九六七a）は、反切の分析などから、音韻論的にはA類に相当すると解釈すべきとし、その上で音声的にはB類に近い性質を示すこともあったと説明した。いずれにしても、軽唇音化する漢字は、漢音だけではなく、呉音においても拗音が出ないというのは、ほぼ例外のない事実である。以下に若干の例を挙げる。

東韻三等字　/-iʌuŋ/［-ɪə̆uŋ］

風（フウ・フウ）・諷（フ・フウ）・豊（ブ・ホウ）

鍾韻字　/-iauŋ/［-ɪoŋ］

封（フウ・ホウ）・峰（ブ・ホウ）・逢（ブ・ホウ）・奉（ブ・ホウ）

流摂尤韻　/-iʌu/ [-ɪəŭ]

　不（フ・フ）・負（ブ・フ）・富（ブ・フ）

遇摂虞韻　/-iuʌ/ [-ɣu]

　父（ブ・フ）・無（ム・ブ）・武（ム・ブ）

第五節　むすび

④ヒュ・ビュ・ミュは、長く伸ばすものもまれ。

⑤ヒョ・ビョ・ミョは、長く伸ばすのが原則。

本章冒頭で提示した、唇音と拗音の組み合わせの偏り④・⑤は、「唇音（p・b・m）と奥舌母音（u・o）の組み合わせにおいて、拗音が出現しにくい」と言い換えることができるものであった。そして、この現象は、中国語原音を基準にして、かなりの部分まで説明が可能である。実際には、中国原音と日本漢字音の対応は不規則な面があり、ごく少数の例外が文献資料には出てくるのであるが、例外に相当するものは、結果的に現代の漢字音にはほとんど残らなかった。そのため、④・⑤のような唇音における拗音の分布の偏りは、普段はなかなか意識されないが、指摘されてみれば、多くの日本人が「確かにそうだ」と納得することができるものとなっているのである。

【注】

（1）「大豆生田（まみゅうだ）」の例は、北沢一郎（金田一春彦の筆名）（一九四七）に指摘されたもの。

（2）有坂（一九五五）に指摘がある。沼本克明（一九八二）第二部第三章第二節（原論文は一九七一）に豊富に実例が挙げられている。

第四章　拗音・韻尾の共起制限

第一節　拗音・韻尾の組み合わせの偏り

日本漢字音（呉音・漢音）における、拗音の分布の偏りの中から、本章においては、以下のものについて考察する。

⑦「拗音＋撥音」の形はシュン・ジュンのみ。

⑧「拗音＋ツ」の形はシュツ・ジュツのみ。

⑨「拗音＋イ」の形はない。

⑦～⑨は、林史典（一九八三）において指摘されたもので、「拗音と前寄韻尾（-m, -p, -n, -t, -i）が結び付きにくい」と一般化することが可能である。「シュン」「ジュン」「シュツ」「ジュツ」（および文献上に例のある「チュン」「チュツ」）が例外となるが、いずれも臻摂諄術韻舌歯音字であり、これらの音形は、日本漢字音の歴史においては、比較的新しい、定着するまでに曲折のあったものなので（沼本一九八二：一一五九頁など）、特例として処理できる可能性がある（第二章第六節・第七節参照）。

［呉音系字音］

術 頁矢（スチ）〔聖語蔵本央掘魔羅経平安初期点〕

術 スチ、律 リウト 〔西大寺本金光明最勝王経平安初期点〕

淳(去○)スン、巡(平○)スン、殉(去○)スン、侚(上○)スン、准 スン[1] 〔慈光寺本大般若経平安後期点〕

楯 シユン、舜 シユン、恤 シユン(ママ) 〔真福寺本将門記承徳三年（一〇九九）点〕

准 シユン・スン、純 シユン、循 シユン、醇 シユン・スユン・シン、

術 シユツ 〔高山寺本大日経疏長治元年（一一〇四）点〕

峻 スン・シユン、巡 シユン・寿ン、循 スン・シユン、瞬 主ン・寿ン、純 シユン、遵 シユン・ソン、

術 シユツ 〔安田八幡宮本大般若経鎌倉初期点〕

村 シユン、忖 シユン、純 シユン、旬 シユン、淳 シユン 〔保延本法華経単字後筆〕

〔漢音系字音〕

唇 スヰニ 〔南海寄帰内法伝平安後期点〕

屯 ツヰン 〔史記孝文本紀延久五年（一〇七三）点〕

俊 主ン、峻 主ン、凌 主ン、恂 主ン、遵 主ン、巡 主ン・寸、楯 寸、

率 主ヰチ・シヰチ・ソチ・シチ、出 主ツ 〔興福寺本大慈恩寺三蔵法師伝承徳三年（一〇九九）墨点〕

遵 スヰン、濬 スヰン、詢 スヰン、潤 シヰン・スン、閏 シヰン・スン、恂 シユン、珣 スン、荀 スン、

淳 スン、儁 スン、恂 スン、順 スン、淳 スン、

率 スヰツ、出 シユツ、述 スツ、黜 チツ 〔東京国立博物館本蒙求長承三年（一一三四）墨点〕

俊 シヰン、駿 シヰン、荀 シヰン、瞬 シヰン、舜 シヰン、旬 シヰン、循 シヰン、潤 シヰン、准 シヰン・

スヰン、脣 シヰン・スヰン、侚 シヰン・スヰン、閏 スヰン、
出 スヰチ、述 シヰツ、（蟀 シユツ 質韻）
〔図書寮本文鏡秘府論保延四年（一一三八）点〕
潤 スヰン、黜 ツヰチ反 〔石山寺本大唐西域記長寛元年（一一六三）点〕
屯 チヰン、怵 チツ・ツヰツ、黜 チツ 〔書陵部本群書治要鎌倉中期点〕
怵 チユヰツ 〔猿投神社本文選正安五年（一三〇三）点〕
黜 チユツ 〔天理図書館本蒙求康永四年（一三四五）点〕

ところで、中国中古音については、円唇性介音/-u-, -y-/と、唇を使う韻尾/-m, -p, -uŋ, -uk, -u/が、一つの韻の内部に同時には現れないことが知られている（ここでは、通摂・江摂/-uŋ/と宕摂・梗摂・曽摂/-ŋ/とが区別されている）。つまり、唇音性を持った介音と韻尾とが共起しないということである。これは、一種の異化現象として説明されるものであろうが、声母の唇音性と韻尾の唇音性とが排除し合うわけではないことには注意が必要である（声母が唇音性を持つ場合には、開合の対立、つまり介音の唇音性の有無が中和されるということはある）。

このような介音と韻尾の共起制限に相当するものが、日本漢字音の拗音と前寄韻尾との間にも、音韻論的な制限として存在しているのかということが、本章のテーマである。拗介音 /-i-, -y-/ と前寄韻尾の組み合わせについては、中国語の側には、特に制限はないはずであるし、朝鮮漢字音でも、嫌혐・獵렵・倫륜・決결・計계などの例があるので、冒頭に挙げた⑦～⑨の分布の偏りは、日本漢字音独自の問題、すなわち、日本語固有の性質が原因となって、「キョン」「ニュツ」「ヒャイ」のような音形が、日本漢字音の体系から弾き出されたのではないか、という一つの仮説が立てられる。

第二節　朝鮮漢字音との対照

しかしながら、朝鮮漢字音を詳しく検討すると、⑦～⑨の問題に関して、日本漢字音と朝鮮漢字音とは、一見、異なる性質を持っているようでいて、実は、かなりの部分まで対応する関係が見いだされることが判明する。

以下、具体的に検討を進める。標示する中国中古音（推定音価・音韻論的解釈）は平山（一九六七b）によった。他の学説（主に主母音に差が出る）によった場合、検討の枠組みにずれが生じるが、主母音の相対的関係に大きな見解の差はないと考えられ、本章の論旨に沿って読み換えることは十分に可能であるはずである。朝鮮漢字音は、伊藤（二〇〇七）の「その漢字の代表的な漢字音（代表）」によった。これは、一五～一六世紀の文献資料に見られる音形から帰納されたものである。ただし、本章の論旨には影響しないものと判断し、声調は省略した。中国中古音・日本漢字音（呉音・漢音）についても、本章では声調の別を省略した。

なお、「拗音」とは日本韻学独自の用語であるが、中国中古音の細音（日本の中国語学では拗音と呼ぶ慣例がある）や朝鮮漢字音のㅠ・ㅕの類を含んだ音も、便宜的に「拗音」と呼ぶことにする。ただし、問題が繁雑になるのを避けるために、朝鮮漢字音の「자［tʃa］」の類は拗音とは見なさず、本章の考察から除外した。

第一項　「拗音」が期待される漢字

さて、日本漢字音で拗音が期待される韻母の条件は、［i］・［e］（音韻論的には、いずれも/e/に相当する）以外の主母音を持つことである。エ段拗音が存在しない理由については、ここでは問わない。主母音［ɛ］は、音韻論的には拗介音直後の/a/の異音であるが、前寄韻尾を持つ拗音韻という条件に該当するのは、仙韻・塩韻・祭韻であり、これらの諸韻は、呉音・漢音ともにエ段音で現れるのが原則であり、拗音にはならない（祭韻では例外的に「㋐イ」になるものもあるが拗音は出ない）。主母音［a］/a/であって、前寄韻尾を持つ拗音韻は存在しないので、本章で問題にする条件は「非前舌主母音を持つ拗音韻」と換言できる。なぜ殊更に換言するのかというと、この条件は、「重紐に関与しない拗音韻」「軽唇音化を起こす韻」の条件とほぼ重なり合う、音韻論的に意味のある括りだからである。

以下に、非前舌主母音で前寄韻尾を持つ拗音韻の朝鮮漢字音の音形を挙げる（日本で常用される漢字を抜粋した）。

（ア）止摂之韻開口三等（八転）　/-iʌɯ/［-ɪəɪ］
（慧琳音では、止摂諸韻は開合・重紐の別を残し合流）
基 kɨi　姫 hɨi　意 ʼɨi

（イ）止摂之韻開口四等（八転）　/-iʌɯ/［-iəɪ］
持 ʈi　時 si　理 ri　慈 cʌ　思 sʌ

（ウ）止摂微韻開口三等（九転）　/-iʌi/［-ɪəi］
幾 kɨi　稀 hɨi　衣 ʼɨi

（エ）止摂微韻合口三等（十転）　/-iuʌi/［-ɣəi］
扉 pi　微 mi　帰 kui　威 ʼui　揮 hui　畏 ʼoi

（オ）蟹摂癈韻合口三等（十転）　/-iuɑi/［-ɣʌi］
（慧琳音では、祭韻合口三等/-iuai/［-ɣɛi］と合流）
廃 pʰiəi　肺 pʰiəi　穢 ʼiəi　喙 huəi

（カ）臻摂欣韻開口三等（十九転）/-iʌn/［-ɪən］・/-iʌt/［-ɪət］

（慧琳音では、真韻開口三等/-ien/［-ɪen］・/-iet/［-ɪet］と合流）

筋 kɨn　欣 hɨn　隠 ʾɨn　吃 kəl　訖 hɨl

（キ）臻摂文韻合口三等（二十転）/iuʌn/［-ʏən］・/iuʌt/［-ʏət］

（慧琳音では、真韻合口三等/-iuen/［-ʏen］・/-iuet/［-ʏet］と合流）

文 mun　君 kun　蘊 ʾon

不 pɨl　勿 mɨl　屈 kul　鬱 ʾul

（ク）山摂元韻開口三等（二十一転）/-iɑn/［-ɪʌn］・/-iɑt/［-ɪʌt］

（慧琳音では、仙韻開口三等/-ian/［-ɪɛn］・/-iat/［-ɪɛt］と合流）

建 kən　憲 hən　言 ʾən　謁 ʾal

（ケ）山摂元韻合口三等（二十二転）/iuɑn/［-ʏʌn］・/iuɑt/［-ʏʌt］

（慧琳音では、仙韻合口三等/-iuan/［-ʏɛn］・/-iuat/［-ʏɛt］と合流）

煩 pən　晩 man　喧 huən　元 ʾuən

髪 pal　罰 pəl　月 ʾuəl　闕 kuəl

（コ）咸摂厳韻開口三等（四十転）/-iɑm/［-ɪɑm］・/-iɑp/［-ɪɑp］

（慧琳音では、塩韻開口三等/-iam/［-ɪɛm］・/-iap/［-ɪɛp］と合流）

厳 ʾəm　剣 kəm　欠 hɨm

脇 həp・hiəp　劫 kəp　業 ʾəp

（サ）咸摂凡韻開口三等（四十一転） /-iʌm/ ［-ɪʌm］・/-iʌp/ ［-ɪʌp］
（慧琳音では、塩韻開口三等/-iam/ ［-ɪɛm］・/-iap/ ［-ɪɛp］と合流）
帆 pəm　犯 pəm　法 pəp　乏 p^{h}ip

以上のように、朝鮮漢字音でも、日本漢字音と同様に、原則として拗音が現れていないことが判明する。例外は「(オ) 蟹摂廢韻合口三等」の「廃 p^{h}iəi・肺 p^{h}iəi・穢 ʼiəi」である（唇音字は開口三等とする解釈もある）。しかし、この韻における朝鮮漢字音の現れ方は、そもそも合理的な説明に苦慮する異例のものであり（河野一九六八：著作集四六四〜五頁、伊藤二〇〇七：本文篇一四四頁）、とりあえずは例外として処理しておくしかない。

重紐に関与しない拗音韻（非前舌主母音を持つ拗音韻）は、唇牙喉音・歯音二等と結び付く時は重紐B類、それ以外は重紐A類に近い性質を持つとされている。このうち、唇牙喉音声母と結び付くものをC類韻母と呼ぶ（平山一九六七b）。中古音において「拗介音＋非前舌主母音＋前寄韻尾」の条件を満たす漢字は、声母との組み合わせに顕著な偏りがあり、之韻（非前舌主母音を推定しない立場もあるが、ここでは平山の推定音価に従う）を除くと、唇牙喉音の声母とのみ結合するのを原則とする。つまりC類韻母ということである。之韻は舌音・歯音声母とも結合するが、韻母全体が高舌性を持っているため、朝鮮漢字音は -ɨi、-i、-ʌ、日本漢字音（呉音・漢音）はイ段音となり、いずれも拗音が現れず、本章の論旨には影響しない韻である。

一般にC類韻母は、朝鮮漢字音・日本呉音には拗介音が反映せず、日本漢音には反映するのを原則とする。前寄韻尾の例ではないが、「遇摂魚韻開口三等」「宕摂陽韻開口三等」の例を、以下に挙げる（右から順に朝鮮漢字音・日本呉音・日本漢音）。多少の例外はあるが、原則として、朝鮮漢字音・日本呉音には拗音が現れず、日本漢音には拗音が現れるのが分かる。ただし、唇音声母においては、軽唇音化に際して介音が脱落する（または声母に吸収される）ため、日本漢音にも拗音は現れない（第三章参照）。（ス）宕摂陽韻の漢音「バウ」「ハウ」「ハク」がこれに相当する。

（シ）遇摂魚韻開口三等（十一転）　/-iʌ/［-ɪə］

居 kə　去 kə　御 ʼə　語 ʼə　虚 hə

コ　コ　ゴ　ゴ　コ

キョ　キョ　ギョ　ギョ　キョ

（ス）宕摂陽韻開口三等（三十一転）　/-iaŋ/［-ɪaŋ］・/-iak/［-ɪak］

強 kaŋ　仰 ʼaŋ　香 hiaŋ　鴦 ʼaŋ　脚 kak　虐 hak

ガウ　ガウ　カウ　アウ　カク　ギャク

キャウ　ギャウ　キャウ　ヤウ　キャク　ギャク

亡 maŋ　放 paŋ　縛 pak

マウ　ハウ　バク

バウ　ハウ　ハク

しかし、漢音では拗音が現れることが期待されるにもかかわらず、前寄韻尾を持つC類韻母の場合、以下に例示するように、漢音にも拗音が出てこない。これは、唇音声母の場合は、軽唇音化に際して介音が脱落するため、その他の声母の場合は、音節全体が前舌性を帯びた結果、漢音の音形が、（臻摂文韻を除いて）イ段・エ段音で現れるためである。以下に挙げてある推定音価は、中古音のものであり、これらの韻は、漢音の母胎となった唐代音（慧琳音）では、同摂内のB類韻（前舌主母音を持つ韻）と合流したのであった。（セ）は漢音がイ段音、（ソ）は漢音がエ段音で現れる例、（タ）（チ）は、軽唇音化の結果として、日本漢音に拗音が現れない例である。

（セ）臻摂欣韻開口三等（十九転）/-iʌn/［-ɪən］・/-iʌt/［-ɪət］

勤 kɨn　欣 hɨn　隠 ʔɨn　乞 kɨl　訖 hɨl

ゴン　ゴン　オン　コツ　コツ

キン　キン　イン　キツ　キツ

（ソ）山摂元韻開口三等（二十一転）/-ian/［-ɪʌn］・/-iat/［-ɪʌt］

建 kən　献 hən　言 ʔən　謁 ʔəl

コン　コン　ゴン　エツ?

ケン　ケン　ゲン　エツ

（タ）臻摂文韻合口三等唇音字（二十転）/-iuʌn/［-ɣən］・/-iuʌt/［-ɣʌt］

文 mun　分 pun　物 mɨl　仏 pul/pɨl

モン　ブン　モツ　ブツ

ブン　フン　ブツ　フツ

（チ）山摂元韻合口三等唇音字（二十二転）/-iuan/［ɣʌn］・/-iuat/［-ɣʌt］

万 man　反 pən　髪 pəl

マン　ホン　ホツ

バン　ハン　ハツ

（唇音以外の声母を持つ）臻摂文韻字の場合は、「群クン・クヰン・キン」「訓クン・クヰン」「屈クツ・クヰツ」のように、文献上の漢音の音形には幅が見られるが、典型的にはクン・クツのようにウ段非拗音で現れる。原音との対応からすると、キュン・キュツのような拗音の字音が現れてもおかしくはないのであるが、これは、呉（二〇〇九）により明らかにされたように、非前舌主母音・合口・弱口蓋性拗介音という条件の時に、合口性が耳立ち、拗介音の影響が小さくなったことを反映して、日本漢音で例外的に拗音が現れないものであろう。

いずれにしても、日本漢音において、非前舌主母音を持つ拗音韻で、前寄韻尾を持つものは、拗音が現れないのである。それは朝鮮漢字音においても同様であった。

第二項　「拗音」が現れる漢字

それでは逆に、朝鮮漢字音で拗音と前寄韻尾が組み合わさった音形が現れるのは、どのような韻においてであるのだろうか。ある程度の量の対応例をもって、当該音形が見出されるのは、以下の諸韻である。韻母の推定音価は［中古音（慧琳音）］の形で示しているが、ここでは、いわゆる直音四等韻（中古音では直音であったものが、慧琳音において同摂内の拗音韻〈唇牙喉音声母の下では重紐A類〉に合流した）が多く関与していることが知られる。

（ツ）蟹摂斉韻開口四等（十三転）/-ei/［-ɛi（-iɛi）］

稽 kiei　低 tiei　斉 ciei　祢 miei　礼 riei

（テ）蟹摂斉韻合口四等（十四転）/-uei/［-uɛi（-yɛi）］

桂 kiei　恵 hiei　慧 hiei

（ト）蟹摂祭韻開口四等（十五転）/-iai/［-iɛi］

藝 'iei　弊 p^{h}iei　滞 t^{h}iei　例 riei　勢 siei

（ナ）蟹摂祭韻合口四等（十六転）/-iuai/［-yɛi］

歳 siəi　税 siəi　贅 c^{h}iuiəi

（ニ）山摂仙韻開口四等（二十一転）/-ian/［-iɛn］・/-iat/［-iɛt］

遣 kiən　鞭 p^{h}iən　綿 miən　浅 c^{h}iən

滅 miəl

山摂仙韻開口四等（二十三転）

連 riən　然 ziən　哲 t^{h}iəl　烈 riəl

（ヌ）山摂仙韻合口四等（二十二転）/-iuan/［-yɛn］・/-iuat/［-yɛt］

絹 kiən　全 ciən　宣 siən

雪 siəl　悦 ʾiəl

山摂仙韻合口四等（二十四転）

伝 tiən　恋 riən　専 ciən　劣 riəl　説 siəl

（ネ）山摂仙韻開口三等（二十三転）/-ian/［-ıɛn］・/-iat/［-ıɛt］

辨 piən　免 miən　別 piəl

（ノ）山摂仙韻合口三等（二十四転）/-iuan/［-ʏɛn］・/-iuat/［-ʏɛt］

撰 siən

（ハ）山摂先韻開口四等（二十三転）/-en/［-ɛn（-iɛn）］・/-et/［-ɛt（-iɛt）］

肩 kiən　煙 ʾiən　弦 hiən

結 kiəl　涅 niəl　切 ciəl

（ヒ）山摂先韻合口四等（二十四転）/-uen/［-uɛn（-yɛn）］・/-uet/［-uɛt（-yɛt）］
　淵 ʼiən/ziən　懸 hiən　犬 kiən
　決 kiəl　穴 hiəl

（フ）咸摂塩韻開口三等（三十九転）/-iam/［-ɪɛm］・/-iap/［-ɪɛp］
　貶 p^{h}iəm　炎 ʼiəm

（ヘ）咸摂塩韻開口四等（三十九転）/-iam/［-iɛm］・/-iap/［-iɛp］
　廉 riəm　占 ciəm　摂 siəp　猟 riəp

咸摂塩韻開口四等（四十転）
　厭 ʼiəm　漸 ciəm　塩 ʼiəm
　接 ciəp　葉 ʼiəp

（ホ）咸摂添韻開口四等（三十九転）/-em/［-ɛm（-iɛm）］・/-ep/［-ɛp（-iɛp）］
　兼 kiəm　嫌 hiəm　添 t^{h}iəm
　鋏 hiəp　帖 t^{h}iəp

（マ）止摂脂韻合口四等（七転）/-iuei/［-yi］
　癸 kiəi　酔 chiui　翠 chiui（例外的）

（ミ）臻摂諄韻合口四等（十八転）/-iuen/［-yĕn］・/-iuet/［-yĕt］
　均 kiun　倫 riun　椿 c^{h}iun　旬 siun　準 ciun
　橘 kiul　律 riul　出 c^{h}iul　術 siul

（ム）臻摂真韻合口三等（十八転）/-iuen/［-yěn］・/-iuet/［-yět］
　　菌 kiun　困 kiun（例外的）

（メ）臻摂真韻開口四等（十七転）/-ien/［-iěn］・/-iet/［-iět］
　　栗 riul　慄 riul（例外的）

朝鮮漢字音において、ある程度の規則性をもって「拗音＋前寄韻尾」の形が現れるのは、むしろ中国語側に前舌主母音［e］・［ɛ］が推定されているもので、多くㅕで対応していることが判明する（（ツ）～（ホ））。この意味では、朝鮮漢字音においても、拗音と前寄韻尾の組み合わせには、特殊な偏りがあることになる。

ところで、ハングルのㅓ（に歴史的に対応する母音。以下同様）は、前期中世語での前舌母音から、後期中世語での中舌母音へと、音価の推移があったと推定するのが一般的であるようである（李一九七五）。そして、後期中世語を反映する資料である『四声通解』では、パスパ文字をハングルで転写する際、［e］をㅕによって写しているという。これはㅓの中舌化によって、前舌半狭母音を欠くようになったため、近似音のㅕで代用したものと説明される。しかし、ㅓを前期中世語で前舌母音と推定する根拠は、後期中世語の推定に比べるとかなり弱いものであるし、金（二〇〇三）のように、「結局、この時期（朝鮮漢字音形成期・肥爪注）ㅓ母音の音価は［a］に近い［ə］、つまり低舌化した［ə］（即ち、［ä］）であったと見ることが出来るであろう」と、中舌的な母音であったとする見解も、一方には存在する。右に挙げた朝鮮漢字音における諸音形についても、慎重な解釈が必要であるかも知れない。一般に、朝鮮漢字音の移入時期のㅓは前舌母音と考えられており、右に挙げたような諸韻の現れ方から、朝鮮漢字音は、唐代における直音四等韻の拗音化を反映したものと説明されるが、移入時期のㅓが中舌母音であった可能性もある上、朝鮮漢字音の母胎音に近いとされる慧琳音においては、前舌主母音［e］・［ɛ］を持つ直音韻は存在しなくなっているため、［e］と［ie］・

[ɛ] と [iɛ] は、漢字音の上で対立しておらず、それらの写し方の差を比較することもできない。後期中世語のパスパ文字転写と同様の方針により、[e] も [ie] も、[ɛ] も [iɛ] も、ㅕによって写した可能性が残ってしまうであろう。

いずれにしても、この一群は、エ段拗音を持たない日本漢字音においては、拗音の字音として現れることはない（「教」が「ケウ」から「キョウ」に、「猟」が「レフ」から「リョウ」に変化したというように、歴史的変化の結果、現代の漢字音で拗音を含んでいるということはある）。

（ツ）〜（ホ）の諸韻において、朝鮮漢字音に「拗音＋前寄韻尾」の音形が現れるのは、事実として、朝鮮漢字音には、拗音と前寄韻尾の共起を避ける制約は存在しなかったということである。つまり、非前舌主母音の場合に、「拗音＋前寄韻尾」の組み合わせが原則として見られなかったのは、中国語側の拗介音の分布の偏りが原因であり、朝鮮漢字音の側がそれを弾き出したのではなかったことになる。いわば、偶然の産物であったのである。

また、（ミ）臻摂諄術韻字にㅠが規則的に現れるのが異例であるが、この韻は日本漢字音でもシュン・シュツ等が現れる特殊性のある韻である。西大寺本『金光明最勝王経』平安初期点には、「律」の字を「リウト」と加点した例があり（この資料は拗音をア行で表記する）、この字も臻摂諄韻に属しているものである。つまり、「律」の字音は「リュツ」になる可能性もあったということで、この字の朝鮮漢字音 riul と対応することになる。

第三節　考察

以上の検討により、拗音と前寄韻尾の組み合わせの偏りは、日本漢字音と朝鮮漢字音とは、一見異なるようでいて、実際には意外なほど相似する関係にあることが判明した。それならば、以上に見いだされた相似関係には、どのような原因があるのであろうか。可能性としては、以下の三つが考えられる。

（一）中国語の音声的特徴が、そのまま朝鮮漢字音・日本漢字音に反映した。

（二）朝鮮漢字音の特徴が、日本漢字音の呉音に移植され、その特徴が漢音にも拡張された。

（三）朝鮮語・日本語それぞれの性質が、たまたま同じように外来音の受け入れ方にゆがみを生じさせた。

（二）（三）は、拗音と前寄韻尾の分布の偏りが、中国語側に根拠を求められない、受け入れ側の問題とする解釈である。その原因が朝鮮語のみの問題であるのか、朝鮮語・日本語それぞれの問題であるのかで（二）と（三）が分かれる。

説得力のある結論を提示するためには、朝鮮語音韻史に踏み込んでゆく必要があり、本書では、その準備が出来ていないが、見通しとしては、（一）である可能性が高いように思われる。なお、（一）であるならば、ベトナム漢字音にも同様の性質が見られることが予想されるが、残念ながら、ベトナム漢字音の「拗音」の現れ方は、日本漢字音・朝鮮漢字音とはあまりに異質であって（三根谷一九七二：一四五頁）、この問題を検証するための参考にはならない。

拗音一般の現れ方は、朝鮮漢字音と日本漢字音の呉音とでは類似する性質を持っているが、漢音の拗音の現れ方は、朝鮮漢字音とは大きく異なる。したがって、漢音まで含めて（二）で説明するのは難しいであろう。

臻摂諄術韻字に関して、日本漢字音においてサ行・ザ行にしか拗音が現れないのは、そもそも、サ行・ザ行以外のウ段拗音がア行表記（二重母音）で定着し、拗音の体系からは外れていたところに、臻摂諄術韻字の場合にだけ、音形の模索がかなり時代が下るまで継続され、紆余曲折の末、「シユン」「シユツ」などの音形に定着したという、日本漢字音独自の事情によるものであった（第二章参照）。しかし、朝鮮漢字音においては、臻摂諄術韻字の音形に関して、子音と拗音との組み合わせに、特に制限はない。つまり、朝鮮語には、拗音と前寄韻尾の組み合わせを制限するような性質があったとは考えにくく、（三）のうち、朝鮮語の部分は、おそらく成り立たないであろう。朝鮮漢字音が（一）で説明されるのならば、これに相似する日本漢字音も（一）で十分説明が可能であるはずである。

つまり、日本漢字音において、拗音と前寄韻尾が結び付きにくいとされるのは、中国中古音における「唇音性を持った介音と韻尾とが共起しない」という、音韻論的に意味のある制限とは異なり、中国語側の音節分布の偏りがもたらした、見かけ上の制限であり、日本語に固有の音韻論的な制限として存在するものではないであろうというのが、本章の見通しである。

【注】

（1）佐々木（二〇一七）によると、慈光寺蔵大般若経には「┬・┴」「〇」の二種類の声点があり、後者（〇）は、有声音（濁音・鼻音等）を標示する機能を有したらしい。

第五章　合拗音の受容

第一節　外来音の受容

音声・音韻は、言語を構成する諸要素の中でも、他言語の影響を特に受けにくいものとされる。これだけ外来語が氾濫している現代日本語においても、たとえば、英語のｒとｌの区別が普及・定着するということは当面ないであろう。その一方で、ティ・トゥ・ファ・フィなどの音は、外来語の音として、ほぼ定着している。つまり、日本語は外来語の音を選り好みして受け入れているのである。

以上のような「選り好み」に対する説明として、音素結合の「あきま」を埋めるタイプの音は、相対的に定着しやすいという考え方がある。たとえば、現代共通語のタ行音は、和語・字音語に限ると、以下のように音素分析される。

/ ta, ◯, ◯, te, to, ◯, ◯, ◯ /
　タ　　　　テ　ト

/ ◯, ci, cu, ◯, ◯, cja, cju, cjo /
　　チ　ツ　　　　チャ　チュ　チョ

この音素結合の「あきま」を埋めることになる、/ti/ティ・/tu/トゥ・/ca/ツァ・/ce/ツェ・/co/ツォ などの音は、日本語に外来語音として受容されやすいと説明される。ツァ・ツェ・ツォに馴染みがないのは、たまたま英語にこれに該当する音が原則として存在しないからであり、「ピッツァ pizza」「カンツォーネ canzone」など、英語以外を起源とする外来語には、いくつかの語例が指摘できる。「そいつぁー困った」「ごっつぉーさん」のように、和語や漢語でも、くだけた発話において、ツァ・ツォなどに相当する音が出現することがあるのは、これらの音が、もともと現代日本語に居場所の用意された音であるからであろう。

これに対して、英語の［si］に対応するスィ［si］、［hu］に対応するホゥ［hu］のような音は、子音・母音自体はそれぞれ日本語に存在するものの、音素の結合として見た場合、すでに/si/の位置は「シ」［ɕi］、/hu/の位置は「フ」［ɸɯ］で埋められており、「あきま」が存在しないため、［si］・［hu］（［hɯ］）は、「シ」［ɕi］・「フ」［ɸɯ］と区別する形では、日本語には受け入れられにくいと説明される。

サ　シ　ス　セ　ソ　シャ　シュ　ショ
/ sa, si, su, se, so, sja, sju, sjo /
［sa, ɕi, sɯ̈, se, so, ɕa, ɕɯ, ɕo］
ハ　ヒ　フ　ヘ　ホ　ヒャ　ヒュ　ヒョ
/ ha, hi, hu, he, ho, hja, hju, hjo /
［ha, çi, ɸɯ, he, ho, ça, çɯ, ço］

以上のような〈音素結合の「あきま」〉による説明が一定の有効性を持っている一方で、ファ［ɸa］・フィ［ɸi］・フェ［ɸe］などは、音素結合の「あきま」に入ったとは見なせず、フ［ɸɯ］の「音声」として存在する子音［ɸ］を流用したものと説明せざるを得ない。シェ［ɕe］・ジェ［dze~ze］・チェ［tɕe］についても、それぞれ/sje/・/zje/・/cje/と音韻論的に解釈すると、定着している理由を「あきま」を埋める結合であったからとは説明できなくなってしまう。外来語音受容の可否に関しての〈音素結合の「あきま」〉による説明は、万能ではないということである。

いずれにしても、外来語音の受容の仕方には、明らかな「選り好み」があるのは確かである。そして、結果に対して説明が必要であるのは、基本的には、その音を受け入れることができた場合についてである。rとlの区別が受け入れられない理由を説明する必要はない。ただし、古代日本語に存在した［wi］［we］［wo］等の音が、現代語においては一モーラでは受け入れられにくくなっている等、それが日本語史的に意味を持つ場合や、理屈の上では受け入れられるはずのものが、受け入れられていない場合などは、その理由を説明する必要があろう。

第二節　拗音の受容に関する先行学説

拗音（開拗音「キャ」「キュ」「キョ」の類・合拗音「クヮ」「クヰ」「クヱ」の類）は、当初は漢字音（中国起源の外来語音）として日本語に登場したものである。しかし、日本語史における拗音のあり方は、開拗音と合拗音とで大きく異なっている。


開拗音　すべての子音において見られる。

　室町時代には固有日本語にまで侵食。

　近代以降の外来語にも用いられる。

　　キャンディ（candy）・キュート（cute）・チャンス（chance）・チョコレート（chocolate）etc.

合拗音　原則として/k-/、/g-/においてのみ見られる。

　歴史的に、/k-/、/g-/とも結び付かなくなってゆく。

　　kwi>ki、kwe>ke（鎌倉時代）、kwa>ka（江戸時代以降）

　固有日本語には原則として波及しなかった。

　近代以降の外来語では、/CwV/のような要素は二モーラに分割される。

　　クイズ（quiz）・クオーター（quarter）・スワン（swan）・スイム（swim）・ツイッター（Twitter）etc.

亀井（一九七二）は、「（合拗音は結局は体系から弾き出されてしまったが、開拗音は）これが取り入れられるにも、これまたそこにその下地が有って、即ち日本側がこれを選択して受け入れたと解釈できる」と述べ、開拗音と合拗音の、日本語への受容のあり方について、それを受け入れるための「下地」という観点により示唆した。

　この考え方を継承・発展させたものとして、小倉肇の一連の研究がある。小倉肇（二〇一一）は、小倉の既発表論文の中から、国語音（和語の音）を中心に扱った論考を集成したものである。執筆時期の異なる（四十年にわたる）複数の章が、一貫した視点による統一性を保ったまま、有機的に繋がっているのは驚嘆すべきことである。小倉の研究の周到な構想とブレの少なさには敬服する。

　理論的な面は、オーソドックスな音素論によりつつ、個別の問題に関しては、亀井孝・小松英雄の影響を強く受けている面がある。また、解釈を導き出す前提となる、音韻史上の事実の認定も、ごく常識的なものであって無理はない。つまり、理論的立場も、音韻史上の事実の認定も、小倉と肥爪はほぼ同じであり、分節音を中心に、国語音・漢字音の双方を視野に入れた、包括的な音韻史の叙述を目指しているという点も一致している。

　拗音（開拗音・合拗音）など、固有語に存在しない要素を受け入れる条件として、小倉が想定するのは、「（擬音語・

擬態語など、音韻体系の周縁的な要素として）それを受け入れる下地があらかじめ存在した」場合であり、それらの典型の一つとして、「音韻体系の《あきま》を埋める要素」を挙げている。つまり、《あきま》が常に必要というわけではないという立場であるのだが、拗音に関しては、開拗音・合拗音ともに、《あきま》によって日本語への受容を説明している。

開拗音に関しては、上代特殊仮名遣のイ列・エ列甲乙の対立を、服部（一九五九ａ）などに従い、子音の口蓋化の有無の差と音韻論的に解釈することが前提となる。

ka（カ）: ki（キ乙）: ku（ク）: ke（ケ乙）: ko（コ）

（　）: kji（キ甲）:（　）: kje（ケ甲）:（　）

この体系的欠落である《あきま》を埋める要素として、/kj-/ と /a, u, o/ の結合は、一般語にはなかったが、擬音語・擬態語などには、これに相当する音声が現れることがあったと推定し、そのような音声的下地があったため、漢字音の開拗音を受け入れることが可能であったと説明する。（イ列・エ列に甲乙の対立を持たない）サ行・ザ行拗音、および、その他の舌音行の拗音（タ行・ダ行・ナ行・ラ行拗音）、また、オ列甲乙の対立と開拗音との関係についても、それぞれ周到に説明が用意されているが、詳細は省略する。

一方、合拗音に関しては、小倉は壮大なストーリーを描いており、話の起点は、推古期の万葉仮名にまで遡る。

推古期のキ・ギ乙類の万葉仮名は、「帰貴鬼」の微韻合口三等字、「癸」の脂韻合口四等字が用いられるのに対し、『古事記』『日本書紀』以降には、「気幾機既」の微韻開口三等字、「奇寄綺宜義」などの支韻開口三等字、「己忌紀疑擬基」などの之韻開口三等字も用いられるようになる。つまり、推古期においては、キ・ギ甲乙の対立は、重紐四等対三等という対立だけではなく、開口対合口の対立も存在し、『古事記』以降に、四等対三等のみの対立に変化したと考える。その上で、ケ・ゲ乙類に関しては、推古期にも合口性を認められないことと、「[q] の出わたりに [w] が発達しやすい」という一般音声学的性質を考慮して、推古期におけるキ・ギ、ケ・ゲの甲乙二類は、軟口蓋音と口蓋垂音との対立 /k-/：/q-/；/g-/：/G-/ であったと主張し、それが奈良時代にかけて、/k-/＞/kj-/；/q-/＞/k-/ のような音韻変化を起こしたという仮説を提唱した。

推古期		奈良時代
/qi qe Gi Ge/	→	/ki ke gi ge/
/ki ke gi ge/	→	/kji kje gji gje/

推古期の口蓋垂音は、/i, e/とのみ結合したが、体系的《あきま》/qa, Ga/ に入る音として、[qa, Ga] は擬声語・擬態語などには現れていたと考えられ、それが亀井（一九四七）によって示唆された、神武即位前紀の「怡奘過、怡奘過〈過音倭〉」という烏の鳴き声「クワ」を前提とする洒落に相当するとした。ア列合拗音は、このような音韻体系外の周縁的要素を下地として、[qa-, Ga-]（音声的実現においては [k^w-, g^w-] にかなり近かったと推定される）の形で受け入れられたとする。しかし奈良時代にかけて、国語音の口蓋垂音は軟口蓋音へと変化したため、これらの音は不安定になり、この不安定さを解消するために、/'a/：/'wa/ のような対立を支えとして、[k^wa-, g^wa-] のような音声が自然発生して、[qa-, Ga-] の穴埋め（代償）をしたとする。

イ列・エ列合拗音に関しては、推古期には、国語音の /qi-, qe-, Gi-, Ge-/ で一旦は取り入れたものの、国語音との対比において、字音としての弁別的な円唇的特徴を、より際立たせるのが好ましかったため、[qa-, Ga-]（推古期）→[k^wa-, g^wa-]（奈良時代～）に平行して、/qi-, qe-, Gi-, Ge-/（推古期）から、いわば人為的な形で [k^wi-, k^we-, g^wi-,

$g^{w}e$-］（奈良時代～）を分出させたと考えられるとする。

以上のように考えることにより、合拗音がカ行・ガ行のみに存在すること（サ行・タ行合拗音は、特殊な知識階層による音韻学の成果の表出に過ぎず、一時的・不安定なものであった）、自然発生したア列合拗音（クワ・グワ）が、かなり遅くまで安定的に維持されたのに対し、人為的に分出されたイ列・エ列合拗音（クヰ・グヰ・クヱ・グヱ）が、一部の特殊な知識階層を除いて、早々に日本漢字音の体系から姿を消してしまったことの理由までもが説明できるとする。

平安初期～平安中期には、類音字表記が主流であった合拗音の表記は、平安後期～院政期には、仮名表記「クワ・クヰ・クヱ」に移行し始める。つまり、中国原音を意識した発音が維持されていた合拗音は、この頃に、日本語の音韻体系に順化・融和していったと考えられるとする。そして、ちょうどその時期に、［wi］［we］の［i］［je］への合流が起こっており、ヰ［wi］・ヱ［we］の円唇的な［w］の要素が消滅していったのは、クヰ［$k^{w}i$］・クヱ［$k^{w}e$］の字音としての合拗音らしさを際立たせるためであったのと同時に、ヒ［ɸi］・ヘ［ɸe］との接近を回避するためであり、/ʼi-：ɸi-：ki-：kwi-；ʼje-：ɸe-：ke-：kwe-/ の安定した四項対立を指向した変化であったと説明する。

第三節　開拗音・合拗音の受容の差異

小倉と肥爪とは、ほぼ同じ研究対象を扱っているだけに、見解の異なる部分は多々あるのだが、合拗音の問題に関しては、ある一つの現象について、完全に正反対の解釈を採用している。

小倉：［wi］［we］の［i］［je］への合流が、カ行合拗音［$k^{w}a$］［$k^{w}i$］［$k^{w}e$］を確立させていった。

肥爪：［wi］［we］の［i］［je］への合流は、カ行合拗音［$k^{w}i$］［$k^{w}e$］の［ki］［ke］への合流に平行する現象である。

なぜ、このような差が生じるのであろうか。実は、この「[wi][we]の[i][je]への合流」が、語中での混乱（平安後期～院政期）を規準にするのか、語頭での混乱（鎌倉時代初期）を規準とするのかという時代差が、右の説明の相違の背後にある。この部分のみに着目すれば、その一点に起因する違いではあるのだが、もっと根本的には、両者の拗音の歴史をめぐる捉え方の違いが存在する。右の相反する解釈は、拗音史の大きな流れの中での位置づけを踏まえることなしに検討しても無意味である。

まず事実を整理しておこう。事実の認定に関しては、小倉と肥爪の間に、ほとんど差はないはずである。

開拗音の表記は、平安初期から仮名二字による表記（ア行表記・ヤ行表記）があった。いくつかの分布の偏りがある（第一部序章参照）ものの、子音との組み合わせ自体には制限がなく、各行に渉って拗音が用いられた。サ行・ザ行以外のウ段拗音が出揃うのは、南北朝時代以降と推定される。和語に開拗音が侵食してゆくのも、おおよその時期であった。

合拗音の表記は、平安初期にも仮名による表記の例が皆無ではない（ア行表記「耎〈ぬ阿尓〉（聖語蔵本阿毘達磨雑集論））ものの、それが継承されることはなく、当面は「血〈決〉」「幻〈犬〉」「活〈果チ〉」「均〈鬼ン〉」「穴〈化ツ〉」のような類音表記・拗音仮名表記が用いられた。子音との組み合わせに制限があり、原則としてカ行・ガ行のみに合拗音は現れた。その意味でも、右のナ行合拗音「耎〈ぬ阿尓〉」は異例であり、漢音に限定して見られる「スヰン」「シヰツ」「ツヰン」「ツヰチ」などのサ行・タ行合拗音も、特殊な知識階層における字音学習の反映に過ぎなかった。「クワ」「クヰ」などのように、仮名を組み合わせて表記する方式が広まっていくのは、一一～一二世紀ごろからで、平安時代初期から仮名二字による表記のあった開拗音に大きく遅れる（近年の研究では、平安中期から合拗音を仮名二字で表記した例があることが報告されているが（小林二〇一二）、稀な例であることは確かである）。

鎌倉時代に入る頃には、「クヰ」「クヱ」は直音化して「キ」「ケ」となり、「クワ」も現代に至るまでに、ほとんどの方言で直音「カ」に変化した。和語への侵食は、「蹴 化ル」のような例外もあったが、一時的なものに過ぎず、基本的には、合拗音が和語にまで波及することはなかった。ただし、オノマトペについては、「クワ」を含むものが、かつては広く用いられた。現代の外来語においても、「クイーン」「クオーター」「スウィート」「ツイッター」のような合拗音に相当する音は、少なくとも一モーラでは定着していない。

ただし、以上のごとく開拗音と合拗音の受容の仕方には大きな差があったのではあるが、石山寺本守護国界主陀羅尼経平安中期点のように、開拗音も合拗音も、「傾カウ、捨サ、場タウ、濁トク、灌カム、冠カウ、獲カク、活カ」等、すべて直音表記する、つまり、開拗音と合拗音を完全に同等に扱う特異な資料もないわけではない（大坪一九五三）。

なお、古典和歌一般において、漢語は歌に詠み込まないことを原則とするが、『万葉集』には、漢語を詠み込んだ歌が少数あり、それらには開拗音・合拗音を含むものもある。合拗音に相当する音を含む歌の例としては以下のようなものがある。

餓鬼　大寺の餓鬼の後に〔万四・六〇八〕
　寺寺の女餓鬼申さく〔万一六・三八四〇〕
　大神の男餓鬼賜りて〔万一六・三八四〇〕
過所　過所なしに関飛び越ゆる〔万一五・三七五四〕
課役　里長が課役徴らば〔万一六・三八四七〕

音数律から判断すると、いずれも、和語の一音と同等の扱いをされていたことが知られる。いわゆる字余りの一環として、合拗音が一単位相当に扱われている（平安初期には合拗音のア行表記の例もあった）可能性も考えなければならないが、偶数句（母音連接が二単位扱いされる傾向が強い）に合拗音を含んだ例もあり、簡単には字余り現象とは関連づけにくい。開拗音を詠み込んでいる場合には、後世の「直音表記」に相当する語形（「シャカ（釈迦）」に対する「サカ」など）であった可能性が考慮されるのだから、合拗音についても、直音化形を想定することも可能であろう。

現代日本人の感覚からすると、日本語の各行に開拗音が存在するのはごく自然なことであり、合拗音がまったく存在しないことも不思議ではないのであるが、五母音体系の日本語における、このような顕著な非対称性は、決して当たり前の現象ではない。どうして、開拗音と合拗音とで、このような差異が生じたのであろうか？

第四節　分解圧縮法による開拗音の受容

小倉説においては、開拗音も合拗音も、「音韻体系の《あきま》」を埋める形で受容したという説明を採用している。合拗音において、カ行・ガ行のみにそれが可能であったことまで説明できている点で優れた解釈である。しかしながら、むしろ問題は開拗音の方にあり、カ行・ガ行・ハ行・バ行・マ行という、上代特殊仮名遣においてイ段・エ段甲乙の区別が存在した行については、音素結合の《あきま》に受容したということで問題はないが、それ以外の舌音行（サ行・ザ行・タ行・ダ行・ナ行・ラ行）については、イ段において口蓋化した子音、つまり音声レベルの異音を流用して、拗音が形成されたと説明せざるを得なくなっているのである（以下「異音流用説」と呼ぶ）。そのような受容の仕方も十分にあり得るのであるが、開拗音が舌音行と非舌音行の二つのグループに分かれ、それぞれ異なる受容のされ方をしたという傍証は、文献資料には見出しがたいように思われる（サ行・ザ行開拗音のみが異質な受容のされ方をしたというのは厳然たる事実であるが）。また、第一部第二章で述べたような、ウ段拗音の分布の偏りは、小倉説では説明しにくいであろう。口蓋化した子音（/kj-, gj-/など）と母音音素/-u/との結合には、歴然と《あきま》が存在しているからである。

また、小倉説によると、上代特殊仮名遣のイ段・エ段甲乙の対立から、開拗音も合拗音も生じたことになる。推古期の《あきま》に合拗音、奈良時代の《あきま》に開拗音が生じたという時代差を想定することにより処理しているが、やはり窮屈な印象を受けてしまう。

本書では、開拗音は「分解圧縮法」、合拗音は《あきま》を埋める形で日本語に定着したという解釈を提出したい。つまり、開拗音と合拗音とでは、根本的に異なる受容のされ方をしたと考えるのである。

分解圧縮法とは、一連の要素を二単位に分解した上で圧縮する受け入れ方のことである。「star→スター」は、英語の二重子音を二音節に分解して受け入れたものであるが、原音を特に意識する場合には「圧縮」して発音することも可能である。開拗音の受容過程において、このような分解の段階を想定すれば、平安初期にア行表記の拗音が存在したことも、そのうちのウ段拗音が、結果的に二モーラで定着していることも説明しやすいであろう。もう少し想像を逞しくするならば、自立モーラ組織の組み替え（第二部第一章第三節参照）によって日本語に完全に定着する以前の開拗音は、まさしく、現代の外来語におけるウィ・ウェ・ウォ・イェ・クィ（ウイ・ウエ・ウオ・イエ・クイ）等のような状態であったと推定されよう。つまり、ウィ・ウェ・ウォ・イェ・クィ等は、原語の［wi］、［we］、［wo］、［je］、［kwi］などを二モーラに割って受け入れているが、原語を意識した発音では圧縮気味に発音され、アクセント規則の上でも一単位的に振る舞うことがあるけれども、本質は二モーラであるので、短歌・俳句に詠み込む時には、二単位扱いされるのが一般的である。(1) 特に［je］、［kwi］などに対応する音は、「yellow イエロー」「yes イエス」「queen クイーン」「quiz クイズ」のように、圧縮されずに二モーラ扱いされることの方が圧倒的に多いであろう。［wi］、［we］、［wo］、［je］、［kwi］のような音は、古典和歌では一単位扱いされていたことも注意されたい（万葉集の「餓鬼」の例も参照）。要するに、かつての開拗音は、音韻体系における位置づけの定まらない、周縁的な要素であり、「自立モーラ組織の組み替え」の結果として、固有語のCV音節と同じ重みを持つことが可能になったと推測するのである。

平安初期には分解して受け入れられていた開拗音（ア行表記の開拗音）は、日本語として許容度の高かった「㋑ウ形」のみ、そのままの形で定着したが、「㋑ア形」「㋑オ形」は、一音節になることが許容されず、かつ内部にア行音（イ・ウを除く）を含む形は、日本語の音配列則では、そこに意味の切れ目の存在を前提とするものであった。それを避けて、漢字音としての一単位性を損ねにくいヤ行表記（「㋑ヤ形」「㋑ヨ形」）に、開拗音の表記は転じることになったが、この段階ではまだ後世の拗音と同じ状態になってはおらず、あくまで二音節（「キ＋ヤ」等）に分解した形であり、それを圧縮して発音することもあったのだと推定する。これが後世の開拗音と同じ状態になるのは、やはり「自立モーラ組織の組み替え」を待つ必要があったと考える。それまでは、日本語の音韻体系に開拗音の居場所（あきま）はなかったと考えるのである。繰り返しになるが、《あきま》説にしても、《異音流用説》にしても、ウ段拗音の分布の偏りが、十分には説明できないのである。

第五節　合拗音の「あきま」への受容

一方の合拗音は、どのような経緯で日本語に定着したのであろうか？　そして、それが結果的に日本語の音韻体系から弾き出されてしまったのは、なぜなのだろうか？

合拗音の表記は、類音表記が一般的であり、仮名による表記の普及は、開拗音のそれに大きく遅れる。平安極初期には、前出の「奐〈ぬ阿尓〉（聖語蔵本阿毘達磨雑集論）」のように合拗音の仮名表記例もあるが、この方式（およびナ行合拗音そのもの）は定着することなく途絶えてしまった。つまり、開拗音と合拗音とでは日本語への移入の仕方自体が大きく異なった可能性があり、合拗音は分解圧縮法にはよらない移入のされ方をしたと考えた方が良さそうである。合拗音が分解圧縮法によらずに移入されたとすると、どのような受け入れられ方をしたと考えるべきであろうか。当然、《あきま》に受け入れる方式を候補として考えてゆくことになるが、ここでは敢えて、小倉とは異なる部分に《あきま》を想定する解釈を提案したい。

小倉説は十分に辻褄が合っており、これを否定するのは難しい。しかし、上代語から内的に再構成される、上代よりも一段階前の中央語（先上代語）においては、上代語でイ段乙類・エ段乙類になっている音節には、二重母音（あるいは母音連接）を再構成するのが一般的である。推古期におけるキ・ギ、ケ・ゲの甲乙二類が、軟口蓋音と口蓋垂音との対立 /k-/：/q-/；/g-/：/G-/ であったとすると、その「先上代語」から奈良時代語への過渡期の状態と見なすことになろう。子音体系や音素結合の分布の観点からしても、軟口蓋音と口蓋垂音の対立が安定的なものであったとは考えにくい。小倉説は一旦保留にし、別の可能性を考えてみよう。

上代特殊仮名遣のオ段甲乙の別は、万葉仮名の中国原音を手掛かりに、甲類は奥舌母音［-o］、乙類は中舌母音［-ɵ］または［-ə］などが推定されることが多い。一方、オ段甲乙の区別はまず「モ」において失われ（おそらくそれに先行して「ホ」「ボ」において失われ）、最後まで区別が保たれたのは、「コ」「ゴ」であった。こうした、唇音から始まり、軟口蓋音に終わる、オ段甲乙の対立の解消順序から、また、万葉仮名に用いられている漢字音の分析から、一つの推定として、オ段甲乙の対立の解消過程において、音声的に甲類［-wo］、乙類「-o」に接近していったのではないかという考えが出てきうる。[2]

ところで、上代語自体についても、オ段甲類 -wo、乙類 -o という推定がなされることがある。日本国内では、三宅（一九三二）に始まって、複数の研究者によって主張され、海外では、Lange（一九七三）が採用した影響で、現在でも欧米ではポピュラーな説となっている。ただし、オ段甲類・乙類の万葉仮名の中国原音は、一部分については確かに合口介音の有無の対立と解釈できるけれども、すべてをそれで通すことはできず、いわゆる有坂法則（一つの語基に共存しうる母音の制限）において、ア行の「オ」もワ行の「ヲ」も、オ段甲類・乙類の対立に関して中立的であったという見通しもある（有坂一九五五）。そもそも体系的に見て不自然な推定である。この系統の発想を、音声であるにせよ音韻論的解釈であるにせよ、上代語自体や日琉祖語に適用するのは、なお慎重であるべきであろう。[3]

もし、平安時代初期の段階の、オ段甲乙の対立として「コ・ゴ」の対立のみが残存している状態を、子音の側の円唇性の有無の対立と解釈するならば、

ka（カ）：ki（キ）：ku（ク）：ke（ケ）：ko（コ乙）

（　）：（　）：（　）：k^wo（コ甲）

のように、/k^w-/と/a, i, e/との組み合わせに「あきま」が存在することになり、この音素結合の「あきま」に入り込む形で、クワ/k^wa/・クヰ/k^wi/・クヱ/k^we/（グワ/g^wa/・グヰ/g^wi/・グヱ/g^we/）が、漢字音として移入されたと説明できる。以上のような説明は、カ行・ガ行にのみ合拗音が存在した理由も同時に説明できるので、合拗音受容の仮説の、最低限の条件をクリアしていることになろう。あるいは逆に、漢字音の合拗音と支え合う形で、コ・ゴの甲乙の区別が、知

識人層の間で維持されたということになるのかもしれない。

以上のように、開拗音が分解圧縮法により、合拗音が《あきま》への受け入れにより定着したと、別々の過程を想定することにより、開拗音と合拗音との表記の歴史に、厳然たる差が存在したことについても説明がしやすくなってくる。

開拗音：分解圧縮法により移入・定着

合拗音：《あきま》に受け入れる形で移入

鎌倉時代ごろまでに起こったアヤワ三行の統合（[wi] > [i] /'i/、[we] > [je] /'e/など）、開拗音の日本語音韻体系への同化などにより、自立モーラ組織の組み替え（第二部第一章参照）が起こり、それらと連動しつつ、イ段・エ段のカ行・ガ行合拗音は、体系から弾き出されてしまった（[k^{w}i] > [ki]、[k^{w}e] > [ke]）と説明されよう。ア段の合拗音「クワ」「グワ」は、かろうじてワ行の「ワ」に支えられる形で、命脈を保ったということになる。

（旧組織）	→	（新組織）				
アイウ衣オ		アイウエオ	ヤ	ユ	ヨ	ワ
カキクケコ		カキクケコ	キャ	キュ	キョ	クヮ
サシスセソ		サシスセソ	シャ	シュ	ショ	
タチツテト		タチツテト	チャ	チュ	チョ	
ナニヌネノ		ナニヌネノ	ニャ	ニュ	ニョ	
ハヒフヘホ		ハヒフヘホ	ヒャ	（ヒュ）	ヒョ	
マミムメモ		マミムメモ	ミャ	（ミュ）	ミョ	

ヤ〇ユ江ヨ　　ラリルレロ　リャ　リュ　リョ
ラリルレロ
ワヰ〇ヱヲ

しかしながら、以上の説明は単なる結果論であって、開拗音と合拗音とで、なぜ顕著な非対称性が生じたのか、根本の問題は依然として未解決のまま残されている。

平安極初期の訓点資料には、「奐〈ぬ阿尓〉（聖語蔵本阿毘達磨雑集論）」のような、合拗音のア行表記の例が一例だけある。結果的にこのナ行合拗音は定着しなかったが、合拗音も、分解圧縮法によって移入される可能性が十分にあったことになろう。

第六節　止摂合口字について

最後に、亀・偽・水・瑞・追・類・唯などの止摂合口字の字音の問題に言及しておこう。止摂合口字は、カ行・ガ行は「クヰ」「グヰ」の合拗音、他は「スイ」「ズイ」「ツイ」「ルイ」「ユイ」の二重母音の形で、日本語に受容された。(4) カ行・ガ行は、前述のように音素結合の「あきま」に入り込む形で、他の行は二モーラに「分解」した形で移入されたことになろう（「圧縮」はされなかった）。合拗音として受け入れた「クヰ」「グヰ」は、その後、日本語の音韻体系から弾き出され、直音化して「キ」「ギ」となった。カ行・ガ行においては、分割せずに合拗音として受容が可能であったが故に、「クイ」「グイ」の二重母音形を欠くことになってしまったのである。

止摂合口字とウ段拗音との対比の上で、サ行開拗音とカ行合拗音が裏表の関係をなしていることが見て取れるが、止摂合口字の様相は、ウ段拗音の受容の仕方とやや異なるものである。ウ段拗音の場合は、サ行・ザ行は「シユ」「ジユ」の開拗音（「シユウ」「ジユウ」もあり）、他の行は「キウ」「ギウ」「チウ」「ニウ」「リウ」などの二重母音の形（「シウ」「ジウ」もあり）で日本語に移入されたことになる。しかしながら、サ行・ザ行のウ段開拗音「シユ」「ジユ」は、音韻体系から弾き出されることはなかった。

止摂合口	ワ行表記	クヰ	→×（直音化して「キ」に）
	ア行表記	スイ・ツイ・ルイ等	→○
ウ段拗音	ヤ行表記	シユ・シユウ	→○
	ア行表記	キウ・シウ・チウ等	→キュウ・チュウ等（拗長音化）

開拗音と合拗音の非対称性の原因については、依然として解明できない部分が残されている。特に、止摂合口字を例外として、カ行・ガ行以外の合拗音を、二単位に分割した形で受け入れなかった理由は不明である。なぜ、「耎〈ぬ阿尓〉（聖語蔵本阿毘達磨雑集論）」のようなア行表記の分解型合拗音が定着しなかったのか、なお検討の必要があろう。現代の外来語では、「クイズ（quiz）」「クオーター（quarter）」「スワン（swan）」「スイート〜スウィート（sweet）」「ツイッター（Twitter）」のように、「合拗音」的な音は、二モーラに分割することによって受け入れているのである。

【注】

（1）外来語の「ウィ」「ウェ」「ウォ」「イェ」などの音は、短歌や俳句に詠み込むときには二単位扱いするのが原則であるが、アクセントの面から見ると、一単位的な振る舞いをすることがある。たとえば、「ドル」「ペソ」「マルク」「フラン」「クローネ」「ルーブル」などの通貨のアクセントは、後ろから三モーラ目にアクセント核が置かれるのを原則とする。二モーラしかない場合は後ろから二モーラ目、後ろから三モーラ目が特殊拍である場合は、その一つ前にアクセント核が置かれる（「シリング」のような例外もある）。しかし、韓国の通貨「ウォン」のアクセントは、「ウォン」を三モーラと見ても、二モーラと見ても、後ろから二モーラ目に置かれることになる。つまり「ウォ」が一単位相当にカウントされているのである。

（2）「くだもの」の「く」は「こ乙（木）」と同源、「だ」は「けだもの」と同じく連体助詞（「な」の子音交替形か）とされることが多いが、上代文献には例が確認できず、平安時代初期の「菓〈クタ〉（もの）〔東大寺諷誦文稿97〕」が早い例であろう。周知のように、『東大寺諷誦文稿』は、コの甲乙の区別が残っているとされる資料である。上代語においては、オ段甲類とウ段、オ段乙類とア段とが母音交替を起こしやすいとされるが、オ段乙類とウ段の交替は一般的ではない。この「くだもの」という音形が平安時代初期に形成されたのだとすれば、上代から平安時代初期に掛けて、コの甲乙の対立の音韻的性質が変化したのだと説明することが出来るかもしれない。

（3）オ段甲類・乙類の音価推定については、大野（一九五三）に、詳細な学説史の解説と考察がある。そこでは、オ段甲類 -wo、オ段乙類 -ö と推定する諸家の研究と、これに対する大野の批判が述べられている。

（4）「水」「追」「遺」「類」等、止摂合口字の字音仮名遣いは、本居宣長『字音仮字用格』（安永五年〈一七七六〉刊）が、「スヰ」「ツヰ」「ユヰ」「ルヰ」を採用した影響で、これが広く行われていたが、満田（一九二〇）により、実際の古文献においては、「スイ」「ツイ」「ユイ」「ルイ」となっていることが指摘され、現在ではア行のイを用いるのが、字音仮名遣いとして正規のものとされている。しかし、少数ではあるが、「スヰ」「ツヰ」の実例もあることも報告されており、これらを広範に調査・検討した佐々木（二〇〇四）は、「反切による人為的漢音が存する漢籍訓点資料および字書・音義、辞書が中核をなす。これらの表記は、中国漢字音の高度な学習に裏付けられた規範的な表記であると考えられる」とまとめた。

付章　サ行子音の音価とサ行開拗音

サ行子音の歴史は、日本語音韻史の中でも未決着な部分の多いテーマである。ハ行子音の場合、細かな部分は解決できていないものの、[p-] > [ɸ-] > [h-] という全体の流れ自体にはほぼ異論がない。ところが、サ行子音については、肝心の出発点が確定できていないままなのである（ザ行子音に関しても、平行して問題が存在するが、以下の考察では、もっぱらサ行清子音のみを取り上げて話を進める）。

万葉仮名については後述することにし、まず平安時代初期、円仁『在唐記』の梵字の発音記録を手掛かりにした、日本語の「サ」の発音の推定を取り上げる。円仁の記述は以下のようなものである。

𑖓ca　本郷佐字音勢呼之、下字亦然、但皆去声、此字軽微呼之、下字重音呼之。
𑖔cha　断気呼之。
𑖫śa　以本郷沙字音呼之、但唇歯不大開、合呼之。
𑖬ṣa　以大唐沙字音勢呼之、但是去声、唇歯不大開、合呼之。
𑖭sa　以大唐娑字音勢呼之、但去声呼之。

この記述をごく素直に読むと、日本語のサ（本郷佐字音）の音は、[tʃa] であったということになりそうであるが、話はそれほど簡単ではない。この円仁の記述を、最初に本格的に取り上げたのは有坂（一九三六b）である。詳細は当該論文を参照していただきたいが、有坂は平安時代初期の日本語のサは［tsa］であったと推定した。その後も、『在唐記』の記述から平安時代初期のサ行子音を推定しようとする試みは繰り返され、馬渕（一九五九）は［ʃa］、住谷（一九九三）は［sa］、林史典（二〇〇一）は［tsa］と、さまざまな推定が行われている。梵字𑖓 ca の印度における方言差（［tʃa～tsa］）をどう考慮するか、「本郷佐字音勢」の「勢」をどう捉えるか、「本郷佐字音」と「本郷沙字音」は同音か別音か、「本郷音」と「大唐音」の優先順位をどう設定するか、等々によって結論が異なってくるため、［tʃa］・［tsa］・［ʃa］・［sa］の四通りの解釈が、『在唐記』の同じ記述から導き出されているのである。研究は論理の綱渡りの様相を呈しているが、円仁の記録が、そこまで理詰めの分析に耐えるものなのかという不安がどうしても出てくる。一見すると不合理な解釈が、円仁の意図に沿っている可能性だってあるのである。

もう少し別の手掛かりを見てみよう。平安時代の平仮名文学作品において、しばしば拗音が「直音表記」されていることは、誰しも経験的に知っていることであろう。「すきやうさ（修行者）」「しそく（紙燭）」「すらう（受領）」など、例は多い。大半の平仮名文学作品は、時代の下った後世の転写本であって、そのまま平安時代の様相を伝えていると見なすことはできないが、わずかに残っている平安時代の平仮名散文の写本（拗音は漢語に限定されるため、ほとんど和歌の写本は利用できない）においても、サ行以外の直音表記の例もないわけではないものの、拗音全体の直音表記はサ行に集中することが指摘されている（春日和男一九七五など）[1]。

むらうこふ（無量劫）・せんたう（禅定）

ちくさう（畜生）・さか女らい（釈迦如来）・すさう（衆生）・ほたいす院（菩提樹院）・しんす（神呪）・大そう経てん（大乗経典）・さいそう仙人（最勝仙人）……　〔『三宝絵』関戸本・東大寺切〕

また、第二章でも指摘したように、ウ段拗音においては、例外的な現象がサ行に集中的に現れるのであり、やはりその背景には、サ行子音の特殊性があったことが想像される。

このような事実から、当時のサ行子音が［tɕ］または［ɕ］のような口蓋性を持った子音であり、日本語のサ・ス・ソ自体が拗音的な音声で実現していたためであると推定されることがある(2)。

しかしながら、この見通しとは矛盾する事実も、上代の万葉仮名の研究から出てきている。かつては、サ行音の表記に用いられる万葉仮名は、あまりに雑多なものが混在しているため、当時のサ行子音の推定には利用できないと考えられていたが、森（一九九一）により、日本書紀α群の万葉仮名が、万葉仮名資料の中でも突出して高い純度で中国原音に依拠していることが指摘され、上代語の音韻史料として、最優先で参照すべきものと考えられるようになった。日本書紀α群を利用した、森の推定は以下のようなものである。

サ［tsɑ］・シ［t͡ʃi］・ス［tsu］・セ［t͡ʃe］・ソ甲［tso］・ソ乙［tsə］

閉鎖性の有無（破擦音か摩擦音か）はさておき、ア段・ウ段・オ段甲乙類ともに、口蓋性を持たない子音が推定されている。このような上代語のサ行子音の推定と、平安時代以降の拗音の問題を両立させるには、どのような歴史を想定すれば良いであろうか？

結論としては、古代のサ行子音は、調音の位置について、かなり幅のあるものであったと推定することになろう。そして、そのサ行子音の異音の重心は、ア段・ウ段・オ段に関しては口蓋性を持たない側に、イ段・エ段は口蓋性を持った側にあったと考えることになる。

以下の〈表1〉は、国際音声字母（IPA）の子音の表から、歯茎音周辺の閉鎖音・鼻音・摩擦音を抜き出したものである。国際音声字母の子音の表の中では、この箇所のみが例外的な枠組みで作表されており、閉鎖音・鼻音が一系統であるのに対し、摩擦音は三系統の音で対応させられている（破擦音は子音の表に含まれないが、やはり三系統の音が区

〈表１〉　国際音声字母（子音表より抜粋）

	歯音	歯茎音	後部歯茎音
閉鎖音		t　d	
鼻音		n	
摩擦音	θ　ð	s　z	ʃ　ʒ

別されることになる）。

摩擦音が三系統に区別されるのは、国際音声字母がイギリスで発達してきたという歴史的な事情による部分が多いと思われるが、日本語共通語話者の場合は、歯音と歯茎音を聞き分けるのが難しく、二系統の摩擦音のみが聴覚的・調音的に区別される。言語によっては、歯茎音と後部歯茎音の区別も持たず、閉鎖音・鼻音・摩擦音のすべてが一系統で対応する体系をなすものもある。たとえばアイヌ語の場合、歯茎音近辺は摩擦音が一系統しかなく、「姉［sa～ʃa］」「鍋［su～ʃu］」のように、音声的に幅を持って実現する（異音の重心には、方言差・個人差がある）。古代日本語の場合も、漢字音として拗音が借用される前の段階では、歯茎音近辺の摩擦音（または破擦音）が一系統しかなかったはずなのだから、サ行子音も、アイヌ語のように音声的に幅を持った状態であったと考えて不自然ではなかろう。

その後、漢字音の普及とともに、漢字音全般において、直拗の対立を体系的に定着させてゆく過程で、サ行でも直拗の対立を安定させようとする圧力が働き、国語音のサ行子音の異音の幅も抑制されていったと考えられる。エ段に関しては、漢字音に直音・拗音の対立が無かったため、かなり時代が下るまで、［ʃe］の発音が維持され得たのであろう（現在でも、九州をはじめとする各地の方言にゆれとして残存している）。三省堂『言語学大辞典 第5巻【補遺・言語名索引編】』（一九九三）「奄美方言」の項の解説（上村幸雄）によれば、この地域では、かつては歯茎音近辺の破裂音・破擦音は、直音・拗音の音韻的対立をつくらず、直音的にも拗音的にも中間的にも発音されたらしい。この他に、岡山県妹尾方言の場合も、サ行・ザ行子音も調音の位置にゆれ幅があることが報告されており、かつ「拗音」とは区別されているという（高山林太郎二〇一一）。共通語と同様の音声で実現されることも多いため、方言の調査報告から漏れてしまっているだけで、そのつもりで探せば、もっと多くの地域で、このように幅を持ったサ行・ザ行子音の音声が観察されるかも知れない。

以上のように考えると、第一章第三節・第五章第六節で指摘した、サ行・ザ行開拗音と、カ行・ガ行合拗音とが、互いに通じあう性質を持っていることも理解しやすくなる。

第五章第四節・第五節において、開拗音は「分解圧縮法」により、合拗音は《あきま》に嵌め込む形で日本語に受け入れられたとする見解を提示し、その受け入れ方の差が、それぞれの表記の歴史に反映していると推定した。開拗音は、ア行表記・ヤ行表記という仮名による二単位表記を平安初期から発達させたのに対し、合拗音は、古くは「血〈決〉」「幻〈犬〉」「活〈果チ〉」「均〈鬼ン〉」「穴〈化ツ〉」などの類音表記・拗音仮名表記が用いられ、「クワ」「クヰ」等の仮名による二単位表記が普及するのは一一～一二世紀まで遅れるのであった。その一方で、仮名と組み合わせて用いる「拗音仮名」は、サ行・ザ行開拗音と、カ行・ガ行合拗音にほぼ限定されるという特徴を持っていたのであり、表記の上で「一単位」で処理されるという点から見て、サ行・ザ行開拗音の日本語への受け入れ方が、合拗音に通じる一面も持っていたことが予想される。つまりサ行・ザ行開拗音は、他の行の開拗音と同様に「分解圧縮法」による受け入れ方もされた一方で、最初から一単位的に受け入れられることもあったため、「者（シャ）」「主（シュ）」「所（ショ）」などの拗音仮名一文字で表記する方法が工夫されたのだと説明できるのではないだろうか。合拗音の場合も、種々の状況証拠から、《あきま》に嵌め込まれる形で、最初から一単位的な受け入れ方がされたと推定されるのであった。

さて、サ行子音の調音の位置に幅があったとして、閉鎖性の有無（破擦音か摩擦音か）については、どのように考えられるであろうか？　直接には拗音の問題とは関わってこないが、本書における見通しを述べておこう。

現代の多くの方言において、サ行子音は摩擦音で現れるが、高知県中村方言（現・四万十市）では、摩擦音になることもあるものの、破擦音で発音されることが圧倒的に多く、注意深い発音では破擦音、時に破裂音に近く聞こえることさえあるという（山田幸宏一九八三）。

また、キリシタン資料では、サ行子音はｓやｘで綴るのが原則であって、そのまま受け取れば摩擦音であったということになるが、丸山（一九八一）は、ロドリゲスの二つの文典の記述から、「16世紀から17世紀初頭の日本語の中に軽い閉鎖を伴った破擦音のサ行子音が存在したであろう」と結論した。

以上のような中村方言・キリシタン資料、そして先述の日本書紀α群の万葉仮名をも勘案すると、摩擦音から破擦音への変化は相対的に起こりにくい以上、古代日本語のサ行子音は破擦音（閉鎖がごく軽いこともあり、異音として摩擦音が実現することも排されない）であったと考えるのが穏当であろう。

先の調音位置について幅があったとする推定と合わせて、古代日本語のサ行子音は、調音位置（口蓋的～非口蓋的）についても、調音様式（破擦音～摩擦音）についても、異音の幅の広いものであったと推定されることになる。このように、サ行子音の異音の幅を広く推定する見解は、早田（一九九六）にも見られたところであった（さらに早田は、語中〈厳密には有声音間〉のサ行子音には、対応する有声音［-z-］［-dz-］等が異音として現れうるものと推定している）。

【注】

（1）ただし、石山寺本守護国界主陀羅尼経平安中期点のように、開拗音も合拗音も、「傾 カウ、捨 サ、場 タウ、濁 トク、灌 カム、冠 カウ、獲 カク、活 カ」等のように、すべて直音表記する資料もないわけではない（大坪一九五二）。

（2）　馬渕（一九五九）、柳田（一九八五）など。ただし、漢字音のサ行拗音を受け入れるために、国語音のサ・ス・ソが［sa］［su］［so］に変化したとする柳田（一九八五）の説明は、借用語一般のあり方から考えて不自然であろう。

第二部　二重母音・長母音論

第一章　/CVV/音節（二重母音）の歴史

序論第三章第三項で言及したように、先上代語・日琉祖語においては、いくつかの二重母音・長母音が存在したと推定されることが多い。しかしながら、文献資料が残っている上代語の段階においては、少なくとも二重母音は存在しなくなっていると解釈するのが一般的である。一方、母音の長短の対立は、文献に反映しないだけで、上代語にも存在した（残っていた）可能性があるが、それを論じるためには、絶対的に材料が不足しているので、本章では立ち入らないことにする。

しかるに、平安時代に入ると、日本語（近畿方言）の音節構造に大きな転換があり、音便現象の一般化により、/CVV/音節（イ音便・ウ音便に由来）・/CVC/音節（撥音便・促音便に由来）が普及することになったと考えられている。

第一節　音韻論的解釈としての二重母音

右の説明では、イ音便・ウ音便の結果として生じた母音の連続は、二音節ではなく一音節の二重母音であると解釈しているのであるが、理論的立場によっては、日本語（現代共通語を含む）に二重母音音節を認めない、つまりイ音便・ウ音便の結果として生じる母音の連続を、二音節と解釈することがある。そこで、日本語史上における二重母音の位置づけについて、本書の立場を、最初に明らかにしておくことにする。

言語研究のオーソドックスな作法に従い、音節の境界をまたぐ母音の連続を「母音連接」、音節内部の母音の連続を「二重母音」（場合によっては三重母音などもある）と呼ぶことにする。日本語の音韻論的解釈において、ア行にも子音（有声喉音音素/ʔ/）を認める場合、母音連接は存在し得ないことになるが、ここでは慣例に従って、「たちあがる（立上）」「さとおや（里親）」のような母音とア行音の連続を、母音連接と呼んでおくことにする。なお、日本語（共通語）の場合、英語などに比べて、二重母音のそれぞれの母音の独立性が高いことが指摘されているが、それは日本語がモーラ言語であるからであって、撥音や促音の独立性が高いというのと同じレベルの話である。連続するそれぞれの母音の独立性の高さは、それが二重母音であることを否定する、直接的な根拠にはならない。撥音や促音のようなモーラ音素をも独立した音節と呼ぶ立場（序論第二章第三節参照）の場合はその限りではないが、そのような立場は現在では一般的でなくなっているし、後述するように、通時的研究においては、二重母音を認める解釈の方が合理性が高いのである。

母音連接は、上代語から現代語に至るまで一貫して、すべての母音の組み合わせにおいて許容されていたと考えられる。前述の「イ音便・ウ音便の発達により、/CVi/・/CVu/（または/CVj/・/CVɰ/）という型の二重母音が許容されるようになる」というのは、当該の母音連続を一音節と解釈した結果の表現、つまり音韻論的な「解釈」であるが、「母音連接は、すべての母音の組み合わせにおいて許容されていた」というのは、解釈ではなくて単純な事実である。確かに上代語では、母音脱落（「ワガイモ→ワギモ」等）・母音融合（「ナガイキ→ナゲキ」等）などにより母音連接を回避する傾向があるが、これもサンスクリット語などのように徹底して母音連接を回避する言語に比べれば、きわめて緩やかなものである。母音連接がごく普通に存在するからこそ、『万葉集』などにおいて、「雪の色を〈由吉能伊呂遠〉

〈万五・八五〇〉」「立たせる妹が〈多々勢流伊毛河〉〈万五・八五五〉」のような字余り句・非字余り句（準不足音句）の問題が生じるのである。なお、字余り句において一単位化する母音連接が「音節（シラビーム）」と呼ばれることもあるが、一般的な音韻論においては、内部に意味の切れ目を明瞭に意識できるような母音の連続（＝区切って発音することが可能なもの）を一音節として扱うことはない。もしこれを音節と呼べば、上代語にはあらゆる組み合わせの二重母音・長母音が存在することになってしまい、上代特殊仮名遣のイ段・エ段の甲乙の区別が、母音の違いか子音の違いかという程度の議論は、吹き飛んでしまうであろう。

一方の二重母音は、音節の認定と連動するものであって、序論第二章第三節でも述べたように、音節の認定自体が、音声の観察のみによって確定できるものではないのであった。「はか／いし（墓石）」「かけ／あし（駆け足）」などは、ぞんざいな発音において［hakai̯ɕi］、［kakʲaːɕi］のように実現することがあり、音声的な「切れ目」の観察が困難になるが、話し手にとっても聞き手にとっても、内部に意味の切れ目があることは十分に意識できるはずであり、音韻論的には、そこに音節境界を設定することになる。突き詰めてゆくと、二重母音か母音連接かの判定は、音韻論的解釈の問題ということである。

問題は、意味の切れ目が存在しない母音の連続の場合であって、現代共通語の共時分析においても、どこからどこまでを二重母音と認定するのか、研究者の間で見解が分かれる（窪薗・本間二〇〇二など）。「かんがえる（考）」「まえ（前）」「あお（青）」「ドナウ河」などに含まれる母音の連続が、二重母音なのか母音連接なのかは、二重母音のバリエーションの体系性に重きを置くのか、アクセント核の移動[1]のような個別の現象に着目するのか、純粋に音声的実現を基準にするのか等々、二重母音を認定する基準の設定の仕方により、さまざまな解釈が出てくる余地がある。もっとも、英語のように理論的研究の進んでいる言語であっても、二重母音（三重母音）の認定範囲が確定していないという事情は同じであり、音節の認定が音韻論的解釈である以上、見解が分かれる、あるいは議論に決着が付かないこと自体は、ある意味で必然的ではある。

しかしながら、あくまで本書の主目的は通時的研究である。もし、現代語の共時分析において、複数の解釈が十分に妥当なものとして並立するのであれば、その中から、歴史をスマートに記述できる解釈を採用するという方針を採っている。「考え」「前」「青」は、歴史的仮名遣いではそれぞれ「かむがへ」「まへ」「あを」であり、たとえば「まえ」は［mape］＞［maɸe］＞［mawe］＞［maje］＞［mae］、「あお」は［awo］＞［ao］という経緯で現代の形に至っているとされる。二重母音の一音節と解釈される可能性があるのは、最終段階のみであり、それ以前は議論の余地なく二音節であった。この最終段階に至る［maje］＞［mae］、［awo］＞［ao］の変化の時期は、江戸時代以降ということが言える程度であり、切れ目なく文献資料が残っている近畿方言についてさえ確定できない（おそらく漸進的な変化であっただろう）。もし、この最終段階の［mae］、［ao］に至って二重母音になったと解釈するならば、この変化の結果として、日本語の二重母音のバリエーションが大幅に拡張したことになるのであるが、この重大な変化の時期が曖昧になってしまうというのは、歴史の記述として望ましくない。しかし、最終段階の［mae］、［ao］を、母音連接（二音節）の /ma'e/、/'a'o/と解釈するならば、[2]このような問題は最初から生じることはない。音声レベルの変化が起こった時期は、必要以上に絞り込む必要がないのに対し、音韻レベルの変化が起こった時期は、できるかぎり特定されるべきというのが、本書の基本的な立場である。つまり、歴史的に［-Vje］、［-Vwo］に由来するものは、二重母音とは認めず、母音連接と解釈するということである。

なお、アクセント核の移動は、現代共通日本語の「音節」に連動する重要な現象ではあるが、母音の無声化にともなうアクセント核の移動等、出力に近いレベル、つまり音韻レベルではなく、音声レベルでも起こりうるので、音節認定の絶対的な決め手とはならないであろう。

本書の立場としては、とりあえず、和語については、イ音便・ウ音便の結果として生じた/CVi/・/CVu/と、これに準じるもの（歴史的には別起源であっても、この型に吸収されたものなど）を二重母音として扱うこととする。これに合わせて、漢字音についても、/CVi/・/CVu/の形を取るものを二重母音と認めれば良い。「拗音」は中国語の二重母音に対応する（中国語の介音は母音音素である）が、日本語研究においては二重母音から除外するのが慣例であるので、結果として、漢字音には、/CVi/・/CVu/の型以外の二重母音の候補はないことになる。

これらを母音連接（二音節）の/CV'i/・/CV'u/と解釈しない理由はいくつかある。

一つには、音便現象全般（イ音便・ウ音便・撥音便・促音便）を、二音節が融合して一音節になる現象として、統一的に捉えたいということがある。かつては、撥音や促音を独立した「音節」と解釈することもあったが、現在では一般的でなくなっており、撥音便・促音便は、二音節が融合して一音節化する現象と捉えることになろう。イ音便・ウ音便についても、これに合わせて、統一的に解釈したいのである。イ音便・ウ音便・撥音便・促音便は、音声学的には雑多な現象が混在しているが、あえて「音便」という伝統的な用語を用い、多様な現象を一括りにするためには、何らかの積極的な理由が必要である。「二音節が融合して一音節になる現象」という捉え方は、十分それに相応しいと考える。そして、平安時代に入って普及した、この「音便」現象の結果として、日本語の音節構造（＝子音・母音を組み合わせるルール）は大きく転換したことになるのである（序論第二章第三節【付記】参照）。

もう一つには、音便によって生じるのは、/CVi/・/CVu/の形の母音の連続のみであり、エ音便・オ音便・ア音便などが存在しないということがある。たとえば、動詞・補助動詞の「たてまつる」は、子音脱落を起こしても、エ音便は許容されずに、イ音便形を取ることになる。

ぬさたいまつらするに〔青谿書屋本土左日記・一月二十六日〕
ヲシヘタイマツラム〔打聞集85〕

/CVi/・/CVu/の形のみが許容されるのは、母音連接に関わる音節の配列制限ではなく、二重母音の型の制限、音節構造の問題として処理するのが合理的である。先に述べたように、平安時代にも、母音連接はすべての組み合わせにおいて許容されていたはずだからである。

この他にも、/CVi/・/CVu/の形を取るもののみを二重母音と解釈する理由は存在するが、それらについては後述することとする。

第二節　/CVu/音節の歴史

ところで、二重母音音節/CVu/は、現代に至るまでに、いずれも長母音音節/CVʀ/へと転換することになる。[3] 漢字音の例としては、「高　カウ→コー」「九　キウ→キュー」「教　ケウ→キョー」「口　コウ→コー」などがある。現代共通語は、形容詞はウ音便形を取らず、ハ行四段動詞に由来する動詞は促音便形、バ行・マ行四段動詞に由来する動詞は撥音便形を取るため、ウ音便形自体が限定的にしか用いられないタイプの方言ではあるものの、個別的には、ウ音便に由来するものとして、「かりびと→かりうど→かりゅーど（狩人）」「ありがたく→ありがたう→ありがとー」「よくこそ→ようこそ→よーこそ」など、これに準じるものとして、「かかう→かこー（書）」「けふ→きょー（今日）」「こふ御期待→こー御期待（請）」などを、和語の二重母音/CVu/音節の例としてあげることが可能である。

/CVV/音節に関しては、イ音便・ウ音便が発達した平安時代初期の状態と、現代の状態は、以下のように対比できる。

〔平安初期〕/CVV/音節として、/CVi/・/CVu/のみが許容される体系。

〔現代〕　/CVV/音節として、/CVi/・/CVʀ/のみが許容される体系。

右の整理では途中経過をすべて省略しているが、平安初期から現代に至るまでの変化の過程に関わる現象としては、以下のようなものが考えられる（/ʀ/の成立は、仮に④よりも後としておく）。

①〔平安中期?〕/Cii/・/Cuu/の登場　（築島裕編『訓点語彙集成』を参考にした）

縦　（ほし）イ（ままに）〔漢書楊雄伝天暦二年（九四八）点〕

恣　ホシマ、ナル（短表記）〔菩薩戒経長和五年（一〇一六）点〕

携　ヒサケて（短表記）〔菩薩戒経長和五年（一〇一六）点〕

放　ホシイマ、ニスルモ〔蘇悉地羯羅供養法康平七年（一〇六四）点〕

弾　ハシテ（短表記）〔悉曇章抄中抄康平四年（一〇六一）点〕

引　ヒイテ〔高山寺本三教指帰院政初期点〕

聞　キイ（て）〔金剛般若経集験記永久四年（一一一三）点〕

布　シイテ〔史記秦本紀天養二年（一一四五）点〕

揺　フルウて〔大日経疏永保二年（一〇八二）点〕

厚　アツウシ〔三教指帰久寿二年（一一五五）点〕

薄　ウスウするときは〔古文孝経仁治二年（一二四一）点〕

②〔院政期〕/Ceu/と/Cjou/の統合（音韻論的には/Ceu/に統合か?　次章参照）

（用例は小林（一九七一）・沼本（一九八六）を参考にした）

李陵〈キイレウ〉、愛興〈ケウ〉、兇賊〈クヱウソク〉、凌〈レウ〉轢　〔楊守敬本将門記平安後期点〕

かはせうよう（逍遙）しけるときに　〔関戸本古今和歌集〕

末〈ハチ〉葉〈ヨウ〉　〔真福寺本将門記承徳三年（一〇九九）点〕

遼〈リヨウ〉東　〔金剛般若経集験記天永四年（一一一三）点〕

大そ〈せ〉う（大乗）、せうよう（逍遙）　〔関戸本三宝絵〕

要〈ヨウ〉　〔金剛三昧院蔵倶舎頌疏久安五年（一一四九）頃点〕

ねうはう（女房）　〔安元三年（一一七七）六月二十二日春日局消息〕

凝〈ケウ〉　〔守屋本大乗本生心地観経治承四年（一一八〇）点〕

遼遠〈リヨウヱン〉、嘲弄〈チヨウロウ〉、御返抄〈シヨ〉

責陵〈セメレウ〉シテ　〔高山寺本古往来院政期点〕

せうもん（證文）　〔文治六年（一一九〇）僧某田地売券〕

③〔南北朝時代？〕/Ciu/から/Cjuu/への変化

中央卓〈チユウワウノシヨク〉　〔永禄二年本節用集五二3〕

窮屈〈キユウクツ〉　〔文明本節用集八二六7〕

弓矢〈キユウシ〉　〔文明本節用集三〇八1〕

④〔江戸時代以降〕/Cau/と/Cou/の統合（オ段長音開合の合流）

（実例省略）

キリシタン資料においては区別されているが、国内資料における表記の混乱例は、もっと早くからある。音韻論的解釈については、次章でまとめて考察することにし、ここでは事実のみを整理することにする。

①の現象は、イ段音の後のイ音便、ウ段音の後のウ音便の結果として、/Cii/・/Cuu/というタイプの/CVV/音節が、日本語に登場したことを意味する。ただし、右の『訓点語彙集成』などから採集した実例が一定数あるため錯覚を起こしてしまうが、この音形の実際の出現率はかなり低く、あるいは、このタイプのイ音便・ウ音便は避ける傾向があったのかも知れない。ただし「ホシイマ、〜ホシマ、」に関しては実例も多く、漢文訓読における常用語と見なして良いようである。

このグループにおける特記事項としては、「ホシマ、（ほしいまま）」「ハシテ（はじいて）」のような「短表記」の例があることである。漢字音に関しては、沼本（一九九二a・b）が、「シイカ（詩歌）」「フウフ（夫婦）」に類する事例の古い表記例を取り上げ、現在では語彙的に固定している漢字音の長短の別が、古くは、純粋に表記の揺れであって、日本語に母音の長短の対立がなかったことを反映したものとし、時代が下って長母音が成立するとともに語彙的に固定していったという解釈を提出した。[4] つまり、平安時代の「ホシマ、」「ハシテ」のような和語の表記例についても、同様の事情があったことが推測されよう。これに関連することは、早く築島（一九六三）に指摘があり、現代語でも用いられる動詞「ひっさげる（ひっさぐ）」が、「ヒキサグ」のイ音便形「ヒイサグ」の短表記「ヒサグ」を経由して成立したことが論じられている。

ただし、この短表記の例が確認できるのは/Cii/の方のみであって、/Cuu/に関しての確実な和語の例は、管見に入らなかった。ハ行四段動詞の場合は、たとえば「フルテ（振）」のような例は、ウ音便形の短表記ではなく、促音便形の零表記と解釈することも可能だからでもある。/Cii/と/Cuu/の非対称性は、漢字音の方にも指摘でき、現在では

/Cii/の型の漢字音は原則として存在せず、「シイカ（詩歌）」「ヒイキ（贔屓）」のような特定の語にのみ見られるものである。つまり、「㋑～㋑イ」のグループの漢字音は、イ段短音「㋑」に統一された形で定着することになった。これに対して、「㋒～㋒ウ」のグループの漢字音は、現在でもごく普通に両方の形が見られる。そして、ウ段の漢字音が、長音・短音のいずれで定着するかは、中国原音に照らしても、ほとんど予測不可能であって、現在でも長短両形が併用されるものもある（「宮　ク～クウ」「図　ヅ～ヅウ」「数　ス～スウ」など）。

②の現象は、主に漢字音に見られるものである。原則として、宵韻・蕭韻は「㋓ウ」、蒸韻・鍾韻は「㋑ヨウ」で現れるのだが、前者の中国原音は母音韻尾u、後者は鼻音韻尾ngであるので、実は、ng韻尾の鼻音性（第三部第四章・第五章参照）が維持されている限りは、漢字音としての区別は保たれることになる。つまり、/Ceu/と/Cjou/の統合は、ただちに音節の統合を意味するわけではないということである。なお、ng韻尾の鼻音性は、特殊表記が使用されなくなることを基準に、鎌倉時代に入った頃に失われたと説明されるのが一般的であるが、本書の見通しとしては、オノマトペの表記にng韻尾を持つ漢字を選択的に使用することがあることから、中世前期まではこの鼻音性が保たれていたのではないかと考えている（第三部第二章参照）。

ただし、蒸韻に関しては、唇音声母下では、音声的に［-ıĕŋ］と前舌主母音であったとする推定もあり（平山一九六六）、「氷」などは「ヘウ」に近く聞こえたかも知れない。実際、「ヘウ」と表記された例は、比較的目に付きやすいように思われる（右②の挙例では省略してあった。第一部第三章参照）。

［呉音系字音］

憑　ヘウ　〔高山寺本大日経疏永保二年（一〇八二）点〕

憑　ヘウ　〔貞元華厳経音義安貞二年（一二二八）点〕

［漢音系字音］
氷　ヘウ　〔半井本医心方天養二年（一一四五）点〕
氷　ヘウ　〔大慈恩寺三蔵法師伝貞応二年（一二二三）点〕
氷　ヘウ　〔久遠寺本朝文粋鎌倉中期点〕
氷　ヘウ　〔天理本蒙求鎌倉末期点〕
憑　ヘウ　〔高山寺本論語嘉元元年（一三〇三）点〕

平仮名文献においては、「表記の混乱」は「㋓う」形に統合される形で進行したことが知られている（迫野一九六八など）。特に、「せうもん（證文）」「せうとく（所得）」「ねうはう（女房）」などは、仮名文書における常用表記となっていたようである。小林（一九七一）に挙げられた例以外にも、以下のようなものがある。

手つきせうもんをあいそへて　〔保元元年（一一五六）十二月三日藤原氏女敷地並座棚譲状案・大徳寺文書〕
や□も、にしのはうさうのねうはう　〔永暦元年（一一六〇）十月五日藤原近光田地売券端裏書・平安遺文補九六〕
おもはずなるせうとくしたり　〔古本説話集下九七オ〕

ちなみに、「證」の字音仮名遣いは「シヨウ」、「証」の字音仮名遣いは「シヤウ」で、古くは別音であった。本来「証」は《いさめる》意の動詞であるが、当用漢字が制定された際に、「證」の書き換え字として採用されたものである。

和語においても同様の現象があったはずであるが、もともと和語には拗音を含んだ「㋑ヨウ」形が存在しないこともあり、きわめて表記への影響が起こりにくい。かなり時代の下った資料であっても、「しぎようして（繁《しげ》うして）」「そにようで（嫉《そね》うで）」のような表記例が見付かることは期待しにくい。「けふ（今日）」も、いろは歌に含まれているためもあってか、表記はごく安定している。拗音化を伴わない「ゑふ∨よウ（酔）」についても、常用性の高い語であるため（あるいは、いろは歌に含まれている語であるため?）か、実際の音声の変化を反映した例は、容易には見つからない。

?酔　ヨ✓テ（「✓」は促音を表す）〔楊守敬本将門記平安後期点一五〕

右の楊守敬本『将門記』の例は、翻刻や索引の中には、「ヨッテ」と判読しているものもあるが、これは「ヱッテ」であろう。片仮名「ヱ」は「ヨ」に近い形に見えるものもある。築島裕編『訓点語彙集成』も、「ヱッテ」と判読している。

③の現象が起こった時期の判定は、かなり難しい。第一部第二章で述べたように、古く、ウ段開拗音は原則としてサ行・ザ行の「シュ・ジュ」しか存在せず、「九」「中」「急」「入」など、後世ウ段拗長音になっているものは、「キウ」「チウ」「キフ」「ニフ」のように、狭義のウ段拗音を含まない形をとっていた。しかるに、そうした文献上の事実が明らかではなかったこともあって、本居宣長『字音仮字用格』（安永五年〈一七七六〉刊）の不明瞭な説明に始まり、その後の字音仮名遣い研究においても認定が混乱し、現行の漢和辞典に至っても、「宮」「中」などの字音仮名遣いを「キュウ」「チュウ」としているものがある。しかしながら、これは古い文献資料の事実にはまったく合わないものである。/Ciu/→/Cjuu/への変化は、音韻の統合を伴わないため、古い表記が維持され続け、江戸時代まで下った資料であっても、「キユウ」「チユウ」のような表記例を見つけるのは、相当に難しい（ちなみに右の例に挙げた文献の「文明本節用集」というのは単なる通称であり、室町時代の文明年間ではなく、江戸時代成立という説も有力である）。漢和辞典の不適切な記載の影響もあって、室町・江戸時代の資料を調査した先行研究においても、③の問題に関するデータの整理に、かなりの混乱が見られるようである。

この問題に間接的に関わってくる現象として、漢音資料における「イウ→ユウ」の変化が挙げられる。古く、漢音資料では、通摂東韻三等、流摂尤韻・幽韻には「ユウ」という表記形は存在しなかったが、南北朝時代頃から、もと「イウ」であったものを「ユウ」と表記した例が見られるようになってくる（沼本一九八二・一九八六、佐々木二〇〇九による）。

遊　ユウ　〔天理図書館本蒙求道順書写本鎌倉末期点〕

猶　ユウ、由　ユウ　〔天理図書館本蒙求貞和元・二年（一三四五・四六）点〕

雄　ユウ、友　ユウ、遊　ユウ　〔国会図書館本蒙求応安七年（一三七四）刊・同時期点〕

ただし、これ以前の資料においても、例外的に短音形「ユ」が現れることがあるし、「ユ」も「ユウ」も、漢音の内的な変種ではなく、呉音形の混入である可能性のある例が含まれる。いずれにしても、「イウ」→「ユウ」の事例は、/Ciu/→/Cjuu/の変化の傍証の域を出ないものである。

和語では、鎌倉時代に「法言トユフ（ハ）礼法之言《コト》ヲイフ〔清原家旧蔵鎌倉鈔本御注孝経〕」と、「イフ→ユフ（言）」の例があることが指摘されている（亀井一九六九）。その後、小林（一九七一）により、類例が追加された。このことを重視すれば、/Ciu/→/Cjuu/の変化はもう少し早く、場合によっては②と同時期まで遡る可能性もあるが、本書では南北朝時代ごろに起こり、室町時代には完了していた現象と見立てておく。

いずれにしても、/CVu/→/CVʀ/という、長母音化の大きな流れの中で、この③の段階を経て、サ行・ザ行以外についても、狭義のウ段開拗音が出揃ったことになるのである。

④の現象は、いわゆるオ段長音開合の合流の問題である。詳細は略すが、この歴史的変化の結果として、現代語の状態が成立したと解釈することになる。

第三節　モーラ組織の組み替え

以上のことをも踏まえた上で、日本語音韻史上の大きな転換として、「モーラ組織の組み替え」を想定することを提案する。五十音図的組織（旧組織）から、拡大五十音図的組織（新組織）への転換である。仮名レベルで標示するならば、以下のようになる（清濁の別は省略し、自立モーラに限る）。

（旧組織）	→	（新組織）
アイウ衣オ		アイウエオ　ヤ　ユ　ヨ　ワ
カキクケコ		カキクケコ　キャ　キュ　キョ　クヮ
サシスセソ		サシスセソ　シャ　シュ　ショ
タチツテト		タチツテト　チャ　チュ　チョ
ナニヌネノ		ナニヌネノ　ニャ　ニュ　ニョ
ハヒフヘホ		ハヒフヘホ　ヒャ（ヒュ）ヒョ
マミムメモ		マミムメモ　ミャ（ミュ）ミョ
ヤ○ユ江ヨ		ラリルレロ　リャ　リュ　リョ
ラリルレロ		
ワヰ○ヱヲ		

この組み替えを、平安初期・室町前期に絞り込んだ形で、清濁を区別し、特殊モーラも加えて音韻論的に解釈する

と、次のようになろう。

旧組織（平安初期）

/ 'a, 'i, 'u, 'e, 'o

ka, ki, ku, ke, ko

~ka, ~ki, ~ku, ~ke, ~ko

k^wa, k^wi, -, k^we, k^wo

~k^wa, ~k^wi, -, ~k^we, ~k^wo

sa, si, su, se, so

~sa, ~si, ~su, ~se, ~so

ta, ti, tu, te, to

~ta, ~ti, ~tu, ~te, ~to

na, ni, nu, ne, no

pa, pi, pu, pe, po

~pa, ~pi, ~pu, ~pe, ~po

ma, mi, mu, me, mo

ja, -, ju, je, jo

ra, ri, ru, re, ro

wa, wi, -, we, wo

M, X, J, U /

新組織（室町前期）

/ 'a, 'i, 'u, 'e, 'o, 'ja, 'ju, 'jo, 'wa
ka, ki, ku, ke, ko, kja, kju kjo, kwa
ga, gi, gu, ge, go, gja, gju gjo gwa
sa, si, su, se, so, sja, sju, sjo, -
za, zi, zu, ze, zo, zja, zju, zjo, -
ta, ti, tu, te, to, tja, tju, tjo, -
da, di, du, de, do, dja, dju, djo, -
na, ni, nu, ne, no, nja, nju, njo, -
φa, φi, φu, φe, φo, φja, φju, φjo, -
(pa, pi, pu, pe, po, pja, —, pjo, -)
ba, bi, bu, be, bo, bja, bju, bjo, -
ma, mi, mu, me, mo, mja, mju, mjo, -
ra, ri, ru, re, ro, rja, rju, rjo, -
N, Q, J, U /

モーラ組織の組み替えの問題とは直接関わらないが、以下に、旧組織と新組織のそれぞれの音韻論的解釈について、補足的に説明をしておく。

【旧組織】

①ハ行清子音は、いまだ音声的にも［p-］であったと推定する。

②濁子音は清子音に鼻音素性が加わったもの（音韻論的には一つの子音音素）と仮に解釈しておく（第四部第一章参照）。

③上代特殊仮名遣いの残存であるコ・ゴ甲乙の対立は、子音の円唇性の有無の対立と解釈し、カ行・ガ行合拗音と直音の対立と対応させた（第一部第五章参照）。

④m音便の撥音を/M/、量的撥音便の撥音と促音便の促音を併せたものを/x/と解釈した（第三部第一章参照）。

⑤この他にΦ音便に相当するモーラ音素が立つ可能性もあるが省略した（第三部第七章参照）。

⑥二重母音の第二要素として、次章の解釈を先取りして/ɪ/・/ᴜ/を立てた。

【新組織】

①清濁の対立は「無声／有声」の対立へと再音韻化 rephonologization している。

②ガ行口音とガ行鼻音は音韻論的に区別しない。

③チ・ツ・ヂ・ヅが破擦音化していない状態の解釈である。

④半濁音はまだ分化していないか？

⑤ヤ・ユ・ヨ・ヲに有声喉音音素を認める（旧組織のヤ行・ワ行には認めていなかった）。

⑥合拗音は三つの音素の結合と解釈する（旧組織では二つの音素の結合としていた）。

⑦オ段長音の開合は、室町末期の段階でも/-aᴜ/、/-oᴜ/と解釈するので、遡っても同様である（第二部第二章参照）。

以上のような、モーラ組織の組み替えの前提となるのは、以下の現象である。

（1）〔～鎌倉時代初期〕アヤワ三行の統合

[we] ＞ [je]（/'e/）、[o] ＞ [wo]（/'o/）（平安中期～後期）

[wi] ＞ [i]、[we] ＞ [je]（/'e/）（鎌倉初期）

（2）〔鎌倉時代初期〕合拗音の整理

[k^{w}i] ＞ [ki]、[k^{w}e] ＞ [ke]

（3）〔南北朝時代？〕ウ段開拗音群の完成

[kiu] ＞ [k^{i}uː]、[tiu] ＞ [t^{i}uː] など。

（4）〔南北朝時代？〕開拗音の定着（和語への侵食）

かき（垣）や木のまたに〔徒然草一八一・一一八15〕

ニックイ人チヤソ〔漢書列伝竺桃抄四8〕

（1）のアヤワ三行の統合により、現行の五十音図においてはヤ行・ワ行にはいくつかの空欄が生じている。現行の五十音図は、文字の学習、辞書の配列など、現代の言語生活に深く根付いており、これを俄に廃止することは難しいが、旧来の五十音図を、現代日本語の自立モーラを整理したものとして見るならば、多くの欠陥があることを認めなければなるまい。濁音や拗音を追加した「拡大五十音図」が作成されることがあるのは、旧来の五十音図のままでは、現代日本語の音韻体系を、十分には捉えられないからである。この「モーラ組織の組み替え」は、かつて日本語に存在した音声[je][wi][we][wo]の、正式に復帰すべき《あきま》が消滅したことを意味する。そのため、現代語において外来音「イェ」「ウィ」「ウェ」「ウォ」は一モーラよりも重く（長めに）発音されるのであると説明できる（実際、短歌・俳句では二音扱いされることが多い）。古典和歌において一音扱いされていた［je］［wi］［we］［wo］のような音が、現代の短歌・俳句において一音扱いできないのは、その背後に右のような「モーラ組織の組み替え」があったからであると考えれば納得がゆく。

（2）の合拗音の整理とは、ア段合拗音のクヮ・グヮを除いて、イ段合拗音・エ段合拗音が直音化して、国語音に同化した現象のことである。右に挙げた旧組織（平安初期）の音韻論的解釈においては、円唇化した子音音素/kʷ-/を設定することにより、残存していた上代特殊仮名遣いのコ・ゴの甲乙の別と、カ行・ガ行合拗音を共存させたが、これはごく一時的な状態であり、子音音素/kʷ-/は、体系の異分子として弾き出されていく運命にあった。組み替えられた拡大五十音図的な新組織において、ア段合拗音のみが、かろうじてワ行の「ワ」に支えられる形で存続し得たのであろう。別の角度から見れば、（1）と（2）は連動する現象であって、国語音のヰ［wi］、ヱ［we］が、それぞれ［i］、［je］に変化した結果として、その支えを失ったイ段合拗音クヰ・グヰ、エ段合拗音クヱ・グヱは存続しがたくなったのであると解釈できる。

（3）については、すでに前節で取り上げたが、この現象の結果として、シュ・ジュ以外のウ段開拗音が出揃うことになった。

（4）については詳しめに補足しておく。『徒然草』の例は、亀井（一九五八）によって指摘されたもので、音数律から考えて「カキャキノマタニ」のように拗音化して発音されていたのではないかと推定される俗謡の例である。ただし、このような俗謡に限らず、韻文一般においては、形式より内容を優先して、多少の無理が許容されることがあるので、確実な例とは言いがたい。抄物やキリシタン資料まで時代が下れば、もう少し確実な、拗音を含んだ和語の例は豊富に指摘できるようになる（右に挙げた『漢書列伝竺桃抄』の例は、助動詞「ヂャ」の早い例である）。現代日本語において、ティ・トゥ・ファ等の外来語音が、いまだ和語の方にまでは侵食してきていないことを考えれば、もともとは漢字音にしか存在しなかった拗音の和語への侵食は、日本語音韻史上、かなり重要な現象として注意されよう。それ以前の日本語では、「にあり＞×にゃり」「てあり＞×ちゃり」のような融合は許容されなかったのである。

この（4）において和語に開拗音が生じるのは、多くの場合、近接する二つの母音が何らかの融合を起こした場合である。融合により開拗音が生じる条件は、以下のようなものである（漢字音の場合も、同じ条件で開拗音が生じるが省略する）。

○前舌母音 /i, e/・非前舌母音 /a, o, u/ の組み合わせの時に、開拗音が生じ得る。

（a）一音節内（二重母音。この条件に該当する組み合わせは/-iu/、/-eu/のみ）

拗音の生成は必須。和語のウ音便形などが該当。

/Ciu/→/Cjuu/　クワシウス→クワシュウス

/Ceu/→/Cjou/　ソネウデ（嫉）→ソニョウデ　cf. Soneôda〔日葡〕

（b）二音節の融合

拗音の生成は偶発的・例外的。

セヲウ→ショウ、ソレワ→ソリャア、スレバ→スリャア、

ヒヲトコ→ヒョットコ　キウリ→キュウリ

○合拗音は、原則として和語に侵食しなかった。[5]

開拗音において、この（a）と（b）の差異（必須の現象か、例外的な現象か）が存在することも、二重母音と母音連接を区別することの妥当性を補強するものであろう。

（1）～（4）の諸現象により、室町時代までには、「モーラ組織の組み替え」が一応の完了を見たと考えられる。この組み替えの結果として、拗音は完全に日本語の音韻体系に同化し、直音と拗音（カ/ka/：キャ/kja/など）が同じ重さを持つモーラになったと推定する。

第四節　むすび

②〔院政期〕/Ceu/と/Cjou/の統合、③〔南北朝時代？〕/Ciu/→/Cjuu/への変化、④〔江戸時代以降〕/Cau/と/Cou/の統合（オ段長音開合の統合）は、表記の混乱を基準にすると、おおよそ、このような順序で起こったことになる。逆に言うと、ほとんどの場合、表記の混乱ぐらいしか、考察をするための手掛かりがなく、具体的な音声の実態は不明ということでもある。過去の音声を実際に聞くことが不可能である以上、限界があるのはやむを得ないことである。

そこで、次に取るべき方策は、「体系的な見地からの解釈」ということになろう。それぞれの時代の/CVV/音節を、どのように音韻論的に解釈すれば、それぞれの時代の共時分析として自然であるか（不自然ではないか）という観点から、考察を進めるのである。併せて、現代日本語に引き音素/ʀ/を認める場合、日本語史上のどの時点からこれを認めるのが妥当であるかも考察することになる。この問題は、次章で取り扱うことにする。

【注】

（1）東京方言においては、原則としてモーラ音素にアクセント核を置くことができず、合成語のアクセント規則により、モーラ音素にアクセント核を置くことになる場合には、モーラ音素の直前の自立モーラにアクセント核を移動させるのが一般的である。たとえば、「ヨコハマ」エキ（横浜駅）」「シンジュク」エキ（新宿駅）」に対する「トウキョ」ウエキ（東京駅）」「センダ」イエキ（仙台駅）」、「ヨウジ」キ（幼児期）」「セイジュク」キ（成熟期）」に対する「シシュ」ンキ（思春期）」「ハンコ」ウキ（反抗期）」など。そのため、東京方言におけるアクセント核の担い手は、モーラではなく音節であるとされることもある。「かんがえる（考）」「まえ（前）」「ドナウ河」の場合、「カンガエ」ナイ～カンガ」エナイ」「マエ」アシ～マ」エアシ」「ドナウ」ガワ～ドナ」ウガワ」のように、アクセント核の移動が起こりうるため、それを根拠に、当該部分を一音節の二重母音と認定する可能性がある。

（2）日本語史において、衣（ア行）・江（ヤ行）、オ・ヲは、音声的に［je］、［wo］に統合されたが、音韻論的には/'e/、/'o/であるとする解釈が、服部（一九六〇）により提出されている。［je］［wo］のようにひびく傾向はあっても、［ja］［ju］［jo］の［j］、［wa］の［w］よりは短く弱いものであったと服部は推定している。

（3）現代共通語の長母音の音韻論的解釈として、大きく分けて二つの立場がある。「おかあさん」の音韻論的解釈を例に挙げると、一つは/'okaasaɴ/のように、同じ母音音素の連続と解釈する立場、もう一つは/'okaʀsaɴ/のように、モーラ音素の一種として引き音素/ʀ/を立てる立場である。本書では、歴史をシンプルに記述できるという理由で、後者の立場（引き音素を立てる立場）によっているが、それほどの拘りがあるわけでもないので、読み換えても構わない。詳細については次章参照。

（4）厳密には、母音の長短の対立があっても、その表記への反映が義務的ではなかった可能性も考慮する必要があろう。言語音のうち「長さ」の要素はプロソディに分類されることが多く、ラテン語をはじめとして、母音の長短を書き分けない言語は、決して稀ではない。

（5）合拗音は、中央語では、原則として和語に侵食することはなかったが、唯一知られている例外が、動詞「く・う（蹴）」である。古典文法でカ行下一段活用「ける」とされるこの動詞は、日本書紀訓注に「蹴散、くゑはらかす〈倶穢簸邏邏箇須〉〔神代上・上一〇五10〕」、岩崎本皇極紀平安中期末点に「打毬之侶〈マリクウルトモカラ〉〔218〕」とあり、古くはワ行下二段活用であったかとされるものである。観智院本『類聚名義抄』に「蹴〈化ル〉〔法上四四オ〕」とあり、この表記を信じるならば、合拗音を含む和語が存在したことになる。しかし、結局は、直音化した「ける」の形で定着することになった。

【付記】本章（および本書全体）に関わる重要な先行仮説として、柳田征司の一連の研究がある（柳田一九八五・一九九三など）。多くの現象が連動的に扱われているため、簡潔に要約するのは難しいのであるが、拗音・二重母音・母音連接に関わる問題に絞ってまとめると、以下のようになろう。

母音を発音する時の口の開きの広狭は広い方からa・o・e・u・iの順として、

時代	〈広―狭〉の母音連続	〈狭―広〉の母音連続
上代・平安時代初期	シラビームとして許容された	
平安時代中期以後中世	モーラとして許容された	モーラとして許容されなかった→拗音化・接近音挿入など

柳田の研究においては、母音連接と二重母音を区別していないし、上代語の意味の切れ目を挟む母音の連続を「シラビーム」と呼ぶなど、本書とはさまざまな点で理論的な前提が異なる。それらを種々に読み換えるにしても、①〈広―狭〉の母音連続は許容され、②〈狭―広〉の母音連続が許容されずに拗音化・接近音挿入などにより回避した、とするのは、仮説として不自然であるだけでなく、文献上の事実を過不足なく説明するものともなっていない（本章および本書全体の記述を参照すれば、「過」も「不足」も多すぎることが了解されよう）。柳田仮説の①も②も成り立たないというのが本書の立場である。本書本論第一部第二章の元となった肥爪（二〇〇一）を受けて、柳田（二〇〇四）において拗音の問題が再論されたが、あらためて、多くの前提が異なることが明らかになった。ただし、肥爪（二〇〇一）においては、「拗音」という用語を無造作に使用しすぎる等、説明や表現に不十分な点が多かったようである。外来語音の発音を表記を介して探るという問題の性質上、曖昧な部分を残さざるを得ないものの、本書においては、筆者の議論の前提もできるかぎり明らかにするよう努めた。

第二章　長母音成立の音韻論的解釈

第一節　引き音素について

現代共通語は、母音の長短の対立を持つ言語であり、「おじさん／おじいさん」「おばさん／おばあさん」のように、母音の長短の別により、単語の意味が区別される。日本人にとっては当たり前の事実であるが、母音の長短の対立を持つ言語が、必ずしも世界の主流派ではないことは、いくつかの主要言語を参照するだけでも知られるところである。

この現代共通語の長母音の音韻論的解釈として、現在でも有効性を持っているものには、大きく分けて二つの立場がある。「おかあさん」の音韻論的解釈を例に挙げると、一つは/'okaasaN/のように、同じ母音音素の連続と解釈する立場、もう一つは/'okaRsaN/のように、モーラ音素の一種として引き音素/R/を立てる立場である。国広（一九六二）に諸説の詳しい紹介と批評があり、詳細はそれに譲るが、前者（引き音素を立てない説）としては服部（一九五一）などが、後者（引き音素を立てる説）としては金田一春彦（一九五〇）、柴田（一九五八）、楳垣（一九六一）、国広（一九六二）などがある。以上は、長母音の音韻論的解釈を直接的に議論している論考であるが、これら以降、日本語の音韻を扱った論考の多くは、どちらかの立場によって、記述を行うことになった。二つの立場は拮抗していると見て良いであろう。

論争の過程において、「発音意図」を持ち込むメンタリスティックな手法が強く批判されることになったが、メカニストもまた、「発音意図」と実際の音声的実現にずれが生じうることを黙殺し、特定の「発音意図」をよく反映している「音声形」のみを恣意的に選んで議論を進めている面があることは否定できない。傍観者としては、そのような感想を持った。

本書では、歴史をシンプルに記述できるという理由で、後者の立場（引き音素を立てる立場）によっているが、それほどの拘りがあるわけでもないので、同一母音音素の連続と読み換えても構わない。ただし、読み換えると、きわめて記述が繁雑になるのである。

第二節　音韻論的解釈としての長母音

日琉祖語における母音の長短の対立については、未解明な点が多いが、閉音節を持たない言語においては、母音の長短の対立があるのが一般的である、という通言語的な傾向なども考慮して、諸方言から再構される日琉祖語においては、母音の長短の対立を想定することが多い（第一部第三章第三節第二項参照）。そして、上代語（あるいは平安時代以降も）においても、表記に反映しないだけで、母音の長短の対立を持っていたとする推定が行われることがある（服部NSNT21、早田一九九八）。

しかし、そのような問題は、文献資料に立脚して考察を進める本書の守備範囲を超えるので、ここでは、現代語の母音の長短の対立に、直接連なってくる現象、つまり、/CVu/音節が、日本語の歴史において長母音化するという問題と、その周辺の現象に限定して、考察を進めたい。

前章で整理したとおり、/CVu/音節の長母音化に関連する現象には、以下のようなものがあった。

① イ音便・ウ音便の結果としての/Cii/・/Cuu/の登場　〔平安中期?〕
② /Ceu/と/Cjou/の統合　〔院政期〕
③ /Ciu/の/Cjuu/への変化　〔南北朝時代?〕
④ /Cau/と/Cou/の統合（オ段長音開合の合流）　〔江戸時代以降〕

第一部第二章でも述べたことであるが、この種の問題を取り扱う際には、音声の問題と音韻論的解釈の問題を、かなり注意深く区別する必要がある。たとえば、国語学会編『国語学大辞典』（東京堂出版、一九八〇）の「母音」の項（柴田武執筆）によると、名古屋市方言の母音体系は、以下のような八母音体系であるとされる。

u	o	a
ü	ö	æ
i	e	

これは、[samyː]《寒い》、[omøː]《重い》、[amæː]《甘い》の長母音などを、それぞれ異なる母音音素と解釈した結果であるが、柴田は解説の中で、各母音要素を/ui/、/oi/、/ai/の二重母音と解釈すれば、京都と同じ五母音体系になるとも述べている（これはおそらく、同辞典の「モーラ」の項における、服部四郎の名古屋市方言分析と整合性を持たせるための付記であろう）。音声の問題と音韻論的解釈の問題を区別する必要があるというのは、単なる観念論ではないのである。「キウ」「チウ」が音声的に[kʲuː]・[tʲuː]のように実現することがあったとしても、これが音韻論的に、二重母音なのか拗長音なのかは、また別の問題である。現代共通語においても、「駆け足」が、ぞんざいな発音では、[kakʲæːʃi]のごとくなりうることも思い合わされたい。

音声を直接観察することができ、話者の内省を参照することも容易であった名古屋市方言でさえ、以上のように、母音音素の数という、かなり基本的な部分において、音韻論的解釈に相違が出てきてしまうのである。残念ながら、歴史的な研究の場合には、具体的な音声をほとんど知ることが出来ないし、話者の証言も得られないのであるが、本章では、これを逆手にとって、純粋に体系的な観点からの音韻論的解釈として、日本語音韻史における二重母音・長母音の認定を試みようと思う。①～④の変化の時期（というよりも変化の順序）は、若干の問題がないわけではないものの、右の如く仮定した上で、考察を進めていくことにする。

以下、事実のはっきりしている現代語から④→③→②→①と遡る形で、問題を取り上げることにする。

第三節　オ段長音開合の音韻論的解釈

まず④のオ段長音開合の問題である。合流直前（キリシタン資料の時代）の音声は、橋本進吉以来、開音「㋐ウ」は[ɔː]、合音「㋔ウ」は[oː]のごとくであったと推定されることが多い。この推定が絶対的なものでないことは、後述の濱田（一九五五）・豊島（一九八四）なども指摘するところであったが、近年、馬（二〇一四）により、中国資料を用いた画期的な研究が出され、より具体的に事実が明らかになりつつある。ただし、本章の目指すものは音韻論的解釈であり、実際の音声的実現に関しては、いずれの先行研究とも矛盾することはないはずである。

キリシタン資料の状態に対する音韻論的解釈として、この部分のためだけに六つ目の母音音素/ɔ/を立てるのは、体系的にも経済的にも不適切であるので、たとえば、服部（一九六〇）では、以下のような解釈が提示されている。

服部（一九六〇）　開音/-ao/：合音/-oo/

［ɔː］を/ao/と解釈する理由は次のようである。この長母音に該当するものとして、特別の音素/ɔɔ/を立てることは体系の作業原則に著しく反するから、/au/または/ao/（これらは夫々/a'u/や/a'o/とは異なる）を立てる方が適当である。然るに橋本先生に従えばこの長母音は au→ao→ǒ と変化してきた（『国語音韻の研究』p.89）のであるから/ao/を採るべきだと考えられる。（二六一頁）

先の名古屋市方言を五母音体系とする音韻論的解釈（服部自身のもの）を考えれば、音声的に［ɔː］であるものを音韻論的に/au/と解釈することに、何も問題はないように思われるが、なぜか排除されてしまっている。服部の解釈によると、キリシタン資料の時代の/CVV/音節は、/Cai/、/Cei/、/Cii/、/Coi/、/Cui/、/Cao/、/Coo/、/Cuu/の八種類ということになる。長母音音節は/Cii/、/Coo/、/Cuu/の三種類である（キリシタン資料の綴り等を考慮すると、「㋓イ」は長母音ではなく二重母音である。また、ア段長音・エ段長音は感動詞などにしか見られず、まだ日本語に定着していないと解される）。二番目の母音に着目すると、/CVi/・/CVo/・/CVu/の三種類の/CVV/音節が存在したことになる（もし引き音素/R/を立てるとしたら、/CVi/・/CVo/・/CVR/の三種類ということになる）。このような/CVV/音節の体系は、自然なのであろうか？　少なくとも、体系的なバランスは良くないであろう。

その後、ロドリゲスの記述の詳細な分析から、合音については、長母音ではなく二重母音［ou］であったとする有力な見解が、豊島（一九八四）によって提出された。さらに、謡曲の伝書などに見られる、オ段長音開合についての「ひらく」「すばる」という説明を勘案し、「オ段開長音」は「すばらない」音、すなわち長母音を推定することになった。したがって、豊島のオ段長音開合の音韻論的解釈は、以下のようなものである。これと同様の解釈は、川上（一九八〇）にも見られたものである。

豊島（一九八四）　開音/-oo/：合音/-ou/

オ段開長音は、音韻論的には/-oo/であっても、合長音との差を広げるために、音声的には［ɔː］のように実現しても構わないと説明されている。

しかし、キリシタン資料では「カ／クワ」の対立と同時に、「カウ／クワウ」の対立も保たれているので、豊島の音韻論的解釈によると、オ段合拗音/kwo/、/gwo/を認める必要が生じるという問題がある。つまりア段とオ段に合拗音が存在するという、かなり不自然な状態を想定しなければならなくなる（オ段合拗音は平安時代にも存在しなかった）。また、この解釈によると、動詞四段活用の五段活用化が、室町末期にすでに完了していたということになる（こちらは、特に不都合があるわけではない）。

豊島の解釈によると、キリシタン資料の時代の/CVV/音節は、/Cai/、/Cei/、/Cii/、/Coi/、/Cui/、/Coo/、/Cou/、/Cuu/の八種類ということになる。長母音音節は/Cii/、/Coo/、/Cuu/の三種類である。二番目の母音に着目すると、/CVi/・/CVo/・/CVu/の三種類の/CVV/音節が存在したことになる（もし引き音素/R/を立てるとしたら、/CVi/・/CVu/・/CVR/の三種類ということになる）。やはり体系としてのいびつさを否めないであろう。

服部・豊島の両者はいずれも、引き音素/R/を認めない立場であるが、オ段に長母音を認めるという点では一致している（服部はオ段合音、豊島はオ段開音を、音韻論的に長母音であると解釈する）。イ音便・ウ音便の結果として生じた/ii/・/uu/については、これを長母音とは解釈しない余地がある（後述）が、/oo/については、どのような理論的立場であっても長母音と認定することになろう。つまり、室町末期の段階で母音の長短の対立が、確実に成立していると解釈することになる。

以下、本書の解釈を述べよう。オ段合拗音/kwo/、/gwo/の認定を回避するために、「オ段開長音」は、/Cau/または/Cao/と解釈するのが良いと考える。謡曲の伝書における「ひらく／すばる」という説明は、音声の観察を反映したものであって、必ずしも音韻論的解釈を縛るものではないであろう。あるいは、「ひらく／すばる」は、オ段長音開合の相対的な関係を捉えたものであって、オ段開長音が「全くすばらない」ことまでは意味していなかったとも解釈できる。一方、豊島が示唆するように、「オ段合長音」が二重母音であったならば、音韻論的にも/Cou/と解するのが妥当である。したがって、「オ段開長音」もこれに合わせて、音韻論的には/Cau/と解釈すれば良いのではないであろうか。名古屋市方言の母音の音韻論的解釈がそうであったように、音韻論的には二重母音であっても、音声的には［ɔː］のような長母音で実現していても構わないはずである。濱田（一九五五）が、中国資料・朝鮮資料を根拠に、中世のオ段長音は、開音・合音ともに、丁寧な発音においては、「㋐ウ」「㋔ウ」に還元できたのではないか、という見通しを述べているのも思い合わされる。逆に「オ段合長音」も、音韻論的には二重母音/Cou/であっても、音声的には長母音的に発音されることがあり得たということである。

柴田（一九五八）は、いわゆる/CVi/型の二重母音の音韻論的解釈において、以下のような理由を述べて、母音音素/i/とは別に、モーラ音素/ᴊ/を立てた。

> さらに「はら」の位置には、二重母音の［i］が来る。この［i］は、「むね」の/i/とは、舌の位置が一般に低い（開いている）こと、聞こえも小さい（子音的である）ことで違う。しかも［i］は、調音の幅がある。/i/の方向へむかって舌が動くことがこの音にとって重要なことで、［i］の位置まで舌がもりあがる必要はない。Rに、いろいろな音色の［＝調音の著しく異なる］母音が含まれたのと同じように、Jにもいろいろな音色の［i］が含まれる。いろいろな音を含むという点では、「しり」のNもQも同じである。それらには、「あたま」から「むね」までの音素を表わすのとは別の記号［＝スモール・キャピタル］を当てるのが妥当だと思う（四二頁）。

現代共通語には、/CVu/型の二重母音は存在しないが、キリシタン資料の時代に想定した、オ段長音開合の音声的なゆれ幅は、まさしく右の柴田のJの説明に平行するものである。そこで、本書においては、以下、歴史を遡ったところから、つまりイ音便・ウ音便が発達した時点から、二重母音音節を/CVJ/、/CVU/と解釈することにする（前章においては、一部にのみ、この解釈を先取りして示していた）。

すると、イ音便・ウ音便の結果として生じた/ii/、/uu/は、/iJ/、/uU/と読み替えて、音韻論的には長母音ではないと解釈できることになる（もちろん/iR/、/uR/の長母音と解釈することもできるが、本書では、後述する見通しにより、室町末期の段階では、そのような解釈を採用しない）。

オ段長音の開合を、それぞれ/Cau/、/Cou/と解釈するならば、キリシタン資料の時代の/CVV/音節は、/CaJ/、/CeJ/、/CiJ/、/CoJ/、/CuJ/、/CaU/、/CoU/、/CuU/の八種類ということになる。/iJ/、/uU/を長母音とは認めないので、この段階では長母音は存在しないことになる。二番目の母音に着目すると、/CVJ/・/CVU/の二種類の/CVV/音節が存在したことになる（引き音素/R/は立てる必要がない）。

そして、オ段長音開合の区別がなくなった段階で、引き音素/R/が成立して、現代語と同じオ段長音/-oR/（引き音素を認めない立場なら/-oo/）になったと解釈すれば良いであろう。「かかあ」「ばばあ」等、感動詞以外のア段長音の例が指摘できるようになるのも、おおよそこの頃からである。

第四節　㋑ウの拗長音化

前章でも述べたように、③の「/Ciu/→/Cjuu/の変化」が起こった時期を特定するのは難しい。この変化は音韻の統合を伴わないため、まったくと言って良いほど表記に影響しなかった。江戸時代の文献においてさえ、「キユウ」「チユウ」等に表記された例を見付けるのは相当に難しい。漢音資料において、「イウ→ユウ」のように変化した例が、南北朝時代ごろから見えること、室町時代の節用集に「中 チユウ」等の例があること、キリシタン資料においては拗長音化していると見て良さそうであることから、おおよそ南北朝時代を境に、室町時代には音韻論的にも/Cjuu/に転じていたと解釈しておくことにする（キリシタン資料のローマ字綴りは、あくまで音声の観察を反映したものであって、音韻論的解釈とは別物であるけれども）。

この変化が、オ段長音開合の統合よりも前に起こったものであるならば、当然、この段階でも母音の長短の対立は成立していない（引き音素/R/は成立していない）と解釈することになるので、/Cjuu/は「拗長音」ではない、つまり、/Ciu/→/Cjuu/の変化は「拗長音化」と呼ぶのは相応しくなかったということになる。ただし、この変化の結果として、シュ・ジュ以外のウ段開拗音が、一通り出揃ったということは言えるであろう。

第五節　㊁ウの拗音化

②の「/Ceu/と/Cjou/の統合」は、院政期頃から表記が混乱した例が目に付くようになる。ただし混乱例が指摘できるのは、実質的に漢字音に限定され、「しげうして（繁）」「そねうで（嫉）」「けふ（今日）」「ゑふ（酔）」などが、「しぎようして」「そにようで」「きよう」「よふ」等に表記された例を指摘するのは、まず不可能である。

問題となるのは、/Ceu/と/Cjou/の区別がなくなった際、どちらに統合されたか（あるいは長母音化するなどして、どちらとも異なる音素連続になったか）ということである。室町末期のオ段合長音を/Cou/と解釈する以上は、音韻論的にどのように統合されたにせよ、統合された段階では二重母音と解釈することになるはずである。つまり、/Ceu/と/Cjou/

のどちらかに統合されたと解釈することになろう（その他の可能性は現実的ではないので省略する）。それでは、どちらに統合されたと解釈すべきかというと、本書の立場としては、/Ceu/に統合されたと解釈することにしたい（音声的には[-e^{ə}u]、[-^{j}ou] のように実現していても構わない）。なぜなら、この変化は和語をも巻き込んだ変化であるので、音韻論的解釈によっては、この段階で和語の領域に拗音が侵食したことになるからである。もし/Cjou/と解釈すると、すでに院政期頃には、オ段に限定された形で、和語に拗音が生じていたことになる。第一章第三節で言及した「自立モーラ組織の組み替え」、ア段拗音を含んだ和語の登場（デア＞ヂャなど）、前項で扱った「/Ciu/→/Cjuu/の変化」等との兼ね合いを考えると、拗音の和語への侵食は、南北朝時代以降と考えたいところである。したがって、この段階では、まだ音韻論的に拗音を含まない二重母音/Ceu/であったと解釈する。場合によっては、漢字音の事例は外来語音の問題として音韻論的解釈から除外し、和語に限定した形で、平安時代から南北朝時代に至るまで、一貫して二重母音/Ceu/であったと処理することも可能であろう。

室町時代以降は、ア段・ウ段に関しても、拗音を含んだ和語が出現・普及していくことになるので、その段階で、音韻論的解釈を/Ceu/から/Cjou/に変更することになる。さらに、オ段長音開合の区別がなくなり、日本語に長母音が成立した段階で、音韻論的解釈を/CjoR/に変更することになる。

第六節　イ音便・ウ音便の結果としての/Cii/・/Cuu/音節の登場

①「イ音便・ウ音便の結果としての/Cii/・/Cuu/音節の登場」とは、「聞いて」「薄うして」のような、イ段音の後にイ音便、ウ段音の後にウ音便を起こした事例であり、平安時代中期頃から具体的な例が指摘できる。すでに繰り返

し述べてきたように、本章ではモーラ音素/ɪ/、/ʊ/を立てるので、イ音便・ウ音便の結果として生じた、この/CVV/音節は、長母音ではなく、/Ciɪ/、/Cuʊ/という、二重母音の特殊な事例として扱うことになる。

ただし、平安時代の訓点資料には、「恣〈ホシマ、〉」「弾〈ハシテ〉」のような、この音形に関わる「短表記」の例があることには注意しなければならない。「長母音」であるからこそ、このような「短表記」が現れるのであるという主張が、当然出てくるであろう。しかしながら、ここで議論しているのは、あくまで音韻論的解釈であって、実際の音声的な実現は、また別の問題である。平安時代は、「蚊　カ～カア」「沼　ヌ～ヌウ」「杼　ヒ～ヒイ」など、一音節語に長表記が現れることがあるが、これは必ずしも音韻論的な意味での長母音が存在したことを意味するわけではない。「ホシマ、」「ハシテ」等の短表記も、「音声的」に長い音を一単位で表記したもの、「カア」「ヌウ」などの裏返しの表記と考えておけば、当面は十分であろう。

第七節　引き音素の成立

以上に整理してきたところを、もう一度、時代順に並べ直してみよう。

①　イ音便・ウ音便の結果としての/Ciɪ/・/Cuʊ/の登場　〔平安中期?〕
②　/Ceʊ/と/Cjoʊ/の、/Ceʊ/への統合　〔院政期〕
③　/Ciʊ/の/Cjuʊ/への変化　〔南北朝時代?〕
（拗音の和語への侵食）
④　/Caʊ/と/Coʊ/の、/Coʀ/への統合　〔江戸時代以降〕

（引き音素/R/の成立）

以上の/CVU/音節の歴史的変遷（漢字音も含む）を、以下に流れ図として示す。

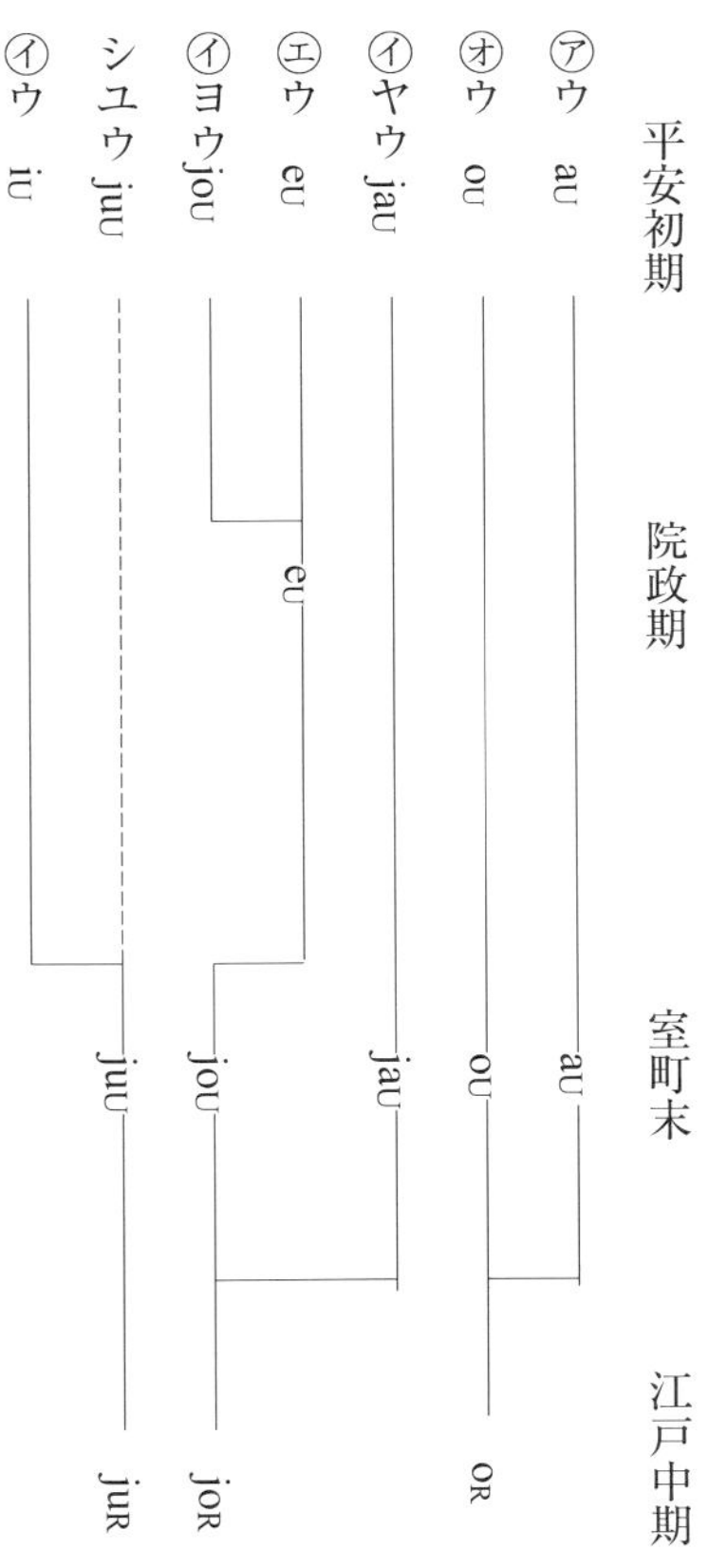

以上のような経緯で、平安初期に登場した/CVU/音節は、現代に至るまでに、いずれも/CVR/音節へと転換したと解釈したい。いずれの時代を切り出してみても、/CVV/音節が、共時論的に不自然ではない体系をなしている解釈になっているはずである。

第三章　江戸語の連母音音訛

第一節　二重母音・母音連接と長母音化

前章においては、$/CV_U/$音節の長母音化（$/CV_R/$化）の問題を扱った。これに対して、$/CV_I/$音節は、歴史を通して二重母音であり続けた、と見なしていた。[1] 以下に、漢字音の例で挙げる。

才 サイ、水 スイ、勢 セイ、（「㋓イ形」以外は一貫して二重母音）

早 サウ→ソー、秀 シウ→シュー、小 セウ→ショー、走 ソウ→ソー（長母音化）

しかしながら、この$/CV_I/$音節の場合も、もう少し視野を広げれば、長母音化（$/CV_R/$化）することがないわけではない。いわゆる江戸語の「連母音音訛」現象である。現代共通語でも、主に形容詞の末尾に、くだけたぞんざいな表現として、この連母音音訛形が残存している。

たかい→たけー（高）、かたい→かてー（堅）

わるい→わりー（悪）、あつい→あちー（暑）

ふとい→ふてー（太）、すごい→すげー（凄）

なお、「連母音音訛」という用語が不適切であることは、しばしば指摘されるところであるが、連母音（二重母音・母音連接）が長母音化する現象のすべてが「連母音音訛」と呼ばれるわけではなく、当該現象のみを括り出した形で簡潔に表現するのは意外に難しい。また、「音訛形」の使用者は、崩れている（崩している）ことを十分に自覚した上で、場合によっては、崩れているからこそ、この形を選択して使用するという面があり（福島二〇〇二）、「長母音化」等の中立的な表現では、物足りない場合も出てくる。本章では、問題があることを認識しつつも、この伝統的な用語を踏襲することにする。

/CVᴜ/音節の長母音化と併せて、二重母音が長母音化する規則を整理すると、〈表1〉のようになる。/CVᴜ/音節が長母音化する場合はすべて奥舌長母音に、/CVᴊ/音節が長母音化する場合はすべて前舌長母音になる。また、いずれの場合も、第一母音が狭母音の場合には、全体が狭長母音に、第一母音が非狭母音の場合は、全体が半狭長母音になる。

〈表1〉二重母音の長母音化規則（1）

第一母音＼第二母音	前舌母音（ᴊ）	奥舌母音（ᴜ）
狭母音（i・u）	iʀ	uʀ
非狭母音（a・e・o）	eʀ	oʀ

このように表の形にしてみると、漢字音にア段長音がなく、和語にもきわめて例が少ない理由も歴然としてくるであろう。

さらに拗音の生成まで加味して〈表1〉を細分化して整理すると、〈表2〉のようになる。

〈表2〉二重母音の長母音化規則（2）

第一母音＼第二母音		前舌母音（ᴊ）	奥舌母音（ᴜ）
狭母音	前舌（i）	iR	juR
	非前舌（u）		uR
非狭母音	前舌（e）	eR	joR
	非前舌（a・o）		oR

第一章に述べた拗音が生成する条件、「前舌母音と非前舌母音（この場合は奥舌母音）の組み合わせ」が、この〈表2〉に組み込まれたことになる。

この連母音音訛現象は、江戸語においては、形容詞末尾にとどまらず、もっと広い範囲で生じていたこともよく知られている。江戸語の連母音音訛を取り上げる論考はきわめて多く、一々を挙げることはできないが、代表的なものとして、以下の三文献がある。

松村明（一九五七）『江戸語東京語の研究』（東京堂）、増補版（東京堂出版、一九九八）

小松寿雄（一九八五）『江戸時代の国語　江戸語』（国語学叢書7）（東京堂出版）

福島直恭（二〇〇二）『〈あぶない ai〉が〈あぶねえ eː〉にかわる時　日本語の変化の過程と定着』（笠間書院）

結果的にすべて長母音化した/CVᴜ/音節の場合とは異なり、/CVᴊ/音節の長母音化は、この型の音節に生じる必須の現象ではなく、話者の意志により、二重母音形・長母音形の選択が可能であった。つまり、音韻の対立としては、一貫して安定したものであった（/CVᴜ/音節の場合にも、選択可能な段階が存在した可能性は否定できないが、文献資料・現代諸方言にその証拠を見出すことはできない）。これが位相差、つまり登場人物の属性、聞き手との関係性、発話の丁寧さなどを反映したものであることは、松村の段階から指摘されており、その後の研究も、主にこの位相差に着目して進展することになった（小松寿雄一九八五など）。更に福島（二〇〇二）になると、連母音音訛形（ei形式）の出現率に影響する言語的な出現環境を、以下のように大きく四つに分け、ei形式が、D（更に詳しくは、助動詞「ない」→形容詞「〜ナイ」の順）から出発し、C→B→Aと拡張していったという見通しを示し、単なる位相差の問題を超えて、言語変化が進行してゆく、具体的なプロセスの解明にまで迫ることになった。

Ａ　動詞

Ｂ　和語名詞、形容詞

Ｃ　漢語名詞、形容詞「無い」、（「ない」以外の）助動詞

Ｄ　形容詞「〜ナイ」、助動詞「ない」

以上のように、江戸語連母音音訛の研究は、すでに実り多い成果を上げているのではあるが、話者の意志により、非音訛形・音訛形の選択が可能である以上、これらの研究は狭義の音韻史よりも高次の問題を扱っているのであり、純粋な音韻史（音節構造史）の立場からすると、実は、もう少し手前で確認しておくべき問題が残されているのである。具体的には、二重母音（一音節内の母音の連続）と母音連接（音節境界をまたぐ母音の連続）(2)を区別した上での考察が、ほとんど行われていないということである。

もちろん、これにはやむを得ない事情もある。一つには、伝統的な日本語研究においては、いわゆるモーラのことを「音節」と呼ぶ立場が根強くあり、そもそも二重母音と母音連接を区別する道具立てを持っていない研究が多かったという点がある。さらには、日本語に二モーラ以上の音節を認める立場（たとえば「パンダ」「パット」「パート」をそれぞれ三音節ではなく二音節とカウントする立場）であっても、現代共通語の共時分析において二重母音を認めない立場

（「書いて」の「かい」は一音節ではなく、二音節の母音連接と解釈する立場）もある。[3] しかしながら、日本語に二重母音を設定する必要性は、現代語の共時分析よりも、むしろ歴史的研究の方が高いと考えられる。たとえば、日本語にイ音便とウ音便のみがあって、ア音便・エ音便・オ音便が存在しないのは、母音連接の制限ではなく、二重母音の型の制限であると解釈しなければ、合理的な説明が難しくなる。母音連接は、上代語から現代語に至るまで、すべての組み合わせが安定的に存在したからである（上代語について指摘されるのも母音連接を回避する「傾向」に過ぎず、字余り句・準不足音句には必ず母音連接が含まれている）。また、/CVʊ/音節の長母音化は、日本語史において必須の現象であったが、母音連接/CVʼu-/の長母音化は、むしろ例外的な現象である（きうり→キューリなど）。

以上のような理由により、本書では現代共通語に二重母音（/CVɪ/音節）を認める立場を採用するが、そのような立場であっても、どこからどこまでを/CVɪ/音節と認定するのかは見解が分かれる（グレーゾーンに入ってしまう語例がかなりある）。

第二節　二重母音・母音連接の認定

日本語に二重母音を認める立場の場合、和語でイ音便形に由来するもの、および漢字音に/CVɪ/音節を認定し、（語構成的に）意味の切れ目がある場合には母音連接と解釈するというところまでは、おおむね見解が一致していると思われる。しかしながら、現代共通語には、これ以外にも/CVɪ/音節の候補はさまざまにある。たとえば、（以下、由来が分かりやすいように歴史的仮名遣いで提示する）「かひ（貝）」「はひ（灰）」のような名詞において、「ひ」に由来する「イ」が二重母音の一部か、独立した音節かは、立場が分かれるところであろう。また、「まひ（舞）」「おもひ（思）」のような、文語のハ行四段動詞連用形に対応する名詞の場合はどうであろうか？「まふ（舞）」「おもふ（思）」のようなハ行四段動詞の終止連体形の場合は、現代共通語では、それぞれ/ma'u/、/'omo'u/と解釈するのが一般的であると思われる。現代語では、/CVu/型の二重母音は存在しないと解釈するので、右のような動詞活用によって生じる、「ウ」が後接する母音の連続は、母音連接として処理されるのである。これに合わせるならば、連用形（中止法）も、「まひ/ma'i/」「おもひ/'omo'i/」のように母音連接と解釈したくなる（音韻分析に、動詞の活用のようなレベルの異なる事象を持ち込むのは不適切という考え方もある）。それならば、連用形に対応する名詞も、「まひ/ma'i/」「おもひ/'omo'i/」と解釈することになろう。動詞の連用形の場合と、名詞形の場合とで、音韻論的解釈が異なるというのは、あまりに煩雑であるからである。その一方で、「たらひ（盥）」（平安時代から「たらひ」という語形あり）のように、語源（手＋洗ひ）まで遡れば、ハ行四段動詞の連用形に相当するものであっても、まず現代人がそれを意識することがないものは、「かひ（貝）」「はひ（灰）」のような普通の名詞と同じ扱いをしたくなる。また、同じハ行四段動詞の連用形であっても、「まひます」「おもひます」「まひちる」「おもひかへす」のような、助動詞に接続するもの、複合動詞の前項に現れるものは、中止法の場合に比べて、イ音便形に近い意識が話者に持たれているかも知れない。

以上のように、現代共通語においても、/CVi/音節の範囲を確定するのは難しい。グレーゾーンに入る語については、多くの研究者はどちらでも良い（無理に確定する必要はない）と考えているであろう。

なお、以上のような現代共通語の考察自体が、二重母音・母音連接の認定に、語種や語源、つまり歴史的な観点を持ち込んだものであり、純粋な共時分析ではない。そもそも、音節の認定は音韻論的解釈（体系的な見地からの解釈）と連動しているのであり、極論するならば、解釈に用いる材料が異なる以上、同じ対象を分析しても、共時分析と通時的分析とでは、音節の認定（二重母音・母音連接の線引き）が食い違うこともありうる。本書はあくまで通時的研究であるので、共時分析として不自然にならない範囲で、歴史的経緯を尊重して、音節の認定を行うことにする。たとえば、現代語の「まえ（前）」「あお（青）」等は、音声的に切れ目なく発音されうるし、共時分析では二重母音と解釈される余地があるが、本書では母音連接と解釈することとする。そうすると、過去のある時期まで/maʼe/［maje］、/ʼaʼo/［awo］等のように二音節であったもの[4]が、どの段階で（音韻レベルで）一音節化したかを確定させる必要がなくなるというメリットも生じることになる。音声レベルの変化が起こった時期は、必要以上に絞り込む必要がないのに対し、音韻レベルの変化が起こった時期は、できるかぎり確定されるべきというのが、本書の基本的な立場である。

さて、本章で考察したいのは、二重母音と母音連接とで、連母音音訛現象にどのような差が認められるかということである。江戸語の連母音音訛は、二重母音においても必須ではない一方で、母音連接、明らかに語源的に意味の切れ目を挟んでいる母音連接においても起こることがあった。そうではあっても、そこに何らかの相関性・傾向があったのではないだろうか？　以下の考察においては、二重母音と母音連接を便宜的に振り分け、グレーゾーンに入る事例を、なるべく詳細に分類した上で、具体的な文学作品の分析をしていきたい。

第三節　本章の基準

江戸語の連母音音訛は、本書で「母音連接」と解釈する音連続においても生じるものである。たとえば、「おまへ/ʼomaʼe/→おめへ/ʼomeʀ/」「かへりみち/kaʼerimici/→けへりみち/keʀrimici/」「どこへ/dokoʼe/→どけへ/dokeʀ/」などが該当する。以下の考察では、連母音音訛が起こる音連続のうち、二重母音/CVɪ/、母音連接/CV+ʼi/・/CV+ʼe/に該当するものに限定して、用例を整理・分析することとする。ただし、二重母音/Ciɪ/・/Ceɪ/、母音連接/Ci+ʼi/・/Ce+ʼi/・/Ce+ʼe/

については、短音化したもの以外は省略した。

二重母音/CVJ/と母音連接/CV+'i/を振り分ける基準は以下の通りである（あくまで便宜的なものである）。

Ⅰ二重母音　/CVJ/

和語でイ音便に由来するもの

「～ひ」に由来する「～イ」形の名詞

（文語のハ行四段動詞の連用形に相当するものは除くが、「たらひ（盥）」「はひる（這入）」のように語源が意識されないと推測されるものは含める）

感動詞・終助詞・オノマトペ

漢字音

Ⅱ母音連接　/CV+'i/

意味の切れ目を挟むもの

（文語の）ハ行四段動詞の連用形および対応する名詞形

（文語の）ヤ行上二段動詞および連用形に対応する名詞形（本章に該当例なし）

以上のように、二重母音と母音連接を振り分けるが、母音連接のうち、「意味の切れ目を挟むもの」の場合も、結びつきの程度にかなりの差がある。そこで、/CV+'i/以外の型の母音連接も含め、以下のように母音連接全体を整理することにしたい。後のものほど、結びつきが弱く、連母音音訛が起こりにくいと予想されるものである。

i単純語内部

①名詞・動詞（②～⑤を除く）

②ハ行四段動詞・連用形（助動詞・補助動詞に接続）
③ハ行四段動詞・複合動詞の前項
④ハ行四段動詞・連用形転成名詞
⑤ハ行四段動詞・連用中止法
ii 接尾語・付属語との境界
iii 複合語の内部境界
iv 接頭語との境界
v 文節の境界
（vi 文の境界）

第四節　実例の分析

以下、具体的な作品の用例分析を試みたい。すでに述べたように、江戸語の連母音音訛現象には、かなりの位相差が存在する。二重母音・母音連接の差、母音連接のうちでの結合の強さの差が、連母音音訛にどのように反映するかを考察するためには、位相差のない均質なデータ（理想的には一人の登場人物が、特定の一人を相手にしている発話）を用いるのが望ましい。しかしながら、この条件を満たしつつ、分析に耐える質・量の発話を持つ作品・登場人物となると、意外に少ない。

まずは、式亭三馬の滑稽本『浮世風呂』（文化六年〈一八〇九〉～文化十年〈一八一三〉）、『浮世床』（文化十年〈一八一三〉・

文化十一年〈一八一四〉を分析の候補とすることになろうが、『浮世風呂』は、単純に二人で会話をする場面が多いものの、登場人物が入れ替わり立ち替わりするので、一人一人の発話量が少ない。一方、『浮世床』の場合、全編を通して登場する髪結床の主人鬢五郎は、発話量は多いものの、客商売であるだけに、会話の相手によって言葉遣いがかなり変わる。また、三人以上で会話をする場面が多く、そこに新たな登場人物が加わるというように、会話の展開が重層的・立体的であるため、均質な言語データを抽出するのが難しい作品となっている（文学的には、工夫が凝らされていると評価されよう）。

第一項　『浮世風呂』の「おべか」「おさる」

そこでまず、データとしての規模は小さくなるが、『浮世風呂』の中から、第三編巻之上（文化九年〈一八一二〉）の下女「おべか」「おさる」の会話について、連母音音訛を起こしうる音連続の、音訛・非音訛の様相を整理してみよう。『浮世風呂』の中でも印象に残る、おしゃべりな二人組である。三馬の筆も走ったようで、かなり長めに会話が続く。なお、江戸語の連母音音訛は、男女の別による有意な差はないことが、すでに先行研究により明らかにされており、本書でもその見解に従うものとする。また、二人の言葉遣いは均質であると見なして構わないと判断する。

・他人の発言を引用した部分は省いた。
・「よい」の連母音音訛としては「ええ」が期待されるので、「能《いい》」については、別の事情による語形と見て連母音音訛の例からは除いた。

Ⅰ二重母音

〔**訛**〕たべつけねへ、居着《ゐつか》ねへ、他（助動詞・形容詞「ない」計32例）、あたじけねへ（2例）、つまらねへ、つまらね（以上「〜ナイ」型形容詞）、あんめへ、持《もっ》めへ（助動詞「まい」計2例）、寐《ね》てへ（助動詞「たい」1例）、悪《わり》い（2例）、うるせへ（2例）、痛《いて》へ、

這入《へいっ》て、這入《へい》らう、這入込《へいりこむ》（2例）、這入損《へいりそこな》ふ、料理茶屋這入《へいり》をして、全体《ぜんてへ》（2例）、大分《でへぶ》、惣菜《そうぜへ》、第一《でへいち》、好三昧《すきざんめへ》、次第《しでへ》、其代《そんでへ》に、一体《いってへ》

〔非訛〕多《おほ》い、のろい（2例）、きつい（2例）、悪《わる》い、憎《にく》い、荒《あら》い、あらい、あまい、うまい、お慈悲深《じひふか》い、置《おい》て来《き》た、拭《ふい》たり、

おいら（3例）、こいつ、可愛気《かはひげ》、間《あひだ》、てやい（手合）、

ふい〱、ヲイ〱、アイサ（2例）、

労痎《らうがい》、次第《しだい》、愛敬《あいけう》

Ⅱ母音連接

ⅰ単純語内部

①普通の名詞・動詞

〔訛〕あたりめへ、おめへ（8例）、三年前《さんねんめへ》、取替《とっけへ》た、返《けへ》したり、帰《けへ》つて

〔非訛〕啼《ほえ》て、猫撫声《ねこなでごへ》、こらへる

③複合動詞の前項

〔非訛〕ふるひつく、想像《おもひやり》

④連用形転成名詞

〔訛〕お互《たげへ》ツこ、髪結《かみい》、違《ちげ》ねへ、離《はな》し飼《げへ》、早仕舞《はやじめへ》

〔非訛〕銭遣《ぜにづか》ひ（準引用）、人遣《ひとづか》ひ、くすね食《ぐひ》、酒《さけ》ツくらひ

ii 接尾語・付属語との境界

〔非訛〕鼠尾藻《ひじき》の中へ、隅《すみ》へ

iii 複合語の内部境界

〔非訛〕言語《ものいひ》、六百いくら、三両いくら

iv 接頭語との境界

〔非訛〕御意《ぎよい》

v 文節の境界

〔訛〕だまされ居《て》た、待居《まつて》る、飲居《のんで》らア、思居《おもつて》る、洒落居《しやれて》る、起居《おきて》た

〔非訛〕人品《ひとがら》の能《いゝ》、着殺《きころ》すがいゝ、見《み》たがいゝ、行《いく》が能《いゝ》、するから能《いゝ》、いへば能《いゝ》、わるくいふ（2例）、能《よ》く云《いつ》た、といふ（5例）、～と云《い》へば（2例）、と云《いつ》たつけ、～をいふ、事を云《いつ》た、さういへば、何《なん》でも角《か》でも云《い》ひなり、小指《こゆび》のいふ事、～ての云《い》はう様《やう》は、奉公人《ほうかうにん》が居着《ゐつか》ねへ、あの家《いへ》、何《なに》から今風《いまふう》で、薪《まき》が入《いり》過る、生《しやう》が入婿《いりむこ》、伯父御《をぢご》でもいたぶらねへきやア、児《がき》めがいび〳〵、～はいそがしい、さうしてはゐられねへ、どうだ色女《いろおんな》め、倚《よ》ると色《いろ》かぶれがして

（vi 文の境界）

〔非訛〕「～悪《わり》いはな。いっそ～」「～だよ。今《いま》の～」他

まず二重母音について述べる。助動詞・形容詞「ない（ねへ）」32例、「まい（めへ）」2例、「たい（てへ）」1例のすべてが連母音音訛を起こしており、『浮世風呂』の中でも、音訛率の高い二人組である。漢語に関しても、8例対

3例（いずれも/ai/の例）で、連母音音訛を起こしているものが多い。しかし形容詞のイ音便形は、7例対11例（延べ数）で、連母音音訛を起こさないものの方がやや多い。/ui/、/oi/については、江戸語資料では連母音音訛を起こした例の少ないことが、松村（一九五五）により指摘されていた（むしろ現代語の形容詞末尾の場合の方が、連母音音訛を規則的に生じさせやすいようである）が、それを割り引いても、意外に音訛率が高くない。感動詞（「をいをい」「あいさ」）・オノマトペ（「ふいふい」）は、原則として二重母音が維持されるようである。「おべか」「おさる」の会話には例がなかったが、終助詞「ワイ」なども連母音音訛を起こさない。その他の和語については、二重母音形が維持されるかどうかは、語彙的に決定するようである。「あひだ」「てやひ（手合）」「おいら」「こいつ」などは、『浮世風呂』『浮世床』全体でも、連母音音訛を起こした例がなかった。

　母音連接に関しては、原則として連母音音訛は起こらないものの、いくつかの類型において、それが起こりやすいものがあると分析されよう。「Ⅱ・i単純語内部、①名詞・動詞」において連母音音訛を起こしているのは、「おめへ」「取替《とつけへ》た」など、いずれも母音連接/a'e/の場合であり、この型の母音連接は、13例対1例（異なり語数では6例対1例）の高確率で連母音音訛を起こしている（むしろ二重母音/ai/よりも音訛率が高いくらいである）。「Ⅱ・i単純語内部④（ハ行四段動詞）連用形転成名詞」も5例対4例で、音訛／非音訛が拮抗している。「vi文節の境界」では、原則として連母音音訛は起こらないが、「だまされ居《て》た」「洒落《しやれ》居《て》る」など、「〜ている」は融合・短音化が起こりえたようである（ただし、これは語源まで遡れば文節の境界に相当するということであり、江戸語においても、一般的な文節境界とは別物であろう）。『浮世風呂』『浮世床』の全体を視野に入れれば、その他の類型の母音連接においても、連母音音訛を起こした例は指摘できるが、それらについては後述することにする。

第二項　『浮世風呂』の「三助」

同じく『浮世風呂』から、前編巻之上（文化六年〈一八〇九〉）の「三助」の台詞を分析してみよう。三助は「田舎《いなか》出の下男」であり、ハ行音を「半分《ふはんぶん》・蛤《ふはまぐり》・早く《ふはや》」等に発音するなど、極端な方言話者として設定された登場人物である。

Ⅰ二重母音

〔**訛**〕でもねへ、化《ばけ》ねへ（助動詞・形容詞「ない」計15例）、魂消《たまげ》めへ（助動詞「まい」1例）、高《たけ》い、悪《わり》い（2例）、四《し》角《かき》イ箱《はこ》、焼《あい》て、五体《ごてへ》、村内《むらねへ》（2例）、代々《でへゝ》（3例）、海中《けへてう》、往来《わうれへ》、年代記《ねんでへき》、開帳場《けへてうば》、正体《せうてへ》

〔**非訛**〕続《つゞい》た

Ⅱ母音連接

ⅰ単純語内部

①普通の名詞・動詞

〔**訛**〕拵《こせへ》べい、考《かんげへ》

②連用形（助動詞・補助動詞に接続）

〔**非訛**〕祝《いはひ》ツけヱ

④連用形転成名詞

〔**訛**〕違《ちげへ》ねへ、目算《もくさん》違《ちげへ》だ、占《うらねへ》

ｖ文節の境界

〔**訛**〕何云《あんちう》、ちふ（4例）、云《てつ》て、た云《つ》て

〔**非訛**〕と云《いひ》ます、と云《いつ》けヱ、国《くに》サ居《ゐ》たとき、占《うらねへ》も市女《いちつこ》の笹《さゝ》ばたきも、濁酒《にごりざけ》だアの居《ゐ》びたり餅《もち》だアの、

二重母音に関しては、音訛率がかなり高い。助動詞・形容詞・漢語の/CVi/音節がすべて連母音音訛を起こしている点が、前項で扱った「おべか」「おさる」の会話と相違する。特に、漢語が形容詞化した「四角《しかき》イ」は珍しい例である。動詞（カ行・ガ行四段動詞）のイ音便形については、おべか・おさるの会話では、二重母音形の「置《おい》て来《き》た」「拭《ふい》たり」しかなかったが、三助には音訛形の「焼《あゝ》て」、二重母音形の「続《つゞい》た」の各一例がある。「Ⅱｖ文節の境界」は、おべか・おさるの会話では、「ている」の縮約のみであったが、三助の場合は、「ている」は該当する例自体がなかった一方で、「といふ」類の縮約の例があり、「ちふ」「てって」「たって」とゆれている（縮約されない例もある）。

しばしば指摘されてきたように（中村一九七一、坂梨一九七六、金水二〇〇三など）、文学作品の登場人物の台詞は、現実世界の言語を観察・再現したものではなく、あくまで作者の創作である。特に方言は、江戸の読者にも十分に理解できるものでなければならないという制約もあったため、いかにも方言らしければ十分なのであって、語学的意味での方言分析の成果が盛り込まれているわけでも、ネイティブチェックを経ているわけでもなかった。しかも三助の場合、あくまで江戸者を相手にした発話に方言的要素が色濃く現れるのであって、方言の会話そのものではない。右に挙げた例の中で、「四角《しかき》イ」「焼《あゝ》て」などは、実際の方言の語彙から採集したものではなく、作者の三馬が、方言らしくするために、過剰に連母音音訛を起こさせた言葉遣いであった可能性もあろう。

第三項　補遺

その他、ここまでの分析には出てこなかった類型における連母音音訛の例を、『浮世風呂』『浮世床』から挙げる。

Ⅱ母音連接

ⅰ単純語内部

②連用形（助動詞・補助動詞に接続）

〔訛〕買《けへ》なせへ（風呂・四中・二五八7）

③複合動詞の前項

〔訛〕食付《くれへつい》た（風呂・四上・二三二8）

ⅱ接尾語・付属語との境界

〔訛〕爰来《こけへき》て（風呂・三上・一七七14）、何処行《どけへく》（床・初下二九七13）、妹《いもうと》の処《とけ》へ（床・初上二五五6）、髪結床《かみゐどけ》へ（風呂・四上・二二三3）、中《なけ》へ（風呂・四下・二七八4）

ⅲ複合語の内部境界

〔訛〕病犬《やめへぬ》（狂犬の意）（風呂・二下・一一五4「あくたれとよばれたるおしやべりかみさまお舌《した》」）、四日市《よつけへちイ》（風呂・四中・二六三9「魚売の伝公」）、いめへましい（床・初上「じやんこ熊といふあだ名のいさみ」）

「Ⅱⅱ接尾語・付属語との境界」は、助詞「へ」の例のみで、/koʼe/・/kaʼe/が/keR/になった例しかない（松村一九五三・一九五五）。/oʼeʼ/の連母音音訛自体が、この類以外には見当たらない（「こえ（声）」も「けえ」にはならない）。「おべか」「おさる」「三助」には例がなかった「Ⅱⅲ複合語の内部境界」の連母音音訛としては、右記のようなものが見いだせた。オノマトペは連母音音訛が起こりにくかったらしいが、オノマトペに準じる語感のある「いまいましい」が「いメエましい」となった例があるのは興味深い。『浮世床』の「いめへましい」は、いさみの使った例で、特殊な事例とも解せるが、これに相当する語形は、現在でもいくつかの方言で用いられている。

第五節　むすび

音節構造の観点から整理すると、江戸語の連母音音訛現象は、かなり混沌としているということが、以上のささやかな調査からでも知られよう。このこと自体は、先行研究からも推測できることではあった。

素朴な予想としては、二重母音の方が、母音連接よりも長母音化しやすい（cf.二重母音/CVu/と母音連接/CV'u/の長母音化のケース）ということであるが、事実はその予想とはやや異なる。先に見たとおり、二重母音/Cai/よりも、むしろ母音連接/Ca'e/の音訛率の方が高くなることさえあった。これは、［-ai］よりも［-ae］の方が、音声的に［-eː］に接近しやすいため、つまり、（音韻レベルの）音節構造よりも、音声レベルでの長母音化のしやすさが優位であったためと説明されよう。また、本書では、通時的な観点から、動詞のイ音便と形容詞のイ音便を一括して扱い、ともに二重母音を生じさせる現象と捉えた。しかしながら、現代語の共時分析においては、動詞の音便形「書いて」の「カイ」に対して、形容詞の音便形「赤い」の「カイ」は、形容詞の語幹は一般に独立性が高く、「語幹（アカ）＋接尾辞（イ）」で意味の切れ目があるとも分析できるので、前者は二重母音、後者は母音連接と、音韻論的に解釈される余地が十分にある。少なくとも、後者の方が結びつきが弱いことには異論がないであろう。けれども、連母音音訛現象については、前者が稀（三助の「焼《ゑ、》て」は例外的）であるのに対し、後者は広範囲に見え、現代語のくだけた表現にまで残っているものである。母音連続の結びつきの強さから期待されるのとは、逆の結果になるのである。

また、/Cui/、/Coi/は長母音化を起こした例が少ないというのも説明が難しい。現代語では、「ふとい→フテー」

「さむい→サミー」のように、形容詞の末尾での/Cuɪ/・/Coɪ/に対応する長母音形が、「たかい→タケー」などと同程度に使用可能であるが、先行研究でも指摘されているように、江戸語においては/Cuɪ/・/Coɪ/の音訛率がかなり低い。特に、漢字音の場合に顕著で、/Caɪ/が連母音音訛を起こしやすいグループに入るのに対し、/Cuɪ/に関しては長母音化した例が見当たらない（/Coɪ/は、そもそも呉音・漢音の範囲内に存在しない）。イ段長音の漢字音が「詩歌」の「シイ」、「贔屓」の「ヒイ」など、きわめて限定的であるため、「スイ（水）」「ズイ（随）」「ツイ（墜）」「ユイ（唯）」「ルイ（類）」などが長母音化しても、漢字音の体系内で同音衝突が起こることがなかったにもかかわらず、/Cuɪ/は連母音音訛を起こさなかったのである。

以上のように、連母音音訛が起こるか否かは、音声レベルが影響することもあれば、音韻よりも高次のレベルで決定することもあり、きわめて予測が難しい。もちろん、意味の切れ目があれば連母音音訛が起こりにくい、という程度のことは言えるのであるが、二重母音か母音連接かという基準は、それほど有力な指標とはならないようである。本章では、あらかじめ二重母音・母音連接を区別する基準を設定した上で、連母音音訛の問題を分析してきたのであるが、実は裏を返せば、音節認定（二重母音・母音連接の認定）の材料として、連母音音訛現象を利用することはできないという結果を先取りした手順なのであった。その意味でも、対称関係にある/CVɪ/音節の長母音化とは、かなり性質の異なる現象であることが知られる。

ここから先の問題は、すでに先行研究により、詳細が明らかにされつつある。本章での考察は、連母音音訛の研究の流れから見ると、逆行・後退している面が多々ある。しかし、純粋な音韻史の立場からすると、品詞・位相などを基準にした分析より前に、まず、音節構造と連母音音訛との関係を確認しておく必要があるのである。

【注】

（1）柴田（一九五八）は、「～イ」型の二重母音の音韻論的解釈において、以下のような理由を挙げて、母音音素/i/とは別に、モーラ音素/ᴊ/を立てた。

さらに「はら」の位置には、二重母音の［i］が来る。この［i］は、「むね」の/i/とは、舌の位置が一般に低い（開いている）こと、聞こえも小さい（子音的である）ことで違う。しかも［i］は、調音の幅がある。/i/の方向へむかって舌が動くことがこの音にとって重要なことで、［i］の位置まで舌がもりあがる必要はない。Rに、いろいろな音色の［＝調音の著しく異なる］母音が含まれたのと同じように、Jにもいろいろな音色の［i］が含まれる。いろいろな音を含むという点では、「しり」のNもQも同じである。それらには、「あたま」から「むね」までの音素を表わすのとは別の記号［＝スモール・キャピタル］を当てるのが妥当だと思う（42頁）。

これに合わせて、本書では「～ウ」型の二重母音の音韻論的解釈として、母音音素/u/とは別に、モーラ音素/ᴜ/を立てる。

（2）本章の江戸語の音韻論的解釈では、ア行にも子音（有声喉音音素/ʔ/）を認めるので、厳密には母音連接は存在し得ないことになるが、慣例に従って、「たちあがる（立上）」「さとおや（里親）」のような母音とア行音の連続を、母音連接と呼んでおくことにする。

（3）佐藤武義・前田富祺編『日本語大事典』（朝倉書店、二〇一四）「重母音」の項（斉藤純男執筆）では、現代共通語に二重母音を認めていない。服部（一九六〇）では、現代共通語に二重母音を認めるか否か、保留にしている。

（4）日本語史において、衣（ア行）・江（ヤ行）、オ・ヲは、音声的に［je］、［wo］に統合されたが、音韻論的には/ʔe/、/ʔo/であるとする服部（一九六〇）の解釈に従っておく。［je］［wo］のようにひびく傾向はあっても、［ja］［ju］［jo］の［j］、［wa］の［w］よりは短く弱いものであったと服部は推定している。

第三部　撥音・促音論

第一章　二種の撥音便

本書でいう「撥音」とは、原則として国語音の撥音を意味する。漢字音において音節末に立つ鼻音は、「鼻音韻尾」として、いったん国語音の撥音とは区別して扱う。平安・鎌倉時代において、「撥音」「鼻音韻尾」がどのように表記されていたかについては、訓点資料の比較的簡略な調査報告においても言及されることが多いため、質の良いデータが豊富に蓄積されてきている。しかし、裏を返せば、資料に現れる様相が、きわめて多様・不規則であるからこそ、丹念に報告がなされてきたということでもある。多くの先学の努力にもかかわらず、「撥音」の歴史は、さまざまな不明点を残したままというのが現状である。本章および次章では、日本語の歴史に、複数の「撥音」音素が対立していたことをめぐる諸問題を中心に、撥音の歴史を考察することにする。

第一節　二種の撥音便について（中田説）

日本語に撥音が発達した初期の段階においては、m音便・n音便という二種類の撥音便があったという説が、中田（一九五一）によって提出された。以下に要約する。

青谿書屋本土左日記において、和語の撥音は、「よむだる（＜よみたる）」「つむだる（＜つみたる）」「をむな（＜をみな）」の場合は「む（ん）表記」、「あらざなり（＜あらざるなり or あらざりなり）」「きたなり（＜きたるなり）」「しじこ（＜しにしこ）」の場合は「零表記」というように、音便を起こす前の音の違いにより表記に差がある。平安時代の訓点資料の用例を勘案すると、ヒ・ビ・ヘ・ミ等に由来する「ム表記」の撥音は固有の音価［-m］を持っており（m音便）、ニ・リ等に由来する「零表記・ン表記（古くは一画で✓）」の撥音は固有の音価［-n］を持っていた（n音便）、と考えられる。

築島（一九六九）により、訓点資料などの用例を補うと、次のようなものがある。n音便に「ン表記」が現れるのは、一一世紀以降とされる。

①m音便の例

牓　フムタ（フミタより）〔四分律行事鈔平安初期点〕

歴　エラムテ（エラビテより）〔漢書楊雄伝天暦二年（九四八）点〕

使　ツカムマツル（ツカヘマツルより）〔蘇悉地羯羅経略疏天暦五年（九五一）点〕

固　ネムコロ（ネモコロより）〔法華経玄賛平安中期点〕

蕨蕤　キスイトサカナリ（サカリナリより）〔大唐三蔵玄奘法師表啓平安初期点〕

②n音便の例

奈世无尓加（ナニセムニカより）〔有年中文・貞観九年（八六七）〕

敦　イカソ（イカニゾより）〔漢書楊雄伝天暦二年（九四八）点〕

足　タンヌ（タリヌより）〔秘密曼荼羅大阿闍梨耶付法伝康平三年（一〇六〇）点〕

何　ナンソ（ナニソより）〔法華経遊意承保四年（一〇七七）点〕

焉 イツクンソ（イックニゾより）〔大慈恩寺三蔵法師伝承徳三年（一〇九九）点〕

これは、現代語の撥音のように、後続音に依存して調音位置を変動させる音韻ではなく、音価が［-m］・［-n］に固定した二種類の撥音音素/-m/・/-n/を想定する立場で、日本語史の概説書においても言及されることの多い、広く知られた説である。多くの資料を見渡せば異例も多いのであるが、本書においても、和語には二種類の撥音が存在して、その違いが表記の差として現れているという中田の見解に、基本的には賛同する。異例の捉え方ついては後述する。また、中田の研究を発展的に継承し、漢字音の鼻音韻尾を含めて、複数の音節末鼻音の歴史を統合的に描いた先行の諸研究については、次章で詳しく取り上げることにする。

なお、論述に先立って、本章で撥音の歴史を考察する上で、注意すべき前提を整理しておく。

（一）表記について。平仮名の場合、現在の撥音表記に用いられる仮名字母「ん」は、もともとは/mu/（ときに/mo/）に対応する仮名であり、撥音専用の文字ではなかった。撥音を表記する場合も、あくまで片仮名「ム」に対応するものであって、m音便の表記に用いられるのが原則であった。一方、片仮名において撥音表記に用いられる「ン（レ）」は、本来は仮名の体系の外側にある符号に由来するものであり、n音便（および後述するように促音便）の表記に用いられるものであった。本書では、平仮名文献に関しては、原本の字母、あるいは活字翻刻の字母に従って、「ん」「む」を使い分けることがあるが、必ずしもこれらが異なる音韻を意図した文字であったと考えているわけではない（「ん」をn音便の撥音に相当する表記としては扱っていないことに、特に注意が必要である）。「む」に統一して翻字するのを、念のために避けることがあるだけであって、撥音の可能性がある位置で「ん」「む」によって翻字した平安時代の例は、いずれも/-m/あるいは/-mu/であったと考えている。ただし、「さんさ（寒さ）」「よんすがら（終夜）」のように、一般には撥音と解されない位置（/mu/または/mo/に相当）に用いられた「ん」は、依拠した活字テキストに従って「む」または「も」と翻字している場合がある。

〈表1〉中田説による二種の撥音便

	音便を起こす前の音	平仮名表記	片仮名表記
m音便	ヒ・ビ・ヘ・ミ等	む（ん）	ム
n音便	ニ・リ等	零	零↓ン（✓）

（二）m音便と母音交替（神　カミ乙〜カム等）の区別について、本書では、便宜的に以下のような方針を採用する。すなわち、上代特殊仮名遣に遡って、ミ甲類に対応するムはm音便、ミ乙類に対応するムは母音交替として扱う。したがって、「カム（上）」はm音便、「カム（神）」は母音交替として処理することになる。実際には後者にもm音便の例が含まれるはずであり、鎌倉時代以降には明らかに撥音化（閉音節化）している例も出てくる。それらを例として挙げる必要がある時には、いちいちそれと注記した。

（三）撥音・促音の歴史に関する議論は、異なるレベルの問題が混同されやすい。①その音声が撥音音素・促音音素として確立しているか否か、②その撥音音素・促音音素が、音を数える単位（モーラ）となっているか否か、③その撥音モーラ・促音モーラが、現代共通日本語のように高い独立性を持っているか否か、という三つの次元の異なる問題が、しばしば渾然一体と扱われているように思われる。本書で問題として扱うのは、原則として①のみである。外国語からの単語の借用、写音性の高い臨時的オノマトペの創出、ぞんざいな発音における音融合など、様々な事情により、その言語の音韻体系の周辺部分に不安定な要素が生じることは、どのような言語においても起こることであろう。日本語の撥音便・促音便も、ぞんざいな発音による臨時的な崩れた音声を起点として発達したものであろうから、音素として確立されていない周辺的な要素であった段階が必ずあったはずである。しかし、音素として確立されている状態であるか否かは、モーラ言語・音節言語の区別（≒②の問題）とは無関係である。モーラ言語である現代共通語でも、音素または音素連続として確立していない要素はさまざまに存在するし、英語であろうが中国語であろうが、音節言語において、音節末の子音一般が音素として確立していないとか、不安定であるなどということはない。モーラ言語・音節言語に関わる議論においては、音素（分節音）として確立している要素のみを扱えば、とりあえずはよいのであって、音韻体系の周辺的要素は夾雑物であるから、むしろ積極的に議論から除外するべきである。つまり、音素として確立している要素のみが、②③の考察の対象となるものである。そして、②③については、文献資料からこれを論じるには制約が多いし、最大の手掛かりであるアクセントは、本書の考察対象には含まれないので、本書ではもっぱら①のみを考慮することになる。

（四）本章では、国語音の撥音と漢字音の鼻音韻尾とを、異質なものとして一旦区別し、前者のみを主要な考察対象とする。撥音と鼻音韻尾との関係は、第四章・第五章で、あらためて述べることとする。一般に、外来語の発音にのみ存在する要素は、その言語にとっては周辺的要素であるとして[1]、音韻体系の分析から除外する、あるいは分析を後回しにする、というのが標準的な音韻研究の手順であろう。本章においては、まず国語音の撥音について明らかにすることを目指す。

第二節　中田説の疑問点

中田の二種の撥音便を想定する説に対しては、二種類あったとすること自体を懐疑的に見る立場もあるが、まずは、二種類の撥音の存在を認める立場から、中田説の問題点を整理しよう。その過程で、筆者が二種類の撥音が存在したことを疑う必要はないと考えている理由も、自ずと明らかになるであろう。

①二つの撥音のレベル差

先行研究では、m音便の撥音とn音便の撥音とが、音韻論的に対等の価値を持つ二つの音素と捉えられているようである。一方、撥音と平行関係にある促音は、歴史を通じて、音韻論的に一種類しかなかったと考えるのが一般的であり、その促音は、平安初期から一貫して「音価無指定」であったと理解されているように思われる（早くは、固有の音価［-t］を有していたと解釈できる余地もなくはないが、漢語における入声韻尾の促音化の事例から考えると、少なくとも平安後期頃には音価無指定であったと考えなければならない）。そして、表記面から見ると、零表記・特殊符号「∨」の使用など、促音と共通性を強く示すのは、n音便の撥音の方である。促音と撥音の関係の変遷を、どのように捉えたらよいのであろうか。そもそも、表記の上で、一方には一単位を与え、もう一方は零であるというのは、二種の「対等」な音素に対する表記姿勢として、相当に不均衡なものではないのか。

②語末に立ちうるか否か

語末に立ちうるか否かという点で、m音便の撥音とn音便の撥音とでは差があるようである。m音便の撥音は、後続音の如何にかかわらず［-m］に固定されている。尊敬の接頭語「おほむ（＜おほみ甲）」も、結合する語に関して音韻的な制限はないはずであり、清音の前にも立つことができれば（第四部第六章参照）、「おほんありさま」「おほむいらへ」「おほむよろこび」（以上、源氏物語絵巻）のように、ア行・ヤ行・ワ行音で始まる語に冠することも可能であった。名詞の末尾に立つ例も早くからあったようで、「なりひらのあそむ（＜あそみ甲）〔古今集高野切六三〕」「たひらのさだふむ（＜さだふみ甲）〔同九六四〕」「臣〈オム〉（＜オミ甲）〔前田本雄略紀院政期点92〕」のような例がある。先の「おほむ」にも自立語用法があった。一方、n音便の撥音は、名詞などの末尾に立った古い例は指摘しがたいし、副詞「イカン（如何）（＜イカニ）」の文末用法の成立時期も、それほどは遡らないようである。[2] 語末に立たなかったのならば、その点でも、促音とn音便の撥音とが平行することになる。

③n音便の撥音に後続音の制限はあるか？

m音便の撥音が後続音の制限を持っていなかったらしいのに対し、n音便の撥音は、（訓点資料では）ほとんどの事例が「ナ」「ヌ」「シ」「セ」「タ」のような、舌音行の前に現れることが指摘されている（前節に挙げた例参照）。もっとも、例外が若干ある。平仮名文献に頻出する「あめり」「あべし」等の零表記撥音は唇音の前に生じているが、「り」「る」に由来するものであるので、n音便に分類されることになる。これらも音声的に[-n]であったと考えるのであろうか？　同様のことは、平安時代以降の訓点資料に見える複合助詞「ダモ（＜ダニモ）」（cf. タ＞モ（大日経天喜六年（一〇五八）点[3]））についても言える。また、「イカニカ」から変化した「イカガ」も、n音便の零表記と説明されることがあり（実際、「何 イカンカ（蘇磨呼童子請問経承暦三年（一〇七九）点上九オ）」のような例がある）、軟口蓋音の前に撥音が生じていることになるが、これも音声的には[-n]であったと考えなければならないのであろうか？　訓点資料によるかぎり、結果的に[-n]であることが圧倒的に多いだけで、基本的には後続音に依存すると考えた方が自然ではないか？

④上代語の「撥音」との連続性

上代語について、音韻としては確立されていないが、促音・撥音に相当する音声が、既に存在したのではないか、という趣旨の推定がなされることがある。[4] その「零表記」かつ「音価無指定（？）」の「撥音」と、平安時代の二種の撥音との関係をどのように捉えたらよいのか。

上代文献に見出せる僅か四例の促音表記（ゼロ表記）例（肥爪注・「オサカ（＜オシサカ）」「モテ（＜モチテ）」「ノタマ

フ（＜ノリタマフ）」「ナノソ（＜ナノリソ）」）は、以上のことから「音節の脱落」とみるよりは、当時すでに国語に発生していた促音をあらわす例であって、（略）。

（略）平安時代の例は先に触れたように、促音については金剛波若経集験記の令召ノタマフ、金剛般若経讃述（八八五）の者トイハ、地蔵十輪経の持モテ・妄イツハテのように前代にひき続いてゼロ表記が主流を占め、ついで、九条家本延喜式（一〇〇〇）の忍坂オムサカ、大慈恩寺三蔵法師伝（一〇九九）の規ノツトリ、停トトマンのごとく時代とともに表記も多様化している。このことから、促音自体が、音韻として当時の人達に明確に認識されていたかどうかはさておき、音声として存在していたことは明白となる。（遠藤邦基一九七四a）

もし上代において、すべて音声的にも促音や撥音が脱落し終っていたら、中古になって次のような形が現れることは考えにくい。

忍坂、オムサカ（九条家本延喜式祝詞平安中期点）

度津、和多無都（道円本和名抄）

いゐとうし（伊勢・四四）

何、ナンそ（西大寺本不空羂索神呪心経寛徳点）

従って、少なくとも幾つかの語例は、促音や撥音が存在しながら零表記となっているものと見なした方がよい。ただし、それが音韻として認められるようなものであったかどうかは、確かでない。（山口佳紀一九七七）

「なぞ＜なにそ（何故）」「など＜なにと（何故）」などは、すでに上代から存在していたようであるが、音節脱落と零表記のn音便とは、平安時代にあっても、文献上の見た目から区別することはできない。「たぶ（＜たまふ）」「たばる（＜たまはる）」も、上代から用例が指摘できるが、これは零表記のm音便ということになるのであろうか（平安時代には「たうぶ」「たうばる」（のような語形もある）。こうした、「音韻的には確立されていないかもしれないが、音声的には存在した」と説明されることのある上代の撥音と、平安時代のm音便・n音便の撥音との関係を、どのように捉えたら良いのであろうか？

第三節　中田説の修正案

従来、平安時代におけるm音便・n音便の二種の撥音は、[-m][-n]という固有の音価を持ち、音韻論的に対等な関係で対立していると、暗黙のうちに理解されてきたようである。しかし、表記の上で、一単位を与えられるか否かという、根本的な差異があるだけでなく、語末位置に立ちうるか否か（後続音を必要とするか否か）という点でも差異があったとすると、二種の撥音の対立が、音韻論的な質の差を有している可能性も検討するべきなのではないだろうか。(5)

なお、本章では問題を単純化するために、以下の考察においては、清子音は母音間でも有声化することなく、無声音のままであるものとして説明を進める（清子音の有声化については、第四部第一章第三節参照）。

本書では、以下のような修正案を提唱する。

〔修正案〕

①m音便の撥音は、独立した分節音素/-m/(6)であり、固有の音価[-m]を持っていた。後続音には制限がなく、ナ行・マ行音、濁音の前だけではなく、ア行・ヤ行・ワ行音、清音の前にも、語末（後続音を持たない位置）にも立つことができた。

②ｎ音便と呼ばれているものの撥音は、促音と同様に、後続音節に対する待機音（音価無指定）で、後続音はナ行・マ行音、濁音のような、鼻音性を持つ音節に限定されていた[7]（古代日本語の濁子音は［-ᵑg-］［-ⁿd-］のように前鼻音化 prenasalized しており、鼻音性を有していた）。

（補足）現代共通語において、「促音」は、原則として前後を他の分節音で挟んだ形でのみ存立する特異なモーラ音素である。幼児の読み書き能力の発達過程を見ても、促音の読み書きの安定は、かなり遅い段階になる（撥音の方は、他の一般の文字の場合と大差がない）。促音は、話者にとって音声的な実質が捉えにくく、時間（リズム）的な側面こそが重要な意味を持っているからであろう。平安時代のｎ音便の撥音は、この促音と同じ性質を持つ要素であったと推定する。前後を他の音で挟んだ形でしか発音できず、ナ行・マ行音、濁音のような、鼻音性を有している後続音に対する待機音であるため、結果的に鼻音が調音される。時間的な側面に重点があり、音声的な実質が捉えにくいからこそ、促音もｎ音便の撥音も、零表記が一般的である時期が長く続いたのであろう。ｎ音便の撥音と促音とは、完全な相補分布をなしており、後続音に対する待機音という、共通の発音意図で括ることができるので、音韻論的には単一のものであったとも解釈できる。

③おおよそ鎌倉時代以後、①②の二種の撥音が統合されたことによって、それぞれの特徴を折衷したような性質を持つ、現代語へと連なる「撥音」が成立した。

この修正案に通じる面を持つ見解として、すでに、林史典（一九八二・一九八五）がある。林（一九八五）は、ｎ音便と促音便が、「閉鎖・狭窄の持続という点で本質を同じくし、かつ、鼻音性の有無という点においてのみ対立するという〝関係〟が存在する」「その持続部は、単なる quantity の差として、後接の拍を表す仮名に吸収されてしまう可能性を有している」として、ともに無表記として出発したこと、有表記の場合も符号を共有したこと等を説明した。

また、このような点からも、有表記（ム表記・む表記）のm音便との対立の存在が裏付けられるとした。ただし、中田説（m音便・n音便を並立させる説）をそのまま継承しているため、n音便に相当するものとしては、音声的に［-n］であるものしか取り上げられていないし、また、濁子音が鼻音性を帯びていたこと、つまりn音便も促音便と同様に後続子音の拡張と解せることは（明示的には）言及されていなかった。

以下、本書では、「n音便」は「量的撥音便」と呼び換えることにする。「量的撥音便」という用語は、やや分かりにくいかもしれないが、具体的な音声よりも、「発音待機」という時間的な面（長さ・量）に重点がある要素という意味で名付けたものである。促音および量的撥音便の撥音が零表記を原則としたのも、この分節音レベルでの無ターゲット性と深く関わるであろう。量的撥音便の撥音は、結果的に［-n］であることが多かったものの、それがこの音韻の本質でないことは、結果的に［-t̚］であることが多かった促音の場合と同じである。

以上の考え方を採用する場合、バ行・マ行の前において、二種の撥音が音声的に接近する（ともに［-m］と表記されるような音声になる）ことになり、特にぞんざいな発音においては、聞き分けが困難になることが予想される。しかし、発音の意図が異なれば、音韻としての区別は安定的に保たれうるものである。後続音節の頭子音を引き伸ばし、開放を遅らせた結果として［-m］が発音される量的撥音便の撥音と、［-m］を直接のターゲットとするm音便の撥音とは、十分に音韻として対立しうるものであろう。これはちょうど、砂糖屋/satoʀʾja/と里親/satoʾoʾja/とが、ぞんざいな発音においては聞き分けがたいことが多いにもかかわらず、同音語と認識されることはまずなく、音韻レベルでの対立は安定しているのと似ている（母音を伸ばして結果的に［-o］になるか、直接［o］をターゲットとするかという点で）。また、青森県八戸方言（典型的なシラビーム方言）では、中央語の「さば（鯖）」「さんば（産婆）」に相当する語/sa͂ba/・/saɴba/が音声的には接近し、共に［$sa^{m}ba$］のごとく発音される。しかし、当事者には別の音連続と意識され、鼻音の長短や閉鎖の強弱の差などにより、区別が保たれているという（かなり丁寧に発音すれば、はっきり音声差が出る）。バ行・マ行の前の量的撥音便とm音便も、音声的には接近しても、音韻として区別を保つことは十分に可能であろう。

ただし、従来、表記の異例と指摘されてきたものは、この条件下、つまりバ行・マ行の前の位置のものに偏る傾向がある。以下、先行研究や築島裕編『訓点語彙集成』（汲古書院）に掲載されるものなどから、この条件に該当する異例として目に留まったものを挙げる（一一五〇年頃まで、それぞれの語形については最も早い例のみ）。

（a）量的撥音便のム表記（通常は零表記・ン表記）

苞苴　オホムヘ（<オホニヘ）〔前田本仁徳紀院政期点59〕

綺　カムハタ（<カニハタ）〔慈恩伝承徳三年（一〇九九）点九115〕

cf. 綺〈加無波太〉〔元和本和名抄一二・一四ウ〕

掃部寮〈加牟毛理乃豆加佐〉（<カニモリ）〔元和本和名抄五・六ウ〕

如（こと）キムハ（<コトキニハ）〔大日経義釈演密鈔長承三年（一一三四）点〕

不然　シカムハ（あら）す（<シカニハ）〔文鏡秘府論保延四年（一一三八）点東二三ウ〕

為　スルトキムハ（<トキニハ）〔文鏡秘府論保延四年（一一三八）点天二六オ〕

（b）m音便の零表記・ン表記（通常はム表記）

慮　オヘラク（<オモヘラク）〔大日経義釈延久六年（一〇七四）点三〕

惟　オモハカルニ（<オモヒハカル）〔大日経義釈延久六年（一〇七四）点八〕

可慮　オモンハカツ（<オモヒハカル）〔史記秦本紀天養二年（一一四五）点257〕

以　オモミレハ（<オモヒミル）〔南海寄帰内法伝長和五年（一〇一六）頃点一・二三六3〕

食　クラモ（の）（＜クラヒモノ）〔前田本敏達紀院政期点133左〕

賞　タマ物（＜タマヒモノ）〔金光明経文句平安初期点〕

cf. 貺　タマンモノセン〔春秋経伝集解弘安元年（一二七八）点〕

駈使　ツカヒト（＜ツカヒヒト）〔岩崎本皇極紀平安中期末点212〕

cf. 使人　ツカムヒトニ〔慈恩伝承徳三年（一〇九九）点八331〕

承　ツカマツル（＜ツカヘマツル）〔西大寺本金光明最勝王経平安初期点二・四〇8〕

cf. 使　ツカムマツル〔京大本蘇悉地羯羅経略疏天暦五年（九五一）頃点〕

綺　ヌモノ（＜ヌヒモノ）〔大日経義釈延久六年（一〇七四）点四〕

cf. 繡　訓沼無毛乃〔元和本和名抄一二・一五ウ〕

曰　ノタハク（＜ノタマハク）〔史記呂后本紀延久五年（一〇七三）点四オ〕

この他（b）に相当するものとして、タマフ＞タブ、タマハル＞タバルは、上代から既に例があり、m音便の一種と見なすならば、この類型にはいる。

もちろん、この類型（a）（b）に異例のすべてが収まっているというわけではないが、この偏りの存在こそが、バ行・マ行の前に立つ「n音便の撥音」が、音声的に［-m］であった傍証となろうし、また、撥音が二種類あったこと自体を疑う立場では、異例（b）がバ行・マ行の前に集中する理由を説明するのが困難であるので、そうした立場に対する有力な反証の一つとなるであろう。

ただし、二種の撥音の区別が保たれていたと考えられる時代の資料であっても、m音便と量的撥音便の表記が混乱しているという以前に、最初から区別をしていないとしか考えられない資料も、確かに存在している。しかし、それらの資料は、むしろ平安中期以前の、撥音の表記自体がまだ流動的で、漢字音の鼻音韻尾を含めて、特殊音の表記の試行錯誤が継続していた時代の資料、あるいは、そうした古態を継承した資料とみなすのが妥当であろう（築島一九六九）。

第四章第三節で言及する、石山寺本『仏説太子須陀拏経』平安中期末点の場合、量的撥音便「知〈サトナ〉者〈は〉」「為〈ナヌル〉」、m音便「毒〈クルシテ〉」「惟念〈オモミル〉に」のように、すべて零表記になるが、この資料は漢字音の鼻音韻尾もn韻尾「鳧雁〈フカ〉」「四遠〈ヱ〉」、m韻尾「禁〈キイ〉止」「禁〈キ〉止」のように零表記を原則とするのであった（小林一九八四・二〇一二）。また、第七章第四節で言及する、石山寺本『成唯識論』寛仁四年（一〇二〇）点は、量的撥音便「寧イカムそ」「无〈く〉ナムヌる時を」「无〈く〉ナム、、か故に」、m音便「恃タノムて」のように、すべてム表記になり、促音便も「妄〈イツハ〉ムて」「渉〈ワタ〉ムて」もム表記になる特異な資料であるが、漢字音の鼻音韻尾も、n韻尾「渾クウム」「殷イム」、m韻尾「焔エム」「躭タム」と、いずれもムで表記されるのであった。

この種の異例の問題に関しては、なお、検討が必要である（第四章参照）。

以上を踏まえると、「音便」は以下の二つのグループに分けられることになる。

Aグループ（イ音便・ウ音便・m音便）

通常の分節音。

有表記。既存の仮名（イ・ウ・ム）を用いる。

音価固定。後続音に制限がなく、語末にも立ちうる。

Bグループ（量的撥音便・促音便）

韻律的性質(8)が強い分節音（「長さ」を本質とする）。

零表記。十一世紀以降、特殊符号「ン（レ）」等を用いることも。

音価は後続音に依存。語末には立たない。

促音と量的撥音便の撥音が、もともと一つの音韻であったとすれば、鎌倉時代に入った頃、後続音節に対する待機音のうち、鼻音性を持ったもの（量的撥音便の撥音）が、m音便の撥音と統合され、その段階ではじめて「促音」が音韻として分離・独立したことになろう。

第四節　二種の撥音の統合

以上のように、平安時代の撥音便には二種類のものがあり、AグループとBグループとに分属していたと捉えると、現代語における、撥音と促音とのアンバランスな関係にも、説明が付くようになる。

現代語において、子音性モーラ音素の撥音「ん」/N/と促音「っ」/Q/とは、双生児の関係にある音韻と表現されることがある。確かに撥音と促音とは対称的な関係をなす性質もあるのだが、実際には、そうではない部分もある。

対称的な関係とは、現象の切り取り方によっては、撥音と促音とが、以下のように相補分布に準じる関係を示すことである（濱田一九四六・一九四九、黒田一九六七など）。

・動詞の音便形（語幹末尾の子音により自動的に決定）

勝った、買った、走った

死んだ、飛んだ、読んだ

・オノマトペにおける「Aっ Bり」「Aん Bり」形（Bにより自動的に決定）

うっかり、あっさり、ぴったり、さっぱり

こんがり、うんざり、のんどり、のんびり

はんなり、ほんのり、にんまり、しんみり

ひんやり、ぼんやり、ふんわり、やんわり

（古くは、ひいやり、ぼいやり、ふうわり、やあわり等　→第三章参照）

その一方で、相補的関係が成り立たない事例も存在する。撥音と促音とは、音配列の制限範囲が異なるため、結果的に相補分布が崩れる部分が出てくることになる（だからこそ、撥音と促音とは、異なる音素と認定されているのである）。

・促音はカ行・サ行・タ行・パ行の前にのみ立つのが原則（和語・漢語）。

・撥音は後続音に制限がなく、語末にも立つ。

しらんかお、ありんこ、いかんせん、ござんす、あんた、ぼくんち、なんぴと、しらんぷり

おほむとき、おほむありさま、おほむよろこび

あそん（＜あそみ　朝臣）

特に漢語では、撥音／促音のミニマルペアが多数生じる。

しんこく（申告）／しっこく（漆黒）、かんしょく（間食）／かっしょく（褐色）、けんとう（検討）／けっとう（血統）、しんぱい（心配）／しっぱい（失敗）

院政期～鎌倉時代に、量的撥音便・m音便の撥音が統合されて、単一の音韻となったことにより、Aグループ・B

グループ双方の性質を折衷した撥音が成立することになったと考えられる。つまり、促音と相補的な関係をなす性質は、主にBグループの撥音（量的撥音便の撥音）の性質を、撥音独自の性質は、Aグループの撥音の性質を受け継いだものと説明できるのである。

【注】

（1）音韻体系の記述から除外される外来語音は、必ずしも、その言語の話者にとって発音・聴取の困難な要素というわけではない。現代日本語で、外来語音のファ・フィ等は、十分に普及・定着していると思われるが、日本語の音韻体系の記述においては言及されないことの方が多い。音韻論的解釈をする際も、/fa/・/fi/のような解釈もあれば、ハ行合拗音と解して、/hwa/・/hwi/ とする立場もある。

（2）この問題の解明に関しては、訓点資料は意外に無力である。平安時代の訓点資料の解読文において、「イカン」を文末位置に立てて訓み下したものもあるが、「イカン（ぞ）」と助詞を補読することもあり、研究者間に共通の方針はないようである。訓点資料以外に証拠を求める必要があるのだが、なかなか適切な資料がない。前田本『色葉字類抄』には「如何〈イカン〉、云何〈同〉、奈何〈同〉、其何〈同〉〔上一四オ・畳字〕」と、後続音を持たない形が掲出されている。妙一記念館本『仮名書き法華経』（鎌倉末期か?）まで下れば、文末用法の「いかん」の確例が指摘できる。

（3）「彼は少分タ＞モ見聞と歓喜と信受すること能（は）し［不］（彼不能少分見聞歓喜信受）〔大日経天喜六年点〕」。遠藤嘉基（一九五三）・大坪（一九六八）による。

（4）「音素としては存在しなかったが、音声的には促音・撥音が存在した」の類の説明は、正確な意図を測りがたいことが多い。おそらく、有坂（一九三六ａ）が「はにし＞はじ（土師）」などを例に挙げて、「（奈良朝以前、撥音は）音韻論的には、或は皆無であったかもしれない。（略）実際の発音の上には（略）恐らくは既に撥音が現れてゐたらうと思ふ」と述べたことの影響と思われるが、有坂の音韻論は独特なものであって、これを現代的な意味での「音韻」「音声」に置き換えて理解してしまうと、有坂の意図とは食い違うことになるであろう。以下、本書の理論的立場から、この問題を整理する。たとえば、現代語の「トンカツ定食」をぞんざいに発音したとき、[toŋkatteːɕokɯ] のような音声が現れうるが、それが、話し手にとっても聞き手にとっても「トンカツ定食」と認識される、/toɴkacu-teɪsjoku/の無意識のゆるみの実現に過ぎない場合、[toŋkatteːɕokɯ] の促音は、音声的には存在するけれども、音韻としての促音 /-Q/ は存在しない。話し手にも聞き手にも意識されないものは、文献資料に反映しようがないのであるから、上代語に関しては、このようなレベルの現象が問題にされることはないであろう。これに対し、「そいつぁー∧そいつわ」「こうぉーございます∧怖うございます」のように、話し手にも聞き手にも十分にその音声の存在が認識されるが、音韻体系の正式なメンバーとは認め難い要素というのも存在する（元の形に復することも容易であるという点が肝心である）。このような音声は、原則として書き言葉には現れないが、韻文の場合には、韻律の都合を優先して、このような非正規の形を用いることもありうる。歴史的研究においては、主に後者のような、文献に反映する可能性のある要素しか扱えないであろう。

（5）　二種の撥音便を区別する根拠としては、この他にも、ウ音便形との交替現象を挙げることができる。「ヲムナ～ヲウナ」「キムダチ～キウダチ」「アソムデ～アソウデ」など、撥音便形とウ音便形とがしばしば交替することはよく知られている（濱田一九五四ａ）が、ウ音便形と交替するのは、原則としてm音便形の方のみであり、この点でも二種の撥音便は異なる振る舞いをする（第二章参照）。

（6）　マ行子音 /m-/ とは異なる音素（たとえば/-N/）を立てた方がよいかもしれないが、ここでは簡略に済ませる。

（7）　「ナンラ（何等）」が、実質的に唯一の例外となる。「何等〈ナンラノ〉（法華文句平安後期点四五ウ）」あたりが早い例であるが、同一行の直後に「何等〈ナニラノ〉」ともあり、やや疑問の残る例。筆の引っかかりにより字形が崩れたものを、直後で加点し直したものか。築島裕編『訓点語彙集成』には、「何等〈ナンラ〉ノ（三教指帰久寿二年（一一五五）点四五オ）」を載せるが、同集成の元となった築島氏作成の移点本・索引（未公刊）には、該当例がなく、別の文献の誤りであるらしい（未詳）。「何〈ナン〉等〈ラ〉ノ（最明寺本往生要集院政末期墨点・中六一オ）」等が確実な早い例である。

（8）　本書の立場においては、言語音のうち「高さ」「強さ」「長さ」の要素のみをプロソディと呼ぶ。現代共通語において、母音の長短の対立や促音は、それぞれ母音・子音の「長さ」（あるいはリズム）に関わる要素であって、このような要素は、言語によっては分節音ではなくプロソディとして扱われる。日本語の場合は、分節音として処理するのが妥当であると考えるが、音声としては、必然的にプロソディに通じる性質を帯びる。このような要素について、「韻律的性質が強い」と表現することにする（プロソディよりは韻律の方が、長さ・リズムのニュアンスが若干出やすいと思われる）。プロソディという概念の範囲については、第四部第一章第六節参照。

【付記】 m音便の撥音が有表記、量的撥音便の撥音が零表記という差違が存在することについて、榎木（二〇一〇b）により、拙論の枠組を継承した上で、音韻レベルではなく、表記レベルで説明しようとする試論が提出された。確かに、有表記・零表記という根本的差が生じることは、榎木の示唆する方向からでも説明できそうである。ただし、拙論の表現が不十分であったのであろうが、注（8）にも述べているように、筆者（肥爪）は、量的撥音便の撥音を、韻律素そのものではなく「韻律的性質の強い分節音」と考えているのであり、それは現代共通語の「促音」についても同様である。具体的な音声ターゲット以上に、リズム（長さ）の面に重きを置く要素ということである。

第二章　m音便とウ音便

第一節　複数の撥音を総合する先行学説

前章で扱った、中田（一九五一）の複数撥音説を継承・発展させたものとして、漢字音の鼻音韻尾などをも含める形で、現代語に至るまでの、総合的な撥音史の記述を目指した研究がある。

奥村（一九五五）において、中国中古音の宕摂・江摂等のng韻尾が、臨済宗の唐音では「ウ」で写されているにもかかわらず、近世の黄檗宗の唐音では「ン」で写されていることなどを根拠に、「ン」の「音韻的音価」(1)が、中世[-n]から近世[-ŋ]へと変化したという見解が提出されている。同論文において、「頼うだ」のごときバ行・マ行四段動詞のウ音便形の問題も言及された。

迫野（一九八七）では、中田・奥村の研究を承けて、オノマトペの撥音、たとえば狐の鳴き声が「コム→コウ→コン」のような変化を辿ったと推定されること（後述）、また、バ行・マ行四段動詞連用形の音便の多くが、たとえば「アソムデ→アソウデ→アソンデ」のように、m音便から、ウ音便を経て撥音便に転じたこと（後述）などを手掛かりに、中世には「ン」で表記される撥音とは別に、「ウ」で表記される撥音が別音韻として存在したとする見解を示し、以下のような撥音史を提示した。

〈表1〉迫野（一九八七）

	音価	音節的位置
古代的撥音	ム m　ン n　ウ ŋ	一定音価	音節末音・韻尾
中世的撥音	ン n　ウ ũ	一定音価	独立的・拍音的
近代的撥音	ン N	音価無指定	拍音（モーラ）

＊ここでは、漢字音の鼻音韻尾も一括して整理されている。「音価無指定」とは、現代語の撥音・促音のように、語中位置で後続音の同器官的子音になる状態のこと。本章でも、この表現を踏襲する。

さらに、沼本（一九八八）においては、国語音の「カウバシ」「アキウド」など、一部のウ音便形の「ウ」も、単なる母音とは異なる「撥音」の一類と認定した上で、漢字音の鼻音韻尾や梵語音の撥音をも含めた、総合的な撥音史が提示されている（[-ɯ̃] は [-ɴ] をも含意した表記）。

〈図1〉沼本（一九八八）[2]

上代		中古		中世		近世現代
[-m] ム	↓	[-m] ム	↙			
[-n] ヌ	↓	[-n] ン	↓	[-n] ン	↙	
[-ŋ] グ	↓	[-ɯ̃] ウ	↓	[-ɯ̃] ウ	↓	[-ɯ̃] ン
[-ɯ] ウ	↓	[-ɯ] ウ	↓	[-ɯ] ウ	↓	[-ɯ] ウ

以上のような研究により、各時代の文献資料の研究成果を統合して、撥音の歴史を総合的に捉えるための基礎が築かれた。まず大きな流れを描き、混沌とした資料の実態は、なぜ規則（予測）から外れるのかを個別に説明すればよ

いという方針には共感するが、その大きな流れの見立て自体に、なお検討の余地があるように思われる。本書の立場としては、従来「n音便」と呼ばれていたもの、つまり音声的に［-n］に固定した撥音を、そもそも平安時代に想定しないからである。

先行研究においては、和語の撥音便と漢字音の鼻音韻尾とが、一括して扱われているが、本章においては、まず和語の撥音便のみを取り扱うことにする（漢字音はng韻尾についてのみ、参考のために言及した部分がある）。一般論として、音韻研究は、まず固有語の体系を明らかにした上で、そこにどのように外来要素が組み込まれるか（組み込まれないか）、という手順で検討すべきものであると考えるからである。最初から同時に扱おうとすれば、漢字音の鼻音韻尾を基準にして、音声的に固定した三種類の「撥音」が存在することを、所与の出発点として整理することになってしまうであろう。

第二節　先行学説に対する疑問

迫野〈表1〉の古代的撥音、沼本〈図1〉の中古の段階における、m音便・n音便の撥音についての私見は、すでに前章で述べた通りである。ここでは主に、「ウ」で表記される撥音や、迫野の中世的撥音、沼本の中世の段階について検討する。すると、以下のような問題点が浮かび上がってくる。

①〈表1〉〈図1〉の枠組みでは、抄物・キリシタン資料の状態がうまく位置づけられない。

②「ウ」で表記される「撥音」が、語種によって異なる歴史的変化をたどることが説明しにくい。資料の制約から、鎌倉時代の状態についての手掛かりは極めて乏しいため、「中世」の状態としては、抄物・キリ

シタン資料から帰納される、中世後期の状態がより重要であろう。少なくとも蔑ろにはできないはずである。しかし、〈表1〉〈図1〉における「中世」は、漢字音のng韻尾が鼻音性を有しており、オノマトペの撥音が「ウ［-ũ］」であり、バ行・マ行四段動詞もウ音便形をとることを前提としているので、抄物・キリシタン資料の状態には該当しないことになる（迫野の「近代」、沼本の「近世現代」としても該当しない）。抄物・キリシタン資料の状態を、中世から近代（近世現代）に至る過渡期の状態とする解釈も不可能ではないと思うが、できれば、実態のつかみにくい中世前期よりも、キリシタン資料の状態に重きを置いた撥音史を描きたいところである。

抄物・キリシタン資料においては、/-ũ/に相当すると考えられるものが、バ行・マ行四段動詞のウ音便形ぐらいであり、これらは常にダ行濁音（「で」「だ」等）に前接するため、音声的には鼻音性を帯びていたとしても、これを音韻論的に鼻母音（あるいは撥音）であると解釈する必然性がなくなっている（/-ũ/とのミニマルペアが存在しえない状態になっている）。

バ行・マ行四段動詞の音便形が、ウ音便（原則）から撥音便に転じたのが近世以降であった一方で、オノマトペは、すでに中世後期には「ウ /-ũ/」から「ン /-N/」へと転じていた。そうかと思うと、漢字音のng韻尾は、鎌倉時代に入った頃から、/-ũ/から/-u/へと転じていったと考えられている。撥音の歴史は、簡略化を急ぐ前に、もう少し語種ごとの実状を整理する必要がありそうである。

第三節　事実の整理

先学の研究成果によりつつ、中世を前期と後期に分け、語種等を、漢字音のng韻尾、オノマトペ、推量の助動詞

〈ム・ラム〉、バ行・マ行四段動詞音便形に分け、整理し直すと〈表2〉のようになる（引き音素/-R/の成立に関しては、第二部第二章参照）。また先行研究における/-ɯ/、/-ɯ̃/は、いずれも/CVV/音節の第二母音に相当するので、第二部での議論に合わせて、以下では/-ʊ/、/-ʊ̃/に変更する。

〈表2〉

	中古	中世前期	中世後期	近代
①ng韻尾	ウ（鼻音）/-ʊ̃/	（→ウ /-ʊ/?）	ウ /-ʊ/	ウ /-R/
②オノマトペ	（ム→）ウ /-ʊ̃/	ウ /-ʊ̃/ （一部ン/-n/?）	ン /-N/ ウ /-ʊ/（写音性の薄れた形）→ウ /-R/	
③推量助動詞	ム /-m/? [-m]	ウ /-ʊ̃/	ウ /-ʊ/	ウ /-R/
④バ行・マ行四段動詞音便（口語）	ム /-m/ [-m] ウ /-ʊ̃/（僅少）	ン /-n/（大多数） ウ /-ʊ̃/（僅少）	ン /-N/（一部） ウ /-ʊ/（原則） （/-ʊ̃/ ?）	ン /-N/

＊この〈表2〉では、中世後期のオ段長音開合を/-aʊ/、/-oʊ/と解釈してあるが、バ行・マ行四段動詞の音便形に鼻母音音素を立てる必要があるとすると、音韻論的解釈によっては、さらに/-õ/や/-ɔ̃/などの鼻母音音素を立てる必要が生じる（第二部第二章第三節参照）。

第一項　漢字音ng韻尾

ng韻尾に関しては、おおむね平安時代には鼻音性が維持され、鼻母音［-ũ］（あるいは［-ĩ］）で発音されていたと考えられている。一般の母音韻尾とは異なることを標示するために、「ウ《レ》」「✔」「ㇸ」など、さまざまな符号が工夫されたことはよく知られていることである（築島一九六七など）。鎌倉時代以降、この鼻音性は失われたと説明されることが多いが、後述する理由により、少なくとも規範的には、鎌倉時代にもこの鼻音性が維持されていたと推定するのが、本書の立場である。キリシタン資料にはまったく鼻音性が反映していないので、中世後期には完全に口母音化したと考えられる。

第二項　オノマトペ

オノマトペの「撥音」に関しては、以下のような材料により、「～ム」→「～ウ」→「～ン」という（表記の）歴史的変化があったとされている。

〔ム表記撥音〕

さし鍋に湯沸かせ子ども櫟津の檜橋より来む〈許武〉狐に浴むさむ（左注：饌具・雑器・狐声・河橋を詠み込んで歌を作れ）〔万一六・三八二四〕

〔ウ表記撥音〕

まつの木などの、二三尺にてまろなる、いつ、むつほう〳〵となげいれなどするこそいみじけれ（丸太を船に投げ入れる様子）〔枕草子下四一ウ〕

いうといなゝきてひきはなれていぬべきかほしたり（馬の鳴き声）〔落窪物語二・五五5〕

女忽ニ狐ニ成テ、門ヨリ走リ出テ、コウ〳〵ト鳴テ〔今昔物語集二七・三八・五三一14〕

尻答フラムト思フニ、箭ノチウト鳴テ、外（ほか）様ニ反ヌレバ（刀の目貫の部分に矢が当たった音）〔今昔物語集二六・二四・四七四12〕

ねやのうゑにすだくすゞめのこゑばかりしう〳〵とこそねはなかれけれ〔風情集五五八〕

玉冠玉佩火打ノ様ナル物ドモノ、チ、リウ〳〵ト鳴ホドニ　〔富家語五六〕

此ノ六相ヲ以テ、チヤウド（上上上平濁）、マロカシツレバ、唯心廻転善成門ト云ニ　〔解脱門義聴集記四・一八オ〕

問、キツネノナクコヱノコウトキコユル如何、答、コウハ興ノ字ノ音ヲトナフル也　〔名語記五・八〇オ〕

乍《さりながら》　去矢取テツガヒ、「南無八幡大菩薩」ト心中ニ祈念シテ、能引《よっぴい》テヒヤウド放ツ　〔延慶本平家物語二中・八八ウ〕

とがり矢をとってつがうて、しばしたもって、ひゃうど fiŏdo 射たれば　〔天草版平家物語二・一四二12〕

〔ng韻尾表記撥音〕

白キ狗ノ行ド哭テ立テリ　〔今昔物語集二八・二九・九八14〕

やまぶしのこしにつけたるほらがひの丁どおちていとわれ、くだけてものをおもふころかな　〔梁塵秘抄四六八〕

問、キツネノナクコヱノコウトキコユル如何、答、コウハ興ノ字ノ音ヲトナフル也　〔名語記五・八〇オ〕

片手矢ハゲテ敵ニ向フ。（略）兵ド射タリケレバ　〔延慶本平家物語五本・一六オ〕

〔ン表記（n表記）撥音〕

「志（悪）しう候、浄妙房」とて、肩をづんどおどりこへてぞた丶かいける　〔覚一本平家物語四・一〇七4〕

cf. 兎バネニゾ越タリケル　〔延慶本平家物語二中・五三ウ〕

丁当ハ、松風ノコエガ、風鈴ノチリン〳〵トナルヤウナゾ　〔詩学大成抄一・二四オ風〕

フカイ水ハ、声モ、ノン〳〵ト流レテ、ヲトモセヌゾ　〔玉塵抄四・3 34左〕

シャンシャント Xanxanto

ヅンド Zzundo

ポンポン PO《ママ》npon またポンポント poponto　〔以上、日葡辞書〕

ムで表記された撥音の例は、万葉集の一例のみであり、平安時代の段階で、すでにウ表記撥音に転じている。この「ウ」が鼻音性を持っていたことは、「チヤウド（上上上平濁）マロカシツレバ（解脱門義聴集記四）」「ひやうど fĩǒdo 射たれば（天草版平家物語二）」のように、後続の助詞「と」が連声濁を起こしていることや、「白キ狗ノ行ド哭テ立テリ（今昔物語集二八・二九）」「コウハ興ノ字ノ音ヲトナフル也（名語記五）」「丁どおちていとわれ（梁塵秘抄四六八）」「兵ド射タリケレバ（延慶本平家物語五本）」のような、ng韻尾を持つ漢字を選んで当てたように見える例があることから推定できる。このことは逆に、中世前期にはまだ漢字音のng韻尾が鼻音性を維持していたことを推測させる。従来は、ng韻尾の鼻音性を標示するための特殊符号が工夫されなくなることから、鎌倉時代に入った頃に口母音化したと考えることが多かったのであった。ン・んやn（キリシタン資料）で表記される撥音は、覚一本平家物語（高野本）の例を後世の写本であるための疑問例とするならば、やはり中世後期からのものということになりそうである。

第三項　推量の助動詞

推量の助動詞「む」については、ウで表記された例が、十二世紀頃から散見するようになる（東大寺図書館本大般涅槃経については、院政期加点とする見解もある）。

［不］顧念し、言説を接〈マシ〉へ叙〈ノ〉ヘタマハサラウ（不顧念接叙言説）（東大寺図書館本大般涅槃経平安後期点一九）

コ、ロザシタテマツラセタマハウニ（百座法談聞書抄オ456）（ウ2例・ム多数）

ウシヤウシイトヘヤイトヘカリソメノカリノヤドリヲイツカワカレウ（極楽願往生歌二四・康治元年（一一四二））

進而　ス、マウトスレハ（和泉往来文治二年（一一八六）点6）（ウ13例・ン14例）

時代の下る例ではあるが、平曲や抄物において、後続の助詞・複合助詞「と」「とて」が連声濁を起こしている例があることから、このウで表記される推量の助動詞も、（少なくとも音声的に）鼻音性を帯びた段階があったことが知られる。ただし、この鼻音性が、音韻論的に「う」に所属するのか、後続のダ行子音に所属するのかは、残念ながら判定する手掛かりがない。

いのち生かうどおもふ心やつきにけん〔京大本平曲正節・西光被斬・四九オ〕

ドコヘイカウドスレドモ、叶ハヌゾ〔土井本周易抄五・一七ウ〕

剣ヲヌカウドテシタソ〔玉塵抄六・4 20右〕

第四項　バ行・マ行四段動詞の音便形

バ行・マ行四段動詞の音便形は、平安時代にはm音便形を取るが、中世後期の抄物・キリシタン資料においては、ウ音便形を原則とする。

抄物・キリシタン資料の状態（大塚一九五五）

語幹末ウ段 → 撥音便　すすんで・にくんで・やすんで

それ以外 → ウ音便多　たのうで・ならうで・つつしうで

や（止）うで・よ（読）うで

ただし語幹一音節の場合は、「やんで」「よんで」等もあり。

ただし、平安時代にもウ音便形が皆無ということではなく、比較的早い例としては、以下のようなものが報告されている。あまりに早いものについては、m音便形の異表記とする見解もある（築島一九六九）が、明覚『悉曇要訣』

（康和三年〈一一〇二〉頃）の段階になると、m音便とは異なるものとして、ウ音便形が認識されていることが確認できる。

恃〈タノ〉ウテ、摘〈ツ〉ウテ〔法華義疏長保四年（一〇〇二）点四420・一407〕
病〈ヤ〉ウテ、喚〈ヨ〉フテ〔石山寺本大般涅槃経治安四年（一〇二四）点〕
憙〈コノ〉ウテ、耐〈シノ〉ウテ、并〈ナラ〉ウて、喚〈ヨ〉ウて〔東大寺図書館本大般涅槃経平安後期点〕
奇（あやし）フテ、迨〈オヨ〉フテ〔日本往生極楽記応徳三年（一〇八六）点七オ・四七ウ〕
日本ニハカムデヲカウデトイフ、スムデヲスウデトイフ〔安永三年板悉曇要訣一・二三ウ〕
択〈エ（ら）〉フテ〔高山寺本大日経疏長治元年（一一〇四）点五52〕
拒〈コハ〉フて〔輪王寺本金剛般若経集験記天永四年（一一一三）点〕
閉〈ツク〉フテ〔東寺観智院本大日経疏保安元年（一一二〇）点〕
喚〈ヨ〉フテ〔東寺観智院本吉祥天法保延三年（一一三七）点〕
尚〈タフト〉フテ〔輪王寺本大日経疏仁平元年（一一五一）点〕
浴而〈ユア〉ウて〔石山寺本大唐西域記長寛元年（一一六三）点二171〕
嗜〈タシナ〉ウテ、積〈ツ〉ウテ、悦〈ヨロコ〉フテ〔和泉往来文治二年（一一八六）点119・5・104〕
なにいろのなにずりかこの（好）うたう〔梁塵秘抄三五八〕
アヨウタマウ〔草案集建保四年（一二一六）頃写〕
ハゲ（励）ウデアユム様ニハシケレドモ〔延慶本平家物語二本・五五オ〕

この種のウ音便形については、非音便形から直接生産されたものと、m音便形から変化したものとが混在していると考えなければならないであろう。

近畿地方においては、江戸時代以降に、バ行・マ行四段動詞の音便形は、ウ音便形からさらに撥音便形に転じることになったが、九州方言など、現代に至るまでウ音便形が用いられている地域もある。

第五項　その他のｍ音便とウ音便の交替

この他、一般語彙におけるｍ音便形（or撥音便形）とウ音便形との併存例には、以下のようなものが指摘できる。

アキムド・アキウド

商人　アキムト〔興福寺本慈恩伝延久頃（一〇七〇）点一116〕

商　アキウト〔法華経音訓至徳三年（一三八六）刊六一6〕

オムナ・オウナ（老女）（「おみな」より）

おむな、おきな〔青谿書屋本土左日記・一月七日〕

嫗　和名於無奈、老女之称也〔和名類聚抄二・七ウ〕

老嫗　オムナ〔図書寮本顕宗紀永治二年（一一四二）点189〕

嬢　オウナ〔来迎院本日本霊異記院政期写本・下三一オ〕

ヲムナ・ヲウナ（女子）（「をみな」より）

つよからぬはをむなの哥なればなるべし〔古今和歌集仮名序二四オ〕

をのこも〜、をむなは〜〔青谿書屋本土左日記・一月九日〕

娘子　ヲムナ〔図書寮本允恭紀永治二年（一一四二）点98〕

女　ヲウナ〔法華経単字保延二年（一一三六）一〇六3〕

オモムバカル・オモウバカル

慮　オモムハカリ〔高山寺本大日経疏永保二年（一〇八二）点四157〕

憶度　オモウハカリ〔東大本大日経疏治安四年（一〇二四）点〕

カムガフ・カウガフ

推歩　カムカヘハカル〔天理本金剛波若経集験記平安初期点一・三8〕

推　カウカヘ（平平上平）〔前田本仁徳紀院政期点280〕

カムゾリ・カウゾリ（剃刀）

剃頭刀　カムソリ〔最明寺本往生要集院政期朱点・上一一オ〕

カフソリ〔打聞集・長承三年（一一三四）頃写96〕

カムダチ・カウダチ（麹）（「かびたち」の転か）

麹　和名加無太知〔和名類聚抄一六・一五ウ〕

麺　カムタチ〔石山寺本六字経儀軌康平三年（一〇六〇）点〕

麹　カウタチ〔興福寺本高僧伝康和二年（一一〇〇）点〕

カムヅ・カウヅ（上）（「かみつ」より）

上平　カムツヒラ〔天理本日本往生極楽記応徳三年（一〇八六）点四六ウ〕

かうつけの国〔文永五年（一二六八）五月三十日源頼有所領譲状写・鎌倉遺文一〇二五〇〕

カムナギ・カウナギ

巫覡　カムナキ　〔岩崎本皇極紀平安中期末点117〕
術　カウナキ　〔輪王寺本金剛般若経集験記天永四年（一一一三）点〕
カムヌシ・カウヌシ
神主　カムヌシ　〔前田本色葉字類抄・上一一二オ〕
住吉のかんぬし　〔文治三年（一一八七）八月筑前糟屋西郷那珂西郷坪付帳写・鎌倉遺文二五三〕
八まんくかうぬしの事　〔文治二年（一一八六）四月源頼朝書状写・鎌倉遺文九三〕
祢宜神主〈カウヌシ〉　〔千葉本大鏡九六オ〕
キムダチ・キウダチ　（「きみたち」より）
天宗　キムタチ　〔岩崎本皇極紀平安中期末点215〕
ながれ〈流〉のきう〈ミ〉〈君なるべし〉だち〈達〉　〔梁塵秘抄三三四〕
きうたちの御すへのこと　〔元暦二年（一一八五）六月七日・久我家文書〕
コトムナシ・コトウナシ　（「事も無し」の転。無難だの意）
甘楽　コトムナ（し）　〔摩訶止観長保頃（一〇〇〇）点〕
无在　コトウナシ　〔医心方天養二年（一一四五）点二三・四三オ〕
コムヅ・コウヅ　（「濃水」の意）
漿　コムツ　〔石山寺本遺告康平六年（一〇六三）点〕
漿　コウツ　〔東寺本大聖妙吉祥菩薩護除災教令法輪保延五年（一一三九）点〕
タカムナ（タカンナ）・タカウナ

笋　タカムナ〔天理本金剛波若経集験記平安初期点二・五2〕
筍　太加牟奈〔新撰字鏡八・四ウ〕
竹根のタカンナ〔醍醐寺本遊仙窟康永三年（一三四四）点一三オ〕
ひとの、わらひ・みつふき・たかうなをよませしに、にわなかにわらひをたきてみつふゝき、えなんをりはなにをたかふな〔藤六集三八〕
笋　タカウナ〔輪王寺本金剛般若経集験記天永四年（一一一三）点〕
ツカムマツル・ツカウマツル
使　ツカムマツル〔京大本蘇悉地羯羅経略疏天暦五年（九五一）点〕
事　ツカウマツテ〔楊守敬本将門記平安後期点四3〕
ナカムド・ナカウド
娉　ナカムト〔石山寺本大唐西域記長寛元年（一一六三）点八17〕
媒酌　ナカウト〔天理本世俗諺文鎌倉中期点七四5〕
ナムヂ・ナウヂ（汝）
汝　ナムチ〔東大寺図書館本法華文句平安後期点一六ウ〕
女　ナンチ〔古文孝経仁治二年（一二四一）点〕
郷　ナウチ〔東大寺図書館本大般涅槃経平安後期点〕
ノムド・ノウド（「飲み門 or 処」の転）
喉　ノムト〔石山寺本四分律平安初期点点三五・七2〕

胭　ノムト〔大般若経字抄長元五年（一〇三二）一オ〕
喉　ノウト〔来迎院本五字文殊儀軌万寿三年（一〇二六）点〕
ヒムガシ・ヒウガシ
ひむかし〔青谿書屋本土左日記・一月廿六日〕
東　ヒムカシ〔東大寺図書館本法華文句平安後期点四オ〕
震　ヒンカシ〔前田本二中歴鎌倉後期点五・一〇オ〕
東　ヒカシ〔高山寺本荘子南北朝頃点二六31〕
東　ヒウカシ〔吉水蔵灌頂私要抄寛徳二年（一〇四五）点〕

第六項　m韻尾の「ウ表記」他

日常語に浸透した漢語において、漢字音の鼻音韻尾のうち、m韻尾がしばしば「ウ」で表記される（後続音に制限はなく、語末位置でも例がある）ことは、しばしば指摘されるところである。一方、少数ながら、n韻尾の場合にも「ウ」に転じた例が指摘できるが、その例はカ行・ガ行・バ行・マ行の前にほぼ限定され、語末位置の例は見当たらない。

日常漢語において、m韻尾・n韻尾が「う」で表記される事例

①m韻尾（後続音に制限がなく、語末位置でも「う」になりうる）
竜胆〈リウタウ俗・リウタム〉、林檎〈リウコウ〉〔前田本色葉字類抄〕
かうし（勘事）、さうけむ（讒言）〔源氏物語絵巻〕

他、かうじ（柑子）、ごらう（覧）ず、こうや（紺屋）、うりうゐん（雲林院）、さう（三・現代の人名にも残る）など。

②ｎ韻尾

ａカ行・ガ行音の前で「う」になりうる

はうぐわん（判官・古今和歌集詞書に例あり）

九九三詞書・はうか（本阿弥切）・はう官（伊達本）

他、らう（乱）がはし、はうくわ（半靴・枕草子に例あり）など。

ｂバ行・マ行音の前で「う」になりうる

わうばん（椀飯・源氏物語に例あり）

垸（上）飯（平濁）〈ワウハン〉（前田本色葉字類抄）

本書の立場では、ｍ音便の支えがあるｍ韻尾とは異なり、日本人にとってｎ韻尾は安定的に発音しにくい音であったと推定することになる。そして、ｎ韻尾を、音声的に［-ŋ］であることの多い国語の量的撥音便と同様のものとして発音した結果、カ行・ガ行の前では［-ŋ］になりやすく、それが②ａの場合に、ng韻尾と同様の「ウ表記」を取らせた原因であったかもしれない。同様に、バ行・マ行の前では［-m］になりやすく、①のｍ韻尾と同様の振る舞いをした結果として、②ｂのような「ウ表記」の例が出てくるのであろう（ただし、実例はほとんどない）。

この現象との平行関係を考えるならば、量的撥音便（ｎ音便）も、カ行・ガ行の前で、ウ音便形との交替例が見いだせてもおかしくはないが、実例は指摘しがたい。カ行・ガ行の前位置での量的撥音便の例は、「イカニカ∨イカンガ～イカガ」程度しか、確実なものが見当たらないからでもある（「×イカウガ」という音形の例は、報告されていないようである)。

いずれにしても、第四項・第五項で扱った、ウ音便形との交替という面から見ても、平安時代にm音便の撥音を想定する学説の妥当性が裏付けられると思われる。

第四節　中世後期の撥音の音声について

前節で整理したように、撥音の歴史は、判明しているだけでもかなり複雑なものであり、簡潔には整理しがたいものである。また、文献資料には制約があるため、なかなか具体的な音声、特に異音 allophone の情報までは得にくいのであるが、キリシタン資料の場合は、撥音の異音についての情報が、わずかながら得られる。どこまで判明するのかを、ここで確認しておこう。この時期になると、和語の撥音と漢字音の鼻音韻尾を区別して議論する必要がなくなっていると考えるので、以下、一括して話を進める。

キリシタン資料、特にローマ字活字本では、撥音はすべてnで綴るのが原則である。しかし、ロドリゲス『日本大文典』(一六〇四～〇八)に、pbmの前の撥音はmであると明記されているので、語中の撥音は、後続音に同化する、音価無指定の状態であったと考えて良いであろう。これは、平安時代の量的撥音便の撥音の性質を継承したものと考えられる。ただし、後続音が清音・半濁音でも構わないというのは、m音便の撥音の性質をも継承するものということになるであろう。

そうした中で、ア行・ヤ行・ワ行音の前に立つ撥音については問題がある。ロドリゲスの説明を信じるならば、この音連続(撥音+ア行・ヤ行・ワ行音)は規則的に連声を起こしていたことになるが、平安時代に遡って、「おほんありさま」「おほむよろこび」（いずれも『源氏物語絵巻』、「おほむ」は「おほみ甲」のm音便形）のような、m音便の後のア行・ヤ行・ワ行音については、果たしてどうであったのだろうか？　そもそも連声現象は、「日本語になじみにくい外来語（字音語）の音連続を、日本語の音配列則に沿った形に変形して受容したもの」であったと考えるので、「おほんありさま」「おほむよろこび」のような純粋な和語の結合の場合、わざわざ日本語になじみにくい形を選択した上で、それを発音しやすい形に再変形すると解釈するのは不自然であろう。この和語の音連続に関しては、平安時代の段階では連声を起こさずに発音できたと考えたいところである。ところが、鎌倉時代以降、二種の撥音の区別がなくなり、語中の撥音が後続音に依存する形に統合された結果、もともとはm音便の撥音であったものについても、後続のア行・ヤ行・ワ行音と連声を起こした形でしか存立できなくなったと推定される。この状態を記録したのが、ロドリゲスの記述であった。もっとも、ロドリゲスは、この音連続（撥音＋ア行・ヤ行・ワ行音）が規則的に連声を起こしていたかのように説明しているが、撥音自体は語末にも立てる以上、ごく丁寧に発音した場合や、日常語から離れた規範性の強い場においては、連声させずに発音することも可能であったと推測される（松本宙一九七〇も参照）。

さらに、二種の撥音が存在した時代（平安時代）まで遡って、その当時の漢字音の連声現象を推測すると、漢字音のm韻尾は、ア行・ヤ行・ワ行音の前でも、連声を起こさずに発音することが相対的に容易であった一方で、n韻尾は連声を起こした形で安定していたという見通しが成り立つ。もっとも、明覚『反音作法』末尾の、漢語における連声現象などの語例を列挙したものからは、m韻尾の連声（マ行化する連声）が存在しなかったわけではないことが知られよう。

神尾本『反音作法』嘉保二年（一〇九五）写

任意《シム―イ》《ミ》　周遍《シユウ―ヘン》《ヱ》　河骨《カハ―ホネ》　円因《ヱン―イン》《ニ》　攀縁《ヘン―エン》《ネ》　三悪《サム―アク》　濫悪《ラム―アク》　大悲《タイ―ヒ》《ヰ》　観音《クワン―オム》《ノ》　因縁《イン―エン》《ネ》　得意《トクウ―イ》《ヰ》　瞋恚《シン―イ》《ニ》　任運《ニム―ウン》《ム》

万延《ハンーエン》　有意《ウウーイ》《ヰ》　五百《コオーヒヤク》《ヰ》　二百《ニイーヒヤク》《ヰ》　比巴《ヒイーハ》《ワ》枇杷同之　卒堵波《ソトオーハ》《ワ》　南无阿弥陁仏《ナモーアミタフ》《マ》

大東急記念文庫本『反音作法』平安末期写

天一《ティーニ》神コトテイ　任《シム》意イ　周《シユ》遍《ウエン》ヘン　河《カハアワヲ》ア骨ホネ　円《エンニ》因イン　攀縁《ヘンエン》　三《サム》悪《アク》　濫《ラム》悪《アク》　大《タチヰ》悲ヒ観音《キム》

因《イン》　縁《エン》　得意イ《ヰ》　瞋恚イ《ニ》　任運《ム》　方延《ネ》　有意　五百《ヰ》　二百《ヰ》　比巴《ワ》枇杷同之　卒堵波《ワ》

南无阿弥陁仏

鎌倉時代以降、m韻尾とn韻尾の区別がなくなり、m韻尾に由来する字音の鼻音韻尾も、連声を起こした形で安定するようになり、連声を起こす場合は、本来の漢字音のm韻尾・n韻尾の別によらず、原則としてナ行音で実現するようになった。世阿弥自筆能本・阿古屋松の例は、漢字音ではなく、推量の助動詞「む」に由来する「ン」がナ行音の連声を起こした例である。

ともたゝのきたう（祈禱）かんのう（感応）して

〔源頼朝書状案（熱田神宮古文書写）・元暦二年（一一八五）カ・平安遺文四二三四〕

三有〈ヌ〉（沼本一九八六による）〔書陵部蔵成唯識論南北朝期点〕

キヨミツノクワンゼヲン（観世音）ヲ〈ノ〉シンシ申（シ）〔世阿弥自筆能本・盛久一四1〕

一スンノクワウイン（光陰）ナ（は）シヤリノキン〔世阿弥自筆能本・盛久一六4〕

メイボクトヤランナ（は）、イサシラユキノ〔世阿弥自筆能本・阿古屋松七四14〕

語末の撥音（後続音を持たない位置の撥音）の音声の解明には、困難な問題が多い。現代共通語の語末撥音は、口蓋垂鼻音［-N］であると記述されるのが一般的であるが、近年の実験研究で、これがかなり疑わしいことが指摘された（吐師ほか二〇一四）。諸方言についての報告もほとんど見当たらず、語末撥音の音声を正確に聴き取ること自体が、かなり難しいことが知られよう。

過去の語末撥音は、さらに手掛かりが乏しい。キリシタン資料では、語末の撥音もnで綴るのを原則としているが、ポルトガル語には英語のような-ngの綴りはないのだから、そのまま、現在よりも前の位置で閉鎖を作る鼻音（[-n]など）であったということにはならないであろう。また、「Vdaibẽ（右大弁）」「Saxôbẽ（左少弁）」（大文典）・「Anamuzã（あな無慙）」「Guinxẽ（銀銭）」（日葡辞書）のように鼻母音表記した例が少数ながら存在するが、千葉（二〇一三）が指摘するように、この表記は行末位置において、スペース調整のためにnやmの代替として用いられるという面があるようなので、ただちに現代の語末撥音に近い音ということにはならない。

しかしながら、前代に「う」で表記された語末鼻音/-ʊ̃/のうち、漢字音の鼻音韻尾「ウ」と推量の助動詞「う」「らう」は、キリシタン資料の段階では完全に口母音化しており、これらと衝突することもないので、「ん」で表記される語末の撥音は、もう少し時代の下った近世唐音が反映している状態（奥村一九五五）、つまり現代語と同様の口蓋垂鼻音［-ɴ］に近い状態になっていたと考えても大過ないのではないだろうか。

つまり、キリシタン資料の時代には、現代語の撥音と同じもの（以下、「近代的撥音」と呼ぶ）がすでに成立していた可能性が高いと考える。前代に「う」で表記された語末鼻音のうち、漢字音の鼻音韻尾「ウ」および助動詞「う」「らう」は鼻音性を失って口母音化し、オノマトペの撥音は、ン・nで綴られる近代的撥音へと転じていた。その一方で、バ行・マ行四段動詞の連用形は、いまだウ音便形を原則としている（Voxŭda、Tanôda、Nayŏda 等）が、これらは原則としてダ行音の前にしか立たないので、音声的には鼻音性を帯びていても、音韻論的には口母音であると解釈しても矛盾が生じない。キリシタン資料の時代に、もはや複数の撥音音素を立てる必要はないのである。

やや時代を遡った、抄物が反映する撥音の状態については、確実なことが言いにくい。「ウ」で表記される撥音の鼻音性の有無が、文字面に反映しないからである。推量の助動詞「ウ」に後接する助詞「ト」「トテ」が濁音化することがある点が、キリシタン資料と異なるが、オノマトペに関しては、「ン」で表記される撥音に転じたものが一般的になっており、全体としてもキリシタン資料との決定的な差異を指摘できないので、近代的撥音の状態であったと考えるのが穏当であろう。

第五節　「ウ」で表記される撥音について

迫野（一九八七）・沼本（一九八八）の主張通り、筆者も、過去の日本語に、通常の撥音や母音/-u/とは異なる鼻母音音素/-ũ/を立てる必要があると考える。ただし、日本語史上のどの部分にそれを認めるかという点については見解が異なる。[3]

「かうがへ」「かうぞり」「あきうど」「かうばし」の類（ガ行・ザ行・ダ行・バ行の例を一つずつ挙げた）については、濁音に前接するため、歴史を遡れば、いずれの「う」も音声的に鼻音性を帯びていたと考えられる。しかし、中央語においては、ザ行音・バ行音は、相対的に早い時期に、子音に付随する鼻音性が弱化・消失してゆくことになるので、この漸進的変化を音韻論的にどう処理するのかが難しい。なお考えるべき問題が残るが、通常のウ音便/-u/と区別しなければならない積極的な理由もないので、当面は、鼻音性を伴わない通常のウ音便の範疇に含めて考えておくことにする。[4]

すでに触れたように、オノマトペの撥音「む」、推量の助動詞「む」「らむ」、バ行・マ行四段動詞のm音便（一部を除く）の「む」は、遅速の差や文体の差などはあるものの、平安中期から中世前期にかけて、「む」から「う」に転じたと考えられる。唇音退化により［-mu～-m］の閉鎖が緩んだものと説明でき、[5] 後続の助詞を濁音化することがあったことから考えて、これらの「う」は、少なくとも音声的には鼻音性を帯びていた時期があると考えるのが妥当である。オノマトペの「う」に関しては、後に近代的撥音に転じることになるので、これに合わせて、いずれの場合も、口母音/-u/とは別の鼻母音（撥音）音素/-ũ/を立てるのが整合的であろう。オノマトペにしか現れないのであれば、音韻体系の周辺的要素として、音韻分析の対象に含めないという方針もありうるが、本書では、推量の助動詞（「ム」→「ウ」）、バ行・マ行四段動詞の音便形（「ム」→「ウ」→「ン」）との平行関係を重視し、いずれにも鼻母音音素/-ũ/を立てることにする。

口母音化していない状態の漢字音のng韻尾「ウ」は、国語音に鼻母音音素/-ũ/が成立した段階で、ng韻尾「ウ」は日本語に同化したものと見なし、日本語の音韻体系の分析に組み入れてよい（つまり/-ũ/と解釈する）。しかし、キリシタン資料の時代（実際にはそれよりかなり前）までには、完全に鼻音性を失って、口母音/-u/に統合されることになった。

結局、キリシタン資料の段階に至ると、以上の鼻音性を帯びた「う」/-ũ/のうち、オノマトペのものは近代的撥音へと転じ、推量の助動詞「う」「らう」・漢字音のng韻尾「ウ」は鼻音性を失って/-u/へと合流するというように、語種による分裂を起こしたことになる。一方、バ行・マ行四段動詞については、いわゆるウ音便形に留まっており、音声的には鼻音性を帯びていたはずではあるが、この段階で、バ行・マ行四段動詞の音便形のためだけに、鼻母音音素/-ũ/を立て続ける積極的理由がなくなる。先述した如く、語末位置で音声的に［-N］に近い音であったと推定される音価無指定の撥音音素と、鼻母音音素/-ũ/の対立を想定するのは、あまり自然ではないということも言えよう。

外来音である漢字音のng韻尾やオノマトペは、音韻体系の分析においては優先順位の低い周辺的要素である。「う」で表記される撥音にとって核心となるのは、バ行・マ行四段動詞の音便形の問題であろう。そのバ行・マ行四段動詞において、古代のm音便と近代の撥音便を中継するものとして、中世的撥音に/-ʊ̃/を立てたという、そもそもの出発点には反することになるが、抄物・キリシタン資料の段階では、推量の助動詞「う」「らう」やng韻尾「ウ」とともに、バ行・マ行四段動詞のウ音便形も、/-ʊ/に合流したと考えるのが妥当であろう。

第六節　近代的撥音の成立

院政期から鎌倉時代にかけて、国語音においては、音価無指定的な性格を持つ量的撥音便の撥音が、非語末位置のm音便の撥音を吸収すると同時に、一部は語末位置にも立つようになっていった。それに平行して、漢字音のm韻尾・n韻尾の区別も維持しにくくなり、次第に区別が解消されてゆくことになる。さらに、中世後期にはオノマトペの撥音をも取り込んで「近代的撥音」が成立し、近世中期以降にはバ行・マ行四段動詞の音便形にまで範囲を広めていった。大まかには、このような経緯が想定されるが、途中経過については、判然としない部分が多い。外来語音である漢字音のm韻尾・n韻尾の統合時期についても、漸進的に推移したとしか説明できないし、「イカン（如何）」など、量的撥音便（従来のn音便）に由来する撥音が、語末（文末）に立つようになる時期についても、いまだ明らかにしていない。特に、バ行・マ行四段動詞の音便形が、ウ音便から撥音便に転じた経緯には、多くの疑問点が残されている。

漢字音のm韻尾とn韻尾と統合にあたっては、連声現象の推移から見て、いったん音価固定の［-n］に統合されたと推定されることが多い。これとは別に、「ウ」で表記される撥音/-ʊ̃/［-ũ］が同時代に想定されるので、語末位置の撥音「ン」も、現代語のような［-ɴ］ではなく、撥音/-ʊ̃/［-ũ］と干渉しにくい［-n］を推定するのは妥当であろう。もし、この漢字音の鼻音韻尾の推移に関する推定を受け入れて、本書の撥音史に組み入れるとするならば、平安初期・

中期の、m音便の撥音や漢字音のm韻尾の/-m/が、語種等を条件に/-u/と/-m/とに分裂した後、/-m/が/-n/に変化したとするのが最も単純かと思われるが、この解釈が有効であるのか、甚だ心許ない。

ただ、結果から見れば、漢字音のng韻尾と推量の助動詞「う」「らう」とが口母音化した、その「あきま」を埋める形で、語末位置で[-ɴ]となる、音価無指定の近代的撥音が成立したということは言えそうなので、近代的撥音の成立は、オノマトペの撥音「う」の近代的撥音「ん」への変化の他、推量の助動詞「う」「らう」の鼻音性喪失（非後続音の非連声濁化）を指標として捉えることができるのではないだろうか。そして、近世中期に至り、ア行・ヤ行・ワ行音の前でも撥音が安定して発音できるようになり（連声現象の衰退）、現代語の撥音の状態が完成することになる（濱田一九六〇）。

なお、オノマトペの撥音「う」のみが、鼻音性を失わずに、近代的撥音「ん」に吸収されることになったのは、オノマトペの場合は、写音性を優先するために、一般語彙をおそった音声の変化に抗う力が働きうるからと説明できよう。オノマトペにおいては、ハ行子音が摩擦音化せず、歴史を一貫して閉鎖音[p-]が維持されることがあったのと、同様の事情によるものと推測される。

第七節　バ行・マ行四段動詞の撥音便化

近世中期には、バ行・マ行四段動詞の音便形は、ウ音便から撥音便に転じた。これは、「かみて＞かうで＞こーで」「なやみて＞なやうで＞なよーで」「をしみて＞をしうで＞をしゅーで」のように、二重母音/-Vu/の長母音化によって、動詞の語幹が損なわれるのを避けるための変化であったと説明されており（大塚一九五五・柳田一九九三など）、妥当な解釈であろう。しかし、形容詞連用形の音便や、ハ行四段動詞連用形の音便の場合は、語幹の音形を損ねてもウ音便形のままに留まったのであり、そこに説明の齟齬が生じる。この齟齬をめぐって、柳田（一九九三）に詳細な検討があるものの、なお考えるべき問題が残されているように思われる。ただし、たとえば「かうで［kɔː^{n}de］」→「かんで［kande］」のようなウ音便形から撥音便形への変化は、表層音形の歴史的変化というよりも、活用システムの変更による出力語形の交替という面が強く、狭義の音韻史の枠を越えるものである。ここでは、撥音便化と、ほぼ同時期に起こったと推定される関連事象のうち、先行研究で言及されていないものを以下に挙げるにとどめておく。

①バ行・マ行四段動詞ウ音便の撥音便化は、中央語において、ダ行音が前鼻音を失うのとほぼ同時期に起こっているとも解される。つまり、撥音便化することによって、鼻音性の喪失を回避したという側面を持っていた可能性もある。

②抄物において、同じバ行・マ行四段動詞であっても、傍訓部分には撥音便（旧来の形）が用いられる明確な傾向があるとされる（大塚一九五五）。つまり、バ行・マ行四段動詞の撥音便化は、文語的世界に命脈を保っていた語形への交替という面も持っている。同様の交替は、サ行四段動詞が、イ音便形から非音便形へと転じる事例にも見られる。そして、この二つの交替は、中央語において、かなり接近した時期に起こっているようである。

これらの問題については、本書では、これ以上立ち入らない。変化の時期の接近が、単なる偶然であるのか、何らかの連動関係を有しているのかは、これらの事象の方言における分布なども参照した上で、慎重に検討すべきものであろう。

第八節　むすび

以上、先学の研究に導かれつつ、複数の撥音音素の対立を認めることをめぐって、撥音の歴史についての私見を示した。以上推定してきた所を、促音も含めてまとめると、以下のようになる。

〈図2〉国語の撥音・促音

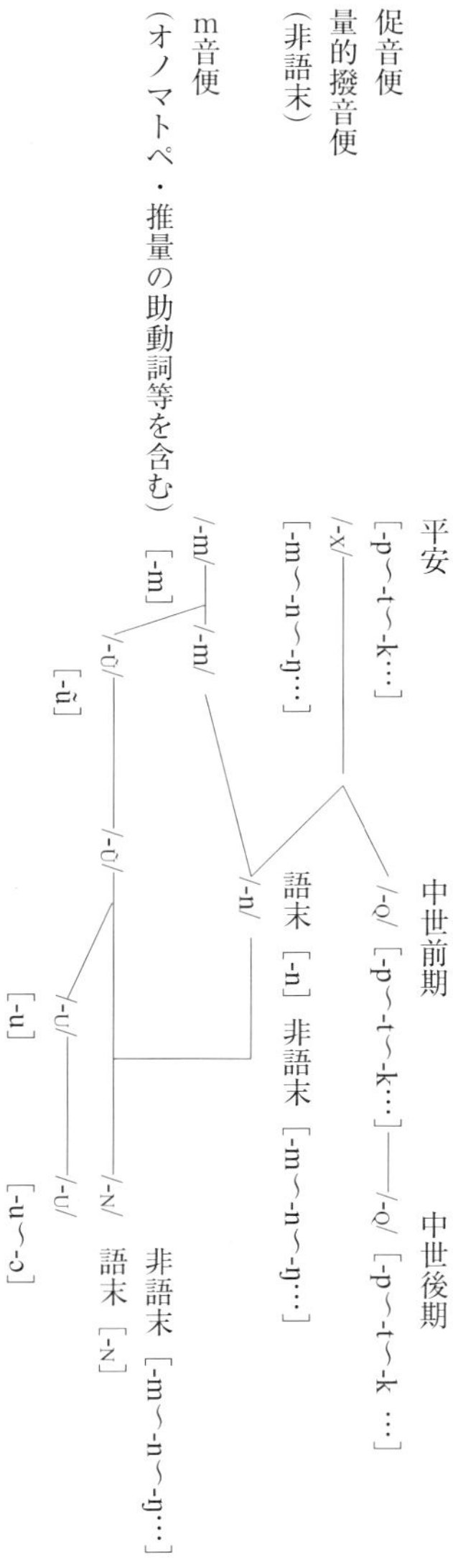

①m音便の撥音は、平安時代の段階で、語種等を条件に/-m/と/-ũ/とに分裂する。

②後続音に対する待機音である促音便・量的撥音便は、一つの音韻/-x/であったが、院政期以降、量的撥音便の撥音（/-x/のうち鼻音性を帯びるもの）が、非語末の/-m/を吸収して後続音の制限がなくなったため相補分布が崩れる。その結果、/-ɸ/を分離・独立させる。

③統合された量的撥音便の撥音とm音便の撥音は、非語末では後続音に依存し［-m～-n～-ŋ …］、語末では［-n］

で固定された（音韻論的には/-n/と解釈しておく）。

④中世後期に至るまでに、m音便から分裂した/-ʊ̃/は、語種によっては鼻音性を失って/-ʊ/［-ɯ］となる。

⑤④と同時に、鼻音性を失わなかった/-ʊ̃/（主にオノマトペ）と、/-n/［-n／-m～-n～-ŋ…］が統合され、近代的撥音が成立する（/-ɴ/［-ɴ／-m～-n～-ŋ …］）。

⑥近世中期に至り、ア行・ヤ行・ワ行の前の撥音が連声を起こさなくても安定的に発音できるようになり、現代語の撥音と同じ状態になる。

本書における撥音・促音の歴史についての見通しは、以上のようなものである。表記については、撥音の表記と促音の表記とが干渉し合い、時代が下っても、さまざまに問題が積み残されることになった（迫野一九九七、岡田薫二〇一二、堀川二〇一七など）が、音韻の対立としては、中世後期の段階には、現代共通語と同様の状態になっていたと考えられる。

【注】

（1）「音韻的音価」とは、奥村の用語で、代表的異音の意。撥音の場合は、後に何も続かない時に現れる音声のこと。

（2）〈図1〉の矢印は、音節末鼻音のバリエーションが収斂していったことを示すもので、変化の道筋を厳密に表したものではない（沼本氏直談）。

（3）橋本進吉は、「これ等の撥音は、初めは語中にあるものは文字に書かないことが多く、語尾のものは、「う」であらはすこともあつたが、中世以後、次第に「ン」「ん」を以て書きあらはすやうになり、遂に今日に及んでゐる」（『日本文学大辞典』撥音の項）と述べており、「う」で表記される撥音を認めつつも、あくまで音韻論的に一つの撥音を想定する立場を取っている。文献資料の事実が十分に知られていなかった時代の見解であるので、やむを得ないであろう。

（4）原形からウ音便形に直接変化したのではなく、「あきむど＞あきうど」「かむがへ＞かうがへ」のように、m音便から「ウ音便」に転じたものは、本書の主旨からすると鼻母音音素を認定することになろうし、また、「うめ～むめ」「うばふ～むばふ」「うだく～むだく」の類との関連も考えなければならないであろう。これらの国語音の「う」の音韻論的解釈については保留することにし、今後の課題としたい。

（5）いったん［-n］を経て（鼻）母音化したという説明もされているが、それでは、m音便のもののみがウ音便化することが説明しにくくなるので、［-m］から直接鼻母音化したと解しておく。つまりは、日本語史上に、［-m］＞［-ũ］（和語・オノマトペ）と［-m］＞［-n］（漢字音）という、主に語種の別による二つの方向の変化を想定することになる。

第三章　リ延長強勢オノマトペ

――「ひいやり」「ふうわり」から「ひんやり」「ふんわり」へ――

第一節　撥音と促音の非対称性

撥音「ん」と促音「っ」とは、双生児の関係にある音韻である。ともに子音系の特殊モーラである撥音と促音とは、二つの異なる音韻と言うよりも、あたかも一つの音韻が環境により二様の現れ方をしている、と考えたくなるような性質を持っているからである（濱田一九四六・一九四九、黒田一九六七など）。そのような見通しの根拠となる性質としては、以下の二つが主要なものであろう。

①現象の切り取り方によっては、撥音と促音とが予測可能な相補的分布をなす。

②中古・中世において、表記の面で、撥音と促音とが共通の振る舞いをする。

撥音と促音とが相補的な分布をなす現象とは、たとえば次のようなものである。

・四段（五段）動詞の音便形（語幹末尾の子音により自動的に決定）

勝った、買った、走った、（「行った」は例外）

飛んだ、読んだ、（ナ変→五段）死んだ

・オノマトペ（疑似的オノマトペも含む）における「AっBり」「AんBり」形（Bの子音により自動的に決定）

〔無声阻害音〕うっかり、あっさり、ぴったり、さっぱり
〔有声阻害音〕こんがり、うんざり、のんどり、のんびり
〔鼻音〕　はんなり、ほんのり、しんみり、にんまり
〔接近音〕　ひんやり、どんより、ふんわり、やんわり

確かに、以上のように、撥音と促音とには補い合う関係をなす性質もあるのだが、全体としては、完全に相補分布をなしているわけではない（だからこそ、撥音と促音とは異なる音韻と認定されることになる）。撥音と促音とは、以下のように、音配列の制限範囲が異なるため、結果的に相補分布が崩れる部分が出てくることになる。

・促音はカ行・サ行・タ行・パ行の前にのみ立つのが原則（和語・漢語）。
・撥音は後続音に制限がなく、語末にも立つ。

しらんかお、ありんこ、いかんせん、ござんす、あんた、ぼくんち、しらんぷり、
なんはり（何針）、なんぴと、なんやかんや、なんら、なんわ（何羽）
おほむとき、おほむありさま、おほむよろこび
あそん（＜あそみ＜あさおみ　朝臣）

特に漢語では、撥音／促音のミニマルペアが多数生じる。

しんこく（申告）／しっこく（漆黒）、かんしょく（間食）／かっしょく（褐色）、けんとう（検討）／けっとう（血統）、しんぱい（心配）／しっぱい（失敗）

以上のような現代語のアンバランスな状態は、いかにして形成されたのであろうか。

以下、「Aっ Bり」「Aん Bり」形については、「リ延長強勢オノマトペ」と一括する用語を用いるが、本章では、促音挿入形・撥音挿入形のみならず、長母音形や二重母音形も含めて、この用語を用いることにする。

以上に指摘したような、撥音と促音とのアンバランスな関係は、中田（一九五一）に提示された、平安時代に音韻的に区別された二種の撥音の存在を前提にすれば、合理的に説明できるようになる。ただし、第一章において中田説の問題点を指摘し、それを修正する案を提出したので、本章でも、これに沿った形で考察を進めてゆくことにする。第一章では、いわゆる音便は、大きく二つのグループに整理でき、二種の撥音は、別々のグループに所属していたと推定した。

Aグループ（イ音便・ウ音便・m音便）

通常の分節音。

有表記。既存の仮名（イ・ウ・ム）を用いる。

音価固定。後続音に制限がなく、語末にも立ちうる。

Bグループ（量的撥音便・促音便）

韻律的性質が強い分節音（「長さ」を本質とする）。

零表記。一一世紀以降、特殊符号「ン」等を用いることも。

（特殊符号「ン」は促音にも使用される。第七章も参照のこと）

音価は後続音に依存。語末には立たない。

鎌倉時代に入った頃、二種の撥音が統合され、中世以降の撥音の性質は、現代語の撥音へと徐々に接近していくことになる。促音と相補的な振る舞いをする性質は、Bグループの撥音（量的撥音便）、相補分布を崩す性質は、Aグループの撥音（m音便）の特徴を継承したものと説明できよう。

本章で考察するのは、このような撥音の歴史の中で、前出のリ延長強勢オノマトペにおける撥音挿入・促音挿入は、どのように位置づけられるのかということである。

第二節　オノマトペにおける撥音挿入の時代差

ところで、リ延長強勢オノマトペにおける撥音出現のルールには、時代差があることが指摘されている。山口仲美（一九七三）は、中世と現代の、撥音が挿入されるオノマトペを比較し、〈表1〉のように整理した（数値は異なり語数。中世の資料の範囲は明示されていない。現代は小林英夫「国語象徴音の研究」〈『文学』一ノ八、一九三三〉を修正したものという）。

〈表1〉山口（一九七三）

	撥音の後続音（具体例）	中世	現代
濁音	ガ行（チョンギリト）	一	四
	ザ行（ムンズト）	二	二
	バ行（ダンブリト）	六	三
鼻音	ナ行（グンナリト）		六
	マ行（コンモリト）		三
半母音	ヤ行（ドンヨリト）		一
	ワ行（ヤンワリト）		二

つまり、濁音の前の撥音挿入は中世から存在したが、鼻音（ナ行・マ行）・接近音（ヤ行・ワ行）の前の撥音挿入は、相対的に後出のものであるという指摘である（ラ行音の前の撥音挿入は、一貫して一般的ではない）。この調査は、総合的なオノマトペ史研究のごく一部分に過ぎず、また、数値を示す必要上、調査範囲を限定しているため、以上のような結果になっているが、調査範囲を広げれば、鼻音行の前の撥音挿入の例は、中世から指摘できる。

〔ぐんなり〕平生アラウホネ〳〵シウカタ〳〵トシテコワイ性ナ者ハ、ツネニ毎々ヨワイグンナリトシタ者ニノミコマル、ソ

〔玉塵抄（一五六三）三一・20 83右〕

〔しんなり〕ウツクシイ紅色シヤハラヌシンナリトシタモノヲキテ、足ニハウツクシウカルイシタウツヲハイテ小路シツカニアルイタコトニ　〔玉塵抄二五・17 32右〕

〔はんなり〕前ノ夏ト殷トノ二代ニヒキクラベテミレハ周ハトツコモタラウテニヲ〱トシテハンナリトシタソ　〔玉塵抄二七・18 11左〕

〔こんもり〕ウエ木ノ茂シテコンモリトシソ、マル〱トアルソ、ソレヲ云タカ　〔玉塵抄三三・21 122右〕

〔しんめり〕車ノ中ニイテ、シツカニシンメリトシテ、カイソハウデアルハ、ワカイ女房カヨメリシテ、三日メホトノヤウニヤサ〱シク、ユウ〱トシテイタヤウナソ　〔玉塵抄三六・24 36右〕

〔ぬんまり〕其亀ハ大キナゾ、土佐ノハタカラ出ルモノゾ、扇タケデ、八九寸バカリナゾ、上ハヌンマリトシタゾ、其甲ガ、ヘダ〱ニ重タゾ　〔百丈清規抄（一四六二）四・二一オ〕

しかしながら、接近音の前に撥音を挿入した形は、確かに中世の文献には見当たらず、古くは本章の副題にあるような、「ひいやり」「ふうわり」等の形を取っていた。

このことが何を意味するかというと、古代日本語の濁子音が前鼻音化（prenasalized）していた（[$^{\eta}$g-] [^{n}dz-] [^{n}d-] [^{m}b-] 等）と考えられる以上、リ延長強勢オノマトペにおける撥音挿入は、すべて鼻音の前に起こった現象、換言するならば、Bの鼻音要素の延長という統一的な現象であったということである。促音挿入の場合は、歴史を一貫してBの子音の延長と捉えられるので、リ延長強勢オノマトペにおける撥音挿入・促音挿入は、すべてBの子音の延長（あるいは、Bに対する発音の待機の結果として生じた形）であったことになる。これは、音声的には、前節で整理したBグループの音便における撥音・促音に相当するものであり、仮に平安時代から存在したとしても、表記に現れないタイプの撥音挿入・促音挿入であったことになる。表記に現れない以上、これらの音形が出現した時期を特定するのは難しいけれども、「さっぱり」などは、「さは（爽）」がハ行転呼を起こす前に生じた形と考えるのが妥当であろうから、少なくとも口頭語の世界においては、かなり早くから出現していたと推定することになろう。

第三節　接近音の前の撥音挿入

以上のような経緯を踏まえた上で、Bが接近音（ヤ行・ワ行）であるリ延長強勢オノマトペの歴史を考えてみよう。歴史的には、末尾にリではなくラ・ロ、近年ではシが付加されることもあるが、本書では割愛する。

まず、管見に入った、撥音挿入形の早い時期の例と、撥音挿入形以外の形の例とを、具体的に示したい。初例を中心に数を絞って挙げたため、結果的に小学館『日本国語大辞典（第二版）』に依拠した例が多く残った。できる限り原本・複製本・活字翻刻等で確認したが、今回それができず孫引きしたものについては、〈日国〉と標示した。また、岡島（二〇一七）（【付記②】参照）により知った用例については〈岡島〉と標示した。

（ア）きいやり

面白ふなればきいやり庭の月〔鳥の花（一七四四）〈岡島〉鈴木勝忠編『雑俳語辞典』東京堂出版、一九六八（以下「雑」）〕

母のむねきいやりとするたをれもの〔川柳評万句合・安永八（一七七九）信二〕

西瓜《すいくわ》を二つばっさりの、音にきいやり〔伽羅先代萩（一七八五）道行・三三四9〕

（イ）しいわり

女柱男柱きりゝとねぢれ、とびらは弓をはるごとく、しいはり〳〵とたはむ所を、エ、イうんとをしければ

供の童《わつぱ》が薄墨《うすずみ》で、面テを作る品《しな》作る、一荷《か》の芦をゆつすりと、肩《かた》も朸《おうこ》もしゐはりと、目通り近くどつかと下《おろ》し
〔浄瑠璃・悦賀楽平太（一六九二頃）大名役目つくし・一九ウ〕
〔摂津国長柄人柱（一七二七）五・二二9〕

（ウ①）じうわり

じうわりとたばこにせうと花のかげ　〔無而七癖（一七五四）三・一六ウ〕

親分《をやぶん》子分《こぶん》柔和理《じうわり》と、一杯《いつぱい》強飲《ぐいのみ》顔《かほ》真紅《まつか》　〔寝惚先生文集（一七六七）一・太平楽一三9〕

しうわりとそちらへ尻をおうはとの　〔川柳評万句合では「じいわり」〕〔柳多留拾遺一九（一八〇一）・下一七六14〕

（ウ②）じゆんわり

じゆんはり　声なり。ハリはワリとよむ。器の内に物徐かにおちつけ入る声を云〔俚言集覧（一七九七頃）三七五上〕

おまつり佐七がこりやもらったから、じゆんわりと手をうつてくんなんし　〔心謎解色糸（一八一〇）序・一二上16〕

（ウ③）じいわり

薄雲はすてつぺんからじいわりと　〔うつわのみず（一七七三）〈岡島〉雑〕

絵姿とよく〳〵見くらべて、じいわりと気をかへ、絵姿に見とれ、じつと思入
〔四天王産湯玉川（一八一八）一ノ五・一九四上15〕

cf.（ウ①）「じうわり」柳多留拾遺の例の異文

（ウ④）じんわり

帯の下になつた葉子の胸から背にかけたあたりは汗がじんわり滲み出たらしく
〔有島武郎・或る女（一九一九）前・一〇・七九3〕

（エ）どんより

初雪やこの比空はどんよりと　桃隣　〔誹諧此日（一六九四）〈日国〉、〈岡島〉によると疑問例〕

もう日暮れ近く空合はドンヨリと曇ツて居りまする　〔真景累ケ淵（一八六九頃）九五・四七八下3〕

薄どんよりと曇り掛けた空と、其下にある磯と海が、同じ灰色を浴びて　〔夏目漱石・行人（一九一二―一三）塵労四二・四二二6〕

（オ①）ひいやり

これよりすぐにみつぐりの中をちに、井筒やの名水《めいすい》をひいやりときこしめせ　〔好色万金丹（一六九四）三・一〇三9〕

ほねがおれたら、だい所にいて、氷でもひいやりとのまぬか　〔続狂言記（一七〇〇）四・目近大名・三ウ〕

此は善光寺如来の洛陽真如堂に遷座在し時の吟也、はじめの冠はひいやりとゝ置たり　〔去来抄（一七〇二―四）先師評・四オ〕

通さぬとて戻《もど》るものか。ひいやりとおよぐべいとて、まつ裸《ぱだか》になつて飛《とび》こむ　〔楽牽頭（一七七二）血気・一四オ〕

過越方《すぎこしかた》を思《おも》ひ出《だ》し、鬢水《びんみづ》ならで衿元《えりもと》へひいやり落《おつ》る泪《なみだ》の雫《しづく》　〔春色梅児誉美（一八三二）初一・五四15〕

（オ②）ひつやり

次節参照

（オ③）ひんやり

ひんやりとするは氷の土用干　〔柳多留六〇（一八一二）・五ウ〕

冷《ひん》やりした蚊帳の色のすが〱しい青さに彳みながら　〔鈴木三重吉・桑の実（一九一三）二四・二七三4〕

その外套の裏側に滲み込んでくるひんやりした感じを、はつきり指先で味はつて見た彼は小林を顧みた
〔夏目漱石・明暗（一九一六）三三・一〇二6〕

（カ）ひいわり

折しも雪ふかくさしもに強き大竹も雪の重《おも》さに、ひいわりとしはりし竹を、引廻して鴨居《かもい》にはめ、雪にたはむは弓同然　〔仮名手本忠臣蔵（一七四八）九・三六二15〕

裾を払へばひいわりと、小雀なんどの如くにて　〔双蝶蝶曲輪日記（一七四九）九〈日国〉〕

（キ①）ふうわり

ウスウテ、風ヲフクムホトニ、フウワリトスルソ　〔玉塵抄（一五六三）八・520右〕

わたしが膝《ひざ》にふうはりとんと居《ゐ》かゝって　〔嫗山姥（一七一二頃）二・一九三14〕

むまさうな雪がふうはりふはり哉　〔一茶・七番日記―文化一〇年（一八一三）閏一一月・四二八1〕

（キ②）ふんわり

二人の上には死の垂布《たれぎぬ》がふんわりと蔽いました　〔豊島与志雄・湖水と彼等（一九一四）一九下7〕

しなよく友禅縮緬がふんわりと妹の身を被うて居る　〔宮本百合子・悲しめる心（一九一四）三・一六6〕

（ク①）ぼいやり

妾ほいやりと活きた脇息　〔双子山前集（一六九七）〈岡島〉雑〕

グウツト腹をなでゝ、へその下迄なでおろす時、手先へぼいやりと産毛のやうながさはると　〔今歳咄（一七七三）針医・二七オ〕

エ、見れば見るほど憎てらしい、其のぼいやりした貌持は―オ、古狸の面を其のまま

十歩の彼方は人の息とも塵とも霞とも分かぬ曇りのぼいやりと立迷ひ〔坪内逍遙・沓手鳥孤城落月（一八九七）序幕・三二五下8〕

〔徳冨蘆花・思出の記（一九〇〇〜一）八ノ八・一四八下10〕

（ク②）ぼうやり

ボウヤリト　ほのかに　万ニ髣髴〔詞葉新雅（一七九二）一一オ〕

（ク③）ぼんやり

ぼんやりと峯より峯の冬の雲〔おくれ馳（一六九八）惟然〈日国〉〕

むらさきにぼんやりくもるいゝ屏風〔柳多留二九（一八〇〇）・六オ〕

二三日ゐつゞけてぼんやりしたすがた〔安愚楽鍋（一八七一）初・一〇オ〕

（ケ①）やうわり

ハア、甥のとのごんせ。いつにない和《やう》はりと綿挨拶《あいさつ》〔源平布引滝（一七四九）三・八四13〕

（ケ②）やあわり

ヤアワリト　やをら、やわら、わゝらかに万ニ秋萩のうれ、わらゝかにおけるしらつゆトヨメルコレナリ

〔詞葉新雅（一七九二）・五四ウ〕

人力車夫《くるまや》、しづかに引く事を、やあわり〔商業符牒袖宝（一八八四）〕

（ケ③）やんわり

やんわりと海を真向の桜の芽〔花の雲（一七〇二）惟然〈岡島〉〕

やんわりとおして痞の御返事〔雑俳・口よせ草（一七三六）〈日国〉〕

やんわりとふせろ大屋の戸があいた（柳多留一二（一七七七）・四〇ウ）

こぼせばつめたい、やんわり〱、テレツク〱（咄本・百面相仕方ばなし（一八四二）だいかぐら・九オ）

第四節　「ひつやり」について

最初に、（オ③）「ひんやり」に先行して現れる（オ②）「ひつやり」について検討しておく。この語形は『狂言六義』（和泉流・江戸初期）、および『狂言記外五十番』（流派不明・一七〇〇刊）に例が見られるものである。しばしば指摘されるように、中世の平仮名文献においては、促音の表記に「ん」が用いられることがあり、かつ、連綿の中においては、この「ん」と「ゐ」（つ）との区別が判然としないことがあるのだが（迫野一九九七・堀川二〇一七）、以下に引用する例は、いずれも「ゐ」であって「ん」ではない。また、撥音・促音のいずれをも「ツ」で表記する資料（天正狂言本など、まれに例がある）というわけでもない。

かしらがおもひ、水でひつやりと、つらをあらわふが、こゝなしみづで、あらふたらば、めがさめう（狂言六義・上・ぬけがら・一八八オ）

あぶない事や、はらへ、ひつやりと、あたつたと云て（狂言六義・下・腹切ず・一八一オ）

大ぜいの御供の中てふところがひつやりといたしたによつて、てを入てみて御ざれば（狂言記外五十番・五・かうじ・一六ウ）

この表記によって意図された音形には、いくつかの可能性がある。表記を素直に受け取って、「ヒッヤリ」という促音挿入形とみることも不可能ではない。現代語においても、「ほっやほや」「ふっわふわ」のような形はありうるからである。しかしながら、そのような音形は、臨時的強調形としては現れえても、正規の台本として継承・出版されるようなものに記載されたとは考えにくい。促音が表記されたものである可能性は低いであろう（岡島二〇一七には、雑俳・仮名草子に、それぞれ「やつわり」「ぼつやり」の例もあることが指摘されている）。

あるいは撥音挿入形「ひんやり」であったものが、「ん」をよく似ている「つ」に誤写したことによって生じたものとも考えられようが、その「ひんやり」は一九世紀以降にしか確実な用例が見いだせない。

一般に狂言で常用されるのは（オ①）「ひいやり」であるので、「ひつやり」という表記が、「ひいやり」と同じ音形を意図した可能性も検討する必要があろう。促音挿入形「AッBリ」は、Bの子音を延長した形であったが、Bの子音が接近音の場合、それを延長すると［-jː-］、［-wː-］となる。（ウ①）「じうわり」、（ク①）「ぼいやり」、（ケ①）「やうわり」等は、Bの子音の延長した形と解釈できよう。「ひいやり」という音形も、Bの子音を延長した形と分析することが可能で、話し手の捉え方によっては、促音挿入形に近いもの（非鼻音の発音待機）と認識し、「ひつやり」という表記を採用することもあるかもしれない。なお検討したい。

ただし、「やうわり」については、文献上は「やんわり」にやや遅れて出現するので、「ゲンイン∨ゲイイン（原因）」「サンゲ∨サイゲ（懺悔）」のように、「やんわり」の撥音が鼻音性を失ったことにより生じた形の可能性も否定できない。一方、鶴屋南北（四代目）が頻用した（ウ②）「じゆんわり」は、「ジウワリ∨ジュウワリ∨ジュンワリ」というように、Bの子音延長形から出発し、拗長音化・撥音化を経て形成された語形と考えるのが妥当であろうから、「じうわり」が撥音挿入形に先行していることになろう。なお、「じんわり」の確例は二〇世紀になるまで見当たらない。

第五節　撥音史からの解釈

語により遅速の差はあるものの、おおむね江戸時代以降、Bがヤ行音・ワ行音である場合にも、撥音挿入形「AンBリ」の例が見えるようになる。このような変化が起こったのは、なぜであろうか？

一つの考え方として、古く前鼻音化していた濁子音（[^{ŋ}g-][^{n}dz-][^{n}d-][^{m}b-]等）から、（ガ行子音を除いて）鼻音性が失われていったことがきっかけであったという説明がありうる。つまり、「うんざり」「のんびり」等の濁音の前の撥音挿入が、Bの子音の延長ではなく、原形にはない鼻音要素の挿入という現象へと転換したことが、この変化のきっかけとなったという考え方である。ただし、この説明は、津軽方言のように、すべての語中濁音が鼻音性を維持している方言において、「どんよら」のような語形が存在すること(1)から、説得性を欠くことになる。

桜《サグラ》の花コア散てまてこの曇《ドンヨラ》どした空　〔高木恭造方言詩集『まるめろ』「すかんこの花」より〕

やはりこの問題は、「連声」の問題と絡めて理解すべきものであろう。「ハン＋オウ→ハンノウ（反応）」「ギン＋アン→ギンナン（銀杏）」のような連声現象は、中世においては、語彙的なものではなく、ある程度規則的な音韻現象であったと考えられている（ロドリゲス『日本大文典』の記述を信じれば規則的であったことになるが、松本宙一九七〇のように、これを疑う見解もある）。しかしながら、この連声現象は、原則として表記には反映しなかったので、詳細については不明な点が多い。

第一節で述べたように、平安時代、m音便の撥音は後続音に制限がないため、「おほむありさま」「おほむよろこび」（いずれも『源氏物語絵巻』）のように、撥音［-m］の後にア行・ヤ行・ワ行音が続くことが可能であった。この音連続においては、原則として連声は起こらなかったと推定しておく（榎木二〇一〇ａにも同様の見解がある）。しかし、鎌倉時代に入って、二種の撥音の区別がなくなると、語中撥音は、後続音に依存するタイプのものに収斂されたと考えられる。ア行・ヤ行・ワ行の前の撥音は、そのままでは当時の日本語の音配列として許容されにくくなり、連声を起こした形で安定するようになった。マ行音化する連声が、「サンミ（三位）」等、きわめて少数に留まるのも、このような歴史的経緯が原因であったのではないだろうか。

いずれにしても、江戸時代以降、連声が必須の音韻現象ではなくなった、つまり撥音の後にもア行・ヤ行・ワ行音が不安定になることなく立てるようになった結果、「ぼんやり」「やんわり」などの撥音挿入形も、音配列則に反さない形式の仲間入りをしたわけである。

なぜ撥音化したのかは、「類推」という以上の説明をするのは困難であるが、リ延長強勢オノマトペの形式として、まず「ぼいやり」「やうわり」のような二重母音形が排除され、最終的には「ひいやり」「ふうわり」のような長母音形も、臨時的な語形へと追いやられていったということは言えるであろう。つまり、リ延長強勢オノマトペは、促音挿入形・撥音挿入形・二重母音形・長母音形という四形式から、促音挿入形・撥音挿入形という二形式へと、整理・単純化されていったということである。

第六節　類推が制限された理由

最後まで撥音化が遅れたのは、「ひいやり」のような「イ段音＋ヤ行音」、「ふうわり」のような「ウ段音＋ワ行音」の場合であった。いずれもかなり時代が下るまで、撥音化した用例を確認できなかった。「ひいやり」「ふうわり」の二語については、使用頻度の高い語であったことも、かなり遅くまで撥音化した例が出てこない理由であるかもしれない。

これらは、Aの母音を延長した形とも、Bの子音を延長した形とも解せたわけであるが、ここでは敢えて、本来的にはBを延長した形であったという解釈を提案したい。つまり、リ延長強勢オノマトペにおいては、Bの子音を延長した、撥音挿入形・促音挿入形・二重母音形・長母音形こそが標準的な語形であって、Aの母音を延長した長母音形（「やあわり」「ぼうやり」等）は、歴史を通して、臨時的な強調形であったと考えたいのである。

そのように考えるのは、ラ行音の前の撥音挿入形、「×ゆんらり」「×ほんろり」が、一般化しなかった理由を説明したいからである。黒田（一九六七）においては、「非母音性有声音」の前でのみ撥音が挿入されるとし、ヤ行・ワ行からラ行のケースを区別して説明した。共時分析における記述としては、それでも良いのであろうが、歴史的には、ヤ行・ワ行音の前の撥音挿入が「類推」としか説明できない以上、ラ行音のみがそこから排される理由を説明するのが難しいのである。「撥音＋ラ行音」は、和語の音配列としては稀であるとはいえ、「何〈ナン〉等〈ラ〉ノ（最明寺本往生要集院政末期墨点・中六一オ）」など、「なんら＜なにら」の形は平安時代から例があり（本論第三部第一章・注（7）も参照）、方言ならば、「わんら＜われら（我等）」のような語形も珍しくない。

Bがラ行音であるリ延長強勢オノマトペにおいては、Bの子音を延長した形は、日本語の音配列則から存在できず、あるのはAの母音を延長した、臨時的な語形のみであったとしよう。

ふうらりふらりと出て来《く》るは　ルナアパークの道化《だうけ》もの
（北原白秋・東京景物詩及其他・槍持・道化もの（一九一一）一〇二6）

そして、撥音挿入形に転じることになったのは、そうした臨時的な強調形ではなく、Bの子音の延長形に由来する、正規の「リ延長強勢オノマトペ」の場合のみであったと考えたらどうであろうか。「ひいやり」「ふうわり」は、見た目の上ではAの母音を延長した長母音形と区別できないが、本質的には接近音（半母音）の延長形であり、正規の「リ延長強勢オノマトペ」であった、だからこそ、安定的に広く存在しえたと同時に、最終的には撥音挿入形に転じることが可能であったと考えるのである。

【注】

（1）浜野（二〇一四）では、共通語と津軽方言のオノマトペの対照がなされており、「津軽方言では、「カッタラ、ガッタラ、ガッダラ、グンニャラ、ウンジャリ」などから分かるように、上記の条件は、促音は鼻音化されない阻害音の前に、撥音は鼻音化された阻害音、鼻音、および接近音の前に現れる」（五六頁）と説明されている。この説明の主眼は、「ガッダラ」のように、共通語とは異なって、有声阻害音の前に促音が挿入されることを述べることであろう。浜野（二〇一三）では、津軽方言の実例「ボンヤリ」が挙げられている。

【付記①】用例の検索には、多くの索引類の他、国立国語研究所データベース・ジャパンナレッジ・青空文庫などを利用した。特に以下の著作は、日本語史研究の立場からオノマトペを収集したものとして、大いに参考にした。

出雲朝子（一九八二）『玉塵抄を中心とした室町時代語の研究』（桜楓社）
大坪併治（一九八九）『擬聲語の研究』（明治書院）→『大坪併治著作集12』（風間書房、二〇〇六）
金田　弘（一九七六）『洞門抄物と国語研究』（桜楓社）
寿岳章子（一九八三）『室町時代語の表現』（清文堂出版）

【付記②】本章のもととなった肥爪（二〇一六・九）「「ひいやり」「ふうわり」から「ひんやり」「ふんわり」へ―撥音史からの検

討―」（近代語学会編『近代語研究』一九）の直後に、岡島昭浩（二〇一七・三）「「ひいやり・ふうわり」型から「ひんやり・ふんわり」型へ」（国語語彙史研究会編『国語語彙史の研究』三六）が出た。語彙史の論集に寄稿されたものであるだけに、かなり丁寧に用例が集められており、本章において、多くの見落としの追加や誤りの修正をさせていただいた。音韻史的観点からの分析・解釈の重要な部分は一致しており、「ひいやり」「ふうわり」の類を、Aの母音の延長ではなく、Bの子音（接近音）の延長を起源とすると解釈する点、撥音挿入形への転換を連声現象の衰退と結び付ける点などは共通している。あえて差違を挙げるならば、本章においては、ラ行音の前の撥音挿入が一般化しなかった理由を説明するために、Aの母音を延長する語形は、歴史を通じて臨時的な強調形であり、Bの子音を延長する正規形のみが撥音挿入形に転じたと解釈していた（たとえば「ぼんやり」は「ぼうやり」から転じたものではなく、「ぼいやり」から転じたものと解釈することになる）。これに対して、岡島においては、「ただし「ぼうやり」「じいわり」のような形は、（略）次世代の「ぼんやり」のような撥音が挿入される形に近く、長音が挿入されるようなものと見るべきであろう」（注4）、「岸田（一九八七）の示すような、撥音と長音が通じるような流れが出来たのだろうと今のところ考えている」（一一四頁）、「一拍分を占める長子音の段階から、語形としての安定を得たのが撥音挿入の形であったのだろう、と今のところは考えている」（一一五頁）等と述べており、やや意図が取りにくいものの、Aの母音を延長する音形の位置づけが、本章の立場とは異なるようである。もっとも、撥音挿入形は類推によって形成されたとしか説明のしようがない以上、単線的な形成過程を過度に主張するのは、かえって真実から遠ざかることになるという考え方もできよう。

第四章　撥音と鼻音韻尾

第一節　借用語における音節末鼻音

借用語音韻論の手順は、まず固有語の音韻体系を確定した上で、そこに固有語には存在しない借用語（外来語）の音（単音あるいは単音の結合）が、どのように受け入れられるか（受け入れられないか）を考察する、というのが標準的なものであろう。

英語からの借用語（狭義外来語）における語末鼻音の例で考えてみよう。

-m　swim→スイム、welcome→ウエルカム　ム/mu/

-n　swan→スワン、American→アメリカン　ン/N/

-ng　swing→スイング、king→キング　ング/ngu/

以上のような形で、三種類の語末鼻音は、日本語の外来語において区別がなされている。しかし、閉音節のまま受け入れているのは-nのみであり、その場合も、日本語の撥音に置換しているのであって、音声的に［-n］であるとは限らない(1)。-mと-ngは、母音を付加して開音節化するなど、既存の日本語にも存在する形に加工した上で受け入れている。全体として、英語原音に忠実であることよりも、綴りの差を安定的に反映させることを優先した方式であるということになろう。いずれにしても、三種の語末鼻音は、既存の日本語の音韻体系・音節構造を変更することのないまま、きちんと区別できる形で定着しており、原語の語末鼻音に還元することも（原則として）可能である。

一方、漢字音の場合、三種の鼻音韻尾は、概略的には、以下のような歴史的経緯で、現代の音形に至っていると考えるのが一般的であろう。

	平安時代		鎌倉時代		現代	例（字音仮名遣いによる）
-m	ム［mɯ～m］	┐（ンへ統合）				金（コム・キム）・三（サム）
-n	ン［n］	→	ン［n］	→	ン /N/	近（コン・キン）・散（サン）
-ng	ウ［ɯ̃］	→	ウ［ɯ］	→	ウ /R/	京（キヤウ）・双（サウ）
	イ［ĩ］	→	イ［i］	→	イ /R/	京（ケイ）・正（セイ）

つまり、平安時代には三種の鼻音韻尾は区別されていたが、鎌倉時代に入る頃には唇内鼻音韻尾［-m］・舌内鼻音韻尾［-n］が音声的に［-n］に統合され、さらに現代に至るまでに、調音位置の指定が解除されて撥音/N/となった（綴りを参照できる英語の -m・-n の場合と異なり、漢字音は、漢字そのものからも反切からも、-m・-n のどちらに該当するかが判断できなかったので、それも区別が維持できなかった大きな理由となろう）。一方、喉内鼻音韻尾は、平安時代には鼻母音［-ɯ̃］（または［-ĩ］）であったが、やはり鎌倉時代に入る頃に鼻音性を失ったため、母音韻尾［-ɯ］・［-i］との区別がなくなった（現代語では結果的にいずれも長母音化している）。以上の整理はあくまで概略的なものであって、平安時代に三種の鼻音韻尾が定着するまでにも曲折があったし、区別が失われて統合されていく過程についても、さまざまに未解明の問題が残されている。そもそも、漢字音という外国語音の問題であるだけに、いずれの時代においても、多様な知識レ

ベルを反映した資料が混在するのは当然のことである。なお、漢字音の鼻音韻尾は、喉内鼻音韻尾を音韻論的に二類（通摂・江摂／宕摂・梗摂・曽摂）に分けて、計四種の鼻音韻尾を立てるのが適切かも知れないが、本章では喉内鼻音韻尾を一括して扱うこととし、以下、各鼻音韻尾を、m韻尾・n韻尾・ng韻尾と簡略に呼ぶ場合がある。

複数の撥音音素が収斂されてゆく経緯を考察した先行研究（迫野一九八七・沼本一九八八）においては、国語音の撥音と漢字音の鼻音韻尾とを一括して扱っていたため、漢字音の三種の鼻音韻尾（唇内鼻音韻尾・舌内鼻音韻尾・喉内鼻音韻尾）に合わせて、三種類の音声的に固定した撥音が存在するところから考察を出発することになった（第二章第一節参照）。しかし、英語からの借用語の場合と同様に、漢字音の鼻音韻尾の現れ方について整理する際にも、国語音（和語の音）の体系、特に「撥音」との関係を念頭に置いて整理されなければならない。したがって、国語音の撥音をどのように想定するかによって、漢字音の鼻音韻尾の実態も見え方が異なってくることになる。ただし、借用語音韻論の手順としては、たしかに、国語音→漢字音という順序で整理を進める必要があるのであるが、考察の材料となる文献資料の表記は、必ずしも、こうした一方通行的なシステムで成り立っているわけではない。国語音の撥音および漢字音の鼻音韻尾の、錯綜する表記の実態を説明するためには、国語音主導表記（古層）と漢字音主導表記（新層）の交渉という観点も必要となってくる。

国語音主導表記
・和語を表記するための既存の仮名の範囲内で漢字音も表記。
・平仮名文献、平安初期訓点資料。

漢字音主導表記
・漢字音独自の要素を表記するための特殊符号を和語の表記にも転用。

時に、漢字音を基準にした過剰な「音声」表記も。

・平安後期以降の訓点資料（の一部）。

平安中期の訓点資料（および、その影響下にある資料）の多くは、漢字音独自の要素を表記するための特殊符号が模索されつつも、いまだ、それが和語に転用されるに至っていない過渡期の状態であり、漢字音の表記も流動的・多様であった（後述）。

本章で分析の対象とするのは、表記の模索期、特に和語には特殊符号を用いない資料までであり、それ以降のもの（和語にも特殊符号を用いる資料、および鼻音韻尾の書き分けの安定期・混乱期・解消期の資料）については扱わないものとする。

第二節　二種の撥音

本章において、国語音の撥音について、第一章で提案した「m音便」「量的撥音便」という、音韻的に区別される二種の撥音を想定する。繰り返しになるが、概略を以下に示す。

平安時代の和語の撥音に関しては、中田（一九五一）により、m音便・n音便という、二種の撥音便を想定する説が提唱された。これは後続音ではなく、音便を起こす前の音の差異によって、[-m]と[-n]という二種の撥音が音韻的に区別されていたとする考え方であり、多くの概説書に採用されている有力な仮説である。これを〈表1〉に整理する。現代表記の撥音に用いられる文字が、平仮名の場合と、片仮名の場合とで、平安時代には位置づけが異なっていたことは、本章の論旨を理解するために重要である。平仮名「ん」は、もともとは/mu/（または/mo/）を表しための仮名であったが、片仮名「ン（古くは一画で「レ・∨」のような形）」は仮名の体系の外側に発達した特殊符号であった。

〈表1〉中田説による二種の撥音便

	音便を起こす前の音	平仮名表記	片仮名表記
m音便	ヒ・ビ・ヘ・ミ等	む（ん）	ム
n音便	ニ・リ等	零	零→レ

しかしながら、この中田説にはいくつかの不自然な点があるため、肥爪（二〇〇八・二〇一四b）において、以下のような別案を提出した。

〔別案〕 肥爪（二〇〇八・二〇一四b）

①m音便の撥音は、固有の音価［-m］を持っていた。後続音には制限がなく、清音やア行・ヤ行・ワ行音の前にも、語末（後続音を持たない位置）にも立つ。

②n音便と呼ばれているものの撥音は、促音と同様に、後続音節に対する待機音（音価無指定）で、後続音はナ行・マ行音、濁音のような、鼻音性を持つ音節に限定されていた（古代日本語の濁子音は［-^{n}g-］［-^{n}d-］のように前鼻音化していた）。

この別案のように考えると、促音とn音便の撥音との表記の平行性（古くは零表記であり、一一世紀以降、特殊符号「レ」も用いられる）も理解しやすくなるし、「いかが」「だも（＜だにも）」「あめり」「あべし」のようなガ行・バ行・マ行の前の零表記撥音が音声的に［-n］であったと考える必要がなくなる（「イカレガ」「ダレモ」のような有表記の例も訓点資料にあり）。また、撥音表記の「異例」とされるものが、バ行・マ行の前に集中することも、n音便の撥音が、当該位置において、音声的に［-m］であり、m音便の撥音に接近するからと説明できるようになる。以下、n音便を「量的撥音便」と言い換える。

（a）量的撥音便のム表記（通常は零表記・レ表記）

苞苴　オホムヘ（＜オホニヘ）〔前田本仁徳紀院政期点59〕

綺　カムハタ（＜カニハタ）〔慈恩伝承徳三年（一〇九九）点九115〕

cf. 綺　カハタ（上平濁平）〔文鏡秘府論保延四年（一一三八）点地一三ウ〕

掃部寮〈加牟毛理乃豆加佐〉（＜カニモリ）〔元和本和名抄五・六ウ〕

cf. 掃部　カモリ　〔前田本字類抄上一一二ウ〕

如（こと）キムハ（＜コトキニハ）〔大日経義釈演密鈔長承三年（一一三四）点〕

為　スルトキムハ（＜トキニハ）〔文鏡秘府論保延四年（一一三八）点天二六オ〕

（b）m音便の零表記・レ表記（通常はム表記）

慮　オヘラク（＜オモヘラク）〔大日経義釈延久六年（一〇七四）点三〕

惟　オモハカルニ（＜オモヒハカル）〔大日経義釈延久六年（一〇七四）点八〕

以　オモミレハ（＜オモヒミル）〔南海寄帰内法伝長和五年（一〇一六）頃点一・一二三六3〕

賞　タマ物（＜タマヒモノ）〔金光明経文句平安初期点〕

（眖　タマンモノセン〔春秋経伝集解弘安元年（一二七八）点〕）

駈使　ツカヒト（＜ツカヒヒト）〔岩崎本皇極紀平安中期末点212〕

cf. 使人　ツカムヒトニ　〔慈恩伝承徳三年（一〇九九）点八331〕

承　ツカマツル（＜ツカヘマツル）〔西大寺本金光明最勝王経平安初期点二・四〇8〕
cf. 使　ツカムマツル〔京大本蘇悉地羯羅経略疏天暦五年（九五一）頃点〕
綺　ヌモノ（＜ヌヒモノ）〔大日経義釈延久六年（一〇七四）点四〕
cf. 繡　沼無毛乃〔元和本和名抄一二・一五ウ〕
曰　ノタハク（＜ノタマハク）〔史記呂后本紀延久五年（一〇七三）点四オ〕

すると、いわゆる「音便」現象は、以下のような二つのグループに分けることができることになる。

Aグループ（イ音便・ウ音便・m音便）

通常の分節音。

有表記。既存の仮名（イ・ウ・ム）を用いる。

音価固定。後続音に制限がなく、語末にも立ちうる。

Bグループ（量的撥音便・促音便）

韻律的性質が強い分節音（「長さ」を本質とする）。

零表記。十一世紀以降、特殊符号「レ」等を用いることも。

音価は後続音に依存。語末には立たない。

以上のような本書の立場によると、漢字音のm韻尾は、国語音のm音便の撥音と結び付けて把握できるが、n韻尾は、国語音との関係では捉えにくいタイプの音であったと考えることになる。

以下、具体的な資料における表記の実態を見てゆこう。

第三節　平安初期訓点資料

（一）聖語蔵本『央掘魔羅経』平安極初期点（築島一九八五による）

①m韻尾

〔ム表記〕塩 延ム、慙 世ム、濫 良无

②n韻尾

〔ニ表記〕戦 世尓、耎 奈尓、猨 恵尓?、弾 七尓、菀 乎尓

③ng韻尾

〔ウ表記〕嬰 伊阿宇、象 佐宇、壤 尓阿宇、聾 リ宇

（二）西大寺本『金光明最勝王経』平安初期点（春日政治一九四二による）

①m韻尾

〔ム表記〕厭 依ム、焰 エム、感 カム、含 カム、懺 サム、審 シム、……

〔イ表記〕耽 タイ（―著）

〔ウ表記〕紺 コウ

〔零表記〕侵 シ（―擾）

②n韻尾

〔イ表記〕遣 ケイ、限 ケイ、損 ソイ、纏 テイ、難 ナイ、鞭 ヘイ、煩 ホイ、……

〔零表記〕辰シ（星―）、難ナ（障―）、倫リ（―比）、怨ヲ（―敵）

〔ウ表記〕松ソウ、綜ソウ、繒ソウ、重チウ、盲マウ、望マウ、……

〔イ表記〕痛ツイ、（冥メイ、屏ヘイ、丁テイなど漢音の混入もあり）

③ng韻尾

字音直読資料である『央掘魔羅経』の鼻音韻尾表記は、きわめて整然と三種の鼻音韻尾を区別しており、m韻尾「ム表記」、n韻尾「ニ表記」、ng韻尾「ウ表記」となっており例外がない。n韻尾を除けば、後世に定着したものと同じ表記が用いられている。訓読資料である『金光明最勝王経』の鼻音韻尾表記は、多少の例外を含みつつも、m韻尾「ム表記」、n韻尾「イ表記」、ng韻尾「ウ表記」を原則とする。つまりn韻尾以外は、『央掘魔羅経』と同様に、後世に定着したものと同じ表記が用いられているのである。

なお、字音直読資料である『央掘魔羅経』には和語が含まれないので、撥音便の例は、当然のことながら存在しない。また、訓読資料である『金光明最勝王経』平安初期点にも、個別的な事象と解される「承ツカマツル（二・四〇8）」の例を除けば、撥音便・促音便の例が指摘できない。

以上のように、すでに平安初期の段階から、後世の鼻音韻尾の表記に通じる流れがある一方で、平安中期頃までは、依然として鼻音韻尾の表記は試行錯誤が繰り返されることになる（後述）。漢字音の鼻音韻尾の表記史において、特に問題となるのはn韻尾の表記であり、右に挙げた資料のように、既存の文字の範囲内でのさまざまな表記（ニ表記・イ表記・零表記）が試行されるとともに、「∠（石山寺本法華義疏長保四年（一〇〇二）点）」「レ（醍醐寺本法華経釈文）」「∧（大東急記念文庫本金光明最勝王経音義）」のような特殊符号を用いた表記も模索されてゆくことになる。

第四節　ng韻尾の鼻音性、およびウで表記される撥音

ところで、ng韻尾についても、「ν〔金光明最勝王経音義〕」「ウ《レ》・イ《レ》〔類聚名義抄〕」「宀、〔興福寺本大慈恩寺三蔵法師伝永久四年（一一一六）点〕」などの特殊符号による表記が、n韻尾と同様に模索されたのは周知のことであろう。しかし、ng韻尾の場合、こうした特殊符号を用いない場合には、平安初期から「ウ表記（一部はイ表記）」原則で安定していた。この点で、本質的に不安定なn韻尾の場合と大きく異なるのである。そして、種々の証拠により、ng韻尾が通常の仮名「ウ」「イ」で表記される場合であっても、それらは鼻母音［-ũ］・［-ĩ］で発音され、平安時代には、おおむねその鼻音性が維持されていたと説明されている。鎌倉時代に入った頃に、その鼻音性が失われたとされるのは、鼻音性を有するng韻尾を標示するための特殊符号が、新しくは工夫されなくなったことが根拠なのであろう。しかし、以下のように、院政・鎌倉時代の「～ウ」型のオノマトペの表記において、ng韻尾を持つ漢字を選んであてているように見える事例があることから、少なくとも規範的には、鎌倉時代に入っても、ng韻尾は鼻音性を持つものと認識されていたと考えた方が良いと思われる。

ng韻尾を持つ漢字により表記されるオノマトペ

白キ狗ノ行ド哭テ立テリ　〔今昔物語集二八・二九〕

やまぶしのこしにつけたるほらがひの丁（チヤウ）どおちていとわれ、くだけてものをおもふころかな　〔梁塵秘抄四六八〕

cf. 此ノ六相ヲ以テ、チヤウト（上上上平濁）、マロカシツレバ　〔解脱門義聴集記四・一八オ〕

問、キツネノナクコヱノコウトキコユル如何、答、コウハ興ノ字ノ音ヲトナフル也
〔名語記建治元年（一二七五）写〕

片手矢ハゲテ敵ニ向フ。（略）兵（ヒヤウ）ド射タリケレバ　〔延慶本平家物語五本・一六オ〕

このタイプのオノマトペの「撥音」（三種めの撥音）は、右のようにng韻尾を持つ漢字をあてたものだけではなく、「ほう〱（丸太を船に投げ入れる様子）〔枕草子〕」「いう（馬の鳴き声）〔落窪物語〕」「コウ〱（狐の鳴き声）〔今昔物語集〕」「ヒヤウ（矢が空を切る音）〔延慶本平家物語〕」など、通常の仮名「う・ウ」で表記したものも多く指摘できる（迫野一九八七など）。

これに関連する現象として、m音便形とウ音便形の交替現象がある。一般的には、バ行・マ行四段動詞がウ音便形を取るのは、室町時代（抄物およびキリシタン資料）の特徴とされるが、少数ながら、平安時代・鎌倉時代にもウ音便形の例が指摘でき、おそらく口頭語の世界においては、潜在的にウ音便形も使用されていたのであろう。また、バ行・マ行四段動詞以外の語においても、m音便形とウ音便形の交替例は、平安時代から豊富に指摘できる。m音便形と交替するウ音便形の「ウ」は、後続音がナ行・マ行・濁音行のような鼻音性を持ったものに限定されていた可能性が高く、それならば、少なくとも音声的には鼻母音的であったことになろう。

バ行・マ行四段動詞のウ音便形

恃〈タノ〉ウテ、摘〈ツ〉ウテ　〔法華義疏長保四年（一〇〇二）点〕

病〈ヤ〉ウテ、喚〈ヨ〉フテ　〔石山寺本大般涅槃経治安四年（一〇二四）点〕

憙〈コノ〉ウテ、耐〈シノ〉ウテ、幷〈ナラ〉ウて、喚〈ヨ〉ウて　〔東大寺図書館本大般涅槃経平安後期点〕

奇〈あやし〉フテ、迫〈オヨ〉フテ　〔日本往生極楽記応徳三年（一〇八六）点〕

日本ニハカムデヲカウデトイフ、スムデヲスウデトイフ〔安永三年板悉曇要訣〕
浴而〈ユア〉ウて〔石山寺本大唐西域記長寛元年（一一六三）点〕
嗜〈タシナ〉ウテ、積〈ツ〉ウテ、悦〈ヨロコ〉フテ〔和泉往来文治二年（一一八六）点〕
アヨウタマウ〔草案集建保四年（一二一六）頃写〕
ハゲ（励）ウデアユム様ニハシケレドモ〔延慶本平家物語二本・五五オ〕

その他、一般語彙でm音便形とウ音便形が併存する語（主に築島裕編『訓点語彙集成』による）

アキムド～アキウド（「あきびと」より）、オムナ～オウナ（媼）（「おみな」より）、オモムバカル～オモウバカル（「おもひはかる」より）、カムガフ～カウガフ（勘）、カムゾリ～カウゾリ（「かみそり」より）、カムダチ～カウダチ（麹）、カムヅ～カウヅ（上）（「かみつ」より）、カムナギ～カウナギ（巫）、カムヌシ～カウヌシ（神主）、キムダチ～キウダチ（公達）、コトムナシ～コトウナシ（「こともなし」より）、コムヅ～コウヅ（濃水）、タカムナ～タカウナ（筍）、ツカムマツル～ツカウマツル（「仕へまつる」より）、ナカムド～ナカウド（「なかびと」より）、ナムヂ～ナウヂ（汝）、ノムド～ノウド（喉）（「のみと」より）、ヒムガシ～ヒウガシ（東）、ヲムナ～ヲウナ（女）（「をみな」より）

以上のような現象を勘案すると、鼻音性を持ったng韻尾は、国語の母音「ウ（イ）」の変種として把握されていたと推定される。そして、このような把握の仕方は、清音に対する濁音の関係に類似するものと見ることが可能である。表記の面では、類聚名義抄のように、同じ補助符号を濁音標示（「カ」など）と鼻音韻尾標示（「ウ」「イ」）とに共用することもあったし、そもそも書き分けないという選択が、十分に自然なものとして存在したという点でも一致している。

○ng韻尾……国語の母音「ウ（イ）」の変種として把握（清濁の関係に類似）。

第五節　表記模索期の訓点資料

第三節で述べたように、平安初期の訓点資料は、既存の仮名の範囲内で三種の鼻音韻尾を明瞭に書き分けようとしていた。しかしながら、続く平安中期の資料においては、特殊符号を考案することにより、国語音には存在しない音を表現する方法が模索される一方で、全体としては、鼻音韻尾の書き分けが混乱しているように見える資料が目に付くようになる。

以下、表記模索期の訓点資料の様相を、和語のm音便・量的撥音便・促音便、漢字音のm韻尾・n韻尾を中心に見ていこう。

（三）『漢書楊雄伝』天暦二年（九四八）点（大坪一九七六による）

和語の撥音便・促音便

①m音便

〔ム表記〕履〈フム〉（白）（て）〔20〕、躞〈タ、ム〉（朱）（て）〔38〕、歴〈エラム〉（朱）（て）〔111〕

②量的撥音便

〔零表記〕孰〈イカソ〉（墨）〔45〕、奚〈イカソ〉（朱）〔397〕

③促音便

〔零表記〕度〈ノトル〉（朱）〔16〕、梢〈ウテ〉（白）〔115〕、宗〈タト〉（朱）（ひ）〔251〕、崇哉〈タト〉（朱）（いかな）〔535〕

漢字音の子音韻尾（加点の種別が無注記の例は、仮名は白点。反切などの音注は墨点）

①m韻尾

〔ム表記〕陰（朱去）（集音蔭）イム〔187〕、炎（朱去）エム〔172〕、炎（白去）エム〔260〕、函（角平重）カム（角）〔357〕、嵌（朱上）（火敢反）カム〔170〕、厳（白平重）カム〔517〕、嶔（朱平軽）（口銜反）カム〔155〕、参（白平軽）シム〔124〕、襂（白・朱平軽）シム〔131〕、潭（朱平重）シム〔50〕、嶜（白平重）シム〔508〕、潜（白平）セム〔44〕、潜（朱平重）セム・シム〔145〕、潜（白平重）セム〔509〕、聃（白平軽）（集多甘反）タム〔100〕、汎（朱去）ハム（角）〔50〕

②n韻尾

〔ム表記〕烟（朱平軽）イム〔332〕、煴（朱平軽）ウム〔332〕、蝖（朱上）（集一旬反）エム〔223〕、羨（朱去）エム・セム〔460〕、干（白平軽）カム〔120〕、竿（白平軽）カム〔428〕、軒（朱平軽）ケム〔165〕、粲（白去）サム〔127〕、軫（朱上）シム〔437〕、般（朱平軽）ハム〔156〕、芬（朱平軽）フム〔207〕、骿（朱平重）ヘム〔435〕、曼（朱去）マム〔149〕、巒（白平）ラム〔156〕、鸞　ラム〔88〕、瞵（朱平重）リム〔168〕、蝯（白平重）ヱム〔464〕

〔イ表記〕允（朱上）（余□反）ヰイ（零表記か？）〔448〕

〔零表記〕閫（朱上）コ〔265〕、棍（朱去）コ〔201〕、瓚（朱去）サ〔257〕、鎮　チ〔448〕、淟（白上）（吐典反）テ〔12〕、涊（白上）（乃典反）テ〔12〕、敦（朱平重）ト〔189〕、鸞　ラ〔63〕、鸞（白平重）ラ〔136〕、巒　ラ〔323〕

③t韻尾

〔ム表記〕輵（朱入軽）（白音葛）アム〔479〕、軋（於黠反）アム〔166〕、説　エム〔74〕、仡（魚乙反）（白音吉）キム〔170〕、偈（朱入軽）（集音竭）ケム〔134〕、忽（白入軽）コム〔180〕、曶（朱入軽）コム〔126〕、曶（白入軽）コム〔528〕、帥（朱入軽）（文選音決音率）ソム〔132〕、獺（朱入軽）タム〔518〕、呹（朱入軽）（集音逸）チム〔209〕、払（朱・白入軽）（普密反）ヒム〔213〕、茀（朱入軽）（集□□反又扶勿反）フム

〔207〕、蔑（朱入軽）ヘム〔183〕、迾（入軽朱）レム（黄）〔438〕、（突（朱入重）トム〔179〕）

〔零表記〕蹕　ヒす（朱ヲコト点）〔118〕、碣（朱入重）ケトスル〔422〕（促音化した例か?）

④その他　茇（朱入重）（歩末反）ハム（t入声と誤認）〔152〕

『漢書楊雄伝』は平安中期の貴重な漢籍訓読資料である。複数次にわたる加点があり、朱点→墨点→白点→黄点の順で加点されたと推定されている（大坪一九七六）が、加点の種別・順序は本章の論旨には関わらない。和語の音便は、m音便は「ム表記」、量的撥音便・促音便は「零表記」で例外はない。漢字音は漢音系字音であり、右に示したように、m韻尾は例外なく「ム表記」、n韻尾は、「ム表記」を主としつつも、「零表記」の例もかなり含まれる（このことは、吉沢一九三〇にすでに指摘がある）。

一方、入声のt韻尾にも、m韻尾・n韻尾と同じ「ム表記」が用いられることに注意が必要である。零表記を取る促音と、ム表記を原則とするt韻尾とは、異質なものとして把握されていたことになろう。それと同時に、国語音とは結び付きにくいt韻尾の表記には、既存の仮名「ム」を流用して対応したことになる。この場合、t韻尾と鼻音韻尾（m韻尾・n韻尾）とが混同されていたということはまず考えられず、区別はできていたはずである。すると、m韻尾とn韻尾の場合も同様に、表記を共有していることが、ただちに区別が放棄されていることを意味するわけではないことになろう。本当に（n韻尾に統合される形で?）区別が失われているのであれば、m韻尾の表記もn韻尾と同程度に不安定になってもよいはずである。m韻尾は安定、n韻尾は不安定という形での表記の慣用が存在した可能性があろう。当時として最高度の学術水準にあった本資料にとっては、m韻尾とn韻尾が区別できていたという想定の方が相応しいのである。

このような見通しが妥当なものであるかどうか、もう少し他の資料も見てみよう。

（四）石山寺本『法華義疏』長保四年（一〇〇二）点（中田一九五四による）

和語の撥音便・促音便

①m音便

〔ム表記〕醸 サケカムテ

〔レ表記〕囲遶セラレタレヘラマシカハ〔三三〇⑪〕

cf. 囲遶セラレタマヘラマシカハ〔三四三②〕

②量的撥音便

〔零表記〕一銭タモ、何為 ナスレソ、之如 イカ、アラムヤ

③促音便

〔零表記〕藉 ヨテ、因 ヨテ、謂 カタラテ、探 サクテ反、先（さき）タテ、在 いますをモテ、（似 モテ〔三二一四⑩〕）

漢字音の子音韻尾

①m韻尾

〔ム表記〕鑑 カム、錦 キム、蘞 ケム、繊 セム反、沾 テム

②n韻尾

〔∠表記〕讌 エ∠反、幹 カ∠、妍 ケ∠、軒 ケ∠、騫 ケ∠、昏 コ∠、晋 シ∠、穿 セ∠、歎 タ∠、炭 タ∠、揣 タ∠、晩 ハ∠、煩 ハ∠、崘 ロ∠

〔ム表記〕墳 分ム反（ママ）

〔零表記〕冠 クワ（宝―衣服）

③ng韻尾

〔ム表記〕衿 キイヨム（―幔）、方 ホム（―円）

〔ウ表記〕塘 タウ

〔イ表記〕郢 エイ、亭 テイ、秉 ヘイ、螟 メイ、蛉 レイ、零 レイ、嶺 レイ

〔零表記〕羌 キイヤ反

〔∠表記〕嶠 ス∠反（―北）

④t韻尾

〔ム表記〕碎 ソム（―磕）

〔∠表記〕黠 か∠、偈 ケ∠、折 せ∠、拙 せ∠反、卒 ソ∠

右の他、「成 ナム、《（ママ）》トする〔三七八④〕」の例があり、「ナ、ムトする」の誤とすれば、量的撥音便の零表記、「ナム、、トする」の誤とすれば、量的撥音便のム表記ということになる。他の例との整合性からは前者の解が妥当ということになるが、確実ではない。

m音便の撥音の表記にも、注意すべき点がある。量的撥音便・促音便が零表記で一定しているのに対し、m音便はム表記と特殊符号表記が各一例ずつある。前者は原則通りで問題はないが、後者の「囲遶セラレタンベラマシカバ〔三三〇⑪〕」は、不審である。バ行音の前のm音便であるので、特殊符号を用いたとしても完全な例外ではないものの、この資料では、和語に特殊符号を用いた箇所が他になく、一方、漢字音のn韻尾には特殊符号が用いられているものの形が異なる。また、少し後に「囲遶セラレタマヘラマシカバ〔三四三②〕」と、全く同じフレーズの非音便形が

出てくる。本章の論旨の反例となるわけではないものの、やや不可解な例である。

漢字音のm韻尾とn韻尾とは、よく書き分けられているが、ng韻尾の表記が特徴的である。通常「イ表記」になるもの（「㋓イ」の形を取るもの）は、そのまま「イ表記」となっているが、「ウ表記」になるものについては、「ム表記」「∠表記」を含んでいる。つまり、一部がm韻尾・n韻尾の表記と重なっているのである。ちなみに、t韻尾（t入声）の表記にも、原則として「∠表記」が用いられており、n韻尾と表記を共有していることになる。調音点の近似に基づいたものか、あるいは、国語音とは結び付けにくいタイプの音という共通点に基づいた符号ということになろう。

ng韻尾の「ム表記」は、第四節で挙げたように、この資料が、「恃 タノウテ」「摘 ツウテ」のように、バ行・マ行四段動詞の音便形を「ウ」で表記した、ごく早い例を持っていることと表裏をなすものであろう。

（五）醍醐寺本『法華経釈文』（『古辞書音義集成』〈汲古書院〉による）

漢字音の鼻音韻尾

①m韻尾

〔ム表記〕品 ヒム〔上四オ〕、錦 キム〔上四オ〕、甘 カム〔上八オ〕、敢 カム〔上九ウ〕、店 テム〔上一二ウ〕、擥 ラム〔上一三オ・上一九オ〕、咸 カム〔上一五ウ〕、検 ケム〔上一五ウ〕、[illegible] トム〔上一七オ〕、艶 エム〔上 一七ウ〕

②n韻尾

〔✔表記〕販 ハ✔〔上五オ・上一三オ〕、煩 ハ✔〔上五ウ〕、辨 ヘ✔〔上八ウ〕、勉 ヘ✔〔上八ウ〕、岸 カ✔〔上九オ〕、幹 カ✔〔上九オ〕、旱 カ✔〔上九ウ〕、満 マ✔〔上 九ウ〕、面 メ✔〔上一二オ〕、曼 ハ✔〔上一三オ〕、眄 ヘ✔〔上一四オ〕、硯 ケ✔〔上一四オ〕、佃 テ✔〔上一四ウ〕、問 モ✔〔上一五ウ〕、軒 ケ✔〔上一五ウ〕、晋 シ✔〔上一

七ウ〕、換 クワレ〔下二オ〕
〔ム表記〕袁 ヱム（レ?）〔上五ウ〕、渾 ヘム（レ?）〔上七オ〕
〔ウ表記〕近 キウ（去 近抛反）〔上一五ウ〕
〔零表記〕騫 ケ〔上一一ウ〕

③ng韻尾

〔レ表記〕魴 ハレ〔上四オ〕、央 アレ〔上四ウ〕、衆 シレ〔上五オ〕、虫 チレ〔上五オ〕、房 ハレ〔上六ウ〕、肯 コレ〔上七ウ・上一五オ〕、猿 ラレ〔上八オ〕、勇 ヨレ〔上九ウ〕、恭 クヨレ〔上一二ウ〕、妄 ハレ〔上一三ウ〕、孟 マレ〔上一四ウ〕、郎 ラレ〔上一五ウ〕、応 ヨレ〔上一五ウ〕、隆 ルレ〔上一六オ〕、勝 シヨレ〔上一七ウ〕
〔ム表記〕逢 ホム（レ?）〔上一七ウ〕
〔ウ表記〕朧 リヨウ〔上九ウ〕、冢 チヨウ〔上一二ウ〕、向 キヤウ〔上一九オ〕
〔イ表記〕霊 レイ〔上四オ〕、盈 エイ〔上四ウ・上八ウ〕、明 メイ〔上一〇ウ〕、並 ヘイ〔上一三ウ〕、掟 テイ〔上一六ウ〕、病 ヘイ〔上一七ウ〕、征 セイ〔上一七ウ〕

醍醐寺本『法華経釈文』は、一〇世紀末から一一世紀初頭に書写・加点されたと推定される、妙法蓮華経の音義の一本である。使用されているのは漢音系字音である。m韻尾は「ム」、n韻尾は「レ」で原則として書き分けているが、ng韻尾の表記の多くが、n韻尾と特殊符号「レ」を共有している。これについても、同時代の他資料や、後世の漢字音の鼻音韻尾のありようから見て、符号が共有されているだけであって、漢字音の鼻音韻尾として、n韻尾とng韻尾は区別されていたと考えるべきであろう。

なお、本資料は、実際には「ム」か「レ」かを見分けにくい例が少数ある。右の整理は『古辞書音義集成』の索引の判定に従っているが、n韻尾の「袁　ヱム〔上五ウ〕」「渾　ヘム〔上七オ〕」、ng韻尾の「逢　ホム〔上一七ウ〕」は、それぞれ「レ」という判定も十分可能な字形をしており、そのように判定して良いならば、例外がほぼなくなる。

以上に紹介した資料はごく一部のものに過ぎない。この他の資料においても、平安中期頃までは、漢字音の鼻音韻尾の表記は流動的であり、さまざまな表記が模索されていた。

石山寺蔵『仏説太子須陀拏経』平安中期末点の場合、m韻尾「禁〈キイ〉止〔95〕」「禁〈キ〉止〔99〕」、n韻尾「鳧雁〈フカ〉〔190〕」「四遠〈ヱ〉〔116〕」のように、ともに「零表記」を原則とし、m音便「毒〈クルシテ〉〔322〕」「惟念〈オモミル〉に〔70〕」、量的撥音便「知〈サトナ〉者〈は〉〔78〕」「為〈ナヌル〉〔200〕」のように、和語の撥音もすべて「零表記」になる特異な資料である（小林一九八四・二〇一二）。

また、石山寺蔵『成唯識論』寛仁四年（一〇二〇）点も、m韻尾「耽タム〔六337〕」、n韻尾「渾クウム〔六396〕」、m音便「恃タノムて〔六175〕」、量的撥音便「寧イカムそ〔一142〕」、促音便「妄〈イツハ〉ムて〔一99〕」と、すべてが「ム表記」になりうる（量的撥音便・促音便は、一部に零表記もある）、別の方向に特異な資料である。この文献は、もと東大寺から出たもので、「平安時代中期以前に発するものであることを推定させる（築島一九九六）」と評される、訓法などにおいても、古態をとどめる訓点資料である。

いずれも表記の模索期の一つのあり方であり、ただちに発音の区別が放棄されていると考えるべきではないであろう。

平安中期の資料、および、その影響下にある資料については、表記が混乱している（書き分けていない）ように見える場合であっても、それは模索期における表記の通用現象の反映である可能性を、慎重に検討してゆく必要があろう。

特に、加点者の学力的水準が高いと目される資料の場合には、m韻尾とn韻尾の区別自体はできていたと考える方が、その区別が、鎌倉時代に入った頃に失われたとする、一般的な音韻史の説明とも調和しやすいのである。

第六節　平仮名文献の鼻音韻尾表記

最後に、書写年代は下るものの、古態をよくとどめていると考えられる平仮名文献について考察をする。平安時代書写の平仮名文学作品はきわめて乏しく、その多くが和歌関連のものであるためもあって、平仮名文献における和語の撥音便や漢字音の鼻音韻尾の表記を知るための資料は、かなり限定される（和歌は原則として音便形も漢語も用いないからである）。

（六）関戸本三宝絵

関戸本三宝絵（東大寺切も含める）は、十分な長さを持った散文文献であり、仏教説話という内容ゆえに、漢語（しかも仮名書き）を多く含む。奥書に「保安元年（一一二〇）六月七日書うつしおはりぬ」とある貴重な資料である。

この資料の和語の撥音の表記は、以下の通りである。太字で示したものが、『名古屋市博物館蔵 三宝絵』（名古屋市博物館）の影印によったものであり、残りの例は、小泉・高橋（一九八〇）の翻刻に従った。

①m音便

〔む表記〕をかむて（拝）〔上三〕、**かむのくたり**（上件）〔上八・**中一七**〕、**なむた**（涙）〔上八・上一三・**中序**・**中四**・**中一一**・**中一八**〕、**ねむころに**〔上一三・**中五**・**中一六**・**中一八**・下七〕、**あむす**（浴）〔**下序**・下四〕、**をむな**（女・嫗）〔**下一**・下一三・**下一五**・**下一九**〕

〔ん表記〕**をんな**（上一二・中一二・中一三・中一八）、**なんた**（涙）（中一）、**おんな**（女・嫗）（中四）

〔零表記〕たはむ（賜）（上一三）、**つかまつる**（中一）、**ふた**（簡）（下一）、**ふて**（筆）（下一九）

②量的撥音便

〔零表記〕**なとか**（何）（上三・中一八）、あなり（上四・上一二）、お（追）はれたなり（上一二）、**いかてか**（如何）（上一三・中八・中一一・中一五）、**なめり**（中一六）、**いかて**（如何）（中一六）、**まところ**（政所）（中一八）

二種の撥音（m音便・量的撥音便）は、よく書き分けられている。m音便の例として、「む表記」「ん表記」を念のために区別して整理したが、「む」と「ん」は同じ表記と見なして良い。m音便における「零表記」は、例外的な形ということになるが、「たぶ（賜）」「つかまつる」は、後続音が唇音（バ行音・マ行音）であり、音声的に量的撥音便に接近するので、「零表記」であっても説明可能な範囲の例外である。もっとも、「たぶ」は上代から例があり、「つかまつる」は、「承　ツカマツル（最勝王経平安初期点）」の他、宇津保物語・源氏物語など、他の平安時代の文学作品（ただし書写年は下る）に「零表記」形の例が多く見られるので、そもそも最初からm音便の例としては扱わない立場もあろう。この他、「おぼす（中一八）」の例もあったが、この語には「おぼほす」という語形も存在するので、「おもほす」のm音便形ではなく、「おもほす＞おぼほす（子音交替）＞おぼす（重複音脱落）」という経緯で成立した可能性の方が高いであろう。

残りの「ふで（筆）」「ふだ（簡）」が純粋な例外ということになる。「ふで（筆）」は、「ふみて（文手）」の縮約とされ、「毫〈フムテ〉（大慈恩寺三蔵法師伝承徳三年（一〇九九）点八85）」のような「フムテ」の例も多いが、「翰〈フテ〉（地蔵十輪経元慶七年（八八三）点序34）」「毫〈フテ〉（大慈恩寺三蔵法師伝延久元年（一〇七〇）頃点一24）」など、比較的早くから「フテ」の例もある。個別の変化によって、m音便の［-m］が後続音に同化・吸収されたものと考えたい（ウ音便形の「×フウデ」を経由した可能性もあるが、「フウデ」の実例は見当たらない）。同様に「ふだ（簡）」は、「ふみいた」の転とされ、古くは「杜（札）〈布牟太〉〔群書類従本日本霊異記・中一〇〕」「牓〈フムタ〉〔四分律行事鈔平安初期点〕」など、m音便形の「フムタ」であるが、十二世紀以降には「案〈フタ〉〔冥報記長治二年（一一〇五）点〕」など、確実な「フダ」の例が見え始める。以上の「ふで」「ふだ」に関しては、「ふばこ」「ふばさみ」等、バ行音の前位置での零表記形の影響などにより、「ふ（文）」のみで造語成分化していた可能性もあろう。

以上のように若干の例外が混ずるものの、原則としては、m音便と量的撥音便が区別されている状態に、漢字音のm韻尾とn韻尾とは、どのような表記で取り入れられたのであろうか？　この資料の鼻音韻尾の分析は、すでに春日和男（一九七五）・沼本（一九八六）にもあるが、いくつかの前提が異なるため、鼻音韻尾の実態の見え方にも相違が生じることになる（引用の方針は和語の撥音便と同様である）。

①m韻尾

〔む表記〕し、む（信心）〔上二〕、**花こむ**（厳）**を**〔**中序**〕、**あこむ**（阿含）**を**〔**中序**〕、**きむめい天王**（欽明天皇）〔**中序**〕、**しむ殿**（寝殿）〔**中二**〕、**ほむ王たいさく**（梵王帝釈）〔**中一**〕、さむ（讒）して〔中二〕、おむかく（音楽）〔中三〕、**花こむ**（厳）**経**〔**中四**・下一〇・下一三〕、**けむ**（験）**まします**〔**中八**〕、**えむら王**（閻羅王）〔**中一四**〕、**こむかう**（金剛）**般若経**〔**中一四**〕、**にむ**（任）**せる**〔**中一五**〕、**ねむ**（念）**を**〔**中一六**〕、**ねむ**（念）**ず**〔**中一六・中一七**〕、**けうほむ**（憍梵）**比丘**〔**下序**〕、**なむえふたい**（南閻浮提）〔**下一**〕、**えむま**（閻魔）**王宮**〔**下一**〕、さうこむ（荘厳）〔下二〕、せむほふ（懺法）〔下三〕、ほむて（梵天）の〔下四〕、さむゐ（三会）〔下一一〕、こむかうせし（金剛山寺）〔下一二〕、花こむゐ（花厳会）〔下一三〕、**なむかく**（南岳）〔**下一九**〕、**とむし**（貪嗔）〔**下一九**〕、**しむち**（心地）〔**下一九**〕

〔ん表記〕**せんふく**（瞻匐）〔**下序**〕

〔う表記〕けうとうみ（嬌曇弥）〔下七（二例のうち、最初の一例は「む」を傍書）〕、ほう王経（梵網経）〔下一九〕

〔零表記〕えふたい（閻浮提）〔中一〕、なむえふたい（南閻浮提）〔下一〕

② n韻尾

〔零表記〕し丶む（信心）〔上二〕、ほなう（煩悩）〔上八・中序・下一九〕、廿よね（廿余年）〔上一三〕、は若（般若）〔中序・中一一・中一四〕、せし（禅師）〔中序・中五・中一六〕、し王（親王）〔中一〕、しら（新羅）〔中一〕、せし（宣旨）〔中一〕、なは（難波）〔中一・中三・中一三〕、へ化（変化）〔中一三〕、にえう（仁耀）〔中一四〕、このそう（権椽）〔中一五〕、こさう（勤操）〔中一八〕、えき（縁起）〔中一八〕、さた（讃歎）の〔中一八〕、せたら(う)（禅定）〔下序〕、したい（身体）〔下四〕、ほむて（梵天）の〔下四〕、ひつる（賓頭流）〔下四〕、せこむ（善根）〔下九〕、しつ（神通）〔下九〕、て（天）に〔下一〇〕、ちとろ（智度論）に〔下一〇〕、しこむゐ（真言院）を〔下一二〕、こむかうせし（金剛山寺）〔下一二〕、ひて（悲田）と〔下一三〕、せやくゐ（施薬院）と〔下一三〕、こくふし（国分寺）〔下一三〕、せさいとうし（善財童子）〔下一三〕、せちしき（善知識）〔下一三〕、ひ女（貧女）〔下一五〕、も（文）を〔下一九〕、けむかいろ（顕戒論）〔下一九〕、いちに（一人）〔下一九〕、とむし（貪嗔）〔下一九〕、らか（羅漢）〔下一九〕、さも（沙門）は〔下一九〕、たいし（大臣）より〔下一二〕、きえ(ママ)（縁起）に〔下一二〕

〔む表記〕尺そむ（釈尊）は〔中序〕、をむほうし（遠法師）〔中序〕、ゑむ（縁）に〔中序〕、おむ（恩）を〔中序・下七〕、せけむ（世間）〔下序〕、せむたむ（栴檀）〔下序・下六〕、もむ（文）〔下序〕、せむこむ（善根）〔下一〕、てむけう（伝教）大師〔下三〕、りむ王（輪王）〔下四〕、ねはむ（涅槃）〔下四〕、あなむ（阿難）〔下四・下七〕、せこむ（善根）〔下九〕、たむをち（檀越）〔下一一〕、しこむゐ（真言院）〔下一二〕、もくれむ（目連）に〔下一五〕、けむかいろ（顕戒論）〔下一九〕、もむ（文）〔下一九〕、さむけ(ママ)（邪見）〔下一九〕

〔ん表記〕十せん（善）を〔上一三〕、**あなん**（阿難）〔**中序**〕、**らかん**（羅漢）を〔**中序**〕、**大そう経てん**（大乗経典）を〔**中序**〕、**さん**（算）**を**〔**中八**〕、**おん**（恩）〔**中一三**〕、**をん**（恩）〔**中一四**〕、**へん**（変）**して**〔**中一六**〕、せんたう（禅定）（「せたら」ノ傍ニ訂）〔下序〕、よくてん（欲天）〔下四〕、まれいせん（摩黎山）〔下四〕、羅かん（羅漢）〔下一九〕

〔に表記〕**せに**（銭）〔**中一〇・中一四・中一五**・下四〕

この他、m音便にm韻尾の漢字をあてた「**念ごろ**〔**中一二**〕」の例がある。

以上のような関戸本三宝絵の状態は、「混乱している」と片付けられてしまうこともあるが、この「混乱」のありように、積極的な意味を見いだすこともできる。つまり漢書楊雄伝の場合と同様に、m韻尾は安定、n韻尾は不安定という形での対立を想定することが可能なのである。右の整理においては、念のために「む」と「ん」を分けたものの、和語の撥音と同様に区別なく使われていると見て良いであろう。そこで、和語の二種の撥音に関する別解を基準にして、三宝絵の鼻音韻尾の表記を具体的に見てみよう。

国語音において音韻として存在した/-m/［-m］に対応するm韻尾は、原則として「む（ん）表記」で安定しているものの、例外的に「う表記」「零表記」が数例ずつある。「零表記」の「えふたい（閻浮提）〔中一二〕」「なむえふたい（南閻浮提）〔下一二〕」は、後続音がバ行音であるので、音声的に量的撥音便に接近しているが故の零表記と見なされ、説明可能な範囲の例外ということになろう。「う表記」について、古代の日常漢語において、漢字音のm韻尾が、しばしば「う」に転じる（後続音に制限はなく、語末位置でも転じることが可能である）ことは、経験的に知られていることであろう。これは第二節で述べた、m音便とウ音便の交替現象に平行するものである。「けうとうみ（矯曇弥）〔下七〕」「ほう王経（梵網経・連声の過剰修正を含んだ表記）〔下一九〕」は、必ずしも日常漢語とは言えないけれども、同様の事象を反映した表記と説明できる。

なお、本章での議論に直接関わってくるものではないが、ｎ韻尾についても、特定の条件下では、「う」に転じることがあった。これは、日常漢語において、ｎ韻尾が和語の量的撥音便と同様のものとして発音された結果、カ行・ガ行音の前で音声的に［-ŋ］に、バ行・マ行音の前で音声的に［-m］になり、それぞれng韻尾・ｍ韻尾に準じることになったためと説明できよう（後者はｍ韻尾の「う表記」に相当）。

日常漢語において、ｍ韻尾・ｎ韻尾が「う」で表記される事例

①ｍ韻尾（後続音に制限がなく、語末位置でも「う」になりうる）

竜胆〈リウタウ俗・リウタム〉、林檎〈リウコウ〉〔前田本色葉字類抄〕

かうし（勘事）、さうけむ（讒言）〔源氏物語絵巻〕

他、かうじ（柑子）、ごらう（覧）ず、こうや（紺屋）、うりうゐん（雲林院）、さう（三・現代の人名にも残る）など。

②ｎ韻尾

ａカ行・ガ行音の前で「う」になりうる

はうぐわん（判官・古今和歌集に例あり）

九九三詞書・はうか〔本阿弥切〕・はう官〔伊達本〕

他、らう（乱）がはし、はうくわ（半靴・枕草子に例あり）など。

ｂバ行・マ行音の前で「う」になりうる

わうばん（椀飯・源氏物語に例あり）

垸(上)飯(平濁)〈ワウハン〉〔前田本色葉字類抄〕

②aの「らうがはし」については、「濫」に由来するならばm韻尾が「う」で表記された例となるが、源氏物語絵巻に零表記の「らがはし」の例があるので、右の整理では、「乱」のn韻尾が「う」で表記されたものとして扱った。

以上のように、三宝絵においては、「む（ん）表記」を原則とするm韻尾に対し、n韻尾の表記は混沌としている。量的撥音便の異音の一部に［-n］は存在したが、音韻としての/-n/は国語音に存在しなかったため、n韻尾は日本語話者にとって把握しにくい音であり、「零表記」を原則としつつも、「む（ん）表記」もかなり存在し、全体として不安定になっていると解釈できる。この表記のゆれは、予測・説明が不可能である（後続音の影響もないようである）。ただし、この表記のゆれが原本に由来するものなのか、書写の過程で、「零表記」から「む（ん）表記」へと、中途半端に加筆された結果であるのかは確定できない。しかし、m韻尾は安定、n韻尾は不安定という同様の様相を示す漢書楊雄伝の事例を勘案すれば、m韻尾とn韻尾の区別ができていても、このような形での表記のゆれが現れうると考えて、決して不自然ではないであろう。もし、m韻尾とn韻尾との区別自体ができなくなっていたとしたら、m韻尾の表記も、n韻尾と同程度に不安定になっていても良いはずである。

訓点資料のように、一定水準の字音学習に裏付けられた位相の資料においては、一般に、m韻尾とn韻尾とが、比較的良く書き分けられている（書き分けようという意志が窺われる）。右の関戸本三宝絵の場合は、編者が源為憲という学者であるだけではなく、内容的にも仏教説話であって、そこに用いられる漢語も、必ずしも日常語とは言えないものであった。その意味では、一般の平仮名文献よりも、訓点資料に近い性質を示す面もあろう。もっと一般的な平仮名文学作品においては、日常生活で用いられる、より日本語に溶け込んだ漢語が、主として使用されようから、日本語話者の外国語把握の得手不得手が、もっと如実に現れることになるのだろうか？

（七）源氏物語絵巻

国宝『源氏物語絵巻』は、平安末期の制作とされ、源氏物語の本文としては、平安時代に遡る唯一のものである。この文献もまた平安時代の貴重な散文資料となる。以下の調査は、田島毓堂編『源氏物語絵巻詞書総索引（古典籍索引叢書4）』（汲古書院）および諸複製本によった。

和語の撥音に関しては、m音便は「すむだる」「をむなぎみ」「かむのきみ」「わかきんだち」「おほむ」など「む（ん）表記」、量的撥音便は「なめり」「べかめる」「いかゞ」「など」など「零表記」となっており原則通りである。「おぼす（∧おもほす）」「おぼゆ（∧おもほゆ）」の例があるが、これらについては、関戸本三宝絵の項において述べたように、本章では、m音便の例としては扱わない。また、「なごり」が「なみのこり」の転であるとすると例外となるかも知れないが、この語源説は確実ではない。

源氏物語絵巻においても、m音便は「む（ん）表記」、量的撥音便は「零表記」であるという見通しのもと、漢字音のm韻尾・n韻尾の表記の実例を整理しよう。

①m韻尾

〔む（ん）表記〕えむ（艶）あるほと（蓬生）、けむ（験）つく（柏木一）、さんは（三番）（竹河二）

〔う表記〕かうし（勘事）（柏木二）、さうけむ（讒言）（柏木二）

②n韻尾

〔零表記〕けそ（見證）（竹河二）、月え（宴）は（鈴虫二）、こせ（御前）の（鈴虫二）、ほい（本意）（鈴虫二）、れせゐん（冷泉院）（竹河二）、ゐものすけ（右衛門佐）（関屋）、せさい（前栽）（御法）、たいめ（対面）たまはらん（東屋二）、ら（乱）かはしき（柏木二）、さんは（三番）に（竹河二）

〔む（ん）表記〕いとみねん（念）し（竹河二）、こはん（碁盤）めしいて、（宿木一）、さうけむ（讒言）の（柏木二）、ふけんほさち〔普賢菩薩〕〔末摘花断簡〕、へむ〔弁〕は〔竹河二〕、れせゐん〔冷泉院〕の〔竹河二〕、ろん〔論〕なう〔柏木二〕、ゐん〔院〕へ〔竹河二〕

鼻音韻尾の表記に関して、関戸本三宝絵と同様に、m韻尾の「う表記」の例があり、しかも出現率が高い。規範的な漢字音形からのこのような「崩れ」は、日常漢語をより多く含む性質の平仮名文献において、顕著に現れるのであろう。これを説明可能な例外として処理して良いならば、『源氏物語絵巻』においても、m韻尾の表記は安定しており、n韻尾の表記が不安定であるということになりそうである。ただし、全体として例数が乏しいことは否めない。

（八）青谿書屋本土左日記

青谿書屋本『土左日記』は、紀貫之自筆本『土左日記』を忠実に写した為家本を、江戸時代に臨模した写本とされており、貫之自筆本に準じて扱うことが、ある程度は可能である。中田（一九五一）においても、二種の撥音についての議論の出発点となっている文献であるので、最後にこの資料の漢字音の鼻音韻尾の表記について、参考までに整理しておこう。残念ながらm韻尾の例が一例もないが、国語の撥音便は、m音便「む表記」、量的撥音便「零表記」で例外なく書き分けられているので、もしm韻尾の例が存在すれば「む（ん）」で表記されたと予想される。その一方で、n韻尾の表記は、以下のように「零表記」「に表記」「い表記」と多様である。

①m韻尾　　該当例なし

②n韻尾

〔零表記〕てけ〔天気〕〔一月九日〕、さうしもの〔精進物〕〔一月一四日〕、ゑす〔怨〕〔一月一八日〕、もし〔文字〕〔一月一八日・一月二〇日・二月五日〕

〔に表記〕せに〔銭〕〔一月九日・一月一四日〕、とに〔頓〕に〔一月一六日〕

〔い表記〕ていけ（天気）〔一月二六日〕

以上、『関戸本三宝絵』『源氏物語絵巻』『青谿書屋本土左日記』のm韻尾・n韻尾の表記を整理したが、こうした平仮名文献においても、m韻尾は安定、n韻尾は不安定（多様）という形で、対立が存在しているらしいことが判明した。m韻尾・n韻尾の区別自体が危うくなっているのならば、m韻尾の表記も、n韻尾の場合と同じぐらい不安定になるはずである。

だからこそ、平仮名文献よりも規範性が強いことが予想される訓点資料の場合は、一見、m韻尾とn韻尾の区別がされていないように見える資料であっても、それは表記の試行錯誤の一つの表れであって、音としての区別が放棄されているわけではなかった可能性を考えるべきなのである。

第七節　むすび

あらためて、漢字音の鼻音韻尾および入声のt韻尾の、国語音を介した把握の仕方を整理すると以下のようになる。

m韻尾……国語のm音便の撥音と同じものとして把握。

n韻尾……音声としては存在したが、直接的には捉えにくい音。

ng韻尾……国語の母音「ウ（イ）」の変種として把握（清濁の関係に類似）。

t韻尾……促音（零表記）とは異質のものとして把握（むしろ開音節の「チ・ツ」を介して把握するのが一般的であったか）。

右のように捉えることによって、平安中期頃までの漢字音の鼻音韻尾およびt韻尾の表記の実態が、うまく説明できると思われる。以下に、m韻尾・n韻尾の表記の問題に限定して、本章で言及した資料を四つのタイプに分類して示す。

m韻尾・n韻尾の表記

タイプⅠ

・既存の文字の範囲内で書き分ける。n韻尾の表記は流動的であるが、書き分けとしては安定。

央掘魔羅経、金光明最勝王経、青谿書屋本土左日記（？）

タイプⅡ

・既存の文字の範囲内で表記する。m韻尾の表記は安定しているが、n韻尾の表記にも部分的に流用されるため、書き分けとしては不安定。

漢書楊雄伝、関戸本三宝絵、源氏物語絵巻

タイプⅢ

・既存の文字の範囲内で、一切を書き分けない。

仏説太子須陀拏経、成唯識論

タイプⅣ

・n韻尾の表記に特殊符号を使用して書き分ける。

法華義疏、法華経釈文

m韻尾・n韻尾以外の表記について補足しておこう。漢書楊雄伝においては、m韻尾の表記「ム」が、n韻尾にもt韻尾にも流用され、法華義疏においては、n韻尾の特殊符号「∠」がt韻尾と共有される、というように、国語音を介しては把握されにくいタイプのn韻尾とt韻尾とは、表記を共有することがあった。また、法華経釈文においては、n韻尾を表記するための特殊符号「レ」が、ng韻尾にも流用される。ng韻尾の表記は、多くの資料において「ウ（またはイ）」で安定しているが、この資料においては、表記の上でng韻尾と母音韻尾を区別する学術的な姿勢を優先した結果、鼻音性に着目してn韻尾とng韻尾に同一の表記を与え、こちらの書き分けはなくなったということなのであろう。

以上をまとめるならば、m韻尾は安定、n韻尾は不安定（国語音とは結びつけにくい）という質の差を想定することによって、一見混沌とした表記の実態を、うまく説明することができるということである。そして、このような、漢字音のm韻尾・n韻尾についての見通しが妥当であるならば、和語の撥音に関しても、平安時代の撥音に、m音便[-m]とn音便[-n]という音声的に固定した二種があったとする中田説よりも、[-m]に固定したm音便の撥音と、後続音に依存して変化する量的撥音便の撥音の二種があったとする本書の別案の方が、文献資料に見られる漢字音の鼻音韻尾の表記の実態を説明しやすい仮説ということになるであろう。

【注】

（1）近年、X線マイクロビームを利用した実験研究（吐師ほか二〇一四）により、語末撥音の音声についても、かなりゆれ幅の大きいものであり、概説書で説明されているような口蓋垂鼻音[N]であることは少ないことが指摘されている。

第五章　ng韻尾・清濁の表記の相関

今日、外来語の浸透により、ティ・トゥ・ファ・フィなど、様々な新しい音が日本語に定着したと言われている。しかし、日本語に存在しない音を、仮名で忠実に表現しようとする場合、共通ルールが形成されるまでは、その外国語の発音の写し方には、様々なバリエーションが生じ、幾多の表記の試行錯誤が見られるものである。

ドイツ語の例であるが、楳垣（一九四三）では、詩人Goethe［gøːtə］の表記が、ゴエテ、ギューテ、ギエーテ、ギョート、ゲォエテ、ギヨウテ等、二九種にも及んだことが指摘されている。一般に、その言語（この場合は日本語）には存在しない音（この場合は［ø］）の特徴を、余すところなく文字化しようと努力すればするほど、表記が過剰になっていくものである。現代においても、馴染みのない言語の、耳慣れない発音を仮名で表現しようとすれば、かなりのゆれや過剰さが見られることになるであろう。

しかし残念ながら、そのような努力は継続されることが難しく、その言語にとって無理のない形へと、次第に収斂してゆくことになる。

古代の日本人が、中国から漢字を輸入し、その発音をなんとか書きとめようとする場合にも、同様の苦労があったわけであるが、本章では、特に、喉内鼻音韻尾（ng韻尾）の表記と、この音に関わるいくつかの現象から、当時の日本人によって、この外来音がどのように把握され、固有の音韻体系と関連づけられていたかを考察する。

第一節　現代の漢字音におけるng韻尾

前章でも述べたように、n韻尾には「∠〔石山寺本法華義疏長保四年（一〇〇二）点〕」「∧〔金光明最勝王経音義〕」「✓〔醍醐寺本法華経釈文〕」、ng韻尾には「✓〔金光明最勝王経音義〕」「ウレ〔類聚名義抄〕」「宀、〔興福寺本大慈恩寺三蔵法師伝永久四（一一一六）年点〕」というように、日本語にはない音であることを表現するために、それぞれ多様な符号が工夫されたのであるが、この両者には、大きな違いがあった。n韻尾の場合は、これを仮名で表記する方法が不安定であり、結局は「✓」という仮名の外側にあった符号を用いて、表記するようになった。これに対して、ng韻尾の場合は、仮名で表記する方法が、平安初期から安定しており、現代とほぼ同じものが普及していた。つまり、同じように特殊符号による表記の試行錯誤が行われたn韻尾とng韻尾ではあったが、国語音との関係は、大きく異なっていたのである。

ng韻尾を有する漢字は、中古音でいうと通摂・江摂・宕摂・梗摂・曽摂の諸韻に属す。これらの漢字の現在の日本漢字音が、どのようなものであるか、概略を示すと以下のごとくである〔論述の便宜のために字音仮名遣で示す。㋐はア段音という意味である〕。

【呉音】

通摂一等　㋔ウ・㋒ウ・㋒

三等　㋔ウ・㋒ウ・㋒・㋑ウ・シユ

江摂二等　㋐ウ・㋔ウ

宕摂一等　㋐ウ

三等　㋐ウ・㋑ヤウ
梗摂二等　㋐ウ・㋑ヤウ
三四等　㋑ヤウ
曽摂一等　㋔ウ
三等　㋔ウ・㋑ヨウ

【漢音】

通摂一等　㋔ウ
三等　㋑ウ・シユ・㋑ヨウ
江摂二等　㋐ウ
宕摂一等　㋐ウ
三等　㋑ヤウ
梗摂二等　㋐ウ
三四等　㋓イ
曽摂一等　㋔ウ
三等　㋑ヨウ

以上のように、多くの場合、ng韻尾に対応する箇所は「ウ」（漢音の梗摂三四等の場合は「イ」）という日本語のア行の仮名で写されている。ところが、「㋒」「シユ」「㋑ウ」の音形（たとえば「ム（夢）」「シユ（種）」「チウ（中）」など）は、漢字音の音節構造を「IMVE/T」と分析した場合、E（ng韻尾）に一対一に対応すると解される部分を持っていない。

「㋑ウ」の「ウ」もEのみではなくVE（主母音＋ng韻尾）に対応していると分析されるからである。このような音形を、表記の観点から、ng韻尾の「非独立標示」と呼ぶことにする。これに対して、その他の「㋐ウ」等の音形は、「独立標示」と呼ぶことにする。

なお、地名や人名などに用いられる、万葉仮名に準じる漢字には、芳（ハ）・良（ラ）・曽（ソ）・能（ノ）のようにng韻尾を切り捨てて日本語音に引きあてたと解されるものがあるが、本章では、この種の漢字音は扱わないことにする。

第二節　ng韻尾の鼻音性

第一項　鼻音性の痕跡

さて、ng韻尾の非独立標示・独立標示のいかんにかかわらず、現在の日本漢字音では、中国原音の持っていた鼻音性は、単音レベルでは一切保存されていない。しかし、古く（一般的には鎌倉時代に入る頃までとされる）は、日本漢字音においても、ng韻尾は［-ũ］・［-ĩ］のように鼻音として発音されるべきものであって、遇摂・效摂・流摂・蟹摂の陰類の諸韻（u韻尾・i韻尾）の漢字とは、厳然と区別されていたと考えられている。このことは、多くの字音資料におけるng韻尾の特殊表記や、連声濁現象（「ワウゴム（黄金）」「ワウジ（王子）」「ヘイグヰン（平均）」「オウ（応）ず」「メイ（命）ず」のように、上字がng韻尾を持つ場合、m韻尾・n韻尾の場合と同様に、後続の清音が濁音化する現象。第四部第一章第五節参照）などから裏付けられる。

さて、そのng韻尾が鼻音性を持っていることを標示するための表記には、きわめて多種多様なものがあった。この問題については、諸先学による訓点資料等の研究の蓄積[1]が豊富にあり、言及すべき資料も多いのであるが、以下には、数点の代表的な資料、代表的な表記法のみを取り上げることにする。

第二項　類音表記・零表記

特殊な符号を用いることなく、ng韻尾を持つ漢字を表記する方法としては、前掲のような通常表記以外に、類音表記によるものと零表記によるものがある。たとえば、『地蔵十輪経』元慶七年（八八三）点では以下のようにng韻尾を持つ漢字の音が表記されている（中田一九五四・一九八〇）。

【類音表記】

貢〈宮〉、整〈正〉、整〈相〉、牀〈生〉、荘〈生〉、?蟲〈中〉、塚〈徴〉、暢〈長〉、溟〈名〉、梁〈令〉、囹〈令〉、

弄〈令〉

【零表記】

乗〈所〉

この種の表記は他の資料にも広く見られるものであり、ng韻尾を持つ漢字音を、類音表記・零表記で表す方法が確かに存在した。地蔵十輪経元慶七年点には、この他に通常のウ表記（相〈佐ウ〉、鬡〈タウ〉、重〈チウ〉）・イ表記（刑〈ケイ〉、誠〈セイ〉）も存在し、陰類（母音韻尾）の漢字音と表記上は同一になってしまう場合がある。類音表記の音注の中にも、実際には陰類の漢字音と混乱している例（抗〈高〉、猪〈徴〉、労〈良〉）もあるが、少なくとも規範的には、ng韻尾と母音韻尾とは発音し分けるべきものであったと考えられる。

ところで、零表記はng韻尾だけではなく、m韻尾・n韻尾にも見られるものであったのだが、国語音には存在しな

いこれらの鼻音韻尾が、既存の仮名では表記しがたかったため零表記とした、という説明がしばしばなされている。確かにそのような面もあったであろうが、本章で定義したところのng韻尾の「非独立標示（㋒・㋑ウ・シユ）」と「零表記」を比較した場合、その表記方法の本質に絶対的な隔たりはないように思われる。「チウ（重）」「リウ（竜）」のごとき「㋑ウ」の形をとる表記は、「㋐ウ」などと同列に、ng韻尾の「ウ表記」として扱われることも多いと思われるが、「㋑ウ」の「ウ」の部分は、機械的に割り当てれば、中国原音「IMVE/T」の「VE」に相当するのであり、「㋒・シユ」の形とも連続的に扱うべきものであった。その延長線上で考えれば、「㋐・㋔」の形をとる典型的な「零表記」の場合も、その鼻音性は主母音の方に繰り上げられて把握され、その発音も、ア段音・オ段音に鼻音要素が後続するというよりも、ア段音・オ段音そのものに鼻音性を加えて発音するというイメージが持たれていた可能性も十分に考えられよう。それは音声的には決して不自然な聞き取りではないし、実際に中国の方言の中には、ng韻尾が、主母音の鼻音化（鼻母音）として実現しているものもある。[2] もちろん、零表記がそのような中国原音を写したものであると主張するわけではない。

同様に、m韻尾・n韻尾を持つ漢字音の表記に見られる「零表記」の例も、韻尾を独立した要素ではなく、主母音に属する要素、もっと踏み込んで言えば、主母音の変調と捉えていた可能性も、考慮されるべきであろう。

以上のような見通しの下に、「㋐・㋔」のごとき「零表記」も、本書では、ng韻尾の「非独立標示」と捉えておくことにする。なお、「猛者（モサ）」「登山（トザン）」「弘徽殿（コキデン）」のような、後世にも特定の熟語に現れる「㋔」の音形の場合、オ段長音の短呼の問題や、鼻音性の消失時期の問題などが絡み、個別に事情を検討してゆく必要があろうが、本章では個々の考察を保留し、仮に「零表記」および「非独立標示」に含めておく。

一方の類音表記であるが、漢字音全般が一様に類音表記されるのではなく、ng韻尾など、固有の国語音にはない特殊な要素を含んだ字音の標示手段として、あえて類音表記が採用されることがあることは、小林（一九六一）によって指摘されているところである。韻尾を独立させて標示しないという意味では、「非独立標示」ということになるが、この場合は、ng韻尾の把握の仕方までを当該表記から判断することはできないので、別枠で考える必要があろう。

第三項　特殊符号表記

次に特殊な符号を用いてng韻尾を標示する方法を見る。これには大きく分けて二通りの方法がある。一つは独立した符号を用いるもの、もう一つは仮名に補助符号を付加して鼻音韻尾であることを標示するものである。本項では、独立した特殊符号表記を取り上げる。

特殊符号表記を用いた資料として、もっとも著名なものは、承暦三年（一〇七九）抄本『金光明最勝王経音義』（大東急記念文庫蔵）であろう。この文献の冒頭に、いろは歌及び濁音の音図が載せられていることは周知のことであるが、その直後に次のような記述がある（声点は略す）。

　　次可知✓＞二種借字
方ハ✓　房婆✓　経キヤ✓　形義ヤ✓　東ト✓　童土✓
僧ソ✓　増々✓　称シヨ✓　乗自ヨ✓　当タ✓　堂堕✓
空ク✓　窮具✓　中チ✓　重地✓　香カ✓　恒我✓
　件✓音字ニハ異也可知之
仙セ＞　善是＞　見ケ＞　現下＞　返ヘ＞　弁倍＞
天テ＞　伝弟＞　根コ＞　言五＞　真シ＞　神事＞

引イ> 論ロ> 本ホ> 半ハ> 文モ>

件>音ムニハ異也可知之

つまり、この原理に従うならば、ng韻尾は「✓」、n韻尾は「∧」、m韻尾は「ム」で表記され、同時にng韻尾は、「宇」で表記される母音韻尾と明確に区別されるのである。音義の本文は、類音字注が混ざるなど、必ずしも右の原理が貫かれているわけではないのであるけれど、右の記述の意図は明快である。また、ng韻尾に特殊な符号が割り当てられてはいても、「件✓音宇ニハ異也」とあるように、やはり陰類の漢字音「～ウ」と無関係な音と把握されていたわけではなく、この二種を区別するのに特に注意が必要であったのは明らかである。つまり、ng韻尾のための符号「✓」は、通常の「ウ表記」が背後に存在して、初めて意味を持つ特殊符号であったと推定されるのである。実際、この種のng韻尾用の特殊符号が用いられるのは、平安後期ごろからであり、それ以前は「ウ表記」の方が一般的であった。

ところが、右の表記原理をすべてのng韻尾を持つ漢字音に適用するためには、多少の操作が必要になる。「✓」という独立した符号を用いるためには、前提となる通常の字音の仮名表記が「ウ」という独立した部分を持っている必要がある。その条件にかなうのは、本書でいうところの「独立標示」をしているものと、「非独立標示」をするもののうち「㋑ウ」の形をとるものである。後者の例として、「中　チ✓」「重　地✓」が、『金光明最勝王経音義』に実際に見られる。これらの表記は、[tiŋ]・[diŋ] のような音声ではなく、「✓」に主母音の音色を含んだ [tiũ]・[diũ] のような音声を意図したものであるはずであり、「中　×チユ✓」「重　×地ユ✓」のような表記[3]にはなっていない点からも、この音義の「✓表記」が、伝統的な「ウ表記」をベースにしたものであると考えるのが自然である。

非独立標示形の「㋒・シユ」については、対応する長音形「㋒ウ・シユウ（シウ）」などを用いればすむ。古い時代にはこうした長短の違いは表記のゆれの範囲であって（沼本一九九二a・b）、ng韻尾の鼻音性を標示するために長音形を選択することには、何ら抵抗はなかったはずである。次項の補助符号を使用する資料ではあるが、観智院本『類聚名義抄』には、「夢〈ムウ〉」「紅〈具ウ〉」のような、現在では一般的でない長音形が用いられている。

九条家本『法華経音』は、法華経所載漢字の字音を分類・掲出した直後に、次のような記述を持っている。

鼻声字 ウ　口声字 于　舌内字 レ　唇内字 ム

つまり、ng韻尾は「ウ」、母音韻尾（u韻尾）は「于」と書き分ける方針が示されているのである。しかしながら、現存写本の本文では、この表記方針は採用されていない。原本に存在したこれらの書き分けが、転写の過程で失われたためと説明できるかもしれないが、原本の音注に右の表記原理が存在したという推定には疑問もある。『法華経音』の字音分類は、独自のユニークなものであり、その分類と、すべてのng韻尾に特殊符号を使用することとの間には、両立し得ない部分が存在するのである。

『法華経音』の音分類において、ng韻尾を有する漢字は三種類に分類される。すなわち、「本鼻声」「末鼻声」「本唇内」の三種である。「本鼻声」には「宮 ク」「紅 グ」「空 クウ」のような、カ行・ガ行のウ段の字音になるもの、「本唇内」には「夢 ム」「蒙 ム」のような、「ム」となるもの、「末鼻内」には「正 シヤウ」「方 ホウ」「龍 リウ」「通 ツ」のような、それ以外のものが分類される（林史典一九六九）。

『法華経音』には、原則として反切で字音が標示されており、右に挙げた仮名書き音形は、参考までに挙げた一般的な呉音形であって、『法華経音』の編纂者（おそらく明覚）が意図したものとは限らないものである。たとえば、「本鼻声」の場合、そこに属すると推定される「恭・宮・空・共」などの諸字が、仮名で書いた場合「ク（グ）」なのか「クウ（グウ）」なのか明確にしがたい。「本唇内」に属する漢字の扱いは、更に不透明である。「本唇内」に属する漢字には、ng韻尾を有するもの（蒙・夢）と、母音韻尾を有するもの（無・茂・某・務・牟・貿）の両方があるが、これは吉田金彦（一九五七）が指摘するように、韻尾の混乱というよりも、母音韻尾を有する右の諸字も［mũ～mː］のごとく、音節全体が鼻音性を帯びて発音されたため、一つのグループにまとめられたのであろう。

いずれにしても、鼻声字「ウ」・口声字「于」という原理は、九条家本『法華経音』の字音分類原理に馴染まないものなのである。したがって、それを誰よりもよく理解していた編纂者自身が、書きわけの原理を提示したものの、その運用を最初から断念してしまっていた可能性も十分にあるだろう。

第四項　補助符号表記

もう一つのng韻尾の標示法として、通常の仮名表記に補助符号を付加して鼻音韻尾であることを表すものがある。この標示法を持つ文献としてもっとも著名なものは、『類聚名義抄』であろう。図書寮本・観智院本ともに、和音などのng韻尾を標示するために、「レ」のような符号を仮名音注の「ウ（イ）」の右肩に付している。実際には、ng韻尾の漢字であっても何も付けていない例が多いのではあるが、この辞書本来の編纂意図としては、ng韻尾の符号を、すべての該当音に付すことを目指していたものと考えてよいであろう。

一方、『類聚名義抄』のこの符号が、ng韻尾の標示のみならず、濁音の標示にも用いられていることも、よく知られていることである（観智院本『類聚名義抄』の濁音標示は、この他に濁音仮名・濁声点によるものもある）。この同じ符号を、一つの仮名音注に別々の意味（濁音標示・ng韻尾標示）で使った例も見られる。

〔図書寮本〕

繒　真云ソ《レ》ウ《レ》（平上）〔二九四6〕

紅　真云ク《レ》ウ《レ》（平上）〔三〇九6〕

〔観智院本〕

従　主《レ》ウ《レ》〔仏上二三ウ〕

上　シ《レ》ヤウ《レ》〔仏上四〇ウ〕

形　キ《レ》ヤウ《レ》〔仏下本一七オ〕

瓶　ヒ《レ》ヤウ《レ》〔僧中一〇オ〕

強　カ《レ》ウ《レ》〔僧中一三ウ〕

盛　謝《レ》ウ《レ》〔僧中二〇ウ〕（「謝」は濁音仮名でもある）

このような標示法をとる場合、濁音標示とng韻尾標示とが紛れないようにするためには、当然のことながら、仮名音注が二字以上である必要がある。実際には、濁音標示の場合は一字の仮名にもこの符号を用いた例があるので、ng韻尾を標示するときのみ、二字以上の仮名音注である必要があるということであり、これは単純に文字数に基づいたものではなく、字音の末尾に「ウ（イ）」の仮名があるかどうかの問題である。つまり、このng韻尾標示方式からは、「夢　ム」「公　ク」「種　シユ」のような「ウ型」「イユ型」の音形が排除されるということである。

濁音標示とng韻尾標示とに、同じ補助符号「レ」が用いられている理由が、「鼻音性」という、濁音とng韻尾の共通の特徴の観察に基づくものであった（吉田金彦一九五九、築島一九六七）のか、表記通りには発音しないという意味の注意符号であった（渡辺修一九七一、沼本一九九七）のかは、当時の濁音が、語頭においても前鼻音化していたかどうかが不明であり、[4] 結論を出すのは難しい。いずれにしても、清音・濁音の対立と、母音韻尾・鼻音韻尾の対立の標示において、表記上、同じ処置が為されることがあったという点は、注意が必要である。

『類聚名義抄』以外にも、濁音標示とng韻尾標示に同一の補助符号を用いる文献はいくつか報告されており、興聖寺本『大唐西域記』巻第十二平安中期点、高山寺蔵『本命供略作法』嘉保三年（一〇九六）点は、仮名の右肩に単点「、」を用い、仁和寺蔵『諸経要集』巻第十八は、『類聚名義抄』と同様に、仮名の右肩に「ᐯ」を用いているという(5)。濁音やng韻尾の発音に対して、「その仮名に何らかの要素を加えて発音する」あるいは「その仮名を変調させて発音する」という、直観的な把握が共通してあったことが想定されよう。

第五項　鼻音韻尾把握のバリエーション

以上のような文献資料の様相から、平安後期～院政期の人々が、ng韻尾に特別な表記を用いている場合にも、通常の仮名表記を通して理解していたことが推定される。具体的には、漢字音のng韻尾は、母音の「ウ（イ）」が変化したものとして捉え、また発音していたと考えられるのである。外国語音を把握するとき、母語の発音を基本において、その変種として理解することは、現代でもごく普通に見られることである。たとえば、英語のrもlも日本語のラ行音の変種として聞き取り、発音するのが標準的な日本人であろう。

ここで、平安時代におけるm韻尾・n韻尾・ng韻尾の表記のあり方の差を、あらためて確認しておこう。

m韻尾は、国語音のm音便の撥音と同等のものと把握されたため、平安時代を通じて、概ね「ム表記」で安定していた。n韻尾は、国語音に音韻的に対応するものがなかったため捉えにくく、仮名で表記する場合には「ニ表記」「イ表記」「零表記」等、ゆれが生じることになった。その後、様々な符号も工夫されたが、最終的には、仮名の外側にあった符号「ᐯ」で定着することになった。この符号は、和語の量的撥音便の撥音と共通するものであるが、量的撥音便が、音声的には[-n]であることが顕著に多かったこともあって、n韻尾と符号を共有するようになったものであろう（どちらか一方が先行して、もう一方の表記に影響したというような、単純な関係ではなかったはずである）。これに対して、ng韻尾は、国語音に音韻的に対応するものがなかったものの、母音「ウ（イ）」の変種として把握されたため、概ね表記は「ウ表記（イ表記）」で安定していた。しかし、あくまで国語音とは異なるものという認識であったので、この音に対しては、様々な符号が工夫されることになった。最終的には鼻音性が失われたため、「ウ表記（イ表記）」が定着することになった。

以上のように、平安時代におけるm韻尾・n韻尾・ng韻尾と国語音との関係、表記のあり方は、三者三様であったのである。

○m韻尾　国語音にもある音
○n韻尾　国語音にはない音（音声的には存在する）
○ng韻尾　国語音の変種と捉えられた音

第三節　ng韻尾・清濁の表記の対照

第一項　表記のレベルの相関関係

第二節で述べたように、ng韻尾の発音は、通常の仮名で表記されるような音をベースに、その発音を変化させる、あるいは、何らかの要素を加えて発音するものと捉えられていたと考えられるのであるが、それは日本語にあらかじめ存在した、濁音の清音に対する関係に通じるところがあったわけである。だからこそ、『類聚名義抄』をはじめとする複数の文献で、ng韻尾の標示と濁音の標示が同じ形式をとりえたのであろう。そこで、ng韻尾と濁音の表記全般に目を向けてみると、それぞれの表記法の分類整理が、共通の枠組みで、ある程度までは可能であることに気がつく。

まず濁音の表記であるが、大きく分けて、清音と区別しないもの、濁点・濁声点などの補助符号によるもの、濁音仮名によるもの、の三つに分類される。これを順にレベルⅠ・レベルⅡ・レベルⅢとする。もう少し一般化するならば、レベルⅠは二つの音韻を表記上区別しないもの、レベルⅡは一方の音韻の表記を加工することによりもう一方の音韻を標示するもの、レベルⅢは二つの音韻に対して全く異なる表記を与えるものとなる。伝統的な東京方言の子音、/k-/：/s-/、/k-/：/g-/、/g-/：/ŋ-/という音韻の対立に対応する表記の対立を、かりにこの三つのレベルに引き当てるならば、それぞれレベルⅢ・レベルⅡ・レベルⅠに相当することになる。たとえば、「か」と「さ」はレベルⅢ、「か」と「が」はレベルⅡ、ガ行口音とガ行鼻音は（音韻論的に対立があるとして）ともに「が」でレベルⅠの表記対立を採用していることになる。したがって、相対的にではあるが、レベルⅢは音韻的に強い対立、レベルⅡは中位の対立、レベルⅠは弱い対立として把握した表記という見通しが得られよう。もちろん表記というものは歴史の産物であり、特に濁音の表記の場合、声調の標示という他の要素が絡んでくることもあるので[6]、表記のレベルが、そのまま共時的な意味での音韻把握のレベルを反映しているわけでもないであろう。それをも踏まえた上で、本節では濁音とng韻尾の表記との相対的な関係を考察することにしたい。

〈表1〉濁音の標示法

レベルⅠ	清音と区別せず
レベルⅡ	濁音符・濁声点
レベルⅢ	濁音仮名

同様にng韻尾の表記についても整理をするが、それに先だって、レベルⅠに相当する、特殊記号を用いない通常の

表記について再整理をしておく。

本章では、「㋐ウ・㋔ウ・㋒ウ」のような表記を、ng韻尾の独立標示、「㋒・㋑ウ」や「㋐・㋔」のような表記を、ng韻尾の非独立標示と呼んだのであるが、非独立標示の中で、「㋑ウ」の形をとるものだけは、レベルⅡ・Ⅲに相当するng韻尾標示で、独立標示のグループと同じ扱いをされる。そこで、独立標示のグループと「㋑ウ」を併せて「非短音表記」、その他のものを「短音表記」と呼ぶことにする。また、「零表記」として一括して扱ってきた「㋐」と「㋔」のうち、「㋔」は、「猛者（モサ）」「登山（トザン）」あるいは「本当（ホント）」など、時代が下っても見られる音形であり、平安時代の文献資料に見られる、表記の模索期的な現れとしての「零表記」というよりも、オ段長音の短呼の問題として説明されるべきものが含まれるであろうから、「㋐」と「㋔」を区別して扱っておく方がよいであろう。類音表記は、ng韻尾であることを積極的に標示するという意味では、レベルⅢに相当し、かつ韻尾の非独立標示ということになるが、実現音形は、㋐ウ・㋔ウ・㋓イなどと同等のものも含まれることになろうから、位置づけが難しい。

以上を考慮して、ng韻尾の標示法を整理すると次のようになる。

〈表2〉 ng韻尾の標示法

	独立標示	非独立標示			
	非短音表記		短音表記		
レベルⅠ	㋐ウ・㋔ウ・㋒ウ・シユウ・㋓イなど	㋑ウ	㋒・シユ	㋔・㋑ヨ	㋐・㋑ヤなど
レベルⅡ	補助符号（ㇾ・、など）				
レベルⅢ	独立符号（ㇾ・くなど）		類音表記		

〈表1〉〈表2〉のように、濁音標示とng韻尾標示の方式は、共通の基準で分類することが可能である。そこで、こ

の分類を利用して、一つの文献内部における、濁音標示とng韻尾標示のレベルの相関関係を検討してみよう。大半の平安時代の文献資料においては、清濁を書き分けず、ng韻尾にも特別な表記を用いないので、濁音標示・ng韻尾標示ともにレベルⅠということになる。一々は例示しないが、これが最も普通のあり方である。『金光明最勝王経音義』は、濁音仮名・ng韻尾独立符号を用いるので、濁音標示・ng韻尾標示ともにレベルⅢ、醍醐寺本『法華経釈文』は、濁音標示に補助符号「丶」、ng韻尾標示に独立符号「✓」を用いるので、それぞれレベルⅡ・レベルⅢで、異なるレベルの方式を併用していることになろう。図書寮本『類聚名義抄』の仮名音注が意図したのは、濁音標示・ng韻尾標示ともに補助符号によるものであろうから、ともにレベルⅡということになる。ただし、観智院本『類聚名義抄』和音（呉音系字音）の場合は、濁音標示に補助符号の他、補助符号の一種と見なせる声点、濁音仮名も用いられているので、濁音標示はレベルⅡ・Ⅲ、ng韻尾標示はレベルⅡというように、濁音標示の方が二つのレベルにまたがっていることになる。

〔濁音仮名とng韻尾補助符号を併用した例〕（ともに補助符号を用いたものは、第二節第四項に既出）

承 序ウ《レ》〔仏下本三一ウ〕、諍 謝ウ《レ》〔法上三〇オ〕、重 地ウ《レ》〔法下二一ウ〕、窮 具ウ《レ》〔法下三三ウ〕、蔵 坐ウ《レ》〔僧上一八オ〕、動 土ウ《レ》〔僧上四三オ〕、剛 我ウ《レ》〔僧上四八ウ〕、弘 具ウ《レ》〔僧中一五オ〕、盛 謝《レ》ウ《レ》〔僧中二〇ウ〕（濁音仮名「謝」に補助符号を併用する）

実際のところ、観智院本の濁音標示は、かなりゆれている。濁音であったことがほぼ確実であるにもかかわらず、濁音標示が全く行われていない例がかなり多い一方で、「便 ヘ《レ》ン（平濁上）〔仏上一八ウ〕」のように濁音符号と濁声点を併用する例、「深 自ム（平濁上）〔法上六ウ〕」のように濁音仮名と濁声点を併用する例、「状 謝《レ》ウ〔仏下本六六ウ〕」のように濁音仮名と濁音符号を併用する例、というように「過剰」に濁音標示がされたものも見られる。

もし、観智院本の和音において、濁音標示を一つの方式に統一しようとする場合、どの方式がもっとも相応しいであろうか。濁声点は声調情報が手元にある場合にしか使用できないので、和音に網羅的に加えるのは学問的に難易度が高い。そもそも、呉音の場合には、対応する中国中古音が単一声調であっても、日本の呉音資料側が複数の声調で現れ、一意的に声調を認定しがたいことも多い。濁音仮名は、拗音分布の制約（第一部第一章参照）により、「ギャ・ヂャ・ビャ」に相当するものは用意できず、「ズ・ゾ」なども意外に字母を選びにくい（観智院本にはズ・ゾに相当する濁音仮名の例はない）。そもそも観智院本の濁音仮名は、一般の片仮名と組み合わせて用いるためのものであり、類音字注と外見上区別できなくなるような、単独用法は許容されていないのである（沼本一九八二）。つまり、濁音を含むすべての和音に適用しなければならないとすると、補助符号を用いる方式のみが、現実的な候補として残ることになる。当面、その和音の清濁が不明（たとえば、本濁か新濁か判断に迷うケースなどもあろう）であっても、後に加筆することが容易であるという編集上の利点もあろう。

しかし、濁音とng韻尾に同じ補助符号を用いた場合、実際の写本においては、補助符号「✓」が加えられた位置が曖昧で、それが濁音標示を意図したものか、ng韻尾標示を意図したものか、判断しかねるケースがしばしば出てくる。理屈の上では、濁音標示とng韻尾標示とに異なる補助符号を用いる方法（濁音に「✓」、鼻音韻尾に「、」等）もありうるが、二種類の補助符号を併用した文献は報告されておらず、実際には着想されにくいものであったのだろう。もし、濁音標示に補助符号を採用しつつ、ng韻尾標示の側を変更し、ng韻尾にはレベルⅢの独立字母を用いる方式（つまり『法華経釈文』と同様の方式）を採用すれば、このような難点を避けることができる。しかし、ng韻尾の場合も、レベルⅡの補助符号ならば、後に加筆できる可能性が残されるため、心理的に使用しやすいと思われるが、レベルⅢの独立字母の場合は、ng韻尾か母音韻尾（u韻尾）かを最初から判定しなければならない。諸資料の混乱状況から判断するに、すべての和音について、ng韻尾であるか母音韻尾であるかを区別するのは、清濁の区別の場合以上に難しかったはずである。

第二項　東寺観智院本『悉曇章抄中抄』

沼本（一九九七）にも紹介されている、東寺観智院金剛蔵本『悉曇章抄中抄』（康平四年〈一〇六一〉写・第二〇四箱一八号）は、ng韻尾字母「ㇾ」（レベルⅢ）を用いると同時に、濁音仮名（レベルⅢ）と濁音符号「、」（レベルⅡ）という二種類の濁音標示法を持つ資料である。

〔康平四年本の実例〕（声点は省略、〈 〉内は朱筆、一行目のkaの系列は賢宝による後世の補写）

（佉〈キヤ〉誐〈キヤ〉伽〈キヤ〉仰〈行ウ〉kha ga gha ṅa）

瑳〈シヤ〉嵯〈シヤ〉醝〈シ、ヤ〉嬢〈常ウ〉cha ja jha ña

咤〈タ〉絮〈タ〉荼〈タ、〉拏〈太ㇾ〉ṭha ḍa ḍha ṇa

多他娜〈タ〉駄〈太ㇾ〉ta tha da dha

縛〈ハ、〉va

ña シヤウ嬢〈シ、ヤㇾ〉反　鼻音

ṇa タㇾ拏〈太ㇾ〉反

dha タㇾ駄〈太ㇾ〉反　鼻音

現存写本では、梵字と対応しない音注記や、理論に合わない音注記も混在するのであるが、この資料が依拠する本来の梵語音注記法は、以下のようなものであったと推定される（濁点は、梵語の有声有気音だけではなく、有声無気音の注記にも適用されるべきものであったが、抄中抄の記載が無声有気音から始まるため、一字分ずれて脱落しているものと考える）。

〔推定される本来の音注記法〕（対注漢字は全真悉曇次第により補正する）

ka 迦〈キヤ〉kha 佉〈キヤ〉ga 誐〈キ、ヤ〉gha 伽〈キ、ヤ〉ṅa 仰〈行✓〉
ca 左〈シヤ〉cha 瑳〈シヤ〉ja 嵯〈シ、ヤ〉jha 醝〈シ、ヤ〉ña 嬢〈常✓〉
ṭa 絝〈タ〉ṭha 咜〈タ〉ḍa 拏〈タ、〉ḍha 茶〈タ、〉ṇa 拏〈太✓〉
ta 多〈タ〉tha 他〈タ〉da 娜〈タ、〉dha 駄〈タ、〉na 曩〈太✓〉
va 縛〈ハ〉

つまり、すでに沼本（一九九七）が示唆しているように、梵語の有声阻害音に対応する濁音には濁音符号「、」、梵語の鼻音に対応する濁音には濁音仮名「行・常・太」が用いられていたと考えられるのである。ここでは、濁音仮名が常に鼻音韻尾の独立符号「✓」と組み合わされる形で用いられることに注意したい。濁音符号と濁音仮名の使い分けが、濁音として異なる音価を意図したものであるとは考えにくい以上、濁音仮名の使用は、独立符号「✓」と併用するために、標示レベルの統一（レベルⅢ）を目指したものであった可能性も考えてゆく必要があろう。そもそも、濁音仮名として使用されている「行」「常」は、ng韻尾を持つ漢字であり、「ギヤ」「ジヤ」に相当する濁音仮名として使用された例は、他の資料には見いだしがたいものである。この文献における濁音仮名の使用が、濁音とng韻尾との混在使用をきっかけにしたものであった可能性は十分にあろう。

第三項　この節のまとめ

以上に挙げたのは、ごく一部の文献の例であるが、濁音標示・ng韻尾標示のそれぞれが、同一文献でも複数のレベルにまたがっていることは、決して珍しいことではない。そして、当然のことながら、濁音標示が、常にng韻尾標示と同等レベルの表記をとるという一般論は成り立たない。「日本語」の音でもある濁音の標示法と、基本的には外来語音であるng韻尾の標示法とは、それぞれ異なる歴史的経緯を背後に持つのであり、その文献の記載者の裁量でコントロールできることには、自ずと限界があるからである。

別の見方をすれば、ng韻尾のような外来語音と、表記レベルの相関関係が一様に定まらないほど、日本語の表記体系における濁音標示の位置が特殊であるということである。

第四節　物名歌

ここで表記以外の現象に目を転じて、清音に対する濁音、母音韻尾に対するng韻尾の関係の平行性について指摘しておく。

古典和歌の掛詞では、清濁の相違は無視されるとしばしば説明される。しかし、実際には、狭義の掛詞から、その確実な例を指摘するのは意外に困難である。そのようなイメージが持たれるのは、狭義の掛詞からというよりも、広義の掛詞、すなわち物名歌やそれに準じる歌（折句・沓冠など）で清濁の相違が許容されることによるのであろう。物名歌においては、積極的に清濁を違えているのではないかと思われるほど、詠み込まれる言葉と歌の中の言葉とで清濁が食い違う（歌数で数えるならば、『古今和歌集』巻第十の物名歌は、五十一首中二十五首が清濁の食い違う箇所を含んでいる）。通常、物名歌は音ではなく文字を詠み込んだものであるから、このような清濁の不一致が許容されるのであると説明されよう。

さて、物名歌に詠み込まれる言葉には、普通なら和歌に用いられることのない漢語も含まれており、それらの中には、ng韻尾を有する語もある。『古今和歌集』巻第十では次の三首がその例である（濁点・傍線は私に加えた）。

さうび（薔薇）　つらゆき

われはけさうひにぞみつる花の色を（あだなる）ものと云べかりけり〔四三六〕

きちかう（桔梗）の花　とものり

あきちかうのはなりにけり（しら）つゆのおけるくさばも（い）ろ（かはり）ゆく〔四四〇〕

百和香（はくわかう）　読人しらず

はなごとにあかずちらしゝ風なればいくそば（く）わがうしとかはおもふ〔四六四〕

右の例ではいずれも、ng韻尾に対応する「ウ」の部分が、歌では「うひ（初）」「ちかう（近う）」「うし（憂し）」と鼻音性を持たない「う」に割り振られている（和歌本文には和語しか用いないのが原則であるので当然ではある）。外国語音の受容には、様々なレベルがあり得るけれども、当時の勅撰集の撰者のような知識人層ならば、ng韻尾は鼻音性を帯びて発音されるべきものと十分理解していたはずである。つまり、物名歌においては、清濁の対立と同様に、漢字音のng韻尾の鼻音性の有無も、違えて詠み込むことが許容されていたと考えられるのである。

第五節　『悉曇要集記』奥文の音図

もう一つ、清濁の対立とng韻尾の鼻音性の問題が同じレベルで扱われているものとして、寛智『悉曇要集記』（承保二年〈一〇七五〉成）奥文に見られる音図の例をあげたい。この音図は『悉曇要集記』成立から、それほど時をおかずに（場合によっては同時に）加えられたものと思われる。

この音図は現行の五十音図の行配列、すなわちアカサタナハマヤラワ順に一致する最も早い例として知られるが、段配列の方はかなり奇妙なものであり、十分納得のいく説明がされていなかった。その配列の原理について、肥爪（一九九三b）において私見を述べたことがあるが、そこでは「ア・イ・ウ・オ・エ・アイ・アム・アク」という序列を次のように悉曇十二摩多と関連づけた。

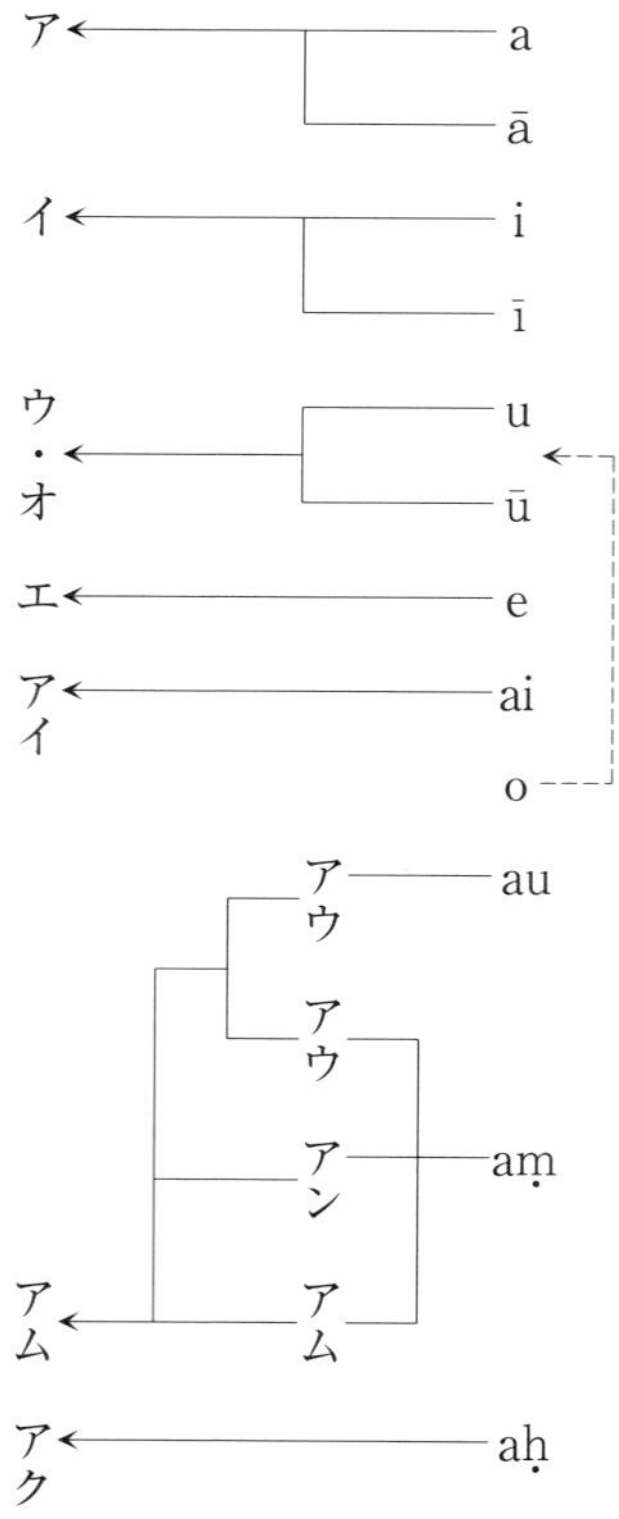

ポイントは二カ所ある。オ段がエ段より前に配置されているのは、梵語の-u・-ū・-oが、漢字音訳では明確に区別ができず、-u・-ūの読みとしてもオ段音が現れることがあるため、この箇所の読みとして、ウ段・オ段音が一括されたからと説明できる。たとえば、安然『悉曇蔵』巻五に掲載される「安然所学四音」は以下のようなものである（ちなみに、烏・汙・塢は、いずれも日本漢字音で呉音ウ・漢音ヲである）。またu・ū・oの梵字の字形が、よく似ている（𑖄・𑖅・𑖌）ことも指摘しておきたい。

u　ū　o

宝月三蔵　烏上　汙引　鴎上
難陀三蔵　于上　于上　于平
宗叡和上　宇上　宇引　烏上
空海和上　塢上　汙去　汙去

-au に対応する「㋐ウ」の段を欠いているのは、これが空点に対応する「㋐ム」に繰り入れられたからと説明できる。空点は、通常は「暗」のようなm韻尾の漢字で音訳されるが、日本悉曇学の連声学説における説明によれば、空点の発音は日本語の撥音のように後続音に依存して変化し、漢字音訳も「盎・安・暗」のようにng韻尾・n韻尾・m韻尾にわたるとされていた。つまり空点の仮名書き形は、「㋐ウ・㋐ン・㋐ム」の三様の可能性があり、これを「㋐ム」で代表させる習慣があったのである。そして空点の直前にある梵語-au に対応する「㋐ウ」は、空点に含まれる「㋐ウ」と一括され、それが空点「㋐ム」に吸収されてしまったと説明した。この解釈によれば、母音韻尾の「ウ」とng韻尾の「ウ」とが一括りにされたことになるので、肥爪（一九九三b）では、「さすれば、この場合ng韻尾の「ウ」は、その鼻音性を失っていたことになろうか」と述べたのであるが、これは検討が不十分であった。日本悉曇学は、ng韻尾の鼻音性の問題に、とりわけ敏感な音韻理論であり（次章参照）、平安時代の段階でその鼻音性が失われていたと想定するのは、妥当とは言いがたい。

そもそもこの音図は清濁の区別をしていないのだから、母音韻尾とng韻尾の対立も、清濁の対立と同じレベルで処理し、音図作成の際に、韻尾の鼻音性の有無も切り捨てられたのであると説明することも可能であろう。この音図の作成者の字音が、ng韻尾の鼻音性を失っていたとする必要はないのである。

第六節　むすび

以上、日本漢字音における、ng韻尾の表記とその音意識の問題を、清濁の問題と絡めて整理してきたのであるが、話の見通しをよくするために、切り捨ててしまった問題がいくつかある。

本章では、ng韻尾の問題を、あくまで外来語音の問題として扱ってきたが、固有日本語側にも、ng韻尾の鼻音性と関連すると思われる現象がいくつかある。和語の「うめ／むめ」、「うまる／むまる」、「うばら／むばら」、「うだく／むだく」などの対立例においては、「う」で表記される音節が鼻音性を帯びていたと推測されている（[mme～ũme] など）。また、第二章第三節で言及した、バ行・マ行四段活用のウ音便形や、推量の助動詞「う」「らう」の問題など、「う」で表記される「撥音」の問題もある。

このような問題点が残されていることを認めつつも、外来語音であるng韻尾の鼻音性の問題と、清濁の対立の問題が、古代日本人によって、ある種の相関性をもって把握され、それが表記などに反映することもあったということは、日本語の音韻体系の中での「濁音」の位置を考える上でも、借用語音韻論一般の問題を考える上でも、興味深い現象であるということを、最後にもう一度述べておきたい。

【注】

（1）　築島（一九六七）第三章第三節第十項、築島（一九六九）、築島（一九八六）、沼本（一九八六）、沼本（一九九七）など。

（2）　張（一九九三）所収「漢語方言中鼻音韻尾的消失」に詳細な報告がある。

（3）第一部第二章・第二部第二章第四節で指摘したように、日本漢字音において、古くは「キユウ」「チユウ」のようなウ段拗長音形は、サ行・ザ行の「シユウ（ジユウ）」以外には存在しなかった。

（4）語中の濁音が鼻音性を維持している方言は多いが、語頭の濁音が鼻音性を持つ方言は、きわめて限定的である。現代の東北方言のように、語中濁音に前鼻音が顕著に観察される（ガ行子音は純粋な鼻音に変化して[-ŋ-]）方言においても、語頭の濁音は鼻音性を持たないのが一般的である。語頭濁音も鼻音性を持つのが、中央語も含めて日本語の古い状態であったとも考えられるが、もともと日本語の語頭には濁音が立たなかったのであり、新しく語頭に濁音が発達した際に、方言によって処理の仕方が異なったという可能性もあろう。なお榎木（二〇〇八）に、（和語とは異なり）漢字音の清濁は「無声阻害音／有声阻害音」の対立であったとする見解がある。

（5）吉田金彦（一九五九）、築島（一九八六）。『本命供略作法』に関しては、築島裕先生に「蟹〈カイ〉、努〈タ〉」「瓶〈ヘイ〉、井〈セイ〉」のような実例があることを、直接ご教示いただいた。

（6）訓点資料や音義の場合、字音の仮名の部分ではなく、被注漢字に濁声点の形で濁音が標示されることもあるので、実際の資料の濁音標示は単純ではない。ng韻尾の場合もまた、被注漢字に声調標示を兼ねた符号を加えることがある（東京大学文学部国語研究室蔵『胎蔵略次第』天永二年本・大治元年本など）。本章では、これらの問題は考察の対象から除外する。

第六章　ng韻尾の鼻音性—㋓イの形をとる場合—

本章では、ng韻尾を持つ日本漢字音のうち、特に「㋓イ」の形を取るもの、すなわち、「京 ケイ」「正 セイ」「丁 テイ」「寧 ネイ」「平 ヘイ」「名 メイ」「影 エイ」「令 レイ」の類（梗摂三四等の漢音）の、ng韻尾の鼻音性の問題を扱う。

第一節　ng韻尾の鼻音性の表記

前章の〈表2〉でも示しているように、ng韻尾の鼻音性を、特別な符号（レベルⅡの補助符号・レベルⅢの独立符号）によって標示する場合、その前提となるレベルⅠの仮名表記形において、「ウ」または「イ」の仮名を持っている必要がある。しかしながら、レベルⅢの独立符号の場合は、たとえば、「京」に対する「×ケ✓」、「名」に対する「×メ✓」のごとき、「イ」の仮名をその背後に持つ独立符号の例は報告されていない。つまり、ng韻尾が「ウ」の仮名で対応する場合と、「イ」の仮名で対応する場合とで、鼻音性標示の実態が異なるのである。

一つには、ng韻尾の鼻音性を標示するために、特別な符号を採用しているのが、多くの場合、呉音系の字音資料であるということが、その原因として考えられる。しかし、漢音系の字音資料においても、ng韻尾の鼻音性を標示するために、「✔」などの独立符号を用いている例が、ないわけではない。そのような漢音資料の場合、「ウ」に対応する箇所にのみ、この符号を用いて、母音韻尾（u韻尾）との表記の上での区別を行うのであるが、「イ」に対応する箇所には特殊な符号は用いず、したがって、母音韻尾（-i韻尾）との表記の上での区別は行われない。

その代表的な例として、醍醐寺蔵『法華経釈文』（平安後期点）のng韻尾の表記を以下にあげる。なお、この資料では、n韻尾の場合も、この✔符号を用いている（第四章参照）が、本章では省略する。

ng韻尾の表記

〔類音表記〕鄭 定〔上五ウ〕、相 生〔上九ウ〕

〔✔表記〕魴 ハ✔〔上四オ〕、央 ア✔〔上四ウ〕、衆 シ✔〔上五オ〕、虫 チ✔〔上五オ〕、房 ハ✔〔上六ウ〕、肯 コ✔〔上七ウ・上一五オ〕、狼 ラ✔〔上八オ〕、勇 ヨ✔〔上九ウ〕、恭 クヨ✔〔上一二ウ〕、妄 ハ✔〔上一三ウ〕、孟 マ✔〔上一四ウ〕、郎 ラ✔〔上一五ウ〕、応 ヨ✔〔上一五ウ〕、隆 ル✔〔上一六オ〕、勝 シヨ✔〔上一七ウ〕

〔ム表記〕逢 ホム〔✔?〕〔上一七ウ〕

〔ウ表記〕朧 リヨウ〔上九ウ〕、冢 チヨウ〔上一二ウ〕、向 キヤウ〔上一九オ〕

〔イ表記〕霊 レイ〔上四オ〕、盈 エイ〔上四ウ・上八ウ〕、明 メイ〔上一〇ウ〕、並 ヘイ〔上一三ウ〕、挺 テイ〔上一六ウ〕、病 ヘイ〔上一七ウ〕、征 セイ〔上一七ウ〕

「ウ」で対応するものは、原則として「✔」で標示しているが、ng韻尾を有するにもかかわらず、ウ表記をとるものも少数ある。一方、母音韻尾（u韻尾）を有する漢字に対する音注例の中にも、「懊 ア✔」のような例外が存在する。しかしながら、原則として、この資料においては、「ウ」で対応するng韻尾には「✔」を用い、「イ」で対応するng韻尾には特別な符号を用いないという方針によっていると見てよいであろう。

この他にも、石山寺蔵『法華義疏』長保四年（一〇〇二）点（中田一九五四）、高野山宝寿院蔵『金剛頂瑜伽中略出念誦経』延久六年（一〇七四）点（春日政治一九三四）、真福寺蔵『将門記』承徳三年（一〇九九）点のように、「ウ」に対応するng韻尾には、特別な符号を部分的に交えて表記することがある一方で、「イ」に対応するng韻尾には、特別な符号を用いずに、母音韻尾（・i韻尾）と区別のない表記を用いる資料が存在することが知られている。

以上のような資料に対する解釈として、次のような考え方がある。すなわち、「ウ」に対応するng韻尾は、u韻尾と発音上も区別するように意図されていたが、「イ」によって区別することなく表記されるng韻尾とi韻尾は、表記の上のみならず、発音の上でも区別がなされていなかったと。もちろん、表記の面からだけでは、そのように断定することはできないのであるが、韻尾が「ウ」で対応する場合と、「イ」で対応する場合とで、漢字音の発音の上で異なる振る舞いをする十分な根拠が存在するのならば、そうした表記に即した推定も説得力を増すことになる。

第二節　「㋓イ」における鼻音性の問題

韻尾が「ウ」で対応する場合と「イ」で対応する場合とで、異なる扱いをされる原因があるとすれば、それは、①中国原音での音声上の差異が、日本漢字音として受け入れられる際に鼻音性の有無として現れたためか、②日本での漢字音の伝承の過程で、何らかの理由があって、「イ」で対応する場合のみ、その鼻音性が相対的に早く失われた、あるいは、発音上は区別していたが、それを表記に反映させる方式が広まらなかったため、ということになろう。

第一項　中国原音の音価

まず、①中国原音での音声上の差異が、日本漢字音として受け入れられる際に鼻音性の有無として現れたという考え方を検討する。

沼本（一九八六）は、上述のような、表記の上で母音韻尾とは区別されない、ng韻尾の「イ」表記に対して、「本来中国原音において鼻音性を減じたことが一つの原因になって漢音で「イ」表記されたものであって、母音韻尾-iを有する漢字群との区別は無くなっていたであろう」（一三四頁）という解釈を提出している。少なくとも中国原音側にも、ng韻尾が「ウ」で対応する場合と、「イ」で対応する場合とでは、異なる結果を生じる音声差があったという考え方である。

ここで、念のために確認しておくが、日本漢字音側の資料においても、レベルⅡの補助符号を用いてng韻尾の鼻音性を標示する場合には、「ウ」の仮名に補助符号をつけるのと同様に、「イ」の仮名にも補助符号をつけて、それが母音韻尾とは異なる音であることを標示した例が存在しないわけではない。すなわち、興聖寺本『大唐西域記』平安中期点（吉田金彦一九五九）、高山寺本『本命供略作法』嘉保三年（一〇九六）点（築島一九八六）、図書寮本『類聚名義抄』の例がそれである。興聖寺本『大唐西域記』、高山寺本『本命供略作法』では「イ」の仮名の右肩に「、」、図書寮本『類聚名義抄』では「イ」の仮名の右肩に「レ」を加えて、鼻音韻尾であることを表している。中でも、高山寺本『本命供略作法』は、「ウ」に対応する場合には、レベルⅢの独立符号「レ」を用いており、扱いのレベルが異なるのが興味深い。以下、「㋓イ」の形をとる字音の例のみを挙げる。

興聖寺本『大唐西域記』平安中期点

勁　ケイ、反

高山寺本『本命供略作法』嘉保三年（一〇九六）点

瓶　ヘ、イ
井　セ、イ

図書寮本『類聚名義抄』（括弧内の声調は被注字に対する仮名音注の位置）

（1）特殊符号を用いる。
零　レイ✓（平重）〔一六一5〕
警　ケイ✓（上）〔二二八4〕

（2）特殊符号を用いない。
迸　ヘイ（去）〔九二4〕
茗　メイ（上）〔一二二2〕

参考までに、図書寮本と同様に、「ウ」の仮名の右肩に「✓」を加えて、鼻音韻尾であることを表している、観智院本『類聚名義抄』では、この類の音がどのように扱われているかを見ておくと、

映　エイ（平上）・アフ（平平）〔仏中四七オ〕
嶺　レイ〔法上五八ウ〕

とあるのみで、特別な符号は用いられていない（括弧内の声調は仮名に差された声点）。ただし、観智院本では、仮名書きされる漢字音は、原則として和音（呉音系字音）であって、右のような漢音形「㋓イ」自体が、きわめて少数しか存在しない。

また、漢語の連声濁現象が、「㋓イ形」においても起こることにも注意が必要である。連声濁とは、たとえば「イッカイ（一階）・ニカイ（二階）・サムガイ（三階）」のように、漢字音の鼻音韻尾の直後の清音が濁音に変化する現象で、

音声的に条件付けられているという意味で、和語の連濁とは異質の現象である。この連声濁は、ng韻尾の後でも生じうるのであり、「ワウゴム（黄金）」「トウザイ（東西）」「シュジャウ（衆生）」のような漢語や、「ドウ（動）じる」「シヤウ（生）じる」のような漢語サ変動詞の例がある。この連声濁は、漢音においては起こりにくいとされることもあるが、「㋓イ形」に限っても、「メイ（命）じる」「エイ（映）じる」のような漢語サ変動詞は、現代語にも残っているし、『日葡辞書』には、「Feigi（平地）」「Feiguin（平均）」「Meidei（酩酊）」「Xeiden（晴天）」「Xeijo（清書）」「Xeizŏ（星霜）」のような例があり、一般の漢語でも、かつては連声濁が起こることがあったことが知られる。

いずれにしても、「㋓イ」の形をとる場合でも、それが母音韻尾と区別されて、鼻音性を帯びて発音されることがあったというのは、確かなことである。

さて、そもそも漢音系の字音において、梗摂三四等韻の場合に、多くのng韻尾が「ウ」で対応するのとは異なり「㋓イ」の形をとる理由として、中国原音において、それが他のng韻尾とは異なる音声的性質を持っていたことが挙げられる。梗摂・曽摂の鼻音韻尾は、唐代に入って口蓋化的音色を持つようになったと推定されているのであるが、その音声的性質が、梗摂三四等韻の漢字の漢音にも「㋓イ」の形で反映していると考えられるのである。

ただし、いわゆる新漢音では、この現象が梗摂二等韻・曽摂一三等韻にも拡大されている（次項参照）ので、中国原音側にも口蓋化の程度に時代差があったようである。また、朝鮮漢字音・越南漢字音では、これらの韻尾の口蓋性が、それぞれの言語の事情によって、日本漢字音の場合とはまた異なる形で現れている（河野一九六八・三根谷一九七二）。日本漢字音の漢音で、梗摂三四等韻の場合にのみ「㋓イ」の形になるのも、ng韻尾の中国原音が、他の梗摂・曽摂の場合と著しく異なっていたからというよりも、日本漢字音側で、原音の主母音を「㋓」で写したことの影響もあったと考えるのが妥当である。呉音・漢音を通じて、ng韻尾を持つ漢字が「㋓ウ形」をとることは原則としてないからである（第二部第一章参照）。

いずれにせよ、中国原音の側で、梗摂三四等字の鼻音韻尾が「ウ」より「イ」に近く聞こえる程度に口蓋化していたという推定は、現代の中国諸方言における、梗摂・曽摂の鼻音韻尾の状況から見ても、妥当なものである。(1)

そこで、この口蓋化的音色を持つという現象が、すなわち、鼻音性を減じることを意味するのかということを考えてみると、口蓋化にせよ、調音点の前進にせよ、当然のことながら鼻音性の減少を意味するわけではない。むしろ、音声的にはn韻尾に接近するので、日本漢字音への移入の際には、他の「ウ」で対応するng韻尾よりも、鼻音としての扱いをされる可能性が高いことが予想される。実際、唐音（中世唐音）におけるng韻尾の現れ方（摂により「ウ」と「ン」の二様に分かれる傾向がある）に、その傾向が見て取れる（漢音・新漢音が中国北方方言に由来し、唐音は中国南方方言に由来するという相違はあるのだが）。

第二項　新漢音資料からの検討

そこで次に、単なる口蓋化あるいは調音点の前進の問題とは別に、文字通りの「鼻音性の減少」が、梗摂三四等韻の鼻音韻尾に起こった可能性があるかどうかを検討する。

梗摂三四等韻の鼻音韻尾の鼻音性が減じたと考える根拠はいくつかある。ⓐ蔵漢対音資料・音注資料などにおいて、しばしば、宕摂・梗摂の鼻音韻尾が脱落した対音が行われていたり、母音韻尾を持つ漢字で音注が付けられていたりする点（高田一九八八）、ⓑ現代の中国諸方言に実際にng韻尾が弱化または脱落しているものがある点（注（1）に同じ）、ⓒいわゆる新漢音資料に、ng韻尾が弱化していると思われる音形が現れる点（沼本一九八四・一九八六）などである。

以上のうち、漢音が依拠した中国原音と、密接に関係があると思われるのは、新漢音資料である。多少時代差はあっても、ともに、長安音に基づいていると考えられるからである。

新漢音資料における、ng韻尾の弱化を反映した音形としては、以下のようなものが挙げられている。

（曽摂三等）

證 シ、乗 シ、勝 シ、称 シ、応 イ

（梗摂二等）

行 ケイ

しかし、これらの表記を、呉音・漢音の通摂一三等韻に見られる「㋒」「シユ」のような、ng韻尾の非独立標示（第五章参照）や、漢音の梗摂三四等韻の「㋓イ」表記と、ng韻尾の表記のスタイルとして異質なものであるとみなす根拠はなく、ただちに、以上のような表記を韻尾の鼻音性の弱化の反映と見なすわけにはいかない。以上の表記から推定できるのは、梗摂・曽摂の鼻音韻尾の口蓋化的音色が、梗摂二等韻や曽摂諸韻でも顕著になっていたということのみである。

そこで、ng韻尾が弱化したと推定するその他の根拠を、この新漢音に見られる音形と比較してみる。

蔵漢資料は、敦煌を中心とする地方の中国語方言の音声状況を反映したものと考えられている。そして、前記のように、蔵漢対音資料・音注資料などで、宕摂・梗摂の鼻音韻尾が脱落した対音が行われていたり、母音韻尾を持つ漢字で音注が付けられていたりするのは、鼻音韻尾の完全な脱落を意味するのではなく、主母音が鼻母音化して発音されている状態を反映したものと解釈されている。いずれにしても、曽摂三等韻に関しては、チベット資料にそのような現象は指摘できず、逆に、宕摂については、漢音を含む日本漢字音側に、そのような傾向を見いだせない。したがって、これをただちに、上記のような新漢音の表記の問題と結びつけることはできないであろう（高松一九九二も参照）。

現代中国の諸方言の分布からも、鼻音韻尾が、鼻母音化を経て完全に鼻音性を失うという流れが、方言によってはあることが知られる。実際、梗摂三等韻などの鼻音韻尾が完全に失われている方言もあるのであるが、この鼻音韻尾消失の流れは、梗摂・曽摂の場合よりも、山摂・咸摂の場合に顕著に現れる（張一九九三）のであり、やはり上記の新漢音の表記の問題とは結びつけにくい。そして、新漢音の中国原音にもっとも関係の深い、現代の西安方言でも、中古音のｎ韻尾は鼻母音として実現するものの、ng韻尾は閉鎖が保たれて［-ŋ］として発音され、標準的な鼻音韻尾消失の流れに合致しているので、やはり梗摂・曽摂の鼻音韻尾の鼻音性弱化が、長安方言において顕著であったという推定とは矛盾する。

現実の音声としてどうであったかということと、古代の日本人にどう聞こえたかということは別の問題であるとはいえ、新漢音（及び漢音）の原音において、梗摂・曽摂の鼻音韻尾が弱化していたということを積極的に裏付ける証拠はないように思われる。

第三項　呉音・漢音の観点からの検討

次に、②日本での漢字音の伝承の過程で、何らかの理由があって、ng韻尾が「イ」で対応する場合のみ、その鼻音性が相対的に早く失われた、あるいは、発音上は区別していたが、それを表記に反映させる方式が広まらなかった、という解釈が可能かどうかを検討する。

一つの説明として、「㋓イ」の音形は、原則として漢音にのみ現れる形であり、呉音を中心とする仏家の字音学習体系においては周辺的なものであったため、「㋐ウ」などの場合に比して、その鼻音性が忘れられやすかった、というものが考えられる。確かに、ng韻尾の鼻音性を表現するために、様々な符号を工夫したのは、仏家においてであり、以上のような可能性を否定するのは難しい。

しかし、漢音において「㋓イ」の音形をとるものには、「京 ケイ、経 ケイ、正 セイ、生 セイ、青 セイ、成 セイ、名 メイ、明 メイ」など、基本的な漢字が多く含まれている。仏家においても、全く漢音を使用しないというわけではないし、仏家の音韻学の重要な柱である悉曇学では、漢音に対する目配りも相当に為されているのであるから、これらの漢字の韻尾の鼻音性に注意が向かないというのも不自然である。

そこで、本章では、右とは別の解釈の可能性をさぐってみたい。

第三節　悉曇学からの説明

本書で提出するのは、以下のような解釈である。すなわち、実際の発音においては、「㋐ウ」等の「～ウ形」をとる時も、「㋓イ形」をとる時も、同様に保たれていたng韻尾の鼻音性が、悉曇学において空点（アヌスヴァーラ）と関連づけて学習されていたため、これが鼻音性を持った「ウ」の問題として定着し、この悉曇学の知識に支えられる形で、「～ウ形」をとる場合にのみ、その鼻音性を表記に反映させる方式が工夫・伝承されることになった、という解釈である。

日本悉曇学における空点は、漢字音の三種の鼻音韻尾と関連づけて、以下のような整理がなされている。

aṃ ｛
- アウ・・盎……喉内空点
- アン・・安……舌内空点
- アム・・暗……唇内空点

このような整理は、智広『悉曇字記』の記述と善無畏講・一行録『大日経疏』の記述とが結びついて生じたもののようであり、いわゆる代用アヌスヴァーラ（空点）が、漢字で転写される際に、後続の音に従って三種の鼻音韻尾に振り分けられることから発した学説と推定される（肥爪一九九三a）。学説の起源はともかくとして、日本悉曇学では、漢字音の三種の鼻音韻尾を空点と関連づけて以上のように理解する伝統があるのである。それと同時に、悉曇の摩多の中で、母音のau（奥・アウ）と、喉内空点音のaṃ（盎・アウ）とが、異なるものであることも、明確に認識されていたであろう。

空点は、悉曇章において、常に母音aに付属する形でしか現れない。さらに、単独の空点は、通常は「暗」などのm韻尾を持つ漢字で音訳されるので、結果として、ほとんどの場合「㋐ム」の形で読まれることになる。したがって、単独の空点の読みとしては、「㋓イ」の形は現れえない。ng韻尾が現れることのある代用アヌスヴァーラでさえも、「㋓イ」の形とは結び付きにくいのであるが、わずかながら可能性があるのは、『悉曇字記』の第十五章に相当する文字の読み方においてである。

『悉曇字記』の第十五章は、以下のように説明される結合文字を列挙した章である。

以 ka 迦 ca 遮 ta 吒 ṭa 多 pa 波等句末之第五字、各加於当句前四字之上、及初句末字、加後耶等九字之上。名 ṅka 盎迦 ñca 安遮 ṇṭa 安吒 nta 安多 mpa 唵波 ṅya 盎耶等也。（以下略）

『悉曇字記』の第十五章は、nta・mpaのように、第一章の文字（単子音からなる文字）の前に鼻音が付加された音を表す文字の表である。どのような鼻音（五種類ある）が付加されるかは、後続の子音によって決定する（日本語の撥音とほぼ同じルールによる）。

ところで、梵字では、音節の単位と文字の単位が一致しないため、仮に、「CVC・CVC・CV」のごとき音節連続があったとすると、文字上は、（CV）（CCV）（CCV）というように、音節末の子音を次の文字に送って綴ることになる。右の第十五章の文字に付加される鼻音も、前接する音節の末尾の子音であるため、第十五章の文字そのものは、単独では存在し得ない音である。インド人が、これらの文字をどのように発音したのかは分からないが、音訳漢字は、第十五章の文字の前にaを加えた形、すなわち、aṅka・añca・aṇṭa・anta・ampa・aṅya等を写したものであろう。

『悉曇字記』の説明によると、後続の子音がk・kh・g・ghの四音、およびy・r・l等、遍口声の九音の場合に、前接する鼻音はṅとなり、漢字音訳ではng韻尾で写されるのであるが、右に挙がっている例では、すべて「盎」字が用いられており、この字の音は「アウ」である。ところが、ṅi・ṅīのように母音が置き換えられた場合には、鼻音の前に添えられる母音も変化するらしく、『悉曇字記』でも、以下のような、音訳漢字が挙がっている。

ṅka 盎迦上　ṅkā 盎迦平　ṅki 応上紀　ṅkī 応機　ṅku 蓊苟倶口反　ṅkū 蓊鉤倶侯反

ṅke 蘡於項反荊　ṅkai 蘡介　ṅko 擁句　ṅkau 擁憍脚傲反　ṅkaṃ 盎鑑　ṅkaḥ 盎迦去

ここで「㋓イ」の形に関わる可能性があるのは、ṅke・ṅkaiの鼻音の音訳に用いられている「蘡」字である。「蘡」字は梗摂四等字であるが、音注の反切下字に見られる「項」字は江摂二等字である。その中間ぐらいの音ということであろう（梵語の音訳においては、中国語に存在しない音を表現するために、しばしば被注字と反切の音とが食い違っている）。

結局、この字を日本漢字音で読む場合、「ヤウ」「アウ」「エイ」が、その候補として考えられ、実際、伝統的な悉曇学では、この箇所の読みとして「アウ」と「エイ」の二種類が並び行われていた。

実は、日本悉曇学において、空点と結びつけられたng韻尾を持つ音訳漢字が、「㋓イ」の形で読まれる可能性があるのは、この箇所ぐらいであり、全体から見れば微細な部分である。やはり、三内空点音は「アウ」「アン」「アム」の形をとるという、パターン化した理解に影響を与えるほどのものではないと思われる。

こうした理論上の議論とは別に、陀羅尼や仏典中の音訳語においては、この問題がどのように現れるであろうか。実際の音訳語としては、たとえば、megha 冥伽、netra 寗怛羅のように、対応する梵語に鼻音がない場合でも、鼻音韻尾をもつ漢字で音訳されることがあるなどして、なかなか理論通りには行かない（これらの音訳漢字のずれは、日本悉曇学では、「連声説」によって説明されることになる）ので、はっきりしたことは分からない。ただ、-eṅka- のごとき音連続は、容易にその例をあげられない程度には珍しいものなので、前出のパターン化した理解に影響を与えるほどではなかったであろう。

このような悉曇学の「理論」に支えられる形で、n韻尾・m韻尾と対照されつつ、ng韻尾の鼻音性は「ウ」の仮名に対応する鼻音の問題として、捉えられることになったのであろう。実際の音声において「㋓イ形」の鼻音性がどの程度維持されたのかは不明であるが、表記の工夫は「〜ウ形」についてのみ繰り返され、仏家における漢字音の伝承の過程で、「㋓イ形」をとる場合の鼻音性の問題は、等閑にされていったのではないだろうか。

第一節で触れたように、醍醐寺本『法華経釈文』では、「ウ」に対応するng韻尾には「レ」という特別な符号を用いる一方で、「イ」に対応するng韻尾には、特別な符号を用いていなかった。この文献の書写に深い関わりを持つ真興は、法相宗の僧侶ではあるが、悉曇血脈にもその名が見え、悉曇学との関係も深い人物である。また、馬渕（一九九四）によって、ng韻尾が鼻音であることを表す符号「ㄩ」を創出したと推定された明覚も、言うまでもなく、『悉曇要訣』『梵字形音義』などの著作のある、悉曇学に関わりの深い人物である（明覚の場合も、「ウ」に対応する箇所にのみ「ㄩ」を用いる）。

第四節　明覚『梵字形音義』

ところで、明覚ほどの悉曇学者になると、当然、前述の『悉曇字記』第十五章の音訳漢字の問題も、その著作の中で言及することになる。そこで、明覚（厳密には、明覚の著作の転写本の加点）が、この問題をどう扱っているかを見てみよう。

馬渕和夫蔵『梵字形音義』鎌倉時代写本（寛尋本）においては、『悉曇字記』の第十五章（明覚の章立てでは第十三章になる）に相当する結合文字を挙げて、以下のように仮名を付している（便宜的に「𑖒」を「□」で翻字する）。

第十三章以 ṅa字加初章字上。智広紀但出初四後九、中間全无。全雅円行慧輪等本有之。今且出之字母除八字余廿六字生三百十二字、次字母十六字生字一百九十二。

ṅka〈ア」キヤ〉ṅkā　ṅki〈イヨ」キ〉ṅkī　ṅku〈オ」ク〉ṅkū　ṅke〈エイケイ〉ṅkai〈ア」ケイ〉
ṅko〈オ」コ〉ṅkau〈ア」ケウ〉ṅkaṃ〈ア」ケム〉ṅkaḥ〈ア」キヤ〉（以下抜粋）
ṅkha〈ア」キヤ〉ṅga〈ア」キヤ〉ṅgha〈ア」キヤ〉
ṅśa〈ア」□〉ṅśi〈イヨ」シ〉ṅśe〈エイセイ〉ṅśai〈ア」セイ〉ṅśo〈オ」シヨ〉ṅśau〈ア」セウ〉ṅśaṃ〈ア」セム〉
ṅṣa〈ア」サ〉ṅṣi〈イヨ」シ〉ṅṣu〈オ」ス〉ṅṣe〈エイセイ〉ṅṣai〈ア」セイ〉ṅṣo〈オ」ソ〉ṅṣaṃ〈ア」サム〉ṅsa〈ア」サ〉
ṅha〈ア」カ〉ṅhi〈イヨ」キ〉ṅhu〈オ」ク〉ṅhe〈エイケイ〉ṅhai〈ア」ケイ〉ṅho〈オ」ク〉ṅhau〈カ」カウ〉ṅhaṃ〈ア」カム〉
ṅkṣa〈ア」サ〉ṅkṣi〈イヨ」シ〉

〔参考〕馬渕和夫編『影印注解　悉曇学書選集』第二巻所載東寺観智院金剛蔵蔵建長二年（一二五〇）写本（一九九

頁)。「ㄩ」が誤写により「ム」となっている。

ṅka〈アムキヤ〉ṅkā　ṅki〈イヨムキ〉ṅkī　ṅku〈オムク〉ṅkū　ṅke〈エイケイ〉ṅkai〈アムケイ〉

ṅko〈オムコ〉ṅkau〈アムケウ〉ṅkaṃ〈アムケム〉ṅkaḥ（以下抜粋）

ṅkha〈アムキヤ〉ṅga〈アムキヤ〉ṅgha〈アムキヤ〉

ṅśa〈アンシヤ〉ṅśi〈イヨムシ〉ṅśu〈オンシユ〉ṅśe〈エイセイ〉ṅśai〈アムセイ〉ṅśo〈オムシヨ〉ṅśau〈アムセウ〉ṅśaṃ〈アムセム〉

ṅha〈アムカ〉ṅhi〈イヨムキ〉ṅhu〈オンク〉ṅhe〈エイケイ〉ṅhai〈アムカイ〉ṅho〈オムク〉ṅhau〈カムカウ〉ṅhaṃ〈アムカム〉

諸本の仮名には異同が多く、正確に本来の形を推定するのは難しいが、基本的には、前出の『悉曇字記』の音訳漢字を、そのまま読んだものであろう。寛尋本では、ng 韻尾を表すために明覚が使用した特殊符号「ㄩ」を「ウ」に対応する鼻音韻尾のみに用い、「イ」に対応する鼻音韻尾には、特別な符号を用いていない。

明覚にとって、これが単なる表記上の問題ではなく、発音上も「イ」は鼻音としては捉えていなかったこと、空点とは結びつかない音であったことの証拠となりそうな記述が、『梵字形音義』巻第三に見られる。

安然和尚《ノ》云、大空涅槃《ノ》点《ニ》各有三《ノ》音。空点《ノ》三《ノ》音者《トイハ》、aṃ 盎《ハ》是喉内《ノ》音也。aṃ 安《ハ》是舌内《ノ》音也。aṃ 暗《ハ》是唇内《ノ》音也。（中略）今明連声、且《ク》借《リ》用《ル》之。諸《ノ》真言《ノ》中《ニ》下《ニ》得《ツレハ》 ṅa 字《ヲ》、上《ノ》字《ニ》即成《ル》喉内空点《ノ》音 tāṅku 黨矩〈タ」ク〉aṅku 鴦〈ア」〉倶 tyaṅgi 澄儗等是也。今為浅識《ノ》、歴《テ》字母《ニ》明《サ》之者《ハ》、a 鴦 ā〈ア」〉i〈イヨ」〉ī〈イヨ」〉u〈オ」〉ū〈オ」〉o〈オ」〉au〈ア」〉ka〈キヤ」・キヨ」〉kha〈キヤ」・キヨ」〉（以下略）

又下得《ニレハ》 ña ṇa na 三《ノ》字、上字即成舌《ル》内大空点《ノ》音。caṇḍa 戦荼　bandha 満〈ハン〉駄 ana〈アン〉安那等也。若歴字母明之者、a 安 ā〈アン〉i 因 ī 印 u〈ウン・オン〉ū〈ウン・オン〉e〈エン〉ai〈アン〉o〈オン〉au〈アン〉ka 建 kha 遣（以下略）

又下得《レハ》ma字、即有唇内大空点音。ŝama 睒《セム》摩 kama 鈫《ケム》摩 yama 炎摩 sama 三摩等是也。若歴字母明之者、a 暗 ā〈アム〉i 嫬〈イム〉ī u ū〈オム〉e〈エム〉o 唵〈オム〉ka 鈫〈ケム〉kha 欠〈ケム〉（以下略）

前掲箇所と同様に、仮名の部分には誤写かと思われるものが多いが、三内空点音を説明した本文において、喉内空点音の場合にのみ、e・ai の文字が省略されているのである。(2) 単なる書き落とし、あるいは転写の際の誤脱かもしれないが、「㋓イ」の形をとるものが、空点のグループから除外されたのだとすると、非常に興味深いことである。

第五節　心蓮『悉曇相伝』

心蓮の学説を伝える『悉曇相伝』の場合は、この問題を、明覚とは異なる方式で処理している（高野山大学図書館本寛海自筆草稿による）。

十五章音事

ア	イ	ウ	エ	ヲ
ウ	ウ	ウ	ウ	ウ
○	○	○	○	○
カ	キ	ク	ケ	コ
ア	イ	ウ	エ	ヲ
ウ	ウ	ウ	ウ	ウ

此則a、在根本口、次触舌根、有u音云々、i等亦爾、

此義約所且略作此説

又云

ア　イ　ウ　エ　ヲ

ウ　ウ　ウ　ウ　ウ

ア　イ　ウ　エ　ヲ

○　○　○　○　○

カ　キ　ク　ケ　コ

ア　イ　ウ　エ　ヲ

ウ　ウ　ウ　ウ　ウ

此義自口中a出、触舌根、尚a也、次音即変uト

具ニアアウイイウ也、雖然合アアヲ云アト、イ亦爾

此依音次第、言口中反音者是也

理解の困難な箇所も多いが、現代的な用語で説明するならば、「ア」等の母音から、「カ」等の軟口蓋閉鎖音に移る際に、奥舌面が軟口蓋に接近し、その渡り音として「ウ」が聞き取られるということを言っているようである。

この場合、前接する母音が何であるかにかかわらず、「ウ」が挿入されることになるので、ike 等も、「エイケ」ではなく「エウケ」になる。右の説明によると、この「ウ」には鼻音性が想定されていないようであるが、喉内空点音

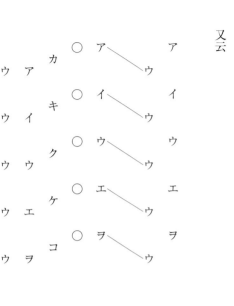

を、統一的に「～ウ」の形で理解しようとする点に、三内空点音を「アウ」「アン」「アム」で把握する悉曇学の伝統の根強さを感じる。先にも述べたが、呉音・漢音を通じて、ng韻尾を持つ漢字で、字音仮名遣いが「㋓ウ」となるものは原則としてないのである（第二部第一章参照）。

第六節　むすび

以上のように、筆者は、日本漢字音において、ng韻尾を持つ漢字が、「㋓イ」の形をとる場合にも、鼻音性を有していたと考えている。そして、原音の韻尾の鼻音性の標示が、「㋐ウ」等の「～ウ形」をとる場合に、「㋓イ形」をとる場合に比べて、格段に広範に見られるのは、それが、悉曇学における、漢字音の三種の鼻音韻尾の捉え方・三内空点に関する理論に支えられていたためであるという解釈を提出する。

もちろん、「㋓イ」の音形は、原則として漢音にのみ現れる形であり、呉音を中心とする仏家の字音学習においては周辺的なものであったため、「㋐ウ」などの場合に比して、その鼻音性に意識が向きにくかった、という前出の解釈と矛盾するものではなく、むしろ、これらの諸々の事情が原因となって、「㋓イ」の形をとる場合に、その鼻音性の把握が早く衰えたのであると解釈する方が穏当であろう。

【注】

（1）北京大学中国語言文学系語言学教研室編（一九八九）『漢語方音字匯』第二版（語文出版社）。張琨『漢語方音』（一九九三）所収「漢語方言中鼻音韻尾的消失」。

（2）馬渕和夫編『影印注解　悉曇学書選集』第二巻所収の東寺観智院金剛蔵蔵本建長二年写本、及び校合に用いられた三本・馬渕和夫氏蔵鎌倉時代写本とも、e・ai を欠いている。

第七章　Φ音便について

第一節　m音便と量的撥音便

第一章で詳述したように、平安時代、撥音が発達する初期の段階においては、m音便・n音便という二種類の撥音便があったという説が、中田（一九五一）によって提出されている。以下に中田説の要約を再掲する。[1]

青谿書屋本土左日記において、和語の撥音は、「よむだる（＜よみたる）」「つむだる（＜つみたる）」「をむな（＜をみな）」の場合は「む表記」、「あらざなり（＜あらざるなり or あらざりなり）」「きたなり（＜きたるなり）」「しじこ（＜しにしこ）」の場合は「零表記」というように、音便を起こす前の音の違いにより表記に差がある。平安時代の訓点資料の用例を勘案すると、ヒ・ビ・ヘ・ミ等に由来する「ム表記」の撥音は固有の音価［-m］を持っており（m音便）、ニ・リ等に由来する「零表記・レ（ン）表記」の撥音は固有の音価［-n］を持っていた（n音便）、と考えられる。

しかし、本書においては、促音とn音便の撥音とが、表記や分布の面で顕著な対応関係を見せること、異例の現れ方に偏りがある（バ行・マ行音の前に集中する）ことなどから、m音便の撥音は、中田の主張通り、後続音にかかわらず固有の音価［-m］を持っていたのに対し、n音便と呼ばれているものの撥音は、（促音と同様に）後続音節に対する待機音（この撥音は、ナ行・マ行音、濁音の前に立つのを原則とし、この時期の濁音は前鼻音を伴っていた）であり、必ずしも、音声的に［-n］に固定されていたわけではなかったという対案を提出した。以下、後者を「量的撥音便」と呼ぶ。現代語の場合、たとえば「いっさい（一切）［issai］」の促音部分では摩擦音［s］が持続するが、それは後続音節に対する発音待機の結果であって、［s］の実現自体が意図されるわけではない。同様に、量的撥音便の撥音は、鼻音性を持った後続音節に対する発音待機であり、結果的に後続音節の同器官的鼻音が調音されるのであって、鼻音自体が意図されたわけではないと考えるのである。促音と量的撥音便の撥音とは、後続音節に対する待機音という性質で括られ、かつ完全な相補分布を為しているので、音韻論的に一つのものであると解することも可能である。

以上を踏まえて、平安時代の「音便」を、以下の二つのグループに分けたのであった。

Aグループ（イ音便・ウ音便・m音便）

通常の分節音。

有表記。既存の仮名（イ・ウ・ム）を用いる。

音価固定。後続音に制限がなく、語末にも立ちうる。

Bグループ（量的撥音便・促音便）

韻律的性質が強い分節音（「長さ」を本質とする）(2)。

零表記。十一世紀以降、特殊符号「レ」等を用いることも。

音価は後続音に依存。語末には立たない。

いずれにしても、m音便・量的撥音便の二種の撥音が、鎌倉時代に入る頃には統合され、撥音の性質は、Aグループの性質と、Bグループの性質を折衷したものへと転換したと説明できる。つまり、鼻音自体が発音のターゲットとなり、後続音の制限も緩くなったのである。

第二節　Φ音便説

以上のように考えると、促音の場合にも、撥音便におけるm音便のような、音価の固定された音便形があったのではないか、という予測が出てこよう[3]。実は、促音便に関しては、肥爪（二〇〇八）の撥音便についての提案よりもかなり前に、後続音に依存する音価無指定の促音（現代語の促音と同じもの）と、音価の固定されている促音が併存していたという解釈が提出されている。築島（一九六七、一三三頁）において提案された、Φ音便という考え方である。

築島は、興福寺本『大慈恩寺三蔵法師伝』古点において、「洗〈アラ〉フテ（承徳三年（一〇九九）墨点七32）」「慮〈オモ〉フテ（承徳三年墨点一〇55）」「遂〈シタカ〉フて（承徳三年朱点一〇90）」などのように、ハ行四段動詞の連用形語尾が「フ」と表記されて、助詞「テ」を従える例を取り上げる。これらの形は、通常、ハ行転呼現象を前提としたウ音便の表記であり、ハ行で活用する動詞の場合には、「ウ」よりも「フ」で表記した方が、語の同定性が高まるため、右のようなフ表記が選ばれやすかった、と解されてきたものであろう。しかし、たとえば、承徳三年墨点ではフ表記3例、承徳三年朱点ではフ表記9例が指摘できる一方で、ウ表記の例がともに皆無なのであって、もしウ音便形の仮名遣いの間違いであるならば、もう少しフ表記とウ表記とが混在するのではないかと問題を提起し、これらの表記は、オモフテ［omoɸte］のような「Φ音便」の表記だったのではないかと推定した。また、ハ行四段動詞の音便形の例を訓点資料で調べたところ、早期の資料ではむしろウ表記の方が優勢で、比較的後のものでフ表記が優勢になり、特に院政期以降には、フ表記が圧倒的に優勢になることを指摘した上で、早期のウ表記は、（m音便が「ウ」で表記されることがあるのと同様に）Φ音便が「ウ」で表記されたものではないかと論じた。

以上の議論は、論理的に多くの問題を孕んでおり、築島自身も、この仮説について、その後は積極的に主張しなくなっているものの、音価無指定の促音便とは別に、m音便に対応するものとして、唇音に固定した促音の「Φ音便」（または「p音便」）が存在したという推定自体は、決して荒唐無稽なものではないと考える。

次いで、小林（一九七六）は、石山寺蔵『沙弥十戒威儀経』平安中期角筆点の分析において、以下のように述べる（括弧内の数字は行数）。

〔ハ行の音便〕

(a)済〈スクフテ〉(28)、抖擻〈アケフルフて〉(259)、蔽〈オホフて〉(35)、振〈フルフて〉(221)、拭〈ノコフて〉(142 144)、拭〈ノコフては〉(186)、拭〈ノコフ（て）〉(173 257)、戯笑〈ワラフツ、〉(113)

(b)洗〈アラて〉(133 142)、呼〈ヨハて〉(212)

（中略）

ハ行四段活用動詞の連用形が助詞「テ」「ツ、」に続いた形は、（略）総て連用形の原形「ヒ」を持っていず、(a)「フ」表記か(b)零表記かである。(b)零表記は、促音便や撥音便nを零表記にしていることと併せ考えると、これと同音か又はそれに近い音と認めたものであろう。(a)「フ」表記が、(b)と同音を表すとすれば、現行の音便の類型に嵌め込むならば、促音便的な音となる。(b)と異なる音便とすれば、現行の音便の類型に嵌め込むとウ音便となる。しかし、この文献ではウ音便は「ウ」で表記される上に、仮名遣として「フ」と「ウ」との混用が他には全くない。時期から見てハ行転呼が一般化したとは考え難いのである。築島裕博士は、大慈恩寺三蔵法師伝古点を中心にし平安後半期の資料に拠って、「フ」表記を、-φite＞-φte のように i の脱落と見る方が可能性が大きいとされた。音便の類型に嵌め込むならば、促音便に属することになる。本文献の「フ」表記は、この方向で考えると時期の上からも解釈ができる。しかも(b)零表記との関係も理解し易いのである。

当資料に角筆点の識語は存在しないが、小林は、ヲコト点が慈覚大師点（乙点図）であること、ア行の「衣」とヤ行の「江」とが使い分けられていることから、平安中期のうち、天暦（元年が九四七年）以前の加点であると推定している。その他にも、仮名二字の踊字が未だ点二つの形態であること、ハ行転呼音の例が（上述のハ行四段動詞の音便形がウ音便でないとすれば）一例もないこと、漢字音の n 韻尾が「ニ」表記または零表記となること、再読の訓法を用いないこと、助詞「イ」「ツ、」・助動詞「ケリ」を用いること（通常、漢文訓読では「ツ、」「ケリ」を用いない）など、この角筆点の古風な特徴を指摘している。併せて、築島（一九六七）においては、訓点資料におけるハ行四段動詞の音便形の表記は、ウ表記がフ表記に先行するとされていたが、角筆点を視野に入れれば、平安中期からすでにフ表記が存在していたことも指摘している。ただし、(b)零表記の例として挙げられている二例については、仮名点とヲコト点が組み合わされたものであり、部分付訓の可能性を否定できないので、促音便の確例とはできないであろう。小林は、この他にも、「面〈ムカ〉フテ〔石山寺蔵金剛頂瑜伽経中略出念誦法巻第二平安中期（寛平〜延喜頃）角筆点〕」「随〈シタカ〉フテ〔石山寺蔵求聞持法応和頃角筆点〕」の例を指摘した。

小林の推定通り、以上の角筆の加点が平安中期のものであるとすると、たしかにハ行四段動詞の音便形の「フ」表記が、すべてハ行転呼現象を前提とした、ウ音便の「仮名遣の間違い」であるとするのは不自然である。以上の諸資料は、Φ音便が存在した証拠となる有力な資料である。しかし、それでもまだ、懐疑的な目で見れば、平安中期の加点という推定は絶対的なものなのか、漢字音 p 韻尾の仮名遣（「ホフタイ（法体）」と書いて「ホッタイ」と発音する等）の類推で、通常の促音便が「フ」で表記されたものである可能性はないのか、等々の疑問が出てくるかもしれない。あるいは濱田（一九五二）のように、［kaɸite］＞［kaɸute］＞［kaute］のような変化過程の反映と見る立場も有り得よう。もう少し別の角度からこの問題を検討することはできないであろうか。

なお、築島・小林の議論は、Φ音便が音声の問題であるのか音韻の問題であるのかが、必ずしも明示的ではなかったが、本章では、これを音韻の問題として考察して行く。たとえば、現代共通語で「かたくて」は音声的には［katakte］のように発音されることがありうるが、これは音韻論的には/katakute/であり、k音便として取り上げる必要はない。Φ音便の場合も、単なる音声レベルでの母音脱落であれば、そのような無意識の現象が表記に反映することは原則としてないであろうし、次節に述べるように、特定の流派に限定されることなく、社会的にある程度の広さをもってΦ音便の表記が共有されたと推測される以上、特殊な耳を持った人による、過剰な音声観察によった表記とみなすのも不自然であると考えるからである。

第三節　ハ行四段動詞音便形の「ム表記」

第一項　先行研究とその問題点

そこで本書では、Φ音便が存在した傍証となる現象として、ハ行四段動詞音便形のム表記（「シタガムテ」「ムカムテ」「エタマムタリ」の類）の問題を取り上げたい。

通常、ハ行四段動詞の音便形は、促音便あるいはウ音便であると考えられているが、ム表記されているものについては見解が分かれている。この問題を最初に取り上げた中田（金児）（一九四七）では、促音便でもウ音便でもなく、撥音便であるという解釈が提出されている。中田は、促音が「ム」で表記される資料があることをも踏まえた上で、実際にハ行四段動詞の音便形がム表記を取る資料を分析し、それらの資料においては、促音便は零表記（またはレ表記）、ウ音便はウ表記、m音便はム表記、n音便（肥爪の言う量的撥音便）は零表記（またはレ表記）が取られることを指摘し、ハ行四段動詞の音便形のム表記は、撥音便（m音便）に相当するものであると結論した。築島（一九六七・一九六九）もこの見解に賛同しており、ハ行四段動詞に、第三の音便形として撥音便もあったとする説は、訓点資料研究の世界では、かなり有力視されている考え方ということになろう。その一方で、個々の資料の調査報告においては、促音がム表記される資料があることを根拠に、これを促音便の表記と、素朴に説明しているものも多いし、柳田（一九九三）は、中田の研究を踏まえた上で、この問題を総合的・詳細に論じ、ハ行四段動詞の音便形のム表記は、通常の促音便の表記であったとする解釈を提出している。

しかし、本書の立場では、音便現象一般において、「鼻音性一致原則」、つまり入力に鼻音要素（濁音・ナ行マ行音）があれば、出力にも鼻音要素（濁音・ナ行マ行音・撥音）があり、入力に鼻音要素がなければ、出力にも鼻音要素はないという原則を想定しているので、ハ行四段動詞が撥音便を起こすという解釈は、俄には受け入れがたいものである。(5)実際、ハ行四段動詞に相当する動詞が、撥音便形（あるいはそれに準じる鼻音要素を何らかの形で継承する形式）を取っている方言は、国立国語研究所（一九九一）『方言文法全国地図　第2集』第一〇五図「買った（過去形）」でも見当たらない。また、ム表記が通常の促音便であったという、音韻史的にはより穏当と思われる解釈を導こうとすれば、同一文献内の他の促音表記との不整合を説明するために、かえって強引な論法を積み重ねることになってしまう。(6)

このような事情もあって、このハ行四段動詞音便形のム表記に関しては、既知の音便形とは異なる音声を想定しているかのような説明も出てくることになった。馬渕（一九七一）は、ハ行四段動詞音便形のム表記についての説明と思われる文章において、(7)「撥音便と思われるものに、「ム」をもって表記した例があるが、これは両唇を閉じて内破音を発するために、両唇閉鎖の「ム」と音が近かったためであろう」と述べている。前後の文脈から考えて、m音便とは異なる音声を想定していることは確かであるものの、具体的にどのような音声を想定しているのかは読み取りがたい。また、小林（一九七二）は、『高山寺本古往来』の同表記について、「Fの調音点で、いきを鼻に抜けば、mとなる。（略）そのやうに鼻音がかつた音便ではなからうか」とする。m音便ともΦ音便とも異なる音を想定しているようであり、この発音の仕方ならば［-m̥］のような音声が生じるであろうが、具体的にどのような音声を想定しているかは、やはり不明である。いずれも鼻音性を持った音便を想定しているようではある。

中田・柳田の議論は、促音が現代語と同様に一種類しかなかったという前提に依っており、また、n音便（肥爪の言う量的撥音便）も、後続音に依らず、音価が［-n］に固定したものであったと考えている。しかし、撥音において、音価無指定の量的撥音便と、音価固定のm音便が併存していたとすれば、促音においても、通常の促音便とは別に、音価固定の「Φ音便」が存在し、表記の上でも区別されていた可能性は十分にあるであろう。要するに、ハ行四段動詞音便形のム表記は、Φ音便の表記（またはΦ音便の痕跡が仮名遣いとして残ったもの）であった可能性が検討されるべきなのである。量的撥音便と促音便とが共通の表記（零表記または✓表記）を取ることがある以上、m音便とΦ音便が唇音性を介して表記を共有することがあったとしても不自然ではないであろう。この考え方は、すでに沼本（一九七二）に見え、『高山寺本古往来』のハ行四段動詞音便形のム表記を、基本的には撥音便の表記と認定しつつも、「尤も、更にこの「ム」は「Φ」を表記したものと解釈する事も不可能ではない。後に見る様に、「✓」は舌音のnとtとの表記に使用されていると考えられるから、表記体系としての対応からはあり得ない事ではない」と、別解の形で示唆されているものである。

以下、いくつかの注意すべき資料を分析することにより、考察を進める。

第二項　『不動儀軌』万寿二年写本

まず、東寺観智院金剛蔵蔵『不動儀軌』万寿二年（一〇二五）写本（第一四二箱第二一号）を取り上げる。ハ行四段動詞の音便形がム表記される文献としては、中田の取り上げた諸資料よりも早い時期のものである。正式には『金剛手光明灌頂経最勝立印聖無動尊大威怒王念誦儀軌法品』と称し、万寿二年書写の本文に、本文と同筆と思われる墨筆の仮名点・ヲコト点が加点されている。おそらく、本文と加点を一具のものとして、まとめて転写したものであろう。ヲコト点は仁都波迦点であり、天台宗山門派の点本と推定される。この文献に関しては、月本（一九八〇）により全体の模写と読み下し文が公表されており、これを参考にしつつ原本調査を行った（一部判読が異なるが、結論には影響しない）。

以下、和語の音便形（撥音便・促音便・ハ行四段動詞の音便）の全例と、参考として、漢字音の韻尾（m韻尾・n韻尾・p韻尾・t韻尾・u韻尾）の表記から、音訳語・陀羅尼部分を除いた全例を挙げる。括弧内の数字は行数。

（一）和語の音便形

①m音便

〔レム表記〕践〈フ〉レムテ（ママ）（237）

〔零表記〕喉〈ノト〉（101・169）、?上〈カ（平）ヘ〉（144）

②量的撥音便

〔零表記〕成就〈ナリナヌ〉（40）

〈レ表記〉云何〈イカレソ〉(10)、成〈ナ〉レヌ(39)、死〈シ〉レタル(259・264)、屍〈シレタルカハネ〉(レ存疑)(263)、竟〈ヲ〉ハレヌ(307)

③促音便

〈零表記〉走〈ハシ〉テ(8)、投〈イタ〉テ(8)、起〈タ〉テ(10)、取〈ト〉て(260)

〈レ表記〉了〈サト〉レタマヘリ(12)、蒙〈カウフ〉レて(17)、来〈キタ〉レて(25・272・301)、湊〈アツマ〉レて(27)、被〈カウフ〉レて(38)、成〈ナ〉レて(151)、用〈モ〉レて(180)、俟〈マ〉レテ(232)、断〈タ〉レて(255)、畢〈ヲハ〉レて(256)、取〈ト〉レて(259・263)、断〈タ〉レ(て)(「断〈タレ〉(して)」か)(261)、執〈ト〉レ(て)(266)、騰〈ノホ〉レテ(266)、以〈コレヲモ〉レテ(286)、起〈オコ〉レて(298)、(補読)モレテ(35・97・109・112・271・273)、モレ(て)(36)

④ハ行四段動詞・補助動詞音便形

〈ム表記〉遇〈ア〉ムテ(7)、得〈エ〉タマムタリ(18)、対〈ムカ〉ムて(261・292・298)、問〈ト〉ムテ(302)

〈レ表記〉言〈イ〉レハ(253)

〈零表記〉纏〈マツ〉テ(6)

(二) 漢字音韻尾

①m韻尾　噉〈タ(平濁)ム〉(29)、嵐〈ラム〉(36)、針〈シム〉(106)、験〈下ム〉(230)、暗〈アム〉(252)、焔〈エム〉(284)

②n韻尾　焚〈ホレ・フレ〉(4・5)、奔〈ホレ〉(8)、健〈コレ〉(16)、呑〈トレ〉(27)、刃〈シレ〉(36)、乾〈カレ〉(40)、燼〈シ(平濁)レ〉(40)、奮〈フレ〉(102)、迅〈シレ〉(102)、羂〈クヱレ〉(111)、残〈サレ〉(139・286)、

練〈レ✔〉(228・300)、烟〈エ✔〉(236)、顔〈下✔〉(236)、盤〈ハ(平濁)✔〉(263)、痕〈コ(去)✔〉(263)、怨〈ヲ✔・ヲム〉(268)、戦〈セ✔〉(270)、陳〈チ✔〉(270)、忿〈フ✔〉(287)、隠〈ヲ✔〉(293)、看〈カ✔〉(295)、昏〈コ✔〉(300)

③p韻尾　甲〈カフ・コフ〉(98)、脇〈ケフ〉(178)、湿〈シフ〉(261)、雑〈サ(平濁)フ〉(262)

④t韻尾　結〈ケ✔〉(6)、絶〈セ✔〉(6)、折〈セ✔〉(230・241)、骨〈コ✔〉(240)、疾〈セ✔〉(241)、叱〈シ✔〉咤(促音化?)(252)、褐〈カ✔〉色(促音化?)(253)、乞〈コ✔〉セム(促音化?)(302)、〔零表記〕畢〈ヒ〉豆〈ツ〉(256)

⑤u韻尾　絞〈ケウ〉(6)、飄〈ヘウ〉(36)、鉤〈コウ〉(64)、嘌〈ヘウ〉(112)、毫〈カウ〉(154)、揺〈エウ〉(190・265)、鳥〈テウ〉(230)、乳〈ニウ〉(239・240)、稲〈タウ〉(246)、貌〈メウ〉(259・292)、澡〈サウ〉(261)、咲〈セウ〉(276)、調〈テウ〉(282)、掃〈サウ〉(304)

この文献は、量的撥音便(いわゆるn音便)の撥音と促音とに、符号「✔」を共有する資料であり、ともに✔表記(一部零表記)を取るのを原則としている(漢字音のn韻尾・t韻尾にも、この「✔」が用いられる[8])。

m音便は該当例が乏しく、ム表記の確例が一例もないが、「践〈フ〉✔ムテ(ママ)(237)」は、文脈から考えても、漢字音のm韻尾の表記から類推しても、「フムテ」が期待されるところである。誤記した「✔」に続けて「ム」を記入することにより訂したものか。「喉〈ノト〉(101・169)」は「ノミト」のm音便「ノムト」が期待され、実際、諸文献では「ノムト」で安定している語であり、「ノト」はむしろ異例である。この語には「ノウト」というウ音便形も存在し[9]、この文献の例のように突出して古い「ノト」は、むしろウ音便形の短縮と見るべきかもしれない。「上〈カ(平)へ〉(144)」は、「カミヘ(上辺)」のm音便形と見なせば、m音便の零表記となるが、その場合はバ行音の前のm音便であり、異例の類型（b）（第一章第三節参照）に相当する。ただし、聖語蔵本『地蔵十輪経』元慶七年（八八三）点などに、「頭」字に対して「カヘ」が加点された例があり、これが変化して「カウベ」になったとする説もある（築島一九六七）ので、『不動儀軌』の例も、そもそも「カミヘ」に由来する音便形ではないかもしれない（『不動儀軌』の例は「頂ノ上〈カヘ〉」つまり「頭頂部より上方」の意であって、頭・首の意の「カウベ」とは別語である可能性が高い。あるいは、この例は「カミ」と「ウヘ」とが混淆した単なる誤記である可能性もあろう）。

そうした一方で、ハ行四段動詞の音便形には、二例を除いて「ム」表記が取られている。これが、Φ音便の表記だったのではないかと考えるのである。通常の促音便形であったならば、この資料では、✓表記または零表記が取られるであろうから、このム表記が促音便形の表記であったとは考えにくい。また、「よむで～ようで」「かむがふ～かうがふ」「むま～うま」「むだく～うだく」のような例からの類推で、隣接音の影響などで音声的に鼻音性を帯びた /-u/ ならば、「ム」で表記される可能性は十分にあるものの、ハ行四段動詞のウ音便形は、鼻音性を帯びないはずであるので、この「ム」表記が、ウ音便形を表記したものであった可能性も低い（漢字音のu韻尾は、例外なく「ウ」で表記されている）。つまり、この資料のハ行四段動詞音便形の「ム」表記は、築島・小林の言うところのΦ音便の表記であった可能性が高まってくるのである。そして、例外のうちの一例「言〈イ〉✓ハ（253）」は、後続音が唇音なので、撥音における表記の異例（b）（m音便の零表記・✓表記）と同じ類型のものとみなせるものである。もう一例の「纏〈マツ〉テ（6）」は、「マツヒテ」の音便形であると考えるのが妥当であり、促音便の零表記であるか、ウ音便の短表記であるか、確定しにくい。後述するように、ハ行四段動詞の促音便形・ウ音便形は、この時期の他の文献にすでに存在しているので、転写の際に日常言語における形式が混入したものなのかもしれない（この例は、本文献におけるハ行四段動詞音便形で一番最初に出てくる例である）。

なお、この文献において、量的撥音便・促音便・漢字音のn韻尾・t韻尾が符号「✓」を共有している一方で、漢字音のp韻尾の表記が（「ム」ではなく）「フ」で統一されていることについては、早くから開音節化し、ハ行転呼現象が進行しつつあったp韻尾の場合、すでにこの時期には、促音・撥音の範疇に属さない音声になっていたためと説明されようか。

以上のように、二種類の促音が存在したという立場を取れば、ハ行四段動詞の音便形のム表記は、Φ音便の表記（あるいはその痕跡）と解釈することになり、『不動儀軌』の背後にある撥音・促音の表記システムも、〈表1〉のように整然としたものとして理解できるようになるのである。なお、量的撥音便と促音便とは、音韻論的に同一のものだった可能性があるものの、m音便とΦ音便とは、表記を共有しているとはいえ、音韻としてはまったく別のものである。

〈表1〉

	撥音	促音	表記
Aグループ	m音便	Φ音便	ム表記
Bグループ	量的撥音便	促音便	✓表記（一部零表記）

第三項　『三論祖師相伝』鎌倉初期写本

同じく東寺観智院金剛蔵蔵『三論祖師相伝』一帖、院政期〜鎌倉初期写本（第一三一箱第四四号、内題『三論宗祖師相伝』）は、中田（一九四七）により、ハ行四段動詞の音便形が「ム」で表記される資料として言及された聖教である。原本調査により、あらためて和語の音便形全体の表記システムの精査を行った。当資料の和語の音便形は以下の通り。

①m音便

〔ム表記〕噎〈ムセ〉ムテ既（に）吐（く）コトヲモ得不（るか）如シ（噎如既不得吐）（一〇ウ）、履〈フムモノ〉（二七オ）、苦〈ネムコロ〉ニ請（ふ）（三四ウ）

〔零表記〕翰〈フテ〉（二ウ）、其（の）深解（を）蘊〈ツヽ〉テ（三一ウ）

②量的撥音便

〔零表記〕一〈ツハヒラカス〉（三ウ）、奚何〈ナソ〉（一八ウ）

③促音便

〔零表記〕一文モテ（一オ）、杖モテ（一オ）、神薬ヲモテ諸大石ニ滴〈ソヽ〉ク（神薬滴諸大石）（一三オ）、鑿〈ホ〉テ（鑿）、汝（の）束髪（を）剃〈ソ〉テ（剃汝束髪）（二〇ウ）、謂〈カタ〉テ曰ク（二六ウ）、所願〈ア〉テカ（二六ウ）、論師其（の）戸〈ト〉ニ跨〈マタカ〉テ（論師跨其戸）（二七オ）

④ウ音便

〔ウ表記〕晩〈モロ〉ウシテ（二六ウ）

⑤ハ行四段動詞音便形

〔ム表記〕字号〈ヨハ〉ムテ龍樹ト曰（ふ）［也］（字号曰龍樹也）（一一ウ）、号〈ヨハ〉ムテ伽耶提婆（と）曰（ふ）［也］（号曰伽耶提婆也）（二二ウ）、若シ能ク身ニ効〈ナラ〉ムテ此ヲ食（ふ）者ハ（三二ウ）

⑥未詳

〔ム表記〕奉ムテ（一三オ）

m音便はム表記、促音便・量的撥音便は零表記という原則があると見て良いであろう。例外はm音便の零表記、「翰〈フテ〉」「蘊〈ツヽ〉テ」の2例であるが、いずれもウ段音の直後の例であり、m音便形ではなく、ウ音便形の短表記である可能性が残る。イ段音の直後のイ音便に関しても、この資料には「縦意〈ホシマ、〉ニ（六ウ）」「携〈ヒサ〉ケテ（二八ウ）」のような短表記の例がある。

ハ行四段動詞の音便形は、3例がいずれもム表記を取る。この資料は、促音便は零表記、ウ音便はウ表記で例外がない。時代の下る写本ではあるが、内容から考えて、南都に起源を持つ写本であり、そのため古風な表記が保存されていると推測される。

以上を整理すると、〈表2〉のようになる。

〈表2〉

	撥音	促音	表記
Aグループ	m音便	Φ音便	ム表記
Bグループ	量的撥音便	促音便	零表記

第四項　『高山寺本古往来』院政期点

前出の『高山寺本古往来』院政期点も、『不動儀軌』に通じる表記方針を持った資料とみなせる。この文献の音便形の表記については、すでに小林（一九七二）・沼本（一九七二）で整理されている。

①m音便

〈ム表記〉慣〈タ（の）〉ムテ（114）、営〈イトナ〉ムテ（196）、臨〈（の）ソ〉ムテ（182）、読〈ヨ〉ムテ（195）、涙〈ナムタ〉（196）、守〈カム〉ノ殿〈（と）ノ〉（208）、憑ムテ（289）、固〈ネムコロ〉ナラハ（292）、撰〈エラ〉ムテ（339）、君〈キム〉達（372）、蔵人〈クラムト〉（372）

〔レ表記〕主水司〈モレトリツカサ〉（343）（ヘモヒドリ）

②量的撥音便

〔レ表記〕何〈ナレ〉ソ（57・297・335）、件〈クタレ〉ノ（106）、何為〈イカレセム〉（162）、罷越〈マカリコ〉エレタ（244）、何〈ナレ〉ノ（257・291）、可シ成〈ナ〉レヌ（257）、可シ足〈タ〉レヌ（341）、如何〈イカレ〉（そ）（373）、承リヲハレヌ（384）、足而已〈タレヌナラクノミ〉（435）

〔零表記〕畢〈オハ〉ヌ（11）、蒙〈カフ〉ヌ（124）、去〈サ〉ヌル（141）、承〈（うけたま）ハ〉ヌ（359）

③促音便　→④も参照

〔レ表記〕挙〈コソ〉レテ（221）、持〈モ〉レテ（244）

〔零表記〕奉〈タテマツ〉テ（12）、至于〈イタ〉テ（23・266）、有〈ア〉テ（47）、募〈ツノ〉テ（99）、進〈タテマツ〉テ（99）、依〈ヨ〉テ（111・160）、放〈ハナ〉テ（115）、浸〈ヒタ〉テ（147）、因〈ヨ〉テ（191・394）、蒙〈カフ〉テ（206）、交〈マシハ〉テ（255）、纏〈モトヲ〉テ（267）、返〈（か）へ〉テ（270）、降〈クタ〉テ（381・419）

〔ツ表記〕来訴〈ウツタ〉フ（82）

〔不明〕奉ツテ（319）（零表記ともツ表記とも解される）

④ハ行四段動詞音便形

〔ム表記〕思煩〈ワツラ〉ムテ（401）、賜ムテ（414）、向〈ムカ〉ムテ（194）、夤〈ウヤマ〉ムテ（194）

〔フ表記〕違〈タカ〉フテ（52）、負〈ヲ〉フテ（110）、遇〈ア〉フテ（131）

〔ツ表記〕追〈ヲ〉ツテ（63）

この資料は、m音便と量的撥音便の区別が、かなりよく保たれている。しかしながら、助動詞「む」の表記については、「ム」を原則としながらも、一部「✓」が混じており（9例）、実際には混乱が進行していたものと思われる。量的撥音便と促音便は、ともに✓表記・零表記を併用するが、量的撥音便は✓表記を主とし、促音便は零表記を主とするというように、大きく比率が逆転している。なお、漢字音の表記において、t韻尾もツ表記を原則としている点が、t韻尾を✓表記する『不動儀軌』とは異なる。

ハ行四段動詞の音便形は、数の上ではム表記が4例で最も多く、フ表記の3例がこれに次ぐ。しかし、1例のみとはいえ、「追〈ヲ〉ツテ（63）」というツ表記の例があり、「来訴〈ウツタ〉フ（82）」の例から見て、これは促音を表記したものであろうから、ム表記・フ表記ともに、もはや一種の仮名遣いに過ぎず、実際には促音便であったと考えたいところである。もっとも、「持〈モ〉✓テ（244）」「挙〈コソ〉✓テ（221）」「放〈ハナ〉テ（115）」「奉〈タテマツ〉テ（12）」「有〈ア〉テ（47）」のように、タ行四段動詞・ラ行四段動詞・ラ変動詞の促音便形に使用された✓表記・零表記の例が、ハ行四段動詞には一切見られないということは、一般の促音便とハ行四段動詞の音便形とは、依然として異質なものであると認識されていたのかも知れない。

〈表3〉

	撥音	促音	表記
Aグループ	m音便	Φ音便?	ム表記（フ表記）
Bグループ	量的撥音便	促音便	零表記／✓表記

第五項　『大毘盧遮那経疏』巻第二延久二年点

中田の研究以降も、ハ行四段動詞の音便形にム表記を用いた資料はかなり多く報告されているが、以下、一つの文献の内部において、ハ行四段動詞の音便形だけではなく、他の「促音」にもム表記を用いている資料で、全文の調査が可能であったものについて分析する。

東寺観智院金剛蔵蔵『大毘盧遮那経疏』巻第二延久二年（一〇七〇）点（第一八九箱第三号）は、ヲコト点は宝幢院点であり、先の『不動儀軌』と同様に、天台宗山門派の点本と推定される。

（一）和語の音便形

①m音便

〔ム表記〕喜〈コノ〉ムて（一二三オ）、好〈コノ〉ムて（一二三ウ）、潭〈アム〉ス（四三ウ）

②量的撥音便

〔零表記〕軽忽〈イルカセ〉シテ（一八ウ）

③促音便

〔零表記〕以〈モ〉テ（一二一オ）、阻〈ハ、カ〉テ（三一オ）、破〈ワ〉テ（四〇ウ）、渉〈ワタ〉テ（四五オ・五六ウ）、

猶〈ヨ〉テ（五五ウ）

〔レ表記〕猶〈ヨ〉レテ（三九ウ）

〔ム表記〕尚〈タムト〉フ（二九オ）

④ハ行四段動詞音便形

〔ム表記〕曲を度（右）〈ツタ〉ヱテ（左）〈ナラ〉ムテ（二八ウ）

〔ウ表記〕遵〈シタカ〉ウテ（二〇オ）

（二）漢字音韻尾（抜粋）

①m韻尾　淹〈アム〉（四二オ）、潭〈タム〉（四三ウ）
②n韻尾　昏〈コレ〉（三ウ）、甄〈ケレ〉（一〇オ）、醇〈受レ〉（一〇ウ）、〔異例〕刃〈シム〉（四三ウ）
③p韻尾　狎〈アウ〉（誤読）（一〇ウ）、篋〈ケフ〉（一八ウ）、蟄〈チム音〉（三六オ）
④t韻尾　欻〈クツ音〉（八ウ）、杌〈コレ〉（二〇ウ）、〔熟〈シチ〉（誤読）（一〇ウ）〕
⑤u韻尾　疱〈ハウ〉（九ウ）、保〈ホウ〉（一五ウ）、苗〈メウ〉（一八ウ）

（一）④の「度〈ナラ〉ムテ」は、文脈から見て、「ナラビテ」の音便形ではなく、「ナラヒテ」の音便形であろう（『訓点語彙集成』の判定も同様）。この文献のハ行四段動詞の音便形は二例のみであり、ム表記・ウ表記が各一例である。この文献で特徴的なのは、促音全般が零表記を原則とし、ウ音便がおそらくウ表記を原則としていると推定される一方で、「タフトブ」の音便形を「尚〈タムト〉フ」とム表記をした例があることである。つまり、ハ行四段動詞以外にもΦ音便の候補となる例が見られるということである。この文献の場合、これらのム表記は、Φ音便の痕跡が仮名遣いとして残存しているのみであり、実際の発音は促音便（またはウ音便）と同じになっていた可能性が高いと思われるが、Φ音便のム表記を前提としてはじめて、これらの仮名遣いも理解できよう。また、一例のみではあるが、p韻尾を「蟄〈チム音〉」と表記した例（促音化する位置ではない）があるのも、Φ音便のム表記が前提となった仮名遣いの一種かもしれない。

第六項　楊守敬本『将門記』平安後期点

次いで、楊守敬本『将門記』平安後期点の和語の音便形の表記を取り上げる。括弧内の数字は、貴重古典籍刊行会影印本の頁数行数。

①m音便

〔ム表記〕臨〈ノソ〉ム・タリ（一四3）、公雅〈キムマサ〉（一六1）、銜〈フ、〉ムテ（一六6）、慎〈ツ、シ〉ムテ（二二3）、嚼〈カ〉ムテ（二一4）、涙〈ナムタ〉（二七1・六〇7）、狩〈カク〉ムテ（二八6）、践〈フ〉ムテ（二八6）、望〈ノソ〉ムテ（三七4）、動〈ヤ、ムス〉レハ（三七5）、飲〈ノ〉ムテ（五一3）、鉗〈ツク〉ムテ（五五8）

〔零表記〕押塘〈ヲシツ、〉テ（四〇8）、奉〈ウケタハ〉ル（四八5）、昌伎（右）〈カナキ〉スルテモノ（左）〈カムナキ〉（四七1）

②量的撥音便・撥音挿入

〔零表記〕了〈(を)ハ〉ヌ（一3・四六5・五〇4）、帰〈カヘ〉ヌ（一3・三四6）、何〈(い)カ〉ソ（四10・五一7）、還〈カヘ〉ヌ（六3）、何〈イカ、〉（六5・四五2）、何〈(い)カ、〉（六5・五二5・六一1）、盍〈イカ〉ソ（一七4）、帰〈(か)ヘ〉ヌ（一八6）、逃散〈ニケサ〉ヌ（二三3）、争〈イカ〉テ（二四4）、上〈ノホ〉ナハ（二五6）、棄去〈ステ、サ〉ヌ（三一7）、訖〈ヲハ〉ヌ（四〇2・四三8・六〇1）、畢〈ヲハ〉ヌ（四二2）、蓋〈イカ、〉（五四4）、何〈ナ〉ノヒト（六一1）

〔レ表記〕津〈クレ〉中（一四2）、何者〈イカレトナラハ〉（三〇4）、豈〈アレニ〉（五二1）

③促音便・促音挿入

〔零表記〕以〈モ〉テ（一3・一八3・二二4・五七2）、蒙〈カフ〉テ（二5）、有〈ア〉テ（二7・二八7）、事〈ツカウマツ〉テ（四3）、労〈イタハ〉テ（八4）、帯〈メク〉テ（九5）留〈ト、マ〉テ（一〇7）、隔〈ヘタ、〉テ（一一5）、耽〈フケ〉テ（一八5）、交〈マシハ〉テ（二一2）、来〈(き)タ〉テ（二一4）、羅〈カ、テ（二二5）、上〈ノホ〉テ（二四3）、中〈アタ〉テ（二六4）、舐〈ネフ〉テ（二七1）、来〈キタ〉テ（三一5・四八8）、依〈ヨ〉テ（三六8）、至〈イタ〉テハ（三七5）、議〈タハカ〉テ（四二7）、奢〈ホコ〉テ（四四3）、憤〈クチハシ〉テ（四七1）、挙〈コソ〉テ（四七5）、立〈タ〉テ（自動詞）（二一4・四七5）、製〈ツク〉テ（四八1）、被〈カフ〉タリ（五〇3）、仮〈カ〉テ（五〇6）、摂〈アツカ〉テ（五二7）、膺〈アツカ〉テ・〈カヽ〉テ（五七9）

〈ム表記〉専〈モムハラ〉（六2）

④ハ行四段動詞の音便

〈ム表記〉奮（右）〈フル〉ムテ（七4）、叶〈カナ〉ムテ（八3）

〈レ表記〉奮（左）〈フル〉レテ（七4）、酔〈ヱ（ヨ?）〉レテ（一五4）、食〈クラ〉レテ（一八4）

〈零表記〉〈イ〉シヒト（二二1・2）、煩〈ワツラ〉テ（二九1）

〈ウ表記〉奪〈ハ〉ウテ（三九2）

⑤注意すべき漢字音

奥州〈アムシウ〉（二八4）、東土〈トムト〉（五八9）

全体として乱雑・不統一な印象のある資料（特に漢字音の表記）ではあるが、撥音表記の異例は意外に少ない。m音便は原則としてムで表記されるが、例外が3例ある。「押塘ヲシツ、テ（四〇8）」は、ウ音便形の短表記の可能性も残るが、バ行・マ行四段動詞のウ音便形は、本資料には例がない。「昌伎（右）カナキスルテ（ママ）モノ、（左）カムナキ（四七1）」は二種の訓が付されており、左訓の「カムナキ」が後に追加されたものであろう。この語は「カム（神）ナギ（和）」の意で、「カミ」の「ミ」は上代特殊仮名遣では乙類であるので、本書では「カムナギ」はm音便形ではなく、母音交替形として処理する。ここで問題になるのは、右訓の「カナキ」の方で、これはm音便またはウ音便（「カウナギ」という語形も存在する）の零表記ということになろう。ただし、「カナギ」の形は本資料以外には報告されておらず、これは単純な誤記で、左訓により訂正されたものかもしれない（現代の固有名詞・姓には「みかなぎ（御巫）」がある）。「奉ウケタハル（四八5）」は「ウケタマハル」が変化した形であるが、この語のm音便形は知られておらず、ウ音便形の「ウケタウバル」と、本資料と同形の「ウケタバル」のみが、それぞれ訓点資料に報告されている。「たまふ」から変化した「たぶ」、「たまはる」から変化した「たばる」は、『万葉集』にすでに仮名書き例で存在する（「多婢（二〇・四四五五）」「多婆利（八・一四六二）」）ので、「うけたばる」もm音便・ウ音便を介することなく形成された語形かもしれない。m音便形の零表記と見なしたとしても、バ行音の前のm音便ということになるので、異例の類型の範囲内である。

ハ行四段動詞の音便形に関しては、本資料の表記は不統一が甚だしい。零表記の「煩ワツラテ（二九1）」は通常の促音便、ウ表記の「奪ハウテ（三九2）」は通常のウ音便であろう。レ表記の「奮（左）フルレテ（七4）」「酔ヱレテ（一五4）」「食クラレテ（一八4）」は、「レ」が促音に用いられた例は他に見当たらないが、通常の促音便と考えてよいと思われる。ム表記の「奮（右）フルムテ（七4）」「叶カナムテ（八3）」は、ハ行四段動詞に三種類もの音便形が併用されたというのも不自然であるので、古いΦ音便表記の痕跡を仮名遣いとして留めているのみで、通常の促音便の表記として「ム」が使用されていると考えるのが穏当であろう。ただし、漢字音の表記に、「奥州アムシウ（二八4）」「東土トムト（五八9）」の例があるため、ウ音便形の可能性も残される。

ところで、一例のみであるが「専モムハラ（六2）」のように挿入促音を「ム」で表記する例が存在することも、この資料がΦ音便表記「ム」の痕跡を留めていることを示唆する。この場合は、通常の促音が唇音の前で［-p］で発音され、それにΦ音便の表記「ム」が使用されたもの、つまり、撥音の場合で言えば、バ行・マ行の前の量的撥音便が「ム」で表記されるという、異例の類型（a）に対応するものである。築島編『訓点語彙集成』によれば、「モムハラ」は、この文献以外にも、興聖寺本『大唐西域記』平安中期点、『法華経単字』保延二年（一一三六）写本（4例）、「モレハラ」は、高山寺本『大日経疏』永保二年（一〇八二）点に見られるということである。

いずれにしても、楊守敬本『将門記』で促音に「ム」が使用されるのは、Φ音便の痕跡と見なせる位置に限定されていることになる。

第七項　この節のまとめ

以上、五文献の分析を行った。この他、ハ行四段動詞音便形がム表記を取る資料は多く報告されているが、いずれも一一世紀後半以降の資料である。すでにΦ音便は日常言語においては失われていたと考えられ、あとは、どの程度その痕跡を資料に留めているか、という問題でしかないであろう。さらに時代が下り、高山寺本『大日経疏』長治元年（一一〇八）点になると、ハ行四段動詞の音便形はフ表記を主体としている（「失〈ウシナ〉フツレハ」「通〈カヨ〉フテ」など）ものの、ウ音便形（「称〈カナ〉ウテ」）や促音便形（「遇〈ア〉テ」「惣〈ウヤマ〉テ」「謂〈オモ〉テ」「養〈ヤシナ〉レテ」）も併存しており、フ表記はΦ音便の表記ではなく、ウ音便または促音便を表記したものと見なすべきであろう。院政期以降の他の文献のフ表記についても、同様であると思われる。

また、ハ行四段動詞以外でΦ音便の可能性がある語としては、以下のようなものが候補となろう（主に築島裕編『訓点語彙集成』等によっている。詳細は本書末尾「引用文献資料」参照）。

アフトコブ・アムトコブ・アトコブ[10]

跨　アフトコフ也〔法華義疏長保四年（一〇〇二）頃点一616〕
跨　アムトコヒ〔慈恩伝承徳三年（一〇九九）点九409〕
誇（跨）アトコヒ〔慈恩伝承徳三年（一〇九九）点八118〕
跨　アツトコフル時ハ〔老子道徳経天正六年（一五七八）点〕

オフシ・オムシ・オシ

瘖　オフシ〔史記呂后本紀延久五年（一〇七三）点二ウ〕
瘖　オムシ〔辨正論保安四年（一一二三）点三545〕
啞　ヲシニテ〔法華経伝記大治五年（一一三〇）点〕

タフトシ・タムトシ・タトシ

尊く〈多布斗久〉ありけり〔古事記歌謡七〕
不尊　タムトカラ〔古文孝経建久六年（一一九五）点〕
崇　タト（き）哉〔漢書楊雄伝天暦二年（九四八）点三九オ〕

他の「タトシ」例は鎌倉時代以降。

タフトブ・タムトブ・タトブ

崇　タフトフ〔東大寺本法華文句巻平安後期点三一ウ〕
尚　タムトフ〔東寺金剛蔵本大日経疏延久二年（一〇七〇）点二九オ〕
尚　タトフ〔金光明経文句延喜頃点〕

ナフサナフサ・ナムサナムサ・ナツサナツサ

随分 ナフサナフサ（上上平平平）に〔南海寄帰内法伝長和五年（一〇一六）頃点二・一四20〕

随分 ナムサ〱ノ〔大東急記念文庫本白氏文集建長四年（一二五二）他点六64〕

随分 ナツサ〱ノ〔和漢朗詠集私注永承五年（一五〇八）〕

ヤフサガル・ヤムサガル

慳 や布佐可留〔大乗阿毘達磨雑集論平安初期点〕

所悋 ヤム□□（サカ）ル〔大日経疏康和四年（一一〇二）点〕

第四節　語末位置のΦ音便

以上見てきたように、音価の固定した促音としてのΦ音便が存在したとすれば、Φ音便はm音便と同様にAグループに属する音便形であったと推定される。後続音に依存せずに音価が固定している、既存の仮名を用いる、という特徴の他、Aグループの音便のもう一つの特徴である「語末に立つ（後続音はなくても良い）」という性質は、Φ音便にも見られるであろうか。

中田（一九五四）は、ハ行四段動詞終止形の例として、東大寺図書館蔵『大般涅槃経』（ハ行四段動詞の音便形に「ム」を使用する文献。中田は院政期点とする）の例を挙げている。

故（に）喪二〈ウシナ〉ム其（の）命一（を）〔巻二三〕

喪〈ウシナ〉ムレ身（を）〔巻二五〕

中田は、これらを撥音便（m音便）の例とするが、後続音のない位置で「フ」が撥音に変化するという想定は、音声的にかなり無理があるように思われる。（通常の）促音便とするのも、語末位置では困難であろう。やはりΦ音便が語末に立っている例と考えるのが良いと思われる。ただし、この二例とも、築島編『訓点語彙集成』（築島は平安後期点とする）では判読が異なっており、順に「ウシナム（て）」「ウシナヒ」と訓む。「ウシナム」という終止形は有り得ないという判断が加わったものであろうか。また、何らかの助動詞を補読して良いならば、「ウシナム（たり）」等となって、終止形の例ではなく、通常の連用形由来の音便形となる。

次いで、大矢（一九〇九）『仮名遣及仮名字体沿革史料』に掲載される、石山寺本『成唯識論』寛仁四年（一〇二〇）点の「符　カナム」の例を検討する（原本調査による）。この資料は、m音便・量的撥音便・Φ音便（存疑）・促音便のすべてに「ム」を使用する特異な資料である。促音に「ム」を使用する資料として、年代明確な最も古い資料ではあるが、『不動儀軌』万寿点、楊守敬本『将門記』などのように、Φ音便またはその痕跡と解せる促音にのみ「ム」が使用される資料とは、表記の原理が異なると見なすべきであろう。当文献は、撥音・促音の表記が流動的であった時代に、[11]表記の試行錯誤の結果として、唯一表記が安定していたm音便のム表記を、すべての撥音・促音に流用した資料であると考えたい。

（用例は抜粋。〔　〕内は巻数行数）

（a）m音便のム表記

恃〈タノム〉て〔六175〕他

（b）量的撥音便のム表記

寧〈イカム〉そ〔一142〕、无（く）ナムヌる時を〔二20〕、无（く）ナム、、か故に〔三417〕、无（く）ナムヌ〔九155〕

（c）促音便のム表記

妄〈イツハ〉ムて〔一99〕、渉〈ワタ〉ムて〔一255〕、隔〈(へた)タ〉ムて〔四139〕、猶〈ヨ〉ムて〔六14〕、観〈マ〉ムて〔六47〕

（d）Φ音便のム表記

?・符〈カナ〉ム〔三431〕

『沿革史料』の挙例「符　カナム」は、管見に入ったΦ音便の候補となる例として本資料唯一のものである。これに助詞「て」を補読した「カナム（て）」という形が、複数の日本語史の概説書に掲載されているが、この処理には問題がある。原文では文字列として「豈符正理」、「符」に仮名点「カナム」、ヲコト点（東大寺点）「を」「や」、「理」にヲコト点「に」がある。『訓点語彙集成』では、この例を「カナ（は）ムをや」と訓んでいる（移点の際の「ハ」の誤脱と解したようである）。しかし、Φ音便が語末にも立ちうるのならば、「カナフ」の連体形のΦ音便形として「カナム」が存在しうるので、そのまま「カナムをや」と訓んでも問題はない。更に、「豈」との呼応を重視し、ヲコト点「を」を単なる汚れと見なせば（本資料は、紙面全体に白い点が散っており、当該星点は、他のヲコト点「を」と比べると、やや下の位置にあるようにも見える）、「カナムや」と終止形のΦ音便にも訓める。ただし、平安時代の訓法としては「豈正理に符〈カナ〉（は）ムや」と訓むのが、もっとも自然ではあろう。もちろん、『大般涅槃経』の場合と同様に、助動詞を補読する可能性（「カナム（たらむ）や」等）もある。いずれにしても、かなり問題の残る例である。

その他、語末Φ音便の候補となる例を指摘するのは困難であるが、築島（一九六七）は、次の例を名詞「ヤマヒ（病）」のΦ音便の例と推定している。いずれも時代の下る例であり、ハ行転呼を起こした［jamawi］がウ音便化した形である可能性も否定しにくい。

病〈ヤマフ〉スルカナ〔慈恩伝承徳三年（一〇九九）墨点八243〕
病〈ヤマフス〉〔観智院本名義抄・法下五八オ〕

なお、本書では、西暦一〇〇〇年頃までのハ行子音が閉鎖音［p］であった可能性、Φ音便ではなくp音便であった可能性自体を排除しているわけではないのであるが、特に語末位置に立つためには、持続性を持った摩擦音の方が相応しいと考え、築島説に合わせて「Φ音便」として議論を進めるものである。

第五節　ハ行四段動詞音便形の相互関係——Φ音便が早く消滅した理由——

一般的には、ハ行四段動詞の音便形は、ハ行転呼現象が一般化する前には促音便になり、ハ行転呼現象が一般化した後はウ音便になる、つまり、促音便が古く、ウ音便が新しいと考えられている。しかしながら、訓点資料などの実例は、突出して早い孤例である西大寺本『金光明最勝王経』平安初期点の「救〈スクテ反〉〔三・四五22〕」を慣例に従って促音便の例から除外すると[12]、西暦一〇〇〇年よりも早い例は、意外なほど乏しいことが知られる。東寺観智院金剛蔵本『守護国界主陀羅尼経』平安中期点の「他の駈策を受けむトオモテ（受他駈策）〔巻一〇〕」「得（む）やとオモテ（得）〔巻一〇〕」が確実な例であるが、これ以外の平安中期の音便形の例は、フ表記のものばかりである。次いで、石山寺蔵『仏説太子須陀拏経』平安中期末点の「逐〈オテ〉〔246〕」「言〈イテ〉〔359〕」あたりが早いが、この資料はハ行転呼現象による仮名遣いの異例が複数あり、また、「法〈ナラウテ〉〔209〕」のようなハ行四段動詞のウ音便形も併存しているものである（小林一九八四・二〇一二）。ハ行四段動詞の促音便は、タ行・ラ行四段動詞の促音便、ラ変動詞の促音便が、平安初期・中期にも豊富に例が指摘できるのとは、かなり状況が異なるのである。

もしΦ音便の存在を認めるならば、ハ行四段動詞の促音便・ウ音便が生成する経緯についても、従来とは異なる解釈が可能になり、より訓点資料のデータに即した音韻史を描くことができるようになると思われる。それぞれの音便形の訓点資料における出現時期としては、Φ音便形・促音便形は平安中期から、ウ音便形は西暦一〇〇〇年頃からということになる。

現時点ではデータが不十分ということもあるので、可能性を一つに絞ることなく、あり得る経緯を幅広く挙げることにする。音便現象は、さまざまな音声的なゆれ・崩れを、有限個のひな型へ振り分けるという面もある（「タテマツル＞タイマツル（イ音便）」「ナリヌ＞ナヌ（量的撥音便）」「ナリシ＞ナシ（促音便）」など）ので、複数のルートから一つの形式に落着することがあっても不自然ではないであろう。

動詞「オモフ」のウ音便形の「オモウテ［omoute］[13]」は、従来の説明通り、ハ行転呼形「オモヰテ［omowite］」からも転じうるが、Φ音便形「オモフテ［omoɸte］」からも転じうるであろう。ハ行転呼現象が一般化し、ハ行四段動詞がワ行四段動詞へと変化した結果、あるいは形態素頭以外の［-ɸ-］が許容されにくくなった結果、Φ音便形「オモフテ［omoɸte］」が、ウ音便形「オモウテ［omoute］」に転じたと考えることも不可能ではない。促音便形「オモッテ［omotte］」は、非音便・非ハ行転呼形「オモヒテ［omoɸite］」からも、Φ音便形「オモフテ［omoɸte］」からも転じうる。Φ音便形「オモフテ［omoɸte］」は、［ɸ］が母音間に位置しないので、（先の仮定とは逆に）ハ行転呼現象を蒙らずに、その音形が、若干の期間は維持された可能性もあり、そこから促音便形が産出される、つまりハ行転呼現象が一般化した後でも、促音便形が産出され得たかもしれない。

場合によっては、ハ行転呼現象の一般化により、Φ音便形［omoɸte］が許容されにくくなった結果、ウ音便形「オモウテ［omoute］」と促音便形「オモッテ［omotte］」との二方向に分裂したという可能性さえ出てくると思われる。平安中期にフ表記であったΦ音便の表記は、一一世紀に入って、ハ行転呼現象が一般化するのに連動するかのように、ム表記の例も見え始めたことになるが、これは伝承を重んじる教学の場において、日常言語においては衰退したΦ音便を維持するために、ウ音便形と区別できなくなったフ表記を避けて、新たに案出された表記であったのかもしれない。

以上の流れを図示すると〈図1〉のようになる（点線で示したのは、実線とは別に存在した可能性があるルート。詳細は本文参照）。

〈図1〉

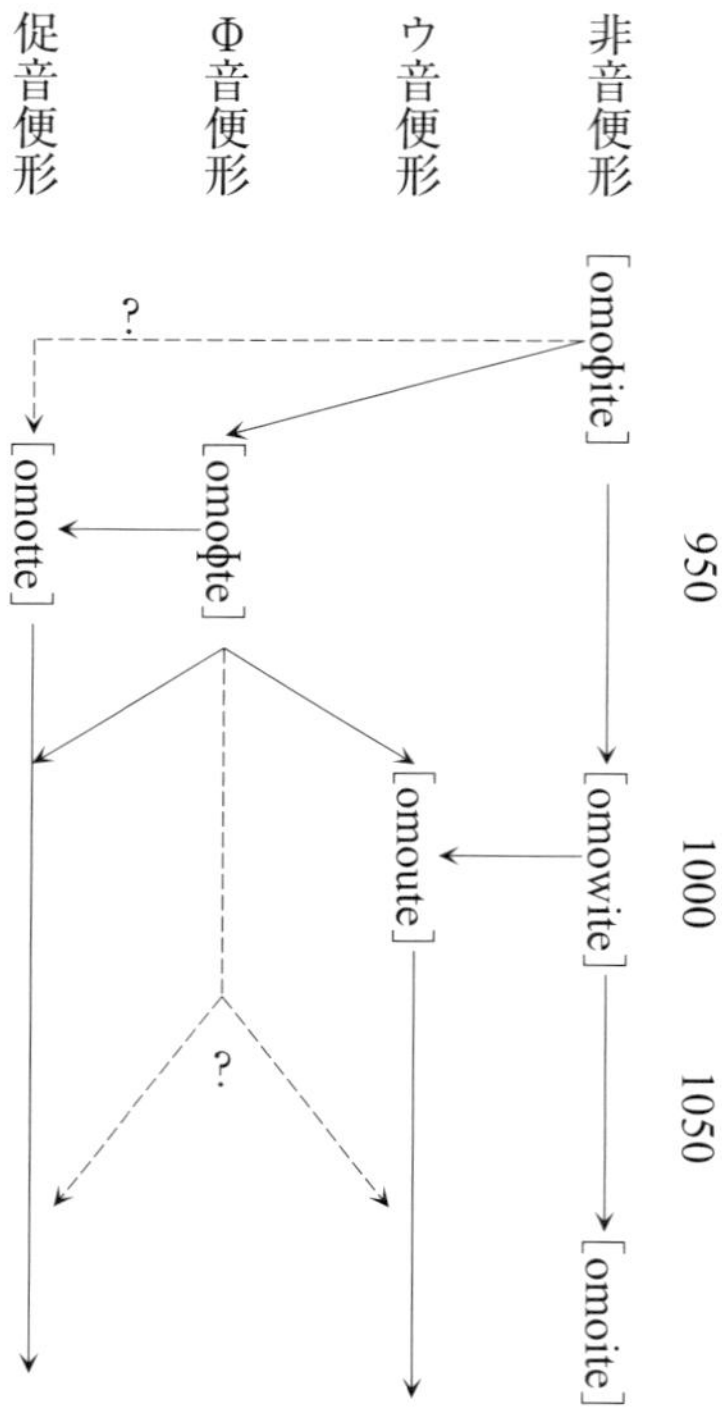

m音便と量的撥音便の区別は、大まかに言うならば、院政期に混乱例が見え始め、鎌倉時代になって事実上消滅したと考えられている。それに比べると、Φ音便と促音便の区別は、院政期を待つことなく消滅した、短命な事象であったということになるであろう。m音便とΦ音便の寿命に差が生じた理由は、[-m] と [-ɸ] の音声的性質の相異とい

うよりも、ハ行転呼現象の一般化により、Φ音便形が音声的に許容されにくくなったという、「外圧」の存在こそを考えるべきであろう。その後、フ表記・ム表記ともに、かなり遅くまで使われ続けることになる（特にフ表記は平仮名文献・片仮名文献・訓点資料を問わず一般的であり続けた）が、それらのほとんどは、単なる仮名遣いとして、ウ音便または促音便を表記したものとするのが妥当であると考える。

【注】

（1）二種の撥音便を区別する根拠は、従来指摘されているもの以外にも、次のような事実がある。①撥音便形とウ音便形とがしばしば交替することはよく知られているが、ウ音便形と交替するのは、原則としてm音便形の方のみであり、二種の撥音便は異なる振る舞いをする。②語末位置に立ちえたのはm音便のみである（「あそむ（朝臣）」「おほむ（御の自立語用法）」など）。

（2）本書の立場においては、言語音のうち「高さ」「強さ」「長さ」の要素のみをプロソディ（韻律）と呼ぶ（第四部第一章第六節参照）。現代共通語において、母音の長短の対立や促音は、それぞれ母音・子音の「長さ」（あるいはリズム）に関わる要素であって、このような要素は、言語によっては分節音ではなくプロソディとして扱われる。日本語の場合は、長母音や促音を分節音の問題として処理するのが妥当であると考えるが、音声としては、必然的にプロソディに通じる性質を帯びる。以上のような要素について、「韻律的性質が強い」と表現することにする（プロソディよりは韻律の方が、長さ・リズムのニュアンスが若干出やすいと思われる）。

（3）キリシタン資料で -t 表記される漢字音のt韻尾は、音価が固定しており、後続音に制限がなく、かつ語末にも立つという、Aグループの音便と共通の性質を持っているが、ここでは促音に含めない。音便の結果として生じたものではないし、表記の面でも、促音（音声的には [-t̚] であることが多い）とt韻尾とは、多くの文献資料において異質であった。

中国語の入声韻尾は、現在の中国標準語（北京官話）においては失われている（脱落したり、母音化したりしている）が、入声韻尾が残存する諸方言の様相から、中国中古音においては、無開放の閉鎖音（[-p̚][-t̚][-k̚]等）であったと推定されている。しかしながら、このような無開放の[-t̚]が、いくら教養層における知識音であったにしても、室町末期までの数百年にわたって、安定的に日本語話者によって維持されていたとは、にわかに信じがたい。英語の語末無声閉鎖音[-p][-t][-k]の場合、再開放の有無は任意であるが、日本人的な英語の発音においては、語末の無声閉鎖音は、原音に忠実なつもりの発音においても、[-pə̥][-tə̥][-kə̥]のごとく、実際には無声化母音を付加するような形で再開放が行われるのが普通であろう。先行研究において、閉促性を持ったt入声を、[-tʰ]のように音声表記することがあるのも、そのような音声を想定しているのであろう（ただし、国際音声字母における[ʰ]は帯気音化を意味する補助記号であり、意図が誤解されるおそれがある）。

一方、林史典（一九八〇）により、日本呉音の仮名表記において、t入声に対応するチ・ツの選択に時代的な推移があることが指摘され、その選択が、直前の母音の影響を受けているため、それが単なる表記上の揺れではなく、「寄生母音」の差に対応するものであるという解釈が提示された。

以上を勘案すると、「閉促性」を維持するt入声の発音は、[-ti̥][-tɯ̥]のような無声母音を付加する形で再開放が行われていたと考えるのが相応しいと思われる（付加される無声化母音は、[-ə̥]のような曖昧母音的なものでなく、特定の母音[-i̥][-ɯ̥]を指向したものであったと考える。ただし室町末期に至っても破擦音化は起こっていないことになろう）。このような音声ならば、キリシタン資料において、t入声を-tで綴ったこととも矛盾しないし、ごく普通の日本語話者にとっても、それほど発音・聴取が困難な音声ではない。このように、知識音としての入声韻尾が、無声母音を付加するような形で再開放を行っていたと考えれば、浅田（二〇〇〇）が指摘するような、声明の古写本において、入声韻尾（t入声・k入声）に独立したピッチが与えられていないと解される事例がある（ピッチを持ちうるのは有声音のみであり、無声化母音はピッチを担えない）一方で、後続音が有声音であるときには、独立したピッチを有していると判定される事例が多いことも、後続音の影響で寄生母音が有声化して実現するためと、説明できることになろう。

（4）中田の指摘する、ハ行四段動詞の音便形が「ム表記」を取る資料は以下の通り。高山寺蔵『聖無動尊大威怒王念誦儀軌』

天喜二年（一〇五四）点、松田福一郎氏蔵『秘密曼荼羅大阿闍梨耶付法伝』康平三年（一〇六〇）・長治二年（一一〇五）点、京都大学図書館蔵『蘇悉地羯羅経』承暦三年（一〇七九）頃点、興福寺蔵『高僧伝』康和二年（一一一〇）点、叡山文庫蔵『蘇悉地羯羅経』建久三年（一一九二）点、石山寺蔵『秘蔵宝鑰』建久九年（一一九八）点、前田家蔵『三宝絵』寛喜二年（一二三〇）本の忠実な転写本、東大寺蔵『三論祖師伝集』正嘉二年（一二五八）点、東寺観智院蔵『三論祖師伝』院政後期～鎌倉初期点、本門寺蔵『貞観政要』（日蓮真跡）、東大寺蔵『大般涅槃経』院政期点、石山寺蔵『金光明最勝王経』院政中後期点。

（5）入力・出力における鼻音性一致とは、「よみて∨よむで」「しにて∨しんで」「つぎて∨ついで」「かぐはし∨かうばし」のような狭義の音便と、「いかにか∨いかが」「なにと∨など」「きぎし∨きじ（雉）」「くぐひ∨くび（白鳥）」のような音節縮約とに、共通して指摘できる原則である（以上の例はいずれも鼻音性が保存されるもの）。「からくして」のウ音便形も、現代語では「かろうじて」という濁音を含むようになっており、右の原則に合わないが、古くは「からうして」と濁らなかった（Carôxite〔日葡辞書〕）。

（6）ところで、いくつかの平安中期の字音資料において、t韻尾にム表記を用いるものがある。しかし、これは沼本（一九八六）に述べるように、閉音節性を持つm韻尾・n韻尾・t韻尾に共通してム表記を用いる等、字音表記改変の試行錯誤の過程で現れたものであって、まずは、それぞれの資料内部の表記システムを明らかにすべきであろう。また、注（3）でも述べたように、平安時代の促音の表記とt韻尾の表記とは、ほとんどの資料において異質なものであった。

（7）馬渕の意図は不明瞭であるが、m音便のム表記についての説明は他にあり、下欄に引用された築島（一九六九）との対応からすると、ここでの引用箇所は、ハ行四段動詞の音便形の「ム表記」についての説明であるらしい。

（8）国語音の促音便・量的撥音便の表記として、音価無指定の符号であると推定する「ㇾ」が、漢字音の韻尾に関しては、n韻尾・t韻尾という固定した音声に対応している理由を説明する必要がある。漢字音の子音韻尾の表記に際して、Aグループの音便に（ほぼ）対応する音声が存在する場合は、m韻尾はム、ng韻尾はウ、p韻尾はフという既存の仮名を用いることが可能であった。k韻尾に関しては開音節化がすでに定着しており、既存の仮名キ・クを用いて問題はなかったのであろう。

n韻尾はAグループに対応する音声が存在せず、t韻尾は後世のキリシタン資料の表記から見ても、国語音のチ・ツとは異質な音声が保たれていたので、既存の仮名を使用するのを避ける方針が働いたものと考えられる。以上のような消去法的な理由と、促音便・量的撥音便が音声的にはそれぞれ［-t］［-n］であることが多かったため、音価無指定の符号「レ」がn韻尾・t韻尾の表記のみに採用されたと説明したい。n韻尾の表記については、第四章における考察も参照。

（9）「喉〈ノウト〉」〔来迎院如来蔵本五字文殊儀軌万寿三年（一〇二六）点〕「胭〈ノウト〉」の〔西大寺本不空羂索神呪心経寛徳二年（一〇四五）点〕」。

（10）「アフトコフ」の多様な音形バリエーションについては、吉田金彦（一九五八）に詳細な検討がある。

（11）築島（一九九六・976頁）では、石山寺本『成唯識論』寛仁点を、「平安時代中期以前に発するものであることを推定させる」と評している。

（12）上代から例が指摘できる「もて＜もちて」の例を別とすれば、動詞の活用体系の一環としての撥音便・促音便は、イ音便よりも相対的に新しく、平安初期でも後半（九世紀後半）になって現れると考えられている（動詞のウ音便は更に遅く現れる）。春日政治（一九四二）も『金光明最勝王経』平安初期点（八三〇年頃）の「救〈スクテ反〉」については、「音便かといふ疑も起るが、他の場合に照合してさうではないやうである」と述べている。この資料においては、撥音便・促音便の例が他にないし、タ行・ラ行四段活用やラ行変格活用の動詞の促音便よりも、ハ行四段動詞の促音便が先行するというのは不自然であるからであろう。この春日の処理は、概ね他の研究者にも踏襲されているようである。仮に『最勝王経』の例がハ行四段動詞促音便であるとしても、次に古い例とは一〇〇年以上開いており、後世に普及することになったハ行四段動詞促音便とは連続しないものと考えておく方が良いであろう。なお、平安初期から例の指摘できる「トイハ」（東大寺図書館本『金剛般若経讃述』仁和元年（八八五）点など）については、未だ語構成についての議論に決着が付いていないため、本章での考察からは除外したが、もし「トイフハ」の音便形［toippa］に相当する表記であるとすれば、後続音がハ行音の時に、ハ行四段動詞の促音便化（またはΦ音便化）が先行して起こったと説明することになろう。

（13）筆者は、古代日本語においては、母音間の清子音が有声的であったという早田（一九七七a）の説に賛同している（第四部第一章・第三章参照）が、その有声化が、中央語において、いつごろまで継続していたかについては、考えを保留している。本章では、通説通り、母音間の清子音を無声子音で音声表記しているが、これは先行研究と揃えるための便宜的な処置であり、早田説に読み換えることは、さして困難ではない。

第四部　清濁論

第一章　清濁についての研究史—共通理解とすべき事柄—

日本語音韻史研究、あるいは現代日本語の音韻研究において、清濁の対立関係のあり方について、直接・間接に言及している論考はきわめて多い。近代的な日本語研究の出発点とされることの多い、上田（一八九八）「P音考」においても、ハ行子音が古く［p］であったことを主張する重要な材料として、清濁の対立関係が持ち出されていた。その後の研究においても、国内・国外を問わず、日本語の清濁の問題を取り扱った論考は多い。その大きな理由として、日本語の清濁の対立関係が、他の言語には容易に類例を見出しがたい、特異な振る舞いをするということがある。その一方で、日本語も世界の言語の一つに過ぎない以上、一見特異に見える現象も、そこに普遍性のある原理が見出されるはずであるという見通しも成り立つ。あえて研究史を単純化するならば、こうした事実の特殊性と、言語研究としての普遍性志向との齟齬を埋めるために、多くの先学によって、詳細な事実の解明と、理論的な思索が積み重ねられてきたということになるであろう。

本書の立場も、日本語の清濁に関わる奇妙な諸現象を、普遍性のある原理に分解・還元して捉え直すことを目指すものである。本書の「手癖」として、その分解・還元は、通時的観点から行われることになる。つまり、日本語の清濁の対立関係は、変化の起点となる状態も、その後の歴史的な変化も、日本語に特有のものではなく、ある程度の普遍性を持ったものであるにもかかわらず、歴史的な変化が積み重なった結果として、不可思議な現れ方をしているのだと考えるのである。

以下、日本語の清濁についての具体的な考察に入る前に、本章において、共通理解とすべき諸事実を整理しておこう。どのような立場であっても、特に通時的な観点から日本語の清濁について論じる際には、以下のような諸事実を、きちんと説明する努力はなされなければならない。

共通理解とすべき諸事実

（一）音配列制限の問題
（二）表記の問題
（三）前鼻音の問題
（四）連濁の問題
（五）連声濁の問題
（六）アクセントに似た性質を持つ問題
（七）用語の問題

第一節　音配列制限の問題

古代日本語（厳密には上代語の前段階の先上代語）には、濁音で始まる言葉はなかったと考えられている（ただし、第四章「上代語における文節境界の濁音化」で示すように、本書の立場でも、若干の留保が必要になってくる）。この特徴は、現代日本語にも濃厚に受け継がれていて、現代日本語で濁音で始まる語の多くは、中国からの借用語である「ガッコウ

（学校）」「ドリョク（努力）」などの漢語（和製漢語と併せて「字音語」とも）、主に西欧からの借用語である「ガラス」「バイク」などの外来語など、元々日本語には存在しなかった外来要素である。現代語の場合、濁音で始まる固有の日本語も増えてはいるものの、きわめて限定的・特徴的な分布をなしている。

最も早くから存在したのはオノマトペ（擬音語・擬態語）であり、現代語においても「カラカラ／ガラガラ」「サラサラ／ザラザラ」「トロリ／ドロリ」のように、清音形と対をなす形で、濁音始まりのオノマトペは「強い・粗い・汚い・不快・重い・鈍重・下品……」等の意味を担っている（上田一八九五・小松英雄一九八一など）。濁音で始まるオノマトペは、「しはぶかひ鼻ビシビシ〈毗之毗之〉に（万五・八九二）」など、すでに上代語の段階から、その存在が指摘できる。どの言語のオノマトペも、音と意味との間に、ある程度の相関性を持っているものであろうが、日本語のオノマトペの清濁関係のように、整然とした体系性と、高い生産性を持った例は、容易には指摘できないようである。朝鮮語のオノマトペにも、平音・濃音・激音の間で同様の強弱関係があるとされるが、日本語の場合ほど組織的ではないようである。

そもそも清子音と濁子音とは異なる音韻（語の意味の区別に関わる要素）であるにもかかわらず、清濁の交替が、オノマトペの意味の差よりも、強度の差を担っている、つまりプロソディの一種であるインテンシティ（強度強調）に近い性質を持っていることには、注意が必要である。（第三章第三節第十四項参照）。

また、「ペラペラ／ベラベラ」「ポタポタ／ボタボタ」のように、例外的にハ行に関しては、原則として半濁音と濁音とでオノマトペの対が形成されており、これは、ハ行子音の歴史的変遷（[p-]＞[ɸ-]＞[h-]）に抗って、オノマトペの場合には、一貫して[p-]が維持されていたからであると考えられている（亀井一九五九）。もちろん、写音性が薄れて、一般語彙に接近した場合には、通常のハ行子音と同様の変化をするため、「ハラハラ」「フワリ」等、ハ行清音のオノマトペも存在するし、「ヒューヒュー／ピューピュー／ビュービュー」「ホロホロ／ポロポロ／ボロボロ」のように、清音形・半濁音形・濁音形の三種類が揃っていることもある。

平安時代以降、和語の一般語彙においても、濁音で始まるものが増えてゆくことになる。一つの類型としては、「いづれ＞いどれ＞どれ」「いづこ＞いどこ＞どこ」「うだく・むだく＞だく（抱）」「うばら・むばら＞ばら（薔薇）」「うばふ・むばふ＞ばふ（奪）」等のように、語頭位置の「イ」「ウ」「ム」などが脱落した結果、濁音が語頭に露出したものがある。これらは、後述するような、濁音始まりの和語に特徴的なコノテーションを持たないものであるが、それほど例は多くない。

更には、「減価濁音形」（鈴木孝夫一九六二・遠藤邦基一九七七）等と呼ばれるものがある。「さま」に対する「ざま（様子を罵っていう語）」、「たま」に対する「だま（粉を水で溶いた時に、溶けずに残った固まり）」、「とり」に対する「どり（鳥・兎の内臓）」等、既存の清音形に対して、語頭の濁音化した語形が、マイナスの意味を担っている。前述のオノマトペにおける清音形・濁音形の対と、平行する事象と見なすことができる。

この他、由来の明らかでない、濁音始まりの和語（以下「濁頭語」と呼ぶ）が、一定数存在する。「ごねる」「がなる」「どつく」「びり」等、マイナスの意味を持った語が多くを占める（小松英雄一九八一）。これらも、オノマトペの濁音形・和語の減価濁音形と、何らかの関係を持つ事象であると推測される。

文献資料による限りでは、減価濁音形や濁頭語は、相対的に新しく日本語に現れたものであることになる。

この他、濁音の音配列制限として、重要な規則がもう一つ知られている。すなわち、「一つの単純語の内部に、原則として、二つ以上の濁音が共存することがない」というものである（森田一九七七・山口佳紀一九八八など）。これは、「濁音は、一単位に最大一回しか現れない」と言い換えることもできる。実際には、動植物名や俗語などに、若干の例外が指摘できるのであるが、日本語の濁音の配列制限として、確かに存在するものと認めることができる。この音配列制限は、連濁現象において、「後項にあらかじめ濁音が含まれる場合には、連濁が起こらない」という、ライマンの法則として反映されると考えられている（第四節参照）。

第二節　表記の問題

日本語の清濁の表記史は、おおまかには以下のように整理される。

①上代の万葉仮名では、原則として清音と濁音とに異なる字母を与えていた。
②平安時代に発達した平仮名・片仮名では、清濁の書き分けが放棄された。
③その後、清音に補助記号（濁音符）を付加することにより、濁音を標示するようになる。ただし、補助符号の付加が任意である時代が長く続いた。

このような、書き分ける→書き分けない→書き分ける、という表記の歴史的変化と、濁音の音価の変遷を結びつける議論も行われた（遠藤邦基一九七四b）が、その後、多くの木簡の出土により、上代以前にも、実用表記の世界においては清濁を書き分けないのが一般的であり、万葉仮名が用いられる古事記・日本書紀・万葉集のあり方の方が特異であったという見方に、現在では落ち着いているようである（犬飼一九九二・二〇〇五）。つまり、日本語の清濁の対立の表記への反映に関しては、書き分けない→書き分ける、という流れを、主に考慮すればよいということである。

清濁を書き分けないことについては、これを「濁音（にごり）がプロソディに通じる性質を持っている」ことの反映と捉える見解が、亀井（一九六五）によって提出され、多くの支持を受けている（第六節参照）。

第三節　前鼻音の問題

古代日本語の（語中の）濁子音は、前鼻音化 prenasalized していた（[^{ŋ}g-]［^{n}ʤ-］［^{n}d-］［^{m}b-］等）と考えられている。前鼻音化閉鎖音・破擦音は、閉鎖の持続中に呼気の流れが鼻腔から口腔に切り替わる子音と説明され（Ladefoged and Maddieson 一九九六）、子音連続ではなく、あくまで一つの子音であると、音韻論的には解釈される。前鼻音化子音は、世界的には決して稀なものではなく、シンハラ語（通説では印欧語族）・ロロ語（シナチベット語族）・フィジー語（オーストロネシア語族）など、系統の異なる様々な言語に散在して見られるものである。

この前鼻音化子音の問題を、文献資料から証拠立てて論じた橋本（一九三二）は、ロドリゲスの表現を継承する形で、濁音に前接する鼻音要素を「鼻母音」と呼んだため、その後の研究者も、これを踏襲することが多かった。

ロドリゲス『日本大文典』（一六〇四～一六〇八）（土井忠生訳）

D, Dz, G の前の母音に関する第三則

○D, Dz, G の前のあらゆる母音は、常に半分の鼻音かソンソネーテかを伴ってゐるやうに発音される。即ち、鼻の中で作られて幾分か鼻音の性質を持ってゐる発音なのである。例へば、Māda（未だ）、Mídǒ（御堂）、mádoi（惑ひ）、nādame（宥め）、nādete（撫でて）、nído（二度）、mādzu（先づ）、āguiai（味はひ）、águru（上ぐる）、ágaqu（足掻く）、cága（加賀）、fanafã́da（甚だ）、fã́gama（羽釜）など。

○この法則は、ある場合に B の前の母音 A を支配することがある。それは Mairi sorofaba（参りそろはば）のやうに、主として F が重複して、その F が B に変る場合であるが、一般的なものではない。

たしかに、口蓋帆の弛緩と、それに連動して起こる鼻腔共鳴は、母音や子音を調音するための唇や舌の動きとは独立しているため、鼻音性は、前接する母音にまで音声的に被さりやすく、［˜g］、［˜d］のように、「鼻母音＋閉鎖音（破擦音）」と観察されるような音声で実現することもあろう。しかし、濁音に付随する鼻音性は、音韻論的には、濁音の前の音節ではなく、濁子音に属するものであるため、鼻母音と呼び続けることは、議論の混乱（時にすり替え）を招くことになる。また、濁音に付随する鼻音を「入りわたり鼻音」と呼ぶこともかつてあったし、現在でも時に目にするが、自然発生的な「わたり音」と濁音に付随する鼻音とは、明らかに異質なものであるし、「入りわたり鼻音」という用語を用いることにより、この鼻音性の存在自体の不可思議さが糊塗されることになりかねない。

以上のような事情もあって、現在の音韻史研究においては、「鼻母音」「入りわたり鼻音」ともに用いられなくなってきている。本書においては、［^{ŋ}g］［^{n}ʣ］［^{n}d］［^{m}b］等を代表的異音として音声表記に採用し、これらの子音を「前鼻音化子音」「前鼻音化閉鎖音」等と呼ぶ。また、子音前半の鼻音要素のみを取り出して呼ぶ場合には「前鼻音」と呼ぶことにする。語構成的には「［前［鼻音化］］子音」であろうし、時に「前鼻音化子音」自体を「前鼻音」と呼ぶこともあるので、鼻音要素のみを「前鼻音」と呼ぶのは紛らわしく不適切であるという見解もあるが、他に簡潔な呼び方もない。最初に定義しておけば、混乱することもないであろう。

ロドリゲスの記述では、この鼻音要素は原則としてガ行・ダ行についてのみの言及であり、それが室町末期の京都方言における状況であったと考えられる。一方、現代の諸方言を見渡せば、前鼻音化子音の残り方は多様である。ガ行子音については、［^{ŋ}g］＞［ŋ］のように純粋な鼻音に変化したものが、伝統的東京方言を含め、広く分布しているが、前鼻音化子音［^{ŋ}g］も、四国や九州の一部、紀伊半島、新潟県・山形県の一部などに残っている（国立国語研究所『日本言語地図』第1図・第2図など）。ダ行子音［^{n}d］は、ガ行前鼻音化子音［^{ŋ}g］が残っている地域だけではなく、ガ行子音が鼻音化して［ŋ］となっている東北地方の大部分や四国などで維持されており、ザ行子音［^{n}dz］・バ行子音［^{m}b］についても、東北地方の大部分の地域に残っている。東北方言は、純粋な鼻音に変化しているガ行子音を含め、（語中の）濁音すべてが鼻音性を持っているということになる。

そして、この濁子音に付随する鼻音性は、単なる音声レベルのものではなく、音韻論的に意味のある要素、清音から濁音を弁別する示差的特徴であったということが、本章第五節で扱う連声濁現象などを根拠に論じられることになる。

以上のような濁子音の前鼻音は、文献上の証拠からは、上代語まで遡るということになりそうである（第三章第三節第二項参照）。また、方言（上代中央方言も含む）の比較からも、この前鼻音が、日琉祖語にまで遡るという推定が為されている（序論第三章第三節第三項参照）。

一方、語頭の濁音の鼻音性については、文献資料における手掛かりは、ほぼ皆無である。先のロドリゲスの説明は、明らかに語中のガ行音・ダ行音しか射程に入っていない。現代の諸方言において、語頭濁音が鼻音性を持っている地域は、きわめて僅少である（上野編一九八九「音韻総覧」では、語頭のガ行子音が［$^{\eta}$g-］［ŋ-］のように鼻音性を持つ方言として、高知県・徳島県・兵庫県（淡路島）・和歌山県・奈良県・静岡県・愛知県・山形県の数地点を挙げている。ただし、鼻音がかなり微弱な場合があり、報告者によって差が出るようである）。本章第一節でも述べたように、そもそも日本語には語頭濁音は存在しなかったと考えられており、新たに濁音が語頭に立つようになった際に、方言によって処理に差があったという可能性もある。したがって、語頭濁音が鼻音性を持つ方言が存在するからといって、中央方言の語頭濁音もかつてはそうであったという論法は成り立ちにくい。榎木（二〇〇八）のように、（和語とは異なり）漢字音の清濁は「無声阻害音／有声阻害音」の対立であったとする見解もある。なお、語中のガ行子音の歴史については、第二章参照。

古代の（語中）濁子音が前鼻音を伴っていたとして、これと対となる清子音に関しても、以下のような見解が提出されている。

早田（一九七七ａ、注38）

「あの【『源氏物語』の】時代の「ハ行子音」は、初頭では［p］で、母音間では弱まり、とくに語中のものは［ɸ］に弱まっていた」という服部四郎の見解に賛成であるが、私は語中の清子音は、ハ行子音に限らず一般に有声的であったと考えている。したがって、非鳴音の清濁の対立は無声／有声ではなく、非鼻音／鼻音と考える。例えば、ハ行子音は語頭で［p］、語中で［β］（［ɸ］の有声音）であるに対して、バ行子音は［mb］であったと考える。（「オモホス」＞「オボス」/omop-as-u/［omoβosu］＞［ombosu］の例参照。）母音間でハ行子音が［β］であってこそ、わずかに摩擦がゆるむだけで［w］に転呼しえたのである。またカ行清子音も語中で摩擦的有声音であったればこそ、「白き」＞「白い」、「白く」＞「白う」のような音便現象も無理なく説明できる。すなわち、/siro-ki/［sirogi～siroɣi］＞［siroji］、/siro-ku/［sirogu～siroɣu］＞［sirowu］。［ɣ］は［g］の摩擦音であり、後続する［i］や［ɯ］の調音位置に引かれかつ摩擦が弱まったと考えられる。

直接の言及はないが、これは現代の東北方言に観察されるような状態を念頭に置いたものであろう。大部分の東北方言においては、語中のカ行子音・タ行子音は、有声化して［-g-］、［-d-］等になるが、語中のガ行子音は［-ŋ-］、ダ行子音は［-ⁿd-］のように鼻音性を持っているので、有声化した清子音と混乱することはない。つまり、鼻音性の有無によって、語中の清子音と濁子音とが区別されているということである。なお、連濁の結果として生じた語中の濁音も、当然、鼻音性を持つことになる。

現代東北方言（アクセントは省略）

たが（箍）[taŋa]、たか（鷹）[taga]
かぎ（鍵）[kaŋï]、かき（柿）[kagï]
はだ（肌）[ha^{n}da]、はた（旗）[hada]
まど（窓）[ma^{n}do]、まと（的）[mado]

[連濁の例]
さとがえり（里帰り）[sadoŋaęrï]
さかづき（盃）[saga^{n}dzïgï]
とぶくろ（戸袋）[to^{m}bïügïüro]

なお、「オモホス」は「オボホス」を経由して「オボス」になったと一般的には考えられているので、早田の挙例はやや不適切であるが、「タマフ」＞「タブ」等に置き換えれば、論旨としては何も問題はない。

第四節　連濁の問題

連濁とは、「ひし＋かた→ひしがた」「おす＋さる→おすざる」「かみ＋たな→かみだな」「ね＋ひき→ねびき」のように、後項が和語である結合において、後項の冒頭の清音が濁音化する現象である。さまざまな清音の濁音化現象のうち、どこからどこまでを「連濁」と呼ぶかは論者によって異なる（第三章第二節第二項参照）が、ここでは最も典型的なケースとして、「複合語」、つまり自由形態素（単独でも用いられる形態素）同士の結合を念頭に置いて話を進める。

この連濁現象には、さまざまな不可解な点があるため、早くから日本語話者自身や日本語を研究する者の興味を引いてきた。連濁・非連濁に関しては、時代差や地域差があるため、古代の人々にとっても、古典文学作品の読解、あるいは和歌の創作において、しばしばその語が連濁するか否かが問題になりえたし、そのような特殊な状況ではなく、ごく普通に日本語で生活を送っていても、連濁するかどうかで迷うこともあれば、他人が予想と異なる音形を用いる場面に出会うこともあろう。特に、地名や人名が連濁するかどうかは、予測不可能なことがしばしばある。

連濁現象の学問的な考察も、相当に早い時期から着手され、膨大な研究の蓄積がある。連濁／非連濁の規則・傾向を総合的に整理したものとしては、金田一春彦（一九七六）、佐藤大和（一九八九）、窪薗（一九九九）、バンス・金子恵美子・渡邊靖史（二〇一七・第1章）、佐藤武義・横沢活利（二〇一八）などがある。この他にも、個別的な研究は枚挙にいとまがなく、Irwin（二〇一六）の連濁研究文献リストが、現時点では最も充実しており、二四〇点の研究文献が挙げられている。このリスト以外にも、間接的に連濁について言及している文献、個別の語の連濁・非連濁について言及している文献は、数え上げるのが不可能なほど多いであろう（古典文学作品の注釈において、個別の語の清濁に言及しているものまで含めると、もはや把握すること自体が不可能である）。多くの先学の努力にもかかわらず、現代においても、連濁現象の全面的な解明にはほど遠いと評さなければならない。そもそも、簡単に説明できる現象ならば、これほど多くの研究が積み上げられることもなかったのである。

古事記歌謡の「あかだま／しらたま」の例を始めとして、同じような構成の複合語であっても、連濁を起こす場合と起こさない場合とがあるので、どのような条件下で連濁が起こるのか（起こらないのか）という点を中心に、連濁研究は進められてきたのであるが、結果的に、「連濁が起こらない条件」という方向からの整理になることが多かった。現在までに提案されている諸条件は、広く受け入れられているものから、そのような傾向があることすら疑わしいものまで様々であるが、そもそも広く受け入れられている条件も含め、例外が皆無であるものは一つも存在しない。そうしたすっきりしない実状自体が、連濁という現象の孕んでいる性質なのである。以下、本書での考察に直接関わる条件に限定して概説しておく。

まず、語種についてである。後項が字音語（漢語）や外来語である場合には、原則として連濁が起こらない。「キク（菊）」「トク（得）」「カイシャ（会社）」「カシ（菓子）」「ケンカ（喧嘩）」「コタツ（炬燵）」「サトウ（砂糖）」「タイコ（太鼓）」「タンス（箪笥）」「フトン（布団）」など、漢語には意外に連濁を起こす語が多いのである（高山知明二〇一〇）が、あくまで例外の側であると見なせよう（漢語の「連声濁」については次節参照）。外来語は、「カルタ」「カッパ」「キセル」など、かなり早い時期に日本語に入った数語が、例外的に連濁を起こす。いずれも、和語からの類推で連濁を起こすようになったものと説明されよう。以下、本書においては、漢語・外来語の連濁の問題は扱わないものとする。

連濁を妨げる規則として最も重要なものは、「後項にあらかじめ濁音が含まれる場合には、連濁は起こらない」という、ライマンの法則と呼ばれているものである。「みなみかぜ」「きつねそば」「ひとりたび」「たてふだ」などのように、この条件に該当するため連濁を起こさないと解される多くの語例があり、「おおとかげ」「たけくらべ」のように、濁音が後項の三拍目以降にある場合にも適用される、かなり強力な規則である。ただし、少なくとも現代語の場合は、「ながぐつ」「てながざる」「ふじだな」「ふでばこ」などのように、前項が濁音で終わること自体は、連濁を妨げる条件にはならない。つまり、濁音の連続自体が忌避されているのではないということである（第五章参照）。

この現象は、小倉進平（一九一〇）がライマンの論文（Lyman 一八九四）を紹介したのをきっかけに広く知られるようになったため、現在でも「ライマンの法則」と呼び慣わされている。しかし、現象自体はライマン以前から気付かれていたものであって、賀茂真淵の『語意考』（一七六五成、一七八九刊）や、本居宣長の『古事記伝』（一七六七頃起稿、一七九八完成、一八二二刊行終了）にも指摘が見られる。宣長は、以下のように述べている。

此を濁音によむは非なり。凡て連便《ツヾキノタヨリ》によりて、下言《ノ》の頭を濁るは、常多けれども、其言《ノ》に濁音あれば、其頭《ノ》は必濁らざる例なり。此《コ、》も比《ヒ》地《ヂ》の地《ヂ》濁音なれば、此は濁るまじき例なるをや（巻三　宇比地邇神・須比地邇神の条）

さらにさかのぼって、ロドリゲス『日本大文典』（一六〇四～一六〇八）に、当時の日本人の間で「Vye sumeba xita nigoru, xita sumeba vye nigoru（上清めば下濁る、下清めば上濁る）」という諺が行われていたことが指摘されている。「上清めば下濁る」の例としては「人々」「国々」などを挙げ、「下清めば上濁る」については例が挙げられていない。詳細は不明なのであるが、これらが濁音が共存しにくいことを述べているのならば、ライマンの法則を含んでいる可能性があり、この連濁を妨げる条件は、室町時代にはすでに素朴な形で理解されていたのかもしれない。

現在、ライマンの法則は、「（和語の）単純語中に濁音が二つ以上現れない」という音韻規則の下位規則に位置づけられている（「単純語」の具体的規定には立ち入らないでおく）。ライマンの法則にも、「なわばしご」など、若干の例外はあるものの、ほとんど異例のない強力な規則として、日本語の音韻規則全体の中でも、特に重要なものである。

また、「おお＋かさたて（cf.おおがさ）」「めす＋しまうま（cf. めすざる）」のように、後項があらかじめ合成語である、［A［BC］］型の合成語の場合には連濁が起こりにくいというのも重要である。これにも「おおぶろしき」「みみどしま」「なわばしご（再掲）」のような例外がある。ただし、前項があらかじめ合成語である［［AB］C］型の複合語の場合は連濁は阻止されず、「にせ＋たぬきじる（たぬき汁の偽物）」「にせだぬき＋じる（にせだぬきの汁物）」ように、語構成の差により連濁・非連濁の差が出ることがある（以上 Otsu 一九八〇など）。

また、「山と川」の時は「やまかは」（「山の川」の時は「やまがは」）、「尾とひれ」の時は「尾ひれ」（「尾のひれ」の時は「おびれ」）というように、前項と後項とが同格関係にある場合には連濁が起こらないという規則があり、これにはほとんど例外がない。「五人囃子の笛太鼓（ふえだいこ）」のようなものはきわめて異例であるが、あくまで童謡の歌詞であって、日常語とは言えないであろう。なお、「やまかわ／やまがわ」のペアは、江戸時代の連濁研究においてすでに取り上げられていた、定番の例である。

また、「窓ふき／水ぶき」「爪きり／輪ぎり」「跡とり／先どり」のように、前項が後項に対して目的語相当の場合と、そうではない場合とで、「非連濁／連濁」が分かれることがあることにも注意しなければならない（平野一九七四・高山倫明二〇一二）。「瀬ぶみ」「値びき」「紙ばさみ」「出足ばらい」など、この条件には例外がかなり多いのではあるが、この条件に大きく依拠している連濁の起源説もある（第三章第一節第三項）ので、連濁の起源について論じる際には、何らかの言及が必要であろう。

近年指摘されたものとして、「ローゼンの法則」（Rosen 二〇〇一・二〇〇三）がある。バンス（二〇一五）の紹介によって、日本国内にも広く知られるようになった、この連濁に関する規則は、「合成語の前項または後項が三モーラ以上の場合、（後項があらかじめ濁音を含んでいる、前項と後項が同格関係である等）連濁に免疫がない限りは、必ず連濁する」という見通しである。もちろん、例外が皆無というわけではないが、思いの外、例外の少ない規則である。このような規則が、気付かれることなく残っていたのは、驚きであった（第三章第三節第一〇項参照）。長さ（モーラ数）が関与的であるという意味では、複合語アクセントの規則に通じる性質を持つとも言える（第三章第三節第一四項参照）。連濁の起源について論じる際には、この「ローゼンの法則」についても、何らかの説明を与えることが望ましいであろう。

この他にも、さまざまな条件が提案されているが、多かれ少なかれ例外が存在し、各研究者の立場によって、それぞれの条件を重視したり軽視したりしているというのが現状である。そして、それもやむを得ないと思われるほど、現実の連濁・非連濁の現れ方は予測困難なことが多く、時代差・方言差・個人差（ときに個人においてすらゆれる）が存在し、そこから絶対的な規則を見いだすのは難しいのである。

この他、分析のためのデータの採集方法にも課題がある。日本語を母語とする研究者は、しばしば連濁研究に内省による判断を持ち込む。たしかに「にせたぬきじる（たぬき汁の偽物）」「にせだぬきじる（にせだぬきの汁物）」のようなペアを、辞書や文献データから十分に採集するのは不可能であろうから、連濁研究においては、内省も重要な手段ではある。しかしながら、仮にご都合主義な内省を排除することができるとしても、結局は、個人レベルの語感に依拠していることは否定できない。十分な日本語経験（特に、幅広い読書経験）があれば、連濁・非連濁に意外なほど個人差があることにも、気づくことになるはずである。一方、非母語話者による研究では、辞典類の記載から、連濁研究の材料を採集することが多い。しかし、ある程度の規模の国語辞典であっても、見出しの語形の清濁（および語釈の中での清濁異形の注記）は、特定の個人（編集者や編集委員など）が主担当として調整していることが多い。つまり、辞書の場合であっても、個人レベルの語感に依拠している面があるという意味では、内省による場合と変わらないかもしれないのである。近年、大規模なコーパスがいくつも開発され、簡単に言語データの検索ができるようになってきた。連濁・非連濁を分析する素材としては、該当部分が仮名書きされている例しか使用できないので、必ずしもコーパスを用いた研究とは相性がよくないのではあるが、それでも、連濁現象には、世代差・個人差等々、意外なほどのゆれがあることが、知られるようになってきているのである。

また、連濁現象の時代差、古代からの歴史的変化については、特に注意を払う必要があるだろう。第三章において、連濁現象の起源についての考察を行うが、現代語における、連濁・非連濁に関わる一つのある傾向が、古くからすでにそうであったのか、「類推」により歴史的にその傾向を強めてきた結果であるのかは、連濁現象の起源についての議論に、直接的に影響するからである。しかしながら、何が始原の段階からの規則であったかを確定するのは、きわめて困難である。現代語においては、「後項が動詞の場合は原則として連濁が起こらない」というルールを認めることが可能であり、「動詞＋動詞」つまり複合動詞は、ほぼ連濁を起こさないし、「名詞＋動詞」「形容詞語幹＋動詞」は、語構成的には生産性そのものを著しく減じている。けれども、古代語においては、「行きぐらし〈由伎具良之〉〔万一七・四〇一一〕」「行きがへり〈由吉我弊理〉〔万一八・四一一六〕」「押しびらかね〈於辞寐羅箇祢〉〔日本書紀歌謡一七〕」等々、複合動詞が連濁を起こす例は珍しくないし、「おもんばかる」という現代語にも残っている複合動詞撥音便形の前提には、「おもひばかる」という連濁形が、必ず存在したはずである。「名詞＋動詞」「形容詞語幹＋動詞」も、かつては生産性が高く、しばしば連濁形を取っていた（「言どひ〈許登騰比〉〔万一七・四〇〇六〕」「早咋ひ〈波夜具比〉〔古事記歌謡九七〕」「み山がくりて〈弥野磨我倶利底〉〔日本書紀歌謡八六〕」等）。現代語の「名づける」「近づく」「遠ざかる」などは、古い時代に形成された語形が保存されたものであろう。このような基本的なルール（ここでは後項の動詞の連濁が禁止されていないこと）すら、歴史的に変化してしまうのであり、しかも、相対的に古いルールが、連濁発生時まで遡るものであったことも保証されないのである。

　連濁研究の入り口はさまざまである。その研究者が何に興味を感じて連濁研究に入ったかによって、研究の前提となる「連濁観」も大きく異なる。連濁現象に規則を見出そうと努力する立場（多くの場合、現代語研究を入り口とする）と、連濁が不規則・可変的な現象であることを前提として、なぜ不規則・可変的であるのか自体を、連濁現象の起源（あるいは清濁の対立関係の本質）にまで遡って説明しようとする立場（歴史的研究の一部、本書はこの立場である）とでは、同じ現象に対するアプローチも全く異なるのである。

第五節　連声濁の問題

本書で「連声濁」と呼ぶ現象には二つのタイプがある。一つは「かぎて→かいで」「とびて→とんで」「かりびと→かりうど」「かぐはし→かうばし」のような、いわゆる音便形に後接する清音の濁音化現象である。これらは音便（撥音便・ウ音便・イ音便）を起こす前の音節が、鼻音行（ナ行・マ行）または濁音行である時に起こる現象である。この現象が生産的であった時期の濁子音は前鼻音化していたと考えられるので、いずれも鼻音性が関与する清音の濁音化ということになる。もう一つは、「コム＋シキ→コムジキ（金色）」「ヘン＋クヱ→ヘングヱ（変化）」「ワウ＋シ→ワウジ（王子）」「ヘイ＋シ→ヘイジ（瓶子）」「カム＋す→カム（感）ず」「アン＋す→アン（案）ず」「オウ＋す→オウ（応）ず」「メイ＋す→メイ（命）ず」のような、漢字音の鼻音韻尾に後接する清音の濁音化である。つまり、音便形に後接する場合も、鼻音韻尾に後接する場合も、鼻音性が関与する清音の濁音化として一括することができるので、ともに「連声濁」と呼ぶことにする。前節で扱った狭義の連濁の場合と異なり、音韻的に条件付けられた（ただし必須ではない）現象である。この現象は、「うむの下濁る」等の俚諺の形で、古くから日本人の間に認識されていたものであった（ロドリゲス『日本大文典』など）。

それぞれをもう少し詳しく見てみよう。

（一）

音便が関与する連声濁は、現代語においても、五段活用動詞の連用形に、助詞「て」・助動詞「た」が接続した場合に、規則的に現れる（括弧内は非共通語形）。

書きて＞書いて

継ぎて＞継いで

立ちて＞立って
死にて＞死んで
買ひて＞買って（買うて）
呼びて＞呼んで（呼うで）
読みて＞読んで（読うで）
取りて＞取って

先に述べたように、鼻音行（ナ行・マ行）または濁音行から変化した音便形の場合に、後続の「て」「た」が濁音化する。同じようにイ音便であっても、「書いて」は濁らず、「継いで」は濁る、というその違いは、まさに原形の清濁の差に対応している。これは、この現象（連声濁）が生産的であった時期に、日本語の濁音が前鼻音化しており、その鼻音性こそが濁音を特徴づける示差的特徴であったからと考えられている。だからこそ、「鼻音行＋清音」「濁音行＋清音」は、「（撥音＋）濁音」に転じると説明されるのである。ただし、第六章で述べるように、撥音便の一部は、古代語においても、常に後続の清音を濁音に転じさせるわけではないと考えた方が良いと思われる。

上記の五段活用動詞の音便以外でも、「あきびと＞あきんど（商人）」「わらぐつ＞わらうづ（藁靴・草鞋）」「かみつけ（上つ毛）＞かうづけ（上野）」「かぐはし＞かうばし～かんばし（香）」のような一般語彙にも、その例を拾うことができる。いずれの場合も、鼻音あるいは濁音に由来する音便形であるという点で一貫している。しかし、動詞の音便形とは異なり、これらの語の場合は偶発的に生じた音便形であり、体系性を利用して原形に復することが不可能であるため、音便および連声濁によって語構成が不透明になりやすいという性質がある。たとえば、「かんばし」から「かぐはし（か＋くはし）」を復元するためには、語源知識が不可欠となってくるのである。

また、「いかにか＞いかが」「はにし＞はじ（土師）」「なにと＞など（等）」「きぎし＞きじ（雉）」「かがふる＞かぶる」「たまふ＞たぶ」のような縮約形は、「鼻音行・濁音行が関与した結果として、清音が濁音に変化する」という意味で、連声濁の一種と見なすことが可能である。撥音便・ウ音便・イ音便の、「ん」「う」「い」が脱落した（または零表記になった）と説明することもできる。

この音便の結果としての連声濁現象は、現代語においても、五段動詞の連用形に「て」「た」が接続して音便形をとる場合、動詞に「つん（＜つみ）」「ふん（＜ふみ）」等、撥音で終わる接頭辞がつく場合など、ある程度は生産性をもっているように見える。しかし、あくまで、それは過去の音韻現象が特定の語群に残した痕跡に過ぎないのであり、もはや現代語では「鼻音＋清音」が「（撥音＋）濁音」に規則的に転じることはない。現代語では、「あなた＞あんた」「きみのところ＞きみんところ」「まけぬき＞まけんき」「しらぬふり＞しらんぷり」のように、語源的に音便形に由来する撥音が、後続の音を濁音化していないことも稀ではない。

（二）

次に、漢字音の鼻音韻尾が関与する連声濁について整理しておこう。漢字音の鼻音韻尾は、日本漢字音でm韻尾「～ム」、n韻尾「～ン」で現れるほか、ng韻尾は「～ウ」「～イ」等で現れる。ng韻尾に由来する「～ウ」「～イ」は、母音韻尾u・iに由来する「～ウ」「～イ」とは異なり、かつては鼻音性を有していた（鼻母音であった）ので、やはり後続の清音を濁音化する力を持っていたのである（第三部第四～六章参照）。この濁音化規則は、字音の熟語のみではなく、サ変動詞「す」を後続させるときにも適用される。

m韻尾

コム＋シキ→コムジキ（金色）、シム＋チウ→シムヂウ（心中）
キム＋す→キム（禁）ず、ゲム＋す→ゲム（滅）ず

n韻尾

レン＋クヱ→レングヱ（蓮華）、ヘン＋クヱ→ヘングヱ（変化）
アン＋す→アン（案）ず、シン＋す→シン（信）ず

ng韻尾

ワウ＋コム→ワウゴム（黄金）、コウ＋ホフ→コウボフ（弘法）
シヤウ＋す→シヤウ（生）ず、メイ＋す→メイ（命）ず

しかし、和語において鼻音行・濁音行から音便化した場合には、かなり規則的に後続の清音を濁音化させたらしいのに対し、この漢字音の鼻音韻尾による濁音化は、それほど絶対的なものではなかったようである。『日葡辞書』に「安心（アンジン）」「根本（コンボン）」「憲法（ケンバウ）」「文書（ブンジョ）」「空中（クウヂュウ）」「養子（ヤウジ）」「晴天（セイデン）」「酩酊（メイデイ）」のような、現在では濁らなくなっている語例がかなり見られるところから、さらに時代が遡れば、鼻音韻尾に後続するという条件下では、規則的にこの濁音化が起こっていたのではないかと推測されることもあるのだが、現実には、その証拠を挙げるのは難しい。加えて、呉音系字音に比べて、漢音系字音では連声濁が起こりにくかったという指摘もある。そもそも、呉音系字音にせよ漢音系字音にせよ、日常的に使われる語もあれば、書物の上で観念的に学ばれる語もあって当然であるので、連声濁という日本語的な音変化が、すべての字音語に及ぶわけはないのである。和語の連濁と同様に、漢語の連声濁も、熟合度や語構成も関与的であったとする指摘もある（江口一九九三・一九九四、榎木二〇〇八など）。

しかしながら、鼻音韻尾に後続する清音の濁音化が、かなり広範に見られたというのは事実である。そして、時代とともにこの濁音化が抑制されていったのは、日本語の濁音の示差的特徴が、鼻音性から有声性へと移行していったからと説明されることになろう。

第六節　アクセントに似た性質を持つ問題

日本語の清濁の対立は、他の言語の無声音・有声音の対立とは異なる、独特な性質を持っていることが、しばしば指摘される。その中に、「にごり」がプロソディ（特にアクセント）に似た性質を持つという見解がある（亀井一九六五・小松英雄一九七一・木田一九七八・清瀬一九八五・豊島一九九二・大槻一九九九など）。

プロソディという用語が指し示す範囲は、研究者の立場によって異なってくる。

現在、日本国内で広く通行しているのは、言語音のうち、「高さ」「強さ」「長さ」をプロソディと呼ぶ立場であろう。以上の三つの要素は、子音や母音などの分節音とは異なり、それ自体が絶対的な価を持つわけではなく、隣接する要素との相対的な関係によって決定するという共通点を持つ。典型的には、アクセント・声調・イントネーションがこれに該当する。現代共通日本語の場合、長母音・促音は、それぞれ母音の長さ・子音の長さ（あるいはリズム）に関わる要素であるので、プロソディの側に分類・処理することも可能であるが、いずれも分節音の範疇の要素と「解釈」するのが慣例であり、その方が日本語話者の直観にも合致すると思われる。

これに対して、日本語や英語のアクセント、中国語の声調のように、語の区別に関わる要素を、プロソディから除外する立場もある（これらは「超分節素」等と呼んで、プロソディの外側に出すことになる）。つまり、イントネーションやプロミネンス（卓立）・インテンシティ（強度強調）のような、語の意味に直接は関わらない要素のみを、プロソディとして扱う立場である。

本書においては、前者の立場によるものとする。一つには、にごりとアクセントとの類似についての議論の出発点となった亀井（一九六五）が、プロソディを前者の意味で使っており、後続の研究者も、それに概ね従っているということがある。そもそも、語の意味の区別に関わるかどうかは、それほど画然と分けられるわけではなく、「あまり／あんまり」の対立が、語形の相違なのか、インテンシティの有無であるのか、（文字化されたものではなく）音声言語を基準に考えると、容易には決しがたい。英語や日本語のアクセントの場合も、アクセントの有無・位置によって「結合／非結合」が標示されることがあり、単純に語の意味の区別にのみ関与しているというわけではない。亀井は、分節音と（広義）プロソディも連続的なものと捉えており、「にごり」とプロソディとの類似という亀井の議論を継承するには、前者の立場の方が相応しいのである。ただし、本書の立場としては、分節音とプロソディの性質面での連続性を認めた上で、音韻論的解釈のレベルでは、どちらか一方に振り分けるものとする（分節音とプロソディは不連続と解釈する）。

もう一つには、歴史的な研究の場合、そもそもイントネーションやプロミネンス・インテンシティのような狭義のプロソディは、扱うことができないということもある。

なお、先行研究においては、「にごり」は、「プロソディに似ている」とも、「一種のプロソディである」とも、「プロソディの一種である」とも表現されてきた。亀井の表現は、分節音とプロソディを連続的なものと捉えていることもあって、かなり曖昧であった。これが、後続の研究の表現があやふやになる原因になったようである。本書においては、濁音（にごり）の性質を、「プロソディに似ている」「プロソディに通じる性質を持つ」等と表現するが、これは「プロソディそのものではない」ということまで明確に含意している。その上で、なぜプロソディに似た性質を持つのか、分節音の側から説明することを目指すのである。濁音が持っている様々な性質を、「〈にごり〉はプロソディの一種だから」と「説明」するのは、本書の立場からすると本末転倒である。

プロソディに通じる性質とは、具体的には以下のようなものである。

①平仮名・片仮名表記において、清濁を書き分けなかった。

本章第二節参照

②連濁による結合標示。

ヤマ（山）＋トリ（鳥）→ヤマドリ（山鳥）

cf. アクセントによる結合標示（日本語・英語）

ユ［キ］（雪）＋ダ［ルマ＝（達磨）→ユ［キダ］ルマ（雪だるま）

black bóard（黒い板）→bláckboard（黒板）

本章第四節参照

③濁音形オノマトペの強度強調的性格。

本章第一節参照

④一単位中、最大一回しか現れない。頂点的性質。

本章第四節参照

⑤日本語話者（古代〜現代）の直観。

「清音に〈にごり〉が加わると濁音になる」

「清音を強めると濁音になる」

前にも述べたように、現代共通日本語において、母音の長短の対立や促音は、それぞれ母音・子音の「長さ」（あるいはリズム）に関わる要素である。日本語の場合は、これらを分節音として処理するのが一般的であるが、必然的にプロソディに通じる性質を帯びている。「すごく」の強度強調形として「すっごく」「すごーく」のように促音・長音（と同等の音声）が現れることも、その一つである。しかしながら、濁音（にごり）の場合、音声学的には、プロソディに通じる性質を帯びる理由が存在しない。（音声レベルの）有声性や鼻音性は、声帯振動や鼻腔共鳴が、子音や母音を調音するための唇・舌の動きとは独立しているため、移動したり、結合したり、はじきあったりと、アクセントに通じる振る舞いをすることがある。しかしながら、濁子音が、他の有声音あるいは鼻音（母音、/r-, n-, m-, -ɴ/、等々）から区別されて、特にアクセントのように振る舞うことを音声学的に説明するのは、極めて困難である。木田（一九七八）は、濁子音の持つ音声的性質とピッチ（音高）との普遍的な相関関係に、プロソディ性の根拠を求めた。たしかに、ある種の属性を持った子音は、ピッチと相関関係を持ち、たとえば「語頭の喉頭化音、無声無気音、無声有気音などは、第一音節の母音を高く始め、（非喉頭化）有声音、有声有気音などはそれを低く始める内在的力を持っている（服部NSNT22）」のように説明されるが、これはあくまで語頭位置（声帯振動の開始位置）の話であって、古くは語頭に立つことのなかった濁子音の問題とは結びつけにくいであろう。

自律分節音韻論 autosegmental phonology が、不完全指定 underspecification という概念を導入して、日本語では濁子音にのみ有声性を指定し、それにより濁音の振る舞いを説明しようとしたのは、共時分析としてならば、十分許容される説明であるのかも知れない。しかしながら、調音音声学的な裏付けを欠いているため、隣接する別の現象を扱おうとするときには、必然的にパラドクスが生じることになった。歴史的研究は、隣接する現象まで含めて、全体を統一的に説明することを目指すのである。

日本語の濁音（にごり）が、プロソディに通じる性質を帯びることに対し、合理的で普遍性のある説明を与えることは可能であろうか?「〈にごり〉はプロソディの一種であるから」という事実上の説明放棄も、その対極にある「そもそも似てなどいない（そのような直観的観察は普遍性と無縁である）」という頑な普遍性信仰も、本書の取る立場とは異なるものである。

この問題については、第三章第三節第一四項も参照していただきたい。

第七節　用語の問題

「清音」「濁音」「半濁音」という伝統的な用語について、たとえば、音声学的には[p]と[b]とが「無声／有声」の対となるのに、これを「半濁音」「濁音」という用語で表現するのは不適切であるという主張が、上田（一八九五）以来、百年以上にわたって繰り返されてきた。しかし、本書では、敢えて「清音」「濁音」「半濁音」等の伝統的な用語を積極的に用いることにする。音声学的な記述には音声学の用語を用いれば良いのであるし、「清音」「濁音」「半濁音」は、それでしか表現できない事柄、主に日本語内部における対立関係について考察するときに用いるものとする。そもそも「清／濁」は、日本語史や方言まで視野に入れれば、単純に「無声／有声」に置き換えるだけでは済まないケースも多い。清濁の対立の音声的・音韻的性質は、歴史的に変化するという可能性を、最初から排除してしまうべきではないであろう。伝統的な用語を踏襲した上で、なぜパ行音が、清音の範疇ではなく、濁音に準じる音として把握されたのか、その背後にある論理に迫っていくべきであると考える。

なお、本書では「清音」「濁音」「半濁音」はモーラを単位とする呼称とし、頭子音のみを問題にするときは、「清子音」「濁子音」「半濁子音」と呼ぶことにする。

「清音」「濁音」「半濁音」という用語は、過去の文献に目を配れば、それぞれ現在とは異なる多様な意味で用いられることもあったことが知られる。それと同時に、「清音」「濁音」「半濁音」とは別の呼称も様々に用いられていた。このような用語の問題は、音節構造の歴史とは、直接には関わらないものであるので、本書では省略する（肥爪二〇〇〇、および岡島二〇〇一参照）。

第二章　ガ行鼻濁音の歴史

前章でも触れたように、古く日本語の濁子音は、[^{ŋ}g] [^{n}ʥ] [^{n}d] [^{m}b] 等のように前鼻音化していたことが明らかにされており、それは日琉祖語にまで遡る特徴であったと推定されている。現代の東京方言においては、（語中の）ガ行子音を除いて鼻音性が失われており、そのガ行子音も純粋な鼻音 [ŋ] を経由して、現在では完全に鼻音性を失って、[g（～ɣ）] のような語頭と同じ音になりつつある。

井上（一九七二）によれば、語中のガ行子音の史的変遷については、以下のような二ルートの変化を想定することにより、現在の方言の分布も史的変遷も統一的に説明されるという。

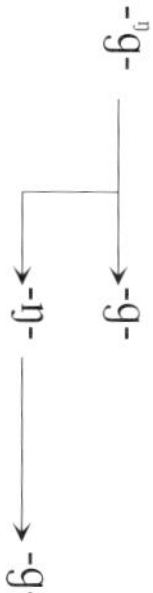

言うまでもなく、江戸・東京語は、左側の道筋によりガ行子音が変化した（変化しつつある）のであるが、過去の具体的な状況について知ることのできる資料はきわめて乏しい。

本章では、以前から知られている、語頭・語中のガ行子音の音声を直接・間接に観察した資料を検討すると同時に、何点かの学界未知の資料（山県大弐・行智の悉曇学書）を紹介する。

第一節　ガ行子音に関わる文献資料の記述

日本語のガ行子音の音声を知る手がかりとなる、もっとも古い記述は、平安時代初期、円仁『在唐記』のもので、南天竺の宝月三蔵から学んだ梵字の発音を、「本郷音」を介して説明した箇所である（亀井一九五六）。

𑖐 ga 本郷我字音、下字亦然

𑖒 ṅa 本郷鼻音之我字音呼レ之

この記述を素直に解するならば、円仁の日本語には、「（普通の）我字音」と「鼻音の我字音」があった、つまり、鼻音性を持たない語頭の「ガ」と、鼻音性を持った語中の「ガ」があったということになろう。円仁のガ行音の発音は、（伝統的）東京方言と同様のものであったとする解釈である。この解釈が正しい可能性も、もちろん否定できないのではあるが、以上の解釈には、円仁の記述が出現位置についての説明を欠いていることを差し引いても、いくつかの問題点がある。亀井（一九五六）も、結局は、明瞭な結論を出さなかった。問題点としては、以下のようなものが考えられる（必ずしも亀井が指摘したものではない）。

①平安時代の語中のガ行子音は［-^{ŋ}g-］の段階であったと推定されること。

②他の資料で、語頭のガ行子音に鼻音性がないことを確認できるのは、江戸時代まで下ったものであること（ごく一部の方言では、現代でも鼻音性を持つ）。

③円仁自身が、疑母字の「我」を区別なく使っていること。

④ ṅa が古典梵語には実在しない音であること。

①は、次に言及するロドリゲスの『日本大文典』の記述を根拠とする推定である。もし梵字 ṅa を、日本語の語中のガ行音［ᵑga］と結びつけたものとするると、その説明は、従来信じられてきた円仁の音声観察の精緻さに反し、あまり正確なものではないということになろう。

②の文献資料については、以下に紹介してゆく諸資料を参照。語頭のガ行子音が［ᵑg-］［ŋ-］のように鼻音性を持つ方言として、上野編（一九八九）「音韻総覧」では、高知県・徳島県・兵庫県（淡路島）・和歌山県・奈良県・静岡県・愛知県・山形県の数地点を挙げている（鼻音がかなり微弱な場合があり、報告者によって差が出るようである）。ただし、もともと日本語には語頭濁音は存在しなかった以上、新たに濁音が語頭に立つようになった際に、その処理の仕方に方言差があったという可能性もある。したがって、語頭濁音が鼻音性を持つ方言が各地に存在するからといって、それが日本語の濁音の古い様相であって、中央方言の語頭濁音もかつては鼻音性を持っていたという論法は、やや危うい。榎木（二〇〇八）のように、古代語においても、（和語と異なり）漢字音の清濁は「無声阻害音／有声阻害音」の対立であったとする見解もあり、その可能性も大いにあると思われるが、直接的な証拠は存在しない。

③について。「我」は疑母字、つまり中国中古音としては軟口蓋鼻音［ŋ-］で始まる音である。ただし、円仁在唐中の長安方言においては、非鼻音化 denasalization を起こし、［ŋᵍ-］のように、出わたりに阻害音が介入する音になっていたとされる。「我」字の発音が、本家の中国では常に鼻音性を有しており、仮に日本では鼻音性が不定であったとすると、誤解の余地のない別の字を使うなどして、もう少し分かりやすい説明の仕方ができたのではないだろうか。特に ga 字に対する「本郷我字音」は、これだけを取り出すとどちらだか分からないであろう。当時、語頭のガ行音は漢字音・オノマトペぐらいしかなかったはずであるが、「本郷我字音」はそのような音を念頭に置いた説明なのであろうか？

④について。古典梵語のṅの子音は、音節末、かつ軟口蓋音などの直前にのみ立つ子音である。ṅa・ṅi・ṅu等の文字は、たしかに悉曇章（インドの字母表）には掲載されているが、文字として存在するだけであって、そのまま発音されることのないはずの文字である。ネイティブスピーカーである宝月三蔵が、はたして、このような文字をどう発音したか、明らかにすることは難しい。

以上のような問題があるため、『在唐記』の記述から当時のガ行音の発音を確定するのは難しい。少なくとも、日本語音韻史研究者によって、現代の（伝統的）東京方言と同じ状態と断定されることは、まずないように思われる。

次いで、大きく時代が下るが、濁子音が有した前鼻音の歴史を考察するための著名な資料として、ロドリゲス『日本大文典』（一六〇四〜一六〇八）の記述がある。

D, Dz, G の前の母音に関する第三則

○D, Dz, G の前のあらゆる母音は、常に半分の鼻音かソンソネーテかを伴ってゐるやうに発音される。即ち、鼻の中で作られて幾分か鼻音の性質を持ってゐる発音なのである。例へば、Māda（未だ）、Mídŏ（御堂）、mádoi（惑ひ）、nādame（宥め）、nādete（撫でて）、nído（二度）、mādzu（先づ）、āgiuai（味はひ）、águru（上ぐる）、ágaqu（足掻く）、cága（加賀）、fanafáda（甚だ）、fágama（羽釜）など。

○この法則は、ある場合にBの前の母音Aを支配することがある。それはMairi sorofaba（参りそろはば）のやうに、主としてFが重複して、そのFがBに変る場合であるが、一般的なものではない。

このロドリゲスの記述において、ガ行音とダ行音が同様に説明されているため、ともに前鼻音化子音［-ᵑg-］、［-ⁿd-］の状態、つまり、ガ行子音が純粋な鼻音［-ŋ-］には変化していない段階と推定される。しかしながら、このロドリゲスのガ行音・ダ行音の説明は、母音が前接する場合、つまり語中のガ行音・ダ行音についてのものであり、語頭の

ガ行音・ダ行音の発音には適用できないものである。同書には、語頭のガ行音・ダ行音の発音について説明した箇所は見当たらないのであるが、それは、①語中と同じであった（鼻音性を持っていた）ため、とも、②ポルトガル語と同じであった（鼻音性を持っていなかった）ためとも説明できるであろう。

さらに時代が下って、三浦庚妥『音曲玉淵集』（享保一二年〈一七二七〉江戸刊）には、次のような記述が見られる。

一がぎぐげご　ざじずぜぞ
　だぢづでど　ばびぶべぼ

　右何レモ濁音ト成時ハ鼻を兼ル。取分がぎぐげごノ濁音ハ鼻を主るゆへに、濁音へ移るハ鼻へ呑ミ、清音へうつるはツメテ移るなり。

一がぎぐげご

　此濁音ハ鼻へ入仮名也。此濁音とはね字ハ、少ハ鼻へひゞかせねはならぬ事也。それを鼻に戸たつるやうに唱へてハ、文字平く成甚いやしく聞ゆ。鼻へ入字上下の仮名へひゝかぬやうに用心すへし。

○こがれ行　いさぎよき　見ぐるしき
　かげきよ　なごりハ思ふ

この資料は、しばしば江戸語の発音を知る手がかりとして利用されるのではあるが、ここで推奨されているガ行の発音は、[-ᵑg-] のようなものなのか、[-ŋ-] のようなものなのか、あるいは中間的な [-ᵑŋ-] のようなものなのか確定できない。それが確定できたとしても、推奨されているのは謡のための発音であり、わざわざ注意喚起をする必要があったのだから、実際の江戸語でガ行音がどのようなものであったかは、右の記述からは直ちに知ることができない。また、「鼻に戸たつるやうに唱へ」る音が [-g-] のことであったとしても、後世の状況から考えて、それが江戸語の発音であったとは考えにくい。したがって、江戸の周辺でそのような発音が聞かれたと解釈するのが通例である。いずれにしても、ここで説明されている発音は、語中のガ行音の発音であって、語頭のガ行音の発音については、一切の説明が省略されているのである。

この他にも、ガ行音の発音に関わる断片的な記述を含んだ資料は種々知られているが、それらについては、次節以降の考察において、適宜言及することにする。

第二節　山県大弐のガ行音観察

管見の及ぶ範囲では、語頭のガ行音と語中のガ行音を、鼻音性の有無の観点から明確に区別して説明したのは、山県大弐『華曇文字攷』（宝暦五年〈一七五五〉）が早い。

尊皇思想家として知られる山県大弐（一七二五～一七六七）は、きわめて多才な人物であり、医学書・和算書・天文暦書・兵学書・歴史書・琴楽書など、多くの分野に著作を残している。『華曇文字攷』は悉曇学書であり、その内容は、日本の真言宗・天台宗に伝来した梵語の発音を、日本において転訛したものとして退け、唐音を利用することにより、本来の梵字の発音を復元しようとする、きわめてユニークなものである。悉曇学史的にも興味深い成果を上げているのであるが、それついては、肥爪（二〇一五ａ）を参照していただきたい。ここでは、ガ行音を観察した部分のみを取り上げることにする。なお、大弐は甲斐国出身であるが、後世のガ行子音の発音の分布から見て、大弐の母方言のガ行音は、江戸と同じ状態であると見て大過ないであろう。宝暦元年（一七五一）に江戸に出て、その後『華曇文字攷』を執筆した。

（ga と ŋa の発音の区別）

疑ノ字半濁ノ字ニテ華音〈イ、・ギイ・ニイ〉〈常ノ濁ノ如ク呼ヘカラス、ニイ・イ、ノ間ヲ以ヨブ。和語ヲ以例セハサギ・ウナギ・ヤナギナトノギノコトシ〉故ニ本字モ亦是ニ従テ〈ヲ、・ゴヲ〉〈是又上ノ疑ノ字ノ如シ、ヲ、トヨフニ似タリ。和語ノカゴ・オナゴナドノゴニ近シ。牙音ノ半濁皆此例ナリ〉ト呼ヘシ。（上九ウ）哦ノ字モ又同ク濁音ト心得テ半濁ナルコトヲ知ラス。連呼スル時ハ和音ノ如クニ濁音ノ字皆半濁ニヨブ。甚誤レリ。華音ニ連声ニヨリテ音ノカハルコトナキコト也。梵音モ必シカルヘシ。（上一〇オ）

ŋa の発音は、伝統的な悉曇学においては「ガ（～ギャウ）」となっており、ga・gha とは区別がされていない。しかし、大弐は、この ŋa の発音に関して鼻音を推定復元し、さらに日本語のガ行鼻音と関連づけて説明しており、日本語研究史上、大いに注目に値するものである。伝統的な東京方言においては、語頭のガ行音と語頭以外のガ行音が、口音と鼻音で概ね対立しているが、江戸時代以前に、このことを的確に説明している例は、意外なほど見当たらない。

梵語（あるいは中国語）の二類の有声の牙音（軟口蓋音）は「常ノ濁」「半濁」と表現されているが、この場合の「半濁」は『韻鏡』の清濁音（次濁音）のことであり、大弐の方式では、ナ行音やマ行音も「半濁」ということになる。〈上九ウ〉においては、この「半濁」は、和語を例に挙げれば「サギ」「ウナギ」「ヤナギ」の「ギ」、「カゴ」「オナゴ」の「ゴ」に近いものとしている。〈上一〇オ〉の記述は、ガ行口音に相当する梵字の ga を、語中に来た時（連呼スル時）に、和語の発音習慣に引かれて鼻音で発音してしまうことを誡めたものである。直接的には説明していないものの、日本語における語頭のガ行音と語中のガ行音が、それぞれ口音・鼻音であることを明確に意識した説明であることは明らかであろう。

第三節　行智のガ行音観察

第一項　江戸語音韻資料としての行智の悉曇学

江戸後期の悉曇学者、行智（安永七年〈一七七八〉～天保一二年〈一八四一〉）の悉曇学史・漢字音研究史上の業績については、諸先学によりこれまでしばしば言及されてきた。(1) そして、行智の学問が、その時期によって内容にかなりの変化があり、それぞれの時期の著作に記述されている内容は、行智の学問の発達の段階に応じて理解する必要があること、また、発達過程を辿ることによって、行智の悉曇学の達成したものをいっそう理解できるようになることを、筆者も主張したことがある（肥爪一九九七ａ）。

行智の著作では、梵字・漢字の発音を説明する際、しばしば日本語の発音と対照されるので、かなり詳細な江戸語の音声観察が見られるのであるが、これらが日本語音韻史の資料として参照されることはほとんどない。(2) それは、行智の著作の多くが出版されずに、写本の形でしか伝存していないこと、江戸後期には、音韻史上注目すべき問題がほとんど存在しないと認識されていることなどが理由として考えられる。筆者は、行智の江戸語音声観察を、音韻史の一資料として高く評価するが、これを音韻史の資料として利用する際、悉曇学・漢字音韻学の場合と同様、音声観察がなされている著作の時期に十分に注意を払って扱うべき事をも主張する。なぜなら、行智の悉曇学・漢字音韻学の発達と、江戸語音声観察の精密化は表裏をなすものであって、初期の著作と完成期の著作とでは、音声観察にも精粗の差があり、そこに述べられていることにも明らかな食い違いがあるからである。また、用語の使い方にずれが生じている場合もある。

従来、音韻史上の江戸語は、アイ→エー、ヒ→シ、シュ→シなどの音訛的現象を除いては、明治以降の東京語とほぼ同じものとして扱われているように思われる。しかし、このことを直接裏付ける具体的資料は意外に乏しい。日本語音韻史における、多くの変化は中央（近畿地方）よりも東国において先行するという傾向から、中央語で起こった変化は江戸語でもすでに起こっていると判断しているにすぎない面もあるのである。東国語を基盤とするとは言っても、「江戸語」の特殊な形成事情を考慮するとき、右のような日本語音韻史の一般的傾向の無造作な適用には不安を感じる。また、しばしば参照される『音曲玉淵集』（享保一二年〈一七二七〉江戸刊）などの謡曲の伝書類についても、そこで推奨されている発音が、すでに失われてしまったものであるのか、失われつつあるものであるのか、江戸では発音されていたが他の地域の出身者には発音しない人があるものであったのか、そもそも謡曲の特殊な発音であって口頭語には歴史的にも存在しなかった音ではないかなど、解釈の確定しがたいことも多い。行智の江戸語音声観察の多くは、結果的には、従来の見解のほとんどを裏付けるものであるのだが、直接の証拠の不足を補うものとして、日本語音韻史の資料として貴重である。音韻史の資料になるということだけではなく、行智の精緻な音声観察そのものが、日本語研究史上注目されるのは言うまでもないことである。

本章では、日本語音韻史の面で特に興味深い、ガ行音の観察に問題を絞って、行智の記述を見てみたい。その他の問題については、別の機会に考察することにしたい。

なお、本章では議論が煩雑になるのを避けるために、以下の四点について記述を簡略化する。（一）ガ行口音・鼻濁音の出現位置を語頭・語中という語で表現するのは不正確であるが、慣例に従って単純化する。（二）ガ行鼻濁音の鼻腔での共鳴が弱いと、ガ行口音に聞こえることもあるが、そのような中間的な音声は考慮しない。（三）ガ行口音は、母音間でしばしば有声軟口蓋摩擦音の［-ɣ-］で発音されるが、これも［-g-］に含めて考えることにする。（四）

口蓋化などによる音声的差異は省略し、すべて［-g-］［-ŋ-］のように音声表記する。

第二項　行智の著作の時期区分

行智の韻学関係の著作は、以下のように、内容によって三期に分けることができる（括弧内は筆者が利用したテキスト）。

《第一期》

文化一二年　『悉曇字記真釈』三巻本（茨城大学付属図書館蔵本。巻三は東京大学総合図書館蔵行智自筆本による）
文化一三年　『悉曇字記真釈』五巻本（東京国立博物館蔵行智自筆本）
『梵学須知』（都立中央図書館蔵行智自筆本）
『梵字名目』（東京国立博物館蔵行智自筆本）

《第二期》

文政二年　『校正悉曇字記』（刊本）
『諺文考』（都立中央図書館蔵）
文政三年　『悉曇字記真釈私録玄談』（国立国会図書館蔵行智自筆本）
文政八年　『梵文対註字類集』（駒澤大学付属図書館蔵行智自筆本）
文政一一年　『悉曇字記　付攷文』（都立中央図書館蔵行智自筆本）
『悉曇字記真釈諺談』（未詳〈第二期成立〉。国立国会図書館蔵行智自筆本）

《第三期》

天保三年　『悉曇字記真釈』八巻本初稿（国立国会図書館蔵天保八年写本）
天保四年　『悉曇字記正文』（刊本。都立中央図書館蔵行智書き入れ本）
天保五年　『諺文解』（駒澤大学蔵行智自筆本）
天保六年　『梵漢対訳字類編』（刊本。架蔵本）
天保七年　『悉曇字記真釈』重訂八巻本（都立中央図書館蔵行智自筆本）
　　　　　『洪韻解鎰』（未詳〈天保六年以降成立〉。東京大学総合図書館蔵本）

以下、それぞれの時期の特徴を概説する（詳細は肥爪一九九七a参照）。第一期は草創期であるが、すでにこの時期には、日本における伝承の過程で転訛してしまった梵字の本来の発音を得るために、まず対注漢字を、復元した「古ノ唐音」で読み、その上で「天竺真正ノ梵音」を追究するという、行智の悉曇学の基本姿勢が現れている。第二期には、「古ノ唐音」の復元に『韻鏡』が利用されるようになり、行智の悉曇学は理論的な枠組みを獲得する。第三期には、漢字音の体系的な把握が進み、日本語の音声観察の精密化とも結びついて、行智の悉曇学が完成する。

江戸語のガ行音に関わる記述については、後になるほど言及される素材も多くなり、観察も精緻になるが、基本的な考え方は第一期から変化していないので、一括して扱うことにする（これは、江戸語のガ行音の観察を抜き出して考える場合には、結果的に一括して扱えるということであって、悉曇学・漢字音韻学とこの音との関わりを考える場合には、やはり時期を分かって考える必要があるのである）。

第三項　ガ行音観察の実際

行智の著作のガ行音に関わる主要な記述は、以下のようなものである（引用に際して、表記を私意によって改めた部分がある。梵字は通常の転写法によりアルファベット化して示したが、行智がそのように発音していたことを意味するわけではない。
【　】内は割り書き)。

A　三巻本『悉曇字記真釈』

然レドモソノ鼻音ト云モノ、筆ニハアラハシ難シ。シバラク通俗ノ言語ヲ以テ例セバ、爪雅文雅真雅僧都山河久《コ》我《ガ》ナドノ雅河我ノ音ノ如ク、亦、三輪之《ガ》崎郎子《イラゴ》之《ガ》島、ナドノ、之子《ガゴ》ノ音、マヅ舌根ヲ上顎ニ着テ息ヲ鼻ニ入ナガラ、舌ヲ放ツトキ自然ニ出ル音ニシテ、唇音ヨリハ重ク ga gha ノ濁音ヨリハ軽キ方ニシテ、所レ謂非柔非怒声ト云モノナリ。ギ グ ゲ ゴノ転ニ至リテモ、タトヘバ、新義古義ノ義武具馬具ノ具蓮華散華ノ華、醍醐珊瑚ノ醐瑚ノ如ク、音ヲ軽ク、息ヲ鼻ヘ入ル心ニンガ ンギ ング ンゲ ンゴト呼ベシ。コノ ṅa 字ノ音古来ソノ真ヲ呼得シ人アラス。能ク工夫翫味シテ、自知スベキ者ソ。(巻一)

B　五巻本『悉曇字記真釈』

尤コノ音筆ニハ書取ガタキガ故ニ、世語ヲ以テ例セバ、風雅文雅真雅僧都山河久我《コガ》ナドノ雅河我ノ音ノ如ク、マタ、鬼界ガ島、三輪ガ崎ナドノ、之ノ字ノ意ナルガノ音、上顎ノ舌ヲ放シナガラ息ヲ半《ナカバ》鼻ニ入レテ唱フルコトニテ、コレ即清音ヨリハ重ク、濁音ヨリハ軽ク、所レ謂非柔非怒声ト云モノナリ。キ ク ケ コノ転音ニ至リテモ、コノ心ニテ、新義古義ノ義ノ如ク、武具馬具ノ具ノ如ク、蓮華懺悔ノ花 悔ノ如ク、妄語珊瑚醍醐ノ語 瑚 醐ノ如ク、音ヲ軽ク、息ヲ鼻ヘ交ヘテ ṅa ṅi ṅu ṅe ṅo ト呼ブベシ。(巻二)

然シテ、第一行ノ ka kha ga gha ノ四音ヲ合併シテ、四音ノ際間ヨリ、息ヲ全ク鼻ニ入レテ呼時ニ、第五ノ ṅa《ンガ》字ノ音ヲ生ズルコトナリ【初生孩児ノ啼声ニ、ンガァ〱ト云、コレ今ノ ṅa 字ノ音ニ似タリ】。(巻三)

ṅa 字ノ音ノコトハ、文雅風雅連歌等ノカ音ノ如ク、少シク鼻ヘ息ヲ入レテ云フ音ナリ。我慢我執ノ我ノ音ノ如

ク呼コトナカレ。（巻四）

C　『梵学須知』

ṅa《ンガ》ハ文雅風雅久我（コカ）ナドノ雅我ノ音ノ如ク、

D　『悉曇字記真釈私録玄談』

一通リノ濁音ノ ga 字ハ、我慢我執我‐此‐土‐安穏ナドノ常ノ濁音ノ ga 也。今ノ支分ノ ṅa 字ハ其トハ大ニ異リテ、鼻へ息ヲ入テ、軽ク呼ブ濁音也。文雅風雅、志賀ノ都大学ノ頭ナドノ如キ、軽キ濁音也。風雅（ga）志賀（ga）ノ都ナド、強ク云ヘバ聞ニクキ故ニ、安ラカニ志賀（ṅa）風雅（ṅa）ナド、云フコノ ṅa 音也。……然ルヲ、旧来、濁音ノ ga ノ外ニ非清非濁ノ ṅa 音ノ歴然トシテ有ルコトヲ意不レ着、口語ニハ常ニ、山‐河‐大‐地、久我《コ》相国、志‐賀大‐裏ナド、ṅa 字ヲ唱ヘナガラ、親ク其文字迄備リテ有コトヲ不知ノミニアラズ……（巻四）

E　重訂八巻本『悉曇字記真釈』

ンガト註スルン字ハ正シクント呼ニハアラズ、鼻声ヲ兼ル音容ヲ示スベキ為ニ、此ノ如ク記ス。（巻二）

【我字ノ音、此間ニテ呼トコロ、我‐慢我‐執我‐見ナド云ガ如キ、熟語ノ上ニ在テ呼トコロ、全ク今ノ ga 字ノ音ニ合セリ。然ルヲ亦或ハ、人‐我法‐我久‐我見我身者等ノ如キ、語ノ下ニ続キ在ルハ、声柔耎ニナリテ、疑母ノ本音 ṅa 字ノ声ニ近キコトアリ。此等ノ差別アル所、マタ弁フベシ。但語ノ下ニ在テモ、東西辺‐裔ノ方言ニ至テハ、或ハ群母強濁音ニ唱フル処モアレバ、一様ニハ云難シ。詳ニ自ラ呼試テ知ベシ。】（巻四）

ṅa 字ハ清濁兼音ニシテ入鼻軽耎ノ声ナリ。即ンガト云フニ似ルベシ。ga ガ gha ガ二字ノ全濁音ナルトハ聊カ異ニシテ、声息ヲ鼻ニ入テ浮ミ軽クイハヾ、風雅久我加賀ナド云フトキノ雅我賀ノ音ノ如キ意ニ【風雅久我等ト言ノ下ニ続ケルガ音ハ、中土ノ人ハ浮ミテ軽クンガト云フ如キ意ニ呼ガ故ニ、此ヲ以テ今 ṅa 字ノ軽耎入鼻ノ音ニ比例シ論シ示ストイヘドモ、西裔《エイ》北鄙東垂ノ土人ニ至テハ、言ノ上ニ在ト同ジクガト強呼スルガ故ニ、今ノṅa 字ノ音ニ合セズ。然ク辺裔人多クガト云音ヲ呼ニ此ノ如キコトアリ。亦弁フベシ】鼻音ナガラニ仄《ホノカ》ニガ【ga gha】ノ声容ヲ兼呼テ喉鼻ノ両処ニ渉テ出ル音ナリト知ベシ。（巻四）

梵字の ṅa の発音は、その音訳字「哦」「仰」等に従い、日本悉曇学では「ガ」「ギョウ（ギャウ）」と読まれる。少なくとも、単独（語頭位置）では鼻音性を持っていないことになる。行智が学んだ梵字の発音も例外ではなかったが、梵字の子音体系や諸経軌の音注などから、これが本来は鼻音であったと判断し、伝統的な発音を排して、日本語のいわゆるガ行鼻濁音を引き当てたのである。この考え方は第一期から一貫している。日本語の語頭のガ行音が口音であり、語中のガ行音が鼻音であることを、豊富な語例を挙げて説明していることが見て取れよう。

Bの全体と、Cの一部において、梵字の ṅa の音の表記に「カ゚」のような白圏表記が用いられていること、第三期のEに至って方言のガ行音（鼻音で発音すべきところを、「言ノ上」にある場合と同様に「強呼」する）について言及されるようになることが注目される。ただし、江戸語そのものの観察内容は基本的に変化していない。要約するならば、語頭では［g-］、語中（撥音・長音に後続する単語も挙例に含まれる）では［-ŋ-］になるとする、従来の江戸語の音声についての理解と矛盾しないのではあるが、問題点も二・三あるので、もう少し詳しく考察してみたい。

第四項　変化過程の検討

上方においても、江戸においても、［-^{n}g-］＞［-ŋ-］の変化（あるいは［-^{n}ŋ-］のような中間的段階もあったか？）がいつ頃起きたかという点は、はっきりしていない。ロドリゲスの『日本大文典』には、「g の前の母音は半分の鼻音を以て発音するのであるが、備前のものの発音ではそれを除いてゐて、干からびた発音をする。……この発音をするので備前の者は有名である」とあるのみで、関東のガ行音については、関東の言葉を扱った部分でも言及していない。単純に解するならば、関東でもまだ京都と同様に、語中のガ行音は［-^{ŋ}g-］のように発音されていたという事になるかもしれないが、確実ではない。

時代が下って、三浦庚妥『音曲玉淵集』（享保一二年〈一七二七〉江戸刊）の記述も、すでに第一節で述べたように、実際の江戸語のガ行音の音声を知るための、確かな資料とはなりがたいものであった。また、第二節で扱った山県大弐『華曇文字攷』のガ行音観察も、そこまで細かい音声について検討する材料にはならないものであった。

そこで、さらに時代が下って、本節で取り上げる行智のガ行音声観察を見てみよう。BとCにおいて、「ンガ」ではなく「カ゚」と一字で表記しようとしていた点、Eにおいて「ンガト註スルン字ハ正シクントヿニハアラズ、鼻声ヲ兼ル音容ヲ示スベキ為ニ、此ノ如ク記ス。」とする点から、［-ŋ-］であった可能性が高い。つまり、江戸語において、語頭以外のガ行音が［-^{ŋ}g-］から［-ŋ-］へ変化しているかどうかを検討する手掛かりの上限資料として、行智の音声観察は注目されるのである。もっとも、行智の記録は、あくまで江戸語の話し手自身の主観的な観察であり、ガ行音の前鼻音が、撥音の場合ほどは継続時間が長くなかったため、自覚しにくかっただけであるという解釈も完全に否定することはできないのではあるが。

なお、行智とほぼ同時期に、東条義門『撥韻仮字考』があり、濁音四行のうち、ガ行音は鼻にかかる音であることを指摘しているが、［-^{ŋ}g-］であるのか［-ŋ-］であるのか判明しない。また、義門は若狭の僧なので、これをただちに江戸語についての観察とするわけにもいかないであろう。

第四節　方言のガ行音

次に方言の問題を検討する。江戸語のガ行音の問題を考える場合に、しばしば参照されるものとして、式亭三馬の『浮世風呂』（文化六年〈一八〇九〉前編刊）、『潮来婦志』（文化三年〈一八〇六〉成立）がある。両書の凡例は次のようなものである。

『浮世風呂』

常のにごりのうちたる外に白圏《しろきにごり》うちたるは、いなかのなまり詞にておまへがわしがなどいふべきを、おまえか゚わしか゚といへるか゚き゚く゚け゚こ゚の濁音《だくおん》としり給へ。

『潮来婦志』

清音を濁音《おん》に通用《つうよう》するは、「サシスセソ」「カキクケコ」「タチツテト」の二音也。常の「〃《にごり》」にては通例《つうれい》の濁音《たくおん》にまきらはしけれはおの〱「゜」斯《かく》のことき白圏《はくけん》を点じて「が」と「か゚」との二濁《ふたつのにごり》を分《わかせ》り就中《なかんづく》「か゚き゚く゚け゚こ゚」の音に清音《すむこえ》の濁《にごり》たるもの多《おほ》し　又「タチツテト」の音に清音《せいおん》の濁《にごり》あれども是は「だぢづでど」如斯《かくのごとく》黒圏《こくけん》を用《もち》う。余《よ》は推《おし》てしるべし。

この凡例によれば、『浮世風呂』の白圏は、「いなかのなまり詞」における、江戸語のガ行音に対応する音を表すためのものであり、『潮来婦志』の白圏は、潮来において有声化している、江戸語のカ行音に相当する音を表すためのものということになる。つまり両書の白圏の意図するところは異なることになるのである。もっとも、本文における白圏の用法は両書とも凡例通りではない箇所も多く、結果的にほぼ同様のものとなっている（『潮来婦志』では、凡例において黒圏を用いるとされている、江戸語のタ行音に対応する箇所にも白圏が用いられている）。この問題に関しては、坂梨（一九七六）に詳しい。

右の三馬の説明及び本文の白圏の用法そのものからは、当時の江戸語の発音も方言の発音も知ることができず、三馬が白圏によって意図したものが何であるか、従来の解釈も一様ではない。もっとも普及している解釈は、江戸語の［-ŋ-］に対して、方言を［-g-］であるとするもの（新村一九〇六など）、第二の解釈は、江戸語の［-ŋ-］に対して、方言を「今日の東北方言にあるようなｎ音の勝った音」（［-ŋg-］のような音か?）とするもの（吉田澄夫一九五七）、第三の解釈は、江戸語の［-ŋ-］に対して、田舎言葉らしさを象徴する前鼻音とガ行口音を共存させる［-ᵑg-］を想定するものである（坂梨一九七六）。

坂梨の指摘するように、三馬の白圏表記は、文芸作品の中で田舎言葉らしさを出すことを意図したものであって、必ずしも厳密な方言観察に基づいたものではない。その意味では、現在の方言のカ行音・ガ行音の分布を見て議論するよりも、当時の江戸の人の証言を参照するのが捷径である。つまり行智のガ行音についての発言が、三馬が白圏表記によって意図したものを理解する有力な手がかりとなるのである。

すでに見たように、行智は江戸語の語中語尾のガ行音を［-ŋ-］と考えていたようであり、それに対して「東西辺裔ノ方言」「西裔北鄙東垂ノ土人」は、語頭と同じように［-g-］と発音するとしている。行智が「東・西・北」の方言にこのような発音が聞かれるとしたのは、現在の方言の分布を見る限りでは、あまりに雑な認識であるが、それこそが当時の江戸の人の方言に対する意識であったのであろう。三馬の白圏表記も、そのような大まかな方言把握に従ったものであって、『浮世風呂』前編に登場する西国者が、［-g-］の持ち主と推定されるにもかかわらず白圏表記が用いられていない理由も、江戸語の［-ŋ-］に対応する箇所については［-g-］の持ち主ではないと推定される、仙台浄瑠璃に白圏表記が用いられている理由も、この大まかさに帰せられるべきであろう。ただし、仙台浄瑠璃の場合は、東北方言に広く見られる、有声母音間で清子音が有声化する（[-k-]が[-g-]となる等）現象の影響も考えられる。結果的に、江戸語の語頭のガ行音と同様の耳だつ音が、語中において発音されるからである。同様に、行智の方言観察にも、東北方言における有声化したカ行音を、耳障りなガ行音と聞きなしたことが含まれていることも考えられる。

この問題に関する、同時代の他の証言としては、成立年未詳（幕末とされる）の『筑紫方言』に、「ひとりかきくけこのかなは、おもくもかろくも自在に濁へきかなゝるを、一むきにおもくのみ濁りいへり。……いとこち〳〵しくて、おなじ言葉にてもことさらひなびて聞ゆるわさになんありける」とあり、江戸語の軽く濁るガ行鼻濁音に対して、筑紫方言では語頭と同様に、常に重く濁ることを問題としている例がある。

以上のように、行智の記述から理解する限りでは、江戸語の語中の[-ŋ-]に対して、方言を[-g-]であるとする第一の解釈が有力であることになる。しかし、三馬の意図を第一の解釈のように狭く一つに限定することなく、前鼻音を含めて、田舎言葉らしさを視覚的に表現することにあったとする第三の解釈も、『潮来婦志』ではダ行音にも白圏が用いられている点も統一的に説明できるという意味で、依然魅力的である。

第五節　白圏表記について

ところで、三馬の白圏表記と行智の白圏表記の間には、何らかの関係があるのだろうか？　この二者は、形態は同じであるけれども、前者が方言の発音を表すためのもの、後者が江戸語の語中語尾のガ行音と同じ音を表すためのものであって、意図された発音はまったく異なるものである。

ちなみに、『浮世風呂』前編の最善本と目される天理図書館蔵本は、平戸藩主であった松浦静山の旧蔵本であり、行智は静山のもとに集う文人の一人（静山の言葉を借りれば「隣人」）として、しばしば静山の随筆『甲子夜話』に登場する。行智が『浮世風呂』を目にしたかどうかは全く分からないが、白圏の使用意図の食い違いから判断するかぎりでは、行智の白圏表記は『浮世風呂』の白圏表記の影響を受けたものではないと思われる。あるいは、その食い違いが行智が白圏表記を放棄する動機にはなったかもしれないが。

江戸期に刊行された悉曇学書にも、白圏の濁声点が使用されることは珍しくないので、行智の場合はそこからヒントを得たのかもしれない。

江戸時代における、この記号の類例については十分調べがついていないが、明和四年（一七六七）成の『庄内浜荻』では、母音間で有声化したカ行・タ行音に「°°」を付すという。また、三浦命助の『日記』『獄中記』（幕末の岩手方言による）では、語中語尾のガ行音を、語頭のガ行音・有声母音間で有声化したカ行音と区別するために、仮名の右肩に「°」を付して表記するという（川本一九七二・一九九〇）。

第六節　むすび

以上に見てきたように、行智の悉曇学書に見られる江戸語のガ行音観察には、従来未解決であったいくつかの問題を解明する手がかりが含まれている。悉曇学書は、その特殊性故に、内容を検討する以前に、音韻史の資料から不当に排除されることもある。たしかに、そこに記述されている発音は、当時の日本語の発音なのか、梵語の「特殊な」発音なのか、解釈の余地が残る場合があるのも事実であり、その点は謡曲の伝書の記述と同様の問題がある。また、学問の性質上、伝統的な用語・記述を先行書から踏襲する傾向が強く、現実の言葉の変化に鈍感な一面を持っている。しかし、悉曇学史上の位置づけ、悉曇学書として性質が十分に解明されれば、多くの貴重な記述を拾い出せることは、以上の行智の江戸語のガ行音観察の検討からだけでも明らかであろう。

本章では、行智の悉曇学の内容や発達過程にほとんど触れずに考察を行ったが、ガ行音以外の音声観察（特に母音やハ行音の観察）を音韻史の資料として扱う場合には、悉曇学・漢字音韻学との関わり、時期による考え方の変化というものが重要な意味を持ってくる。ガ行音の観察の場合も、そのような手続きを踏んで初めて、本章のような扱いをすることが可能になったことは言を待たない。

今後、文献資料に見られる音声観察と、いわゆる「丁寧な発音」や規範意識との関係、伝統的表記が音声観察に及ぼす影響などにも配慮しつつ、行智の音声観察のあり方を解きほぐすことを通じて、音韻史資料一般を扱う上での問題点をさらに考えていきたい。

【注】

（1）新村出（一八九七）「日本音韻研究史」（『新村出全集』第一巻所収）
長谷部隆諦（一九二六）「𑖒字の音に就いて」（『密教研究』二二）
中里龍雄（一九三二a）「梵学験者行智を憶ふ―帝大池畔の碑を見て―」（『宗教研究』新九ノ一）
中里龍雄（一九三二b）「新資料による行智阿闍梨伝」（『修験』五五）
金沢庄三郎（一九三三）『濯足庵蔵書六十一種』（還暦祝賀会）
金沢庄三郎（一九四八）『亜細亜研究に関する文献―濯足庵蔵書七十七種―』（創元社）
牛窪弘善（一九三七）「修験道学匠考（三）」（『修験』八三）

渡辺英明（一九三七）「行智師の音韻研究概説—音韻学的述作中に於けるものを中心として—」（『密教研究』六一・六二）
岡田希雄（一九四一）「日本梵語辞書史概説—心覚より江戸期まで—」（『立命館大学法文学部文学科創設記念論文集』）
岡田希雄（一九四二）「行智の梵語辞書『両面錦』」（『龍谷学報』三二二）
田久保周誉（一九四四）『批判悉曇学』（山喜房佛書林）
橋本進吉（一九二九）「近世国語学史」（『橋本進吉博士著作集第九・十冊』岩波書店、一九八三）
古田東朔（一九七二）『国語学史』（東京大学出版会）築島裕氏との共著。
石村喜英（一九七七）『梵字事典』（歴史編執筆）（雄山閣出版）
水谷真成（一九七九）『梵語字典』（『梵漢対訳字類編』の影印及び解説）（法蔵館）
金山正好（一九八一）『梵字悉曇』（田久保周誉氏著の補筆部分）（平河出版社）
湯沢質幸（一九八七）『唐音の研究』（勉誠社）
湯沢質幸（一九九六）『日本漢字音史論考』（勉誠社）

（2）馬渕和夫（一九七一）『国語音韻論』（笠間書院）で言及がある程度か。

第三章　連濁の起源

第一節　連濁の起源についての諸説

連濁現象の起源についての従来の仮説は、語学的な観点から、検討に値すると思われるものに限定すると、大きく三系統に分けることができる。

(一) 同化説
(二) 古音残存説
(三) 連声濁説

連濁現象の共時分析においては、これらとは異なる発想の説明もありうるが、ここでは通時的観点から連濁現象の起源について考察したものに限定して、以下に紹介・検討をすることにする。

第一項　同化説

近代以降の連濁研究において、連濁現象の起源について音声学的に説明した初期のものの一つに、山田孝雄（一九

○四）がある。山田は連濁現象を同化現象の一種とみなし、母音間において無声子音が有声化したものとする解釈を提出している。

やまどり（山鳥）　［jama］＋［tori］→［jamadori］

［t］が母音間で有声化して［d］になる。

つまり、音声の面から見ると、調音のゆるみによって無声子音が前後の母音の影響で有声化し、機能の面から見ると、その有声化によって語構成的に前項と後項とが一体であることが標示される、という系統の解釈である。

この同化説は、音声学の基礎を学習したり、あるいは中国語・韓国語・アイヌ語のような個別言語を学んだりすれば、おのずと思い至る解釈であるので、山田以前にも着想していた研究者はいるはずであるし、山田以後にも、しばしば連濁現象の説明として採用されてきたものである。一般向けの概説書の場合、連濁現象の起源についての説明を避けるものも多いが、この同化説を採用しているものが現在でも複数存在する。

「同化」自体はきわめて普遍性が高い現象なのであるが、連濁現象の起源を「同化」に求める説明には、いくつかの不自然な点がある。だからこそ、同化説以外のさまざまな解釈が提出されてきたのであるし、慎重な立場の研究者は、連濁現象の起源についてはロをつぐんできたのである。山田は音声・音韻が専門ではなかったため、やや不用意に同化説を論文化してしまったのだとも言えよう。以下、同化説の不自然な点を列挙する。

①「有声化」の起こる位置の不自然さ

本書では、慣例に従い、単独でも用いられる形態素を「自由形態素」、単独では用いられない形態素（接頭語・接尾語）を「拘束形態素」とし、自由形態素どうしの合成語を「複合語」、自由形態素と拘束形態素の合成語を「派生語」

と呼ぶのが原則である。しかし、自由形態素か拘束形態素かは歴史的に変化するものであるので、通時的な研究の場合、複合語・派生語を厳密に区別することは不可能であるし、本章では、複合語・派生語の他にも、「名詞＋助詞」「助詞＋助詞」のような、通常は一語と見なされない単位も考察対象に含まれてくる。そのため、煩を避けるために、これらを一括して「合成語」と呼ぶこともある。

ここでは、二音節＋二音節の合成語「C_1VC_2V＋C_3VC_4V」を考えてみよう。Cはいずれも無声子音とする。調音のゆるみが生じやすい位置という観点から考えると、C_2およびC_4が相対的に有声化しやすく、内部境界に位置するC_3は相対的に有声化しにくい位置であることが予想される。しかし、有声化が音韻の区別に関わる場合と、関わらない場合とでは、事情が異なってくるので、それぞれを区別した上で検討をする必要がある。

音韻の区別に関わるハ行転呼現象の場合を考えてみよう。ハ行転呼も、広い意味では有声化現象である（ハ行転呼については別解もあるが、ここでは通説に従っておく）。「ゆふはな＞ゆウはな（木綿花）」「ちりはひ＞ちりはヰ（塵灰）」のように、合成語内においてハ行転呼現象が起こるのは、前項・後項それぞれの内部（C_2およびC_4）においてであって、後項の冒頭（C_3）、すなわち連濁の起こる位置では、ハ行転呼は原則として起こらない。内部境界の位置のC_3がワ行音化するのは、その合成語の語源意識が弛緩し、全体が一体のものとして把握されるときと考えられる（「ひはだ＞ひワだ（檜皮）」「しらぬひ＞しらぬヰ（不知火）」「はにふ＞はにウ（埴生）」の類）。つまり、有声化が音韻の区別に関わる場合、後項の冒頭（C_3）は、調音のゆるみによる有声化が、相対的に起こりにくい位置ということである。

一方、音韻の区別に関わらない、条件異音・自由異音の場合、調音のゆるみはどのような位置に出現するであろうか。現代共通語で適当な例を挙げるのは難しいが、ハ行子音の有声化の例（[-h-]＞[-ɦ-]）を考えてみよう。この現象は、比較的広い母音に挟まれたハ行子音において生じやすいとされており、音声学の概説書では、「はは［haɦa］」

「おはよう［ohajoː］」のような和語、「ゴハン［gohaɴ］」「ゴヘンジ［gohendʑi］」のような漢語などが語例として挙げられている。いずれも音韻の区別に関わらない、音声レベルでの変異である。平安時代にハ行転呼現象が生じ、語頭および合成語の内部境界以外のハ行音がワ行音化した結果として、現代語において、ハ行音には顕著な位置制限が存在する。つまり、語頭・合成語の内部境界以外にハ行音が現れるのは、「うはうは」「のほほん」のようなオノマトペや、「アロハシャツ」「コーヒー」「カフス」のような外来語に、原則として限定されるのである。和語においても、「はは（母）」「ほほ（頬）」「あふれる」「あひる」「やはり」のような例があるが、これらは個別の事情によるもので、説明可能な例外である。以上のような経緯があるため、有声化の起こりやすさを検討するためのバリエーションを揃えること自体が難しいのではあるが、たとえば、有声化しうるハ行音を二つ含む「ままはは（継母）」の場合を考えてみよう。この場合、［-h-］が有声化するとしても、どちらか一方に限られ、二つとも有声化するのは不自然である。そして、有声化が起こる場合でも、どちらが有声化するかは予測が難しく、同じ個人であっても一定しない。同様の現象は、母音の無声化（無声子音に挟まれた狭母音が無声化する現象）についても知られており（前川一九八九など）、例えば「しちひき（七匹）」の場合、第一母音から第三母音までが、この無声化を起こす条件に位置する（実際には、第四母音も無声化しうるが、ここでは措いておく）が、すべて無声化させて発音するのは、むしろ自然ではなく、実際の発話において、どの母音が無声化するかは、予測困難であり、同じ個人の発音でも一定しない。

つまり、音韻の区別に関わらない調音のゆるみによる有声化は、「$C_1VC_2V+C_3VC_4V$」の合成語の場合、C_2およびC_4がC_3よりも相対的に有声化しやすいとまでは言えないものの、C_3が有声化のしやすさにおいて特別な位置というわけではないということにはなろう。

つまり、連濁現象の起源の段階において、清濁の対立が、音韻の対立であったとしても、いまだ音韻の対立をなしていない、音声差に過ぎなかったとしても、合成語の内部境界という特定の位置において、調音のゆるみによる有声化が起こったとする説明は、不自然さを孕んだものであるということである。

この連濁の起こる位置の不自然さに対して、連濁現象を母音間における無声子音の有声化であるという前提によりつつ、山口佳紀（一九八八）は以下のような説明を与えた。

語頭以外の無声子音がやたらに有声化してしまうと、大きな混乱が生じる。たとえば、カス（滓）に有声化が起こってスが濁音化してしまうと、カズ（数）との区別がつかなくなるといったことが生じるからである。ところが、語頭に濁音が立たない状態においては、トリ（鳥）に対立するドリの形をもった語はあり得ないから、ヤマ（山）＋トリ（鳥）がヤマドリになっても、混乱は生じない。そこには、有声化を抑止する条件がない。すなわち、連濁は、日本語に存する語頭以外の無声子音の有声化という傾向を利用して、複合表示機能を果たさせたものと解せられる。

確かに、結果の側から見ればその通りであって、連濁現象によって、語の意味の区別に混乱が生じることは原則としてない。しかし、この説明は、**「連濁は内部境界の位置が自明であることを前提とする結合形式である」**という原則が存在することを、図らずも主張していることになろう。内部境界の位置が了解されているからこそ、「やまどり」という音形から、「やま」と「とり」を取り出すことができるのである。有声化した音（濁音）が結合度の高さ（語のまとまり）と即応しているとするならば、例えば、「ま＋こころ」に由来する「まごころ」という音形は、この語を知らない話者にとっては、「まご／ころ」という語構成であるという誤解を招きかねない音形であるということになる。連濁をさせずに合成語を構成するという選択肢も存在しているのに、なぜ、わざわざ語構成を誤解させることになりかねない、中途半端な有声化を起こしたのかが、同化説では十分に説明できないであろう。連濁の起源についての仮説は、濁音化の位置の不自然さを説明できるものであるべきである。

なお、小松英雄（一九八五）においては、「したつづみ~したづつみ」という両形共存の理由を考察する過程で、「連濁という現象は、（略）複合の指標として積極的に選択される形である」としつつ、「「したづつみ」は、（略）複合顕示型とでも呼ぶべき語形であるが、そうであるだけに形態素間の境界がどこにあるかは透明であり、「＝づつみ」の部分に生じたひずみが気になって、もとの「つづみ」への引き戻しが起こる」と述べており、連濁現象における濁音化が、単純な結合の標示では済まされない性質を持っていることを示唆している。

②説明困難な非連濁形の存在

①でも触れたように、連濁は原則として語構成が不透明化することのない結合形式である。「なべ（鍋）」が「な（肴）」と「へ（瓮）」に、「まど（窓）」が「ま（間 or 目）」と「と（門 or 処）」に還元困難であるなど、個別には不透明化していることはあっても、それは連濁という結合形式の責任ではなく、各構成要素が単独では使用されなくなった等の事情により、時の流れとともに不透明化したのであって、最初から不透明であったわけではないはずである。

これに対し、前後の成分が緊密に結合していると思われるにもかかわらず、連濁を起こさない語もかなりある。例えば「しか（鹿）」[1]「かたち（形）」は「し＋か」「かた＋ち」という要素に分析できるが、この結合は連濁を起こしていない。古くは、「しか」「かたち」が、二つの要素から成り立っていることが十分に意識できる、結合度の低い合成語であったとしても、これらの語は、後に結合度が高まっても連濁形に転じることのないまま、語構成が不透明化したということになる。こうした例は、枚挙にいとまがない。

また、「あか＋き」、「しろ＋く」の結合は、連濁を起こさなかった一方で、のちに子音を脱落させ「あかい」「しろう」と、イ音便・ウ音便を起こすことになる。助詞「は」「へ」なども、連濁を起こさなかった一方で、のちに「ワ」「エ」とハ行転呼を起こすことになった。イ音便・ウ音便・ハ行転呼は、語構成を不透明化しないのを原則とする連濁よりも、融合度の高い部分に生じるタイプの現象であろう。

結合の度合いは絶対的なものではなく、歴史的に変化しうるものではあるけれども、本当に、連濁・非連濁の差は、結合度と連動するものであったのだろうか。

③古代語の濁音の音価の問題

ロドリゲス『日本大文典』の記述により、室町末期の中央語の濁音（特にガ行・ダ行）が、［^{ŋ}g-］［^{n}d-］（または［$^{\sim}$g-］［$^{\sim}$d-］）のごとく前鼻音を伴うものであった（濁子音は前鼻音化していた）ということは周知のことである。また、連声濁現象が存在することにより、この前鼻音は、上代語（すなわち文献上、最も早い段階の日本語）にも存在していたと同時に、音韻論的に意味のある要素（清濁の弁別に関与する要素）であったと考えるのが妥当である。撥音が発達したとされる平安時代以降に、それまで前鼻音を伴っていなかった濁子音が、撥音との混乱を引き起こしかねない前鼻音を発達させるとは考えにくいという点からも、前鼻音が上代にまで遡るという推定は妥当なものである。更には、諸方言の状況から、この前鼻音は古くはすべての（語中）濁音に備わっており、かつ、それは日琉祖語にまで遡るものであったと推定されている（第一章第三節参照）。

一方、イ音便・ウ音便・ハ行転呼音等の現象を説明するためには、清子音が母音間で有声的であり、古代語における清濁は、現在の東北方言のカ行・タ行音の現れ方に見られるような、「非鼻音／鼻音」の対立であったと考えるのが相応しいとする考え方もある（早田一九七七ａ・高山倫明二〇一二）。

連濁は日琉祖語よりも前の段階から存在していたと解されるが、これを同化現象と見る場合、その発生段階での清濁の対立は、現代共通語と同様に「無声／有声」であったことになるが、中央語において、清濁の弁別的特徴が、「無声／有声」→「非鼻音／鼻音」→「無声／有声」というような歴史的変化を経たと解するよりは、単に「非鼻音／鼻音」→「無声／有声」という歴史的変化を想定する方がシンプルであることは言うまでもない。そもそも「非鼻音／鼻音」という状態以前に「無声／有声」という状態があったことを裏付ける、具体的な証拠は皆無である。むしろ、連濁現象を同化説により説明するために、清濁の対立が「無声／有声」であった状態を、日本語を遡ったところに想定している節さえある。

④濁音の分布制限および機能の問題

ライマンの法則（合成語の後項にあらかじめ濁音が含まれている場合、連濁は起こらない）は、同一要素の隣接（あるいは近接）による調音上の負荷を下げるための「異化現象」として説明されることがある。もしこの説明に従う場合、連濁の阻止が、「おおとかげ」「せいくらべ」のように、後項の三拍目以降に濁音がある場合にも適用される一方で、「ふでばこ」「ながぐつ」「ふじだな」のように、前項が濁音で終わっている場合には適用されないという点が問題になってくる。この事実に対しては、この異化現象が合成語内部の境界でブロックされるという説明がなされることになろう。しかし、この強固なブロックと「調音のゆるみにより、前項と後項を一体化させる同化現象」として連濁を捉える前提とは、はたして調和するのであろうか？　そもそも、これらの濁音近接の忌避が、調音の負荷を下げるためであるとすると、有声性によるにせよ鼻音性によるにせよ、音声的には、他の分節音から区別された形で括り出すことのできない濁子音が、右のような振る舞いをすることの説明は、本当に可能なのであろうか？　なお、「上代語においては、前項の末尾が濁音である場合も、連濁が起こらなかった」とする石塚龍麿の仮説が疑わしいことについては、第五章参照。

また、日本語の濁音（にごり）が、アクセントに似た機能・性質を持っていることが亀井（一九六五）によって示唆されて以来、さまざまな角度から、濁音がプロソディに通じる性質を持っていることが指摘されてきた（木田一九七八・清瀬一九八五・大槻一九九九など）。ライマンの法則も、「濁音は単純語中に共存することがない」→「濁音は一単位に最大一回しか現れない」というように抽象化してゆけば、濁音の有するアクセントに似た性質の一つの反映と捉えることも可能である（第一章第六節参照）。

こうした濁音研究の流れの中で、濁音は「（濁子音＝）有声阻害音」と単純に音声学的に括られる以上の特別な性質を持つものであるとの認識が、主に日本国内の研究者の間で共有されるようになってきた。

連濁の起源を同化説によって説明する場合、連濁現象と、これまでの研究で蓄積されてきた、日本語の清濁の対立に関わるさまざまな知見とは、どのように有機的に関連づけられるのであろうか。

なお、同化説のバリエーションとして、連濁現象が発達した時期の日本語においては、無声阻害音に無気・有気の対立があり、無気音の方のみが語中で有声化したとする仮説も提出されている。連濁現象の不規則性の一面を説明することができるようになる一方で、単純な同化説とは別に、また新たに説明しなければならない問題も生じる仮説である。

第二項　古音残存説

村山（一九五四）は、「かしこ・き」「もち・て」など、結合が緊密であるにもかかわらず連濁の起こらない語が存在することを根拠に同化説を疑い、また、連声濁が連濁よりも新しい音韻現象であるとの見通しから、後述の連声濁説（ライマン説）にも疑義を呈した。そして、「ぐつ」「ごゑ」などの連濁形は、「くつ」「こゑ」の派生形ではなく本来の形であるとし、その本来の形が合成語内では保存され、語頭においては子音の無声化を被って「くつ」「こゑ」に転じたとする仮説を唱えたのである。同時に、その仮説を補強するために、朝鮮語・満州文語・ツングース語・蒙古語との比較研究を行った（比較研究の部分は、村山自身が後に撤回しているので、本書では省略する）。この仮説は、「はるさめ（春雨）」「みしね（御稲）」等の「さめ」「しね」が、母音連接を回避するために子音が挿入された結果生じた形ではなく、こちらが本来の語形であって、語頭において子音が脱落した結果、「あめ」「いね」という母音が露出する語形が生じたとする説（亀井一九五四、山口佳紀一九七四など）を想起させるものであり、まさしく逆転の発想である。現代語において、連濁・非連濁の差は、それを生じさせる条件が不透明で、予測困難なものとなっているが、後項の側に決定権があることが多いので、村山説によれば、不透明さは大きく軽減されることになる（すべてが解消されるわけではない）。

この仮説に対する反論としては、森山（一九六七）が、連濁／非連濁の差により機能分担が生じているケースがあることなどを根拠に、同化説や古音残存説を否定しているが、古音残存説の立場からは、「説明しがたく見える事象は、後世「類推」によって形成されたもの」と釈明されるであろうから、決定的な反論であるとは言い難い。古音残存説は、有効な反論が難しい、同時に、妥当性を検討すること自体が困難な仮説である。村山自身は、後にこの仮説を撤回し、次項の「連声濁説」を提出することになるのであるが、古音残存説自体は、依然として有効な仮説であろう。その後、必ずしも歴史的な意味での連濁起源論ではないようであるが、生成音韻論の立場からの分析として、Kuroda（二〇〇二）・早田（二〇一六）が、同様の発想による連濁現象の解釈を提出している。

有効な反論が難しいとはいえ、この仮説による場合には、他の仮説ならば説明する必要がない事象について、特に説明が必要になってくることもある。

後項を基準にすると、連濁を起こすことがないのは、二音節目以降に濁音を含んでいる語（ライマンの法則による）、および、ナ行・マ行・ア行・ヤ行・ワ行で始まる語である。それ以外の語は、おおむね連濁を起こしうるので、濁音で始まるのが本来の形であったということになる。つまり、連濁現象発達以前の日本語には、無声子音で始まる音節(2)のみで成り立つ単語が存在しないという音配列の制限が想定されることになりかねない。それは言語のあり方として自然なのだろうか？　特に、一音節語の場合に、不自然さが際立ってくるであろう。

また、ある後項が連濁形も非連濁形も取り得る場合、非連濁形は単独形に近い性質を持つ、つまり非連濁形は相対的に結合度がゆるいということになりそうであるが、助詞連続「をば」と「には」とを比べた場合も、後者の方が結合度がゆるいと説明しなければならなくなる。それで本当に良いのであろうか？

第一項において指摘した「同化説」の問題点、③古代語の濁音の音価の問題、④濁音の分布制限および機能の問題など、日本語の濁音が持っている、様々な特徴についても、別途説明が必要になってくるであろう。

第三項　連声濁説

「同化説」「古音残存説」が提出される以前、近代的な連濁研究の先駆者であるライマンによって、これらとは異なる連濁の起源説がすでに提出されている。

Lyman（一八九四）は、「濁音が、有声音の消失した時には例外なく生じていることはあきらかである。この有声音とは大概の場合ｎであるが、ノも一般的で、ときには［格助詞の］ニ、またときには否定のｎ、そしてまたときには他の有声音か音節、たとえば［格助詞の］デの場合もあるようである（屋名池一九九一による）」と述べる。つまり、有声音が消失した時に必ず連濁が生じると考えたのである。具体的な語例が挙げられていないので推定に依らざるを得ないが、狭義連声濁に相当すると思われるものを除外すると、連濁が、助詞「の」「に」「で」の消失に伴って生じることがあると解釈していることになりそうである。

本来、ライマンは鉱山地質技師であって、必ずしも言語学の専門家ではなかったのであるが、英語を母語とするライマンには、母音間の無声子音の有声化という素朴な説明は、直観的に受け入れがたいものであったのであろう。このライマンの連濁起源説は、その後、多くの研究者に直接・間接に継承され、語学的にも洗練されてゆくことになる。

ライマンと同趣旨の見解は、濱田（一九四九）において古代語の濁音が有していた前鼻音の問題と結びつける形で提出され、連濁も連声濁の一種であると捉える一連の研究へと継承されてゆくことになる。濱田は消失する助詞としては「の」のみを想定しており、「やまのかは［jamanəkapa］＞やまがは［jama^{ŋ}gapa］」、「ことのは［kətənəpa］＞ことば［kətə^{m}ba］」等のように、助詞「の」との縮約により、後項冒頭の清音が濁音化したとする。古代語には「いかにか＞いかが」「はにし＞はじ」のような類例があるので、音の組み合わせに関しては、まったく無理のない仮説であると言えよう（第一章第五節参照）。

村山（・大林）（一九七三）は、タガログ語の ligature と結びつけて、連濁を起こす連辞 *n を想定した。この村山説とライマン説とを受け継ぐ形で、平野（一九七四）では、日本語の合成語の連濁規則と語構成との関係を丹念に整理し、また、タガログ語の ligature とも対照しつつ、日本語に ligateme（連濁素）*n～ŋ を想定した。村山・平野の説明は、古代語の濁音が示差的特徴として前鼻音を有していたことを前提とするものであり、古代語の濁子音が前鼻音化していたことをいまだ知らなかったライマンの段階からは、大きく進展している。日本語系統論に関わる比較研究は、本書の枠を大きく越えるので、ここでは、平野が ligateme を導き出す前作業として行った、日本語の連濁現象について整理した部分のみを取り上げる。

平野は、連濁の起こる条件と起こらない条件を、内部構造において、前項と後項との間に介在させる事のできる要素の違いに求める。具体的には、

起こらない条件：-o、-to、-te

起こる条件：-no、-ni、-de＜-nite

のように整理した。近年、ライマン～平野説を積極的に再評価している高山倫明（二〇一二）に従って簡略に示すと次のようになる。

ヤマ -to- カワ　→　ヤマカワ　／　ヤマ -no- カワ　→　ヤマガワ

アト -wo- トル　→　アトトリ　／　サキ -ni -トル　→　サキドリ

ワラ -wo- フク　→　ワラフキ　／　ワラ -nite- フク　→　ワラブキ

つまり、本節で扱っている「連濁」も、「連声濁」（第一章第五節）と同様に、鼻音が関与した濁音化現象として捉えることになるのである。そして、その鼻音性を持った要素は、単に「連濁素」と呼ばれるような、連結のみを標示する要素というよりも、何らかの関係を標示する機能を有する形態素とみなす方向に、研究は進展してきたと言えよう。(3)

この他、言語学・英語学系の研究者でも、Ito & Mester（二〇〇三）、Nasukawa（二〇〇五）など、Unger（一九七五）やVance（一九八二）等の外国人研究者の紹介を経由する形で、この連声濁説に言及することが多くなっている。

これらの説（以下一括してライマン・濱田説と呼んでおく）には優れた点がいくつかある。

まず、「連濁／非連濁」の差を、入力段階における差異に還元できることがある。ただし、非連濁形に関しては、平野も、複合語の形成において、現実レベルで「を」「と」「て」の脱落を想定しているわけではないようであるし、単純に二つの名詞を並べるだけでも複合語を形成することがあったと考えるのが、諸言語の例から考えても穏当であろう。つまり、「の」で結びつけることができるような関係の結合であっても、遡源形に「の」等に相当するものがあれば連濁、なければ非連濁と説明すればよくなるので、入力と出力とが規則的に対応する現象として捉えられるようになる。また、上述のような語構成の違いによって「連濁／非連濁」の差が現れること（熟合度の差とは考えにくいものもあった）にも合理的な説明がつく。そして、何よりも、合成語の内部境界という、連濁の起こる位置の不自然さに対して、明確な説明が可能になるのである。

しかし、このライマン・濱田説にも問題がないわけではない。

①助詞「の」の多機能性

しばしば指摘されるように、古代語において、助詞「の乙」はかなり柔軟な運用が許されるものであった（山口明穂一九八九など）。「会はむ日の形見（＝次ニ会ウ日マデノ形見）（万葉集一五・三七五三）」「すざく院の行がう（＝朱雀院ヘノ行幸）（源氏物語・若紫）」「むかしのちかきゆかり（＝昔カラノ近イ縁）（同・夕霧）」「あなたの御せうそこかよふ程（＝アチラトノ御消息ガ通ウ間）（同・夕霧）」のように、現代語ならば格助詞と組み合わせて用いるのが自然である（少なくともその方が親切である）場合にも、直接「の乙」のみで結び付け、格関係そのものの理解は、文脈や常識にゆだねられることが珍しくない。「露の命（万葉集一七・三九三三）」のような比喩用法も盛んであった。古代語から現代語に至るまで、「を＋の」という助詞連続は許容されないため、「腕の振り（が甘い）」「部屋の片付け（が済んだ）」など、前項が後項に対して目的格相当となる場合も、単純に「の」で修飾するしかない。先の整理において、「アトトリ／サキドリ」「ワラフキ／ワラブキ」のそれぞれの非連濁形の前項は、目的格（ヲ格）相当のものとして整理されていたが、後項が名詞形であるならば、「の」によって結び付けることが可能であるはずである。そもそも「の」は、他の格助詞とは次元の異なる機能を持った助詞（格助詞とは区別して、連体助詞とすることもある）であって、「に」「で」（そして「を」「と」）と同列に並べるべきものではないのではないだろうか。

いずれにしても、後項が名詞であれば、前項と後項が並列以外の関係にあるほとんどの場合に、「の乙」による修飾を想定することができるはずなのである。濱田（一九四九）においては、連声濁に関与する助詞を「の乙」に限定していたが、これは、助詞「の乙」の多機能性を見通した上での処理であったのであろう。しかしながら、連濁するかしないかを、遡源形での助詞「の乙」の有無に求める場合、結局は、かなり恣意的にその存在を想定できてしまうことになり、学説としてのタイトさは大きく減じてしまうであろう。

②例外の多さ

ライマン・濱田説が最も有効性を発揮するのは、「あととり／さきどり」「まどふき／みずぶき」「いしけり／あしげり」のように、前項が名詞、後項が他動詞の連用名詞形のときであった。後項に対し、前項が目的語に相当するときには連濁が起こらず、「に」「にて（＞で）」で標示されるような関係に相当するときには連濁が起こるという傾向が、たしかに存在するのである。

しかし、「瀬ぶみ」「値びき」「命ごい」「紅葉がり」など、これには当てはまらない語例も少なからず存在し、特に問題になりそうなのは、後項が3モーラの場合には、「子づくり」「人ごろし」「紙ばさみ」「出足ばらい」のように、前項が目的語相当の場合でも、むしろ連濁が起こりやすいと指摘されている点であろう（これにも例外はある）。連用形転成名詞の場合、2モーラのものよりも、3モーラのものの方が、相対的に、単独でも名詞として安定しやすいことが予想されるので、「熟合度」を基準にすれば、むしろ2モーラの場合の方が連濁を起こしやすいことが期待されるが、実際は逆になっている。この事実を、ライマン・濱田説ではどのように説明するのであろうか（もっとも、どのような連濁起源説を採る場合であっても、この事実に説明を加えることは要求されるはずであるが(4)）。

以上のように例外が多い状態は、本来はもっと規則的であったものが、様々な原因により崩れている状態と見ることも可能であるし、逆に、起源的には語構成とは関係がなかった連濁現象に、部分的に連濁・非連濁で役割分担が形成された状態と見ることも可能である（後者の場合、語構成とは無関係であったからこそ、ルールの形成が場当たり的であると考えることになる）。結局、前項・後項の意味的関係に対応する「連濁／非連濁」の偏りの存在は、他の連濁起源説にとって、特に不利な材料とは考えられないのである。

③接辞や付属語が関与する連濁形の存在

言うまでもなく、「の」「に」等の助詞によって関係が標示されるのは、自立性を持った単位同士である。本書においては、単独でも用いられる形態素を「自由形態素」、単独では用いられない形態素（接頭語・接尾語）を「拘束形態素」とし、自由形態素どうしの合成語を「複合語」、自由形態素と拘束形態素の合成語を「派生語」と呼んでいるのだが、歴史的研究の場合、複合語・派生語の認定には、さまざまな但し書きが必要になってくる。ここでは議論の見通しを良くするために、「の」「に」「にて（で）」で結びつけられるような関係が想定できるのは、「複合語」のみであると単純化して議論を進める。

しかしながら、古代語においては、「か・ぐろし（黒）」「を・がは（小川）」「ま・で（真手）」のように、「接頭語」に分類されているものでも連濁を起こしている例は多いし、濁音で始まる「接尾語」も多く指摘できる。これらの接頭語・接尾語のうちのいくらかは、語源的には自由形態素であった（自立性を持っていた）、つまり、本来は複合語であった可能性はあろう。あるいは接尾語の中には、「には（庭）→ば（場）」のごとく、何らかの鼻音要素の縮約を経たもの（「ば（場）」は、後に自由形態素化するので、あまり良い例ではないが、他に適切な例が見当たらないので、仮に挙げておく）、または、マ行→バ行、ナ行→ダ行の様な子音交替を経たものも含まれていよう。しかし、「連濁が起こるのは複合語のみであって、派生語では連濁が起こらないのが、本来のあり方であった」とまで推断することが、本当に可能なのであろうか。

さらには、付属語の連続においても連濁が起こることも指摘しておく。万葉集において、格助詞「を」と係助詞「は」の連続は、連濁を起こしていたらしい。一部、清音仮名を用いた例もあるが、現行の注釈書の多くは、清濁表記の異例と見なして、「をば」と読んでいる。

黄葉をば〈乎婆〉取りてそしのふ〔万一・一六〕

我は見遣らむ君があたりをば〈乎婆〉〔万一〇・一八九七〕

〔清音仮名の例〕

我が君はわけをば〈乎波〉死ねと思へかも〔万四・五五二〕

また、良く知られた例として、万葉集冒頭の雄略天皇歌において「我許背歯」を「われこそば」と訓むことを考えてみよう。これは係助詞「こそ」「は」が連濁を起こしたものと説明されている。訓仮名は清濁通用を原則とするので、万葉集冒頭歌の表記「歯」からは、「は」の清濁は確定できないが、「今こそば〈許曽婆〉我鳥にあらめ〔古事記歌謡三二〉」「今夜こそば〈許曽婆〉安く肌触れ〈古事記歌謡七八〉」「たかしるや天のみ陰あめや日のみ陰の水こそば〈許曽婆〉常にあらめみ井の清水〈万葉一・五二〉」〈他、万葉集に同様の例が計五例〉のように、上代語資料において、係助詞「こそ」「は」の連続が連濁を起こしている例が複数指摘できるため、万葉集冒頭歌についても「われこそば」と訓むことが多いようである。ただし、「こそ」「は」の連続が連濁を起こしていない例も同程度認められるので、この助詞連続に関しては、連濁形と非連濁形が共存していたと考える方が穏当であろう。

「をば」にしても「こそば」にしても、助詞の連続に、関係を標示する要素〈格助詞的なもの?〉の介入を想定するのは、やはり無理があると言わざるを得ない。

連濁現象の発達を理解するために、「類推」という概念は必須のものである。本来の連濁のシステム〈つまり連濁現象の起源〉とは無関係に、さまざまな要素の連続が、類推によって連濁形を形成してきたと考えられる。しかし、古代語の清濁を知るための、最も古いまとまった資料である『古事記』において、助詞の連続が連濁を起こしているのを、本来の連濁現象によるものではなく、後世の「類推」による副次的なものと処理してしまうのは、やはり躊躇いを感じざるをえない。無制限に「類推」を認めてしまえば、何でもありになってしまい、議論の前提となる事実自体が大きく揺らいでしまうことになろう。可能性としては、これを否定することはできないけれども、本書の立場としては、接辞や付属語が関与する連濁を、本来的なものではなく、副次的に発達したものと説明する仮説は、優先順位の低いものとみなすことになる。

④連結要素の融合方向の不自然さ

連濁現象を、連声濁現象の一種と考える場合、一般に連声濁現象が「語構成の不透明化」を伴う現象であることが問題となってくる。このことは、意味の切れ目をまたいだ融合において、特に顕著である。「なにと∨など（何故）」「はにし∨はじ（土師）」のような連声濁は、語構成意識のゆるみを前提とする現象であることは言うまでもなく、この語形変化の結果、原形の「なに（何）」「はに（埴）」は想起しにくくなるはずである。繰り返し述べているように、連濁は語構成を不透明化しないタイプの結合形式である。もし「の」「に」などの「後置」的性格を持つ助詞（あるいは、それらの原形となった鼻音性形態素）が、従属先の前項とではなく、後項と融合するという、境界をまたぐタイプの融合を起こしたと考えた場合、連濁形が語構成の不透明化を伴っていないことが、不自然になってくる。

さと＋ひと→さとびと
さと　の　ひと
び

さき＋とる→さきどり
さき　に　とる
ど

このようなタイプの融合は、語構成意識がゆるんで、本来の格関係が意識されなくなったときにのみ起こるのではないだろうか。たとえば、「ことのは∨ことば」のような事例ならば、それが起こったのだとしても不自然だとは考えない[5]。「ことば」の場合は、もはや「こと（言）」と「は（端）」には還元され得ない、つまり語構成が不透明化している合成語であるので、「の」が後項の側に融合しているとしても、不自然さは相対的に小さいからである。このように、個別には、助詞「の」「に」等の縮約に由来する濁音を含む合成語が存在すること自体を否定するつもりはないが、連濁形一般は、特別な語源知識を持っていなくても、いつでも構成要素が何であるかを想起することが可能であるのが原則である。連声濁説が仮定する融合の仕方と、連濁形が持っている性質との間には、大きな隔たりが存在すると言わざるをえない。カードの裏表のように自在に反転する、日本語の特徴的な清濁関係は、主に連濁現象によって支えられている。そのような関係が形成されていない段階において、「やまのかは∨やまがは（山川）」のような融合によって連濁形が発達したとすると、「やまがは」は、なぜ「やま」と「かは」に容易に還元することができるのであろうか。（和語の）形態素冒頭の清濁は意味の区別に関与しない（「かは」と「がは」とが容易に同定される）という関係は、いかなる経緯で発達したことになるのであろうか。連濁現象の起源を、助詞「の」等の縮約に求める説は、欧米系の研究者には意外なほど支持者が多いのであるが、これは母語である前置詞式の言語の干渉を受けている（cf等の感覚で「の」を把握している）のではないかと、勘ぐってしまうところである。

なお、連濁を起こす位置に想定されている形態素が、助詞「の」「に」などのような前項に従属する後置的成分ではなく、後項に従属する接頭語的成分であった可能性、あるいは、どちらにも従属しない独立性を持った形態素であった可能性もあろう。平野（一九七四）の想定したligateme（連濁素）も、必ずしも前項に従属する性質を持たせなくても良い。ライマンの法則を説明するためには、後項の接頭的成分と考える方が辻褄を合わせやすいであろう。しかし、そのような想定をしても、語構成の透明性維持の問題は依然として残されるし、今度は助詞「の」「に」との関連を新たに説明する必要が生じる。あまりに抽象度が高くなりすぎると、ほとんど何も説明していないのと大差がなくなってしまうであろう。

いずれにしても、連声濁説の路線で合理的なストーリーを描くためには、連濁現象の発達時において、あらかじめ清濁の音韻論的対立が存在したのか否か、存在した場合には前鼻音を伴っていたのか否か、という点を棚上げしたままでは済まなくなるはずである（第三節第三項・第一一項参照）。

⑤ライマンの法則との関係

合成語の後項にあらかじめ濁音が含まれている場合、連濁が起こらないという「ライマンの法則」は、連濁に関わる様々な規則・傾向の中でも、ほとんど例外がないという意味で、きわめて重要な規則である。ごくわずかな例外の中で、ここで注目しなければならないのは、連声濁が関与する例外である。

ふみ＋しばる　→　ふんじばる

ふみ＋はだかる　→　ふんばだかる

　跋〈フンバダカル〉―馬　〔運歩色葉集二六一7〕

ふみ＋はずす　→　ふんばずす

　おらが内《うち》じやアちよいと踏《ふん》ばづすと直《ぢき》に横《よこ》ぞつぽうだ　〔浮世風呂・二編下・一一五16〕

ふみ＋そべる　→　ふんぞべる

　とぼ口《ぐち》をまたぐが早《はゑへ》か、大《でへ》の字《じ》に踏《ふん》ぞべつて　〔浮世風呂・二編下・一一四7〕

つまり、連声濁による濁音化は、ライマンの法則による連濁回避よりも優先される（ことがある）ということである。該当する確実な用例が、それほど豊富にあるわけではないが、連濁の起源を連声濁の一種とする立場は、ライマンの法則という重要な規則と、意外にも相性が悪いのである（第六章も参照）。

⑥単純語内部の濁音化との関係

「ほと＞ほど（程）」「はさま＞はざま（間）」「そそく＞そそぐ（注）」「むせふ＞むせぶ（咽）」「かかやく＞かがやく（輝）」「あわたたし＞あわただし（慌）」のように、単純語内部の清音が、歴史的に濁音に変化することが時にある（第三節第七項参照）。この単純語内部の濁音化は、上代から現代に至るまでの様々な時代に起こっており、おそらく上代語に至るまでの前段階にも起こっていたであろうし、かなり時代が下れば、単なる同化現象としての有声化によるものもあろう。これらの濁音化を「連濁」と呼ぶことはまずないが、連濁現象の起源説の中には、連濁現象と単純語内部の濁音化とを、同じ原理で説明するものがありうる。そうである以上、連声濁説による場合であっても、「連濁現象とは無関係である」と、説明を棚上げすることは望ましくない。同じ原理による説明である必要はないが、何らかの説明を提出する義務があるのではないだろうか。

以上（一）同化説、（二）古音残存説、（三）連声濁説、と見てきた。連濁現象には不可解な点が多くあり、どのように説明を試みても一長一短、何らかの欠点があり、万人が納得するような説明は難しい。だからこそ、連濁現象の起源については、さまざまな解釈が提案されてきたのであるし、慎重な立場をとる研究者は、連濁は音韻現象ではなく、形態音韻論上の交替であるとして、起源の問題については棚上げしてきたのであろう。

【注】

（1）古くは「か」のみで鹿の意で用いられた。「しか」は「雄の鹿」の意であったらしく、「時に二の鹿、傍に臥（せり）。〔将〕鶏鳴〈アカツキ〉に及〈オヨ〉ハムトシテ、牡鹿〈シカ〉牝鹿〈メカ〉に謂（り）て曰（はく）（時二鹿臥傍及将鶏鳴牡鹿謂牝鹿曰）〔前田本仁徳紀院政期点244〕」のように、「シカ」と「メカ」が対で用いられた例もある。

（2）音韻論的解釈によっては、ア行音にも子音音素（有声喉音音素）を認めることがある。声門閉鎖音［ʔ］は、音声学的には無声子音であるが、このア行の子音は、音韻論的には有声音の系列に含めることになる。いずれにしても、ここで言う「無声子音」には、ア行子音は含めていない。

（3）何らかの鼻音性形態素が、母音を発達させて、「ニ」「ノ」のような関係標示機能を持つ付属語を分出・発達させたという可能性（高山倫明二〇一二）も有り得、これを論理的に否定するのは難しいのであるが、音節構造や文法機能に関して、（日本語史上）未知の性質を持った要素を想定することになり、推測の積み重ねが多くなりすぎるため、本書では、優先順位の低い仮説と見なし、ひとまず考察の対象から外す。

（4）近年、「ローゼンの法則」（Rosen 二〇〇一・二〇〇三）という、連濁に関わる画期的な規則が提案された。前項または後項のいずれかが三モーラ以上である場合には、連濁を阻止する条件がない限り、原則として連濁が起こるというものである。つまり、前項がヲ格相当である場合に連濁が起こらないという規則よりも上位の規則として、このローゼンの法則が存在するということになろう。もちろん、なぜそのような法則が存在するのかは、別途説明する必要がある。第三節第一〇項参照。

（5）仮に「ことば」が「ことのは」の縮約に由来するという語源説によって説明したが、文献上は「ことのは」の方が新しく出現する語である。小学館『日本国語大辞典』第二版でも、「ことば」は「こと＋は」の単純な連濁によって形成された語として説明している。あくまで、このような事例もあり得るという例示に過ぎないので、もし不適切ならば、別の語例に差し替えて考えれば良い。

第二節　内部境界強調説（再分割説）

以上のような、これまでに提出されてきた連濁の起源説に対して、肥爪（二〇〇二）において、まったく系統の異なる解釈を提案した。つまり四系統目の連濁起源説である。そこでは、連濁の起源の問題にとどまることなく、従来の研究で議論されてきた日本語の清濁に関わる諸問題を、統一的に説明することを目指している。その後、肥爪（二〇〇三a・二〇〇四・二〇〇七・二〇一五b）・Hizume（二〇一六）において、細かな問題や隣接する事象、あるいは説明の方法などを補足・修正してきたが、基本となるアイデアは変わっていない。本節では、あらためて現時点での筆者の考え方を整理して示すこととする。ただし、議論の見通しをよくするため、本節では連濁の起源についての私見の概要を述べるにとどめ、派生する諸問題・関連する現象については、次の第三節第一項〜第一七項において説明してゆくことにする。

第一項　諸種の濁音の歴史的順序

議論の前提として、まず、歴史的な観点から、様々なタイプの日本語の濁音の登場順序について検討しておく。

連濁現象がいかなる経緯で生じたのかについて、万人を納得させるような解釈がいまだ提出されていない最大の原因は、清濁の対立関係そのものが連濁をきっかけとして発生したのか、清濁の音韻的対立があらかじめ存在するところに連濁が発生したのかという、基本的な出発点がそもそも確定できない点にある。清濁の交替が形態素の意味の区別そのものには関与しない連濁現象は、清濁の音韻論的対立が存在しなかった段階に発達した（清濁の対立は当初は異音 allophone として出発した）と解釈するのが簡単ではあるが、もとより、そのような段階が存在したことを証明すること自体が不可能である。出発点が確定できない以上、その先の議論を進めることに慎重な立場をとる研究者がいるのも当然のことである。

しかしながら、連濁現象の起源について考察しようとする場合は、まず、様々なタイプの濁音がどのような歴史的順序で層をなしているかについて、立場を明瞭にしなければならない。なぜなら、前節で紹介した連濁の起源についての諸説も、本節で提案する内部境界強調説も、それぞれ、何通りか想定される、様々なタイプの濁音の歴史的順序との間に相性の良し悪しがあり、明示してはいなくても、特定の濁音出現順序を前提にしていることさえあるからである。

その様々なタイプの濁音のうち、和語に現れる主要なものは、以下の三種に分類することができよう。

A　連濁による濁音

B　連声濁による濁音

C　連濁・連声濁によらない濁音

Bの「連声濁」とは、和語の場合は「かぐはし＞かうばし」「わらぐつ＞わらうづ」「よみて＞よむで（読）」「かぎて＞かいで（嗅）」のように、鼻音行（ナ行・マ行）・濁音行の「音便化」に伴い、後接する清音が濁音化する現象であり、狭義の連濁とは区別しなければならない。連声濁が起こるのは、この現象が生産的であった時期の濁音が前鼻音を伴っており、その前鼻音こそが濁音を特徴づける重要な示差的特徴であったからと考えられている（濱田一九五二a、早田一九七七ab、高山倫明二〇一二ほか）。一方で、「なにと＞など（何故）」「はにし＞はじ（土師）」「たまふ＞たぶ（給）」「きぎし＞きじ（雉）」のように、いわゆる音便形の特殊モーラに相当する部分等が「脱落」しているように見える縮約形もある。このタイプの縮約形は、上代語にすでに存在するので、平安時代以降に現れる、前述の音便形タイプのものに、歴史的に先行することになる。そして、これらは撥音の零表記（第三部第一章参照）や、長母音の短表記（「はじきて＞はじて」の類。第二部第二章第六節参照）と、実際には区別することができないものである。鼻音性が関与する濁音化という意味で、原理的に同じであると考えられるので、本章では特に区別せずに「連声濁」と一括して扱うことにする。これらの連声濁のうち、特に後者のものは、前節で述べたように、狭義の連濁の場合とは異なり、原則として語構成が不透明化するタイプの現象であった。別の見方をするならば、連声濁は意味の区別に関わる濁音を生じさせる現象であった(1)。

Cの連濁・連声濁によらない濁音の多くは、由来未詳の濁音、つまり、最初からその単語に濁音が含まれていたと解さざるを得ない濁音であるが、中には、以下のような「副次的」と解される濁音が存在する（第一章第一節など参照）。

c1「ちぢむ」「つづく」「とどむ」「かがふる」のような、同音の連呼に現れる濁音。

c2「あた＞あだ（仇）」「ほと＞ほど（程）」「はさま＞はざま（間）」のような、歴史的に濁音化した語に含まれる濁音。

c3「びしびし」のようなオノマトペの濁音。

c4「だま」「どり」「ずれる」「ぶれる」などの、いわゆる減価濁音形の濁音。

c5「どく（退）」「ぶつ（打）」などの、ナ行・マ行・ワ行などから転じた濁音。

これらc1〜c5の濁音は、ここではAの「連濁」とは別のものとして扱っているが、一部に関しては、連濁の一種と見なす立場もありうる。たとえば、「もみち＞もみぢ」「そそく＞そそぐ」「むせふ＞むせぶ」のような歴史的変化は、一般には、c2に相当するものと理解されようが、濁音化したのが接尾辞部分であると分析するならば、連濁の一種と捉えることも可能である。また、「かかやく＞かがやく（輝）」「あわたたし＞あわただし（慌）」のような歴史的変化は、c1あるいはc2の一種と捉えることができようが、そもそも、c1を「連濁」として扱う論者がいても不思議ではない。どこからどこまでを連濁と呼ぶのか、あるいは、どこからどこまでを同じ原理で説明するのか、残念ながら、（筆者の過去の論考を含めて）連濁研究においては、明示的に記さないのが常態である。結局のところ、c5を除いたc1〜c4は、それを連濁現象と何らかの関係を持つものとする立場がありうるのであり、それらの可能性の組み合わせを一つ一つ検討していくのはあまりに煩雑であるので、当面c1〜c5の副次的な濁音については棚上げし、C「連濁・連声濁によらない濁音」には含めないでおく。

ところで、古くは、本居宣長『漢字三音考』（天明五年〈一七八五〉刊）、明治以降にはチェンバレン『日本語口語入門』（一八八八年初版）などでも示唆されているように、このCの「連濁・連声濁によらない濁音」は、もともと日本語には存在しなかったという考え方も根強く存在する。和語に存在する濁音は、いずれも連濁・連声濁、あるいは歴史的な変化としての清音の濁音化によって生じた副次的なものであるという考え方である。

> 一音ノ言ニ濁ル例ナク。又二音三音ヲ合セタル言ニモ。首《ハジメ》ヲ濁ル例ナシ。凡テ濁ハタヾ其中下ニノミアリ。然ルニ上ヘ他ノ言ヲ連ネテ合セ云フトキハ。首ヲモ濁ル事多シ。月ヲモ望月ナドト云トキハ。ツヲ濁リ。川ヲモ谷川ナドト云トキハ。カヲ濁ルガ如シ。此例ヲ以見レバ。一言ノウチノ中下ニ濁アル者モ。其本ハ二言ノ連合セルモノナラムカ。其意得ヤスキ者ヲ一ツ二ツ例ニイハバ。祖父《オヂ》祖母《オバ》ハ大父大母ノ義。柳ハ箭之木《ヤノキ》。窻《マド》ハ間戸。袖ハ衣《ソ》手《デ》。筆ハ文手《フミデ》。札ハ文板《フミイタ》ニテ。皆二言ノ一言ニナレルニテ。濁音ハ何レモ連聲ノ便也。然レバ此餘ノ。義ノ知ガタキ言ノ濁音モ。皆此類ナルベキカ。サレドコレハ決メテハイヒガタシ。（本居宣長『漢字三音考』）

上代語、さらには日琉祖語にも、すでにCの濁音が存在したと解されるので、最初から濁音であったという以上の説明をすることが不可能な濁音を含む語は大量に存在する。しかしながら、たとえば、「はだ（肌）」の「だ」は、常識的には連濁・連声濁によらない濁音と理解されようが、この語が未知の形態素「**は」と「**た」とが結合・連濁して出来たものである可能性は残される（連濁に準じるケースとして、「からだ」の接尾辞部分「だ」からの類推で、本来は単純語「*はた」であったものが、「は」＋「だ」という語構成であるかのように「異分析」されて濁音化したというような由来もあり得る）。また、「**はなた」のごとき未知の語形から、縮約に伴う連声濁によって「はだ」になった可能性もある。また、後述するような原理により、単純語「*はた」の強調形として、濁音化した「はだ」が発達した可能性もある（第三節第七項「単純語内部の濁音化について」参照）。これらの可能性を否定することもできないのであるから、Cが存在しなかったとする立場も否定できないことになる（立証もできない）。ただし、語頭濁音の問題を除けば、上代語の濁音と、現代語の濁音との間に、決定的な機能の差があるとは認めがたいので、少なくとも上代語の段階では、すでにCが存在していたと考えるのが妥当であろう。つまり、宣長等の説を継承する場合も、A「連濁による濁音」、B「連声濁による濁音」よりも後に、C「連濁・連声濁によらない濁音」が日本語に現れたのではあるが、上代語（あるいは日琉祖語）にはすでに三種とも出揃っていたと考えるわけである。

右の三種の濁音が、どのような順序で日本語に登場したのかは、現在のところ未解明である。しかし、連濁現象や、それを支える清濁の対立の問題についての考察を進めるためには、この濁音の出現順序の問題は決して避けて通ることができないものである。

一般的には、日本語に三種の濁音が現れる順序は「C→A→B」であると考えられているようである。つまり、清濁の音韻論的対立があらかじめ存在するところに、連濁による濁音が加わり、さらに連声濁による濁音が加わったという考え方である。しかし、この見方自体がそもそも具体的な根拠を有しているわけではないし、清濁の音韻的対立があらかじめ存在するところに、連濁のような結合形式が組織的に発達したこと、つまり、濁音が意味の区別には干渉しない「新機能」を発達させた経緯を説明するのは、かなり困難なことである。

A・B・C三種の濁音が日本語に現れた順序としては、以下の八種（Ⅰ①②③・Ⅱ①②・Ⅲ①②③）の可能性がある。「B（A）」という形で表したのは、「ことのは∨ことば（言葉）」「やまのかは∨やまがは（山川）」のごとく、連濁を連声濁の一種と考える立場である。

Ⅰ清濁の対立があらかじめ存在した。

①C↓A↓B

②C↓B↓A

③C↓B（A）

Ⅱ連濁によって清濁の対立が生じた。

（当初は異音として出発し、BまたはCの登場により音韻化する）

①A↓B↓C

②A↓C↓B

Ⅲ連声濁によって清濁の対立が生じた。

①B↓A↓C

②B（A）↓C

③B↓C↓A

本来ならば、すべての場合について、あり得る筋書きを網羅的に列挙した上で、それらの適否・優劣を検討するのが論理的な手順であろう。しかし、すでに述べたように、「A連濁による濁音」に先行して、「B連声濁による濁音」「C連濁・連声濁によらない濁音」（つまり意味の区別に関与する濁音）が存在したとすると、各項の意味には干渉せずに結合のみを標示する（しかも原形への還元が保証されている）という「連濁」現象が組織的に発達する経緯の説明が難しくなり、少なくとも筆者には、説得力のある解釈を提出することができない。また、「B（A）」の連濁を連声濁の一種と考える立場も、前節で指摘した問題点を含み、受け入れにくい。すると残るのは、「Ⅱ①A↓B↓C」「Ⅱ②A↓C↓B」の二つのみであるが、BとCとでは、「B連声濁による濁音」により清濁の対立が「音韻化 phonologization」

したことが下地となって、「C連濁・連声濁によらない濁音」を含んだ語彙が生産されるようになったと考える方がスマートであるので、結局、本書では「Ⅱ①A↓B↓C」を採用することになる。

「Ⅱ①A↓B↓C」の枠組みによる場合、基本となる筋書きとしては、以下のようなものが想定されることになろう。

［段階1］清濁の対立が存在しないところに、連濁によって濁音が現れる。この段階では、濁音は合成語の内部境界にのみ現れ、結合標示および内部境界標示のみを担うので、語の意味そのものには関与していない。

［段階2］そこに連声濁による濁音が現れ、合成語の内部境界以外にも濁音が立つようになったため、清濁の対立が「音韻化」する。この段階で前鼻音が濁音の示差的特徴である必要がある。

［段階3］その結果、純粋に語の識別にのみ関わるような濁音（Cに相当）を含む語も現れるようになる。

なお、「音韻化 phonologization」とは、典型的には「条件異音であったものが、何らかの事情でその条件が崩れて、音韻の対立に移行すること」を意味する言語学の用語であり、ここでは、合成語の内部境界にしか立たなかった「濁音」（位置に制限のある自由異音であったと考えられ、条件異音の一種と見なせる）が、連声濁によって、それ以外の位置にも立つようになった（位置の制限を失った）ことを指している。清濁の対立の歴史に関しては、従来、「古くは音韻として十分に対立していなかった」「音声の対立から音韻の対立へと発達した」「プロソディから狭義の音韻に変化した」などの言説があり、それぞれ共感できる部分はあるものの、語学的には曖昧すぎる説明であった。言語学で言う「音韻化」は、音韻化しているか、音韻化していないか、二者択一のデジタルな概念である。

［段階2］において、連声濁を起こすためには、濁子音が前鼻音化していることが前提となる。したがって、その

前段階、連濁が生じた段階ですでに濁子音が前鼻音化していると考えるのが最も単純な説明である。もしそうでないとすると、［段階1］と［段階2］の間に、何らかの事情により濁子音が前鼻音化したと説明する必要が生じ、これは容易なことではない（第三節第一一項参照）。そして、本書の立場では、［段階1］より前（［段階0］）には、濁音そのものが、音声的にも音韻的にも存在しないのである。したがって、本書は、連濁の起源について、「**合成語の内部境界に、異音 allophone として前鼻音化子音が発達する音声的条件を探る**」ことを、最優先の検討課題とすることになる。

一般論として、合成語の内部境界は、周囲に比べて相対的に明瞭であろうとする位置であると考えられる。「$C_1VC_2V+C_3VC_4V$」のような二音節＋二音節からなる合成語に、何らかの音変化が生じる場合、内部境界（C_3）は、周囲（C_2・C_4）よりも（異音の範囲内で）強められた形を取ろうとするか、逆に、周囲が調音のゆるみにより変化しようとするのに抗って、そのままの形にとどまろうとするか、どちらかであるのが一般的であると思われる。前者の例としては、「ねこっかぶり」「ふきっさらし」「おんなったらし」「あけっぴろげ」のような促音挿入形が、内部境界の子音を強調（延長）した音形を音声的起源とし、その延長部が促音として分節されたことによって発達した結合形式と説明することができる。後者の例としては、いわゆるハ行転呼音が、合成語の内部境界には原則として適用されず、「ちりはひ（塵灰）→チリハヰ」「ゆふひ（夕日）→ユウヒ」のような現れ方をすることが典型的な例と言えるであろう。また、「さとおや（里親）」を、意識的に「さとうや（砂糖屋）」から区別して発音しようとするとき、［satoʔoja］のように、前者の内部境界に完全な声門閉鎖が現れ、時に、その閉鎖がかなり長めに継続する（しかし促音とは知覚されにくい）ことがある。これは、内部境界の強調と見れば前者の、声門閉鎖を伴うのが母音の本来的な発音であって、その他の位置（C_2・C_4）ではゆるんで実現すると見れば後者の性質を持つことになり、両者に通じる性質を持った現象と言えようか。

以上のような観点からしても、連濁の起源についての一説である同化説は、合成語の内部境界という位置に限定して調音のゆるみが生じると想定する点で、不自然なものであることは明らかであろう。なお、上代日本語に多く見られる「わが＋いも→わぎも」「なが＋いき→なげき」のような母音脱落・母音融合現象は、合成語の内部境界のみが、他の音形に変化する現象であり、右の説明の反例となるように考えられるかもしれない。しかしこれは、母音連接を忌避するという古代語（先上代語？）の特徴が、構成要素の音形を明瞭に保つことよりも強く働いた結果によるものであって、何ら忌避するものがないにもかかわらず、合成語の内部境界が清音から濁音に変化する連濁現象とは、根本的に異なるものである。

第二項　清音の濁音化と促音挿入

ここで、上述の促音挿入形と連濁形との関係を、もう少し検討してみよう。高山知明（一九九四・一九九五）で指摘されているように、現代共通語には、同じ形態素の組み合わせで、連濁形と促音挿入形が併存している語例が何組か存在する（カ行・サ行・タ行・ハ行から一組ずつを挙げる）。

連濁形	促音挿入形
みぎがわ	みぎっかわ
あおじろい	あおっちろい
うわづら	うわっつら
かわべり	かわっぺり

以上はいずれも狭義の複合語の例であるが、連濁形と促音挿入形とで、文体差はあるものの、単語としての意味に違いはない。両形の併存は、言語の経済性から見れば無駄であり、実際、連濁形と促音挿入形の多くのペアが、現代語において生きているとは言えないであろう。しかし、過去の文献資料、あるいは、小学館『日本国語大辞典』のような大型の国語辞典を参照すると、普段はあまり目にしない／耳にしない語形の例が、意外に多く実在する（した）ことを知らされる。時に、「非連濁形」と合わせて三種類が揃うケースもある。[2] 以下、文節境界や単純語内部など、一般には「連濁」に含めない事例をも考察するので、扱う範囲を拡張して「清音の濁音化」と表現することにする。ペアをなしているものに限定しなければ、この「清音の濁音化」と「促音挿入」とは、複合語以外にも、さまざまなレベルにおいて平行的に見られる形式である。ちなみに、表記の面でも、平安時代の平仮名・片仮名においては、清音の濁音化も促音挿入も表記に反映しないという共通性を持っていた（たとえば「みぎがわ」も「みぎっかわ」も「みきかは」と表記するしかなかった）。

〈表1〉「清音の濁音化」と「促音挿入」

	清音の濁音化	促音挿入
①文節の境界		
	?橘の花ぢる〈治流〉時に〔万一八・四〇九二〕 ?秋付けばもみちぢらく〈遅良久〉は常を無みこそ〔万一九・四一六一〕 ?峰だかみ〈太可美〉谷を深みと〔万一七・四〇〇三〕 ?天の河〈安麻能我波〉〔万一五・三六五八〕	これと、[tosː] それを下さい（ポーズ）
②複合語の内部境界		

みぎがわ あおじろい うわづら かわべり かへすかへす＞かえすがえす くはたつ＞くわだつ（企）	みぎっかわ あおっちろい うわっつら かわっぺり ねこっかぶり・あけっぴろげ・のみっぷり きっかい（奇怪）・けったい（卦体）
③派生語の内部境界	
a接頭語 か黒き〈迦具漏伎〉〔万五・八〇四〕 小舟〈乎夫祢〉〔万一七・四〇〇六〕	マックス（上〇平上濁）〔四・五オ〕、マックラ（上〇平平） 〔六・一ウ〕〔明恵述・解脱門義聴集記〕
b接尾語 後方〈宇斯呂伝〉〔古事記歌謡四二〕 子ども〈胡藤母〉〔万五・八〇二〕 そそく＞そそぐ、むせふ＞むせぶ むつまし＞むつまじ	甥っ子 あっち、こっち とく＞とっく
④付属語との境界 そ乙～ぞ乙（係助詞・終助詞） 言挙げぞ〈辞挙叙〉我がする〔万一三・三二五三〕 ?（已然形）＋ば・ど・ども 遊べども〈安蘇倍杼母〉〔万一五・三六一八〕 （濁音の連続もあり）	あしたっから これっきり あなたったら
⑤付属語と付属語の境界 そ乙～ぞ乙（係助詞・終助詞） 悔いはあらじぞ（珥茹）〔日本書紀歌謡一一四〕 今こそば〈許曽婆〉〔古事記歌謡三〕 君をば〈乎婆〉〔万三・四二三〕	食べたっきり 食べてっから 君にっしか言っていない（口頭表現）

*てげり∨てんげり	
⑥単純語内部	
a同音の連呼	
かかやく∨かがやく（輝）	
ささなみ∨さざなみ（漣）	
あわたたし∨あわただし（慌）	
bそれ以外	
おきぬふ∨おぎぬう（補）	尤〈モントモ〉〔八76〕、純〈モンハラ〉〔五616〕
はさま∨はざま（間）	〔大日経疏長治元年（一一〇四）点〕
あた∨あだ（仇）	ニツクイ人チヤソ〔漢書列伝竺桃抄四8〕
もみち∨もみぢ	一度音ガヨケレバトテ、ヤツハリヲイテハワルカラウゾ
ほと∨ほど（程）	〔京大本史記抄一一・二九ウ〕
そほつ∨そぼつ（濡）	あっぱれ・れっき（歴）

以上の表には、歴史的な変化と、一般には共時現象と解されているものとが混在しているが、ハ行音の濁音化（b音化）、促音挿入（p音化）のケースを鑑みれば、どのみち、いずれも純粋な共時的音韻現象とは言いがたいものである。ここで試みるのは、「清音の濁音化」と「促音挿入」の音声的な起源を考察することであるので、様々なタイプのものを、区別せずに一括して扱うものと理解していただきたい。また、通時的な研究の場合は、複合語と派生語および単純語を厳密に区別することはできないので、以上の表の区分は便宜的なものに過ぎない。なお、清音の濁音化のうち「③派生語の内部境界　b接尾語」に挙げた活用語の例は、それぞれ soso-k-u、muse-p-u、mutum-a-si と仮に分析したものである。また、「(これ) きり」「(たべた) きり」等の「きり」の品詞認定には諸説あるが、右の表では、便宜的に副助詞として扱った。

「清音の濁音化」の代表とも言える連濁現象は、海外の日本語研究においても、しばしば取り上げられ、現在では英訳せず rendaku のままで、世界的に通じる用語となっている。しかしながら、以上のような「清音の濁音化」として捉えられる現象（①～⑥）の中で、どこからどこまでを「連濁」と呼ぶのか、あるいは、どこからどこまでを同じ原理で説明するのか、ということに関しては、必ずしも共通理解はないし、それぞれの研究において明示されていることもまずないことは、すでに述べた通りである。

現代語話者の感覚だと、「連濁」は融合、「促音挿入」は分割、と正反対の現象のように受け取られることがあるが、先にも述べたように、たとえば「みぎがわ／みぎっかわ」などは、複合語としての意味、つまり結合度には差がないと考えざるを得ない。「連濁」と「促音挿入」との関係は、それほど単純に割り切れる関係にはないのである。同様に、「連濁」と「非連濁」が「結合／非結合」と割り切れるほど単純な関係にないことも、これまでの連濁研究の蓄積が明らかにしてきたところである。小松英雄（一九八五）においても、「したつづみ～したづつみ」という両形共存の理由を考察する過程で、「連濁という現象は、（略）複合の指標として積極的に選択される形である」としつつ、「「したづつみ」は、（略）複合顕示型とでも呼ぶべき語形であるが、そうであるだけに形態素間の境界がどこにあるかは透明であり、「＝づつみ」の部分に生じたひずみが気になって、もとの「つづみ」への引き戻しが起こる」と述べており、「そうであるだけに」と展開する論理構造は明示されていないものの、連濁現象が、単純な結合の標示では済まされない性質を有する可能性を示唆している。

さて、〈表1〉において、①から⑥までの各レベルに、「清音の濁音化」と「促音挿入」の例が見られるのではあるが、果たして、それぞれが起源的に同じ原理によるものと解せるのか、検討する必要があろう。

まず「促音挿入」であるが、⑥の「あっぱれ」「れっき（歴）」のような単純語内部の促音挿入が、強調形であるということには異論がないであろう。一方、②から⑤の、意味の切れ目に促音が挿入される事例も、一種の強調に由来すると考えることができる。前述したように、「さとおや（里親）」と「さとうや（砂糖屋）」は、ぞんざいな発音では、ともに［satoːja］のごとくなって、区別ができなくなりうるが、意識的に区別して「里親」を発音すると、［satoʔoja］、さらに強調すると境界部分で声門閉鎖が、長めに発音されうる。「まっ暗」「猫っかぶり」「女ったらし」「吹きっさらし」など、意味の切れ目に促音が挿入される形式は、この種の語構成明示のための、内部境界の強調を音声的起源とすると推定される（実際には、③a「まっさかさま」「こっぴどく」、③b「あっち」「とっく」のようなものは、⑥の単純な強調と区別しがたいのだが）。

このような促音挿入形が、いつ頃から日本語に存在したかについて、文献上に証拠を求めることは、きわめて困難である。この語形が口頭語的であって、文献資料に現れにくいということもあるが、そもそも、促音が古く無表記（零表記）であったということが大きい（第三部第一章参照）。単純語内部の促音挿入の例としては、⑥の『大日経疏』（長治元年〈一一〇四〉点）、意味の切れ目の促音挿入の例としては、③aの明恵述『解脱門義聴集記』（鎌倉時代後期写）の例あたりが、促音挿入が表記に反映した早いものであるが、実際には、もっと早い時期から存在したはずである。特に、⑥の「あっぱれ」などは、ハ行転呼が一般化する以前に形成された語形であると考えざるを得ないであろう。なお、時代は下るものの、近世期の促音挿入形については、岸田（一九八〇）に豊富に実例が挙げられている。

いずれにしても、②から⑥の「促音挿入」は、いずれも「ある種の強調」、あるいはそれが慣習化・定着した形式と見なせる。

一方、①のように文節の境界に、ある種の発音待機が生じる事例は、一般的には促音挿入ではなくて、「ポーズ」と見なされるものであろう。音韻論的な意味で、促音音素が介在していると解釈することは、まずあり得ない。しかし、〈表1〉に挙げた「これと、［toːs］それを下さい」のように、ポーズ直後の文節がサ行音で始まる場合などは、そのポーズは無音ではなく、摩擦音［s］等が持続することもある（この場合、「ポーズ」というよりも、「言いよどみ」と考えるべきかもしれない）。その他の行の場合も、音声的には閉鎖が持続し、実質的に促音挿入と同様の実現をすることがありうる。

それでは、「清音の濁音化」の場合も同様に、「ある種の強調」を起源とすると解することは可能であろうか？ ①「文節の境界における濁音化」と⑥「単純語内部の濁音化」については、それぞれ第四章・第三章第三節第七項で検討することにし、ここでは②~⑤の「連濁」として扱われる可能性のあるもののみを念頭に検討を進める。

連濁形は、伝統的に結合を標示する形式と理解されており、確かに現代語に関しては、そのような側面を濃厚に持っていることは否定できない。しかしながら、もともと日本語に清濁の対立が無く、複合語や派生語の内部境界の異音allophone として、濁音が出発したとすると、それは語構成明示のための内部境界の強調をきっかけとして生じたものであったと考えても矛盾はない。助詞連続「をば」における係助詞「は」の濁音化などは、強調の結果としての濁音化と見て、まったく違和感はないであろう（cf. 非連濁の助詞連続「には」は後にハ行転呼を起こす）。「清音を強めたものが濁音である」という、日本語話者の素朴な直観にも合致する。また、ハ行音の場合、緩みの著しい清音（語頭［p-］>［ɸ-］>［h-］、語中［-p-］>［-ɸ-］>［-w-］> ø（ア段以外））に対し、濁音化（［-ᵐb-］>）［-b-］、促音挿入［-pp-］の場合には、現代に至るまで閉鎖（強い音形）が維持されているのも、以上のような見通しと調和しやすい（サ行子音・ザ行子音について、類似の見解が榎木二〇一六に見られる）。

第三項　「強調」に伴う前鼻音の発達

しかしながら、清子音（無声阻害音）を強調した結果として、有声化が起こるという説明は、かなり困難である。そこで、古代の清濁の音声的実現に関する、様々な可能性の中から、語中の清音を強調（または延長）することにより、濁音に変化するような音声的条件に合致するものを探っていくことになる。

すでに述べたように（第一章第三節参照）、古代日本語の濁子音は前鼻音化 prenasalized していた（[ᵑg-]［ⁿʣ-]［ⁿd-］［ᵐb-］等）と考えられており、文献上の証拠からは、この状態は上代語まで、方言の分布からは、この状態が日琉祖語まで遡ると考えるのが妥当である。それ以前に別の状態があったかどうかは未詳であるものの、やはり、連濁現象と、この前鼻音の存在を関連づけて検討するのが、手順的にも優先順位が高いであろう。

それでは、合成語の内部境界に、異音 allophone として前鼻音化子音が発達する音声的条件には、どのようなものがあるであろうか。そもそも前鼻音化子音が歴史的に発達するとすれば、どのような経緯が考えられるであろうか。

前鼻音化子音に関連して、国立国語研究所（一九九〇）には、以下のように説明がある。

（母音間の有声閉鎖音の発音に関して）母音間の有声のさまたげ音のこのくろい部分（肥爪注・ソナグラム上に、声帯の振動として記録される buzz bar）が子音の閉鎖区間の前半の部分によりおおくおこり、後半のでわたりにちかい部分でおこらない傾向をしめしていることである。このことはソナグラム上でもよくしられた事実であって、声門下の気圧と声道内の気圧とが閉鎖の持続区間中に均衡してしまう結果、より正確には、声帯を振動させうるにたるほどの声門下の気圧と声道内の気圧の差が欠如してしまう結果、声帯の振動がやむためであるとかんがえられる。（四六〇頁）

（語頭の有声閉鎖音に関して）もし、この語頭のさまたげ音の閉鎖区間中に声帯を振動させたければ、呼吸筋の調整によって声門下の気圧をすこしあげればよい。そうすれば、声帯はふたたび声道内気圧と声門下の気圧が均衡するまでのみじかい時間だけ振動する。あるいはこのばあい、ある一定の気圧差では振動しえない状態におかれている緊張した声帯筋の緊張をいくぶんゆるめることによっても、声帯は振動することがあるし、また、軟口蓋と咽頭後壁との閉鎖をわずかにゆるめて、声道内の気圧をいくらか「圧ぬき」することによっても声帯は振動する。（この有声の破裂音の「圧ぬき」のためにおこる鼻音化現象は、諸言語、そして日本語の諸方言の有声破裂音におおくの例をみる。また、鼻音と有声破裂音とが交替するような型の音韻変化はこの「圧ぬき」とかかわりあう現象である。）（四六一頁）

つまり、一定以上の継続時間を持つ有声閉鎖音の声帯振動を維持するために、鼻腔に呼気を抜いた結果として、前鼻音が発達するという説明である。以上の仕組みを連濁現象の説明に応用するとしたら、どうなるであろうか。なお、以下の挙例は、日琉祖語よりも前の段階（先日琉祖語）の語形ということになるが、連濁現象が発達した時期の母音体系・子音体系は明らかにしがたい。母音に関しては上代語の六母音体系で代用し、存在したかも知れない母音の長短の対立はすべて省略する（イ段乙類・エ段甲乙類に相当する音を含む語は例示を避けた）。子音体系に関しては、本書の立場から推定したものである。

清濁の音韻的対立が存在しない、すなわち阻害音のグループに有声・無声の対立がない状態（アイヌ語のような状態）においては、諸言語の例から考えて、阻害音は、語頭では無声音、語中（母音間）ではゆるんで有声的になるという異音分布をなしていたと考えても不自然ではない。たとえば、川**kapa は［kaba］、人**pita は［pida］のような音声で実現する（前者の［kaba］はさらにゆるんで［kaβa］＞［kawa］と、後にハ行転呼現象を起こすことになる）。この有声化は必須のものではなかった（任意であった）と考える方が自然かもしれないが、ここでは議論を単純化するために、常に有声化していたものとして記述しておく。そして、この有声化によって、語としてのまとまりが音声的に標示されることになる。合成語においても、後項の冒頭の子音が有声化することによって、単なる並列ではなく、語として一体化していることが標示されることになろう（小川**wokapa［wogaba］、里人**satopitə［tsadobidə］）。ただし、山と川の意の「山川**jama-kapa」のような並列型の合成語や、「八街**ja-timata」のような後項がすでに合成語であるような結合の場合は、この境界部分での有声化は起こらなかった（起こりにくかった）と考えておく。

この段階では、まだ「連濁」は起こっていない。ここで促音挿入形と同様の、語構成を明示するための内部境界の強調（延長）が生じたとするとどうであろうか。以下、内部境界位置の閉鎖音を「強閉鎖」、それ以外の語中位置の閉鎖音を「弱閉鎖」とする（弱閉鎖は摩擦音化しても構わない。サ行子音は強閉鎖の状態では破擦音であったと考える）。

小川　**wokapa［wogaba］　強閉鎖　弱閉鎖

赤玉　**akatama［agadama］　強閉鎖　弱閉鎖

里人　**satopitə［tsadobidə］　強閉鎖　弱閉鎖　弱閉鎖

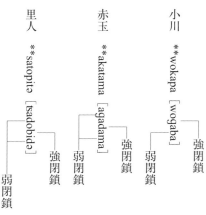

そして、語構成を明示するための内部境界の強調の継続時間がある限度を超えると、声帯の振動が停止してしまう。もちろん、そのまま停止してしまっても良いが、それを避けて、結合標示のための声帯振動を維持しようとした場合、そのための一つの方策として、国立国語研究所（一九九〇）に述べられていたように、口蓋帆を緩めて、鼻腔へ呼気を漏出させる圧ぬきが起こることが考えられる。その間、声帯振動は維持されるので、鼻腔での共鳴が起こり、合成語の内部境界部分に鼻音が発達する。この段階では、日本語に撥音（特に語中位置での音節末鼻子音）が存在しないため、その鼻音が撥音と混乱することはなく、単なる異音（前鼻音化子音）の一要素に過ぎない。合成語の内部境界に生じた鼻音は、結合標示と内部境界標示を同時に行う、符号ハイフンのような機能を持った要素であったとみなされる。ただし、この段階では、まだ音韻レベルでの連濁形ではない。

小川　**wo-kapa［wo^{ŋ}gaba］
赤玉　**aka-tama［aga^{n}dama］
里人　**sato-pitɘ［tsado^{m}bidɘ］

内部境界標示のために有声破裂音・破擦音の閉鎖部を延長する際、声帯の振動を素直に停止させるという方法が一方にはあり、実際にそのようなことも起こったと考える。

小川　**wo-kapa［woggaba］
赤玉　**aka-tama［agaddama］
里人　**sato-pitɘ［tsadobbidɘ］

このような発音は、音声記号の上では、有声音の連続としてしか表記され得ないが、現代語の「すっごく」「うっぜー」「ひっでー」「やっべー」等の音声を観察してみれば分かるように、延長部分では声帯振動が一旦停止してしまうのが一般的である。ただし、これは連濁形ではなく、促音挿入形（の元となったもの）の系列に属するものということになる。現代共通語においては、［-gg-］［-dd-］のような音声は、「促音＋濁音」と認識されるが、古代的清濁関係においては、鼻音が発達しない限り、清音の範疇を出ることはないので、これらの音声は「促音＋清音」と認識されよう。つまり、やや単純化してしまうと、合成語の内部境界を強調した際、声帯振動が継続したものが連濁形（の原形）、声帯振動が停止したものが促音挿入形（の原形）ということである。

以上のような、清子音が母音間で有声的であり、合成語の内部境界に鼻音が発達した状態は、現代の東北方言、特に北部東北方言の状態に近いものである。ただし、当該方言は、無声阻害音・有声阻害音・前鼻音化阻害音（ガ行子音のみ、純粋な鼻音［ŋ］に変化している）で三項対立化していると解釈するのが一般的であるので、ここで仮構されている、清濁の対立が音韻化していない状態とは、かなり異なるものである。

現代東北方言（アクセントは省略）再掲

たが（箍）［taŋa］、たか（鷹）［taga］

かぎ（鍵）［kaŋï］、かき（柿）［kagï］

はだ（肌）［ha^{n}da］、はた（旗）［hada］

まど（窓）［ma^{n}do］、まと（的）［mado］

［連濁の例］

さとがえり（里帰り）［sadoŋaẹr̈ï］

さかづき（盃）［saga^{n}dzïgï］

とぶくろ（戸袋）［to^{m}bïïgïïro］

これに準じる方言は、九州の一部〈鹿児島県頴娃町〈現南九州市〉など〉や沖縄〈与那国島〉などにも分布する。古代日本語〈中央語〉もこのような状態であったとする見解は、早田（一九七七ａｂ）、高山倫明（二〇一二）、Frellesvig（二〇一〇）などにも、本書の連濁起源論とは直接の関係はなく、提唱されているものである。

ここで注意が必要なのは、「圧ぬき」が起こるのは必然的な現象ではなく、あくまで、閉鎖と声帯振動を両立させるための一つの方策として、自由異音の範囲内で起こりうるということである。長めの閉鎖を保ったまま、結合標示のための声帯振動を維持するには、鼻腔に呼気を抜く以外にも、何通りかの方法がある。言語音として、ある程度の普遍性を持っている方法（この場合は、IPA に音声記号が用意されているという程の意味）としては、側面に呼気を抜く方法が考えられる。

小川　**wo-kapa［woɺgaba］

赤玉　**aka-tama［agaldama］

里人　**sato-pito　×

しかし、日本語の場合、口蓋帆を下げて鼻腔に呼気を抜く調音運動は、ナ行・マ行子音において存在したが、側面に呼気を抜く調音運動は一般的ではなかったはずであるので、鼻腔に呼気を抜く方法の方が、日本語話者に相対的に馴染みやすかったであろう。また、側面に呼気を抜く方法は、両唇音（ハ行音）に適用できなかった。

あるいは、閉鎖と声帯振動を両立させるために、喉頭を下げて気圧差を調整するなど、何らかのコントロールを加えれば、ある程度長く有声閉鎖音を延長することが可能ではあるので、「やっベー」などは［jabːeː］のような発音もできなくはない（ある程度の練習が必要ではあるが）。しかし、延長中は、その音（この場合は［b］）と識別できないようなくぐもった音が鳴るだけであるから、ただちに聞き手によって、［jambeː］のような発音しやすい音に置き換えられてしまいそうである。このように、話し手の調音レベルの音声現象ではなく、聞き手の聴取・模倣を経由して、前鼻音化子音が発達するというルートも有り得よう。

以上のような、強調により前鼻音が発達した段階では、語中の前鼻音化子音は、強調（アクセント）に付随する異音に過ぎないが、その後、「なにと＞など（何故）」「はにし＞はじ（土師）」のような連声濁現象が起こった結果、直接的には強調に由来しない濁音が発達し、清濁の対立の音韻化 phonologization が起こったと説明できる。この音韻化の結果、結合標示と内部境界標示を両立する形式として出発した「連濁形」は、内部境界標示機能が抑制され、結合標示の機能を前面に立たせる形式へと転換することになった。なお、清濁の対立の音韻化は、上代日本語はもちろん、日琉祖語の段階で、すでに起こっていたことになろう。日琉祖語に再構される子音体系には様々な学説があるものの、本書の推測は、主流と目される立場と矛盾しないものである（第三節第四項参照）。

このように考えると、古く濁音が語頭に立たなかったこと、古代語の濁子音が前鼻音化していたこと、いわゆる連濁現象が境界部分の変化であること、「にごり」がアクセントに通じる性質を持つこと、等を統一的に説明することが可能になる。

以上のような経緯で、「小川［wo^{ŋ}gaba］」、「里人［sado^{m}bidɑ］」のごとく、合成語の内部境界に前鼻音が発達し、これこそが連濁現象の起源であり、「非鼻音／鼻音」という形での清濁の対立の発生のベースとなったものであると推定する。引き続き、連声濁現象により、合成語の内部境界以外にも、前鼻音化子音が立つようになり、この異音の音韻化 phonologization が起こったため、清濁の対立は「非鼻音／鼻音」の音韻論的対立として、正式に出発することになったと考えられる。なお、濁音の示差的特徴として前鼻音が定着した後は、閉鎖の継続時間が短縮されたり、閉鎖そのものが緩んだりしても構わないのは言うまでもない。この段階における、清濁の対立の音声的な現れは、（語頭濁音の問題を除けば）東北方言や南九州方言の一部（鹿児島県頴娃町〈現南九州市〉方言）・沖縄県与那国方言に残るような状態に近似していることになる。

その後、多くの方言においては、語頭濁音の発達、撥音（音節末鼻音）の発達に連動する形で、清濁の対立は「無声／有声」の対立へと、再音韻化 rephonologization することになる。

以上、日本語における連濁の起源、および清濁の歴史について、見通しを述べてきた。日本語の清濁に関しては、以上に言及した以外にも、さまざまな問題が存在するが、論述が錯綜するのを避けるために、あえて触れなかった問題がいくつかある。それらについては、次節第一項〜第一七項を参照していただきたい。

【注】

（1）平安時代以降に発達した、動詞の音便形に後接する助詞・助動詞の事例は除く。動詞の活用の体系性と、すでに存在していた連濁現象から類推が可能であったため、語構成が不透明化しないものと説明できる。

（2）副助詞（または接尾辞）「きり」の場合、「（これ）きり」「（これ）ぎり」「（これ）っきり」のように、三種類の形が用いられる。一般に、連濁形の「（これ）ぎり」は、明治時代ぐらいまでの形とされるが、国立国語研究所「現代日本語書き言葉均衡コーパス（BCCWJ）」で検索すれば、今世紀の用例も出てくる（③の例）。

①貴《き》さまの着物《きもの》も、薄綿《うすわた》になつては夫限《それぎり》だと思《おも》はつしやい。〔式亭三馬『浮世風呂・前編上』一八〇九〕

②決して主人にいってはいけない。これぎりの話しである。〔夏目漱石『吾輩は猫である』一九〇六〕

③彼女を新宿のバーに訪ねたこともあったが、それぎりの縁になってしまった。〔太田一郎（一九二四〜）『私の戦後史　えごの花降る』二〇〇三〕

第三節　連濁をめぐる補説

本節では、前節までの議論において、論の見通しが悪くなるのを避けるため、言及を省略してきた、日本語の清濁に関わる諸問題を第一項〜第一七項の形で考察する。最初に断っておくと、音韻史のような分野の場合、一つ一つの問題に関しては、何通りもの辻褄の合う説明が可能なのであり、極論すれば、何とでも説明できてしまうような面を持っているのが音韻史という分野の特性であるとさえ言える。連濁の起源についての見解が異なれば、同じ問題に対しても、以下の考察とは異なる説明が導き出されることになるであろう。以下の補説は、あくまで本書の立場からの説明に過ぎない。しかし、従来の研究で取り上げられてきた、日本語の清濁に関する多岐にわたる問題を、どれだけ統一的・合理的に説明できるかこそが、その連濁の起源についての仮説の妥当性を測る尺度になると考えるのが、本書の立場である。以下に、かなりの紙数を割いて展開するのは、本書とは異なる立場の連濁起源説（同化説・古音残存説・連声濁説など）に対する、諸々の問題についての説明の要求という面も持っているのである。

第一項　「圧ぬき」について

【補説】音韻史叙述のレトリックについて

第二項　結合標示と境界標示の両立について

第三項　清濁の対立のない方言について

第四項　日琉祖語における子音体系について

第五項　語頭濁音について

第六項　ライマンの法則について
第七項　単純語内部の濁音化について
第八項　非連濁形について
第九項　サ行の連濁について
第一〇項　ローゼンの法則について
第一一項　前鼻音の起源について
第一二項　撥音挿入形について
第一三項　東北方言における母音の無声化について
第一四項　アクセントに似た性質について
第一五項　濁音形のオノマトペについて
第一六項　促音・撥音との関係について
第一七項　生成音韻論における清濁の扱いについて

第一項　「圧ぬき」について

前節の連濁の起源についての仮説においては、国立国語研究所（一九九〇）を参考に、（長めの）閉鎖と声帯振動を両立するために、鼻腔に呼気を抜く「圧ぬき」が起こったという説明を採用した。この「圧ぬき」は、入力には存在しなかった要素を出力させるという意味で、同化現象や融合現象のような「ありふれた」タイプの現象とは、明らかに異なるものである。したがって、「そのような想定は不自然である／無理がある」という批判が出てくるのも、もっともな面があった。しかしながら、他の言語を見渡せば、意外に簡単に類似の例が指摘できるのだし、ごく自然とは言いがたくても、実際に起こりうるタイプの現象だというのも、また事実である。以下、「圧ぬき」説に対する批判に答え、筆者の見解を述べることにする。

（一）

肥爪（二〇〇二・二〇〇三a・二〇〇四）で提出した、連濁の起源についての仮説の、清濁分化の音声的仕組の部分に対し、高山倫明（二〇〇六）にてご批判をいただいた。つまりは、筆者の仮説そのものについてのご批判ということになる。連濁の起源という、立証も反証も困難な面が多い事柄についての仮説であるだけに、純粋に学問的な形での批評は他になく、高山（以下、本項に限り名を省略する）による具体性のある問題の提起は、筆者としても、たいへんありがたいものであった。

しかし、高山の批判は、連濁の問題と直接には関わらない、「四つ仮名」の合流過程についての議論の中でなされたものであり、かつ、多くの研究者の学説が紹介・批判された一連の流れの末端で言及されたものであるため、筆者の考え方が、俎上に上がっている他の多くの学説と、どのような点が一致し、どのような点が無関係であるのかが不分明になっており、批判を受ける側として、不本意な面があった。高山は、さまざまな学説を紹介・批判した後に、筆者の連濁の起源についての仮説を紹介し、「前鼻音と強閉鎖が相反する関係にあることは、繰り返すまでもなかろう」と簡単にコメントをする。高山が論考の過程で挙げている音声学的知見の大部分は、筆者の立場からしても、ごく妥当なもの（むしろ常識的なもの）であり、論文全体の主旨である、「四つ仮名」の合流過程についての見解も共感できる部分が多い。要するに、高山の論考において指摘されている多くの音声学的事実は、筆者の連濁の起源についての仮説と、特に矛盾すると思えないのである。そのため、「前鼻音と強閉鎖が相反する関係にあることは、繰り返すまでもなかろう」というような、そこまでに述べられてきた事柄が、筆者の仮説に対する反証になっているかのような表現には、ただ戸惑うしかなかった。そもそも、古代語の濁子音の音価として推定されている「前鼻音化閉鎖音（破擦音）prenasalized stop/affricate」とは、典型的には閉鎖の持続中に呼気の流れが鼻腔から口腔へと切り替わる子音（Ladefoged and Maddieson 一九九六）、つまり、閉鎖の持続時間が相対的に長めの子音である。たとえ前接する母音が極端に鼻音化されるとしても、それは付随的な音声現象に過ぎないのであるから、「前鼻音と強閉鎖が相反する関係にある」というまとめ方が行き過ぎたものであることは明白であろう。

要は、連濁（あるいは濁音）の起源についての見解の相違が根本にあるのであるが、そこから一旦離れ、純粋に音声学的な知見の部分に関しては、高山と筆者とが歩み寄れないということはないはずである。本項では、前鼻音発達の音声学的な説明に限定して、私見を述べる（以下、引用は高山二〇一二による）。

（二）

すでに述べたように、筆者の立場からすると、高山（二〇一二）において挙げられた事実のほとんどは、筆者の仮説と矛盾しないものである。当然のことながら、高山としても、筆者の仮説に対する反証となると考えている事柄と、論考の流れの中で、筆者の仮説とは無関係に挙げた事柄とがあるであろう。しかし、採り上げられている多くの事実のいずれが、筆者の仮説に対する反証となると考えられているのか判断が難しいため、高山の論考から、「前鼻音と強閉鎖が相反する関係にある」という見解と関係のありそうな部分を一通り抜き出し、それぞれについて、筆者の見解を述べることにする。

高山の提示する事実は、概ね、以下の四点にまとめることができよう（肥爪の要約による）。

①撥音のあとのザ行子音は、常に破擦音で実現するわけではなく、しばしば摩擦音で現れる。鼻音のあとに摩擦音が立つ例は、他の言語にも普通に存在する。つまり、鼻音が後続音に閉鎖を要求するということはない。

②口腔内に閉鎖があれば、ただちに肺臓からの呼気が鼻腔に流れるというわけではない。

③破裂音（破擦音）の実現のためには、高い口腔内圧が必要であり、そのためには鼻腔への呼気を遮断する必要がある。つまり、破裂と鼻音とは相反する関係にある。

④中央語をはじめとする多くの方言や、日本語以外の諸言語において、破裂音の《無声／有声》がごく普通に対立しており、その対立を安定させるため（有声閉鎖音の有声性を維持するため）に殊更に前鼻音が発達する必然性は乏しい。

（二）①について

高山の論考は、四つ仮名の合流過程に、前鼻音がどのように関与したのか、この前鼻音が合流を抑止していたのか（前鼻音の消失により合流が進行したのか）、それとも、前鼻音の存在が合流を推進する方向に作用したのかという、相反する先行学説の紹介から出発している。そして、この両説がともに、前鼻音の存在が子音本体の閉鎖を維持する（または閉鎖を生じさせる）方向に働くと解する点では一致している点に疑問を提起する。そして、多くの音声学的事実を例示することにより、鼻音が後続音に閉鎖性を要求する（鼻音の存在が、後続の摩擦音を破擦音に変化させたり、後続の破擦音がゆるんで摩擦音化するのを阻止したりする）という認識には、一般音声学的な根拠が存在しないことを述べる。

この見解はごく妥当なものであって、むしろ音声学の常識に沿ったものと言えるであろう。筆者もまったく異論はない。筆者の仮説においては、前鼻音の発達のきっかけに強閉鎖を想定しているのであって、鼻音が閉鎖を要求するという方向の議論はしていない。そして、いったん定着した鼻音を維持するためには、もはや閉鎖が必須ではないのも当然のことである。肥爪（二〇〇三a）でも、「濁音の示差的特徴として前鼻音が定着した後は、閉鎖の継続時間が短縮されたり、閉鎖そのものが緩んだりしても構わないのは言うまでもない」と明確に述べたつもりであった。

ただし、現代共通語において、撥音に後続するザ行子音が、摩擦音でも現れうるとしても、破擦音で現れる方が標準的であることは厳然たる事実である。これは、母音間のガ行子音・バ行子音が、しばしば摩擦音［-ɣ-］［-β-］で現れるにもかかわらず、撥音に後続する場合には、閉鎖音［-g-］［-b-］で現れるのが一般的であるのと、まったく平行する事実である。そこには、やはり何らかの音声学的な理由が存在するに違いない。

あくまで、閉鎖の有無が音韻の区別に関与しないという条件下においての話であるが、調音に際して、同じ構えを長く維持する必要がある場合は、舌・唇の微妙なコントロールの継続が必要となる摩擦音よりも、完全に閉鎖をしてしまう閉鎖音（破擦音）の方が、調音が容易であるし、安定もする、という程度のことは言えるのではないだろうか。つまり、撥音の後に摩擦音よりも閉鎖音（破擦音）が現れやすいのは、鼻音そのものの関与ではなく、せばめの継続時間の問題と考えるのが妥当なのではないだろうか（促音の後に立つハ行子音が破裂音［p］に定着しているのも、大元をたどれば、同様の理由によるものであろう）。また、一定以上の長さを持つ鼻音（撥音）の調音に際して、閉鎖の有無が任意であるならば、口腔に呼気が流出し続けるのは無駄でしかないから、口腔側への呼気の流れを遮断し、鼻腔にのみ安定的に呼気を送る方が効率的であるということも言えるであろう。そして、撥音が閉鎖を伴っている場合は、後続音も破裂音（破擦音）となるのが自然である。

以下は、高山とも共通する認識であろうが、古代語の濁音の音価についての議論において、濁音の前の鼻音要素は、橋本進吉以来の慣例で「鼻母音」と表現されることがあるため、議論の焦点が曖昧になってしまう事が多いように思われる。言うまでもなく、濁音の前の鼻音要素は、音声学的には鼻母音と観察することが可能であっても、音韻論的には、前接する母音に所属するものではなく、濁子音の側に所属する要素である（前鼻音に関する議論は、しばしば音声レベルの問題と音韻レベルの問題が混然と語られてしまう傾向があるようである）。この前鼻音は、音声学的に見た場合、閉鎖を伴わない純粋な「鼻母音」であるのか、閉鎖を伴う子音的要素を含んだものであるのか、現代方言のように、音声を直接観察することが可能な対象であってさえも判然としないことが多い。唇・舌による調音運動と、鼻腔に呼気を抜くための口蓋帆の動きは独立しており、鼻音性は、前接する母音から閉鎖の開放の直前にかけて、音声的には広い範囲に被さりうるものであるので、「前鼻音」の音声的性質を厳密に規定することは、あまり生産的なことではないであろう。なお、方言によっては、等時性を乱すほどに顕著な前鼻音を持っていることがあり、それを観察・記述することは有意義であろうが、文献資料の場合、残念ながら等時性の問題を取り扱うのは不可能であるのが一般的である。

いずれにしても、「《鼻母音》の後続音は破裂音である方が自然である」と表現してしまうと、さすがに奇妙であるので、亀井（一九五〇）の「鼻母音が存在するかぎり、ヂヅの摩擦音化が起こりにくいであろう」という見解に対し、高山が抵抗を感じるのももっともなことである。

(四) ②について

「口腔内に閉鎖があれば、ただちに肺臓からの呼気が鼻腔に流れるというわけではない」という指摘も、筆者にとって当然のことである。むしろ、調音音声学の常識に属することであろう。筆者の仮説では、合成語の内部境界標示のために、有声破裂音の強弱（長短）の差を（無意識に）明確にしようとした結果、強調された方の有声破裂音に前鼻音が発達したと説明したのであって、そもそも「前鼻音を伴わない有声破裂音」の存在が前提となっているのである。そして、強調された有声破裂音においても、自動的に前鼻音が発達するというようには考えていない。「（延長された閉鎖部の）閉鎖を保ったまま、結合標示のための声帯振動を維持するには以下の方法が考えられる。（略）①側面に呼気を抜く。②鼻腔に呼気を抜く」（肥爪二〇〇三ａ）、「結合標示のための声帯振動の維持と、内部境界標示のための閉鎖延長を、両立させるための一つの方法として、鼻腔に呼気を抜く《圧ぬき》が起こる」（肥爪二〇〇四）と述べたように、声帯振動と強閉鎖を両立させるための多様な手段のうち、結果的に鼻腔に呼気を抜く方法が選択されたと考えているだけであって、それが自動発生的・必然的な現象であると述べたつもりはないのである。なお、肥爪（二〇〇三ａ）においては、二つの方法しか挙げていないが、その後、他にも多様な方法があり得ると考え直したため、肥爪（二〇〇四）では曖昧な表現に後退することになった。

高山は、ブレーラウトによって、声帯振動と閉鎖は両立可能であると述べる。確かに、閉鎖の継続時間が短かければ（通常の単子音の長さならば）、声帯振動が完全に停止する前に閉鎖が開放され、閉鎖と声帯振動は両立されるのであるけれども、その場合でさえ、閉鎖の後半にかけて声帯振動が弱化することについては、国立国語研究所（一九九〇）にも、以下のような指摘がある。

　（母音間の有声破裂音の発音に関して）母音間の有声のさまたげ音のこのくろい部分（肥爪注・ソナグラム上に、声帯の振動として記録されるbuzz bar）が子音の閉鎖区間の前半の部分によりおおくおこり、後半のでわたりにちかい部分でおこらない傾向をしめしていることである。このことはソナグラム上でもよくしられた事実であって、声門下の気圧と声道内の気圧とが閉鎖の持続区間中に均衡してしまう結果、より正確には、声帯を振動させうるに

たるほどの声門下の気圧と声道内の気圧の差が欠如してしまう結果、声帯の振動がやむためであるとかんがえられる。（四六〇頁）

筆者の仮説で問題としているのは、この「有声破裂音」について、十分知覚可能な程度に、子音の強弱（長短）の差を付けようとする欲求が生じた場合にはどうなるかということである。そこでは、有声破裂音の閉鎖を強調（延長）した場合に、そのままでは声帯の振動が停止することになると主張しているのであるが、高山も、有声破裂音の閉鎖の継続時間が「よほど不自然に長く」延長すれば声帯振動が停止することは認めている。どの程度が「よほど不自然」な長さなのかは主観的な問題であるけれども、少なくとも、現代共通語の「すっごく」「ひっでー」「やっべー」のような「促音＋濁音」の発音において、かなり早口で発音しても、促音部分で声帯振動がいったん停止してしまうことが多いことは、容易に観察できるであろう。[sɯ̈ggokɯ] [çiddeː] [jabbeː] など、IPAによる音声表記では、記号の限界があるため、促音部分を有声音の連続としてしか表記できないけれども、現実の音声としては、必ずしも声帯振動が継続しているわけではないのである。その意味では、これらの音声が、[sɯ̈gːokɯ] [çidːeː] [jabːeː] と長子音として音声表記されることがあるのは、不適切ということになろう。

あるいは、喉頭を下げて声門下と声道内の気圧差を調整するなど、何らかのコントロールを加えれば、ある程度長く有声破裂音を延長することが可能ではあるので、「やっべー」などは [jabːeː] のような発音もできなくはない（[b] は比較的延ばしやすい）。しかしこれは、あくまでコントロールを加えた上で可能なのであって、自動的に実現するということはないし、音声学の訓練を受けていない多くの日本人には、なかなか難度の高い発音であろう。さらに、有声破裂音の延長中は、その音（この場合は [b]）と識別できないようなくぐもった音が鳴るだけであるから、それを模倣する聞き手は、ただちに [jambeː] のような平易な発音に置き換えてしまいそうである。川上（一九九〇）の前鼻音の起源についての以下のような説明（高山論文でも同じ箇所が引用されている）も、これと同様の発音転化を述べようとしているのではないだろうか。

濁子音［g, b, d］を清子音［k, t, p］からいやが上にも明確に言い分けようとして、それら有声破裂音の閉鎖期間中に力をこめてしぼり出した声、声と言っても口中に閉じこめられた、つぶやくような、うめくような陰気な音響、いわゆるブレーラウトを、さらに相手にも聞こえやすく自分にも発音しやすく翻案したのが、それらの鼻子音であった。

（五）③について

「破裂の実現には口腔内圧の上昇が必要であり、鼻腔に呼気を抜くことと、口腔内圧の上昇とは相反する関係にある（肥爪要約）」というのが、おそらく、筆者の仮説に対する高山の批判の、最も重要なポイントなのであろう。高山（二〇一二）は以下のように述べる。

とくに高口腔内圧子音（pressure consonant）とも呼ばれる破裂音・破擦音を発音するためには無声で25mmH_2O、有声で7mmH_2O程度の口腔内圧の上昇が必要だという。これだけの口腔内圧を保つには、口蓋帆を挙上して咽頭後壁に密着させ、鼻腔と口腔を遮断する必要がある。（一五三頁）

前鼻音によって声帯振動が安定することはあっても、それがあるかぎりは口腔内圧の高まりはないのだから、破裂の実現が安定することはありえない。（一五六頁）

筆者の見解を述べる前に、右に引用されている数値についてコメントしておく。この数値は、直接的には、武内・福田（二〇〇一）によるものと思われる。しかし、一般に、調音の際の口腔内圧は、無声音の方が有声音よりも高く、阻害音の方がその他の子音よりも高いとされている。つまり、有声音と無声音とでは大きな差があるけれども、破裂音（破擦音）と摩擦音とでは差はほとんどないはずである（肺臓からの呼気の流量は、また別の問題）。高山も参考文献に挙げる茢安（二〇〇二）は、破裂音・摩擦音を「圧力子音（pressure consonant）」としているし、別の概説書（Bernthal & Bankson 二〇〇一）は、無声の破裂音（破擦音）・摩擦音のみを、「高口腔内圧子音」と説明している。鼻音の後が破擦音か摩擦音かという議論をしている高山論文において、右のように摩擦音の口腔内圧も大差がないことに言及せずに破裂音・破擦音についての数値のみを挙げると、読者の誤解を招くことになるのではないだろうか。

仮に、破裂音・破擦音の調音に、口腔内圧の上昇が必要であるとする高山の論法に従うとしても、この問題を考察するためには、「閉鎖の持続」の問題と、「破裂（開放）の実現」の問題とを分離する必要があると考える。「破裂の実現」のためには、口蓋帆を挙げた状態で口腔内圧を高めるのが一般的であるかもしれないが、口腔内圧の上昇は、閉鎖の後半（極端に言えば開放の直前）に起これば十分であろう。その一方で、声帯振動と同時に「閉鎖の維持」がなされている場合は、口腔内圧が上昇しすぎると、そのままでは声帯の振動が停止してしまうのである。だからこそ、（長めに継続する）閉鎖中の声帯振動の維持と、開放のための口腔内圧の上昇とを同時に行える音形の一つである前鼻音化子音が、利便性の高い異音 allophone として広まっていったと考えられるのではないだろうか。

そもそも、破裂音・破擦音を発音する際、口腔内圧の上昇は、本当に必須の要件なのであろうか。口腔内圧の値は、摩擦音の場合にも同程度であるのだから、「破裂」という用語に囚われすぎるべきではないだろう。［ma］［na］のような音声は、閉鎖中は鼻腔に呼気が抜け続けている、つまり口腔内圧の上昇が妨げられ続けているが、その閉鎖からの開放は難なく行われる（これらの子音は「破裂鼻音」と呼ばれることもある）。そして、開放後も鼻腔に呼気が抜け続けることも珍しくない（鼻母音化）。［ma］［na］のような、ほとんどすべての言語に存在すると思われる音声は、発音の難度が高いわけでもなく、労力が大きいわけでもないであろう。口腔内圧の上昇は、阻害音を調音する際の閉鎖やせばめの結果として起こるに過ぎないのであって、その子音の開放を実現するための条件として、それほど重要な要素ではないのではないだろうか。

（六）④について

高山は、「前鼻音の起源」についての先学の所説を紹介・批判する中で、これを「有声性の強化」「清濁弁別の明確化」として説明する路線を批判し、「中央語をはじめとする多くの方言や、日本語以外の諸言語において、破裂音の《無声／有声》はごく普通に対立しており、その対立を安定させるため（有声破裂音の有声性を維持するため）に殊更に前鼻音が発達する必然性は乏しい」という主旨の説明をする。この見解に対しては、まったく異論はない。本書の仮説は、すでに繰り返し述べたように、有声破裂音の範囲内での閉鎖の強弱（長短）の差が生じるという議論なのであるから、右の批評とは無関係である。

（七）

ここで、日本語から離れ、他言語における類似の現象（本来鼻音が存在しないところに鼻音が発達する現象）として、幼児の英語の発音、プラークリット語・ヒンディー語の事例を挙げることにする。

（a）幼児の英語の発音

幼児の英語の発音において、単語末の有声破裂音 -b, -d, -g の発音の獲得が、無声破裂音 -p, -t, k、鼻音 -m, -n, -ŋ

に遅れることは、しばしば指摘されるところである。これは、母音（有声音）に挟まれないという環境において、十分に弁別可能な形で閉鎖と声帯振動を両立することが、生理的に難度の高いものであることの、一つの表れであると考えられる。そして、単語末の有声破裂音を獲得する以前には、以下のような発音が現れることが指摘されている（Fey & Gandour 一九八二、Clark & Bowerman 一九八六など）。

①脱落

bed［bɛ］

②無声化

bed［bɛt］

③母音の添加

bed［bɛdə］

④鼻音化

bed［bɛm］（［n］より［m］が一般的であるという）

加えて、①〜④のような、単語末の無声破裂音・鼻音を獲得してはいるが、有声破裂音は獲得していない次の段階の発音として、nasal strategy と呼ばれる段階があることが報告されている（⑤は Clark & Bowerman 一九八六、⑥は Fey & Gandour 一九八二による）。

⑤前鼻音化 prenasalized

dog［doŋk］、bad［bant］

⑥後鼻音化 postnasalized

dog［dogŋ̊］、bad［badn̥］

⑤と⑥は、閉鎖の前半で鼻腔解放を行うか、後半で鼻腔解放を行うかの違いであり（④の鼻音化は、閉鎖の全体で鼻腔解放を行っていることになる）、いずれも口腔側での閉鎖と声帯振動との両立が困難であるのを、鼻音によって有声性の代用をする、または鼻腔に呼気を抜くことにより声帯振動と閉鎖を両立する、という方法が選ばれた結果として実現する発音と解される。特に⑥のような鼻腔開放が、語末の有声破裂音よりも先に習得されるというのは、この種の英語の発音の習得に苦労する日本語話者にとっては、意外な事実である。

こうした幼児の発音は、幼児の臨時的な発音に止まらずに、ある程度一般化し、社会的に定着する、すなわち歴史的な変化を引き起こす可能性もあるのだが、その言語の既存の音連続と干渉する場合には、当然、歴史的変化には発展しにくいということになろう。英語の場合は、⑤⑥のような音声的変異が歴史的変化に発展する可能性は低いと判断される。「前鼻音化子音」一般について言うならば、閉音節を有し、音節末に鼻音が立つことが許容される言語の場合、［^{n}d］［^{m}b］のような音声は、［-n.d-］［-m.b-］と干渉するため、幼児の臨時的な発音としては現れえても、それが社会的に定着する可能性は、かなり低いということになろう（語頭の前鼻音化子音に関しては、また問題が別である）。「古代日本語の濁子音が伴っていた前鼻音は上代語（または日琉祖語）にまで遡る」、つまり、「平安時代における撥音の発達に先行して濁子音は前鼻音化していた」とする、現在の日本語史研究における主流の考え方は、この点でも妥当なものであると考えられるのである。

（b）プラークリット語・ヒンディー語の例

Grierson（一九二二）では、spontaneous nasalization として、プラークリット語の破裂音（破擦音）の重複が、近代語において、「鼻音＋破裂音」または「鼻母音＋破裂音」として対応することがあることが指摘されている（近代語はヒンディー語の例のみを引用する）。

Sanskrit	**Prakrit**	**Hindi**
karkarā-	kakkara-	kaṅkar
makśika	makkhia	mā̃khī
pakśa-	pakkha-	paṅkhā
akśi-	akkhi-	ā̃kh
mudya-	mugga-	mū̃g
√mārg-	√magga-	√mā̃g-, √maṅg-
uccaka-	uccaa-	ū̃cā
satya-	sacca-	sā̃c, sañc
chardati	chaḍḍai	chā̃ṛē（<chaṇḍē）
nidrā	niddā	nīd, nī̃d
sarpa-	sappa-	sāp, sā̃p

挙げられているプラークリット語の例は、いずれも、該当箇所が破裂音（破擦音）の重複であり、音声的には閉鎖の継続として実現するものである（日本語の促音のように発音され、無声音・有声音ともに例がある）。

続いて、同様の事例として、サンスクリット語との対応規則からは、プラークリット語で子音重複が期待されるにもかかわらず、「鼻音＋子音」で現れている例（Skt. vakra- に対し、Pkt. vakka- ではなく vaṃka-、Skt. darśana- に対し、Pkt.

dassaṇa- ではなく daṃsaṇa- 等々）、また、プラークリットにおいて、子音重複と「鼻音＋子音」の両形が存在する例（ālukkhaï, āluṃkhaï, āluṃghaï、okkhaṇaï, oṅgaṇaï 等々）、ṃahārtha-mañjarī と題する偈文において、プラークリットの子音重複が「anusvāra（空点）＋単一子音」で対応する例（Skt. ātma-, Pkt. appa- に対し、aṃpa-、Skt. kartā, Pkt. kattārō に対し、kaṃtārō 等々）を挙げている。これらに関しては、一部に無声摩擦音の重複（延長）に相当するものも含まれているが、多くは破裂音（破擦音）の閉鎖延長が関与するものである。

諸言語の歴史に見られる鼻音発達の音声的環境は、実に多様であり、容易には共通の条件を想定しにくい。右のプラークリット語・ヒンディー語の事例に関しては、[s]［h］［x］などの無声摩擦音の直前の母音の音色は、鼻母音に聞き為されやすいという実験結果を傍証に、これらの鼻音発達を、呼気流量の問題として説明することもある（Ohala 一九八二・Ohala & Ohala 一九九三）が、それでは肝心の有声破裂音のケースが説明しにくい。右の事例の共通点は「長子音（閉鎖音・破擦音）の前半部が鼻音に置き換えられる（促音が撥音に交替するとも喩えられる）」ということであるので、無声・有声にかかわらず、閉鎖音（破擦音）の延長による口腔内圧の過度な上昇と、それに伴う粗い開放を避けて、発音をなめらかにするために鼻腔に呼気を抜いた、という説明が可能かもしれないが、なお考える必要がありそうである。

筆者の仮説においては、有声破裂音の延長をきっかけに前鼻音が発達するという解釈を採用しているが、右のプラークリット語・ヒンディー語の事例は、無声破裂音の延長もまた、前鼻音が発達する契機になりうることを示している。筆者は、先に引用した国立国語研究所（一九九〇）の記述や、現在の方言に実在する形と結びつけやすいところから、古代語の清子音が母音間で有声的であったとする早田（一九七七ａｂ）等の見通しを援用したのであるけれども、この有声化説自体には、それほどの拘りはないので、場合によっては修正しても構わない。早田説に従う場合でも、母音間の清子音の有声化は任意であった（自由異音であった）と考える方が、より自然であろうから、無声破裂音の延長も前鼻音発達の契機となりえたと考える方が、仮説としての具合がよい。しかしながら、第二節第二項「清音の濁音化と促音挿入」、第三項「「強調」に伴う前鼻音の発達」で示したように、「みぎがわ／みぎっかわ」のような、連濁形と促音挿入形とを平行関係にある音形とみなし、有声阻害音を延長した場合であっても、鼻音が発達すれば連濁形、発達しなければ促音挿入形になると説明した本書の立場からすると、無声阻害音の延長からも連濁形と促音挿入形が生じうると説明するのは、あまりに煩雑でクリアさに欠ける。とりあえずは、有声破裂音（破擦音）を延長した結果として、前鼻音が発達することがあったとする仮説を、本書では前面に立てておくことにする。

（八）

「鼻腔は暖炉の煙突のように口腔と常時繋がっているわけではなく（一五四頁）」「肺臓気流と音声器官はパスカルの原理を応用した油圧装置のようなものではない（一五七頁）」のは確かであって、前鼻音は強閉鎖によって自動的に生じるものではない。しかし、有声破裂音を有声音のまま十分に延長することが困難であるのは生理的な事実であり、また、（七）に例示した、幼児の英語の発音やプラークリット語・ヒンディー語の事例を考慮すれば、有声破裂音が前鼻音化破裂音に変化することを起こりそうにない変化とするのは、もう少し慎重であるべきであろう。そもそも、あるタイプの音変化が自然か不自然かということまでは言い得ても、それが起こらないということは、簡単に言えることではない。たとえ、どんなに不可思議な変化であっても、いろいろな言語の歴史に目配りをすれば、たいていは似た例（他人の空似に過ぎないものも含めて）が見つかるものである。また、二段階以上の変化過程を組み合わせれば、実に多様な「変化」が説明可能になり、それらのうちのいくらかは、実際の言語史において起こっているであろう。

睡眠時を含め、人間の自然な呼吸は鼻腔を通して行われる（口呼吸は治すべきものと考えられている）のであるから、人間の呼気の流れは、鼻腔に抜けるのがニュートラルな状態であると言える。言語音としては、必要に応じて音量を上げやすい口母音が中心的な役割を果たし、鼻腔に呼気が抜けるのが有標の調音であるにしても、何らかのきっかけで筋肉の緊張がゆるめば、口蓋帆が下がって、人間本来の自然な呼気の流れが実現し、その際に声帯が振動していれば鼻腔で共鳴が起こり、本来は存在しなかった鼻音が発達するということもあるのではないだろうか。「いやーん」「うっそーん」「そうだよーん」のような鼻音発達は、文末における口蓋帆のゆるみに由来するものである。

また、Nasukawa（二〇〇五）では、いくつかの言語において、（母音間の）有声破裂音（long-lead plosives）と前鼻音化破裂音とが、異音関係にあることを指摘した上で、日本語の場合、それが歴史的変化として現れたとし、濁子音の前鼻音化は、弱化 lenition によって引き起こされたと説明している。強化によって前鼻音化が起こったとする本書の仮説とは正反対の説明であるが、これは、Nasukawa が、単純語内部の濁音（連濁に関わらない濁音）の説明を、主に意図しているためと、前鼻音の発達には、口蓋帆のゆるみが必要であるため、説明として弱化を採用することになったものであろう。本書の場合は、「声帯振動と、強化の結果としての内部境界の延長を両立させるために、口蓋帆をゆるめた」と解するのである。

音声・音韻の変異・変化は、生理的な必然性によってのみ生じるものではない。幼児の発音に見られるような、多様な可能性の中から、「調音の容易さ」等の生理的な理由の他、「伝達の効率を上げるための差違の明確化」「その言語の既存の音韻組織との兼ね合い」など、さまざまな要素のせめぎ合いの結果として、極端に言うならば「偶然」の選択として、ある一つの形が採用されると考えるべきであろう。

【補説】音韻史叙述のレトリックについて

高山の批判を招いた原因の一つに、筆者の論考における不用意な表現があったことは認めなければならない。

言語、とりわけ音声・音韻という実体の捉えにくい対象の歴史を考察・文章化する時、必然的に、さまざまなレトリックが使用されることになる。言語の変化を生物の進化に喩えて説明することもその一つであるが、その生物の進化の説明においても、ある種のレトリックは付き物である。たとえば、「コノハチョウは、外敵に見つかりにくいように、木の葉のような姿に進化した」というタイプの説明は、専門の生物学者によっても使用されている。もちろん、これは完全なレトリックであって、実際には、①突然変異、またはウイルス感染（木の葉のような姿になる「病気（遺伝子に作用するウイルス）」に集団感染した）、またはその他の原因により、遺伝子に変異が起こって木の葉のような姿になったが、②その遺伝子の変異は、たまたま子孫を残すことを妨げるような性質のものではなく（多くの「奇形」は、短命であったり、子孫を残す能力が欠如していたりする）、かつ、③たまたま外敵に見つかりにくいという生存に有利な特徴を備えていた、ということである。コノハチョウ自身が、そのような姿になりたいと望んだわけでは決してないし、望んだとしても遺伝子が変化したりはしない。そのような実情を十分に踏まえた上で、①の部分が現時点では特定できていないということもあって、③の部分があたかも目的であったかのように表現するのである。そのような説明の簡略化が、共通ルールとして確立しているのならば、何も問題はない。

言語の変化の場合も、しばしば同様の説明の簡略化が行われる。ここで問題になるのは、「なぜそのような変化が起こったのか」という問いに対する答えにおいて、この種のレトリックに紛れて、①②③の局面に相当する差異の存在が、曖昧になりがちであることである。多くの場合、一部の局面に言及するだけで、説明を終えてしまうし、場合によっては、特定の側面を強調するあまり、別の側面を不必要に否定してしまっていることもある。

具体例として、日本語音韻史上、最も良く知られた変化である、語頭ハ行子音の摩擦音化（/p/［p］＞/ɸ/［ɸ］）の問題を考えてみよう。この変化は、決して自然な変化とは言えないものである。言語音としては、［ɸ］よりも［p］の方が遙かに普遍性が高いのは明らかであろう。類似の現象である、ゲルマン語のp＞fの変化（fも意外に普遍性が低く、この子音を持たない言語は多い）は、第一次子音推移（グリムの法則に相当）の一環であって、摩擦音化に体系的な圧力が働いたものであるし、子音体系からpが消滅したわけでもない。また、中国語の軽唇音化（p＞f）は、条件変化（非前舌主母音を持つ拗音韻において起こった）であるので、これも子音体系からpが消滅したことを意味しない。周縁的要素であるオノマトペに語頭［p-］が維持されたとは言え、日本語の一般語彙において、語頭の［p-］が消滅したというのは、かなり不可思議な現象である。確かに、しばしば言及される「唇音退化」という説明は、①としては有効かもしれない。「発音のなまけ」は常に起こる可能性があり、日常会話のぞんざいな発音においては、［p-］の閉鎖が緩むこともあり得よう。そもそもの変化の契機がここにあったことは疑い得ない。しかしながら、［ɸ-］のような普遍性の低い子音は、「子孫を残しにくい」、つまり社会的に定着しにくいタイプの子音であると考えられる。丁寧な発音では［p-］が維持され続けると考えるのが自然である。つまり、この変化は②の要件を満たしていると言いにくいのである（他の既存の子音と衝突しない、つまり音韻の区別には影響しないという面では②の要件を満たしている）。それでは、その欠陥を補って余りある、③に相当する利点が存在したのであろうか。

ここまで考察を進めた時点で、生物の進化と言語の変化とのアナロジーには、アナロジー故の限界があることに気付く。もちろん、このままアナロジーを推し進めて、何らかの利点があったために［ɸ-］の方が生き長らえた、と表現することができる。その一方で、言語の変化は、生物の進化とは異なり、使用者である人間の志向（もちろん個人レベルではない）が介入する余地があることを重視し、言語の使用者が、何らかの利点を有する［ɸ-］を主体的に選択した、と表現することも可能である。表現という意味では、言語が生き物であって、意志を持って変化するかのように表現することもしばしばある。

具体例を挙げると、「母音間の/b/［b］は、調音の労力を減らすために摩擦音［β］で発音されることがある」のように、話者が意識的に、そのような発音を選択するかのような表現がとられたり、「［ki］へと変化しつつある/ke/との距離を保つために、/ki/は［tʃi］へと逃げた（変化した）」のように、音声そのものが何らかの意志を有しているかのような表現がとられることもある。こうした表現も、生物の進化論の場合と同様に、単なるレトリックに過ぎないのであって、ただちに不適切であるとは言えないであろう。

以上のように、音韻史の叙述においては、説明を簡略化するために、様々なレトリックが用いられるのであるが、現実を正確に表現していないという意味では五十歩百歩である。過度に言葉尻を捉えるようなことはせずに、必要に応じて読み換えてゆくのが現実的であろう。

そもそも、この③に相当する要件は、かなり取り扱いが難しい。発音の労力の軽減・記憶の負担の軽減のようなものを①の要素と見なすならば、生物の進化と同様に、言語の変化の場合も③の要件（新たに獲得される機能）は必須のものではないし、変化の誘因とは無関係に、「たまたま」そのような機能を獲得することもあるからである。しかも、獲得される機能が一つに限定できる保証はない。ある変化の結果として、いくつかの機能が、大小の差はあれ、同時に生じたとしても特に意外ではない。機能論的な観点から音韻史を叙述する場合、その変化の結果として獲得された「機能」が、本当に変化を引き起こし定着させた要因であるのか、あるいは、いくつかある要因のうち、本当に最も重要なものであるのか、検証することの難しさが、常に付きまとうことになる。一一世紀に入ったころ、語中のハ行音がワ行音化した結果、残ったハ行音は語頭（形態素頭）標示機能を獲得したことになるが、ハ行転呼現象そのものが、その機能を獲得するために起こったのかとなると、それを検証・論証することはほぼ不可能であろう。また、音韻史における変化の説明は、「聞き手不在」の表現によってなされる傾向が強い。ほとんどの音声・音韻の変化は、本来、聞き手の介在によってはじめて普及・定着するものであろう。

たとえば、「ち」の破擦音化の場合、ある世代のある個人の発音は、典型的には［ti］であるにもかかわらず、ぞんざいな発話において、軽く破擦音化した［t^{ɕ}i］のような音声が現れているということがあろう。その人の意識的な発音においては［ti］のみが出現し、破擦音で現れることがあることに、本人は気づいていないということも十分ありうる。このような、発話者が意図していないような音声は、定着することなく終わってしまうのが普通であるが、これが社会に広まるには、それを聞いた人、典型的には言語形成期の子どもによる模倣が介在する必要がある。その子どもは、成長の過程において、「ち」は［ti］と発音すべきものと、周囲の大人から矯正されたとしても、言語形成期に無意識に習得した発音［tɕi］は、意識の緩んだ発話において、頻繁に顔を出すことになるであろう。そして、その発音を模倣する、また次の世代の人は、破擦音化の傾向を一層強めてゆくことになるであろう。

以上のモデルも、現実をかなり単純化してしまっているであろうが、音韻史におけるこの現象の説明は、「［ti］のような舌位の変化の小さい音連続においては、開放の速度が緩くなりやすいため、開放の途中段階に摩擦的音声が生じやすかった（［ti］＞［tɕi］の変化は、さまざまな言語に見られる普遍性の高い現象である）」というような、発音する側のみに視点を置いたものになりやすい。

連濁の起源に関わる仮説において、筆者の用いた表現は、それがレトリックに傾いていることに無頓着すぎたように思われる。「語構成明示のための閉鎖延長と、結合標示のための声帯振動を両立させるために、鼻腔に呼気を抜く「圧ぬき」が起こった」というまとめ方は、現実に起こったことそのままでは有り得ない。「両立させ」ようとした主体など存在しないはずであるし、ここには「聞き手」も登場しない。筆者の立場としては、延長された閉鎖と声帯振動を両立する形式として、前鼻音化子音が結果的に定着すれば良いのであって、その過程については、（繰り返し述べたように）むしろ複線的であったと考えている。極論すれば、さまざまな音声バリエーションの中で、前鼻音化子音が普及・定着したのは、単なる偶然であったとさえ言っても良い。そういう意味では、筆者の音韻史観自体が、生物の進化論に通じるものがある。

おそらく、「閉鎖延長と声帯振動の両立によって生じたブレーラウトが、聞き手によって発音の容易な鼻音に置き換えて模倣され、やがて前鼻音化子音として定着した」という表現ならば、（少なくとも音声学的説明としては）高山にも受け入れ可能なものであったのではないだろうか。筆者としては、そのような経過を辿った可能性も、排除するつもりはない。

第二項　結合標示と境界標示の両立について

結合していることを標示するということと、合成語の内部境界を標示するということとは、正反対の働きであって、それが同時に行われるということは、かなり不自然な現象ではないか、という疑念も出てこよう。以下、そのような両立が引き起こされやすい、日本語特有の事情という観点から、この問題を考察したい。

（一）

複合・派生による語形成は、多くの言語において見られるものである。新しい事物・概念を表現するために、その都度まったく新しい単語を創出したり、他言語からそれに相当する単語を借用してきたりするのは、きわめて効率が悪いし、現実的には不可能である。同様に、既存の事物・概念を、必要に応じて細かく区別して表現し分けるときにも、たとえば、まつ（松）→くろまつ・あかまつ・からまつ……のように、既存の語を組み合わせて表現した方が、それぞれに別の単語を用意するよりも、経済的であるだけではなく、包摂関係が明示的である点において優れている。そして、新しい組み合わせが、結合して一つの単位（複合語・派生語）になることが可能な言語の場合、一単位化していることを標示するためのさまざまな仕組み（結合標示）が、音声レベル・音韻レベルにおいて存在することが予想される。

その一方で、複合語・派生語の重要な長所であるところの、包摂関係の明示性が保たれるためには、その語を元の構成要素に還元することも容易であることが望ましいはずである。もちろん、「さかな（魚）」「なべ（鍋）」「まど（窓）」のごとく、その語源（「酒＋菜」「菜＋瓮」「間（目？）＋処（戸？）」）が忘れ去られてしまう複合語・派生語も存在する。しかし、それらの多くは、語義の変化が大きかったり、各要素に馴染みがなくなったりした結果、元の構成要素に還元しにくくなったのであって、これらの語が形成された当初から、語構成が不透明であったわけではないだろう。

ある程度の汎用性を持った結合形式は、それがどのような構成要素から成り立っているかについての透明性が保たれているべきだし、場合によっては、元の要素への還元を補助するための何らかの仕組みがあらかじめ組み込まれていることもあるのではないか。このような予測のもと、本項では日本語史に見られるいくつかの結合形式を取り上げ、それらが持っている語構成の透明性を保つためのさまざまな仕組み（内部構造標示）について考察を行う。

関連する考察は、高山知明（一九九五）にもあったが、高山の考察が、共時的観点から、現代共通語の複合語が内包する「単位の卓立」機能をあぶり出してゆくのに対し、本項の主眼は、歴史的観点から、現代語においては失われてしまった、古代語が有していた内部構造標示機能を掘り出すことにあるので、論じ方にかなりの差が出ている。議論がすれ違っているように見えるかもしれないが、興味の方向性が異なるだけで、お互いに両立し得ないものではないと思われる。高山の議論については、当該論文を参照していただきたい。

なお、以下の考察においては、複合語・派生語、およびそれに準じるもの（「名詞＋助詞」「助詞＋助詞」など、通常は一語とは見なされないもの）を、すべて「合成語」と呼ぶことにする。

（二）

内部構造標示の最もストレートな方法として、合成語の内部境界の明示ということが考えられる。結合を標示することと、境界を標示するということは、完全に相反することであると思われがちであるが、言語の機能の面から見れば、二つの要素を結びつけることと、その境界が紛れないように明示しておくこととは、何ら矛盾する要請ではない。もし実現可能な方法があるならば、きわめて利便性が高い。

音声・音韻の問題に入る前に、まず、視覚的に理解しやすい表記分野の例として、ハイフン（hyphen）の問題に触れておく。周知のように、英語などの表記においては、語のまとまり・語の境界は、分かち書きによって標示される。たとえば、black board（黒い板）は二語であり、blackboard（黒板）は一語である。一方、アルファベットの文字体系の中にはハイフンと呼ばれる符号が存在し、もしblack-board（黒板）のごとく二つの要素の間にこれを用いれば、それが合成語であることを標示すると同時に、内部境界の位置をも明示することになる。ハイフンはそのような機能を発揮する潜在的な可能性を持った符号なのである。しかし現実には、英語などにおいて、ハイフンが結合標示と内部境界標示を同時に担う符号として、積極的に用いられているとは到底言えないであろう。good-bye、post-war、near-byなどのハイフンは任意であるというし、ハイフンを省略しにくいのは、co-op、hi-fi、CD-ROMなどの略語類や、

rent-a-car、up-to-date（非叙述用法）などの前置詞・冠詞を内包するタイプの合成語など、やや特殊なものに限定されるようである。

英語におけるハイフンが、結合標示と内部境界標示を同時に行うという便利な機能を、特に発達させなかったのには、さまざまな理由が考えられようが、ここで特に注意したいのは、音節構造が複雑で、音節の種類が豊富な言語においては、内部境界を明示しなくても、構成要素の同定が概して容易であるという事実である。たとえば、blackboard［blǽkbɔ̀ːrd］の場合、この語はわずか二音節から成り、音節の境界がblackとboardの間にあることは、表記面・音声面ともに不明瞭ということはないし、各要素が別の形態素と紛れるということも、まず考えられない。音節の種類が豊富であればあるほど、同音形態素の数は少なくなり、合成語の構成要素の同定もしやすいはずである。

一方、古代日本語の場合、特に、撥音・促音・二重母音・拗音が未発達であった段階では、音節構造はきわめて単純であり、音節の種類も現代語よりはるかに少なかったことになる。いわゆる「上代特殊仮名遣」に相当する区別が加わるにせよ、濁音で始まる語が存在しなかった等、いくつかの音配列制限があったので、相殺されかねない。さらには、古代日本語においては、単音節形態素が、後世よりもはるかに豊富に存在し機能していたという事実がある。たとえば、「か」という音節に限定しても、以下のようなものが、自立語・造語成分・付属語として用いられていた（和語に限る）。

①《鹿》の意。

石の上布留の山の熊が爪六つまろかもし鹿〈可〉が爪八つまろかもし〔琴歌譜一七〕

②《毛》の意。

鬚〈方小反、白髪皃、志良加〉〔新撰字鏡三・二四ウ〕

③《容器》の意。

天の八十びらかを作りて〈作天八十毘良迦〉〔記・上一一〇16〕

④《楫》の意。

難波津に船を浮け据ゑ八十梶〈夜蘇加〉貫き水手〈可古〉整へて〔万二〇・四四〇八〕

⑤《蚊》の意。

蚊蟻〈上可、下音疑訓安利乃古〉〔新訳華厳経音義私記一六一6〕

⑥《香り》の意。

梅の花香〈香〉をかぐはし〈加具波之〉み遠けども心もしのに君をしそ思ふ〔万二〇・四五〇〇〕

⑦《日・昼》の意。

百日〈毛々可〉しも行かぬ松浦道今日行きて明日は来なむを何か障れる〔万五・八七〇〕

⑧《場所》の意。

大き海の奥処〈於久可〉も知らず行く我を何時来まさむと問ひし児らはも〔万一七・三八九七〕

⑨代名詞「か」

か〈可〉の児ろと寝ずやなりなむはだすすき浦野の山に月片寄るも〔万一四・三五六五〕

⑩副詞「か」

宇奈比川清き瀬ごとに鵜川立ちか〈可〉行きかく行き見つれども〔万一七・三九九一〕

⑪接頭辞「か」

蜷の腸か黒き〈迦具漏伎〉髪にいつの間か霜の零りけむ〔万五・八〇四〕

⑫接尾辞「か」

群鳥の朝立ち去にし君が上はさやか〈左夜加〉に聞きつ思ひしごとく〔万二〇・四四七四〕

⑬係助詞・終助詞「か」

〈用例省略〉

存在したかもしれない母音の長短の別や、アクセントによる区別もある程度は可能であろうが、それにしても、かなり多くの形態素の同定を、文脈や常識に依存しなければならないことになる。また、任意の二音節を組み合わせるだけで、それが何らかの意味を有する形態素になってしまう確率も、英語などに比べると、はるかに高いはずである。つまり、古代日本語のように、音節のバリエーションの乏しい上に、多くの形態素が一音節または二音節であるという言語の場合、語のまとまり・切れ目の位置が紛れやすく、複合や派生によって、語構成が不透明化しやすいという性質をそもそも有しているのではないだろうか。

ハイフンの問題に戻ると、現代日本語のローマ字表記において、koneko よりも ko-neko の方が、magokoro よりも ma-gokoro の方が、katatataki よりも kata-tataki の方が、それぞれ読み取りやすい（語の同定がしやすい）ことも思い合わされたい。

このような性質を持った日本語だからこそ、言葉のまとまりを標示するための様々な仕組みと同時に、合成語を元の構成要素に還元するための、特別な仕組みの必要度も高かったと考えられるのである。

（三）

第二節第二項でも触れた、「真っ暗」「真っ昼間」「江戸っ子」「むらっ気」「猫っかぶり」「舌っ足らず」「これっきり」「明日っから」などの、促音挿入形は、高山知明（一九九四・一九九五）により、「もう一つの連濁」として、その機能が詳細に分析されている。書き言葉には現れにくく、辞書にも登録されないものが多いためか、日本語研究において、連濁形ほどは注目されてこなかったが、比較的自由に新しい組み合わせの結合を作ることができる、かなり生産力の高い形式である。

促音が語頭・語末には立たない、つまり、促音は常に語中に現れることから、以上のような促音挿入形は、連濁形と同様に、結合していることを積極的に標示する形式と解釈することが可能である。その一方で、促音挿入形は、前項と後項との間にリズム上の空白（音声上の空白ではない）が置かれるので、かなり明瞭に内部境界を標示している形式であると言えよう。この場合の促音は、まさに表記分野におけるハイフンとよく似ている。つまり、促音挿入形は、本書で言うところの、結合標示と内部境界標示を同時に行う形式なのである。

促音挿入形がいつごろ日本語に現れたのかは、現在のところ未解明である。この結合形式が、俗語的で、文献資料に現れにくい位相のものであるからだけではなく、促音そのものが、古くは表記に現れなかった（零表記であった）からである。文献上、意味の切れ目に促音が挿入された確例を指摘できるのは、鎌倉時代からであるが、実際には、もっと早くから存在したはずである。

さらには、促音挿入形のそもそもの起源は、語構成明示のための内部境界の強調（子音延長）にあったと考えられ、そのような音声自体は、促音が音韻として成立する以前から実現していたと考えても不自然ではない。閉音節を持たない状態においては、ある子音が長めに実現したとしても、それは音声レベルの変異に過ぎないからである。先にも例に挙げたように、「里親」を「砂糖屋」から意識的に区別して発音しようとするとき、「さと」と「おや」の間に、かなり長めの声門閉鎖が実現することがあるのを思い合わされたい。そして、促音が音韻として成立したことにより、内部境界の延長部が促音として分節され、結果的に、促音挿入形は内部境界を標示するだけではなく、促音の語中にのみ現れるという位置制限によって、結合していることをも同時に標示する形式へと発展したのではないだろうか。

（四）

古代日本語には、複合動詞は存在しなかったと説かれることがある（金田一春彦一九五三）。その根拠の一つは、古代語においては、現代語の感覚で複合動詞と判断されるものが、「焼けは死ぬとも」「起きも上がり給はず」「咲きか初むらむ」のように、係助詞で分節されることがあることである。現代語でまったく不可能な形式とは言い切れないが、これらを現代語訳するときは、「たとえ焼け死にはしても」「起き上がりもなさらない」「咲き始めているだろうか」のように、係助詞を後に移動させるのが一般的である。

もう一つの根拠は、平安時代のアクセント資料において、以下のように、複合動詞らしきものの前項と後項とが、独立したアクセントをとる点である。(1)

訶勾理摩須〈平上平平上〉（隠り坐す）〔岩崎本推古紀平安中期末点284〕

将〈ヒキヰル（上平上平）〉〔図書寮本名義抄二八四6〕

横陳〈ソヒフス（上平平上）〉〈遊〉〔図書寮本名義抄二〇三5〕

しかし、前項と後項とが独立したアクセントを取っていることが、ただちに複合していない（つまり動詞の並列である）ことを意味するとは考えない方がよいであろう。なぜなら、音便・連濁・母音脱落を起こし、緊密に結合していると解される場合であっても、アクセントが依然として一単位化していないことがあるからである。

意〈オモミル（平去平上）〉〈白〉（へオモヒミル）〔図書寮本名義抄二三八1〕

哀〈オモハカル（平去平平上）〉〈詩〉（∧オモヒハカル）〔図書寮本名義抄三四〇1〕
擘〈ツムサク（上平平濁上）〉（∧ツミサク）〔観智院本名義抄・仏下本三六オ〕
劈〈ヒサク（上平上）〉（∧ヒキサク）〔観智院本名義抄・僧上四六ウ〕
比岐例底〈上平上上〉（∧ヒキイレテ）〔岩崎本皇極紀平安中期末点261〕

そもそも、上代語の段階で、連濁を起こしている動詞の連続（常識的には複合動詞とみなされる）は存在したのである。平安末期アクセントにおいても、アクセントが一単位化することが、語の結合標示を行う一つの形式ではあったけれども、それは必須のものではなく、選択可能なものであったのではないだろうか。現在でも、複合動詞の前項と後項のアクセントが独立的である（二単位形をとる）ことが許容される方言が、多く報告されている以上、アクセントが一単位化していないことをもって、複合していないと解するのは、短絡的であろう。

複合動詞において前項と後項とが独立したアクセントを持つのは、アクセントが、結合標示よりも内部構造標示を優先して行うことがあったためと解釈することが可能である。つまり、各構成要素のアクセントが保存されることが、元の要素へと還元するための手掛かりとなったのである。なお、アクセントが独立している事による内部構造標示に関しては、すでに小松英雄（一九八一）に、「聞きて∨聞いて」のような動詞の音便が、HLHというアクセントによって内部境界が標示されていたからこそ可能であった、という主旨の説明がある（助詞・助動詞のアクセントの独立性が失われるのは、鎌倉時代以降とされている）。

アクセントの場合、たとえば、HLHという形があったとしても、それがHL+Hという構成であるか、H+LHという構成であるか、もっと他の構成であるかは、アクセント以外の要素によって理解することになる。しかし、HLHというアクセント自体が、当該単位が複数の要素に分解されるべきことを喚起する力を持っているということは注意してよいだろう。一方、各構成要素のアクセントの組み合わせによっては、LHHHのように、全体のアクセントが谷のない形（音調の谷もない形）になり、複数の要素から成り立っていることを積極的には主張しないこともありうる。しかし、そのような場合も、保存されている各構成要素のアクセントを手掛かりに、語構成を理解してゆくことが可能であろうから、これも内部構造標示の一種と考えられよう。

（五）

古代語に豊富に存在した単音節自立語が衰退したのと連動して、現代語においては、一モーラ形態素の用途も縮小・固定する傾向があるということを確認しておく必要がある。本項（三）で扱った促音挿入形に、一モーラ形態素の例が目立つのは、不安定さを補強するための促音挿入による二モーラ化という側面も持っていると思われる。つまり、語義の理解は二モーラかそれ以上の長さを持った単位によって行われることが多くなっているので、日本語の場合も、かつてほどは、語のまとまりや切れ目を標示する必要度は高くなくなっていると考えられるのである。

音節構造が単純であり、音節の種類も少ないという古代日本語の特徴は、日本語音韻史研究（特に分節音の研究）の立場からすると、研究テーマの乏しさという制限になっていることは否定できない。しかし、その音節の種類の少なさ、同音形態素の多さゆえに、本項で述べてきたような、さまざまな形での結合標示・内部構造標示のための仕組みが発達しやすかったとすれば、日本語音韻史は、音節の種類が豊富な言語には望めないような研究テーマも有しているということになろう。

【注】

（1）声点は、「平＝低平L」「東＝下降F」「上＝高平H」「去＝上昇R」の音節を意味するが、差声の精度など、さまざまな事情によって、下降調が期待される箇所に平声点・上声点を差す資料がある。さらに、二単位形のアクセントは、現代の方言において二回の下降が現れる場合があり、文献資料が依るところの二段階観で処理が可能であったかどうか不安が残る。よって、文献資料の声点を具体的な音調に置き換えるのは控えた。

第三項　清濁の対立のない方言について

沖縄県宮古本島の東側の小島、大神島の方言は、閉鎖音に無声・有声の区別のない方言として知られている。/b, d, g/および/z/が存在しないため、「濁音」のない方言と説明されることもある（島の人々の標準語にも影響し、水道［suito:］、電気［teŋki］のように発音されることがあるという）。しかし実際には、清濁の対立は別の形（特定の母音の前での子音の音声差）で痕跡を留めていることがあり、厳密には「破裂音において、無声か有声かという feature は、その機能を失いつつある」（法政大学沖縄文化研究所一九七七）ということである。したがって、大神島方言の状態は、古い日本語の状態を保存したものではなく、この方言が独自に清濁の対立を喪失した（しつつある）ものであるということになる（三省堂『言語学大辞典　第4巻　世界言語編下2』一九九二）。なお、次項とも関連してくるのであるが、本土方言の（語頭）ワ行子音は、大神島方言において、「/pata/　腹（「腸《わた》」に対応）」、「/putu/　夫」のごとく p- で対応しており、w->b->p-のような歴史的変化が想定されることになる。

第四項　日琉祖語における子音体系について

琉球列島の一部の方言において、本土方言のワ行子音/w-/・ヤ行子音/j-/が、それぞれ/b-/［b-］・/d-/［d-］で対応する。『言語学大辞典　第4巻 世界言語編下2』（三省堂、一九九二）には以下のようにある（抜粋）。

〔与那国方言〕

標準語の語頭のjは、dに対応する。また、ヤ行拗音は、直音化する。

dama「山」、k'ata「蚊帳（古語カチャウに対応）」

標準語の語頭のw、まれに、語中、語尾のwは、bに対応する。

bata「腹（「腸《わた》」に対応）」、siba「心配（「世話」に対応）」

〔八重山方言〕

標準語のワ行の子音wに、bが対応している。

[buduri]「踊り」、[bara]「藁」

〔宮古方言〕

平安時代の古代語の/w/に対応して/b/が現れるのも、この方言の特徴であり、南琉球方言全体にみられる。

/bakamunu/「若者」、/bɪː/「亥」、/butu/「夫」

また、第三項で言及した、宮古本島の東側の小島、大神島の方言では、平安時代の古代語の/w/に対応して/p/［p］が現れる（この方言では、本土語のハ行音も/p/［p］で対応する）。

/pata/「腹（「腸《わた》」に対応）」、/putu/「夫」

以上は中南部方言についての説明であるが、一部の北部方言においても、平安時代の古代語の「ヰ」に対応するbɪˑの例が見られることが指摘されている。

以上のような事実に対して、j>ɗ、w>ɓの変化よりも、ɗ>j、ɓ>w のような緩む方向の変化の方が、歴史的変化として自然であるという見通しから、ɗ・ɓ の方が古い音である、つまり、日琉祖語にこれらの音（ɗ・ɓ）を推定する説が登場することになった（後述するように、現在ではɗ・ɓの方が新しいとする説が主流になっており、中本正智のように、見解を修正することになった研究者も多い）。

旧説による場合でも、具体的な推定には、さまざまなバリエーションがあり得る。一つには、清子音・濁子音（前鼻音化している）とは別の第三の系列の子音を立てる考え方で、体系的な見地から、ɗ・ɓ の他に g・ʣ も立てて、無性阻害音・有声阻害音・前鼻音化有声阻害音の三項対立の体系を想定するものである。この有声阻害音の系列が、他の方言においては、無声音や接近音などに変化していると説明する（他の方言との対応関係に関しては、別解もあり得る）。

k	g	^{ŋ}g
ʦ	ʣ	$^{n}ʣ$
t	d	^{n}d
p	b	^{m}b

もう一つには、右の対応が語頭位置に偏ることを根拠に、本土方言のヤ行・ワ行に対応する ɗ-・ɓ- 等を語頭濁音に相当するものとみなし、同様に語頭位置の g・ʣ を想定して、二項対立の体系を再構するものである。語頭位置の「濁音」は、多くの方言において、無声音や接近音などに変化したと説明する（だから古代日本語においては語頭に濁音は立たなかったと説明する）。

このような日琉祖語の子音体系の推定は、前節まで議論を進めてきた連濁現象と、直接的に関わってくるものであるだけに、何ら見解を示すことなく黙殺することは許されないであろう。前節で提示した、連濁の起源についての本書の仮説と、この日琉祖語の子音体系の推定とは、三項対立説であれ二項対立説であれ、きわめて相性が悪いものである。

しかしながら、その後の琉球語研究の進展によって、実際に起こったのは、j＞d、w＞bの変化であるという考え方が、琉球語研究者の間では主流になっている（上村二〇〇〇、柴田二〇〇二、内間二〇〇四、中本謙二〇一一など）。前出の『言語学大辞典』（一九九二）の「琉球列島の言語・総説（上村幸雄執筆）」でも、以下のように説明される。

一方、南グループでは、標準語の語頭のワ行の子音を、調音強化現象によって、破裂音bに変えている。このbについては、かつて、日本語の古い音の残存である可能性が指摘されたが、そうではなく、南グループに起きた音韻変化の結果であることが、広範な調査が行われた現在、明らかになっている。

近年では、Pellard（二〇一六）も、詳細かつ具体的な根拠を列挙する形で、j＞d、w＞bの変化であったと考えるのが妥当であることを論じている。

また、文献日本語史の立場からすると、先掲の宮古方言/butu/「夫」、大神島方言/putu/「夫」は、古代中央語では「をひと」のウ音便形「をうと」、または促音便形「をっと」に対応すると考えることになる。

夫〈古記云（略）俗云乎比止也〉〔令集解四〇・喪葬〕

聟〈乎不止〉〔新撰字鏡二・一八ウ〕

夫〈ヲウ（と）〉〔興聖寺本大唐西域記平安中期点〕

夫〈ヲト〉〔日本往生極楽記応徳三年（一〇八六）点・三八ウ〕

このタイプの語構成の不透明化を伴う語形縮約は、それぞれ無関係に起こる可能性は低いので、おそらく平安時代以降の語形に相当する本土方言から、琉球諸方言に移入されたものと考えるのがふさわしいであろう。つまり、琉球方言における w>b の変化は、平安時代以降に、本土方言から「夫」に相当する語が移入され、それよりも後に起こったと考えたいのである。b音化の音声学的説明については、見解に小異があるようであるが、琉球中南部方言における当該事象は、「調音強化」説に従うべきと考える。

これらの方言（琉球中南部方言）にも連濁現象に相当するものは存在するのであり、もし日琉祖語の語頭位置に d・b が存在したとすると、三項対立説にせよ二項対立説にせよ、連濁現象（および濁音が持っている様々な特徴）を説明するのが、相当に難しくなる。特に、日琉祖語における三項対立説は、大掛かりな仮説の割には、メリットが少なすぎる。事実上唯一の根拠であった琉球中南部方言の事象が、証拠として揺らいでいる以上、（語頭の）ヤ行子音・ワ行子音が d・b に遡るとする仮説に従う理由は見いだしがたいのである。

第五項　語頭濁音について

古く、日本語には語頭濁音が存在しなかったと考えられている（第四項も参照）。本書の立場では、濁音は合成語の内部境界の強調によって生じたのであるから、語頭位置に濁音が発達すること自体が有り得ない。語頭位置の無声阻害音は、仮に強調のために閉鎖の継続時間が延長され、さらに鼻腔への圧ぬきが起こったとしても、声帯が振動していない以上、鼻腔での共鳴も起こらず、前鼻音が発達することも考えにくい。

現在の日本語史研究においては、「古代の日本語には語頭濁音が存在しなかった」という考え方が広く普及している。オノマトペに関しては、上代語の段階から、「しはぶかひ鼻ビシビシ〈毗之毗之〉に〔万五・八九二〕」のように濁音始まりのものがあったが、これは、対応する清音形のオノマトペの存在を前提とする、副次的に派生したものと見てよいであろう。

平安時代以降に現れる、その他の濁音始まりの語は、本来は濁音始まりではなかった語から、歴史的に変化したものと説明できるものが多い（第一章第一節参照）。

①語頭音節の脱落したもの――ざる・だく・でる・どこ・どれ・ばら・ばふ……
②関連語との類推によるもの――だれ……
③減価濁音形によるもの――がら・ざま・だま・ずれる・ぶれる……
④ナ行・マ行・ワ行等から転じたもの――ぶつ・どく（退）・ばれる?……

このような通説に対し、柴田（一九八九・二〇〇三）は、右の①に関連して、固有語にも濁音で始まる語が古くからあったのではないかという仮説を提唱した。具体的には、以下のような語形のゆれ（時代差は無視する）の大きい語について、これらは語形がゆれているというよりも、表記がゆれているのであって、本来は濁音で始まる語の語頭濁音が伴っていた前鼻音を、「φ」「い」「う」「お」「む」などにより表記したものだったのではないか、という解釈である。

（動）うごめく～おごめく～むぐ《ママ》めく
（抱）だく～いだく～うだく～むだく
（奪）ばふ～うばふ～むばふ
（茨）ばら～いばら～うばら～むばら

柴田のように、古代語の音韻体系・音配列則の問題として明示的に論じたものではないが、朝山（一九四二）・遠藤邦基（一九七六）にも、同様の着想が見られる。音声の実態という意味では、大いに参考にすべき説明であると思われるが、問題なのは、これを音韻論的にどう解釈すべきなのかということである。

この仮説が、現在ほとんど言及されることがないのは、通説となっている音配列則を覆すには、候補となる語例があまりに少ないためであろう。柴田（二〇〇三）では二九語を候補として挙げているが、柴田自身が認めているように、個々には問題のある語例がかなり混じている。

そして何より、濁子音に含まれる一要素に過ぎない前鼻音に、表記の上で独立した単位（音節に匹敵する単位）を与えるというのは、表記一般のあり方として特殊である。この段階で撥音は音韻として成立していないのであるから、前鼻音部分のみを独立して把握するという説明自体に違和感を覚える。更に言うならば、表記の上で独立しているだけではなく、上代語においても、「出でて来にけり〈伊低弖伎尓家里〉〔万一五・三七〇四〕」「掻きむだき〈可伎武太伎〉〔万一四・三四〇四〕」「うばひて咲ける〈有婆比弖佐家流〉〔万五・八五〇〕」などのように、韻律の上でも「前鼻音」とされるものが一単位を担っている例は多いのである。また、「出でて行《ゆ》かな〈伊弟氏由介那〉〔紀一六〕」「出でて行《ゆ》きし〈出弖由伎斯〉〔万五・八九〇〕」については字余り規則の異例（句中にア行音を含まない）となるので、「いで」が一単位扱いされているとする解釈もあるが（遠藤邦基一九七六）、「言にまさめやも〈許等尓麻左米也母〉〔万一五・三七六三〕」「手に巻きて行かむ〈手尓麻伎弖由加牟〉〔万一七・四〇〇七〕」「過ぎて行《ゆ》かば〈過而行者〉〔万六・九六七〕」など、《エ段音＋ヤ行音》の部分が一単位扱いされていると解せる例が他に存在する（佐竹一九四六）ので、日本書紀一六番歌謡・万葉集八九〇番歌の例も、「いで」が一単位の語頭濁音として扱われている確例とはし難いであろう。

上代文献においてφ表記の例とされているものは、合成語の内部または（和歌・歌謡の）句の内部の例であるので、いわゆる母音脱落形としても処理可能であろう。以下は句の内部のφ表記（語頭露出濁音）の例である。

……水下ふ魚も上に出《で》て嘆く〈紆陪儞堤堤那皚矩〉……誰やし人も上に出《で》て嘆く〈紆陪儞泥堤那皚矩〉〔紀九七〕

色に出《づ》なゆめ〈伊呂尓豆奈由米〉〔万一四・三三七六〕

事に出《で》にしか〈己登尓弖尓思可〉〔万一四・三四九七〕

平安時代以降の語頭濁音の例については、訓点資料の用例に依拠することが多くなるが、訓点資料の例の場合は、語頭濁音の例に見えるものがあっても、「部分付訓」の可能性を否定しきれないため、完全な確例とはしがたい面がある。したがって、φ表記の確実な例を求めていくと、どうしても平安末期以降の片仮名文資料などに下ってしまうという現実もある。

いずれにしても、濁子音の一部に過ぎなかった要素が、いったん独立して一音節化し、さらにその後に濁子音に吸収されるという筋書きは、あまり自然とは言えない。さまざまな無理を通して主張するほど、メリットのある仮説とは言えないであろう。

なお、語形のゆれが大きいことについては、以下の服部（一九六〇）の鼻母音についての説明も参考になろう。

母音を鼻音化すると、（1）二五〇〇サイクル附近の成分が強くなり、（2）五〇〇サイクル附近の成分が弱くなり、（3）やや周波数の高い領域に顕著な山を示さない、割合に弱い成分が現れ、一体に元の母音のフォルマントの中間の部分が埋められる様な傾向がある（小林理学研究所報告6巻4号 p.227）。従って鼻音化した「アイウエオ」は口母音の「アイウエオ」よりもお互の間の聴覚印象上の差異が小さい。

鼻母音が相対的に聞き分けにくいことは、経験的にも了解できることである。濁音の前の母音は音声的には鼻音化していたと考えられるので、右に挙げた語例の語形のゆれの大きさの原因の一部は、音声差を聞き分けにくい環境にあったことに求めることができそうである。

結局、通説のままの方が、さまざまな事実を無理なく説明できるということである。

第六項　ライマンの法則について

合成語の後項があらかじめ濁音を含んでいる場合には連濁が起こらないという、いわゆるライマンの法則は、本書の連濁起源説による場合でも、何通りかの説明が可能である。

一つ目の説明は以下のようなものである。後項に立つ二音節語 C_1VC_2V の C_2 が濁子音である場合、連濁現象の発達初期においては、これは C_1V+C_2V という合成語の連濁形であるか、C_1VNVC_3V の三音節語が縮約した連声濁形（NV は鼻音性を持ったナ行・マ行・濁音行の意。たとえば「はにし＞はじ（土師）」「きぎし＞きじ（雉）」のごときものが該当）であるかの、いずれかであることが殆どであったはずである。三音節語は多く複合語・派生語であるので、結局、C_1VC_2V の C_2 が濁音である語は、合成語であるのが無標の状態であったということになる。そのため、［A［BC］］のような右枝分かれ型の合成語では連濁が起こらないという規則が適用されて、ライマンの法則が形成されたと説明される。この場合、結合標示のための有声化自体が起こらないものと想定することになる（第八項の「非連濁②」参照）。そして、連濁にも連声濁にもよらない濁音が存在するようになってからも、この法則は維持され、現代語に至っていることになる。「ライマンの法則は語構成が関与的であった」という見解は、連濁の起源について、本書とは異質な立場に立つ高山倫明（二〇一二、一一一頁・一五九頁等）にも見られたものである。

また、別の説明としては、第一四項で詳述するように、濁音がアクセントに似た性質を持っていることに、ライマンの法則が存在する理由を求める方法である。

本書の立場では、濁音は（語中の）清音を強調することによって生じたもの、別の言い方をすると、アクセントに付随する異音 allophone として出発したものと考えた。つまり、このアクセント性が、一単位中に複数の濁音が共存しにくい原因であったと説明するのである。一単位中に最大一回しか現れないという、濁音の頂点的 culminative な性質は、アクセントのそれと類似するものである。

以上のライマンの法則に対する二種類の説明は、いずれも、分節音としての濁子音が持っている音声的・音韻的性質（有声性など）には、直接的な理由を求めないという点で一致している。そして、アクセント自体が、「語構成に関与的」な性質を持っているという意味で、二つの説明は根の部分では連動しているので、結局は、同じ事象を異なる角度から捉えたものなのかもしれない。

第七項　単純語内部の濁音化について

第二節においては、単純語内部の濁音は、歴史的には、「連濁による濁音」「連声濁による濁音」よりも新しく発達したものである、という見通しで考察を進めていた。しかしながら、これは議論が混乱するのを避けるための処置であって、実際には、清濁の対立が音韻化する以前から、単純語内部に濁音（に相当する音声）が存在していた可能性は十分にあると考えている。

「清音の濁音化」と平行する「促音挿入」の場合、「あっぱれ」「れっき（歴）」のように語彙化しているものもあるけれども、「たっけー」「すっげー」「かっちかち」「ざっくざっく」のような、単純な強調形と解されるものも、現代において生産され続けている。促音は、日本語話者の主観では、一種の「無音」であるので、それを挿入しても、別の音連続になったとは認識されにくいのであろう。なお、第二節の〈表1〉で挙げた「ニックイ人チヤソ（漢書列伝笠桃抄四8）」の「ニックイ」は、室町時代には語彙化していたようで、抄物には、この音形で頻出する。現代語でも、「にっくき親の敵《かたき》」という時などには、促音を挿入する形で定着している。

つまり、促音挿入の場合と同様に、清濁の対立が音韻化していない段階では、強調によって、単純語の内部に前鼻音が発達したとしても、それは単なる強調に付随する異音 allophone であって、別の音形になったとは認識されにくかったと考えられるのである。

以下の例は、いずれも文献時代以降、つまり清濁の対立が音韻化した後に、清音形から濁音形に転じたものである。これらを鑑みれば、上代語（あるいは日琉祖語）よりも前の段階に、強調によって、単純語の内部に濁音が生じた語もあったことが、十分に推測できよう。

a同音の連呼

うかかふ＞うかがふ（窺）（平安時代末期以降）

于介伽卑氏〔日本書紀歌謡一八〕

闚〈ウカ、フ（上上上濁平）〉〔観智院本名義抄法下四〇オ〕

Vcagai〔日葡〕

ささなみ＞さざなみ（漣）（室町時代以降）

左散難弥〔万一・三一〕

泚〈サ、ナミ〉〔蓮成院本名義抄Ⅱ二一ウ〕

サ、ナミ如何、シハ〱ナミ也、タヒ〱カサナル心也（「シバシバ」の反切で「ササ」）〔名語記九・六一オ〕

江〈サヾナミ〉〔伊京集九二9〕

Sazanami〔日葡〕

あわたたし＞あわただし（慌）（江戸時代以降）

Auatataxij　〔日葡〕

おびたし＞おびただし（夥）（江戸時代以降）

Vobitataxij　〔日葡〕

かかやく＞かがやく（輝）（江戸時代以降）

玲瓏〈カ、ヤイテ（上上上平上）〉〔図書寮本名義抄一六一6〕

Cacayaqi　〔日葡〕

b　それ以外

いふかし＞いぶかし（訝）（平安時代末期以降）

言借　〔万四・六四八〕

伊布可思美　〔万一二・三一〇六〕

呀〈イフカシ（上上濁平平）〉〔観智院本名義抄仏中二九ウ〕

Ibucaxij　〔日葡〕

うかつ＞うがつ（穿）（平安時代末期以降？）

（「うく」の派生語）

掘〈ウカツ（平平濁上）〉〔観智院本名義抄仏下本三五オ〕

Vgachi　〔日葡〕

もみち＞もみぢ（平安時代末期以降）

母美知　〔万一五・三七〇二〕

黄葉〈モミチハ（平平平濁平濁）〉〔観智院本名義抄僧上二四ウ〕
いはかきもみち（上平上平平平濁）〔古今訓点抄二八二〕
Momigi〔日葡〕
ほと＞ほど（程）（鎌倉時代以降？）
保刀〔万一四・三三八九〕
程〈ホト〉〔観智院本名義抄法下五ウ〕
ほと（上平濁）〔毘沙門堂本古今集註一三八〕
Fodo〔日葡〕
おきぬふ＞おぎぬう（置縫・補）（室町時代以降）
補〈オキヌフ（上上上平）〉〔図書寮本名義抄三三五3〕
補〈ヲギヌウ〉〔饅頭屋本節用集四三7〕
Voguinoi、Voguinai〔日葡〕
はさま＞はざま（間）（室町時代以降）
婆娑摩〔日本書紀歌謡九五〕
交〈ハサマ（上上平）〉〔観智院本名義抄僧中二八オ〕
岩迴〈イハノハザマ〉〔伊京集一6〕
Fazama〔日葡〕
あた＞あだ（仇）（明治時代以降？）

安多〔万二〇・四三三二〕
讐〈アタ（上上）〉〔図書寮本名義抄一〇〇7〕
ATA〔日葡〕
そほつ（ソヲツ）＞そぼつ（濡）（江戸時代以降）
（「そほづ」とも）
曽裒遅〔日本書紀歌謡九四〕
そほちては（〇上平濁平〇）〔伏見宮家本古今集四二二〕
添雫〈ソボツ〉〔書言字考節用集一〇・二〇1〕
そほふる（ソヲフル）＞そぼふる（降）（江戸時代以降）
（「そほぶる」とも）
曽保零〔万一六・三八八三〕
そほふりける（上上上濁平〇〇）〔梅沢本古今和歌集六一六〕
Souofuru〔日葡〕
微降雨〈ソボフルアメ〉〔易林本節用集九九1〕

「a同音の連呼」と「bそれ以外」に分けて整理したのは、前者は狭義の連濁に通じる面を持つからである。たとえば、現代仮名遣いにおいて、四つ仮名は「じ」「ず」に統一して表記するのが原則であるが、「二語の連合によって生じた「ぢ」「づ」」（「はなぢ（鼻血）」「きづく（気付く）」など）と、「同音の連呼によって生じた「ぢ」「づ」」（「ちぢむ」「つづく」など）は、「ぢ」「づ」を用いて書くことになっている。同音の連呼によって濁音が生じることを、論者によって「連濁」という用語で呼ぶことがあっても不思議ではない。また、「雀（すずめ）」「鼓（つづみ）」などがオノマトペ起源であるとすると、「かかやく＞かがやく」「ささなみ＞さざなみ」と同様に、本来は「すすめ（すすみ）」「つつみ」であったものが、文献に登場する以前に濁音化を起こしたものかもしれない。このようなオノマトペ起源の同音連呼は、「日々（ひび）」「木々（きぎ）」「千々（ちぢ）」のような一音節畳語の連濁形とも通じる性質を持っていよう。

要するに、意味の切れ目だけでなく、単純語の内部においても、強調によって清音が濁音に変化することがあった、とするのが本書の立場である。つまり、濁音はいずれも副次的に発達したものであって、その由来が分からなくなっている語の中には、「連濁によるもの」「連声濁によるもの」、そして「単純な強調によるもの」が混在していると考えることになる。

この見通しは、あまりに「何でも説明できてしまう」仮説、裏を返すと「何も説明しなくて良くなる」仮説であるので、前節では、議論そのものの意義が曖昧になるのを避けるために、意味の切れ目の強調に限定して、「清音の濁音化」の問題を考察した。しかし、平行する「促音挿入」が、単純語の内部にも意味の切れ目にも適用されるものである以上、むしろ、強調によって、単純語の内部にも「清音の濁音化」が起こると認めた方が、現象の全体像を、対称性を持ったものとして捉えることができると考えるのである。

第八項　非連濁形について

「やま」と「かわ」の結合において、「山と川」の意の並列型結合では「やまかわ」、「山の川」の意の修飾型結合では「やまがわ」というように、非連濁形と連濁形とで対立する。この例は、すでに江戸時代の連濁研究において取り上げられていた定番の例であり、しばしば、「連濁／非連濁」の関係が、「結合／非結合」の関係にある証拠として挙げられるものである。同様に、「[にせ+だぬき]じる」に対する「にせ[たぬき+じる]」のように、後項が合成語である右枝分かれ型の結合が連濁を起こしにくい（Otsu 一九八〇）ことも、結合度の問題として説明されることがある。しかしながら、第一節でも指摘したように、「しか（鹿）」「かたち（形）」などのように、語構成が不透明化するほど密接に結びついていても、連濁を起こさない合成語が多く存在するのも、厳然たる事実である。

本書の立場（内部境界強調説）では、連濁形とで非連濁形との関係を、以下のように説明する。

「赤+き」**akaki［agagi］、「高+く」**takaku［tagagu］のような緊密な結合においては、結合標示のための有声化は起こるものの、語構成明示のための再分割が行われず、その結果、連濁形よりも結合度の高い非連濁形が存在しうると説明される（非連濁①）。その一方で、結合標示のための有声化自体が起こらなければ、語構成明示の有無によらず、鼻音発達も起こらないので、前出の「やまかわ（山と川）」**jama-kapa［jama-kaba］、「やちまた（八街・ヤ［チ+マタ］）」**ja-timata［ja-timada］のように、連濁形よりも結合度の低い非連濁形も存在しうる（非連濁②）。したがって、結合度が高いときに連濁が起こるという、従来の説明の論拠となっていた諸事実とも矛盾はしない。表記の問題に置き換えてみると、black board のような分かち書きは非連濁②に対応し、blackboard のような続け書きは非連濁①に対応し、black-board のようなハイフン使用は連濁に対応する、ということになろう。ただし、非連濁①と非連濁②は、自由異音の関係にあって連続的であるので、結合度の高さにより、「非連濁①>連濁>非連濁②」のように、単純に一列に並ぶわけではない。

そして、撥音の発達、語頭濁音の発達などと連動して、清濁の対立は「無声／有声」の対立へと再音韻化 rephonologization し、清子音が母音間でも有声化しなくなったことにより、非連濁①と非連濁②との音声差が消滅し、連濁・非連濁の関係は、より不透明化してゆくことになったのであろう。

第九項　サ行の連濁について

上代語における連濁現象は、個々の語に関しては、平安時代以降と異なるものがあるものの、連濁・非連濁の予測が困難である点や、ライマンの法則が機能している点など、おおむね後世（現代を含む）と同様のルールに従っている。前項の末尾が濁音の場合には、連濁が起こらなかったとする、石塚龍麿が『古言清濁考』（享和元年〈一八〇一〉刊）で提示した仮説もあるが、濁音の連続自体は、上代語においても禁止されていないので、本当にそのような制限があったのか、かなり疑わしい（第五章参照）。

上代語の連濁現象については、もう一つ指摘されていることがある。サ行音は、カ行・タ行・ハ行に比して連濁が起こりにくいという傾向である。上代文献の連濁現象を詳細に分析した森山（一九六二）は、以下のようにまとめる。

ただ特徴的な現象は、サ行連濁が他のカタハ行に比して、いちじるしく少数例であるといふことである。いくつかの検証の手続きを省略して単純に憶測すれば、ザ行は他のガダバ行に比して鼻音的わたり音に先行されなかったかも知れない。そのことが連濁形の形成に際して、他のカタハ行の連濁形ほどに多数の事例をもち得なかった一つの原因ではなかったかと推測する。

確かに、上代語文献からデータを集める限りでは、サ行の連濁例は、不自然に思われるほどに少ない。もちろん、例が皆無というわけではないので、これが本当に有意な偏りであるのか、判断が難しいところである。

森山は、連濁の起源についての立場を明示していないが、同化説や古音残存説を批判しているので、おそらく連声濁説によっているものと思われる。右の説明も、他の濁音に比して、ザ行の前鼻音が微弱であったため、連声濁が起こりにくかったのではないか、という推測によるものであろう。確かに、ザ行の前鼻音は、現代の多くの方言において失われているし、ロドリゲスの『日本大文典』でも、ガ行・ダ行および一部のバ行に限定して前鼻音の存在を指摘している。しかしながら、東北方言のように、すべての語中濁音が、現在でも鼻音性を維持している方言もあるし、中国資料や朝鮮資料は、キリシタン資料よりも前の時代には、ザ行の前にも鼻音性が維持されていたことを示唆する（濱田一九五二ａｂ）。サ行清子音の音価（破擦音か、摩擦音か）の問題とも絡むので、上代、あるいは連濁現象の発達期まで遡って、ザ行の前鼻音が弱化傾向にあったと推定するのは、もう少し慎重であるべきではないだろうか。そもそも、「連声濁」現象一般が、サ行において起こりにくかったということはないはずである（漢語サ変動詞「信じる」「応じる」などは、サ行の連声濁の代表例であろう）。

本書の立場では、有声化していた語中の清子音を強調することにより、前鼻音が発達した（濁音化した）と説明する。この立場から、サ行が連濁を起こしにくい理由を説明するとすれば、閉鎖音・破擦音とは異なり、摩擦音は母音間でも相対的に有声化しにくい、あるいは、有声化しても、そのまま延長することが出来るので、前鼻音を発達させることなしに、声帯振動と内部境界の延長を両立できるからと説明することになろう。古代日本語のサ行子音は、破擦音〜摩擦音（[ʦ〜s]など）の自由異音であったと推定され（第一部付章参照）、連濁する（前鼻音が発達する）のは、破擦音を延長したときのみである、つまり、他の行に比べてサ行音が連濁を起こしにくい（ただし起こさないわけではない）のを、サ行子音が自由異音として破擦音から摩擦音までの幅を持っていたからというのが、本書の立場からの説明である。

ただし、サ行の連濁例が、上代において少数にとどまるのが、本当に有意な差であるのか判断しにくく、そもそも、この傾向を音声学的に説明する必要があるのかどうか、確定できないことは、念のために繰り返しておきたい。

第一〇項　ローゼンの法則について

第一章第一節第三項でも言及した「ローゼンの法則」(Rosen二〇〇一・二〇〇三)について、本書の連濁起源説の立場からは、どのように説明されるであろうか。なお、ローゼン自身による法則についての説明は、バンス(二〇一五)にも批判があったように、少々説得力を欠くものであった。

かなり単純化して示すならば、ローゼンの法則とは、「合成語の前項または後項が三モーラ以上の場合、(後項があらかじめ濁音を含んでいる、前項と後項が同格関係である等)連濁に免疫がない限りは、必ず連濁する」という見通しである。連濁に関わる免疫規則、たとえば「ライマンの法則」に優先されることがないという意味でも、連濁現象における諸規則・諸制約の中で、必ずしも序列の上位に来るわけではないものの、確かに例外の少ない「法則」であることは認めなければならない。

ローゼンの法則について、現代語に関しては、仮にこれを認めるとしても、その傾向が、古くから存在したものであるのか、それとも「類推」によって、歴史的にその傾向を強めてきた結果であるのか、それも明らかにしてゆく必要があるだろう。ローゼンは、連濁研究の素材を国語辞書の記載に求めているが、辞書の見出し語形の清濁(および語釈における清濁異形注記)は、網羅的に連濁・非連濁の音形が挙げられている保証もないし、生の日本語の実態よりも、単純化・均質化したものである可能性がある。近年、いくつもの大規模コーパスが開発された結果、連濁・非連濁のあり方には、意外なほどの世代差・個人差があることが明らかになってきているのである。

いくつか課題は残るものの、仮に、ローゼンの法則を、連濁の起源と何らかの関わりがある現象として解釈するとすれば、本書の立場からは、以下のように説明することになる。

本書においては、連濁現象の起源を、語構成明示のための内部境界の強調に求めていた。アルファベットの表記に喩えれば、結合しているいると同時に、そこに意味の切れ目があることを標示する、ハイフン使用のような性質を、連濁形は持っていたということである。一般論としては、ハイフンの必要性は、全体が長い合成語ほど高くなるということは言えると思われる。五モーラ以上の合成語（二モーラ＋三モーラ、三モーラ＋二モーラ等）が連濁形を好むのは、その合成語全体が長いためであると説明する。その一方、四モーラの合成語の場合、ローゼンの法則によれば、一モーラ＋三モーラ、三モーラ＋一モーラの構成の場合には、原則として連濁が起こり、二モーラ＋二モーラの構成の場合には、必ずしもそうではないということになる。これは、四モーラの合成語の場合、二モーラ＋二モーラの構成であるのが無標であったのに対し、一モーラ＋三モーラ、三モーラ＋一モーラのような有標の構成の場合には、内部境界を標示する必要度が高かったからと説明する。

ただし、以上のような解釈から予測されるのは、ローゼンの法則が、単なる傾向に過ぎず、それほど強固な規則として機能するはずはないということである。もし、現代語において、ローゼンの法則が、きわめて例外の少ない法則として機能しているとすれば、それは「類推」の結果として、歴史的に、この条件下での連濁傾向が強まったためと説明することになろう。実際、「いちしるし∨いちじるし（著）」「はかりこと∨はかりごと（謀）」「かへすかへす∨かえすがえす」「おほみやひと∨おほみやびと（大宮人）」のように、ローゼンの法則を強化する方向で、非連濁形から連濁形へと歴史的に変化した語は、容易に例を挙げることが出来る。

なお、連濁・非連濁の歴史的交替は、右に挙げた「いちじるし」「はかりごと」などの他にも、「たまかき∨たまがき（玉垣）」「まつけ∨まつげ（睫毛）」「うなはら∨うなばら（海原）」「みつとり∨みづとり（水鳥）」のように、非連濁形から連濁形へと変化したものが概して多く、「ひとりびとり∨ひとりひとり」「たてごもる∨たてこもる」「あまでらす∨あまてらす」「まだたく∨またたく」「あしがせ∨あしかせ（足枷）」「あきだる∨あきたる（飽足）」のように連濁形から非連濁形へ変化した（あるいは連濁／非連濁でゆれていたが非連濁形に定着した）ものは少ない。ここに挙げた例についても、「たてごもる」「あまでらす」「まだたく」「あきだる」は、（後項の）動詞が連濁を起こさなくなるという、連濁規則の歴史的変化が、個別の語に及んだものとも解釈できるので、説明可能な範囲の例外である。

また、ローゼンの法則の問題は、合成語アクセントの問題とも関連してくる可能性がある。そもそも、連濁現象と合成語アクセントとは、ある程度の連動関係を持っている（第一四項参照）のであり、合成語のアクセントもまた、構成要素、特に後項の「長さ」の影響を受けることが知られている。ローゼンの法則の歴史的推移については、アクセントの問題も含めて、もう少し検討していく必要があるようである。

一方、連濁の起源を「同化説」「古音残存説」「連声濁説」による場合、ローゼンの法則が存在する理由を、連濁の起源と結びつけて説明するのは、かなり難しいであろう。連濁の起源とは無関係に生じた偏りが、類推によって拡張して現在に至っていると説明することになるのではないだろうか。

第一一項　前鼻音の起源について

（一）

古代日本語の濁子音は前鼻音化していた（[^{ŋ}g-] [^{n}ʣ-] [^{n}d-] [^{m}b-] 等）と考えられている（第一章第三節）。このような子音は、世界の言語において、決してまれな存在ではないものの、多くの言語において、無声阻害音・有声阻害音は安定的に対立しており、特段のきっかけもなく、通常の有声阻害音から変化したとするのは、説明としては説得力がない（高山倫明二〇一二）。なお、諸言語における前鼻音化閉鎖音の起源は、判明するものだけでも多様であり、多くは二つの要素の結合に由来するが、それでは説明できないものもある（Herbert 一九八六）。

本書においては、日本語の前鼻音の起源を、声帯振動と語構成明示のための内部境界の強調（子音の延長）を両立させるために鼻腔に呼気を抜く「圧ぬき」（第一項参照）に求めたのであるが、確かに、これが自然発生する「わたり」のようなものではないというのは事実である。しかし、前鼻音化閉鎖音 prenasalized stop という音声学の用語自体が、（妥当かどうかはともかく）これが通常の閉鎖音の変種であることを含意しているのだし、閉鎖と声帯振動を両立させるために鼻腔に呼気を抜く「圧ぬき」が起こるというのは、広く採用されている説明であって、決して異端の解釈ではないということは明言しておきたい。国立国語研究所（一九九〇）にも、語頭の有声破裂音についての説明の延長で、以下のように述べた箇所がある。第二節第三項と重複するが、再引用する。

もし、この語頭のさまたげ音の閉鎖区間中に声帯を振動させたければ、呼吸筋の調整によって声門下の気圧をすこしあげればよい。そうすれば、声帯はふたたび声道内気圧と声門下の気圧が均衡するまでのみじかい時間だけ振動する。あるいはこのばあい、ある一定の気圧差では振動しえない状態におかれている緊張した声帯筋の緊張をいくぶんゆるめることによっても、声帯は振動することがあるし、また、軟口蓋と咽頭後壁との閉鎖をわずかにゆるめて、声道内の気圧をいくらか「圧ぬき」することによっても声帯は振動する。（この有声の破裂音の「圧ぬき」のためにおこる鼻音化現象は、諸言語、そして日本語の諸方言の有声破裂音におおくの例をみる。また、鼻音と有声破裂音とが交替するような型の音韻変化はこの「圧ぬき」とかかわりあう現象である。）（四六一頁）

もちろん、世界の諸言語に見られる、多様な前鼻音化子音 prenasalized consonant が、すべて圧ぬきによって発達したと主張するものではない。[m] ＞ [mᵇ] のような、脱鼻音化 denasalization に由来するもの、複数の子音音素の融合によるもの等々、明らかに成り立ちの異なるものもあるからである。

古代日本語や現代諸方言に見られる前鼻音化した濁子音を、通常の有声阻害音の変種と見なす解釈に対し、濁子音が前鼻音を有するのは、前接した鼻音性を持つ要素と融合した結果であるという解釈も提出されている。本書の立場でも、「なにと＞など（何故）」「はにし＞はじ（土師）」のように、一部の濁音については、鼻音要素との融合の結果生じたものと考えているが、ここで取り上げるのは、この融合自体によって、濁音が鼻音性を持つようになったとする解釈である。

（二）

この系統の考え方にも、何通りかのバリエーションが存在するのであるが、まず、柳田（二〇〇二）において提出されている考え方を見てみよう。なお、柳田は当該論考において、濁音の前の鼻音要素を「鼻母音」と表現し、また、独特な音韻論によって議論を進めているため、そのままでは検討すること自体が不可能である。そこで、「鼻母音」を濁子音の側に所属する「前鼻音」と読み換え、全体をオーソドックスな音韻論に沿った形に翻案した。その結果、本来の柳田の意図とは異なる部分が出てきてしまったかと思われる。以下に展開する批判は、柳田のオリジナルの考え方には当て嵌まらない部分があることを、最初にお断りしておく。

【柳田仮説】清濁の対立は、古くは「無声／有声」の子音の対立であった（濁子音は前鼻音を伴っていなかった）。そこに、「なにと＞など（何故）」「かぬち（金打）＞かぢ（鍛冶）」のような「上代に起きていた広義の音便」によって、前鼻音を伴う濁子音が広範囲に発達し、それが既存の濁子音に波及して、濁子音一般が前鼻音を伴うようになった。（肥爪要約）

連濁の起源についての立場表明を回避しているためもあって、柳田の意図の細部に関して、論文からは読み取りかねる部分が残されるのであるが、とりあえず、この仮説における濁子音音価の合流方向が不自然であるということは言えるであろう（柳田の論述においては、音声・音韻の区別が省略されているため、その不自然さがあまり表面化していない）。

一般に、ある音素の連続が、ぞんざいに発音されて音声的に標準から外れる形を取ったとしても、それがその言語の他の音素連続（または単独の音素）と同定されないうちは、音韻論的には、もとの音素連続のままであり、それが音声レベルで不完全な実現をしているのみと解釈されよう。そして、他の音素連続と同定されれば、ただちに、その既存の音素連続の磁場に取り込まれ、音声的にも、その既存の音素連続の標準的な形で実現するようになるのが普通であろう。たとえば、「そんなことといってはいけない」の /teʼwa/「テワ」は、融合して /cjaʀ/「チャー」（～/cja/「チャ」）に変化したが、「テワ」と「チャー」は、音声的に、かなり隔たりがある。その中間的な音声、たとえば［tɕa］、［tʲaː］などが、「テワ」を意図したぞんざいな発音において実現したとしても、それらは、音韻論的には /teʼwa/ であると解釈される。そして、ぞんざいな発音が既存の音素連続 /cjaʀ/［tɕaː］と同定されれば、ただちに、「そんなこといっちゃあ［tɕaː］いけない」のごとく実現するようになるであろう。そして、既存の音素連続 /cjaʀ/（適切な例ではないが、「チャーハン」「カルチャー」のような語が、その段階・その時代にあったとして）の音声的な実現が、中間的な音声である［tɕa］［tʲaː］の側に引き寄せられるということは考えにくい。よほど特殊な条件が働かないかぎり、そのような変化は起こらないであろう。

既存の濁子音が前鼻音を伴わず、かつ、撥音が音韻として確立されていない状態であるならば、「かぬち/kanuti/＞かぢ/kadi/」のような変化の過程で、［kã～kan］のような音声が現れ得たとしても、それは非音便形 /kanu/ の不完全な実現にすぎず、［kãdi］［kaⁿdi］のような音声が、/ka/＋/di/ の音節連続と同定されれば、ただちに対応する音素連続の磁場に取り込まれ、既存の標準的な音声連続として実現する、つまり鼻音要素が消失するのが通常のあり方であろう。もしも、「音便」が起こったあとの濁子音が前鼻音を伴っているのであるならば、最初から濁子音一般が前鼻音を伴っていたと考える方が自然なのである。

ただし、前鼻音を伴う濁音と前鼻音を伴わない濁音とが、いったん音韻論的に対立し、清音とあわせて三項対立が形成されていた段階があったというのならば、その後（日琉祖語の段階までに）二系統の「濁音」が前鼻音を伴うものに統合されたとしても、合流方向が不自然ということはない。可能性としては残されるものの、柳田（二〇〇二）においては、そのような想定まではしていない（というよりも、この「音便」を上代語の段階の現象として論じている）ようであるし、三項対立説は、大掛かりな想定の割には、仮説としてのメリットは乏しい（第四項も参照）。

（三）

一方、清濁の対立そのものが存在しなかったところに、清子音と清子音に前接する鼻音性を持つ要素とが融合して、濁子音が成立したという考え方もあり得る。このような考え方によれば、合流方向の不自然さは、そもそも問題にならなくなる。この考え方を採用するのは、連濁現象を連声濁の一種と捉えている立場であるが、さらに、《（狭義）連声濁による濁音》と《連濁による濁音》のどちらが先行したと考えるかによって、二つの立場に分かれることになる。《連声濁による濁音》が先行したと考える場合、つまり、連濁現象が発達する以前から濁音が存在したと考える場合、連濁現象が、なぜ語構成を不透明化しなかったかを説明することが難しくなる。

《連濁による濁音》が先行したと考える場合（高山倫明〈二〇一二〉は控えめながら、この可能性を示唆している）、第一節第三項で述べたように、合成語の前項と後項との間に介在する、助詞「の」「に」等との融合により、後項冒頭の清子音が濁子音化したとする解釈は不自然な点が多いし、その不自然さを回避するために、介在する要素を抽象化して「連濁素」のようなものを立てれば、未知の文法機能を持った要素を想定することになる（母音を伴わない鼻音形態素を想定すれば、音節構造の観点からも未知の要素を想定することになる）。既知の要素の組み合わせのみで説明しようとする仮説に比べると、どうしても優先順位の低い仮説ということになってしまう。また、連濁現象の発生時から、清濁の対立は音韻の対立であったことになる（少なくとも異音 allophone では有り得ない）。清濁の交替が、構成要素の意味の区別には関与しないという連濁現象の特殊性と、濁子音が複数の音素の融合体であるという仮説は、かなり距離があるので、何らかの説得力のある説明、あるいは、他の言語における類似の現象の提示が求められるであろう。さらには、濁音が持っている諸特徴（アクセントに似た性質を示すこと、濁音形オノマトペが持つニュアンスの問題など）や、「ほと＞ほど（程）」「はさま＞はざま（間）」のように、単純語の内部の清音が濁音に変化するシステム等も、説明すべき課題として残されることになろう。

以上のような理由で、本書においては、「濁子音が前鼻音を有するのは、前接した鼻音性を持つ要素と融合したものを起源とするため」という解釈は採用しないのである。

第一二項　撥音挿入形について

「促音挿入形」に対して、「撥音挿入形」と言うべき形式が存在する。意味の切れ目に撥音が挿入される例としては、「まんまる」「まんなか」「熊ん蜂」「丸太ん棒」「田んぼ」「ありんこ」「あんな」「こんな」などが、単純語の内部に撥音が挿入される例としては、「あんまり」「おんなじ」「かんな（鉋）」「すんでの（ところで）」「とんがる」「とんび」「なんにも」「（その）まんま」「みんな」などが指摘できる。近世語の撥音挿入形については、岸田（一九八七）に豊富な実例が挙げられている。

比較的古い文献資料の例としては、以下のようなものがある。

［意味の切れ目］

如〈コトキン〉……者〈ハ〉〔高山寺本古往来院政期点109〕

已〈ステン〉ニト云ハ〔解脱門義聴集記一・三五ウ〕

［単純語内部］

豈〈アンニ〉〔高山寺本古往来院政期点40〕

憒　クンネル（〇〇上平）〔観智院本類聚名義抄・法中四九オ〕

鈍　カンナ〔蓮成院本類聚名義抄・下一・三七オ〕

この他、「こんがり」「うんざり」「のんびり」「ひんやり」「ふんわり」等の「リ延長強勢オノマトペ」があるが、それについては第三部第三章において述べた。

一部（「ありんこ」「どろんこ」「ゆきんこ」の類）を除いて、鼻音あるいは濁音の前に撥音が挿入された例である。古く濁子音は前鼻音化していたので、いずれも後続子音を延長した結果として、撥音が発達した音形と、一括して整理することができる。

しかしながら、意味の切れ目に撥音を挿入する場合も、単純語の内部に撥音を挿入する場合も、促音挿入に比べると例が乏しく、現代語では、ほとんど生産性を失っていると言って良い。促音挿入と撥音挿入との、このようなアンバランスな関係は、どのようにして形成されたのであろうか。

本書の立場では、そもそも「促音挿入」は、「撥音挿入」と対をなすのではなく、「清音の濁音化」と対をなすものと捉えていた。「みぎっかわ／みぎがわ」「あおっぱな／あおばな」のように、同じ要素の組み合わせで、促音挿入形と連濁形とが併存する事例もあった。

ところで、本書においては、「非鼻音／鼻音」で対立していた清濁が、再音韻化によって「無声／有声」の対立に転換したことにより、母音間での清子音の有声化は起こらなくなったという歴史を想定していた。その結果、「やまかわ（山川）」**jama-kapa［jama-kaba］、「やちまた（八街）」**ja-timata［ja-timada］のような〈非連濁②〉と、「赤＋き」**akaki［agagi］、「高＋く」**takaku［tagagu］のような〈非連濁①〉（第八項参照）との音声差が解消されてしまった。この〈非連濁②〉と〈非連濁①〉との間に存在した、結合度の差を標示するための別形式として、「促音挿入形」に、新たな存在理由が生じたと説明できるかもしれない。ただし、同格型の合成語や後項が既に合成語である右枝分かれ型合成語において、促音挿入形が形成されやすいという事実はないと思われる。

一方の連濁形は、過去から現在に至るまで、その機能を十分に担うものとして存在し続けているから、撥音挿入形が積極的に使用範囲を拡大していく必要が生じなかったと説明できるかもしれない。

第一三項　東北方言における母音の無声化について

（一）

東北方言や東関東方言（栃木・茨城および千葉北部）において、母音間の清子音（共通語のカ行・タ行子音に対応する子音）が有声化することはよく知られている。たとえば、共通語の「タカ（鷹）」「カキ（柿）」「ハタ（旗）」「イト（糸）」「モツ（持）」に対応する語は、それぞれ［taga］、［kagï］、［hada］、［ẹdo］、［modzïi］のように発音される（母音の音声には地域差があるが、ここでは単純化して示しておく。また、これらに相当する語が、すべての地点で使用されているわけではない）。しかし、東北方言の大部分の地域（#福島南部を除く地域）においては、この有声化した清子音は、本来の濁子音（共通語のガ行・ダ行子音に対応する子音）と混じることはない。なぜなら、共通語のガ行・ダ行子音に対応する子音は、これらの方言では、母音間で［-ŋ-］［-ⁿd-］で対応し、「タガ（箍）」「カギ（鍵）」「ハダ（肌）」「イド（井戸）」「モズ（百舌）」は、それぞれ［taŋa］、［kaŋï］、［haⁿda］、［ẹⁿdo］、［moⁿʥü］のように発音されるからである。鹿児島県の一部（頴娃町〈現南九州市〉方言）や、沖縄県与那国島にも、これに準じるタイプの方言が存在する。このような方言の存在は、本書における連濁の起源についての仮説の、重要なヒントとなったものである。ちなみに連濁形に対応する合成語の内部境界には、「ハグキ（歯茎）」［haŋüŋï］、「トモダチ（友達）」［tomoⁿdaʥü］のように、原則として鼻音の方の子音が現れる。

　しかし、現代の東北方言などに見られる状態が、日本語の古い姿を、今に伝えるものであるのかとなると、問題はそれほど単純ではない。むしろ、清子音の有声化は、東北方言において生じた、独自の新しい変化とする解釈が主流となっているようである。

（二）

　その最も重要な根拠は、この清子音の有声化が、「チカイ（近）」［tsü̥kɛ］、「シタ（舌）」［sü̥ta］のように、無声化した母音の後では起こらないという事実であろう。通常、母音無声化が先行して起こり、その後に「有声」母音に挟まれた清子音のみが有声化を起こしたと解釈されることになる（宮島一九六一）。この母音無声化の条件は、共通語の母音無声化（無声子音に挟まれた狭母音）の場合よりもやや狭く、後続母音が非狭母音の場合に限定されるとも説明されるが、実際には例外も多く、無声化の条件は、完全には解明されていない（地域による差もある）。そして、この母音の無声化は、ハ行転呼現象よりも後に生じたものと解される（「キハ（際）」×［ki̥φa］、「クハ（桑）」×［ku̥φa］等からは、［kiwa］、［kuwa］への変化は起こらないという見通しによる）ので、東北方言における清子音の有声化は、歴史的にもかなり新しい現象であると理解されることになる。つまり、ハ行転呼→母音無声化→清子音有声化、という順番で変化が起こったと推定するのである。

宮島（一九六一）の解釈は十分に辻褄の合ったものであるけれども、唯一の解釈というわけでもない。宮島には以下のような説明がある。

> つまり、国語史的に見て、「母音の無声化は子音の有声化以前に起こった」ということである。でなければ「下」は sita＞sida＞（si̥da＞）si̥ta という順序に変化したことになって、現在「シタ」という形を保っていることを説明するのがむずかしくなる。
>
> 一方、子音の無声化とは、「ざぶとん」「短かい」がそれぞれ
>
> za⁽ᴺ⁾butoɴ＞za⁽ᴺ⁾pu̥toɴ
>
> mi⁽ᴺ⁾zikai＞mi⁽ᴺ⁾ci̥kai
>
> と変化したような事実をさす。これはあきらかに母音の無声化にもとづくものであり、したがってそれより前に起こったものではない。そしてまた子音の有声化よりおそい変化でもない。また、ガ行にこの変化がないことから見て、おそらくガ行が鼻音化したあとだろう。

「下」に関して、宮島は出発点に sita を設定しているが、これは［sida］という音声形から出発する立場もある以上、検証として不十分である。東北方言の一部に、桑［kɯ̥̈φa］、暗い［kɯ̥̈ɾ̥ɛ˞~kɯ̥̈ɕɛ˞］のような音形が存在するので、

下［sü̥ta］のような音形も、［süda］＞［sü̥da］＞［sü̥ta］のごとき、無声域の拡張（声帯振動開始の後倒し）とする説明も、無下に否定することはできないであろう。沖縄県石垣島（白保）方言の、「花［p̥ʰḁna］」「島［si̥ma］」「風［kʰḁtʃi］」のような音形も思い合わされたい。

「座布団」「短かい」に関して、宮島の音韻表記ではやや分かりにくいが、座布団ならば［ʥaᵐpü̥toɴ］、［ʥapü̥toɴ］のように、無声子音に前鼻音を伴う地域と伴わない地域があるということである。いずれの場合にしても、無声化した母音に前接する濁子音が無声化したものと説明するが、そもそも母音が無声化している理由（無声化の条件）の説明がなく、やはり検証として疑問が残る。「座布団」は「ざ＋ふとん」の連濁形であって、「ふとん」［ɸü̥toɴ］の［t］は、三項対立の子音体系が成立した後は、無声音に固定されようから、［ʥaᵐbütoɴ］＞［ʥaᵐbü̥toɴ］＞［ʥaᵐpü̥toɴ］のごとき、無声域の拡張（声帯振動停止の前倒し）と説明できるのではないだろうか。「短かい」の歴史的仮名遣いは「みじかい」であり、これが［mitsü̥kɛ˙］のような音形になるためには、四つ仮名の混乱が前提になるので、有声音の状態から説明を開始しなければならない。「しつこい」［sü̥tsükoe］のように、形容詞「～こい」は有声化する環境にあっても無声音で現れることが知られており、「みじかい」の「かい」もこれと同様であるならば[1]、［miⁿʥükɛ˙］＞［miⁿʥü̥kɛ˙］＞［miⁿtsü̥kɛ˙］と変化したと説明できるかもしれない。他の濁子音無声化の場合も、後続音節の無声子音の影響で狭母音が無声化し、さらに無声化母音に前接する濁子音が無声化した、と説明されることになろう。結局、濁子音の無声化が、母音間での清子音の有声化に先行したと断定することはできず、この濁子音の無声化は、東北方言の歴史の中で、比較的新しい現象であるとも考えられるのである。なお、宮島が濁子音の無声化の説明の中で述べる「ガ行の鼻音化したあと」とは、［ᵑg］＞［ŋ］の変化よりあとということであり、この変化は絶対年代も、他の現象との相対年代も不明であるため、ここでの議論には影響しない。

つまり、東北方言においては、「無声子音の影響で隣接する狭母音が無声化し、さらに隣接する有声子音をも無声化することがある」と、「下」「座布団」「短かい」を統一的に説明できる可能性も出てくるのである。

（三）

母音無声化の問題を、さらに多くの現象と絡めて考察した、井上（一九八〇）を見てみよう。

井上は、清子音の有声化に先行する現象として、母音無声化の他に、①「サ行ハ行非破裂音」、②「ラ行ハ行カ行五段動詞の音便化」を想定し、清子音の有声化よりも後の現象として、③「ラ行一段動詞の音便化」を想定する。この解釈も十分に辻褄の合ったものではあるが、決して唯一可能な解釈というわけではない。

①に関して、清子音が有声化するのは、カ行タ行のみであって、ハ行は有声化しないのであるから、清子音の有声化が起こった時期には、すでにハ行子音が摩擦音化していた（[p]ではなくなっていた）とし、さらに「有声化が古代日本語の段階からあったという説の否定にはつながる」と述べる。しかし、語中のハ行音はハ行転呼現象によりワ行音化するのであって、第一章第三節で早田（一九七七a）を引用したように、語中のハ行子音は、[-b-]＞[-β-]＞[-w-]のごとき経緯でワ行音化したとする解釈もあるのだから、ハ行子音の摩擦音化が、清子音の有声化に先行したというのは、唯一の解釈では有り得ない。また、サ行子音も有声化しないことから、サ行子音が破擦音から摩擦音へと変化したとすれば、清子音の有声化はその後に起こったとする解釈であるが、そもそも清子音の有声化現象が、音韻の区別に関わらない音声レベルでの異音に過ぎなかったとすれば、単独の発音（語頭の発音）と同じ音声で現れようとする潜在的圧力が一方にあったはずであり、サ行子音が破擦音の段階には有声化していたが、摩擦音に変化した後は有声化しなくなったという説明も成り立とう（同じ事は合成語の境界部分のハ行子音についても言える）。つまり、清

子音有声化と、①「サ行ハ行非破裂音」との相対年代を決定することは、そもそも不可能であろうと考えるのである。
②に関して、ラ行五段動詞の促音便化よりも、清子音の有声化が先行したと仮定すると、「取った」の場合、原形：torita (ri)、有声化：torida、促音便化：todda となり、実際の形：totta と合わなくなるので、促音便化の方が先行したと説明する。一方、③「ラ行一段動詞の音便化」とは、（福島県や山形県の一部で）「借りた」「流れた」「取られた」が促音便を起こして、「kadda～kaddʒa」「naŋadda～naŋaddʒa」「toradda～toraddʒa」のようになる現象で、促音便のあとの清子音が有声音で現れる点が、ラ行五段動詞の場合と異なる。つまりこちらは、清子音の有声化の後で、促音便が起こったと説明されることになる。しかし、井上自身が可能性として述べているように、②については、「促音のあとに有声阻害音が立たない」という規則が働いて、todda が許容されずに totta になったという説明も可能である。ラ行一段動詞の場合との違いも、清子音の有声化が音韻の枠を越えない異音に過ぎなかった段階の現象と、三項対立が形成されて、無声・有声の交替が許容されにくくなった段階での現象との違いと、時代差の問題として説明すれば、特に矛盾はないであろう。

ハ行五段動詞が促音便を起こすことに関して、母音無声化の起こらない山形県大島方言を例に挙げて、清子音有声化が促音便化に先行したと仮定すると、「買った」の場合、原形：kaɸita(ri)、kaɸita、有声化：kaɸida、促音便化：kadda となり、実際の形：kattaと合わなくなるので、促音便化の方が先行したと説明する（母音無声化の起こる方言の場合は、どちらの順序でも結果は同じ形になる）。しかしこれも、ラ行五段動詞の促音便形の場合と同様に、「促音のあとに有声阻害音が立たない」という規則が働いたと説明することも可能である。なお、第三部第七章で可能性を示したように、ハ行五段動詞の促音便形がΦ音便を経由したとすれば、ハ行転呼現象が一般化したあとでも、促音便化が起こりえた可能性がある（kabida> kaɸta（or kapta）>katta）。

カ行五段動詞がイ音便を起こすことに関して、清子音有声化がイ音便化に先行したと仮定すると、「書いた」の場合、原形：kakita(ri)、母音無声化：kaki̥ta、有声化：kaki̥ta（作用しない）、イ音便化：kaita となり、実際の形：kaida（>kɛːda）と合わなくなるので、イ音便化の方が先行したと説明する。しかしこれも、母音無声化が清子音有声化に先行するという前提自体が絶対的なものではないので、唯一可能な解釈というわけではない。早田（一九七七ａ）に「白き>白い　/siro-ki/［sirogi～siroɣi］>［siroji］」と示されているように、「［kagidari］>［kajidari］」のように説明すれば良いからである。

以上、井上（一九八〇）の議論を検討してきた。井上の解釈でも矛盾はないのではあるが、それ以外の解釈も決して不可能というわけではなく、清子音の有声化を、ここまでに取り上げられた諸現象より前の段階に生じたものと仮定しても、それなりに説明は成り立ってしまうのである。

もっとも井上は、慎重に以下のような記述を添えていることを、最後に紹介しておきたい。

この内的再構・相対年代は、構造主義以前の歴史言語学でもしばしば利用されてはいた。ただ、過去の音韻変化を最も単純な形で再構成するわけだし、また過去の音韻変化がそのまま後の共時的体系に痕跡を残すという仮定に立っている。必ずしもそうではないことは気づかれていたが、ことに生成文法における音韻規則の適用順序が過去の音韻変化をよく反映するようで実は相異点があることから、この点の研究が進んできた。

一言語の諸方言の音韻規則を比較したり、一方言の歴史的変化を追うことによって、音韻規則の変化には、単なる規則の付加・除去のほか、適用順序変更や適用範囲変更などの類型のあることも明らかになった（参考文献略）。従って、共時的に組みたてた音韻規則の順序は、必ずしも過去の歴史的変化の順序と一致しない。

東北方言の音韻についてこの章で述べた内容も、歴史的推定というよりは、むしろ生成文法でいう音韻表示から音声表示を導くための共時的規則の順番の設定といってよい位である。歴史的変化として最も単純なルートを仮定したわけだが、実際の変化はもっと複雑で、変化の順序も入れ違っているかもしれない。

本項で提示した東北方言の歴史についての別解釈も、まったく同じ問題があることは言うまでもない。

本書で問題にしているのは中央語の歴史であって、そもそも現代東北方言から再構成される歴史とは、無関係といえば無関係である。また、東北方言は、古くは近畿地方の言語、後には江戸・東京の言語の影響にさらされ、絶えず新しい単語を外部から移入し続けてきた。言語接触に起因する変化、つまり内的に自然発生した変化とは異なる、「不自然」な歴史的変化を孕んでいる可能性も十分にあろう。「母音の無声化」と「清子音の有声化」とは、本来は逆の方向性を持った現象であり、これが一つの方言内に共存していること自体が、そもそも不思議なことなのである。

【注】

（1）「みじかい」「やわらかい」等の「かい」が無声音［kɛː］で現れるか、有声音［gɛː］で現れるかは、東北方言内部においても一定しない。

第一四項　アクセントに似た性質について

亀井（一九六五）以来、濁音（にごり）がアクセントに似た性質を持っているということは、さまざまな観点から指摘されてきた（小松英雄一九七一・木田一九七八・清瀬一九八五・豊島一九九二・大槻一九九九など。第一章第六節参照）。

①平仮名・片仮名において、清濁を書き分けなかった。

②連濁によって結合が標示される。

ヤマ（山）＋トリ（鳥）→ヤマドリ（山鳥）

cf. アクセントにより結合が標示される（日本語・英語）

ユ［キ］（雪）＋ダ［ルマ（達磨）＝→ユ［キダ］ルマ（雪だるま）

black bóard（黒い板）→bláckboard（黒板）

③一単位中、最大一回しか現れない。

④日本語話者（古代～現代）の直観。

「清音に「にごり」が加わると濁音になる」

「清音を強めると濁音になる」

右の中でも、連濁と合成語アクセントの関係性については、特に注目されている問題である（杉藤一九六五、佐藤大和一九八九など）。本項で特に問題にしたいのは、連濁現象において、清音が濁音化するのが、合成語の内部境界部分であるということと、合成語アクセントの一つの典型として、アクセント核が置かれる場合には、合成語の内部境界にできるだけ近い所（後項の初頭、または前項の末尾〈の音節〉）に置かれるということである（上野一九九七）。

合成語におけるアクセント核の位置

a前項の末尾

トマリ］ギ、キ］バコ、カサ］タテ、ウシロ］アシ、ワル］グチ

b後項の初頭

カミソ］リ、フデタ］テ、ムギバ］タケ、ハタケシ］ゴト、パイプオ］ルガン

ただし、後項が二モーラ以下の場合、合成語アクセントは不規則であるし、後項が三モーラ以上であっても起伏型

の場合には、元のアクセント核の位置が保たれる傾向があるので、実際には、これに合わない例も多い。

そもそも、ある合成語のアクセントが、起伏型になるか平板型になるかを完全に予想するのは難しいのであるが、それは、ある合成語が連濁形を取るか非連濁形を取るかを予想するのが難しいのと同様である（「長さ」が関与的であるという点は一致している。第一〇項「ローゼンの法則について」も参照のこと）。

杉藤（一九六五）において、「〜田」型の日本人の姓が、連濁する場合には「岡田（オカダ＝）」「増田（マスダ＝）」のように平板型が多く、連濁しない場合には「久保田（ク」ボタ）」「栗田（ク」リタ）」のように起伏型（有核型）が多い、ということが指摘されて以来、連濁とアクセントとの関係については、さまざまに検討が積み重ねられてきた。つまり内部構造標示の機能に関して、アクセント核と連濁による濁音は補い合う関係を持つのかどうかということである。しかし、一般論としては、前掲のａ・ｂの例からだけでも明らかなように、起伏型で連濁するもの、平板型で連濁しないものもかなり多く、杉藤の指摘が、どの程度まで連濁とアクセントの相関関係として認められるのか、疑う向きも多かった。近年、太田・玉岡（二〇一七）により、この問題に関する詳細な調査・実験が行われ、「（一部の）固有名詞の場合は、連濁とアクセントの一方が選ばれる傾向があるのに対し、普通名詞や無意味語の場合は、そのような関係にはなっていない」という結論が提示された。このような結果を予見して、田中（二〇〇五）においては、

もちろん、一般の複合語には両方ある場合も多いのだが、上のような現象は固有名詞に特に観察される。なぜなら、固有名詞はまとまりが強いので、２つのうちいずれかで境界標示すればよく、普通名詞は生産的であるぶんまとまりが弱いので、より境界標示が重要になり、両方で行う傾向があるからであろう。また、上の傾向は、連濁する場合としない場合が同等くらいなければ調べられないが、普通名詞は生産的に連濁を起こすのに対し、地名や人名など固有名詞には連濁しない場合も多く含まれるので、そのこともアクセントが連濁に取って代わる１

つの理由であろう。

と述べる。「まとまりが弱い」→「境界標示が重要」という論理には、もう少し説明が欲しいところであるが、歴史的な観点を取り込まない共時分析としては、右のような説明になるのであろう。ただし、太田・玉岡の研究成果では、普通名詞が、連濁とアクセントの両方を選ぶ傾向があるということにはなっていない。田中による一連の日本語音韻研究は、本書とは理論的立場が大きく異なるものであるが、合成語において、アクセント核も（連濁による）濁音も、境界標示機能を持っている（or 持っていた）と分析する点においては一致している。なお、単純語までを含めれば、アクセント核一般が、常に境界標示機能を持っているわけではないことは了解されようが、それと同様に、「濁音」が常に境界標示機能を持っているわけではないことも、また当然のことである。

本書の通時的立場から、太田・玉岡の研究成果を解釈するならば、以下のように推測することになる。

連濁とアクセントは、合成語の内部境界標示機能を、それぞれ別々に発達させた。本書の立場においては、連濁による内部境界標示という方式は、日琉祖語以前の段階で成立したものであり、清濁の対立の音韻化により、境界標示機能は抑制され、連濁形の濁音は、結合標示機能を前面に立たせるようになったと考えることになる。アクセントによる結合標示および内部境界標示は、連濁現象よりも相対的に新しいものであることが予想されるが、これは確実ではない。平安アクセントに、結合標示・内部境界標示の性質（あるいは傾向）がすでに見出される一方で、平安アクセントよりも前の状態を知ることはできないからである（方言アクセントの比較は、この場合には無力であろう）。

どちらが先行するにしても、連濁とアクセント核を併用せずに一方のみを採用するのが、相対的に古い方式であったと推測する。この古い方式は、固有名詞において、慣用として維持される傾向があった。しかし、濁音もアクセント核も、合成語の境界部分以外にも現れるものであるため、いずれの境界標示機能もさらに背景化が進行してゆき、相対的に新しい方式においては、その適用が不規則化している（類推など、境界標示とは別種の要因に干渉されやすくなっている）。つまり、どちらか一方のみがある場合、両方がある場合、両方ともにない場合と、さまざまなケースが生じていると説明することになる。

以上、濁音（にごり）が持つとされるアクセントに似た性質について、ここでは、連濁と合成語アクセントの関係に限定して考察した。この他、①平仮名・片仮名において、清濁を書き分けなかった（アクセント核も濁音も表記に反映しない）、③一単位中、最大一回しか現れない、④日本語話者（古代〜現代）の直観、等々、さまざまな角度から、濁音（にごり）とアクセントの類似については言及されてきた。

しかしながら、濁子音の持っている音声的特徴を、どのような角度から切り取ろうと、濁子音が、その他の音を排する形で、アクセントに似た性質を示す理由を説明することが困難であるのが、大きな問題であった。自律分節音韻論 autosegmental phonology は、不完全指定 underspecification という概念を導入して、日本語では濁子音にのみ有声性を指定し、それにより濁音の振る舞い（特にライマンの法則）を説明しようとした。共時分析としてはそれでも良いのかも知れないが、通時的な研究の場合、隣接する別の現象も統一的に説明する必要があるので、調音音声学的な裏付けを欠いた説明は、必然的にパラドクスを生じさせることになってしまうのである。

本書の濁音論においては、濁音自体が、語中の清音を強調することによって生じた異音を起源とすると想定しているので、その強調が「強さ」であるにせよ、「長さ」であるにせよ、プロソディに通じる性質を帯びているのは、言わば必然的なことであった。また、本節第六項でも言及したように、濁音が単純語中に最大一回しか現れないという現象を、濁音の持っている頂点的性質として捉えるならば、ライマンの法則も、濁音のアクセント的性質を反映したものと説明できることになろう。

第一五項　濁音形のオノマトペについて

カタカタに対するガタガタ、サラサラに対するザラザラ、トントンに対するドンドン、ペラペラに対するベラベラのように、濁音形オノマトペは、清音形（半濁音形）のオノマトペに対し、「強い・粗い・汚い・不快・重い・鈍重・下品……」等の意味を担っていることは、しばしば指摘されることである（上田一八九五、小松英雄一九八一など）。この日本語オノマトペの清濁システムは、新しく創出される、あるいは臨時的に使用されるオノマトペにも適用される、きわめて生産性が高いものである。オノマトペは、どの言語においても、音と意味との間に、ある程度の相関性を持つものであろうが、無声子音・有声子音の間に、これ程の整然とした体系性を持ったオノマトペを発達させている言語は、かなり珍しいようである（朝鮮語のオノマトペの平音・濃音・激音の間で類似の現象があるとも言われるが、日本語の場合ほど徹底的ではないらしい）。音韻としては異なるものである清音と濁音とが、ほぼ同じ意味のまま、ニュアンスのみを変化させるというオノマトペの清濁システムは、背後に一般語彙における連濁現象を持っている日本語だからこそ、何の違和感もなく成り立つのであろう。

古代日本語（固有語）には濁音で始まる語はなかったと考えられているが、オノマトペに関しては、「しはぶかひ鼻ビシビシ〈毗之毗之〉に（万五・八九二）」のように、上代語の段階から濁音で始まるものが存在した。清音形のオノマトペと濁音形のオノマトペとの間に、後世と同様の対応関係があったのかどうかは、きわめて感覚的な問題であるだけに、確認不可能と言わざるを得ないが、のちに、「がに」「ざま」「だま」「ずれる」のような減価濁音形（鈴木孝夫一九六二、遠藤邦基一九七七）や、「がなる」「だます」「ずるい」のようなマイナスの含みを持つ濁頭語が発達したのは、濁音始まりのオノマトペが、すでに「強い・粗い・汚い……」等の含みを持っており、それが下地になったからである、と説明するのが妥当であろう。本来は中立的意味を持っていた濁音始まりの語群が、グループ全体として、ある種のコノテーションを持つ方向へと変化したと解釈するのは、やや難しいように思われる。もっとも、減価濁音形や濁頭語は文献資料に現れにくかっただけであって、上代語あるいはそれ以前から、日本語に潜在的に存在していた、という可能性も否定しきれないので、濁音で始まる語の中で、濁音形のオノマトペが最も早いものであるとは限らないのであるが。

文献資料を尊重し、濁音形のオノマトペの登場がもっとも早いものであるとしても、それと連濁現象との関係は、これもまた不明であるということになる。音韻としては区別があるのに、意味を変化させないという意味で、連濁現象、たとえば「やまどり（山鳥）」における「とり～どり」のような関係は、オノマトペにおける清音形と濁音形との関係と、何らかのつながりがあることが予想される。減価濁音形の「ざま」「がら」なども、合成語の連濁形より切り出されたものから出発した可能性が高いであろう。

しかしながら、連濁現象の場合は、後項が濁音化することによって、「強い・粗い・汚い……」等の含みが生じることはない。あくまで中立的意味は保たれている。なぜ、オノマトペの場合は、濁音で始まることによって、この種の含みを持つようになるのであろうか。これを濁音の持っている音声的特徴そのものから説明するのは、まず無理であろう。本来語頭に立つことのない音を、あえて語頭に立たせたことによって、インパクトが生じるのである、という音配列則からの説明もあり得ようが、それでは、ラ行で始まるオノマトペが、相当時代が下るまで現れず、現れた後も、特段のインパクトを持つ訳ではないことは、どのように説明されるのであろうか。

本書の立場では、以上のような問題を、そもそも「濁音」は、（語中の）清音を強調した結果として生じたものであったからと説明することになる。本質として、清音の強化形であった濁音を、オノマトペの語頭位置に拡張利用したため、濁音形のオノマトペは、清音形に対して「強い・粗い・重い……」等の含みを持つことになる。また、オノマトペの典型である擬音語は、現実の音を模したものであり、現実の音の音量が大きければ、「汚い・不快・下品……」等の印象を与えることになろう。「本来語頭に立つことのない音を、あえて語頭に立たせたことによって、インパクトが生じる」という説明を否定するわけではないが、それだけでは、十分に説得力がある説明だとは、思えないのである。こうした観点から見ると、連濁の起源を弱化の一種（ゆるみ）と捉える、同化説や連声濁説は、濁音形オノマトペの問題とは、相性が悪いということになるであろう。

つまり、本書の立場では、連濁現象は、濁音始まりのオノマトペに、歴史的に先行すると考えることになる。そしてさらに時代が下って、減価濁音形や濁頭語などの、濁音始まりの一般語彙（固有語）が発達したと考えるのである。

第一六項　促音・撥音との関係について

第三部「撥音・促音論」において扱った「促音」「撥音」と「清音」「濁音」との歴史的関係を、本書の立場から整理すると以下のようになる。

日本語の歴史における促音・撥音の登場は、閉音節の出現、つまり音節構造規則の重大な転換を意味する。本居宣長『漢字三音考』（天明五年〈一七八五〉刊）で、漢字音の子音韻尾（入声韻尾・鼻音韻尾）の影響で促音・撥音が発達したという見解を提出され、この見解が支持されたこともあった。しかし、言語を構成する様々な要素の中でも、音声・音韻は、言語接触による他の言語の影響を最も受けにくい要素とされ、漢字音の子音韻尾を受け入れる際にも、そのまま受け入れることができたもの、既存の音節構造に合わせた形に加工して受け入れたもの、定着するまでに紆余曲折があったものと、さまざまな経緯が存在したのであった（第三部参照）。つまり、そのまま受け入れることができた外来音は、それを受け入れるだけの音声的下地が、日本語の側にもともと存在したのであると考えるのが、現代の日本語研究における主流の考え方となっているのである（亀井一九七二など）。したがって、促音・撥音の発達は、漢字音の影響ではなく、本質的には日本語の内的な変化であると考えることになる。

閉音節を持つシステムへの移行もまた、音節構造規則の基本的なレベルの転換を意味するので、やはり、日本語の内部に、潜在的にそれを生じさせ、定着させる下地があったと考えなければならないであろう。本書においては、撥音に「m音便」「量的撥音便」、促音に「Φ音便」「促音便」と、それぞれ二種類の音便現象を想定している（第三部第一章・第七章参照）。これらを生じさせた、日本語の内的な契機について検討してみよう。

m音便・Φ音便は、後続音に制限がなく、音価も固定した撥音・促音と想定したものである。［-m］［-ɸ］はともに持続性のある子音であり、m音便・Φ音便は成節的な性質も有していたと考えられる。

m音便が発達する音声的下地としては、まず、助動詞「む」「らむ」等が、文末位置において、開放を伴わない［-m˺］のような音声（あくまで/-mu/の異音である）で現れることがあったことが想定される。また、「うめ～むめ」「うま～むま」「うばふ～むばふ」のような、バ行・マ行の前位置において、「う」「む」の中和的音声として、成節的な［m̩］が実現していたと推定されるが、それもm音便発達の音声的な下地として想定できるかも知れない。

Φ音便が発達する音声的下地としては、同様に文末位置において、たとえば「おもふ」等が［omoɸ˺］のように発音されるなど、狭母音が摩擦に吸収されて消失したような音声で現れることがあったことが想定される。また、近畿地方の伝統的方言では、母音の無声化は顕著ではないが、現代共通語で、「下［ɕta］」「蓋［ɸta］」のように、無声化した狭母音が、摩擦に吸収されて消失しやすいのと同様の現象が、「思ふて［omoɸte］」のようなΦ音便形の前提として起こっていたかもしれない。

量的撥音便と促音便が発達する音声的下地としては、本章第二節や第三節第七項で述べてきたような、意味の切れ目などを強調するための、語（合成語・単純語）の内部における子音延長が想定される。「まっくら」「おんなったらし」「あっぱれ」等の促音挿入形は、強調のために延長された子音が、促音として分節されたことにより生じた形式ということになる。一方、子音延長が行われる際に、同時に声帯振動を維持しようとした場合、これを両立するための一つの方策として、「圧ぬき」が起こり、そこに鼻音（前鼻音）が発達することになる（第一項参照）。本書においては、この「圧ぬき」を清濁分化の契機と推定しているのであるが、この鼻音こそが、量的撥音便を発達させる音声的下地でもあったと考える。つまり、清濁分化の延長線上に、促音便・量的撥音便の発達を想定するのである。この関係は、現代語の和語において、撥音の後には清音・半濁音（カ行・サ行・タ行・ハ行・パ行）は立たず、促音の後には清音・半濁音しか立たないのを原則とするという形で継承されていることになる。ただし、m音便の撥音は後続音に制限がなく、清音の前にも立つことができたのであり、後世の撥音はこちらの性質も継承しているため、現代語の和語の撥音に関わる音配列則には、かなり例外が多くなっている。なお、量的撥音便が発達する音声的下地としては、「まんなか」「（その）まんま」のような、ナ行・マ行音の前の撥音挿入に発展するような、強調のための子音延長も存在したことは、言うまでもない。

第一七項　生成音韻論における清濁の扱いについて

本書において、ここまでは生成音韻論系の連濁分析について、直接的に言及することは、ほとんどなかった。それは、本書における通時的観点からの連濁論と、本質的に共時分析である生成音韻論における連濁現象の取り扱い（より広くは清濁の対立の取り扱い）とが、根本的な部分で相容れないものであるからである。もっとも、一口に生成音韻論と言っても、様々な理論的立場・分析が併存し、決して均質なものではないのであるが、以下には、現在の主流と目される、Ito & Mester の系統の考え方を中心に言及していくことにする。

日本語の連濁現象は、生成音韻論系の理論においても、積極的に取り上げられてきた。現時点での到達点や残された課題については、川原・三間（二〇一七）に要領よくまとめられている。初期の「音韻規則」に基づく分析、自律分節音韻論 autosegmental phonology と不完全指定 underspecification を用いた分析、最適性理論 optimality theory による分析と、理論の進展に伴い、その都度、連濁現象に新しい分析が提案され、また、連濁現象自体が、理論の展開に貢献するという面も持っていたという。連濁するという現象そのものの分析の他、代表的な話題としては、あらかじめ後項に濁音が含まれる場合には連濁が起こらないという「ライマンの法則」、そして（伝統的共通語の）ガ行子音が音声的には［ŋ］であって、ナ行子音［n］・マ行子音［m］と同範疇であるにもかかわらず、「有声阻害音」と同様にライマンの法則に関与する点などが、説明されるべき問題として取り上げられてきた。一連の研究は、日本語を研究対象としない研究者にも注目されてきたという。

どのような理論的立場であれ、具体的な個々の事実に関しては、何らかの説明を提出することが、同じように要求される。その意味で、生成音韻論系の研究が取り上げてきた様々な問題については、筆者としても十分に注意を払いたいと考えている。しかしながら、本書でここまで述べてきたように、濁子音の素性を［+voice］と設定して、現代共通語の清濁に関わる事象のすべてを同時に説明しようとする姿勢自体が、本書の通時的立場とは相容れないものであるため、連濁現象の分析についても、筆者にとって、共感できる部分が少ないものとなっている。実際の歴史的経緯とは無関係の、共時論的立場からの現代共通語の「記述」に過ぎないのであれば、筆者としても口を挟む必要はないのであるが、その分析が、しばしば通言語的な「普遍性」と結び付けて論じられているので、やはり本書の立場との相違を明らかにしておく必要があろう。

「（通言語的）普遍性」は、どのような理論的立場においても追究されるべきものであろうけれども、そもそも、この「普遍性」という概念そのものが、立場によって大きく異なることは、前提として押さえておかなければなるまい。極端な例を挙げると、コンピュータで言語処理をする学問分野において、ある関数が複数の言語に共通して想定できる場合、その関数が形成されるに至った歴史的経緯や、適用範囲の差違などを棚上げして、その関数に「普遍性」を認めるということもあるかもしれない。しかしながら、本書においては、身体的レベル（調音・聴覚のレベル）で説明できない「音韻規則」に普遍性を認めることには慎重な立場を取る。たとえば、/h/と/b/の交替現象が（系統的に無関係な）複数の言語に共通して観察されたとしても、ただちにそこに普遍性を見出すことはしない。日本語のハ行音～バ行音の連濁現象に見られるような、/h/と/b/の交替は、身体レベルで説明できる複数の普遍的現象に分解・還元して捉えようとするのが、本書の基本的な発想である。

一方、主流の生成音韻論系の連濁分析においては、ライマンの法則を説明するために、派生のある段階で、濁子音にのみ有声性［+voice］が指定されていると想定し、その有声性が、必異原理 obligatory contour principle によって、単位内での共存が禁止された結果、連濁が阻止されるのであるとする。つまり、母音やナ行・マ行・ラ行子音などには有声性が指定されていない（不完全指定 underspecification）とする分析である。しかし、本書の通時的立場においては、これは必要のない想定である（ライマンの法則を必異原理によって説明するとしても、他の要素の共存回避として説明するからである）。音声レベルの有声性は、声帯振動が、子音や母音を調音するための唇・舌の動きとは独立しているため、移動したり、結合したり、はじき合ったりと、アクセントに通じる振る舞いをすることがある。それが、自律分節音韻論において、有声性を自律的な性質を持つものとして分析できる、重要な調音音声学的裏付けとなっている。しかしながら、濁子音が、他の有声音（母音、/n-, m-, r-, -N/等の子音）から区別されて、自律的に振る舞うことを調音音声学的に説明するのは、まず不可能である。したがって、ライマンの法則から離れて、隣接する別の現象を取り扱う場合に、濁子音にのみ有声性を想定する不完全指定は、必然的にパラドクスを生じさせる。そして、このパラドクスを解消するために、二種類（または三種類）の有声性［+voice］を設定するという解決策が提出されることになった。本書の通時的発想ならば、パラドクスが生じた段階で、何かが根本的に間違っている可能性を考え、一から検討し直すところである。

不完全指定そのものは、日本語以外の言語についても適用を提案されているものであるので、その有効性自体をただちに否定しようとするものではないが、少なくとも、有声阻害音のみに有声性が指定されているという分析の普遍性の証拠として、日本語の連濁現象を挙げるのには、もう少し慎重であるべきであろう。生成音韻論の内部からも、有声性に必異原理が働くことの普遍性に対しては、懐疑的な見解が提出されている（Kawahara 二〇〇八）。

なお、ガ行子音とライマンの法則の関係については、本書においては、古代日本語において、語中の濁子音が前鼻音化 prenasalized していた（［^{ŋ}g-］［^{n}ʣ-］［^{n}d-］［^{m}b-］等）状態で連濁現象の形成を考察するので、最初から問題が存在しない。なお、ガ行子音の処理に関しては、最適性理論による分析にも多様な立場があり、現代語から出発するのではなく、Yamane-Tanaka（二〇〇五）や、それを批判する前田（二〇一六）のように、時代の古い方から順に考えてゆくタイプの分析に、本書としては強く共感する。

しばしば指摘されるように、アメリカで発達した生成文法は、言語の歴史について冷淡な面を持っている。もちろん、言語史に関する知識を持たない一般的な話者が、頭の中で行っている操作を明らかにしようとするという理論的立場自体は、十分な意義を有するものである。しかしながら、言語には、既存の形式の暗記的習得という側面も、必ず存在するのであり、共時分析から導き出された「規則」が、通言語的な普遍性を持つものであるのか、歴史的変化の結果として、個別言語的な歪みを含んだものであるのかは、その言語の歴史を参照しなければ、判定できないはずである。もともと非弁別的・余剰的だった音声が、特定の弁別特性に取って代わるような過程、つまり、歴史的に音韻の対立内容が変化する現象（再音韻化 rephonologization）は、言語史の授業で必ず言及されるような基本的な事象である。日本語の清濁の対立が、現代語に至るまでに再音韻化を経ているという見解は、決して本書独自のものではない。現代語から出発する連濁研究が、連濁現象の多くの面を明らかにすることはもちろん可能であるが、すべてを明らかにすることが不可能であるのも当然のことである。そもそも、ハ行子音の連濁（/h-/［h-］→/b-/［b-］）については、何らかの形で歴史的な経緯を組み込まないと、普遍性と絡めた分析ができないことは明白であろう。

繰り返しになるが、生成音韻論系の連濁分析が、共時的立場からの現代共通語の記述に過ぎないのであれば、不完全指定による分析も、十分に許容されるものであろう。しかしながら、本書の立場としては、その分析の先に、通言語的な普遍性を見出すことには、悲観的にならざるを得ないのである。

第四章　上代語における文節境界の濁音化

第一節　清音の濁音化と促音挿入

第三章第二節でも言及したように、現代共通語には、同じ形態素の組み合わせで、連濁形と促音挿入形が併存している語例が何組か存在する（カ行・サ行・タ行・ハ行から一組ずつを挙げる）。

みぎがわ／みぎっかわ、あおじろい／あおっちろい、うわづら／うわっつら、かわべり／かわっぺり

一般に、連濁形は融合、促音挿入形は分割、というイメージが持たれやすいが、複合語としての意味は原則として同じであり、形態素の結合度に差があるとは言いがたい。以上の例はいずれも狭義の複合語の例であるが、清音が濁音に変化する現象、促音が挿入される現象は、高山知明（一九九四・一九九五）で指摘されているように、さまざまなレベルにおいて平行的に見られるものである。以下、「連濁」という用語の慣例には収まらない事例をも扱うので、必要に応じて「清音の濁音化」と言い換えることにする。

「清音の濁音化」「促音挿入」が起こる環境には、以下のようなものがある（第三章第二節に挙げたものを抜粋・簡略化して再掲する）。

〈表一〉「清音の濁音化」と「促音挿入」

	清音の濁音化	促音挿入
①複合語の内部境界（上述）		
②派生語の内部境界 a接頭辞との境界	か黒き〈迦具漏伎〉〔万五・八〇四〕、小舟〈乎夫祢〉〔万一七・四〇〇六〕	マッスグ〔解脱門義聴集記四・五オ〕、マックラ〔同六・一ウ〕
②派生語の内部境界 b接尾辞との境界	子ども〈胡藤母〉〔万五・八〇二〕、そそく＞そそぐ	あっち、こっち、とっく（疾）
③付属語との境界	そ乙～ぞ乙（係助詞）、遊べども〈安蘇倍杼母〉〔万一五・三六一八〕	あしたっから、これっきり、あなたったら
④付属語と付属語の境界	今こそば〈許曽婆〉〔古事記歌謡三〕、君をば〈乎婆〉〔万三・四二三〕	食べたっきり、食べてっから、君にっしか言っていない
⑤単純語内部 a同音の連呼	かかやく＞かがやく（輝）、ささなみ＞さざなみ（漣）、あわたたし＞あわただし（慌）	
⑤単純語内部 bそれ以外	おきぬふ＞おぎぬう（補）、はさま＞はざま（間）、あた＞あだ（仇）、そほつ＞そぼつ（濡）	尤〈モントモ〉〔大日経疏長治元年点八76〕、純〈モンハラ〉〔同五616〕、ニックイ人チヤソ〔漢書列伝竺桃抄四8〕、やっぱり、あっぱれ、れっき（歴）

なお、通時的な研究の場合は、複合語・派生語および単純語を厳密に区別することはできないので、以上の区分も便宜的なものに過ぎない。また、「(これ)きり」「(たべた)きり」等の「きり」の品詞認定には諸説あるが、右の表では、便宜的に(名詞や接尾辞ではなく)すべて副助詞として扱った。

まず「促音挿入」であるが、⑤bの「あっぱれ」「れっき(歴)」のような単純語内部の促音挿入が、強調形であるということには異論がないであろう。一方、①から④の、意味の切れ目に促音が挿入される事例も、ある種の強調に由来すると考えることができる。「さとおや(里親)」と「さとうや(砂糖屋)」は、ぞんざいな発音では、ともに[satoːja]のごとくなって、区別ができなくなりうるが、意識的に区別して「里親」を発音すると、[satoʔoja]、さらに強調すると境界部分で声門閉鎖が、長めに発音されうる。「まっ暗」「猫っかぶり」「吹きっさらし」「女ったらし」など、意味の切れ目に促音が挿入される形式は、この種の語構成明示のための、内部境界の強調を音声的起源とすると推定される(実際には、②a「マッスグ」「マックラ」、②b「あっち」「とっく」のようなものは、⑤bの単純な強調と区別しがたい)。

本章では音声学的説明の詳細は略すが、清音の濁音化の場合も、起源としては、語中の清子音を強調(または延長)した場合に、声帯振動と閉鎖を両立するための「圧ぬき」が起こり、そこに鼻音が発達したことにより「濁音」化したものであったと考えている。つまり、清音の濁音化と促音挿入とは、いずれも語中子音の強調(延長)に由来するものであって、完全に平行する関係にある現象と考えることになる(前章参照)。

ところで、典型的な連濁は、複合語・派生語の境界部分で起こるものであり、文節の境界、つまり一語化していない場合には、濁音化は起こらないと考えられている。しかしながら、促音挿入の場合、必ずしも一語化していない場合であっても(文節の境界や、時に文の境界であっても)、同様の音声(長子音)が観察されることがある。

これと、それ［koreto【sː】ore］を下さい。

あぶない！　止まれ！［aβunai【tː】omare］

もちろん、音韻論的に促音が存在するわけではなく、話し手・聞き手の主観では、音の存在しない「ポーズ」ということになろう。「清音の濁音化」と「促音挿入」とを平行する現象として捉える場合、このような発音待機は、清濁の対立が音韻化して、意味の区別に関与するようになる以前ならば、「清音の濁音化」に相当する現象（発音待機の際の鼻音発達）として起こっていたとして不思議ではない（以下、この音声レベルの現象も、煩を避けるため「濁音化」と呼ぶ）。もちろん、清濁の対立が音韻化する以前（日琉祖語以前）の状態を、文献資料によって直接確認することは不可能である。しかしながら、濁音化し得た時期の何らかの痕跡が、文献資料にも見いだせるのではないか、そのような予想をもって、上代文献を観察すると、文節境界に濁音化が起きているように見える例は、意外に多いことに気づく。従来の研究では、「清濁表記の異例」として、清音に訓んでしまうことも多いのであるが、本章では、文節境界においても「連濁」が起こりえた可能性を検討していきたい。ただし、万葉集はもちろん、かなり厳密に清濁を書き分けているとされる古事記・日本書紀においても、万葉仮名の清濁異例を一切認めないというのは現実的でないので、まずは、ある程度まとまった数の実例を指摘できる事例から見ていく。

第二節　具体例の整理

第一項　動詞「散る」をめぐって

万葉集における動詞「散る」は、文節境界と目される位置においても濁音化して（厳密には濁音仮名により表記されて）「ぢる」となることがある。ある程度の例数があるので、単なる表記の上での異例とは考えにくいであろう。

花ぢらふ〈波奈治良布〉この向つ峰の乎《を》那の峰のひじにつくまで君が齢《よ》もがも　〔万一四・三四四八〕

ほととぎすいとねたけくは橘の花ぢる〈播奈治流〉時に来鳴きとよむる　〔万一八・四〇九二〕

言問はぬ木すら春咲き秋付けばもみちぢらく〈毛美知遅良久〉は常を無みこそ　〔万一九・四一六一〕

小学館日本古典文学全集『万葉集』（小島憲之・木下正俊・佐竹昭広校注）の頭注では、「連体修飾句としてはハナヂルと連濁していたかとも思われる〔一〇・一九六八〕」「連体格の場合はハナヂルと連濁するのが習慣〔一八・四〇九二〕」「複合語の中のチルは連体格の場合は連濁するのが一般〔一九・四一六一〕」のように解説し、この説明は、伊藤博『万葉集釈注』や、小学館新編日本古典文学全集『万葉集』（小島憲之・東野治之・木下正俊校注）にも積極的に引き継がれている。

四一六一番歌については、岩波書店日本古典文学大系『万葉集』（高木市之介・五味智英・大野晋校注）が、「この所、毛美知遅良久とあり、チの音が二つ重なるので、変字法を行うべく、チの音を表しうる遅を例外的に使ったものであろう」としたのに従って、現行注釈書でも、「もみちちらく」と訓むものが多く見られる。しかし、なぜ他の清音仮名チではなく、濁音仮名を用いたのかまでは説明できていないし、森山（一九六三）は、万葉集全体の変字法の分析により、この箇所については濁音ヂで読むべきことを主張している。ク語法は連体格に準じて考えることも出来るので、動詞「散る」について、濁音で詠む伝承があったと考えれば十分であろう。

第二項　名詞「かは（川）」をめぐって

「天の河〈安麻能我波〉〔万一五・三六五八〕他多数」は、現代語でも用いられる語であり、連体助詞「の」に後接する名詞が連濁を起こしている「例外的」な形である。「まつけ∨まつげ」「かきつはた∨かきつばた」「うなはら∨うなばら」「まなしり∨まなじり」などの歴史的変化は、古くは清音であったものが、語構成意識が緩んだため、連体助詞「つ」「な」に後接する清音が濁音に転じた例と説明されよう。「あまのがわ」の場合は、上代語の段階から濁音化していた（ただし、清音表記の例もあり）。同様に、語構成意識が緩んだがために、連体助詞「の」の後で「清音の濁音化」が起こったと説明されるかもしれないが、万葉集では「天川」「天河」「天漢」のように訓表記されることの方が多い「あまのがわ」の語構成が、そこまで不透明であったとは信じにくい。「つ」や「な」の場合は、連体助詞そのものが早くから古語化したため、本来の語構成が想起されにくくなっているということがあろうが、「の」の場合、そのような事情は想定しにくいであろう。文節境界においても濁音化が可能であった時期の痕跡が、固有名詞「あまのがは」に残った可能性も考えるべきであろう。類似の事例として、「隠国の泊瀬の川〈波都勢能賀波〉の上つ瀬に〔古事記歌謡九〇〕」が指摘できる（この例は、清濁表記の異例として処理されることが多い）。

　このような目をもって見ると、万葉集の以下のような例も疑わしく見えてくる。

【この川】許乃河泊〔一四・三四四〇〕、【安蘇の川原】安素乃河泊良〔一四・三四二五〕、【泉の川】伊豆美乃河波〔一七・三九〇八〕、【千曲《ぐま》の川】知具麻能河泊〔一四・三四〇〇〕、【安の川】夜洲能河波〔一八・四一二五〕、夜須能河波〔一八・四一二七〕

「河」字は、中国中古音で匣母字なので、日本漢字音では呉音ガ・漢音カということになる。万葉集では濁音仮名「ガ」であることが期待され、実際、「散りのまがひ〈麻河比〉は〔万一五・三七〇〇〕」「我が背子が〈河〉〔万一九・四二五九〕」「駿河〈須流河〉の嶺らは〔万二〇・四三四五〕」のように、濁音仮名として用いるのが原則である。万葉集では、万葉仮名（音仮名・訓仮名）を選択する際に、単純に音だけではなく、その漢字の意味についても配慮することがあることは、しばしば指摘されるところであり、「かは（川）」という語を表記するときに限り、音仮名「河」を清音カとして用いることが許容された、とするのが従来の立場からの説明となろうが、素直に「ガ」と訓むべき可能性も、頭から排除すべきではないであろう。

第三項　ミ語法をめぐって

あしひきの山田を作《づく》り山高み〈夜麻陀加美〉下樋を走《わし》せ（古事記歌謡七八）

ぬばたまの月に向かひてほととぎす鳴く音遙けし里遠み〈佐刀騰保美〉かも（万一七・三九八八）

峰高み〈弥祢太可美〉谷を深み〈多尓乎布可美等〉と落ち激つ清き河内に（万一七・四〇〇三）

「やまだかみ」は、日本書記の重出歌謡でも「椰摩娜箇弥（六九）」と濁音である。万葉集の「山高み」十一例はすべて訓表記であり、清濁が確定できない。一方、「さとどほみ」の場合は、「家遠く〈伊敝杼保久〉して（万一五・三七一五）」の例から考えて、「さとどほし」という一語の形容詞があったとしても不自然ではないので、その一語化した形容詞のミ語法という可能性がある。すると、「やまだかみ」についても、形容詞「やまだかし」のミ語法と解釈できるかもしれない（もちろん、「いへどほし」の方が文節境界の濁音化の可能性もあるのだが）。しかし、四〇〇三番歌の「みねだかみ」の例は、対になる「たに＋ふかみ」には助詞「を」（近藤一九八〇以降、間投助詞ではなく格助詞と認定するのが確定的となった）が介在しており、一語の形容詞「みねだかし」のミ語法だとすると、ちぐはぐな印象を受ける。

すでに上代語において、ミ語法として表現パターンが固定化しつつあった古い形式に、文節境界でも濁音化が起こりえた、過去のある時期の表現の痕跡が残っていた可能性も、考えてみるべきではないであろうか。

第四項　古事記・日本書紀の清濁相違例

以下は、古事記・日本書紀の重出歌謡の清濁が異なるもので、いずれも後接する動詞に関わる事例である。現代共通語では、「動詞＋動詞」（複合動詞）は連濁をしないのを原則とするし、「名詞＋動詞」「形容詞語幹＋動詞」は、新たに複合語を形成する力そのものを失っているが、古代語においては、「動詞＋動詞」「名詞＋動詞」「形容詞語幹＋動詞」の組み合わせにおいても、「ゆきがへる」「ことどふ」「ちかづく」などの如く、連濁形が存在し得た（森山一九七一bなど）。以下に挙げるのは、そのような差違をも踏まえた上で、なお解釈の上で問題が残る事例である。

畳なづく　青垣　やまごもれる〈夜麻碁母礼流〉大和しうるはし　〔古事記歌謡三〇〕

畳なづく　青垣山　こもれる〈許莽例屢〉大和しうるはし　〔日本書紀歌謡二二〕

「こもる」の清濁が記紀で異なり、依拠テキスト（日本古典文学大系『古代歌謡集』岩波書店）では、句の区切り方も食い違っている（現行の注釈書では、古事記に合わせて、日本書紀も「青垣／山こもれる」と区切るものもある）。この例については、「山ごもる」という一語動詞とみなすことも可能で、文節境界の濁音化の例と考える必要はないのであるが、「八雲立つ出雲の国は、我が静まります国と、青垣山廻らし賜ひて〈青垣山廻賜而〉、玉珍置き賜ひて守らむ〔出雲風土記・意宇郡・母理郷〕」「たたなはる青垣山やまつみの〈畳有青垣山山神乃〉奉る御調《みつき》と〔万一・三八〕」など、「青垣山」という単語が認められるので、日本書紀の区切り方の方が妥当のようにも思われる。もし古事記で連濁していることのみを根拠に、「青垣山」で区切る解釈が排除されているのであるとしたら、もう少し検討が必要であろう。

垣下に植ゑし椒《はじかみ》口ひひく〈久知比比久〉　〔古事記歌謡一二〕

垣本に植ゑし椒口びひく〈勾致珥比倶〉　〔日本書紀歌謡一四〕

「ひひく」はピリピリする意のオノマトペを起源とする動詞と考えられている。日本書紀においては「くちびひく」と連濁を起こしており、オノマトペ起源の語としてはやや不自然であるが、これは、文節境界の連濁ではなく、「口ひひく」で一語化しており、その連濁／非連濁の差と見なす解釈も否定しにくい。

その虻《あむ》を蜻蛉《あきづ》早咋ひ〈波夜具比〉〔古事記歌謡九七〕

その虻を蜻蛉早や食ひ〈波野倶譬〉〔日本書紀歌謡七五〕

「はや」は形容詞語幹であるが、古くは副詞用法〔「喪なくはや来《こ》〈波也許〉〔万一五・三七一七〕」「春霞（略）はや立ちにけり〈速立尓来〉〔万一〇・一八四三〕」など〕があり、この場合も動詞「くふ」に副詞的にかかっているものである可能性が十分にある。古事記では「はやぐひ」と連濁を起こしているが、日本書紀では「倶」は清音仮名「ク」であるので、連濁を起こしていないことになる。前述の通り、古代語では「形容詞語幹＋動詞」は連濁を起こしうるので、「はやぐふ」という一語動詞と見なしても不自然ではない。あるいは、「ひとりごと→ひとりごつ」のように連濁した複合名詞が動詞化することもあるので、名詞「はやぐひ」が先行して成立し、それが動詞化して「はやぐふ」が成立したという可能性もあるかもしれない。しかしながら、副詞「はや」と動詞「くふ」の境界で濁音化を起こしていた、つまり文節境界が濁音化していた可能性も、捨てがたいように思われる。

あしひきの山田を作り〈夜麻陀袁豆久理〉山高《だか》み下樋を走《わし》せ〔古事記歌謡七八〕

あしひきの山田を作り〈椰摩娜烏莵絇利〉山高《だか》み下樋を走せ〔日本書紀歌謡六九〕

古事記の例は「山田を／づくり」と訓むのは不自然であることから、「山田／小《を》づくり」と訓むべきかとも提案されている。しかしながら、接頭辞「を」が名詞・形容詞以外に冠された例は指摘しがたく、名詞「をづくり」と解釈するのも少々無理がある。この例も、文節境界が濁音化していた痕跡の候補としたい。

第五項　その他

以下、文節境界の濁音化であるかと疑われるものを列挙する。繰り返しになるが、上代文献に清濁表記の異例を一切認めないというのは現実的ではないので、あくまで可能性の指摘に留まるものである。

朝雨の霧〈疑理〉に立たむぞ若草の妻の命《みこと》　〔古事記歌謡四〕

みつみつし久米の子らが粟生《あはふ》には臭韮〈賀美良〉一本《ひともと》其ねが本其根芽つなぎて撃ちてし止まむ　〔古事記歌謡一一〕

夏草の阿比泥の浜の蠣《かき》貝に足踏ますな明かして通れ〈阿加斯弖杼富礼〉　〔古事記歌謡八七〕

隠国の泊瀬の川《がは》の上つ瀬に〈賀美都勢爾〉斎杙を打ち下つ瀬に真杙を打ち　〔古事記歌謡九〇〕

ひとりのみ来ぬる衣の紐解かば誰かも結はむ家遠く〈伊敝杼保久〉して　〔万一五・三七一五〕

天照らす〈安麻泥良須〉神の御代より安の川中に隔てて向かひ立ち　〔万一八・四一二五〕

石瀬野に馬だき行きて〈馬太伎由吉氏〉をちこちに鳥踏み立てて　〔万一九・四一五四〕

現代語の場合も、日本語（和語）の音配列則に反し、動・植物名では濁音始まりの語が珍しくないので、「臭韮〈賀美良〉〔古事記歌謡一一〕」の例については、このままでも問題はないかも知れない。「家遠く〈伊敝杼保久〉して〔万一五・三七一五〕」「天照らす〈安麻泥良須〉〔万一八・四一二五〕」については、一語化しているとすれば、単に連濁形であるということになろう。「馬だき行きて〈馬太伎由吉氏〉（「たく」は手綱を操るの意とされる）〔万一九・四一五四〕」は、「名詞＋動詞」の連濁形とも解せるが、後項が複合語の場合には、一般に連濁は起こりにくいので、連濁形と見るならば、「馬だき＋行きて」と解することになろうか。「朝雨の霧〈疑理〉に立たむぞ〔古事記歌謡四〕」「明かして通れ〈阿加斯弖杼富礼〉〔古事記歌謡八七〕」「上つ瀬に〈賀美都勢爾〉〔古事記歌謡九〇〕」は助詞に後接する位置であり、これが表記通りに濁音であったとすると、文節境界の位置で濁音化していることになる。

以上のような実例に対しては、清濁の対立が音韻化する以前の痕跡とする説明以外にも、いくつかの別解釈がありうる。

第三節　考察

一般的に、連濁が起こるのは「一語化」している場合であり、連濁は、一語化の積極的な標識であると理解されていよう。もちろん、現代語については、まったく異論はない。しかしながら、そもそも「語（単語）」という概念は、言語・語族により大きく異なる。現代日本語においてすら、漢語はかなり自由な振る舞いをし、理屈の上では、無制限に長い複合語を作ることが可能である（「国立大学法人東京大学前総長米寿祝賀会会場統括責任者」等々、アクセント単位は複数に分かれても、全体を一つの格助詞で承けるなど、文法的に一語の名詞として扱われうる）。一息で発音できる（息継ぎを必要としない）あたりが実質的な長さの上限となっていると思われるが、サンスクリット語のように、「息継ぎ」という人間の生理すらも無視したような、長大な複合語が作られる言語さえある。

「単語」という概念が、言語によって性質が異なるならば、一つの言語において、「単語」の性質が歴史的に変化するということも、十分に可能性として考えなければなるまい。三省堂『時代別国語大辞典　上代編』の「上代語概説」（第三章文法・語の認定・複合語）にも、「歌の中では、朝髪《アサカミ》・夕宮《ユフミヤ》・夕浪《ユフナミ》千鳥《チドリ》など、本来の日本語のみでかなり自由に構成された複合語が、後世に比べて多いと言えよう」とある。

あるいは、後世に比べて、連音変化現象が、語よりも大きな単位に及びやすかった、という方向の説明も可能であろう。森山（一九七一b）にも、「あるいは口誦的には動詞が単独に使われる際にも濁音化することもあったかと思われる」という見解がすでに示されている。上代における母音脱落は、「汝を置《き》て〈那遠岐弖〉〔古事記歌謡五〕」「色に出《づ》なゆめ〈伊呂尓豆奈由米〉〔万一四・三三七六〕」など、「格成分＋動詞」の境界部分でも起こり、また後世にも「比岐例底〈上平上上〉（ヘヒキイレテ）〔岩崎本皇極紀平安中期末点261〕」「莫惜〈サマラバレ〔平東上平東〕〉〈遊〉（ヘサモアラバアレ）〔図書寮本名義抄二五五1〕」など、アクセントが独立したまま母音脱落が起こることもあるので、母音脱落は必ずしも一語化の反映とは解されないようである。連濁の場合も、適用される環境を、もう少し緩く捉えてみる必要があるのかもしれない。

第五章　龍麿の仮説

第一節　連濁に関わる未解明の問題

連濁現象は、大きく二つのグループに分けることができる。「あさぎり」「やまばと」のような狭義の連濁と、「よみて→よんで」「あそびて→あそんで」「いかにか→いかが」「きぎし→きじ」「れん+くゑ→れんぐゑ（蓮華）」「わう+し→わうじ（皇子）」のような鼻音[1]の関与する連濁（連声濁）である。特に、前者の狭義の連濁については、どのような条件で連濁が起こるか（起こらないか）が、より不透明であるため、さまざまな連濁・非連濁の条件が検討・提案されてきた。それらの中には、ライマンの法則（後項にすでに濁音が含まれる場合には連濁が起こらない）のように、ほとんど例外のない強固なものから、連濁の起こりやすさ（起こりにくさ）の緩やかな傾向を指摘したに過ぎないものまで様々なものがあった。いずれにしても、歴史的変化・地方差まで視野に入れれば、狭義連濁は、不規則・可変的な現象であるということになる。

古代語の連濁については、（ア）清濁の別が標示された資料がごく一部に限定される、（イ）内省や質問調査により必要な語例を揃えることができない、等々の事情により、現代語の場合以上に、未解明な点が多く残されることになる。たとえば、「にせたぬきじる（たぬき汁の偽物）」「にせだぬきじる（贋だぬきの汁料理）」のような語構成による非連濁／連濁の差（Otsu 一九八〇）が、古代語においても成立したのかどうかを検証することは、まず不可能であろう。

本章および次章においては、以下の二つの問題について、古代語の連濁現象について言われていることが、どこまで文献上の裏付けを持っているのかを検証する。①は狭義の連濁、②は連声濁に関わる問題である。

① 上代語では、前項の末尾が濁音である場合には連濁が起こらない。

② 和語では、撥音の後の清音は濁音化する。

第二節　先行研究における龍麿の仮説の扱い

上代語においては、後世とは異なり、前項の末尾が濁音である場合に[2]連濁が起こらなかった、ということを主張した最も早い例は、石塚龍麿『古言清濁考』（享和元〈一八〇一〉年刊）（以下『清濁考』）であるとされる。近代以降の研究では、早く、三宅（一九三二）が龍麿の研究を詳しく取り上げ、その後、上代語の専門辞典として高い評価を得ている『時代別国語大辞典 上代編』（三省堂、一九六七）において、この仮説を採用し、見出し語の清濁の決定に利用したことは、よく知られている（ただし、巻頭の「上代語概説」には「前項末尾が濁音節であれば連濁しにくいという傾向があったようである」とあり、あくまで傾向として、龍麿の仮説を受け入れているようである）。今世紀に入ってからは、安田（二〇〇三）によって、学史的な立場から、龍麿の連濁論が再検討され、鈴木豊（二〇一四・二〇一七等）は、詳細な調査により、この龍麿の仮説を補強しようとしている。[3] 一方、理論言語学の方面では、Ito & Mester（二〇〇三）、深澤（二〇〇九）等によって、この仮説が取り上げられ、連濁が許容されなかった状態から、連濁が許容される状態への変化を、近年の生成音韻論の主流となっている最適性理論の枠組みによって分析している。古典日本語に関わる情報が、世界に向けて発信され、それが海外の研究者の興味を惹くとしたら、それは大変喜ばしいことではある。

しかし、この龍麿の仮説は、古代語の連濁を論ずる研究者の間で必ずしも通説になっているとは言えず、この仮説に言及しない（黙殺する）という消極的な形で、龍麿の主張に疑念を抱く研究者がいることも忘れてはならない。(4)「漕ぎ出め〈許藝泥米〉〔万一七・三九五六〕」「おのがじし〈各寺師〉〔万一二・二九二八〕」「散り過ぎず〈知利須義受〉〔万五・八一六〕」「遊べども〈安蘇倍杼母〉〔万一五・三六一八〕」(5)のように、上代語においても濁音の連続自体が禁止されているわけではない以上、この龍麿の仮説が、ライマンの法則ほど強固なものではない、単なる傾向を示すに過ぎないものではないか、という疑いも当然出てこよう。そもそも、龍麿の主張を裏付けるような事実は本当に存在するのであろうか？　龍麿の仮説に、どの程度の信憑性があるのか、十分に理解されないまま、あたかも古典日本語に関する、確定された事実であるかのように、世界に広まってしまうとしたら、やはり、見過ごすことは出来ない。龍麿の仮説が、連濁に関する一つの重要な仮説であることは認められるけれども、この仮説が、どの程度の事実の裏付けを持っているのか、以下に検証していきたい。

第三節　『古言清濁考』における関連記事

『古言清濁考』における、「上代には前項の末尾が濁音である場合には連濁が起こらない」という仮説に関わる記述は、以下のごとくである。●は濁音、○は清音を意味する龍麿の記号である。〔 〕内は割書。

いざかは〔大和ノ地名〕　さ●か○　伊邪河《カハ》〔古中開化〕伊社箇波〔紀同〕率去河《イザカハ》〔万七ノ八丁〕　此地名の清濁に

て、上ッ世には、濁音の二ッはつゞかざる事をさとるべし。後世人の唱へならましかば、イザガハと二ッともに濁らまし。故レ按に「ウヂガハ「ヨドガハなども、チトを濁れば、カをば清ムべくおもはる、駿河ノ国なるは、「フジカハ「アベカハと、今もカを清ミてとなふるをや。万葉廿に、久慈我波とあるは、東歌なれば、なべての例にはひきがたし。

くじがは〔常陸ノ国久慈ノ郡ニある川也〕　しか●　久慈我波〔万廿ノ廿七丁〕かく濁音のつゞきたるは、東歌ゆゑなるべし。

云々がべ　こは東語にて、言のうらへかへるカハと云フに同じ、二つ共に濁るは、東語故なるべし

大和の地名である「率川」は、後世ならば「イザガハ」と連濁するところを、日本書紀の「伊社箇波」の例から、上代には連濁していなかったことを指摘し、ここから、上代語一般の規則を「さとるべし」とする。ただし、「久慈川」が「久慈我波」と連濁しているのは、東歌であるが故の例外とする。

この仮説に基づいて、以下のように仮名書き例がない語についても、龍麿は、非連濁形を正しい読みと推定する。

しながとり〔枕詞〕か●　と○　志長鳥《シナガトリ》〔万七ノ十二丁、九ノ十七丁〕とを濁るは誤也

ただひと〔凡人〕た●　ひ○　但しかなは見あたらねど、濁音二ッは続かざる例なれは、如此定つ。

みづくき〔瑞茎〕つ●　く○　みづかき〔瑞垣〕つ●　か○　此二条はかな書はなけれども、濁音の二つつゞく例なければ、かならずかくあるべき事なりかし。

第四節　「川」を後項とする複合語

龍麿が挙げる例だけでは不十分であるので、万葉集における、その他の「〜川」等の仮名書き例を検討する。固有名詞に偏るという意味では、連濁研究の素材として最善ではないが、複合のバリエーションが仮名書きで最も豊富に揃うのは、「〜川」の例である。

まず最初に、龍麿が『清濁考』において、「〜川」という複合語について、何らかの関連する記述を加えている箇所を、抜き出しておく。

あすかゞは〔大和に有ル川ノ名〕上ノか○　下ノか●　阿須箇我播〔紀斉明〕阿須可河泊〔万十四ノ三十一丁〕某川といふか多く濁ル例也

いみづかは〔越中ノ国射水ノ郡ニある川ノ名〕つ●　か○　伊美豆河波〔万十七ノ四十二丁〕河を用ひたるは正しからず、又都を用ひたる処も違也。

おきながかは〔近江に有ル川ノ名〕上ノか●　下ノか○　於吉奈我河波〔万廿ノ四十九丁〕但し河を用ひたるは不正。

「飛鳥川」の項では「〜川」という複合語が、多くの場合に連濁することを述べている。また、「射水川」「息長川」の二項は、前項の末尾が濁音で終わる地名に「川」が付いた例であるが、ここで音仮名として「河」字が使われるのは「正しからず」「不正」であるとしている。音仮名としての「河」字は、中国中古音で匣母字なので、万葉集では濁音仮名「ガ」、日本書紀では清音仮名「カ」として用いられることが予想される。実際、万葉集では「散りのまがひ〈麻河比〉は〔万一五・三七〇〇〕」「我が背子が〈河〉〔万一九・四二五九〕」「駿河〈須流河〉の嶺らは〔万二〇・四三四五〕」のように、濁音仮名として用いるのが原則である。龍麿も、『清濁考』冒頭の万葉仮名一覧の中で、「河」字について、「河は葉中に濁音に凡廿処、清音に十処用たり、かれ今は濁としつ」と述べている。この説明と、本文中の記述とは、ややニュアンスが異なるようであるが、龍麿は、「河」字は濁音「ガ」を表す文字であるので、連濁を起こさないはずの「射水川」「息長川」の仮名表記において、「河波」を用いるのは誤りであると述べる。

以下、龍麿が挙例していないものも含めて、万葉集における、「川」「～川」「～川原」等の仮名表記の例を整理して挙げる（東国語の例を含める。小書きの例は、同語の別表記がある場合に参考までに挙げたもの）。

①清音仮名「可」「加」

【鵜川】宇加波〔一七・三九九一、四〇二三〕、宇可波〔一九・四一九〇〕、【片貝の川】可多加比能可波〔一七・四〇〇二〕、【初瀬の川】波都世乃加波〔一三・三二九九イ〕、【延槻の川】波比都奇能可波〔一七・四〇二四〕、【堀江の川】保利江乃可波〔二〇・四四六二〕、【松浦の川】麻都良能可波〔五・八五八〕、末都良能加波〔五・八五七〕

②濁音仮名「我」

【天の河】安麻能我波〔一五・三六五八〕、安麻能河波〔二〇・四三一〇〕、安麻乃可波〔二〇・四三〇八〕、【大屋川原】於保屋我波良〔一四・三三七八〕、【片貝川】可多加比我波〔一七・四〇〇五〕、可多加比河波〔一七・四〇〇〇〕、【久慈川】久自我波〔二〇・四三六八〕、【松浦川】麻都良我波〔五・八六〇〕、麻都良河波〔五・八五五、八六一、八六三〕

③濁音に読まれている「河」

【明日香川】阿須可河泊〔一四・三五四四〕、安須可河泊〔一四・三五四五〕、【天の河】安麻能河波〔二〇・四三一〇〕、安麻能我波〔一五・三六五八〕、安麻乃可波〔二〇・四三〇八〕、【鸕坂川】宇佐可河泊〔一七・四〇二二〕、【片貝川】可多加比河波〔一七・四〇〇〇〕、可多加比我波〔一七・四〇〇五〕、【佐保川】佐保河波〔二〇・四四七八〕、【飾磨川】思可麻河泊

〔一五・三六〇五〕、【多摩川】多麻河泊〔一四・三三七三〕、【玉島川】多麻之麻河波〔五・八五六〕、【利根川】刀祢河泊〔一四・三四一三〕、【饒石川】尓藝之河波〔一七・四〇二八〕、【松浦川】麻都良河波〔五・八五五、八六一、八六三〕、麻都良我波〔五・八六〇〕、【水無の瀬川】美奈能瀬河泊〔一四・三三六六〕、【?宮の瀬川】美夜能瀬河泊〔一四・三五〇五〕、【婦負川】売比河波〔一七・四〇二三〕、【山川】夜麻河泊〔一五・三六一八〕、【吉野川】与之努河波〔一八・四一〇〇〕、【雄神川】乎加未河泊〔一七・四〇二一〕

④清音と推定される「河」

【川】この河泊に〔一四・三四四〇〕、【安蘇の川原】安素乃河泊良〔一四・三四二五〕、【泉の川】伊豆美乃河波〔一七・三九〇八〕、【千曲の川】知具麻能河泊〔一四・三四〇〇〕、【安の川】夜洲能河波〔一八・四一二五〕、夜須能河波〔一八・四一二七〕

⑤龍麿の仮説により清音に読まれている「河」

【射水川】伊美都河泊〔一七・三九八五〕、伊美豆河波〔一七・四〇〇六〕、伊美豆河泊〔一七・三九九三〕、【息長川】於吉奈我河波〔二〇・四四五八〕

⑥（参考）前項末尾濁音で仮名書き例のないもの（仮に非連濁形で示す）

あどかはなみ【阿渡川波】、あどかはやなぎ【吾跡川柳】、いざかは【率川】、うぢかは【宇治川】、うぢかはなみ【宇治川波】、かむなびかは【神奈備川】、たどかは【田跡川】、ふじかは【富士川】、やそうぢかは【八十氏川】

④の例があることから、万葉集において、「かは（川）」等の仮名表記の一部に用いられているときに限り、⑤のように「河」字を清音「カ」と読むこと自体は、決して不当なことではない（恣意的ではある）。万葉集では、万葉仮名（音仮名・訓仮名）を選択する際に、単純に音だけではなく、その漢字の意味についても配慮することがあることは、

しばしば指摘されるところである。そのような配慮が、音仮名としての整合性よりも優先されたということであろう。なお④のように、「〜の」に後接する場合にも、実は連濁していた可能性があることは、第四章の「文節境界の濁音化について」も参照のこと。

以上の語例については、多くの注釈において、読みの清濁は一致しているようである。つまり、現行注釈書においては、「河」字は、原則として濁音仮名「ガ」として読んでいるものの、前項末尾が濁音である場合と、助詞「〜の」に続く場合（「あまのがは」を除く）に、清音仮名「カ」と認定しているのである。注釈作業としては、場当たり的に読み分けるよりも、以上のように一貫した方針で「河」を「ガ」と「カ」に読み分けるのが望ましいことは言うまでもない。しかし、連濁論の材料として、このように演繹的な処理を経たデータをそのまま使用するわけにいかないのは当然のことである。

結局、前項末が濁音である「〜川」の連濁・非連濁を考察しようにも、万葉集における該当する十二語（異なり語数）のうち、九語は仮名書き例を持たず（このうち、「率川」については、日本書紀の例により連濁を起こしていないことが確認される）、二語（延べ四例）は清濁を確定できない音仮名「河」で表記されており、残りの一語は連濁していることが確実であるものの東国語の例である。つまり、万葉集内部に限定するならば、連濁を起こしていなかったことを示す積極的な証拠は一例もないのである。さらには、「天の河〈安麻乃可波〉〔二〇・四三〇八〕」のように、濁音であることが期待される箇所に清音仮名が用いられることも、決して稀な例というわけではない（同一語であっても、清音形と濁音形の両様の表記が見える複合語は、他にも指摘できる）(6)。このような連濁・非連濁の認定の難しさは、「〜川」に限ったことではなく、上代の複合語一般に言えることである。

第五節　龍麿の仮説の検証

前項の末尾が濁音である複合語で、後世ならば連濁が起こると言えそうな語例は、いくつか指摘できるけれども、多くは上代文献に仮名書き例を持たない。たとえば、「旅人（たびびと）」「水茎（みづぐき）」「瑞垣（みづがき）」「菅笠（すがかさ）」「黄楊櫛（つげぐし）」等は、いずれも用例が訓表記のみであり、連濁したかどうかを知ることができない。それでは、当該条件（前項の末尾が濁音で、後世ならば連濁が起こると言えそうなもの。筆者の感覚によったが、念のためにやや広めに例を拾った）に当てはまる複合語で、仮名書き例のあるものは、どの程度存在するのであろうか？　それらの語例を検討することこそが、龍麿の仮説を検証する焦点となろう。

①しばかき【柴垣】　斯婆加岐〔記一〇七〕、之魔柯枳〔紀九一〕

同様の構成の「瑞垣」は、上代文献に仮名書き例を見ないが、鎌倉時代の資料において、「瑞籬〈ミツカキ（平平濁平上）〉〔観智院本類聚名義抄・僧上三六ウ〕」とあるので、上代にも連濁を起こしていなかったと推定するのが妥当である。しかし、「葦垣」「玉垣」「青垣」「組垣」「韓垣」も、上代文献において「安之可伎〔万一七・三九七七〕」「阿之可伎〔万二〇・四三五七〕」「多麻加岐〔記九四〕」「阿袁加岐〔記三〇〕」「倶弥柯枳〔紀九〇〕」「哿羅哿枳〔紀八八〕」のように清音仮名が用いられており、連濁を起こしていなかったようであるので、「柴垣」「瑞垣」が連濁を起こさないのが、前項の末尾が濁音であることが原因なのかどうかは確定できないであろう。後項に「垣」を持つ複合語で、確実に連濁を起こしているのは、「八重垣〈夜覇餓岐〉〔紀一〕」くらいである。

②**みづとり**【水鳥】美都等利〔万一四・三五二八〕、美豆等利〔万二〇・四三三七〕

この二例は、それぞれ、未勘国相聞往来歌・駿河国防人歌の例である。「久慈川」の例を、東国語であるが故の連濁として、例外扱いするのであれば、これらの非連濁例も、龍磨の仮説の証拠からは除外しなければならないであろう。なお、「鳥」を後項に持つ複合語の中には、他にも「群鳥〈牟良登理〉〔記四〕」「引け鳥〈比気登理〉〔記四〕」「鶉鳥〈宇豆良登理〉〔記一〇二〕」のような、後世ならば連濁を起こしそうな語の非連濁例がある。

③**たびころも**【旅衣】多妣己呂母〔万二〇・四三五一〕

上総国防人歌の例であり、やはり龍磨の仮説の証拠からは除外するべきである。「衣」を後項に持つ複合語では、他に「染衣〈斯米許呂母〉〔記四〕」のような非連濁例がある。

④**きびひと**【吉備人】岐備比登〔記五四〕

後項に「人」を持つ複合語は多いが、仮名書きされた例は少ない。前項が地名（およびそれに準じるもの）の例で仮名書きされたものを挙げると、「奈良人〈奈良比等〉〔万一九・四二二三〕」「須磨人〈須麻比等〉〔万一七・三九三二〕」「寸戸人〈伎倍比等〉〔万一四・三三五四〕」「大宮人〈淤富美夜比登〉〔記一〇二〕、〈於保美夜比等〉〔万一八・四〇四〇〕、〈於保美也比等〉〔万二〇・四四五九〕」「都方人〈美夜古可多比等〉〔万一八・四一一七〕」等、いずれも連濁していない。

⑤**ながひと**【長人】那賀比登〔記七二〕、那餓臂等〔紀六二〕

古事記では「世の長人」、日本書紀では「世の遠人・国の長人」の形で用いている。後世の感覚でも連濁を起こさないかも知れないが、一応挙げておく。日本書紀において対で用いられている「遠人〈等保臂等〉〔紀六二〕」も連濁を起こしていない。

⑥**すがたたみ**【菅畳】須賀多々美〔記一九〕

古事記以外には用例を見いだせない語。この例の場合は、反復記号の使用が、連濁の標示に優先された可能性が残るかもしれない。後項に「畳」を持つ複合語で仮名書き例があるのは、上代文献においては、この語のみであり、「皮畳」「絹畳」「木綿《ゆふ》畳」「薦《こも》畳」「八重畳」「磐畳」等はいずれも訓表記で、連濁したかどうかは不明である。

⑦あはびたま【鰒玉】安波妣多麻〔万一八・四一〇一、四一〇三〕

この語も、万葉集（およびそれを引用した後世の文献）以外には用例を見いだせない。複合語「〜玉」のうち、前項の末尾が濁音であるもので仮名書き例があるのは、後世も連濁を起こさない「ぬばたま〈奴婆多麻〉〔万五・八〇七〕他多数」のみであり、「勾玉（まがたま）」「首玉（くびたま）」は仮名書き例がない。

⑧はださむし【肌寒】波太佐牟志〔万二〇・四三五一〕

この例は、「寝ぬれどもなほ肌寒し」のように用いられている例で、複合語ではなかった可能性がある上、上総国防人歌の例である。

前項の末尾が濁音である複合語で、仮名書き例があるもの自体が、きわめて少ない。後世ならば連濁を起こすと思われる複合語で、連濁を起こしていなかった可能性がある語も、以上のように、前項末尾が清音の場合にも連濁を起こしにくかった組み合わせであったり、東国語の例であったり、平安時代以降には用いられない語であったりと、龍磨の仮説の証拠としては、何らかの問題を含んでいるものが大半を占める。確かに、前項の末尾が濁音である複合語で、確実に連濁を起こしている例は、東国語以外からは指摘できないのであるけれども、逆に、後世ならば連濁を起こしているのに、前項の末尾が濁音であるが故に、上代語において連濁を起こしていない例というのも、ほとんど指摘できないのである（そもそも非連濁の原因を一つに特定するのは原理的に不可能であるのだけれど）。

万葉集の場合には、しばしば濁音の期待される位置に清音仮名が用いられるため、非連濁の確例ということ自体が言いにくいということを棚上げするにしても、やはり、全体としてデータ不足の感は否めない。データが乏しすぎるため、たまたま、前項の末尾が濁音である場合に連濁が起こらないように見えるに過ぎないという可能性が否定しきれないのである。

隣接する問題になるが、現代語における「つじかぜ〔旋風〕」「ながたび〔長旅〕」のように、あらかじめ濁音を含んでいる要素同士の複合語が、上代語においては許容されなかったとは考えられない。実際、「たびやどり〔旅宿〕」「みづかげ〔水陰〕」のような結合は存在するからである。しかしながら、これらの語の実際の用例を挙げようとしても、「多日夜取〔万一・四五〕」「水陰〔万一〇・二八六二〕」のように、訓表記によるなどして、当該箇所に濁音仮名が使われていないものが大半を占める。「漕ぎ過ぎ〈許藝須疑〉〔万七・一一七八イ〕」「漕ぎ出〈許藝泥〉〔万一七・三九五六〕」は二つの濁音仮名を含んだ表記であるが、複合動詞ではなく動詞の並列であった可能性を、完全には否定しにくい。「門出〈可度弖〉〔万一四・三五三四〕」は、東国語の例である上、「で」の部分が清音仮名「弖」による表記になっている。万葉集の表記は、想像以上に資料としての偏りがあり、しばしば必要な情報が得られないのである。

ライマンの法則は、「単純語中には濁音が最大一回しか現れない」という、より上位の音配列則が、連濁という特定の現象に干渉したものであると解されている。しかし、龍磨の仮説には、これに相当する上位の音配列則〔「濁音の連続は禁止」または「合成語中には濁音が最大一回しか現れない」〕が、そもそも存在しないのである。

第六節　むすび

最後に、狭義の連濁には含まないことの多い「濁音化」の事例に言及しておく。

古典語の係助詞「ぞ」（文末のものは終助詞とする説もある）は、上代語資料においては、清音形「そ」と濁音形「ぞ」が共存していた。清濁が確定できる音仮名の例（訓仮名や補読の例は、清濁が確定できない）では、清音仮名によるものが圧倒的に多いため、古くは清音であったものが、平安時代にかけて「濁音化」したと推定されることが多い。この推定自体は、なお検討の余地があるものの、ここでは、上代においては、清音形「そ」を選択することが可能であったと仮定して、前接語との関係を見ていきたい。

濁音で終わる名詞に「ぞ」が付いた例としては、以下のものが指摘できる。

葦原の瑞穂の国は神ながら言挙げせぬ国　然れども言挙げぞ〈辞挙叙〉我がする　言幸くま幸くませと（略）

〔万一三・三二五三〕

右の例は、前接語が訓表記であるため確例とはしにくいが、古訓を含めて、「ことあげ〈辞挙〉」以外の読みは提出されていないようである。訓表記の一例のみというのは証拠として弱いが、そもそも上代語においては、濁音形「ぞ」の用例自体が乏しいのである。また、前接語に濁音が含まれる例としては、「なづみぞ〈名積叙〉我が来る〔万三・三八二〕」「なづみぞ〈名積序〉我が来し〔万一三・三二五七〕」があった。

濁音の助動詞に、濁音形「ぞ」が付いた例としては、以下のものがある。

（略）玉手の家の　八重子の刀自　出でましの　悔いはあらじぞ〈珥茹〉出でませ子（略）〔日本書紀歌謡一二四〕

（略）言ひづらひありなみすれどありなみ得ずぞ〈不得叙〉言はれにし我が身〔万一三・三三〇〇〕

清音形「そ」も選択できたか（濁音形「ぞ」が回避可能であったか）を立証することは困難であるが、事実として、上代語においても、濁音の直後に濁音形の係助詞「ぞ」を使用することが可能であったことになる。

現代共通語の連濁に関して、「そえぎ（添木）／つぎき（接木）」「なづける（名付）／きずつける（傷付）」のような例を挙げ、連濁の結果として同音が連続することになる場合には、連濁が起こりにくいと言われることがある（佐藤大和一九八九）。確かに「つぎぎ」「きずづける」は発音しにくいので、それが原因で連濁が回避されているという説明は納得のできるものである。しかし、これには「たびびと」「うなぎぎらい」「しらかばばやし」等、いくらでも反例が存在しうる。結局は、音声レベルでの発音のしやすさの問題であって、いわゆる「音配列則」とは異なるものであるということになろう。龍麿の仮説が有効であるとしても、それは、音声レベルでの発音のしやすさに関わる、非連濁の「傾向」に過ぎないものであったというのが、本書の見通しである。

【注】

（1）この現象が生産的であった時期、濁音は前鼻音を伴っており、漢字音のng韻尾に対応する「〜ウ」「〜イ」も鼻音性を持っていた（鼻母音であった）とされる。

（2）「前項に濁音が含まれている場合」とされることもあるが、認めにくい。当該条件で仮名書き例のある語は乏しく、適切な例を挙げがたいが、「（おきつ）なぎさびこ〈奥津那藝佐毗古〉〔古事記・上〕」「（たにはの）あぢさはびめ〈丹波能阿治佐波毗売〉〔古事記・中〕」「そでつけごろも〈蘇泥都気其呂母〉〔万二〇・四三一五家持〕」「いづてぶね〈伊豆手夫祢〉〔万二〇・四三三六家持〕（cf. 伊豆手の船〔万二〇・四四六〇〕）」等が反例となる。東国語では、「あづまぢ〈安豆麻治〉〔万一四・三四四二〕」「まだらぶすま〈万太良夫須麻〉〔万一四・三三五四〕」など。また、本文中でも触れるように、「たびやどり」「みづかげ」「こぎすぐ」のような濁音を含んだ要素同士の結合が禁止されているわけでもない。

（3）鈴木の一連の連濁研究は、丹念かつ緻密なものであり、本書においても、筆者（肥爪）が見落としていた多くの語例を、鈴木の論考により補うことができた。しかし、龍麿の仮説に関わる部分に関しては、この仮説に対して懐疑的な立場から見ると、鈴木の研究は、現象の切り取り方が恣意的であるように感じられる。狭義連濁に隣接する現象として、「そそく∨そそぐ」「たじろく∨たじろぐ」のような動詞接辞の問題を取り上げる一方で、「出でば〈山上復有山者〉〔万九・一七八七〕」「散り過ぎず〈知利須義受〉〔万五・八一六〕」（以上未然形接続）「遊べども〈安蘇倍杼母〉〔万一五・三六一八〕」（已然形接続）「語り継ぐべく〈可多理都具倍久〉〔万一七・三九一四〕」（終止形接続）のような動詞に接続する助詞・助動詞（西洋流言語学ならば、ともに verb suffix に分類されることもあろう）が接続する場合の濁音連続については言及することがない。学校文法の品詞分類は、一種の共通語として、本書においても利用しているけれども、あくまで便宜的なものであり、議論に直接・間接に関わる場合には、何らかの説明が必要であろう。一般論としては、連濁現象の典型である「自由形態素＋自由形態素」よりも、「自由形態素＋拘束形態素」の方が、緊密な結合（一体感の強い結合）であるはずである（たとえば、ハ行転呼現象は、助詞・助動詞・接尾辞には及ぶが、複合語の境界には原則として及ばない）。また、已然形接続の助詞「ど」「ども」「ば」は、それぞれ助詞「と」「とも」「は」の連濁形と説明されることが多いことにも注意が必要であろう。なお、鈴木が「原始日本語では語（複合語も）中に濁音は共存しなかった（濁音は1つまで）」と推定したのも、本文でも言及した「たびやどり（旅宿）」「みづかげ（水影）」「こぎづ（漕出）」「かどで（門出）」のような、連濁とは無関係に濁音を二つ含む語の存在を考慮しておらず、その可能性自体は否定できないが、推論の手順に不十分な点があることになろう。

鈴木が、前項の末尾が濁音である場合にも連濁が可能になるという、平安時代以降の状態への変化を、帰化人の獲得したピジン／クレオールの影響と推定するのは、やはり無理があろう（日本語が帰化人の言語の強い影響を受けた可能性自体を否定するものではない）。龍麿の仮説は、東国語には適用されないのであり、中央語よりも東国語の方が、帰化人の言語の影響を先行して受けたとするのは、不自然だからである。この不自然さを回避するために、東国語の連濁現象を、東国語における母音間の無声子音の有声化傾向に結び付けるのは、更に無理を重ねることになろう。それならば、万葉集の東国語の語彙は、もっと濁音だらけになりそうである。

（4）　肥爪（二〇〇三ａ）の注6において、「上代語では、複合語の前項の末尾が濁音である場合には連濁が起こりにくいと説かれることがある。（略）しかし、上代語は連濁の有無を確認できない語があまりに多すぎるので、本稿では保留しておく」と述べた。当時としては、中立的な表現をとったつもりであったが、やはり、このような記述をしたこと自体、龍麿の仮説を疑っていることを表明することになってしまった。

（5）　已然形接続の助詞「ば」「ど」「ども」は、それぞれ「は」「と」「とも」の連濁によるものと説明されることがある。本書においては、最初から濁っているものとして、連濁現象の考察からは除外している。論者によっては、これらを連濁によるものと説明している一方で、同一著作の別の箇所では、上代語においては前項の末尾が濁音である場合には連濁が起こらないと説明していることがあるのは、単純な事実の見落としであろうか。

（6）　「鳰鳥〈珥倍廼利〉〔紀二九〕：〈柔保等里〉〔万一五・三六二七〕」、「酒水漬〈佐可弥豆伎〉〔万一八・四〇五九〕：〈左加美都伎〉〔万一八・四一一六〕」など。

第六章　m音便の後の清濁

第一節　一般的な理解への疑問

和語の音配列則の一つに、「撥音の後には清音（無声阻害音）は立たない」というものが設定されることがある。歴史的な観点からは「撥音便の後の清音は濁音化する」と言い換えることもできる。第三部第一章においても述べたように、この音配列則には若干の例外があるのだが、その例外が生起する条件に関しては、現代語研究においても、歴史的研究においても、十分に検討されてきたとは言いにくいように思われる。本節においては、m音便の後の清音の濁音化（連声濁）の問題に限定して、考察を試みたい。

「撥音便の後の清音は濁音化する」というルールは、「よみて＞よむで（読）」「あそびて＞あそむで（遊）」「あきびと＞あきむど（商人）」（以上m音便）、「しにて＞しんで（死）」「なにと＞なんど（等）」（以上量的撥音便）のように、概ね成り立っているように見えるが、m音便に関しては、この濁音化が必須であったのかどうか、疑問となるようなケースがいくつかある。

『源氏物語』の冒頭は「いづれのおほむときにか（桐壺）」と、連声濁せずに音読される習慣があるが、この「おほむ」は「おほみ（甲）」のm音便形である。「おほむぞ（御衣）」などの例もあるが、接頭語「おほむ」は、一般に後続の清音を濁音化させない。この規則は、平安時代から一貫したものであったのだろうか？

また、m音便は、補助動詞「たぶ」「はべり」のように、あらかじめ濁音を含む要素の前でも起こることがある。青谿書屋本『土左日記』の「かみよゝり、かみもよむたび（一月二十日）」は、「よみ（読）」＋補助動詞「たぶ（賜）」のm音便形であるが、現行の注釈書は、[1] いずれも連声濁させない形で本文を提供しており、「よむだび」とするものは管見に入らなかった。

『百座法談聞書抄』には、「雲林院ニスム侍ケルコロ（オ245）」の例がある。「侍」は漢字表記ではあるが「ハベリ」と読んで問題ないであろう。「スミ（住）」＋補助動詞「ハベリ」のm音便形ということになる。活字翻刻・索引ともに清濁の判断を加えていないが、これは「スムハベリ」と読むべきなのであろうか、それとも「スムバベリ」と読むべきなのであろうか。

『梁塵秘抄』巻二（天理図書館蔵竹柏園旧蔵本・江戸時代写）には、「むこの冠者のきみ、なにいろのなにずりかこのうたう（三五八）」の例がある。「このうたう」は「このみたまふ」に相当するとされる。「このう」は「このみ」のウ音便形であり、バ行・マ行四段動詞のウ音便形は、後続の清音を濁音化していた可能性が高いので、ここでm音便に準じて取り上げることにする。現行の注釈書類では、この箇所の清濁を「このうたう」とするものと、「このうだう」とするものに分かれる。[2] 補助動詞「たう」は、「たぶ」から転じた補助動詞特有の語形であり、『平家物語』（覚一本系）に数例があり、とりわけぞんざいな言い回しであったらしい。ただし、他の文献には見当たらず、『梁塵秘抄』にもこの一例しか見えない。竹柏園旧蔵本は江戸時代の写本であるので、「たふ」の誤写である可能性もあろう。本来「たぶ」であったとすると、「このうたぶ」か「このうだぶ」かが問題になってくる。

この他、補助動詞「たうぶ」にも同様の問題があることが予想されるが、実例が管見に入らなかった。また、固有名詞では、歌人の藤原公忠・徳大寺公重は、それぞれキンタダ・キンシゲと読むのが慣例になっているが、「キン」は「きみ(甲)」のm音便形「きむ」に相当するので、連声濁を起こして、キムダダ・キムジゲとなってもおかしくないはずである。それ以前に、著名な藤原公任(きむたふ)は、「キントウ」と読むのが慣例であるが、本当に平安時代から連声濁を起こしていなかったのであろうか？

以上のような問題は、具体例が僅少であるためもあって、議論の俎上に載せられること自体がまずない。そして、いずれのケースにおいても、当時の清濁を直接知るための手掛かりが存在しないのである。

第二節　議論の前提としての二種の撥音便

ここでm音便について、再整理しておこう。中田（一九五一）により、平安時代には二種類の撥音便が存在したことが明らかにされた。すなわち、「つみたる＞つむたる」のように、ヒ・ビ・ヘ・ミ・モなどから変化した撥音のm音便と、「さかりなり＞さかなり」「いかにぞ＞いかぞ」のように、ニ・リなどから変化した撥音のn音便であり、前者はム表記、後者は零表記(または特殊符号)というように、表記の上で区別されるのを原則としていた。鎌倉時代以降、m音便の撥音が後続音に同化して[-n]に変化するなどして、この二種の撥音の区別が失われることになったと考えられている。

これに対し、第三部第一章において、いくつかの根拠を挙げて、m音便の撥音が、後続音にかかわらず固有の音価[-m]を持っていたのに対し、n音便と呼ばれているものの撥音は、(促音と同様に)後続音節に対する待機音であり、必ずしも、音声的に［-ŋ］に固定されていたわけではなかったという対案を提出した（n音便の撥音は、ナ行・マ行・濁音行の前に立つのを原則とし、この時期の語中濁音は前鼻音を伴っていた）。n音便とされるものの大半の事例がナ行・ザ行・ダ行の前の例であるのは、後続音が舌音の時に当該変化が起こりやすかったためと説明される（それ以外の音の前でも起こらないわけではない）。以下、n音便は「量的撥音便」と呼び換える。したがって、「音便」は以下の二つのグループに分けることになる。

Aグループ（イ音便・ウ音便・m音便・Φ音便）

通常の分節音。

有表記。既存の仮名を用いる。

音価固定。後続音に制限がなく、語末にも立ちうる。

Bグループ（量的撥音便・促音便）

韻律的性質が強い（時間的側面が重要であった）。

零表記。のち特殊符号を用いて表記。

音価は後続音に依存。語末には立たない。

量的撥音便の撥音と促音とは、完全な相補分布をなしており、ともに後続音節に対する待機音という性質で括れるので、音韻論的には一つのものであるとも解釈できる。その場合、鎌倉時代に至って、この待機音のうち、鼻音性を持ったものがm音便の撥音と合流し、鼻音性を持っていないものが、「促音」として独立したと解釈することになる。

以上のような見通しによる場合、「量的撥音便の後の清音は必ず濁音化する」と認定することになる（本来ならば、これも検証が必要であるが省略する）が、m音便の撥音は、後続音からの独立性が高く、「おほんありさま・おほむいらへ・おほむよろこび〔源氏物語絵巻〕」「なりひらのあそむ（＜あそみ〔甲〕）〔古今集高野切〕」のように、ア行・ヤ行・ワ行音の前や語末に立つこともあって、現代語の和語の撥音（量的撥音便の撥音の性質をより強く受け継いでいる）よりも音配列の制限が緩かった可能性がある。実際、前出の「おほむとき」「よむたび」のように、現代の読みの慣例では、m音便由来の撥音が、後続の清音を濁音化させないことがあるのである。そこで、m音便の後の清濁について、どの程度の事実が確認できるか、平安時代の資料を中心に確認することにする。

第三節　『類聚名義抄』による検討

m音便と量的撥音便の区別が保たれていたと考えられる時代、すなわち平安時代書写の資料で、清濁の区別が何らかの形で標示されているものは、きわめて少ない。しかも、m音便の例が拾えるものとなると、実質的に図書寮本『類聚名義抄』ぐらいしかなくなってしまう。そこで、鎌倉時代の資料も援用することにしたが、和歌には音便形が用いられないこともあって、『古今和歌集』等の声点本がほとんど利用できず、結果的に、観智院本『類聚名義抄』（明らかにm音便と量的撥音便の区別が失われている）等の増補本系名義抄を追加するにとどまった。以下に、m音便に相当すると判断される語例を、①濁声点の差声があるもの、②単声点の差声があるもの、③差声がないもの、に分けて列挙する。ただし、この種の声点資料の常として、濁音標示（濁声点の差声）は任意のものであり、単声点の差声が、清音であることを積極的に標示するものではないことは言うまでもない。

①濁声点の差声があるもの

籧篨　アムシロ（上平上濁◯）（元から連濁語？）〔観智院本僧上三六ウ〕

経営　トイトナムシトキ（○平平平上濁平平濁（ママ））〔図書寮本二八八〕
可怜　ウツクシムス（平平平上平平濁）〔図書寮本二五五〕
跢　ウトムス（上上平平濁）〔図書寮本一一八〕
王等　オホキムタチ（平平上上平濁平）〔観智院本僧上四一オ〕
訒　カタムス（上上平平濁）〔図書寮本八六〕
艱　カタムス（上上平平濁）〔観智院本僧下五四ウ〕
固　カタムス（○○○上濁）〔観智院本法下四四ウ〕
歩人　カチムト（平平平上濁）〔図書寮本一三三〕
苧　カラムシ（平平平平濁）〔観智院本僧上一九ウ〕
渋　スクムテ（上上平上濁）〔蓮成院本Ⅱ一〇ウ〕
隅　スムタテル（平平平濁上平）（元から連濁語？）〔図書寮本二〇四〕
垂　セムトス（○○平濁上）〔観智院本法下二一オ〕
擘　ツムサク（上平平濁上）（元から連濁語？）〔観智院本仏下本三六オ〕
懐　ナツカシムス（平平平上平上濁）〔図書寮本二四四〕
向　ナム〱トス（○○○○平濁上）〔観智院本法下二一ウ〕
且　ナンナムトス（平去上上平濁上）〔高山寺本四三オ〕
慇懃　ネムコロナリ（平上平濁平○○）〔図書寮本二四四〕
東　ヒムカシ（上上上濁平）〔観智院本僧下五一オ〕

蜏　ヒヲムシ（平平上平濁）〔観智院本僧下一四ウ〕

牘　フムタ（上上上濁）・フタ（上上濁）〔観智院本僧中一九オ〕

②単声点の差声があるもの

嬰児　アキムト（平平上上）？〔観智院本仏下末九オ〕

前駈　オホムサキオヒ（平平上上上平）〔観智院本僧中五二オ〕

渋　スクムテ（上上〇上）〔観智院本法上一一オ〕

欲　セムトス（上上平上）〔観智院本僧中二六オ〕

望　ノソムシニ（上上上上〇）〔図書寮本一六九〕

慰　ヤスムス（平上平平）〔図書寮本二六一〕

康　ヤムス（〇平平）〔観智院本法下五四オ〕

弭　ユムハス（平平平平濁）〔観智院本僧中一四オ〕

③差声がないもの

陋　イヤシムスル（平上東〇〇〇）〔図書寮本二〇七〕

儔　オムカシ（「面＋向かし」の意）〔観智院本仏上一六ウ〕

歔欷　ハナス、リカナシムテ（上上〇〇〇〜）〔観智院本僧中二四オ〕

上弦　カムツユムハリ（平上〇〇〇〇〇）〔観智院本僧中一四オ〕

渋　スクムテ（上上〇〇）〔図書寮本四八〕

懐　ナツカシムス（平平平平上〇）〔図書寮本二七三〕

行　ナム〳〵トス〔観智院本仏上二四ウ〕
且　ナム〳〵トス〔観智院本仏上四二ウ〕
諸臣等　マウチキムタチ（平平平〇〇〇〇）〔観智院本僧上四一オ〕
当　マサニ〜セントス（平上平〜）〔観智院本仏下末五ウ〕
卿等　マチキムタチ（平平〜）〔観智院本僧上四一オ〕
安安　ヤスカルヘキヲヤスムス（平上〜）〔観智院本法下二六ウ〕
慰　ヤスムス〔図書寮本二四六〕
挍　ヤ、ムスレハ〔観智院本仏下本二六ウ〕

「形容詞語幹＋ミ＋ス（サ変）」は、平安時代以降の和文にはほとんど見られなくなった語法であるが、そのm音便形は、「可怜 ウツクシムズ」「跢 ウトムズ」「訒・艱・固 カタムズ」「懐 ナツカシムズ」のように、規則的に連声濁したようである。現代語でも、「あまんじる」「かろんじる」「うとんじる」等は生き残っている。m音便の後の清濁を知ることのできる語例が、全体として乏しいにもかかわらず、「〜ムズ」の例が多く拾えるのは興味深い。ただし、「慰 ヤスムス（平上平平）」のように単声点が差されている例もある。

動詞の連用形に助詞・助動詞が付いたもののm音便形で、連濁していることが確認できる例は、きわめて少ない。助詞「て」が接続した「渋 スクムテ（上上平上濁）〔蓮成院本Ⅱ一〇ウ〕」、過去の助動詞「き」の連体形が接続した「経営 トイトナムシトキ（〇平平平上濁平平濁（ママ））〔図書寮本二八八〕」の各一例のみが確認できた。後者は文選読みの例で、「ケイエイトイトナムジトギ《ママ》」と読むものである。

複合動詞の例としては、「擘 ツムサク（上平平濁上）〔観智院本仏下本三六オ〕」の例があった。この語が「ツキサク」

ではなく「ツミサク」に由来することは、築島（一九六三）によって明らかにされたところである。現代語においては、複合動詞は連濁を起こさないのを原則とする。しかし、古代語では複合動詞が連濁を起こすことは禁止されておらず（第一章第四節等参照）、「オモヒハカル」が「オモバカル～オモムバカル」に転じたのも、原形の段階から「オモヒバカル」のように連濁を起こしていたと考えざるを得ない。「ツムザク」の場合も、元から「ツミザク」であった可能性を否定できないであろう。

助動詞「ム」に関し、後世ならば、「言わんとするところ」のように、撥音化しても連濁させない「～ムトス」は、「垂　セムトス（〇〇平濁上）〔観智院本法下二一オ〕」「向　ナム〳〵トス（〇〇〇〇平濁上）〔観智院本法下二一ウ〕」「且　ナンナムトス（平去上上平濁上）〔高山寺本四三オ〕」のように連声濁していた。ちなみに、キリシタン資料の段階では、助動詞「ん」は、後続の助詞「と」などを連声濁させなくなっている。

後続要素があらかじめ濁音を含んでいる例としては、「弭　ユムハス（平平平濁）〔観智院本僧中一四オ〕」があった。この語は「ユミハズ」のm音便形であろうが、「ズ」には濁声点が差されている一方で、「ハ」には単声点が差されるのみであるので、この場合は、後項に濁音が含まれているために連声濁が起こっていないと判定しても良いかも知れない。ただし、現代語の場合も、「ふんじばる（＜ふみしばる）」のように、撥音便の後の連声濁は、ライマンの法則よりも強く働くようであるので、濁声点の差声省略の可能性も残される。

「ふんじばる」以外にも、文献資料には以下のような例が指摘できる。

　ふみ＋はだかる　→　ふんばだかる

　　跋〈フンバダカル〉—馬〔運歩色葉集二六一7〕

ふみ＋はずす　→　ふんばずす

おらが内《うち》じやアちよいと踏《ふん》ばづすと直《ぢき》に横《よこ》ぞつぽうだ　〔浮世風呂・二編下・一一五16〕

ふみ＋そべる　→　ふんぞべる

とぼ口《ぐち》をまたぐが早《はゑへ》か、大《でへ》の字《じ》に踏《ふん》ぞべつて　〔浮世風呂・二編下・一一四7〕

第四節　m音便に後接する「たまふ」

前出の『土左日記』の「かみもよむたび」、『百座法談聞書抄』の「雲林院ニスム侍ケルコロ」、『梁塵秘抄』の「このうたう」等の例については、補助動詞「たぶ」「はべり」がm音便の後で連声濁を起こしたかどうかが分かる資料がまったく管見に入らないため、不明である。「弭　ユムハズ」の例と同様に、後項に濁音が含まれているために、連声濁が起こらなかった可能性があるが、類似の事象についての資料が十分に存在しないため、これ以上の検討は出来そうにない。そこで参考までに、「たぶ」の原形とされる「たまふ」の例を取り上げることにする。「m音便＋タマフ」についても、これが連声濁を起こしていたかどうか、見解が分かれているのである。

不労　ナヤム給（すし）て　〔岩崎本推古紀平安中期点16〕

愛之　メクム給て　〔岩崎本推古紀平安中期点19〕

妃寵　メクム給（みめ）　〔岩崎本皇極紀平安中期点209〕

遊　アソムタマフ　〔東大寺図書館本法華文句平安後期点二一ウ〕

履　フムタ（タ衍カ）給　〔高山寺本大日経疏永保点三680〕

痛　イタムタマフコト　〔岩崎本推古紀院政期点486〕

咲　ヱムタマフ〔最明寺本往生要集院政末期墨点・上六四オ〕
嫉　ネタムタマハム〔図書寮本允恭紀永治点118〕
嫉意　ネタムタマフミコ、（ろ）〔図書寮本允恭紀永治点144〕
令居　タマフ／ハヘラシム〔図書寮本允恭紀永治点146〕
好猷　シ、コノムタマフトマウサム〔図書寮本雄略紀永治点161〕
愛寵之　ウツクシヒメクムタマフ〔図書寮本雄略紀永治点443〕
寵臣　メクムタマフマチキム〔図書寮本用明紀永治点23〕
寵妃　メクムタマヒ（し）ミメ〔図書寮本皇極紀永治点195〕
望之　ミノソムタマフ（去上上平平上）に〔前田本仁徳紀院政期点103〕
好猷　シ、（平平）コノムタマフ（上平平平上）ト（平）マウサム（平上平平）〔前田本雄略紀院政期点138〕
愛寵　ウツクシヒメクムタマフ〔前田本雄略紀院政期点370〕
愛　コノムタマ□〔前田本敏達紀院政期点5〕
患於瘡　カサヤムタマフ〔前田本敏達紀院政期点195〕
遊　アソン玉ハ不（る）コト〔東大国語研究室蔵白氏文集四9〕(3)
嬉　タノシン玉フニハ〔東大国語研究室蔵白氏文集四14〕

日本書紀古訓の例が多くを占めるが、漢籍・仏典にも見えるので、ある程度、普遍性のある表現であったのであろう。ほとんどがバ行・マ行四段動詞の音便形の例である一方、「令居　タマフ／ハヘラシム〔図書寮本允恭紀永治点146〕」は、「ハヘラシムタマフ」で、下二段活用の助動詞がm音便を起こした例かもしれない（索引はそのように処理する）が、異訓の併記の可能性も残る。

「m音便＋タマフ」が連声濁を起こすのかどうか、研究者の間で共通理解もなく、この問題について言及したもの自体がほとんどない。東大寺図書館本『法華文句』平安後期点の「遊 アソムタマフ」について、西崎（一九九八）では、「この場合は清音であった可能性が高かったのではないかと考えられる」と述べているが、根拠は示されていない。

「m音便＋タマフ」の形は、平仮名文学作品においても若干の例がある。

　そこにはいむ給ふ事やあらんとする（うつほ物語・内侍のかみ・七七四6）

「忌みたまふ」のm音便形らしいが、新編日本古典文学全集『うつほ物語』（小学館）では、濁音化させずに「いんたまふ」と翻刻した上で、頭注で「「忌みたまふ」の音便形とする説に従うが、やや不審」と述べる。いずれにしても、「たまふ」の清濁については証拠を求めがたいようである。

かなり時代が下るが、後世の平曲においては、連声濁を起こさせる伝承があるようである（以下の例は同じ場面である）。

　同じうは大将の源九郎と組ン給（濁）マへかし（青洲文庫本平家正節巻十下壇浦合戦）

　同うは大将の源九郎とくんだまへかし（早稲田大学蔵前田流譜本平家物語十一上壇浦合戦）

鎌倉時代以降は、補助動詞「たまふ」自体が古語化・文章語化しているため、平曲においても、「m音便＋たまふ」の例は、この一箇所のみのようである。いずれも仮名または漢字に濁点が付されており、「クンダマエ」と濁って語る伝承があった。

しかし、「好獣、シ、（平平）コノムタマフ（上平平・平平上）（前田本雄略紀院政期点138）」「望之、ミノソムタマフ（去・

上上平・平平上）に〔前田本仁徳紀院政期点103〕」のように、平安時代には補助動詞「タマフ」のアクセントは本動詞から独立しており、撥音部分も後続音に同化せずに［-m］が保たれていたはずである。平安時代にも、m音便の後の清音が濁音化することがあることは、すでに第三節において確認したし、「擘、ツムサク（上平平濁上）〔観智院本仏下本三六オ〕」のような例から、アクセントが独立していること自体も、連濁を阻止する条件ではないことが知られるけれども、やはり、後世と条件が異なっている以上、平曲の伝承を根拠に、ただちに平安時代にも連声濁が起こっていたとは断言しにくいであろう。

なお、バ行・マ行四段動詞は、ウ音便形を取ることがあり、「アヨウタマウ〔草案集建保四年（一二一六）頃写〕」のように、補助動詞「たまふ」が後接する例も指摘できるが、清濁不明という点では、m音便の場合と同様である。

第五節　むすび

以上、本章においては、m音便に後接する清音が濁音化するか否かについて、検討を行った。前章で扱った龍磨の仮説（上代語では、前項の末尾が濁音である場合には、連濁が起こらない）の場合もそうであったが、古代語の連濁の研究においては、まず、事実を明らかにするために必要なデータが十分に揃わないという大きな問題がある。内省を参照することができないのは当然として、清濁を標示する資料自体が例外的な存在であって、万葉仮名および声点資料にほぼ限定されてしまうのである。そして、その僅かなデータについても、決して万全なものではない。万葉仮名の場合、時に清濁の書き分けが緩みやすく、清音仮名を濁音が期待される位置に用いることも稀ではない。また、声点の場合は、濁音の標示が任意であるため、濁音が期待される箇所のすべてに濁声点が差されるわけではない。つまり、万葉仮名にしても声点資料にしても、連濁を起こしている証拠としては有用であるが、連濁を起こしていない証拠として利用するには、不十分な面を持っているのである。こうした資料上の制約は、本書で取り上げることのできなかった問題を考察する場合にも、まったく同様の限界として立ち現れることになる。

最適性理論の隆盛などにより、理論系研究者が、古代日本語についても様々な発言をするようになったのは、大いに歓迎すべき事である。しかし、現時点では、たまたま目にした古代語についての学説を、あまりに素朴に信用しすぎてしまっている面があることは否めない。また、海外の連濁研究では、データを収集するために国語辞典や古語辞典を利用していることがあり、一定の客観性が担保できていることは認めるが、あくまで辞典類は、編者による加工の手が加わった二次的資料に過ぎない。国語辞典・古語辞典の編集に関わる者としては、辞典類の清濁認定の実状を知っているだけに、辞典を全面的に信用して研究データとすることには、強い危惧を覚える。特に古語辞典の清濁認定は、便宜的に処理をしたものが、かなり含まれているので、あまり信用されても困るのである。

一般に、自分の専門外の研究について、どこまでがその分野の研究者の共通理解で、どこからが個人的な見解であり、どのあたりが他の研究者が賛成しない珍説奇説であるのかを見極めるのは難しいことである。内省の働く現代語の場合なら、疑わしいものを疑わしいと直観的に判断できることも多く、その疑いを起点に考えを巡らせ、調査を展開すれば、おのずと反例が見つかるということもあろう。しかし、古代語研究の場合、疑わしいものに対する嗅覚も、それを検証するための技術も、結局は、自分の手を動かすことによって身につけるしかないのである。

研究が極度に細分化している現在、古代語研究の内部においてさえ、一人の研究者が、あらゆる分野・時代・資料に通暁するというのは不可能である。かつてのような、大家の職人芸的な日本語史研究は、今後ますます、成り立ちにくくなってゆくのであろう。その欠は、大規模コーパスの利用などにより、補ってゆくことになろうが、コーパスにはコーパスならではの、利用上の問題点が潜在している。結局は、研究者と研究者の連携という古典的方法により、解決してゆくしかないのであろう。

【注】

（1）「よむたび」とするのは、日本古典全書（朝日新聞社）・日本古典文学大系（岩波書店）・新日本古典文学大系（岩波書店）・新編日本古典文学全集（小学館）・鑑賞日本古典文学（角川書店）・新潮日本古典集成（新潮社）・萩谷朴『土佐日記全注釈』（角川書店）・野中春水『土佐日記新釈』（白楊社）・今井卓爾『土佐日記 訳注と評論』（早稲田大学出版部）など。さらに古く、青谿書屋本がテキストとして定番化する以前は、非音便形「よみたび」とする本文に従うのが一般的であった。

（2）〔「このうたう」とするもの〕日本古典文学大系（岩波書店）・新日本古典文学大系（岩波書店）。〔「このうだう」とするもの〕日本古典全書（朝日新聞社）・日本古典文学全集（小学館）・新編日本古典文学全集（小学館）・新潮日本古典集成（新潮社）・佐佐木信綱『梁塵秘抄』（明治書院）・植木朝子『梁塵秘抄とその周縁』（三省堂）。

（3）平安末〜鎌倉初期（治承四年カ？）の写本を、江戸時代に影写したものという。用例の存在は亀崎（二〇〇九）によって知った。

既発表論文との関係

〔序論〕

第一章・第二章・第三章　……書き下ろし

〔本論〕

第一部

序　章　……書き下ろし

　「唐音系字音」（『朝倉日本語講座2文字・書記』二〇〇五）の内容の一部を含む。

第一章　「拗音仮名「茶（茶）」をめぐって」（『茨城大学人文学部紀要　人文学科論集』第三九号、二〇〇三）を加筆修正した。

第二章　「ウ列開拗音の沿革」（『訓点語と訓点資料』第一〇七輯、二〇〇一）を加筆修正した。

第三章　「ウ列開拗音の沿革」（『訓点語と訓点資料』第一〇七輯、二〇〇一）の該当部分を大幅に加筆増補した。

第四章　「日本漢字音における拗音・韻尾の共起制限」（『訓点語と訓点資料』第一二七輯、二〇一一）を加筆修正した。

第五章　「音韻史　拗音をめぐる2つのストーリー」（大木一夫・多門靖容編『日本語史叙述の方法』ひつじ書房、二〇一六）の該当部分を大幅に加筆増補した。

付　章　「サ行拗音―開拗音と合拗音のあわい―」（『口訣研究』第四一輯、二〇一八）の内容を修正増補した。

第二部

第一章・第二章……書き下ろし

第一章には、「音韻史　拗音をめぐる2つのストーリー」（大木一夫・多門靖容編『日本語史叙述の方法』ひつじ書房、二〇一六）の内容を含む。

第三章「音節構造史から見た江戸語の連母音音訛」（近代語学会編『近代語研究』第二〇集、二〇一八a）を加筆修正した。

第三部

第一章・第二章「撥音史素描」（『訓点語と訓点資料』第一二〇輯、二〇〇八）の内容を分割し、加筆増補した。

第三章「「ひいやり」「ふうわり」から「ひんやり」「ふんわり」へ―撥音史からの検討―」（近代語学会編『近代語研究』第十九集、二〇一六）を加筆修正した。

第四章「撥音史から見た漢字音の三種の鼻音韻尾」（『訓点語と訓点資料』第一四〇輯、二〇一八b）を加筆修正した。

第五章「日本漢字音における喉内鼻音韻尾の鼻音性とその表記―清濁の対立との相関―」（『明海日本語』1号、一九九五）を加筆修正した。

「濁音標示・喉内鼻音韻尾標示の相関―観智院本類聚名義抄を中心に―」（『訓点語と訓点資料』第一一六輯、二〇〇六）の内容の一部を含む。

第六章　「日本漢字音における喉内鼻音韻尾の鼻音性―「㋓イ」の形をとる場合―」（『山口明穂教授還暦記念　国語学論集』明治書院、一九九六）を加筆修正した。
第七章　「Φ音便について」（『訓点語と訓点資料』第一三二輯、二〇一四）を加筆修正した。

第四部
第一章　……書き下ろし
第二章　「悉曇学者行智の江戸語音声観察―ガ行音の場合―」（『明海日本語』3号、一九九七）
「山県大弐の悉曇学と国語音声観察」（近代語学会編『近代語研究』第十八集、二〇一五）を再構成した。
第三章　以下の論文を再構成し、大幅に加筆増補した。
「ハ行子音をめぐる四種の「有声化」」（『茨城大学人文学部紀要　人文学科論集』第三七号、二〇〇二）
「清濁分化と促音・撥音」（『国語学』第二一三号、二〇〇三）
「結合標示と内部構造標示」（『音声研究』第八巻第二号、二〇〇四）
「閉鎖と鼻音」（『日本語学論集』第三号、二〇〇七）
「ハ行子音の歴史―多様性の淵源―」（『日本語学』第三四巻一〇号、二〇一五）
"Some Questions concerning Japanese Phonology: A Historical Approach"（『ACTA ASIATICA』111、二〇一六）
第三節第一項【補説】は、「音韻史　拗音をめぐる2つのストーリー」（大木一夫・多門靖容編『日本語史叙述の方法』ひつじ書房、二〇一六）の内容を含む。
第四章　「上代語における文節境界の濁音化」（『歴史言語学の射程』三省堂、二〇一八）を加筆修正した。

第五章　「古典語の連濁―二つの未解決問題―」（『古典語研究の焦点』武蔵野書院、二〇一〇）の前半部分を加筆修正した。

第六章　「古典語の連濁―二つの未解決問題―」（『古典語研究の焦点』武蔵野書院、二〇一〇）の後半部分を加筆修正した。

参考文献

浅田健太朗（二〇〇〇）「声明資料における入声音」（『国語学』二〇三）
朝山信彌（一九四三）「国語の頭音節における濁音について」（『国語と国文学』二〇ノ五）→朝山（一九九二）
朝山信彌（一九九二）『朝山信彌国語学論集』（和泉書院）
有坂秀世（一九三一）「国語にあらはれる一種の母音交替について」（『音声の研究』四）→有坂（一九四四）
有坂秀世（一九三四）「母音交替の法則について」（『音声学協会会報』三四）→有坂（一九四四）
有坂秀世（一九三六ａ）「奈良朝以前の国語に於ける撥音の存否」（『国語研究』四ノ一）→有坂（一九八九）
有坂秀世（一九三六ｂ）「上代に於けるサ行の頭音」（『国語と国文学』一三ノ一）→有坂（一九四四）
有坂秀世（一九三七〜三九）「カールグレン氏の拗音説を評す」（『音声学協会会報』四九・五一・五三・五八）→有坂（一九四四）
有坂秀世（一九四〇）『音韻論』（三省堂）→増補版（一九五九、三省堂）
有坂秀世（一九四四）『国語音韻史の研究』（明世堂書店）→増補新版（一九五七、三省堂）
有坂秀世（一九五五）『上代音韻攷』（三省堂）
有坂秀世（一九八九）『有坂秀世言語学国語学著述拾遺』（有坂愛彦・慶谷寿信編）（三省堂）
李基文（一九七五）『韓国語の歴史』（大修館書店、村山七郎監修、藤本幸夫訳）
石村喜英（一九七七）『梵字事典』（歴史編執筆）（雄山閣出版）
出雲朝子（一九八二）『玉塵抄を中心とした室町時代語の研究』（桜楓社）
伊藤智ゆき（二〇〇七）『朝鮮漢字音研究』（汲古書院）

犬飼隆（一九九二）『上代文字言語の研究』（笠間書院）
犬飼隆（二〇〇五）『木簡による日本語書記史』（笠間書院）
井上史雄（一九六八）「東北方言の子音体系」（『言語研究』五二）→井上（二〇〇〇）
井上史雄（一九七一）「ガ行子音の分布と歴史」（『国語学』八六）→井上（一九九四）
井上史雄（一九八〇）「言語の構造の変遷」（『講座言語　第1巻』大修館書店）→井上（二〇〇〇）
井上史雄（一九九四）『方言学の新地平』（明治書院）
井上史雄（二〇〇〇）『東北方言の変遷』（秋山書店）
上田万年（一八九五）「清濁音」（『帝国文学』一ノ六・九）→上田（一八九七）
上田万年（一八九七）『国語のため』（冨山房）
上田万年（一八九八）「P音考」（『帝国文学』四ノ一）→上田（一九〇三）
上田万年（一九〇三）『国語のため　第二』（冨山房）
上村幸雄（二〇〇〇）「八重山から東北方言まで―日本語の方言形成過程について―」（『宮良當壮記念論集』宮良當壮生誕百年記念事業期成会）
牛窪弘善（一九三七）「修験道学匠考（三）」（『修験』八三）
内間直仁（二〇〇四）「古代日本語のワ行子音［b］音化について―宮古・八重山方言を中心に―」（『国語学』二一七）
楳垣実（一九四三）『日本外来語の研究』（青年通信社）
楳垣実（一九六一）『バラとさくら―日英比較語学入門』（大修館書店）
上野善道編（一九八九）「音韻総覧」（小学館『日本方言大辞典』巻末）
上野善道（一九九七）「複合名詞から見た日本語諸方言のアクセント」（杉藤美代子監修『日本語音声［2］アクセント・イントネーション・リズムとポーズ』三省堂）
上野善道（二〇〇一）「日本語のモーラ、ラテン語のモーラ、英語のモーラ」（『国語研究』六四）

江口泰生（一九八六）「「シウ」・「シユ」・「シユウ」」（『文献探求』一八）
江口泰生（一九九三）「漢語連濁の一視点—貞享版『補忘記』における—」（『国語国文』六二ノ一二）
江口泰生（一九九四）「連濁と語構造」（『岡大国文論稿』二二）
榎木久薫（二〇〇八）「漢字音の「連濁」は如何なる現象か」（『訓点語と訓点資料』一二一）
榎木久薫（二〇一〇ａ）「連声と促音・撥音」（『古典語研究の焦点』武蔵野書院）
榎木久薫（二〇一〇ｂ）「撥音の類別・試論」（『地域学論集　鳥取大学地域学部紀要』七ノ二）
榎木久薫（二〇一六）「通時的変化として見たサ行子音とザ行子音」（『地域学論集　鳥取大学地域学部紀要』一二ノ三）
遠藤邦基（一九七四ａ）「古代語の音節構造の性格—ゼロ表記の意味を中心に—」（『岐阜大学国語国文学』一〇）→遠藤邦基（一九八九）
遠藤邦基（一九七四ｂ）「類音としてみたる清・濁の関係—掛け詞を手がかりにして—」（『王朝』七）→遠藤邦基（一九八九）
遠藤邦基（一九七六）「上代の語頭濁音—「打出」の訓みを中心に—」（『岐阜大学教育学部研究報告　人文科学』二四）
遠藤邦基（一九七七）「濁音減価意識—語頭の清濁を異にする二重語を対象に—」（『国語国文』四六ノ四）→遠藤邦基（一九八九）
遠藤邦基（一九八一）「非連濁の法則の消長とその意味—濁子音と鼻音との関係から—」（『国語国文』五〇ノ三）→遠藤邦基（一九八九）
遠藤邦基（一九八九）『国語表現と音韻現象』（新典社）
遠藤嘉基（一九五三）『訓点資料と訓点語の研究』（改訂版、中央図書出版社）
太田聡・玉岡賀津雄（二〇一七）「連濁とアクセント—普通名詞と無意味語の場合—」（バンス他編『連濁の研究』開拓社）
大塚光信（一九五五）「バ四・マ四の音便形」（『国語国文』二四ノ三）→大塚（一九九六）
大塚光信（一九九六）『抄物キリシタン資料私注』（清文堂）
大槻信（一九九九）「にごり」（『北海道大学　国語国文研究』一一二）
大坪併治（一九五三）「石山寺本守護国界主陀羅尼経の訓点」（『国語国文』二二ノ一一）

大坪併治（一九五六）「石山寺本大般涅槃経の訓点（上）」（『島根大学論集（人文科学）』六）
大坪併治（一九六八）『訓点資料の研究』（風間書房）→『大坪併治著作集7』（風間書房、二〇一六）
大坪併治（一九七六）「漢書楊雄伝天暦点解読文」（『岡山大学法文学部紀要』三六）
大坪併治（一九八九）『擬聲語の研究』（明治書院）→『大坪併治著作集12』（風間書房、二〇〇六）
大野晋（一九五三）『上代仮名遣の研究　日本書紀の假名を中心として』（岩波書店）
大橋純一（二〇〇二）『東北方言音声の研究』（おうふう）
大矢透（一九〇九）『仮名遣及仮名字体沿革史料　全』（勉誠社版〈一九六九〉による）
岡島昭浩（一九九〇）「唐音語存疑」（『文献探求』二五）
岡島昭浩（二〇〇一）「半濁音名義考」（『筑紫語学論叢』風間書房）
岡島昭浩（二〇一七）「「ひいやり・ふうわり」型から「ひんやり・ふんわり」型へ」（『国語語彙史の研究』三六、和泉書院）
岡田薫（二〇一二）『室町時代末期の音韻と表記』（おうふう）
岡田希雄（一九四一）「日本梵語辞書史概説―心覚より江戸期まで―」（『立命館大学法文学部文学科創設記念論文集』）
岡田希雄（一九四二）「行智の梵語辞書『両面錦』」（『龍谷学報』三三二）
奥村三雄（一九五五）「撥音ンの性格―表記と音価の問題―」（『国語学』二三）
奥村三雄（一九八八）「V3　日本語の音韻」（金田一春彦・林大・柴田武編集責任『日本語百科大事典』大修館書店）
小倉進平（一九一〇）「「ライマン」氏の連濁論」（『國學院雑誌』一六ノ七・八）→小倉進平（一九二〇）
小倉進平（一九二〇）『国語及朝鮮語のため』（ウツボヤ書店）
小倉肇（一九九五）『日本呉音の研究』（新典社）
小倉肇（二〇一一）『日本語音韻史論考』（和泉書院）
小倉肇（二〇一四）『続日本呉音の研究』（和泉書院）
柏谷嘉弘（一九六五）「図書寮本文鏡秘府論字音点」（『訓点語と訓点資料』三〇）

春日和男（一九六〇）「続三宝絵詞東大寺切管見—字音語の表記について—」（『国語国文』二九ノ一）→春日和男（一九七五）
春日和男（一九七五）『説話の語文—古代説話文の研究』（桜楓社）
春日政治（一九三四）「高野山にて観たる古点本一二」（『文学研究』七）→春日政治（一九五六）
春日政治（一九三八）「聖語蔵本央掘魔羅経の字音点」（『文学研究』二三）→春日政治（一九五六）
春日政治（一九四〇）「聖語蔵本唐写阿毘達磨雑集論の古点について」（安藤教授還暦記念会編『安藤教授還暦祝賀記念論文集』三省堂）→春日政治（一九五六）
春日政治（一九四二）『西大寺本金光明最勝王経古点の国語学的研究』（岩波書店）→春日政治著作集別巻（勉誠社、一九八五）
春日政治（一九五六）『古訓点の研究』（風間書房）→春日政治著作集第六巻（勉誠社、一九八四）
金沢庄三郎（一九三三）『濯足庵蔵書六十一種』（還暦祝賀会）
金沢庄三郎（一九四八）『亜細亜研究に関する文献—濯足庵蔵書七十七種—』（創元社）
金田弘（一九七六）『洞門抄物と国語研究』（桜楓社）
金山正好（一九八一）『梵字悉曇』（田久保周誉氏著の補筆部分）（平河出版社）
亀井孝（一九四七）「八咫烏はなんと鳴いたか」（『ぬはり』二一ノ一〜四）→亀井（一九八四）
亀井孝（一九五〇）「蜆縮涼鼓集を中心にみた四つがな」（『国語学』四）→亀井（一九八四）
亀井孝（一九五四）「「ツル」と「イト」—日本語の系統の問題を考へる上の参考として—」（『国語学』一六）→亀井（一九七三）
亀井孝（一九五六）「ガ行のかな」（『国語と国文学』三三ノ九）→亀井（一九八四）
亀井孝（一九五八）「中世における文体の崩壊の問題」（『文学』二六ノ一二）→亀井（一九八六）
亀井孝（一九五九）「春鶯囀」（『国語学』三九）→亀井（一九八四）
亀井孝（一九六〇）「在唐記の「本郷波字音」に関する解釈」（『国語学』四〇）→亀井（一九八四）
亀井孝（一九六五）「かなはなぜ濁音専用の字体をもたなかったか—をめぐってかたる」（『一橋大学 人文科学研究』一一）→亀井（一九八六）

亀井孝（一九六九）「口語の慣用の徴証につきその発掘と評価」（『国語学』七六）→亀井（一九八六）
亀井孝（一九七二）「分科討論会　漢字音と国語音―中世を中心に―」における発言の記録（『国語学』九〇）
亀井孝（一九七三）『日本語系統論のみち（亀井孝論文集2）』（吉川弘文館）
亀井孝（一九八〇）「《―キ（―）∨イ（―）》のいすとうりあ（ものがたり）」（『国語国文』四九ノ一）→亀井（一九八四）
亀井孝（一九八四）『日本語のすがたとこころ（一）音韻（亀井孝論文集3）』（吉川弘文館）
亀井孝（一九八六）『言語文化くさぐさ―日本語の歴史の諸断面―（亀井孝論文集5）』（吉川弘文館）
亀崎公一朗（二〇〇九）「『東大国語研究室所蔵　白氏文集巻四　影写本』の研究」（二〇〇八年度東京大学卒業論文）
苅安誠（二〇〇一）『音声障害』（建帛社、言語聴覚療法シリーズ14）
川上蓁（一九八〇）「アプからオーまで」（『國學院雑誌』八一ノ七）
川上蓁（一九九〇）「昔の清音、濁音」（『国語研究』五三）
川原繁人・三間英樹（二〇一七）「生成音韻論における連濁の理論的分析」（バンス他編『連濁の研究』開拓社）
川本栄一郎（一九七二）「幕末の『獄中記』に見られるズーズー弁とガ行鼻濁音」（『国語学』九一）
川本栄一郎（一九九〇）「幕末『獄中記』に見られるガ行鼻濁音表記とその系譜」（『国語論究2　文字・音韻の研究』明治書院）
岸田武夫（一九八〇）「近世語における促音添加の現象について―主として意味との関連において―」（近代語学会編『近代語研究』六）
岸田武夫（一九八四）『国語音韻変化の研究』（武蔵野書院）
岸田武夫（一九八七）「近世語における撥音添加の現象について―主として連音関係について―」（近代語学会編『近代語研究』七）
木田章義（一九七八）「濁音史摘要」（『論集日本文学・日本語1上代』角川書店）
木田章義（一九八八）「日本語の音節構造の歴史―「和語」と「漢語」―」（『漢語史の諸問題』京都大学人文科学研究所）
木田章義（一九八九）「P音続考」（『奥村三雄教授退官記念国語学論叢』桜楓社）
北沢一郎（一九四七）「ミュのつくコトバ」（『季刊国語』二）（金田一春彦の筆名）

清瀬義三郎則府（一九八五）「平安朝波行子音p音論」（『音声の研究』二一）→清瀬（一九九一）
清瀬義三郎則府（一九九一）『日本語学とアルタイ語学』（明治書院）
金東昭（二〇〇三）『韓国語変遷史』（明石書店、栗田英二訳）
金水敏（二〇〇三）『ヴァーチャル日本語 役割語の謎』（岩波書店）
金田一京助（一九三五）『増補 国語音韻論』（刀江書院）
金田一春彦（一九五〇）「「五億」と「業苦」―「引き音節」の提唱―」（『国語と国文学』二七ノ一）
金田一春彦（一九五三）「国語アクセント史の研究が何の役に立つか」（『金田一博士古稀記念言語民俗論叢』三省堂）→金田一春彦（二〇〇一）
金田一春彦（一九五五）「古代アクセントから近代アクセントへ」（『国語学』二二）→金田一春彦（二〇〇一）
金田一春彦（一九七六）「連濁の解」（『Sophia Linguistica』二）→金田一春彦（二〇〇一）
金田一春彦（二〇〇一）『日本語音韻音調史の研究』（吉川弘文館）→金田一春彦（二〇〇五）
金田一春彦（二〇〇五）『金田一春彦著作集　第六巻』（玉川大学出版部）
金田一春彦→北沢一郎
国広哲弥（一九六二）「国語長母音の音韻論的解釈」（『国語学』五〇）
窪薗晴夫（一九九九）『日本語の音声（現代言語学入門2）』（岩波書店）
窪薗晴夫・本間猛（二〇〇二）『音節とモーラ』（研究社）
黒田成幸（一九六七）「促音及び撥音について」（『言語研究』五〇）→黒田（二〇〇五）
黒田成幸（二〇〇五）『日本語からみた生成文法』（岩波書店）
黒田成幸→Kuroda, S. Y. も参照。
呉英玉（二〇〇九）「日本漢音の直音表記について―三等韻C類の問題―」（『国語国文』七八ノ一〇）
小泉弘・高橋伸幸（一九八〇）『諸本対照三宝絵集成』（笠間書院）

河野六郎（一九三九）「朝鮮漢字音の一特質」（『言語研究』三）→河野（一九七九）
河野六郎（一九五四）「唐代長安音に於ける微母について」（『東京教育大学中国文化研究会会報』四ノ一）→河野（一九七九）
河野六郎（一九六八）『朝鮮漢字音の研究』（天理時報社）→河野（一九七九）
河野六郎（一九七九）『河野六郎著作集2』（平凡社）
国立国語研究所（一九九〇）『日本語の母音、子音、音節　調音運動の実験音声学的研究』（秀英出版、国立国語研究所報告一〇〇）
小林芳規（一九五八）「西大寺本不空羂索神呪経寛徳点の研究―釈文と索引―」（『国語学』三三）
小林芳規（一九六一）「平安時代の平仮名文の表記様式―語の漢字表記を主として―Ⅰ・Ⅱ」（『国語学』四四・四五）
小林芳規（一九六三）「訓点における拗音表記の沿革」（『王朝文学』九）→『論集日本語研究　中世語』（有精堂出版、一九八〇）
小林芳規（一九七一）「中世片仮名文の国語史的研究」（『広島大学文学部紀要』特集号三）
小林芳規（一九七二）「国語史料としての高山寺本古往来」（高山寺典籍文書綜合調査団編『高山寺本古往来・表白』東京大学出版会、高山寺資料叢書第二冊）
小林芳規（一九七六）「石山寺蔵沙弥十戒威儀経平安中期角筆点」（『広島大学文学部紀要』三五ノ一）
小林芳規（一九八四）「石山寺蔵仏説太子須陀拏経平安中期点の訓読語について」（『訓点語と訓点資料』七一・七二合併）
小林芳規（一九八七）『角筆文献の国語学的研究　研究篇』（汲古書院）
小林芳規（二〇一二）『平安時代の仏書に基づく漢文訓読史の研究　Ⅳ　中期訓読語体系』（汲古書院）
小松英雄（一九七一）『日本声調史論考』（風間書房）
小松英雄（一九七五）「音便機能考」（『国語学』一〇一）
小松英雄（一九七七）「アクセントの変遷」（『岩波講座　日本語　5音韻』岩波書店）
小松英雄（一九八一）「日本語の音韻」（『日本語の世界』第7巻、中央公論社）
小松英雄（一九八五）「母語の歴史をとらえる視点」（林四郎編『応用言語学講座1　日本語の教育』明治書院）
小松寿雄（一九八五）『江戸時代の国語　江戸語』（東京堂出版、国語学叢書7）

近藤泰弘（一九八〇）「助詞「を」の分類―上代―」（『国語と国文学』五七ノ一〇）→近藤（二〇〇〇）
近藤泰弘（二〇〇〇）『日本語記述文法の理論』（ひつじ書房）
斎藤純男（一九九七）『日本語音声学入門』（三省堂）
坂井健一編（二〇〇二）『宋本廣韻全譯　第5分冊（果攝・假攝）』（汲古書院）
坂梨隆三（一九七六）「三馬の白圏について」（『岡山大学法文学部学術紀要』三六）→坂梨（二〇〇四）
坂梨隆三（二〇〇四）『近世の語彙表記』（武蔵野書院）
迫野虔徳（一九六八）「仮名文における拗音仮名表記の成立」（『語文研究』二六）→迫野（二〇一二）
迫野虔徳（一九八七）「中世的撥音」（『国語国文』五六巻七号）→迫野（一九九八）
迫野虔徳（一九九七）「北野目代日記の「ん」「ツ」の仮名」（『国語国文学研究』三二）→迫野（一九九八）
迫野虔徳（一九九八）『文献方言史研究』（清文堂出版）
迫野虔徳（二〇一二）『方言史と日本語史』（清文堂出版）
佐々木勇（二〇〇四）「日本漢音における止摂合口字音の受容に見られる位相差」（『国語国文』七三ノ七）→佐々木（二〇〇九）
佐々木勇（二〇〇九）『平安鎌倉時代における日本漢音の研究』（汲古書院）
佐々木勇（二〇一七）「慈光寺蔵『大般若波羅蜜多経』平安後期字音点」（研究代表者・野尻忠『慈光寺所蔵「大般若経（安倍小水麻呂願経）」の調査と研究―科研「平安時代の『大般若波羅蜜多経』遺品の総合的調査と歴史研究資料としての資源化」成果報告書―』奈良国立博物館）
佐竹昭広（一九四六）「萬葉集短歌字余考」（『文学』一四ノ五）→佐竹（二〇〇九）
佐竹昭広（二〇〇九）『佐竹昭広集　第一巻　萬葉集訓詁』（岩波書店）
佐藤武義・横沢活利（二〇一八）『連濁の総合的研究』（勉誠出版）
佐藤大和（一九八九）「複合語におけるアクセント規則と連濁規則」（『講座　日本語と日本語教育』第2巻、明治書院）
三間英樹→川原繁人・三間英樹（二〇一七）

柴田武（一九五八）「音声―その本質と機能」（『国語教育のための国語講座2音声の理論と教育』朝倉書店）
柴田武（一九六二）「音韻」（国語学会編『方言学概説』武蔵野書院）→『日本の言語学第二巻　音韻』（大修館書店、一九八〇）
柴田武（一九八九）「語頭の濁音、その存在と発音」（『奥村三雄教授退官記念国語学論叢』桜楓社）
柴田武（二〇〇二）「《短信》九州・沖縄方言の2つの音声変化」（『国語学』二〇八）
柴田武（二〇〇三）「《短信》隠れている語頭濁音語」（『国語学』二一二）
寿岳章子（一九八三）『室町時代語の表現』（清文堂出版）
新村出（一八九七）「日本音韻研究史」（『新村出全集』第一巻所収）
新村出（一九〇六）「声音学講話」（『新村出全集』第二巻所収）
杉藤美代子（一九六五）「柴田さんと今田さん―単語の聴覚的弁別についての一考察」（『言語生活』一六五）→杉藤（一九九八）
杉藤美代子（一九九八）『日本語音声の研究6　柴田さんと今田さん』（和泉書院）
鈴木孝夫（一九六二）「音韻交替と意義分化の関係について」（『言語研究』四二）
鈴木博（一九七一）『周易抄の国語学的研究　影印篇』（清文堂出版）
鈴木博（一九七二）『周易抄の国語学的研究　研究篇』（清文堂出版）
鈴木豊（二〇一四）「姫考続貂―『古事記』における「―ヒメ（姫）」と「―ヒコ（彦）」の連濁―」（アクセント史資料研究会『論集X　秋永一枝先生米寿記念』）
鈴木豊（二〇一七）「連濁研究史―ライマンの法則を中心に―」（バンス他編『連濁の研究』開拓社）
住谷芳幸（一九九三）「『在唐記』字母釈記載の日本語音節サの音価」（『小松英雄博士退官記念日本語学論集』三省堂）
高田時雄（一九八八）『敦煌資料による中国語史の研究　九・十世紀の河西方言』（創文社）
高橋伸幸　→小泉弘・高橋伸幸
高松政雄（一九七〇）「ウ段拗音」（『国語国文』三九ノ七）
高松政雄（一九七一）「近世における「シウ」「シユ」」（『国語国文』四〇ノ二）

高松政雄（一九七八）「「慣用音」の一考察―「茶《チャ》」について―」（『論集日本文学・日本語3』角川書店）→高松（一九八二）
高松政雄（一九八二）『日本漢字音の研究』（風間書房）
高松政雄（一九九二）「所謂「新漢音」に就きて若干」（『人文論究』四二ノ二）→高松（一九九三）
高松政雄（一九九三）『日本漢字音論考』（風間書房）
高松政雄（一九九七）『日本漢字音論究』（風間書房）
高山知明（一九九二）「日本語における連接母音の長母音化―その歴史的意味と発生の音声的条件―」（『言語研究』一〇一）
高山知明（一九九三）「複合語における促音挿入と接頭辞「ブッ」「ヒッ」等を持つ類との干渉回避について」（『香川大学国文研究』一八）
高山知明（一九九四）「複合語における促音の挿入について―もう一つの連濁―」（『森野宗明教授退官記念論集　言語・文学・国語教育』三省堂）
高山知明（一九九五）「促音による複合と卓立」（『国語学』一八二）
高山知明（二〇一〇）「音韻交替の二類と漢語の連濁」（大島弘子他編『漢語の言語学』くろしお出版）
高山知明（二〇一四）『日本語音韻史の動的諸相と蜆縮涼鼓集』（笠間書院）
高山倫明（一九九二a）「連濁と連声濁」（『訓点語と訓点資料』八八）→高山倫明（二〇一二）
高山倫明（一九九二b）「清濁小考」（『日本語論究2　古典日本語と辞書』和泉書院）→高山倫明（二〇一二）
高山倫明（二〇〇一）「連濁の音声学的蓋然性」（『筑紫語学論叢』風間書房）→高山倫明（二〇一二）
高山倫明（二〇〇六）「四つ仮名と前鼻音」（『筑紫語学論叢Ⅱ』風間書房）→高山倫明（二〇一二）
高山倫明（二〇一二）『日本語音韻史の研究』（ひつじ書房）
高山林太郎（二〇一一）「岡山県妹尾方言における両唇ふるえ音」（『第92回研究発表会　発表原稿集』日本方言研究会）
田久保周誉（一九四四）『批判悉曇学』（山喜房佛書林）
武内和弘・福田登美子他（二〇〇一）『口蓋裂・構音障害』（協同医書出版社、アドバンスシリーズ・コミュニケーション障害の臨

床6）
田中伸一（二〇〇五）『アクセントとリズム』（研究社）
玉岡賀津雄→太田聡・玉岡賀津雄（二〇一七）
千葉軒士（二〇一三）「キリシタン・ローマ字文献の撥音表記について」（『訓点語と訓点資料』一三一）
張琨（一九九三）『漢語方音』（台湾学生書局、中国語文叢刊15）
築島裕（一九六三）「ツンザクとヒッサグとの語源について」（『国語学』五四）
築島裕（一九六七）『興福寺本大慈恩寺三蔵法師伝古点の国語学的研究　研究篇』（東京大学出版会）
築島裕（一九六九）『平安時代語新論』（東京大学出版会）
築島裕（一九八五）「正倉院聖語蔵大智度論古点及び央掘魔羅経古点について」（『正倉院年報』七）→築島（二〇一五）
築島裕（一九八六）『平安時代訓点本論考　ヲコト点図・仮名字体表』（汲古書院）
築島裕（一九八七）『平安時代の国語』（東京堂出版、国語学叢書3）
築島裕（一九九一）「架蔵辨正論巻第三保安点」（『古典研究会創立二十五周年記念国書漢籍論集』汲古書院）
築島裕（一九九六）『平安時代訓点本論考　研究篇』（汲古書院）
築島裕編（二〇〇七〜〇九）『訓点語彙集成』（全八巻＋別巻）（汲古書院）
築島裕（二〇一五）『築島裕著作集　第二巻　古訓点と訓法』（汲古書院）
月本雅幸（一九八〇）「東寺蔵不動儀軌万寿二年点」（『訓点語と訓点資料』六五）
豊島正之（一九八四）「「開合」について」（『国語学』一三六）
豊島正之（一九九二）「濁音法則」「清濁」（『三省堂ぶっくれっと』九七・九八）
中里龍雄（一九三二a）「梵学験者行智を憶ふ―帝大池畔の碑を見て―」（『宗教研究』新九ノ一）
中里龍雄（一九三二b）「新資料による行智阿闍梨伝」（『修験』五五）
中田（金児）祝夫（一九四七）「ハ行動詞の音便形の沿革」（『国語と国文学』二四ノ七）→中田（一九五四）

中田祝夫（一九五一）「中古音韻史上の一問題」（『国語学』六）→中田（一九五四）
中田祝夫（一九五四）『改訂版　古点本の国語学的研究　総論篇』（勉誠社）
中田祝夫（一九八〇）『正倉院本地蔵十輪経巻五・七元慶点』（勉誠社、古点本資料叢刊2）
中村幸彦（一九七一）「近世語彙の資料について」（『国語学』八七）
中本謙（二〇一一）「p音再考―琉球方言ハ行子音p音の素性《すじょう》―」（『日本語の研究』七ノ四）
中本正智（一九七六）『琉球方言音韻の研究』（法政大学出版局）
西崎亨（一九九八）『東大寺図書館蔵本「法華文句」古点の国語学的研究 研究篇』（おうふう）
沼本克明（一九七一）「唐代軽唇音化と日本漢音」（『国文学攷』五五）→沼本（一九八二）
沼本克明（一九七二）「高山寺本古往来の音韻」（高山寺典籍文書綜合調査団編『高山寺本古往来・表白』東京大学出版会、高山寺資料叢書第二冊）
沼本克明（一九八〇）「臻摂合転舌歯音字の仮名遣について」（『信州大学人文科学論集』一四）→沼本（一九八二）
沼本克明（一九八二）『平安鎌倉時代に於る日本漢字音に就ての研究』（武蔵野書院）
沼本克明（一九八四）「所謂新漢音資料としての『九方便』『五悔』の音読資料について」（『鎌倉時代語研究』七）→沼本（一九九七）
沼本克明（一九八六）『日本漢字音の歴史』（東京堂出版、国語学叢書10）
沼本克明（一九八八）「日本語のモーラ音素「ン」の通時的背景寸考」（『言語習得及び異文化適応の理論的・実践的研究（広島大学）』1）→沼本（一九九七）
沼本克明（一九九二a）「字音直読資料の長音表記の変遷―音節構造との関係―」（『訓点語と訓点資料』八八）→沼本（一九九七）
沼本克明（一九九二b）「長音表記漢語の史的背景―詩歌（シイカ）等―」（『小林芳規博士退官記念国語学論集』汲古書院）→沼本（一九九七）
沼本克明（一九九五）「字音仮名遣いについて」（築島裕編『日本漢字音史論輯』汲古書院所収）

沼本克明（一九九七）『日本漢字音の歴史的研究―体系と表記をめぐって―』（汲古書院）
吐師道子・小玉明菜・三浦貴生・大門正太郎・高倉祐樹・林良子（二〇一四）「日本語語尾撥音の調音実態―X線マイクロビーム日本語発話データベースを用いて―」（『音声研究』一八ノ二）
橋本進吉（一九二八）「波行子音の変遷について」（『岡倉先生記念論文集』所収）→橋本（一九五〇）
橋本進吉（一九二九）「近世国語学史」（『橋本進吉博士著作集　第九・十冊』岩波書店、一九八三）
橋本進吉（一九三二）「国語に於ける鼻母音」（『方言』二ノ一）→橋本（一九五〇）
橋本進吉（一九五〇）『橋本進吉博士著作集第四冊　国語音韻の研究』（岩波書店）
長谷部隆諦（一九二六）「[illegible]字の音に就いて」（『密教研究』二二）
蜂矢真郷（二〇一〇）『国語派生語の語構成論的研究』（塙書房）
服部四郎（一九三二）「「琉球語」と「国語」との音韻法則」（『方言』二ノ七・八・一〇・一二）→服部（一九五九）
服部四郎（一九五一）『音韻論と正書法―新日本式つづり方の提唱―』（研究社）→新版（大修館書店、一九七九）
服部四郎（一九五五）「音韻論（1）」（『国語学』二二）→服部（一九六〇）
服部四郎（一九五九ａ）『日本語の系統』（岩波書店）
服部四郎（一九五九ｂ）「奄美群島の諸方言について―沖縄・先島諸方言との比較―」（『人類科学』Ⅸ）→服部（一九五九ａ）
服部四郎（一九六〇）『言語学の方法』（岩波書店）
服部四郎（一九六二）「日本語の系統」（石母田正ほか編『古代史講座3古代文明の形成』学生社）→服部（二〇一八）
服部四郎（一九七六）「琉球方言と本土方言」（伊波普猷生誕百年記念会編『沖縄学の黎明』沖縄文化協会）
服部四郎（一九七八〜七九）「日本祖語について1〜22」（『月刊言語』七ノ一〜八ノ一二）→服部（二〇一八）
服部四郎（一九八〇）「音節」「モーラ」（国語学会編『国語学大辞典』東京堂出版）
服部四郎（二〇一八）『日本祖語の再建』（上野善道補注・岩波書店）
服部NSNT　→服部（一九七八〜七九）

濱田敦（一九四六）「促音沿革考」（『国語国文』一四ノ一〇）→濱田（一九八六）
濱田敦（一九四九）「促音と撥音」（『人文研究』一ノ一・二）→濱田（一九八六）
濱田敦（一九五一）「長音（上・下）」（『人文研究』二ノ五・六）→濱田（一九八六）
濱田敦（一九五二ａ）「撥音と濁音との相関性の問題―古代語における濁子音の音価―」（『国語国文』二一ノ三）→濱田（一九八四）
濱田敦（一九五二ｂ）「弘治五年朝鮮板『伊路波』諺文対音攷」（『国語国文』二一ノ一〇）→濱田（一九七〇）
濱田敦（一九五四ａ）「音便―撥音便とウ音便との交錯―」（『国語国文』二三ノ三）→濱田（一九八六）
濱田敦（一九五四ｂ）「ハ行音の前の促音―ｐ音の発生―」（『国語学』一六）→濱田（一九八三）
濱田敦（一九五五）「国語音韻体系に於ける長音の位置―特にオ段長音の問題―」（『国語学』二二）→濱田（一九八三）
濱田敦（一九六〇）「音韻史」（『国語と国文学』三七ノ一〇）→濱田（一九八四）
濱田敦（一九七〇）『朝鮮資料による日本語研究』（岩波書店）
濱田敦（一九七一）「清濁」（『国語国文』四〇ノ一一）→濱田（一九八三）
濱田敦（一九八三）『続朝鮮資料による日本語研究』（臨川書店）
濱田敦（一九八四）『日本語の史的研究』（臨川書店）
濱田敦（一九八六）『国語史の諸問題』（和泉書院）
浜野祥子（二〇一三）「方言における擬音語・擬態語の体系的研究の意義」（篠原和子・宇野良子編『オノマトペ研究の射程―近づく音と意味』ひつじ書房）
浜野祥子（二〇一四）『日本語のオノマトペ　音象徴と構造』（くろしお出版）
林恵一（一九八一）「『康熙字典』の〈茶〉について」（『書陵部紀要』三二）
林史典（一九六九）「九条家本法華経音の脱落部について」（『国語学』七九）
林史典（一九八〇）「呉音系字音における舌内入声音のかな表記について」（『国語学』一二一）
林史典（一九八二）「日本の漢字音」（中田祝夫編『日本の漢字（日本語の世界４）』中央公論社）

林史典（一九八三）「中古漢語の介母と日本呉音」（『文芸言語研究』言語篇8）
林史典（一九八五）「何のために国語史を教えるか」（林四郎編『応用言語学講座1　日本語の教育』明治書院）
林史典（二〇〇一）「九世紀日本語の子音音価―日本語音韻史における文献学的考察の意味と方法―」（『国語と国文学』七八ノ四）
早田輝洋（一九七七ａ）「生成アクセント論」（『岩波講座　日本語　5　音韻』）→早田（二〇一七）
早田輝洋（一九七七ｂ）「日本語の音韻とリズム」（『伝統と現代』四五）
早田輝洋（一九九六）「上代日本語の音韻をめぐって（上・下）」（『月刊言語』平成八年九月・十月号）
早田輝洋（一九九八）「上代日本語の音節構造とオ列甲乙の別」（『音声研究』二ノ一）→早田（二〇一七）
早田輝洋（二〇一六）「生成音韻論による接近法」（シリーズ日本語史1　高山倫明・前田広幸編『音韻史』岩波書店）→早田（二〇一七）
早田輝洋（二〇一七）『上代日本語の音韻』（岩波書店）
早田輝洋→Hayata, Teruhiroも参照。
バンス、ティモシー・J（二〇一五）「連濁の不規則性とローゼンの法則」（『国立国語研究所論集』9）
バンス、ティモシー・J・金子恵美子・渡邊靖史編（二〇一七）『連濁の研究』（開拓社、国立国語研究所プロジェクト論文選集）
バンス、ティモシー・J→Vanse, Timothy J. も参照。
肥爪周二（一九九三ａ）「悉曇学とワ行」（『国語と国文学』七〇ノ二）
肥爪周二（一九九三ｂ）「悉曇要集記奥文の音図をめぐって」（『松村明先生喜寿記念　国語研究』明治書院）
肥爪周二（一九九五）「日本漢字音における喉内鼻音韻尾の鼻音性とその表記―清濁の対立との相関―」（『明海日本語』一）
肥爪周二（一九九六）「日本漢字音における喉内鼻音韻尾の鼻音性―「㋓イ」の形をとる場合―」（『山口明穂教授還暦記念　国語学論集』明治書院）
肥爪周二（一九九七ａ）「行智の悉曇学とその発達段階」（『茨城大学人文学部紀要　人文学科論集』三〇）
肥爪周二（一九九七ｂ）「悉曇学者行智の江戸語音声観察―ガ行音の場合―」（『明海日本語』三）

肥爪周二（一九九八）「悉曇学より日本語研究へ―連声をめぐって―」（『日本語学』一七ノ七）
肥爪周二（二〇〇〇）「日本韻学用語攷（一）―清濁―」（『茨城大学人文学部紀要　人文学科論集』三三）
肥爪周二（二〇〇一）「ウ列開拗音の沿革」（『訓点語と訓点資料』一〇七）
肥爪周二（二〇〇二）「ハ行子音をめぐる四種の「有声化」」（『茨城大学人文学部紀要　人文学科論集』三七）
肥爪周二（二〇〇三a）「清濁分化と促音・撥音」（『国語学』二一三）
肥爪周二（二〇〇三b）「拗音仮名「茶（荼）」をめぐって」（『茨城大学人文学部紀要　人文学科論集』三九）
肥爪周二（二〇〇四）「結合標示と内部構造標示」（『音声研究』八ノ二）
肥爪周二（二〇〇五a）「唐音系字音」（『朝倉日本語講座2文字・書記』朝倉書店）
肥爪周二（二〇〇五b）「音韻史―拗音をめぐって」（『國文學　解釈と教材の研究』五〇ノ五、日本語の最前線）
肥爪周二（二〇〇六）「濁音標示・喉内鼻音韻尾標示の相関―観智院本類聚名義抄を中心に―」（『訓点語と訓点資料』一一六）
肥爪周二（二〇〇七）「閉鎖と鼻音」（『日本語学論集』三）
肥爪周二（二〇〇八）「撥音史素描」（『訓点語と訓点資料』一二〇）
肥爪周二（二〇一〇）「古典語の連濁―二つの未解決問題―」（『古典語研究の焦点』武蔵野書院）
肥爪周二（二〇一一）「日本漢字音における拗音・韻尾の共起制限」（『訓点語と訓点資料』一二七）
肥爪周二（二〇一四a）「書評　高山倫明著『日本語音韻史の研究』」（『国語と国文学』九一ノ二）
肥爪周二（二〇一四b）「Φ音便について」（『訓点語と訓点資料』一三二）
肥爪周二（二〇一五a）「山県大弐の悉曇学と国語音声観察」（近代語学会編『近代語研究』一八）
肥爪周二（二〇一五b）「ハ行子音の歴史―多様性の淵源―」（『日本語学』三四ノ一〇）
肥爪周二（二〇一六a）「「ひいやり」「ふうわり」から「ひんやり」「ふんわり」へ―撥音史からの検討―」（近代語学会編『近代語研究』一九）
肥爪周二（二〇一六b）「音韻史　拗音をめぐる2つのストーリー」（大木一夫・多門靖容編『日本語史叙述の方法』ひつじ書房）

肥爪周二（二〇一八a）「音節構造史から見た江戸語の連母音音訛」（近代語学会編『近代語研究』二〇）
肥爪周二（二〇一八b）「撥音史から見た漢字音の三種の鼻音韻尾」（『訓点語と訓点資料』一四〇）
肥爪周二（二〇一八c）「上代語における文節境界の濁音化」（『歴史言語学の射程』三省堂）
肥爪周二（二〇一八d）「サ行拗音―開拗音と合拗音のあわい」（『口訣研究』四一）
肥爪周二→Hizume, Shujiも参照。
平野尊識（一九七四）「連濁の規則性と起源」（『文学研究』七一）
平山久雄（一九六六）「切韻における蒸職韻と之韻の音価」（『東洋学報　東洋文庫和文紀要』四九ノ一）
平山久雄（一九六七a）「唐代音韻史に於ける軽唇音化の問題」（『北海道大学文学部紀要』一五ノ二）
平山久雄（一九六七b）「中古漢語の音韻」（牛島徳次・香坂順一・藤堂明保編『中国文化叢書1　言語』所収、大修館書店）
深澤はるか（二〇〇九）「最適性理論における共時と通時の融合」（『月刊言語』三八ノ二）
ペラール、トマ（二〇一六）「日琉祖語の分岐年代」（田窪行則／ジョン・ホイットマン／平子達也編『琉球諸語と古代日本語　日琉祖語の再建にむけて』くろしお出版）
ペラール、トマ→Pellard, Thomasも参照。
福島直恭（二〇〇二）『〈あぶないai〉が〈あぶねえe:〉にかわる時　日本語の変化の過程と定着』（笠間書院）
古田東朔（一九七二）『国語学史』（東京大学出版会）築島裕氏との共著
ホイットマン、ジョン（二〇一六）「日琉祖語の音韻体系と連体形・已然形の起源」（田窪行則／ジョン・ホイットマン／平子達也編『琉球諸語と古代日本語　日琉祖語の再建にむけて』くろしお出版）
法政大学沖縄文化研究所（一九七七）『琉球の方言　宮古大神島』
堀川宗一郎（二〇一七）「竹内理三編『鎌倉遺文』の促音表記の「つ」への疑問」（『日本語の研究』一三ノ一）
本間猛→窪薗晴夫・本間猛（二〇〇二）
馬之濤（二〇一四）「中国資料に見られるオ段長音の開合の音価と統合」（アクセント史資料研究会『論集X　秋永一枝先生米寿記

念』）

前川喜久雄（一九八九）「母音の無声化」（杉藤美代子編『講座 日本語と日本語教育』第2巻、明治書院）

前田広幸（二〇一六）「最適性理論・他の理論による接近法」（シリーズ日本語史1 高山倫明・前田広幸編『音韻史』岩波書店）

松尾拾（一九四九）「慈光寺蔵大般若経の字音点について」（『国語学』三）

松村明（一九五三）「江戸語における語連接上の音韻現象―『浮世風呂』『浮世床』を資料として―」（『お茶の水女子大学人文科学紀要』四）→松村（一九五七）

松村明（一九五五）「江戸語における連母音の音訛」（『お茶の水女子大学人文科学紀要』七）→松村（一九五七）

松村明（一九五七）『江戸語東京語の研究』（東京堂）、増補版（東京堂出版、一九九八）

松本克己（一九七五）「古代日本語母音組織考―内的再建の試み―」（『金沢大学法文学部論集文学編』二二）→松本克己（一九九五）

松本克己（一九九五）『古代日本語母音論―上代特殊仮名遣の再解釈』（ひつじ書房）

松本宙（一九七〇）「連声現象の体系性をめぐる疑問」（『国語学研究』一〇）

松森晶子（二〇一七）「北琉球におけるC系列2音節名詞の語頭音節の長音化―その原因について考える―」（『日本語の研究』一三ノ一）

馬渕和夫（一九五九）「上代・中古におけるサ行頭音の音価」（『国語と国文学』三六ノ一）→馬渕（一九六三）

馬渕和夫（一九六二）『日本韻学史の研究Ⅰ』（日本学術振興会）→増訂版（臨川書店、一九八四）

馬渕和夫（一九六三）『日本韻学史の研究Ⅱ』（日本学術振興会）→増訂版（臨川書店、一九八四）

馬渕和夫（一九六六）「上代語の清濁に関するひとつの見解」（『言語と文芸』四四）→馬渕（一九九九）

馬渕和夫（一九七一）『国語音韻論』（笠間書院）

馬渕和夫（一九九三）『五十音図の話』（大修館書店）

馬渕和夫（一九九四）「もう一つのng音表記」（『訓点語と訓点資料』九四）→馬渕（一九九六）

馬渕和夫（一九九六）『国語史叢考』（笠間書院）

馬渕和夫（一九九九）『古代日本語の姿』（武蔵野書院）
馬渕和夫（二〇〇六）『悉曇章の研究』（勉誠出版）
丸山徹（一九八一）「中世日本語のサ行子音―ロドリゲスの記述をめぐって―」（『国語学』一二四）
水谷真成（一九七九）『梵語字典』（『梵漢対訳字類編』の影印及び解説）（法蔵館）
満田新造（一九二〇）「「スキ」「ツキ」「ユキ」「ルキ」の字音仮名遣いは正しからず」（『國學院雑誌』二六ノ七）→満田（一九六四）
満田新造（一九六四）『中国音韻史論考』（武蔵野書院）
三根谷徹（一九七二）『越南漢字音の研究』（東洋文庫論叢第五十三）→三根谷（一九九三）
三根谷徹（一九九三）『中古漢語と越南漢字音』（汲古書院）
三宅武郎（一九三二）「濁音考」（音声学協会『音声の研究』五）
三宅武郎（一九三三）「仮名遣の研究」（明治書院『国語科学講座』Ⅻ）
宮島達夫（一九六一）「母音の無声化はいつからあったか」（『国語学』四五）
村山七郎（一九五四）「連濁について」（『言語研究』二六・二七）
村山七郎・大林太良（一九七三）『日本語の起源』（弘文堂）
森博達（一九九一）『古代の音韻と日本書紀の成立』（大修館書店）
森田武（一九七七）「日葡辞書に見える語音連結上の一傾向」（『国語学』一〇八）
森山隆（一九六二）「連濁―上代語における―」（『語文研究』一四）→森山（一九七一a）
森山隆（一九六三）「変字法と清濁表記との交渉―万葉集における―」（『語文研究』一六）→森山（一九八六）
森山隆（一九六七）「上代における不連濁語の周辺」（『言語科学』三）→森山（一九七一a）
森山隆（一九七一a）『上代国語音韻の研究』（桜楓社）
森山隆（一九七一b）「上代における動詞の連濁について」（『文学論輯』一八）→森山（一九八六）
森山隆（一九八六）『上代国語の研究―音韻と表記の諸問題―』（桜楓社）

安田尚道（二〇〇三）「石塚龍麿の連濁論―『古言清濁考』を読む―」（訓点語学会第八十八回研究発表会要旨）
屋名池誠（一九九一）「〈ライマン氏の連濁論〉原論文とその著者について　付・連濁論原論文「日本語の連濁」全訳」（『百舌鳥国文』一一）
屋名池誠（一九九二）「母音脱落―日本語上代中央方言資料による形態音韻論的分析―」（『女子大文学（大阪女子大学）』四三）
柳田征司（一九八五）『室町時代の国語』（東京堂出版、国語学叢書5）
柳田征司（一九九三）『室町時代語を通して見た日本語音韻史』（武蔵野書院）
柳田征司（一九九八）『室町時代語資料としての抄物の研究』（武蔵野書院）
柳田征司（二〇〇二）「濁音の前の鼻母音―その成立・衰退と音便―」（『国語と国文学』七九ノ一一）
柳田征司（二〇〇四）「拗音」（『国語語彙史の研究』二三、和泉書院）
山口明穂（一九八九）『国語の論理』（東京大学出版会）
山口仲美（一九七三）「続中古象徴詞の語音構造―撥音・長音・促音に関する問題をふくむ語例を中心に―」（『紀要（共立女子大学短期大学部文科）』一六）→山口仲美（一九八四）
山口仲美（一九八四）『平安文学の文体の研究』（明治書院）
山口佳紀（一九六六）「東大国語研究室蔵恵果和上之碑文古点―解読文と調査報告―」（『訓点語と訓点資料』三三）
山口佳紀（一九六七）「高山寺蔵恵果和尚之碑文古点」（『訓点語と訓点資料』三五）
山口佳紀（一九七四）「古代日本語における語頭子音の脱落」（『国語学』九八）→山口佳紀（一九八五）
山口佳紀（一九七七）「上代における音節の脱落」（『五味智英先生古稀記念上代文学論叢』笠間書院、論集上代文学第八冊）→山口佳紀（一九八五）
山口佳紀（一九八二）「促音や撥音ははたして中国語の影響か」（『国文学　解釈と教材の研究』二七ノ六）→山口佳紀（二〇一一）
山口佳紀（一九八五）『古代日本語文法の成立の研究』（有精堂）
山口佳紀（一九八八）「古代語の複合語に関する一考察―連濁をめぐって―」（『日本語学』七ノ五）→山口佳紀（二〇一一）

山口佳紀（二〇一一）『古代日本語史論究』（風間書房）
山田孝雄（一九〇四）「連濁音の発生」（『國學院雑誌』一〇ノ八）
山田幸宏（一九八三）「土佐方言サ行子音と上代サ行子音」（『国語学』一三三）
湯沢質幸（一九八七）『唐音の研究』（勉誠社）
湯沢質幸（一九九六）『日本漢字音史論考』（勉誠社）
横沢活利（二〇一八）→佐藤武義・横沢活利（二〇一八）『連濁の総合的研究』（勉誠出版）
吉沢義則（一九三〇）「井々竹添先生遺愛唐鈔漢書楊雄伝訓点」（『内藤博士頌寿記念史学論叢』諸種）→『国語説鈴』（立命館出版部、一九三一）
吉田澄夫（一九五七）「江戸時代の国語」（土井忠生編『日本語の歴史』至文堂）
吉田金彦（一九五七）「中古日本呉音の表記史的考察―法華経単字の反切と字音をめぐって―」（『静岡女子短期大学紀要』四）→吉田金彦（二〇一三）
吉田金彦（一九五八）「「跨」字の和訓をめぐって―その表記と音韻と意味―」（『訓点語と訓点資料』一〇）→吉田金彦（二〇一三）
吉田金彦（一九五九）「訓点拾遺五題」（『訓点語と訓点資料』一一）
吉田金彦（二〇一三）『古辞書と国語』（臨川書店）
渡辺修（一九五三）「図書寮蔵本類聚名義抄と石山寺蔵本大般若経字抄とについて」（『国語学』一三・一四）
渡辺修（一九七一）「類聚名義抄の和音の性格」（『大妻女子大学文学部紀要』三）
渡辺英明（一九三七）「行智師の音韻研究概説―音韻学的述作中に於けるものを中心として―」（『密教研究』六一・六二）
Berntal, John E. & Bankson, Nicholas W.（二〇〇一）『構音と音韻の障害』（船山美奈子・岡崎恵子監訳）協同医書出版（原著の四版（一九九八）の日本語訳）
Clark, Eve V. & Bowerman, Melissa（一九八六）On the Acquisition of Fianl Voiced Stops. In J. A. Fishman, A. Tabouret-Keller, M. Clyne,

Bh. Krishnamurti, & M. Abdulaziz (Eds.), *The Fergusonian Impact, Vol. 1: From Phonology to Society*.

Fey, M. E., & Gandour, J.（一九八二）Rule Discovery in Phonological Acquisition. *Journal of Child Language*, 9.

Frellesvig, Bjarke（二〇一〇）*A History of the Japanese Lnaguage*. Cambridge University press.

Grierson, George.（一九二二）Spontaneous Nasalization in the Indo-Aryan Languge. *Journal of the Royal Asiatic Society of Great Britain*.

Hayata, Teruhiro（二〇〇〇）The Liquid and Stem-final Vowel Alternations of Verbs in Ancient Japanese. *Gengo Kenkyu* 118　→早田（二〇一七）（日本語訳）

Herbert, Robert K.（一九八六）*Language Universals, Markedness Theory, and Natural Phonetic Processes*. Mouton de Gruyter.

Hizume, Shuji（二〇一六c）Some Questions concerning Japanese Phonology: A Historical Approach（『*ACTA ASIATICA*』111）

Irwin, Mark（二〇一六）A rendaku bibliography. →Vance & Irwin（二〇一六）

Ito, Junko & Mester, Arimin（二〇〇三）*Japanese Morphophonemics, Markedness and Word Structure*. The MIT Press.

Kawahara, Shigeto（二〇〇八）Phonetic Naturalness and Unnaturalness in Japanese Loanword Phonology. *Journal of East Asia Linguistics*. 17-3.

Kuroda. S. Y.（二〇〇一）"Rendaku" *Japanese/Korean Linguistics* 10.

Ladefoged, Peter and Ian Maddieson（一九九六）*The Sounds of the World's Languages*. Oxford: Blackwell.

Lange, Roland A.（一九七三）*The Phonology of Eight-century Japanese*. Tokyo: Sophia Universitiy.

Lawrence, Wayne P.（二〇〇四）High Vowels, Glides, and Japanese Phonology.（『言語研究』一二五）

Lyman, Benjamin Smith.（一八九四）The Change from Surd to Sonant in Japanese Compounds. *Oriental Studies*.（屋名池一九九一による）

Nasukawa, Kuniya（二〇〇五）*A Unified Approach to Nasality and Voicing*, Mouton.

Ohara, john J.（一九八二）The Phonological End Justifies Any Means. S. Hattori & K. Inoue（eds.）, *Proceding of the XIIIth International Congress of Linguistics*.（三省堂）

Ohara, john J. & Ohara, Manjari（一九九三）The Phonetics of Nasal Phonology: Theorems and Data. Phonetics and Phonology, Volume 5,

Nasals, Nasalization, and the Velum.

Otsu, Yukio（一九八〇）“Some Aspects of Rendaku in Japanese and Related Problems” in: MIT Working Papers in Linguistics: *Theoretical Issues in Japanese Linguistics 2*.

Pellard, Thomas（二〇一六）「琉球諸語の古さと新しさ—母音と子音について—」（日本語学会『二〇一六年度春季大会予稿集』）

Rosen, Eric Robert（二〇〇一）Phonological processes interacting with the lexicon: Variable and non-regular effects in Japanese phonology. Unpublished doctoral dissertation, University of British Columbia.（バンス二〇一五による）

Rosen, Eric（二〇〇三）Systematic Irregularity in Japanese *Rendaku*: How the grammar mediates patterned lexical exceptions. *Canadian Journal of Linguistics* 48.

Unger, James Marshall（一九七五）Studies in Early Japanese Morphophonemics. Doctoral dissertation, Yale University.

Vance, Timothy J.（一九八二）On the Origin of Voicing Alteration in Japanese Consonants. *Journal of the American Oriental Society*. 102.

Vance, Timothy J & Irwin, Mark (ed.)（二〇一六）*Sequential Voicing in Japanese*: Papers from the NINJAL Rendaku Project（Studies in Language Companion Series）

Yamane-Tanaka N（二〇〇五）The Implicational Distribution of Prenasalized Stops in Japanese. In J. van de Weijer et al.（eds.）, *Voicing in Japanese*. Berlin: Walter de Gruyter.

引用文献資料

【ア行】

安愚楽鍋（仮名垣魯文）／斎賀秀夫・飛田良文・梶原滉太郎編『牛店雑談安愚楽鍋用語索引』（秀英出版、国立国語研究所資料集9）

阿毘達磨雑集論平安初期点／聖語蔵：春日政治（一九四〇）による。

有年申文／貞観九年（八六七）：東京国立博物館HPの画像による。

或る女（有島武郎）／『有島武郎全集』（筑摩書房）

医心方天養二年（一一四五）点／半井家本：『国宝半井本医心方』（オリエント出版社）

和泉往来　↓カセンオウライ

潮来婦志／式亭三馬著。『洒落本大成』（中央公論社）

色葉字類抄／前田本：『尊経閣蔵三巻本色葉字類抄』（勉誠社）

伊呂波字類抄／学習院大学本：『古辞書音義集成14　伊呂波字類抄』（汲古書院）

韻鏡／龍宇純『韻鏡校注』（藝文印書館）

浮世床／式亭三馬著。『洒落本　滑稽本　人情本』（小学館、新編日本古典文学全集）

浮世風呂／式亭三馬著。『浮世風呂　戯場粋言幕の外　大千世界楽屋探』（岩波書店、新日本古典文学大系）

宇治拾遺物語／『宇治拾遺物語』（岩波書店、日本古典文学大系）

打聞集／東辻保和『打聞集の研究と総索引』（清文堂）

うつほ物語／前田家本：宇津保物語研究会編『宇津保物語　本文と索引』（笠間書院）

運歩色葉集／中田祝夫・根上剛士編『中世古辞書四種研究並びに総合索引』（風間書房）
延喜式祝詞／九条家本：沖森卓也編『東京国立博物館蔵本 延喜式祝詞総索引』（汲古書院、古典籍索引叢書7）
央掘魔羅経平安初期点／聖語蔵本：春日政治（一九三八）、築島（一九八五）による。
往生要集院政期点（朱点・墨点）／築島裕・坂詰力治・後藤剛士『最明寺本往生要集』（汲古書院）。朱点は十一世紀後半、墨点は院政末期の点。
落窪物語／尊経閣文庫本：『おちくぼ 上下』（古典文庫）
思出の記（徳冨蘆花）／『徳冨蘆花集』（講談社、日本現代文学全集）
嫗山姥／『近松浄瑠璃集 下』（岩波書店、日本古典文学大系）
音曲玉淵集／三浦庚妥著。享保一二年〈一七二七〉刊：濱田敦編『音曲玉淵集』（臨川書店）

【カ行】
楽牽頭／『咄本大系』（東京堂出版）
和泉往来文治二年（一一八六）点／高野山西南院：築島裕編『高野山西南院蔵本 和泉往来総索引』（汲古書院、古典籍索引叢書9）
華曇文字攷／山県大弐著。宝暦五年〈一七五五〉成：山梨県立博物館甲州文庫本による。
仮名書き法華経（妙一記念館本）／中田祝夫編『妙一記念館本仮名書き法華経』（霊友会）
悲しめる心（宮本百合子）／『宮本百合子全集』（新日本出版社）
仮名手本忠臣蔵／『浄瑠璃集 上』（岩波書店、日本古典文学大系）
鎌倉遺文／『CD-ROM 版 鎌倉遺文』（東京堂出版）
願経四分律平安初期点／聖語蔵本：大矢透『願経四分律古点』。小川本：大坪併治「小川本願経四分律古点」（『訓点語と訓点資料』九）
漢字三音考／本居宣長著。林史典・湯沢質幸解説『漢字三音考 地名字音転用例』（勉誠社文庫）

灌頂私要抄寛徳二年（一〇四五）点／吉水蔵：築島裕編『訓点語彙集成』（汲古書院）による。

漢書列伝竺桃抄／京都大学附属図書館蔵本：尾道短期大学国文研究室編『漢書列伝竺桃抄』

漢書楊雄伝天暦二年（九四八）点／『京都帝国大学文学部景印旧鈔本第二集』。大坪（一九七六）を参照した。

吉祥天法保延三年（一一三七）点／東寺観智院金剛蔵（第一三一箱二五号）。原本調査による。

伽羅先代萩／『浄瑠璃集 下』（岩波書店、日本古典文学大系）

狂言六義／天理図書館：『狂言六義』（八木書店、天理図書館善本叢書）

狂言記外五十番／北原保雄・大倉浩編『狂言記外五十番の研究』（勉誠出版）

玉塵抄／国会図書館本：国立国会図書館デジタルコレクションによる。所在標示は、例外的に〔巻次・冊・画像コマ番号・左右〕による。

去来抄／向井去来著。『去来抄』（笠間書院）

琴歌譜／『古代歌謡集』（岩波書店、日本古典文学大系）

倶舎頌疏久安五年（一一四九）頃点／金剛三昧院：小林（一九七一）による。

桑の実（鈴木三重吉）／『鈴木三重吉全集』（岩波書店）

群書治要鎌倉中期点／書陵部本：古典研究会叢書『群書治要』（汲古書院）、経部（巻一～一〇）については、小林芳規他編『群書治要経部語彙索引』（汲古書院、古典籍索引叢書10）、佐々木（二〇〇九）を参照した。

恵果和尚之碑文／東京大学文学部国語研究室本：山口佳紀（一九六六）、『古訓点資料 二』（汲古書院、東京大学国語研究室資料叢書16）、高山寺本：山口佳紀（一九六七）、高山寺典籍文書綜合調査団編『高山寺古訓点資料 第四』（東京大学出版会、高山寺資料叢書第二十三冊）

華厳経音義 →貞観華厳経音義

解脱門義聴集記／金沢文庫：土井光祐編著『鎌倉時代法談聞書類の国語学的研究 影印篇（一）（二）』（汲古書院）、納富常天翻刻「解脱門義聴集記」（『金沢文庫研究紀要』四、一九六七）

源氏物語／池田亀鑑編『源氏物語大成』（中央公論社）
源氏物語絵巻／田島毓堂編『源氏物語絵巻詞書総索引』（汲古書院、古典籍索引叢書4）。他、諸種の複製本を参照した。
源平布引滝／『浄瑠璃集　下』（岩波書店、日本古典文学大系）
語意考／賀茂真淵著。『語意・書意』（岩波文庫）
広韻／余迺永校注『新校互註宋本広韻』（上海辞書出版社）
高山寺本古往来院政期点／高山寺典籍文書綜合調査団編『高山寺本古往来　表白集』（東京大学出版会、高山寺資料叢書第二冊）
好色万金丹／夜食時分著。『浮世草子集』（岩波書店、日本古典文学大系）
行人（夏目漱石）／『漱石全集』〈一九九三年版〉（岩波書店）
高僧伝康和二年（一一〇〇）点／興福寺：築島裕編『訓点語彙集成』（汲古書院）による。
古往来　→高山寺本古往来
久我家文書／平安遺文未収：東京大学史料編纂所データベースによる。
古今和歌集／高野切：日本名筆選（二玄社）。元永本：築島裕他編『東京国立博物館蔵本　古今和歌集総索引』（汲古書院、古典籍索引叢書2）
極楽願往生歌／康治元年（一一四二）。『極楽願往生歌』（勉誠社文庫）
古言清濁考／石塚龍麿著。享和元年（一八〇一）刊：東京大学文学部国語研究室蔵本
心謎解色糸／鶴屋南北作。『鶴屋南北全集』（三一書房）
古事記／本文：西宮一民編『古事記　新訂版』（おうふう）。歌謡：『古代歌謡集』（岩波書店、日本古典文学大系）
古事記伝／本居宣長著。『本居宣長全集』（筑摩書房）
五字文殊儀軌万寿三年（一〇二六）点／来迎院如来蔵：築島裕編『訓点語彙集成』（汲古書院）による。
湖水と彼等（豊島与志雄）／『豊島与志雄著作集』（未来社）
今歳咄／『咄本大系』（東京堂出版）

詞葉新雅／富士谷御杖他。寛政四年（一七九二）刊：東京大学文学部国語研究室蔵本

古文孝経仁治二年（一二四一）点／内藤乾吉蔵：貴重図書影本刊行会。築島裕編『訓点語彙集成』（汲古書院）を参照した。

古文孝経建久六年（一一九五）点／猿投神社：築島裕編『訓点語彙集成』（汲古書院）による。

古本説話集／東京国立博物館：山内洋一郎編『古本説話集総索引』（風間書房）

金剛手光明灌頂経最勝立印聖無動尊大威怒王念誦儀軌法品　→不動儀軌

金剛頂瑜伽中略出念誦経　→略出経

金剛頂蓮華部心念誦儀軌天喜二年（一〇五四）点／東寺観智院金剛蔵（第二九箱二四号）：原本調査による。

金剛童子菩薩成就儀軌建仁二年（一二〇二）点／東寺観智院金剛蔵（第二九箱一九号）：原本調査による。

金剛般若経讃述仁和元年（八八五）点／東大寺図書館：築島裕編『訓点語彙集成』（汲古書院）による。

金剛波若経集験記平安初期点／天理図書館・石山寺：古典保存会複製。中田祝夫「金剛波若経集験記本文の白点調査」（『訓点語と訓点資料』三四）。中田教授国語学ゼミナール学生『金剛波若経集験記古考証稿』を参照した。

金剛般若経集験記天永四年（一一一三）点／輪王寺：築島裕編『訓点語彙集成』（汲古書院）による。

金光明最勝王経平安初期点／西大寺本：春日政治（一九四二）

金光明最勝王経音義／承暦三年（一〇七九）抄。大東急記念文庫：『古辞書音義集成12　金光明最勝王経音義』（汲古書院）

金光明経文句平安初期点／知恩院：築島裕編『訓点語彙集成』（汲古書院）による。

金光明経文句延喜頃点／園城寺：築島裕編『訓点語彙集成』（汲古書院）による。

今昔物語集／『今昔物語集』（岩波書店、日本古典文学大系）

【サ行】

最勝王経　→金光明最勝王経

在唐記（字母釈）／円仁著。石山寺文化財綜合調査団編『石山寺資料叢書　聖教篇　第三』（法蔵館）所収「siddāṃ 字母」（平安中期

写）による。
三教指帰院政初期点／高山寺：高山寺典籍文書綜合調査団編『高山寺古訓点資料　第四』（東京大学出版会、高山寺資料叢書第二十三冊）
三教指帰久寿二年（一一五五）点／天理図書館：築島裕氏の移点本による。築島裕編『訓点語彙集成』（汲古書院）を参照した。
三教指帰建久八年（一一九七）点／東寺観智院金剛蔵（第一二九箱一号）。原本調査による。
三帖和讃／専修寺本：『増補　親鸞聖人真蹟集成』（法蔵館）。新潟大学教育学部鎌倉時代語研究会「専修寺藏本『三帖和讃』本文語彙總索引稿」（『鎌倉時代語研究』第六輯）を参照した。
三宝絵／東大寺切・関戸本。保安元年（一一二〇）奥書：小泉弘・高橋伸幸『諸本対照三宝絵集成』（笠間書院）、『三宝絵　名古屋市博物館蔵』（名古屋市博物館）
三論祖師相伝／鎌倉初期写。東寺観智院金剛蔵（第一三一箱四四号）。原本調査による。
字音仮字用格／本居宣長著。安永五年（一七七六）刊：『玉あられ　字音仮字用格』（勉誠社文庫）
慈恩伝　→大慈恩寺三蔵法師伝
詩学大成抄／米沢本：『新抄物資料集成　第一巻』（清文堂）
史記孝文本紀延久五年（一〇七三）点／東北大学：貴重古典籍刊行会複製
史記秦本紀天養二年（一一四五）点／東洋文庫：『国宝　史記　夏本紀　秦本紀』（勉誠出版、東洋文庫善本叢書1）
史記呂后本紀延久五年（一〇七三）点／毛利報広会：古典保存会複製
史記抄／京都大学清家文庫本：京都大学図書館機構HPによる。住谷芳幸氏作成のテキストデータを検索に利用した。
字鏡／世尊寺本。鎌倉時代初中期写：『古辞書音義集成6　字鏡　世尊寺本』（汲古書院）
地蔵十輪経元慶七年（八八三）点／東大寺図書館本（巻一・二・四・八・九・一〇）：中田（一九五四）、正倉院本（巻五・七）：中田（一九八〇）
七番日記／小林一茶著。文化七～一五年：『一茶七番日記』（岩波文庫）

悉曇字記／智広著。寛文九年版本（澄禅開板本）による。

悉曇字記聞書（信範）／東寺観智院金剛蔵嘉暦元年写本（第二〇六箱四号）：馬渕和夫編『影印注解悉曇学書選集　第三巻』（勉誠社）

悉曇字記真釈／行智著。三巻本（文化一二年）：茨城大学附属図書館蔵。巻三は東京大学総合図書館蔵行智自筆本による。五巻本（文化一三年）：東京国立博物館附属資料館蔵行智自筆本による。八巻本（天保三年）：都立中央図書館蔵行智自筆本による。

悉曇字記真釈私録玄談／行智著。文政三年成：国立国会図書館蔵行智自筆本による。

悉曇章霊巌寺和尚本歟／東寺観智院金剛蔵（第二〇一箱二〇号）：馬渕和夫『悉曇章の研究』（勉誠出版）では「安国寺本」と称する。原本調査。

悉曇章慈覚大師請来全雅伝與本／東寺観智院金剛蔵（第二〇一箱一九号）：馬渕和夫『悉曇章の研究』（勉誠出版）。原本調査。

悉曇章智証大師請来／東寺観智院金剛蔵（第二〇一箱一七号）：馬渕和夫『悉曇章の研究』（勉誠出版）。原本調査。

悉曇章抄中抄康平四年（一〇六一）点／東寺観智金剛蔵（第二〇四箱一八号）：原本調査による。

悉曇初心抄／馬渕和夫『五十音図の話』（大修館書店）に複数の図版あり。本論文に掲載したのは、寛文一一年版本（架蔵本）。

悉曇蔵／安然著。東寺観智院蔵延文四年（一三五九）写本：馬渕和夫編『影印注解悉曇学書選集　第一巻』（勉誠社）

悉曇相伝／高野山大学図書館本寛海自筆草稿：馬渕和夫編『影印注解悉曇学書選集　第二巻』（勉誠社）

悉曇反音略釈／兼朝著。東京大学文学部国語研究室蔵影写本（原本は高野山正智院蔵本の転写本）

悉曇要訣／筑波大学附属図書館蔵天福二年（一二三四）写本：馬渕和夫編『影印注解悉曇学書選集　第二巻』（勉誠社）。一部を『安永三年板悉曇要訣』（京都大学国文学会）により補った。

悉曇要集記／寛智著。馬渕蔵文暦二年（一二三五）写本：馬渕和夫編『影印注解悉曇学書選集　第二巻』（勉誠社）

悉曇輪略図抄／了尊著。鍬方建一郎氏蔵正徳五年（一七一五）写本：馬渕和夫編『影印注解悉曇学書選集　第四巻』（勉誠社）

四天王産湯玉川／鶴屋南北作。『鶴屋南北全集』（三一書房）

四分律行事鈔平安初期点／松田福一郎蔵：築島裕編『訓点語彙集成』（汲古書院）による。

沙弥十戒威儀経平安中期角筆点／石山寺：小林（一九七六）による。
集韻／『宋刻集韻』（中華書局）
周易抄／宇多天皇宸筆。東山御文庫：『宇多天皇宸翰周易抄』（平凡社、和漢名法帖選集）
周易抄／土井本：鈴木博『周易抄の国語学的研究　影印篇』（清文堂出版、一九七一）
聚分韻略／慶長版：奥村三雄『聚分韻略の研究』（風間書房）
守護国界主陀羅尼経平安中期点（石山寺）／大坪（一九五三）による。校倉聖教一六函一号。原本調査も行った。
守護国界主陀羅尼経平安中期点（東寺）／東寺観智院金剛蔵（特六箱一号）：原本調査による。
春秋経伝集解文永六年（一二六九）点／書陵部：佐々木（二〇〇九）による。
春秋経伝集解弘安元年（一二七八）点／書陵部：大矢（一九〇九）による。
春色梅児誉美／為永春水著。『春色梅児誉美』（岩波書店、日本古典文学大系）
貞観華厳経音義安貞二年（一二二八）点／高山寺：高山寺典籍文書綜合調査団編『高山寺古辞書資料　第二』（東京大学出版会、高山寺資料叢書第十二冊）
商業符牒袖宝／上方郷土研究会『上方：郷土研究』六二（創元社）
将門記承徳三年（一〇九九）点／真福寺本：『将門記』（勉誠社文庫）。『平将門資料集』（新人物往来社）を併用した。
将門記平安後期点／楊守敬本：貴重古典籍刊行会影印。『平将門資料集』（新人物往来社）を併用した。
成唯識論寛仁四年（一〇二〇）点／石山寺（一切経第四三箱二八～三七）：原本調査による。大矢透（一九〇九）、築島裕編『訓点語彙集成』（汲古書院）を参考にした。
真景累ケ淵／『三遊亭円朝全集』（岩波書店）
新撰字鏡／天治本：京都大学文学部国語学国文学研究室編『新撰字鏡　増訂版　天治本享和本群書類従本』（臨川書店）
新訳華厳経音義鎌倉初期点／高山寺本：高山寺典籍文書綜合調査団編『高山寺古辞書資料　第二』（東京大学出版会、高山寺資料叢書第十二冊）

新訳華厳経音義私記／小川本：『古辞書音義集成1　新訳華厳経音義私記』（汲古書院）
世阿弥自筆能本／財団法人観世文庫・宝山寺：表章監修・月曜会編『世阿弥自筆能本集　影印篇・校訂篇』（岩波書店）
世俗諺文鎌倉中期点／天理図書館：『平安詩文残篇』（八木書店、天理図書館善本叢書）
摂津国長柄人柱／『豊竹座浄瑠璃集1』（国書刊行会、叢書江戸文庫）
節用集／文明本：中田祝夫編『文明本節用集研究並びに索引』（勉誠社）。永禄二年本：中田祝夫・野沢勝夫・根上剛士編『印度本節用集古本四種研究並びに総合索引』（勉誠社）。
善信聖人親鸞伝絵永仁三年（一二九五）写／専修寺：『善信聖人親鸞伝絵』（中央公論社、続々日本絵巻大成1）。広島大学学校教育学部日本語史研究会（一九九九）「専修寺蔵『善信聖人親鸞伝絵』翻刻並びに索引」（『鎌倉時代語研究』二二）を参照した。
川柳評万句合／中西賢治編『川柳評万句合勝句刷』（川柳雑俳研究会）
荘子鎌倉中期点／高山寺本（甲巻）：高山寺典籍文書綜合調査団編『高山寺古訓点資料　第二』（東京大学出版会、高山寺資料叢書第十三冊）
続狂言記／北原保雄・大倉浩編『続狂言記の研究』（勉誠出版）
蘇悉地羯羅経康平七年（一〇六四）点／吉水蔵：築島裕編『訓点語彙集成』（汲古書院）による。
蘇悉地羯羅経略疏天暦五年（九五一）点／京都大学：築島裕編『訓点語彙集成』（汲古書院）による。寛平八年（八九六）点は奥書。石山寺蔵：『石山寺資料叢書　聖教篇　第二』（法蔵館）
蘇磨呼童子請問経承暦三年（一〇七九）点／仁和寺：築島裕他「仁和寺蔵蘇磨呼童子請問経承暦三年点訳文」（『訓点語と訓点資料』九五）

【タ行】
大慈恩寺三蔵法師伝延久頃点／興福寺：築島裕『興福寺本大慈恩寺三蔵法師伝古点の国語学的研究　訳文篇』（東京大学出版会）
大慈恩寺三蔵法師伝承徳三年（一〇九九）点（墨点・朱点）／興福寺：築島裕『興福寺本大慈恩寺三蔵法師伝古点の国語学的研究

訳文篇』（東京大学出版会）
大慈恩寺三蔵法師伝永久四年（一一一六）点／興福寺：築島裕『興福寺本大慈恩寺三蔵法師伝古点の国語学的研究 訳文篇』（東京大学出版会）
大慈恩寺三蔵法師伝嘉応二年（一一七〇）点／興福寺：築島裕『興福寺本大慈恩寺三蔵法師伝古点の国語学的研究 訳文篇』（東京大学出版会）
大慈恩寺三蔵法師伝貞応二年（一二二三）点／京都大学：佐々木（二〇〇九）による。
大聖妙吉祥菩薩護除災教令法輪保延五年（一一三九）点／東寺観智院金剛蔵：築島裕編『訓点語彙集成』（汲古書院）による。
胎蔵略次第天永二年（一一一一）本／東京大学文学部国語研究室：『古訓点資料 二』（汲古書院、東京大学国語研究室資料叢書16）
胎蔵略次第大治元年（一一二六）本／東京大学文学部国語研究室：『古訓点資料 二』（汲古書院、東京大学国語研究室資料叢書16）
大智度論天安二年（八五八）点／石山寺：大坪併治『石山寺本大智度論古点の国語学的研究 上』（風間書房）および原本調査による（一切経三六函）。
大智度論平安初期点（九〇〇頃）／石山寺：大坪併治『石山寺本大智度論古点の国語学的研究 下』（風間書房）および原本調査による（一切経三六函）。
大智度論天慶元年（九三八）点／石山寺：大坪併治『石山寺本大智度論古点の国語学的研究 下』（風間書房）および原本調査による（一切経三六函）。
大唐西域記平安中期点／興聖寺本：曽田文雄「興聖寺本大唐西域記巻十二併解読文」（『訓点語と訓点資料』一四・一五）
大唐西域記長寛元年（一一六三）点／石山寺本巻一・三・四・五・七：中田（一九七九）。巻二・六・八：築島裕氏作成訓読文（未刊）による。
大唐三蔵玄奘法師表啓平安初期点／知恩院：中田祝夫『東大寺諷誦文稿の国語学的研究』（風間書房）
大徳寺文書／東京大学史料編纂所データベースによる。
大日経天喜六年（一〇五八）点／高野山竜光院。明算加点：遠藤嘉基『訓点資料と訓点語の研究 改訂版』（中央図書出版社）、大坪

併治『訓点資料の研究』（風間書房）
大日経義釈延久六年（一〇七四）点／大東急記念文庫：築島裕編『訓点語彙集成』（汲古書院）による。
大日経義釈演密鈔長承三年（一一三四）点／大東急記念文庫：築島裕編『訓点語彙集成』（汲古書院）による。
大日経疏長治元年（一一〇四）点／高山寺：高山寺典籍文書綜合調査団編『高山寺古訓点資料　第三』（東京大学出版会、高山寺資料叢書第十五冊）
大日経疏治安四年（一〇二四）点／東京大学文学部国語研究室蔵
大日経疏延久二年（一〇七〇）点／巻二のみの零本。東寺観智院金剛蔵（第一八九箱三号）：原本調査による。
大日経疏永保二年（一〇八二）点／高山寺：高山寺典籍文書綜合調査団編『高山寺古訓点資料　第三』（東京大学出版会、高山寺資料叢書第十五冊）
大日経疏康和四年（一一〇二）点／東京国立博物館・東京大学史料編纂所：築島裕編『訓点語彙集成』（汲古書院）による。
大日経疏保安元年（一一二〇）点／東寺観智院金剛蔵（第一八九箱四号）：原本調査による。
大日経疏仁平元年（一一五一）点／輪王寺：築島裕編『訓点語彙集成』（汲古書院）による。
大般涅槃経平安後期点／東大寺図書館：築島裕編『訓点語彙集成』（汲古書院）による。
大般涅槃経治安四年（一〇二四）点／石山寺：大坪（一九五六）による。
大般若経平安後期点／慈光寺本：松尾（一九四九）、佐々木（二〇一七）による。
大般若経鎌倉初期点／安田八幡宮：東辻保和・岡野幸夫（二〇〇七）「安田八幡宮蔵　大般若波羅蜜多経の音注（索引）」（『訓点語と訓点資料』一一九）。
大般若経音義／薬師寺本乙（鎌倉後期写本）：築島裕『大般若経音義の研究』（勉誠社）
大般若経字抄／長元五年（一〇三二）石山寺：『古辞書音義集成3　大般若経音義二種／大般若経字抄』（汲古書院）
大毘盧遮那広大成就儀軌康平二年（一〇五九）点／東寺観智院金剛蔵（第二九箱一号）：原本調査による。
大毘盧遮那成仏経疏　→大日経疏

徒然草／兼好著。時枝誠記編『徒然草総索引』（至文堂）
東京景物詩及其他（北原白秋）／『白秋全集』（岩波書店）
東大寺諷誦文稿／築島裕編『東大寺諷誦文稿総索引』（汲古書院、古典籍索引叢書8）
藤六集／藤原輔相、書陵部本：『私家集大成 中古Ⅰ』（明治書院）
土左日記／青谿書屋本：萩谷朴編『影印本 土左日記』（新典社）
虎明本狂言集／池田廣司・北原保雄編『大蔵虎明本 狂言集の研究 本文編』（表現社）

【ナ行】

無而七癖／花咲一男編『未翻刻・宝暦・江戸小説・三種』
南海寄帰内法伝長和五年（一〇一六）頃点／天理図書館（巻一・二）・京都国立博物館（巻四）：大坪併治（一九六八）。『西域求法高僧伝集』（八木書店、天理図書館善本叢書）。築島裕編『訓点語彙集成』（汲古書院）。巻一の墨点は平安後期点と標示した。
二中歴鎌倉後期点／前田本：『二中歴 一～三』（八木書店、尊経閣善本影印集成）
日葡辞書／土井忠生他編訳『邦訳日葡辞書』（岩波書店）
日本往生極楽記応徳三年（一〇八六）点／天理図書館：『平安詩文残篇』（八木書店、天理図書館善本叢書）
日本語口語入門／チェンバレン：大久保恵子編・訳『日本語口語入門』第二版翻訳：付索引（笠間書院）
日本語小文典／ロドリゲス著。池上岑夫訳『ロドリゲス 日本語小文典（上）（下）』（岩波文庫）
日本書紀／本文：『日本書紀 上下』（岩波書店・日本古典文学大系）。歌謡：『古代歌謡集』（岩波書店、日本古典文学大系）
日本書紀古訓／岩崎本：京都国立博物館編／石塚晴通・赤尾栄慶解題『京都国立博物館所蔵 国宝 岩崎本 日本書紀』（勉誠出版）。築島裕・石塚晴通『岩崎本日本書紀 東洋文庫蔵 本文と研究』（日本古典文学会）。図書寮本：『日本書紀一～四』（八木書店、宮内庁書陵部本影印集成）。前田本：『日本書紀』（八木書店、尊経閣善本影印集成）
日本大文典／ロドリゲス著。土井忠生訳『ロドリゲス日本大文典』（三省堂）

日本霊異記院政期写本／来迎院如来蔵：『日本霊異記　古事談抄』（日本古典文学影印叢刊）
寝惚先生文集／『寝惚先生文集　狂歌才蔵集　四方のあか』（岩波書店、新日本古典文学大系）

【ハ行】

白氏文集建長四年（一二五二）他点／大東急記念文庫：『白氏文集　金沢文庫本』（大東急記念文庫）
白氏文集（影写本）／東京大学文学部国語研究室：亀崎（二〇〇九）を参考にした。
花の雲／元禄十五（一七〇六）年刊：『天理図書館綿屋文庫俳書集成24蕉門俳書集二』（八木書店）
撥韻仮字考／東条義門著。『義門研究資料集成　上』（風間書房）
反音作法／神尾本：東京大学文学部国語研究室蔵写真版による。大東急記念文庫本：『大東急記念文庫善本叢刊　中古中世篇14　伝記・願文・語学等』（汲古書院）による。原本調査も行った。
反音抄／東寺観智院金剛蔵徳治二年（一三〇七）写本：馬渕和夫編『影印注解悉曇学書選集　第三巻』（勉誠社）。金剛蔵第二〇四箱一四号。原本調査も行った。
秘密曼荼羅大阿闍梨耶付法伝康平三年（一〇六〇）点／松田福一郎蔵：築島裕編『訓点語彙集成』（汲古書院）による。
百座法談聞書抄／法隆寺：『法華修法一百座聞書抄』（勉誠社文庫）、小林芳規編『法華百座聞書抄総索引』（武蔵野書院）
百丈清規抄／両足院：『続抄物資料集成』（清文堂）
百面相仕方ばなし／『咄本大系』（東京堂出版）
風情集／徳大寺公重、岩崎美隆旧蔵本：『私歌集大成　中古Ⅱ』（明治書院）
不空羂索神呪心経寛徳二年（一〇四五）点／西大寺：小林芳規（一九五八）
富家語／宮田裕行編『校本「中外抄」・「富家語」とその研究』（勉誠社）
不動儀軌万寿二年（一〇二五）写／東寺観智院金剛蔵（第一四二箱二一号）：金剛手光明灌頂経最勝立印聖無動尊大威怒王念誦儀軌法品。原本調査による。月本（一九八〇）を参考にした。

風土記／秋本吉郎校注『風土記』（岩波書店、日本古典文学大系）。
文鏡秘府論保延四年（一一三八）点／書陵部：東方文化叢書1複製。柏谷嘉弘（一九六五）、金昇鉉「文鏡秘府論古訓点本の国語学的研究―訳文・和訓索引篇―」（二〇一一年度東京大学大学院人文社会系研究科修士論文）を参照した。
平安遺文／竹内理三編『平安遺文（古文書編）』（東京堂出版）。『平安遺文 CD-ROM』を検索に利用した。
平曲／京大本平曲正節：京都大学文学部国語学国文学研究室編『平曲正節』（臨川書店）。青洲文庫本：『青洲文庫本 平家正節』（三省堂）。前田流譜本：『前田流譜本 平家物語 四』（早稲田大学出版部、早稲田大学蔵資料影印叢書）
平家物語／延慶本：北原保雄・小川栄一編『延慶本平家物語』（勉誠社）、覚一本：『高野本平家物語』（笠間書院）、天草版：江口正弘『天草版平家物語対照本文及び総索引』（明治書院）
平家物語（前田流譜本）→平曲
碧巌録抄／西福寺本：『碧巌録抄 上下』（金田弘編『洞門抄物と国語研究 資料編』桜楓社）
辨正論保安四年（一一二三）点／巻第三：築島裕旧蔵。築島（一九九一）による。
法華経音／九条家旧蔵：古典保存会複製
法華経音義／東京大学文学部国語研究室蔵明覚三蔵流法華経音義：『古辞書音義集成5　法華経音義三種』（汲古書院）
法華経音訓／心空編。至徳三年（一三八六）刊：『倭点法華経：附・法華経音義・法華経音訓 下』（日本古典全集）
法華経玄賛平安中期点／石山寺：中田（一九五四）による。
法華経釈文／平安中期写。醍醐寺：『古辞書音義集成4　妙法蓮華経釈文』（汲古書院）
法華経単字／保延二年（一一三六）写（ただし字音の多くは後筆）：古辞書叢刊別巻（雄松堂書店）
法華経伝記大治五年（一一三〇）点／東大寺図書館：築島裕編『訓点語彙集成』（汲古書院）による。
法華経遊意承保四年（一〇七七）点／高山寺：築島（一九六九）による。
菩薩戒経長和五年（一〇一六）点／石山寺：築島裕編『訓点語彙集成』（汲古書院）による。
菩薩善戒経平安初期点／聖語蔵：春日政治（一九五六）による。

法華義疏長保四年（一〇〇二）点／石山寺：中田（一九五四）による。

法華文句平安後期点／東大寺図書館：築島裕編『訓点語彙集成』（汲古書院）、西崎（一九九八）による。

沓手鳥孤城落月（坪内逍遙）／『坪内逍遙集』（筑摩書房、明治文学全集）

梵学須知／行智著。文化十三年（一八一六）成：都立中央図書館蔵行智自筆本による。

梵字形音義／東寺観智院金剛蔵建長二年（一二五〇）写本：馬渕和夫編『影印注解悉曇学書選集 第二巻』（勉誠出版）。六地蔵寺本、院政期写本：『六地蔵寺善本叢刊（5）古代韻学資料』（汲古書院）。馬渕和夫蔵本（寛尋本）、鎌倉時代写本：原本調査による。

本朝文粋鎌倉中期点／久遠寺：身延山久遠寺編『重要文化財 本朝文粋』（汲古書院）。佐々木（二〇〇九）を参考にした。

本命供略作法嘉保三年（一〇九七）点／高山寺：築島裕氏のご教示による。

【マ行】

摩訶止観長保頃点／酒井宇吉蔵：築島裕編『訓点語彙集成』（汲古書院）による。

枕草子／陽明文庫本（三巻本）：『枕草子 徒然草』（思文閣、陽明叢書10）

磨光韻鏡／文雄著。延享元年（一七四四）刊：『磨光韻鏡』（勉誠社文庫）

まるめろ／高木恭造『方言詩集 まるめろ』（津軽書房）

万葉集／原文の表記は、佐竹昭広他『補訂版 万葉集 本文篇』（塙書房、一九九八）による。訓み下し文は、諸種の注釈を参考に、私に作成した。訓み下しが論旨に関わる場合のみ、各注釈書の訓み下しを一々明記した。

名義抄　→類聚名義抄

名語記／田山方南校閲・北野克写『名語記』（勉誠社）

妙法蓮華経釈文　→法華経釈文

弥勒上生経賛平安初期朱点／大阪青山学園：築島裕氏の移点本による。

明暗（夏目漱石）／『漱石全集』〈一九九三年版〉（岩波書店）

冥報記長治二年（一一〇五）点／前田育徳会：説話研究会編『冥報記の研究』（勉誠出版）

蒙求長承三年（一一三四）点／東京国立博物館：築島裕編『長承本蒙求』（汲古書院）。佐々木（二〇〇九）も参照した。

蒙求鎌倉末期点／道順書写本。天理図書館：佐々木（二〇〇九）による。

蒙求康永四年（一三四五）点／天理図書館：佐々木（二〇〇九）による。

蒙求応安七年（一三七四）刊・同時期点／国立国会図書館：佐々木（二〇〇九）による。

蒙求抄／書陵部：『抄物資料集成』（清文堂）

毛詩室町期点／蓬左文庫：佐々木（二〇〇九）による。

文選正安五年（一三〇三）点／猿投神社：小林芳規「猿投神社蔵正安本文選」（『訓点語と訓点資料』一四・一六・一八・二一）

【ヤ行】

柳多留／『誹風柳多留全集』〈一九三三年版〉（柳多留全集刊行社）
柳多留拾遺／『俳風 柳多留拾遺 上・下』（岩波文庫）
遺告康平六年（一〇六三）点／石山寺：築島裕編『訓点語彙集成』（汲古書院）による。
遊仙窟康永三年（一三四四）点／醍醐寺：築島裕・杉谷正敏・丹治芳男編『醍醐寺蔵本 遊仙窟総索引』（汲古書院、古典籍索引叢書13）

【ラ行】

俚言集覧／『増補俚言集覧』（名著刊行会）
略韻／国立国会図書館本：奥村三雄『聚分韻略の研究』（風間書房）
略出経延久六年（一〇七四）点／高野山宝寿院：春日政治（一九三四）による。
梁塵秘抄／小林芳規・神作光一・王朝文学研究会編『梁塵秘抄総索引』（武蔵野書院）

令集解／『新訂増補 国史大系』（吉川弘文館）
類聚名義抄／図書寮本：『図書寮本類聚名義抄　本文編・解説索引編』（勉誠社）。観智院本：『類聚名義抄 観智院本』（八木書店、天理図書館善本叢書）、正宗敦夫編『類聚名義抄』（風間書房）。高山寺本：『和名類聚抄・三宝類字集』（八木書店、天理図書館善本叢書）。蓮成院本：『鎮国守国神社蔵本　三宝類聚名義抄』（勉誠社）
老子道徳経天正六年（一五七八）点／大矢透（一九〇九）による。
六字経儀軌康平三年（一〇六〇）点／石山寺：築島裕編『訓点語彙集成』（汲古書院）による。
論語嘉元元年（一三〇三）点／高山寺（中原本）：高山寺典籍文書綜合調査団編『高山寺古訓点資料　第一』（東京大学出版会、高山寺資料叢書第九冊）

【ワ行】

和漢朗詠集私注／永承五年（一五〇八）：大矢透（一九〇九）による。

和名類聚抄／元和古活字版（二十巻本）：京都大学文学部国語学国文学研究室編『諸本集成倭名類聚抄』（臨川書店）

後　記

本書は、平成二十九年一月に東京大学に提出し、同年九月十四日に博士（文学）の学位を授与された、学位論文『日本語音節構造史の研究』を加筆・改稿したものである。

思えば、学生時代に日本悉曇学史から研究を出発し、その後、日本漢字音、国語音（和語の音）へと研究対象を拡張してきたのではあるが、生来の筆の遅さにより、学位論文として十分な体系性を備えたものをまとめるには、はなはだ不十分な材料しか揃えられずにいた。悉曇学史の研究は、馬渕和夫先生の大著『日本韻学史の研究Ⅰ～Ⅲ』がすでにあり、筆者の研究は、馬渕先生が扱わなかった問題、たとえば、中世における『韻鏡』の悉曇学への移植の問題や、近世における「異端」悉曇学（山県大弐・文雄・行智らの近代中国語音を参照した悉曇学）について考察するものであった。しかしながら、これを体系性を持った形にまとめるには、まだ相当に時間が必要であるように思われた。漢字音の研究は、諸先学による膨大な研究の蓄積があり、大枠の記述は終了していると言ってよいであろう。現在の日本漢字音研究は、細部の音形の再検討と、個別資料論とに二極分化している。前者は体系性を持った一書となすのがやはり難しく、後者は筆者の論文スタイルにはないものである。

そうこうするうちに、時間ばかりが過ぎていったのであるが、大学内外の雑事は年々増えてゆくばかりで、一時的にでも減ることは期待できそうにないことを痛感し、不十分であることを承知しつつも、思い切って学位論文をまとめることにした。テーマとして国語音・漢字音を中心とした「音節構造史」を設定すれば、既発表の論文をまとめることにより、体裁の上で体系性を持ったものとして仕立て上げることができるように思われた。しかし、そのような構想を抱いてから、さらに五年以上の歳月が流れてしまった。なぜなら、既発表の論文についても、発表後、現在に至るまでに考えを修正・変更したものが多かったからである。追加の調査が必要であったり、他の章との整合性を持たせるために、大きく手を入れることになった章がほとんどであった。初出時からはもちろん、学位論文としてまとめたあとに、さらに論旨を修正した箇所も多い。

以上のように、なかなか成果をまとめることができず、学位論文を完成させた後も、ぐずぐずと原稿に手を入れていたのであるが、このたびようやく出版の運びとなった。しかしながら、いよいよ初校を終えようという本年八月末、東京大学における指導教官であった山口明穂先生の訃報に接することになった。完成した本を山口先生にお見せすることが出来なかったのは痛恨の極みであった。山口先生のみならず、教養学部時代に国語学へと導いて下さった古田東朔先生、文学部の非常勤講師として研究者の心構えを教えて下さった峰岸明先生、直接の指導は受けていないものの、寺院での調査や学会などにおいて公私にわたりお世話になった馬渕和夫先生、築島裕先生、沼本克明先生も、既に鬼籍に入ってしまわれた。実力に見合わない完成度を求めてしまうと、別の形でさまざまに後悔することになるということを、あらためて思い知ることになった。

本書は、『日本語音節構造史の研究』という大きなタイトルを掲げているものの、当然のことながら日本語の音節構造史に関わるすべての問題を取り扱っているわけではないし、論考の中には、賛否が分かれそうな「新説」を提示している部分もあることは十分に承知している。そのような粗雑な著書ではあるが、この本を為すまでには多くの方々の学恩があった。右に挙げた諸先生以外にも、教養学部時代から文学部・大学院にいたるまで、中国語音韻史や史的音素論の基礎をお教えいただいた中国語学の平山久雄先生、非常勤講師として日本語音韻史のさまざまな課題・考え方を教えて下さった林史典先生、大学院生としての最後の一年のみであったが、訓点資料の取り扱い方の基本を教えて下さった月本雅幸先生は、現在の筆者の研究スタイルの形成には欠くことのできなかった先生方である。この他にも、白藤礼幸先生、坂梨隆三先生には、学生時代から変わることなく、さまざまなご助言を頂いている。また、湯沢質幸先生、小倉肇先生は、専門分野の近い先学として、折に触れて励ましていただいた。さらに、高山倫明氏、佐々木勇氏、高山知明氏には、世代の近い研究者として、日頃から拙稿に対して、さまざまに具体性のあるご指摘を頂いている。山本真吾氏、久保田篤氏には、常日頃から雑事に荒んだ心を癒していただいている。この他にも多くの方々に支えられて、研究者としての現在の筆者がある。この場を借りて心から御礼を申し上げたい。

また、貴重な資料の閲覧・拝観の機会を下さった、石山寺、東寺、高山寺、大東急記念文庫、天理図書館、奈良国立博物館、東京国立博物館資料館、山梨県立博物館、国立国会図書館、都立中央図書館、東京大学総合図書館、京都大学附属図書館、筑波大学附属図書館、茨城大学図書館、愛知学院大学図書館情報センター、高野山大学図書館、國學院大學図書館、駒澤大学図書館、東海大学付属図書館、龍谷大学図書館などの所蔵機関・管理者各位には、一方ならぬお世話になった。ここに改めて御礼を申し上げたい。

末筆となったが、本書の出版に際して、さまざまな段階で懇切なご助言をいただいた大江英夫氏をはじめとする汲古書院の皆様にも、この場を借りて厚く御礼申し上げたい。また、神戸大学の石山裕慈氏には、ご多忙にもかかわらず本書の初校に目を通していただき、多くの誤りや体裁の不統一を修正することができた。改めて御礼を申し上げる。

なお、本書の刊行には、幸いなことに、日本学術振興会平成三十年度科学研究費補助金（研究成果公開促進費）「学術図書」の交付に与ることができたことを付記しておく。

平成三十年九月

肥爪周二

索　引

＊相互に参照すべき項目に↔を付した。

は

ひ

ふ

へ

ほ

ま

み

む

め

も

著者略歴

肥爪　周二（ひづめ　しゅうじ）

1966年　神奈川県生まれ。

1989年　東京大学文学部国語学専修課程卒業、

1991年　同大学院人文科学研究科国語国文学専攻修士課程修了、

1993年　同大学院人文科学研究科国語国文学専攻博士課程中退。

明海大学専任講師、茨城大学専任講師、同助教授、東京大学助教授、同准教授を経て、現在、東京大学大学院人文社会系研究科教授。

博士（文学）。

日本語音節構造史の研究

二〇一九年一月一八日　発行

著　者　肥　爪　周　二

発行者　三　井　久　人

整版印刷　富士リプロ㈱

発行所　汲　古　書　院

〒102-0072東京都千代田区飯田橋二-五-四

電　話　〇三（三二六五）九七六四

FAX　〇三（三二二二）一八四五

ISBN978-4-7629-3639-5　C3081